全 世 界 无 产 者，联 合 起 来！

列 宁 全 集

第二版增订版

第五十三卷

1893—1922年

中共中央 马克思 恩格斯 著作编译局编译
列 宁 斯大林

人民出版社

《列宁全集》第二版是根据中国共产党中央委员会的决定，由中共中央马克思恩格斯列宁斯大林著作编译局编译的。

凡　　例

1. 书信卷正文和附录中的文献分别按篇或组的写作或签发时间编排并加编号。

2. 在正文中,文献标题下括号内的日期是编者加的,文献本身在开头已注明日期的,标题下不另列日期。

3. 1918 年 2 月 14 日以前,在俄国写的书信的日期为俄历,在国外写的书信则为公历;从 1918 年 2 月 14 日起,所有书信的日期都为公历。

4. 在正文中,凡文献原有的或该文献在列宁生前发表时使用过的标题,其左上方标有五角星☆。

5. 未说明是编者加的脚注为写信人的原注。

6. 著作卷《凡例》中适用于书信卷的条文不再在此列出。

目　　录

1898 年

1899 年

1902 年

1903 年

1904 年

1907 年

1908 年

1910 年

1912 年

1913 年

1914 年

1915 年

1916 年

1917 年

1918 年

1919 年

1910 年

1911 年

1912 年

1913 年

1914 年

1915 年

1916 年

插　图

前　言

　　本卷收载列宁1893—1922年间给母亲玛丽亚·亚历山德罗夫娜·乌里扬诺娃、姐姐安娜·伊里尼奇娜·乌里扬诺娃-叶利扎罗娃、姐夫马尔克·季莫费耶维奇·叶利扎罗夫、弟弟德米特里·伊里奇·乌里扬诺夫、妹妹玛丽亚·伊里尼奇娜·乌里扬诺娃以及妻子娜捷施达·康斯坦丁诺夫娜·克鲁普斯卡娅的书信和电报。

　　列宁1893年离开家庭,没有随家人从萨马拉迁居莫斯科,而独自来到俄国的政治中心彼得堡从事革命活动。1895年曾到国外旅行数月,结识了普列汉诺夫等劳动解放社领导人。回国后不久,1895年底被捕入狱。1897年春至1900年初被流放到西伯利亚舒申斯克村。流放期满后出国,开始第一次侨居国外的生活,从1900年春至1905年冬先后居住在德、奥、英、法和瑞士等国。1905年11月回彼得堡。1905—1907年革命失败后,1907年底再度出国,辗转侨居瑞士、法国、奥地利、波兰等国,还到过意大利和丹麦。1917年3月回国直接领导布尔什维克的革命斗争。

　　本卷收入列宁家书279封。其中大部分是在西伯利亚流放期间和侨居国外的1900—1902年、1908—1910年、1912—1914年间写的。这些信件反映了列宁为创办第一个全俄马克思主义报纸《火星报》所作的努力,《俄国资本主义的发展》和《唯物主义和经验批判主义》两部著作的写作和出版经过,以及列宁在波兰居住期间的活动。由于沙皇专制的警察统治和帝国主义战争等原因,列宁还有很多家书没能保存下来。

本卷的大部分书信曾在1924年、1929年和1930年的《无产阶级革命》杂志和《列宁文集》俄文版中发表过。1930年由安·伊·乌里扬诺娃-叶利扎罗娃和玛·伊·乌里扬诺娃编成《列宁家书集》出版,1931年和1934年两次再版。

本卷卷首收载玛·伊·乌里扬诺娃为1930年版《列宁家书集》所作的序言和安·伊·乌里扬诺娃-叶利扎罗娃为1931年、1934年两版所写的《关于弗拉基米尔·伊里奇的家书》一文。这两篇文献对列宁家书的内容和意义作了深刻而全面的阐述。

在《列宁全集》第2版中,本卷所收的列宁家书,比第1版第37卷增加了6封,其中4封是第一次发表的。这4封是:1904年7月20日在瑞士山地旅行时写给玛·亚·乌里扬诺娃的明信片,1921年和1922年写给玛·伊·乌里扬诺娃的两封便函和1921年4月给德·伊·乌里扬诺夫的电报。另外两封,即1918年2月底和3月8日之间给玛·伊·乌里扬诺娃的便函。1919年10月和1920年9月7日之间给安·伊·乌里扬诺娃-叶利扎罗娃的便函,是第一次收进全集的,以前曾在《列宁文集》俄文版第21卷和第35卷发表过。

本卷中有16封信是列宁和娜·康·克鲁普斯卡娅共同写的。其中有些是列宁写的,克鲁普斯卡娅加了附言;有的则相反。

本卷《附录》中收载从莫斯科宪兵局案卷中发现的列宁6封家书的摘录。克鲁普斯卡娅写给列宁的母亲、姐姐和妹妹的56封信也编入《附录》,其中1904年8月19日和1915年4月17日给玛·亚·乌里扬诺娃的两封信是《列宁全集》俄文第 5 版新发表的。

克鲁普斯卡娅的信是对列宁家书的宝贵补充。这些信绝大多数是在西伯利亚流放和侨居国外时写的。它们生动地描述了克鲁普斯卡娅同列宁在一起的生活、工作、休息以及与革命同志会晤时的情景,从中可以看到列宁当时的生活环境、家庭中的事情和他们的生活方式。

本卷所收的列宁家书的原文,除了 4 封给母亲和姐姐的信按宪兵局案卷里的副本刊印、1919 年 7 月 10 日给克鲁普斯卡娅的电报按打字稿刊印以外,都是按手稿刊印的。

在本增订版中,本卷文献比第 2 版增加了 1 篇,即收入《附录》中的 1904 年 5 月 20 日(6 月 2 日)娜·康·克鲁普斯卡娅致玛·伊·乌里扬诺娃的信。

1930年版《列宁家书集》序言

本书所收的书信，主要是弗·伊·列宁写给母亲玛丽亚·亚历山德罗夫娜和妹妹玛丽亚·伊里尼奇娜的[①]，包括的时期是从1894年至1917年[②]，即从弗拉基米尔·伊里奇进行革命活动的最初几年起，至二月革命后他回到俄国止。这个将近25年的时期是我们党建立、成长时期；而在这光荣的25年当中，弗拉基米尔·伊里奇一直是这个党的领袖，他领导着党，培育着党。他整个一生都是在革命斗争中度过的，他个人的一切也都是同这个斗争、同为无产阶级事业所进行的工作分不开的。

虽然现在出版了《列宁全集》，发表了相当多的论述列宁主义的著作（包括科学研究著作和通俗读物），但是关于列宁的鲜明的多方

[①] 不过，"为了不重复起见"，这些信的内容通常都是给我们全家看的，至少是给当时住在一起的亲属看的。

[②] 这里不包括弗拉基米尔·伊里奇在流放期间的家书（见1929年《无产阶级革命》杂志第2—3、4、5、6、8期）和1896年的家书。1896年，弗拉基米尔·伊里奇被监禁在彼得堡的拘留所时（从俄历1895年12月9日至1897年1月29日），差不多经常同母亲和姐妹们见面，所以同他们的私人通信很少（见安·伊·叶利扎罗娃-乌里扬诺娃《弗拉基米尔·伊里奇在狱中》一文（1924年《无产阶级革命》杂志第3期）和附在该文后面的1896年弗拉基米尔·伊里奇的两封信）。从1905年11月至1907年12月，弗拉基米尔·伊里奇住在彼得堡或芬兰，经常同家人见面，差不多没有给他们写过信。此外，还有好些给安娜·伊里尼奇娜和玛丽亚·亚历山德罗夫娜的信，特别是当玛丽亚·伊里尼奇娜住在国外的那几段时间的信将另行发表。（玛·伊·乌里扬诺娃所提到的列宁的书信已编入本卷。——编者注）

面的个性,至今还描写得很不够,或者说几乎完全没有得到描写。

向读者提供的这些书信**部分地**填补了这个空白。从这些信里,可以**在一定程度上**看到弗拉基米尔·伊里奇的生活方式、他的习惯和爱好、他对人的态度等等。我们所以说在一定程度上,首先是因为这些信件远不是他在上述时期所写的全部家书。由于家庭经常迁来迁去,同时我们家里的人经常不是这个就是那个遭到搜查和逮捕,他的许多书信有些是落到警察手里没有退还①,有些出于其他原因而丢失了。在邮寄过程中书信丢失也是常有的事,特别是在帝国主义战争时期。因此,往往同一个问题连续在几封信中重复提到。此外,这些信件还带有沙皇时期警察制度的烙印。不错,当时我们凡是通信谈工作(报告革命事件、党的生活等等),都是秘密进行的,通常是用化学方法写在书籍和杂志里寄给"清白的"局外人。② 但是个人生活同革命工作的联系极为密切,所以私人的合法通信无疑也会受到警察制度的严重影响而大打折扣。弗拉基米尔·伊里奇往沃洛格达给妹妹玛丽亚·伊里尼奇娜(当时她流放在那里)去信时就曾这样写过:"在我们(特别是你和我)所处的情况下,要随便写信是很困难的。"③

不仅同玛丽亚·伊里尼奇娜写信是这样,同家里其他人写信也都是这样;因为弗拉基米尔·伊里奇同他们不仅是亲属关系,而且观点相同,信仰相同。他们大家(包括安娜·伊里尼奇娜的丈夫

---

① 例如,我们在中央档案馆发现了弗拉基米尔·伊里奇的 6 封信的摘录,这些摘录作为"物证"附在莫斯科宪兵局案卷里。我们已把这些摘录编入附录。(见本卷第 465—466 页。——编者注)

② 当时在俄国保存这些信件当然是不可能的,因此只有在国外留下复制件的一部分信件保全了下来。

③ 见本卷第 426 页。——编者注

马·季·叶利扎罗夫在内)当时都是社会民主党人,都属于党的革命派,他们大家在不同程度上都参加了革命工作,十分关心党的生活,喜党之所喜、忧党之所忧。就连我们的母亲,虽然她生于1835年,90年代末我们家的人遭到特别频繁的搜查和逮捕的时候已经是60多岁的人,也十分同情我们的革命活动。

当时革命者的全部合法信件都要受到秘密检查,所以,在谈到我们所关心的问题,告知某封秘密信件已经收到以及询问熟人的情况等等的时候,就不得不采用各种暗语、暗号之类的东西。

读者将会看到,在弗拉基米尔·伊里奇直接寄给母亲、姐妹或弟弟的信中几乎不提什么人的姓名,因为如果在信中提到某人的姓名,就会给那人招来麻烦。当然,我们是丝毫不愿意给任何人带来哪怕一点点麻烦的。如果在弗拉基米尔·伊里奇的信中还能看到一些同志和熟人的名字甚至姓氏的话,那只是因为警察局通过种种情况(同案流放,同校学习等等)反正已经知道我们同他们认识,或者纯粹是事务性来往(出版人、书商等等的姓氏)。为了避免在信中提到具有一定合法身份的熟人的姓名,弗拉基米尔·伊里奇要想谈到他们,问候他们时,总是用绰号,或者用一个我们大家都知道的事实或事件作个暗示。例如,弗拉基米尔·伊里奇把伊·伊·斯克沃尔佐夫–斯捷潘诺夫称为"历史学家"(因为他有一些历史著作);有一个时期弗拉基米尔·伊里奇通过安娜·伊里尼奇娜和玛丽亚·伊里尼奇娜同他有频繁的信件来往。①

---

①　可惜这些来往信件保存下来的只有1909年12月16日的一封。见《列宁全集》第2版第14卷第212—216页。(此处指俄文第2版,列宁同伊·伊·斯克沃尔佐夫–斯捷潘诺夫的来往信件保存下来的有两封——1909年12月2日一封,12月16日一封。见本版全集第45卷。——编者注)

　　弗拉基米尔·伊里奇在问候与玛丽亚·伊里尼奇娜同时流放在沃洛格达的瓦·瓦·沃罗夫斯基时写道:"向波兰朋友们问好,并且希望他们能尽力给以帮助。"①"中国旅行家"②是指阿·巴·斯克利亚连科,他当时在满洲的铁路上工作;"去年同我们一道划船的那位先生"③,是指维·亚·列维茨基;等等。

　　在提到邮寄秘密出版物、秘密通讯稿和里面用化学方法写了信的书籍时,也要用隐喻。

　　1900年12月底,本文作者曾托出国的格·波·克拉辛把《社会革命党宣言》带给弗拉基米尔·伊里奇。为了不被发现起见,就把宣言夹在一本照片簿里。捎去的这件东西使弗拉基米尔·伊里奇非常高兴,他在1901年1月16日的信中写道:"多谢……给我寄书,尤其多谢她托表兄从维也纳转寄来非常美丽而有趣的照片;我希望能经常收到这样的礼物。"④

　　顺便说说,《火星报》及其他秘密出版物寄往俄国的时候,信封上写的是"清白的"、合法的通讯处。我们还利用这些通讯处作为自己接收书刊的地方。有时就在合法的信件里通知某个包裹已经寄出,以便我们能及时向收件人查问。弗拉基米尔·伊里奇的下面这一段话(1900年12月14日的信)显然就包含着这样的意思:"记得在9日给你寄去了一个你喜欢的小玩意儿。"⑤娜捷施达·康斯坦丁诺夫娜在1916年2月8日的信中写道:"沃洛佳收到你

————————

　　①　见本卷第408页。——编者注
　　②　见本卷第229页。——编者注
　　③　见本卷第249页。——编者注
　　④　见本卷第236页。——编者注
　　⑤　见本卷第233页。——编者注

那封长信非常高兴。说不定你还会来信的。"①我们的合法信件从来都写得不长,这封信又是在帝国主义战争时期写的,当时我们通信主要用明信片,而且是挂号明信片(因为许多信都寄丢了),所以上面这一段话显然是指写在书里寄去的秘密信。

1900 年弗拉基米尔·伊里奇侨居国外之初,还不知道是否能在国外站住脚,为了保密起见,当时他就没有把他本人的地址告诉我们;当他住在瑞士或慕尼黑的时候,我们给他写信都寄到巴黎或布拉格。例如,他在 1901 年 3 月 2 日的信中写来一个新地址的时候附带说:"我已随房东迁居。"②弗兰茨·莫德拉切克(我们的信都寄给他)当时的确是搬到别的地方去了,但是弗拉基米尔·伊里奇却继续住在慕尼黑的老地方。

————

弗拉基米尔·伊里奇性格中有一个特点,就是办事非常认真,一丝不苟,一切开支尤其是自己的开支极为节俭。看来这些品质是从母亲那里继承下来的;弗拉基米尔·伊里奇的性格在许多方面都像母亲。而我们的母亲按其母系说是德国人,这些性格特点在她身上是很突出的。

从 1895 年 10 月 5 日弗拉基米尔·伊里奇的一封来信③中,可以看出他用钱是多么节约,是多么克己。

"现在我在圣彼得堡第一次记起流水账来了,看看我究竟要花多少钱。结果,在 8 月 28 日到 9 月 27 日这一个月里,一共花了 54 卢布 30 戈比,其中还不包括买东西的钱(近 10 卢布)和我可能要

---

① 见本卷第 533 页。——编者注
② 见本卷第 242 页。——编者注
③ 指 1893 年 10 月 5 日的信(见本卷第 1—2 页)。——编者注

办理的一件诉讼案的费用(也是近 10 卢布)。当然,在这 54 卢布中,有一部分不是每个月都要花的(套鞋、衣服、书籍、算盘等等);但是,即使除去这部分(16 卢布),我仍然花得太多了:一个月用去了 38 卢布。显然,我过得不够节俭,例如单是乘有轨马车一个月就花了 1 卢布 36 戈比。大概对环境渐渐习惯以后,我就会少花些钱的。"

果然他就节省起来,特别是当他自己没有收入,不得不接受"救济"(这是他对母亲贴补给他的款项的叫法)的时候。1893 年住在彼得堡时他自己俭省到连《俄罗斯新闻》①都没有订,而是到公共图书馆去看"两个星期以前"的。他在给妹妹的信中写道:"我在这里找到工作以后,可能要订一份。"②

弗拉基米尔·伊里奇一生都保持着这个特点。不仅是当他在俄国没有收入的时候,也不仅是当他侨居国外找不到出版人出版自己的著作(例如他的《土地问题》一书就整整放了十年,直到 1917 年才问世),有时简直陷入危急境地的时候(1916 年 9 月他给施略普尼柯夫同志的信③就是一例),而且当他的物质生活完全有了保障,也就是说在 1917 年革命以后,他的这个特点也非常突出。

不过,有一个方面弗拉基米尔·伊里奇很难节约,那就是在书籍方面。为了写作他需要阅读各种书籍,以便熟悉国内外种种政治、经济和其他情况。

他在 1895 年 8 月 29 日从柏林寄给母亲的一封信中写道:"使

---

① 《俄罗斯新闻》是当时所有资产阶级报纸中最正派最吸引人的一家报纸。
② 见本卷第 3 页。——编者注
③ 见本版全集第 47 卷第 419—420 页。——编者注

我大为吃惊的是,我发觉我的经济又'发生困难'了:买书等等的'瘾头'这样大,天知道钱都花到哪里去了。"①但是,即使在这方面他也尽力减少开支,主要的办法就是到图书馆去看书,而且这样还可以使他在侨居国外的生活中得到一个比较安静的工作环境,摆脱人来人往的干扰和使人疲惫不堪的、没完没了的谈话,因为侨居国外的人大都对异乡不习惯,感到苦闷,都喜欢找人谈心。

不过,弗拉基米尔·伊里奇远远不仅限于在国外时才利用图书馆来工作,他住在俄国时也同样如此。他在彼得堡的时候曾写信告诉母亲,说他对自己的新居很满意,因为这地方"离中心区也不远(例如,到图书馆只要走 15 分钟)"。② 在前往流放地的途中,他甚至利用在莫斯科逗留的不多几天的机会到鲁勉采夫博物院去工作。在克拉斯诺亚尔斯克等待通航期开始以便前往米努辛斯克县的时候,他也曾在尤金图书馆研读书刊,虽然为此每天要跑上差不多五俄里。

在流放地是根本谈不上图书馆的。为了弥补这个缺陷,弗拉基米尔·伊里奇要我们设法把图书馆的书通过邮局给他寄去。我们试过几次,但是邮寄时间太长(来回要将近一个月),而图书馆借书是有一定期限的。

但是以后弗拉基米尔·伊里奇有时还是采用这种办法。例如他在 1914 年 2 月 11 日给安娜·伊里尼奇娜的信③中写道:"关于1905 －1908 年的刑事案件统计资料汇编,请不要买了(用处不大,

---

① 见本卷第 15 页。——编者注
② 见本卷第 1 页。——编者注
③ 这封信没有保存下来,信的摘录是我们从警察司的案卷中找到的。(见本卷第 420—421 页。——编者注)

且太贵),从图书馆(律师公会图书馆或国家杜马图书馆)给我借一本寄来看一个月好了。"

弗拉基米尔·伊里奇在国外时也经常利用图书馆。在柏林时,他曾在皇家图书馆进行研究。在日内瓦时,他参加了一个非常心爱的"俱乐部"("读者协会"),这个"俱乐部"有一个图书馆,要在这个图书馆里进行研究,必须报名加入"俱乐部"并交一定的会费(会费当然不多)。在巴黎时,他在国立图书馆进行研究,不过他说这个图书馆的"工作搞得很糟";在伦敦时,他在英国博物馆进行研究;只有在慕尼黑时他才深以"这里没有图书馆"为憾事。另外就是在克拉科夫时他很少利用图书馆。他在1914年4月22日给玛·伊·乌里扬诺娃的信中写道,"这里(在克拉科夫。——玛·乌·注)……图书馆很糟糕,而且对读者极不方便,即使是这样的图书馆我也几乎没有机会去……"①　当时他要办报(《真理报》),要同来到克拉科夫的同志们(到克拉科夫来的同志比到法国或瑞士去的要多得多)打种种交道,要领导社会民主党国家杜马党团的工作,要开党的代表会议和工作会议等等,这些工作消耗了他很多精力,使他拿不出很多时间来从事科学研究。即使在这个时候,弗拉基米尔·伊里奇也来信说:"我们常常想念日内瓦,那里工作效率高,又方便的图书馆,生活不是那样不安和杂乱。"②

弗拉基米尔·伊里奇在帝国主义战争初期在加利西亚被捕获释以后又到了瑞士,他来信说:"这里的图书馆很好,在利用图书方面我很满意。终日办报的时期结束以后,读读书是很惬意

---

① 见本卷第427页。——编者注
② 同上。——编者注

的。"①后来他又和娜捷施达·康斯坦丁诺夫娜从伯尔尼到苏黎世，"到这里的图书馆来进行一些研究"，因为这些图书馆，据他说，"比伯尔尼的好得多"（与此同时，他还紧张地做政治工作，党的工作；不久前发表在《列宁文集》第 11 卷上的弗拉基米尔·伊里奇在这个时期同卡尔宾斯基和拉维奇两同志的通信②明显地反映了这个情况）。弗拉基米尔·伊里奇侨居国外时虽然在阅读、浏览外国书报杂志方面条件很好，可以到图书馆去借阅，但是俄国书籍却总感到非常缺乏。他在 1902 年 4 月 2 日的信中写道："在这里我可以很容易地弄到德文书，德文书不缺。这里所缺的就是俄文书"。③ 他在 1900 年 4 月 6 日的信中也写道："很少看到新书。"毫无疑问，弗拉基米尔·伊里奇在国外由于手边经常缺少所需要的书籍，他的工作受到了不小的影响。因此他在家书中常常要求家里的人给他寄工作所需的各种书籍（统计材料、有关土地问题、哲学等方面的书籍），以及新书、杂志和小说。从这些信中又可以**在一定程度上**看到，弗拉基米尔·伊里奇在某段时间内对哪一类书籍感到兴趣，他参考这些书籍写了哪些著作。

在这些书籍中，他特别重视各种统计汇编。

弗拉基米尔·伊里奇非常重视统计，非常重视"确凿的事实、无可争辩的事实"④，这一点从他的著作中，从他为这些著作所写的草稿、所作的摘录和计算中，可以明显地看到。他有一篇没有完

---

① 见本卷第 230 页。——编者注
② 这些通信的一部分已编入本版全集第 47 卷。——编者注
③ 见本卷第 258 页。——编者注
④ 见本版全集第 28 卷第 364 页。——编者注

成,尚未发表的,论述"民族运动的意义和作用,民族运动和国际运动的相互关系"问题的文章《统计学和社会学》①(署名:普·皮留切夫,这是弗拉基米尔·伊里奇为了便于出版这本书而用的新笔名),也足以说明这一点。

在这篇文章中我们可以看到下面这一段话:

"在社会现象领域,没有哪种方法比胡乱抽出**一些个别**事实和玩弄实例更普遍、更站不住脚的了。挑选任何例子是毫不费劲的,但这没有任何意义,或者有纯粹消极的意义,因为问题完全在于,每一个别情况都有其具体的历史环境。如果从事实的**整体**上、从它们的**联系**中去掌握事实,那么,事实不仅是'顽强的东西',而且是绝对确凿的证据。如果不是从整体上、不是从联系中去掌握事实,如果事实是零碎的和随意挑出来的,那么它们就只能是一种儿戏,或者连儿戏也不如。……应当设法根据准确的和不容争辩的事实来建立一个基础,这个基础可以作为依据,可以用来同今天在某些国家中被恣意滥用的任何'空泛的'或'大致的'论断作对比。要使这成为真正的基础,就必须**毫无例外地**掌握与所研究的问题有关的**全部**事实,而不是抽取个别的事实,否则就必然会发生怀疑,而且是完全合理的怀疑,即怀疑那些事实是随意挑选出来的,怀疑可能是为了替卑鄙的勾当作辩护而以'主观'臆造的东西来代替全部历史现象的客观联系和相互依存关系。要知道,这样的事情是有的……是很常见的。"②

在1902年弗拉基米尔·伊里奇要求把他过去在西伯利亚所

---

① 见本版全集第28卷第364页,这篇著作已于1935年发表。——编者注
② 见本版全集第28卷第364—365页。——编者注

用的书籍里面的"**全部**统计资料"①都给他寄到国外去,他在1902年4月2日的信中说他对这些资料"有些想念"……后来,为了从各个城市更经常地得到统计资料,弗拉基米尔·伊里奇甚至专门给参加1909—1910年冬在莫斯科举行的医生和自然科学家代表大会的统计学家(这个代表大会设有一个统计学家小组)写了一封求助的信②。这封信发出后,得到了许多省的统计学家的应答。弗拉基米尔·伊里奇在1910年1月2日的信中写道:"我又收到了一封从梁赞寄来的有关统计资料的信,这真是太好了,看来,我将会得到许多人的帮助。"③

在1908年弗拉基米尔·伊里奇写作《唯物主义和经验批判主义》一书的时候,曾订购了切尔帕诺夫教授论述阿芬那留斯及其学派的小册子,关于《内在论哲学》的小册子,以及其他的书。关于他自己的这部著作,他在给妹妹的信中说道:"我对马赫主义者已经作了很多研究,我认为,他们("经验一元论"也包括在内)种种鄙俗透顶的见解我都弄清楚了。"④

弗拉基米尔·伊里奇在来信询问是否收到论述最新资本主义(《帝国主义是资本主义的最高阶段》⑤一书)的手稿时这样写道:

---

① 弗拉基米尔·伊里奇写作《俄国资本主义的发展》一书时所用的这些统计资料和弗拉基米尔·伊里奇的其他书籍是列宁研究院在1929年从国外得到的。根据这些书中的摘要和批注,还可以作出有关伊里奇这部著作的许多重要结论。(列宁的《俄国资本主义的发展》一书准备材料,见本版全集第57卷。——编者注)

② 这份申请书得以发表,还得归功于莫斯科宪兵局,它把这份申请书保存在自己的案卷里。(申请书见本版全集第45卷。——编者注)

③ 见本卷第360页。——编者注

④ 见本卷第298—299页。——编者注

⑤ 见本版全集第27卷。——编者注

"我认为这部经济著作非常重要,迫切希望它能尽快地全文发表出来。"(见1916年10月22日的信)①大家知道,他的这个愿望没有实现,虽然如他曾在1916年7月2日给米·尼·波克罗夫斯基的信中说的那样,"我尽了最大力量使文章符合'严格的限制'②"。他的著作遭到了许多改动和删削,过了十年以后才以本来的面目问世。

从弗拉基米尔·伊里奇的家书中我们可以看到,是什么原因促使他动手写《现代农业的资本主义制度》这部著作的(这部著作尚未发表)。③ 他在1916年10月22日给妹妹的信中写道:"你来信说:'出版人希望把《土地问题》印成书,而不是印成小册子。'这大概是要我把续篇寄去(也就是说,除了已写完的美国部分,还要补写业已答应的德国部分)。等我把老出版人预约的稿子写完后马上就动手写这一篇。"④这部著作的手稿现在保存在列宁研究院,没有写完,显然是革命"妨碍了"他写完这部著作。

收入本书的这些信件在一定程度上反映了弗拉基米尔·伊里奇写作的情况和条件,反映了为发表他的这些劳动成果所碰到的种种困难。我们所指的是他的合法著作。在这方面,弗拉基米尔·伊里奇在革命前的整个时期(不包括第一次革命时期、《明星报》时期和1912—1914年《真理报》时期,当时他还有可能为合法的报纸写作,当时党也有自己的合法的出版机关,虽然为时很短)的处境都是很不利的,这不仅由于他侨居国外,譬如,总是缺少写

---

①　见本卷第441页。——编者注
②　见本版全集第47卷第267号文献。——编者注
③　这篇文章已于1932年发表在《列宁文集》俄文版第19卷里,见本版全集第19卷。——编者注
④　见本卷第441页。——编者注

作所需要的俄国书籍和其他材料等等。

　　书报检查也是一个很大的难关。弗拉基米尔·伊里奇所写的文章常被删削和篡改(例如《非批判的批判》一文),所出的书常被没收(《土地问题》第 2 卷),等等。但是,除此以外,同俄国隔绝,因而也就不能同出版社经常取得直接的联系等等,也是很大的困难。例如,他曾多次想为《格拉纳特百科词典》写些东西,1914 年 12 月 22 日他在给妹妹的信中说:"能为百科词典写点东西就好了,但如果没有机会结识编辑部的秘书,就不容易办到。"①当时没有人认识这些人,弗拉基米尔·伊里奇直接写信给格拉纳特编辑部时,有时甚至得不到回音,或者很迟才得到回音。他在 1915 年 2 月给妹妹的信中说,"能否再为百科词典写点东西。我曾写信问过秘书,但是没有回音"②;他在 1912 年写道:"很遗憾,我现在在这里同出版社的联系已经完全断绝。"③

　　如果不是同志们和亲属们极力帮助弗拉基米尔·伊里奇寻找出版人,校对他的著作,这些著作就更难出版问世。但是姐妹和弟弟在这方面并不是始终都能帮助他的,特别是当他们坐牢或流放的时候。例如在 1904 年他曾向母亲要马尔克·季莫费耶维奇的地址,说有"出版方面的事情"找他(见 1904 年 1 月 20 日的信)④。

　　弗拉基米尔·伊里奇不但善于埋头苦干,卓有成效地进行工

---

① 见本卷第 431 页。——编者注

② 当时其他出版人给弗拉基米尔·伊里奇的回信情况也都不太好。关于这方面的情况可参看列宁给柳·伊·阿克雪里罗得的第三封信(1901 年 11 月 27 日),见《列宁文集》第 11 卷第 326 页。(见本版全集第 44 卷第 103 号文献。——编者注)

③ 见本卷第 397 页。——编者注

④ 见本卷第 274 页。——编者注

作,而且还善于抓住机会休息。对他说来,最好的休息就是到大自然的怀抱中去,到清静的地方去。"在这里(指芬兰的斯季尔苏坚,他参加党的第五次代表大会回来后由于"非常疲乏"而在那里休息。——玛·乌·注)休息得太好了,游游泳,散散步,清静安闲。清静安闲对我来说比什么都好。"①他在那里休息得的确非常好,莉迪娅·米哈伊洛夫娜·克尼波维奇对他非常照顾和关心,后来他还常常想起这个地方,他在给刚得过伤寒的玛丽亚·伊里尼奇娜的信中写道:"要是能把你送到斯季尔苏坚去就好了!"②

弗拉基米尔·伊里奇酷爱大自然,他不管到什么地方,来信时常常要描写那里的风景。他在1895年去瑞士途中给母亲写信说:"这里的风景十分优美。一路上我都在欣赏。过了我给你写信的那个德国车站,就是连绵不断的阿尔卑斯山脉,湖泊一个接着一个,使人简直离不开车窗。"他写信给玛丽亚·亚历山德罗夫娜说:"我经常散步(现在在这里散步很好),看来在普斯科夫(以及在城郊)风景优美的地方不少。"他从国外来信说:"这两天……在一个很美丽的湖上划了船,风和日丽,景色迷人……""最近我在这里同娜嘉以及另一位朋友去萨莱夫山作了一次极为愉快的旅行。山下边日内瓦雾气重重,一片朦胧,而在山上(海拔约1200米)则是阳光灿烂,白雪皑皑,人们滑着雪橇,俨然是一个俄罗斯的美丽的冬日。山下是一片云雾的海洋,除了山峰之外,什么都看不见,而且只有那些很高很高的山峰才浮现出来,连小萨莱夫山(海拔900米)也整个淹没在云雾里。"他在1902年9月27日的来信中告诉我们:"……我和娜嘉已经游览了近郊的许多地方,并且发现有些

---

① 见本卷第281页。——编者注
② 见本卷第296页。——编者注

地方异常优美。"①在弗拉基米尔·伊里奇的来信中还有这么一段话,看来也是当时的真实情况,他说:"这里所有的同志当中,就数我们最熟悉**整个**城郊了。我们找到了各种各样的'乡村'小路,熟悉邻近的地方,并且还打算到更远的地方去游玩。"②

　　弗拉基米尔·伊里奇和娜捷施达·康斯坦丁诺夫娜在瑞士的时候,如果夏天不能到城外去住一阵子的话(一出城就可过"乡村生活":"起床很早,鸡一上窝就准备睡觉。"③),他们就步行游山。我们从娜捷施达·康斯坦丁诺夫娜在 1904 年 7 月 2 日给玛丽亚·亚历山德罗夫娜的信中可以看到关于一次这样的旅行的描写:"我们离开日内瓦,得到充分的休息约有一个星期了。我们摆脱了日内瓦的一切事务和牵挂,在这里每天睡 10 小时,游游泳,散散步,沃洛佳甚至连报纸也不仔细看了,书本来就尽量少带,可是就连这点书也只字未读,准备明天把它们寄回日内瓦去,明早 4 点钟我们将背上行囊到山里去作两周左右的旅行。先到因特拉肯,再到卢塞恩,现在正根据贝德克尔旅行指南详细地制定旅行计划。……我和沃洛佳已经约定,任何工作都不谈,工作又不是熊,跑不到森林里去,不要谈它,也尽量不去想它。"④

　　但是这样的旅行是很少有的,只有当工作和派别纷争严重地影响了健康和神经时才这样做,例如他在党的第二次代表大会和党分裂以后,即 1903—1904 年的冬天过后作过这样一次旅行。通常,如果弗拉基米尔·伊里奇夏天能到乡间去,他总是在条件许

---

①　见本卷第 10、215、223、273、264 页。——编者注
②　见本卷第 272 页。——编者注
③　见本卷第 407 页。——编者注
④　见本卷第 275—276 页。——编者注

可的情况下充分地休息几天以后就在那里继续工作。如果他不能
到郊外去，或者旅行时间很短，那么就利用星期天步行或骑自行车
去郊游，有时候去爬山。弗拉基米尔·伊里奇在1903年3月29
日给母亲的信中写道："不知为什么，我们不知不觉地完全养成了
外国的习惯，总是在星期天才出去玩，其实这并不合适，因为到处
都挤满了人。"①他们在郊游时通常都是带着夹肉面包当午餐，一
整天不回来。所以当时大家开玩笑把弗拉基米尔·伊里奇和娜捷
施达·康斯坦丁诺夫娜算做"郊游派"（喜欢郊游的人），而把另外
一些同志算做"电影派"（喜欢看电影的人），这是不无道理的。

　　确实，别的同志在紧张的工作之余常去各种娱乐场所休息，而
弗拉基米尔·伊里奇却不大喜欢到那些地方去。他似乎从来没去
过电影院（特别是在侨居国外的时候），也很少去剧院。他第一次
出国时曾在柏林看过《织工》，后来侨居国外时也还看过一些戏，不
过大多是当他一个人（家属不在身边）"相当孤单"的时候，或者在
紧张的工作之后因事到大城市里去，就利用这个机会"消遣一番"。
但是，外国剧院的演出很少能使弗拉基米尔·伊里奇满意（有时他
和娜捷施达·康斯坦丁诺夫娜不等第一幕演完就离开了剧院，同
志们常常因此取笑他们白花钱），在他后来看过的戏剧当中，似乎
就只有《活尸》②给他留下了印象。然而他却非常喜欢艺术剧院，
侨居国外之前住在莫斯科的时候他曾同拉拉扬茨（"哥伦布"）一起
去过这个剧院。他在1901年2月给母亲的信中写道："直到现在
我还很满意地回想起"这次看戏的情况。1903年2月4日的来信
中又说："……很想看看俄国艺术剧院演的《底层》……" 过了许

----

　　① 见本卷第272页。——编者注
　　② 《活尸》是俄国作家列·托尔斯泰的剧本。——编者注

多年之后，他才在莫斯科看到了《底层》，这时已是革命以后了。

弗拉基米尔·伊里奇虽然爱好音乐却很少去听音乐会。他在上面提到的那一封信中说："前些时候，我们入冬以来第一次欣赏了一个很好的音乐会，感到非常满意，——特别是柴可夫斯基的最后一部交响乐（悲怆交响曲）。"他在 1901 年 2 月 9 日给母亲的信中说："前几天我去看了歌剧，非常愉快地欣赏了《犹太女人》，这出歌剧我在喀山看过一次（当时是扎克尔热夫斯基主演的），这大概是 13 年前的事了，但是某些调子现在还记得。"①此后他吹口哨时（用他那种特有的方法从牙缝里向外吹）就常常吹这些调子。后来在国外，弗拉基米尔·伊里奇就很少去看歌剧和听音乐会了。音乐对他神经的影响太强烈了，所以当他的神经失调的时候（这在他侨居国外时那种不安定和忙乱的生活中是常有的现象），他对音乐就有些受不了。另外，弗拉基米尔·伊里奇工作忙碌和生活节俭，也是使他过着孤寂生活（在文娱方面）的一个相当重要的原因。

弗拉基米尔·伊里奇对各种名胜也不太注意。他在 1895 年从柏林来信中写道："我对这些东西从来兴趣不大，多半是偶然去的。一般来说，比起去博物馆、剧院和商场等等地方我更喜欢到各种民间晚会和娱乐场合逛逛。"②1895 年当弗拉基米尔·伊里奇住在柏林的时候，通常都是利用傍晚到处"逛逛"，这就使他有可能"研究柏林的风尚，听听德国人说话"③。但是，他不只在第一次出国住在柏林的时候对风尚进行研究，他的家信里有不少地方都说明，在他住在巴黎或临时去巴黎的时候，他都津津有味地细心观察

---

① 见本卷第 239 页。——编者注
② 见本卷第 15 页。——编者注
③ 同上。——编者注

那里的生活，并且指出巴黎人在马路上和林荫道上走路时那种自由自在的样子。弗拉基米尔·伊里奇有一次到巴黎去了几天以后来信说："巴黎这个城市对经济不宽裕的人来说，生活是很不方便的，会把人弄得很累。但是作短期的逗留、参观和游览，那就没有比它更好更令人快乐的城市了。"①弗拉基米尔·伊里奇路过捷克斯洛伐克时也仔细观察了捷克人的生活，并且以没有学会捷克语为憾事；他住在加利西亚时曾生动地描述过他所观察到的当地农民的生活习俗；他也生动地描述过慕尼黑人过狂欢节时在街头用彩色纸屑和纸条互相抛掷的情形；诸如此类的事情很多。他热爱生活的各个方面，很少有人像他那样善于广泛地观察和研究生活。

从收入本书的弗拉基米尔·伊里奇的信件中也可以看出他对亲人的态度，在一定程度上也可以看出他对一般人的态度。他在这些信里对他们真是关怀备至。弗拉基米尔·伊里奇对亲人特别是对母亲是非常眷恋的，在他的所有来信中，无论是直接写给母亲的或是写给我们家其他人的，都可以看到他关心母亲，想让她过得更好、更安适。他来信总是一再问询健康状况，问询"住所怎样，冷不冷"。他在1909年给母亲的信中写道："你们的房子很冷，我非常不安…… 你可别感冒了…… 能不能想点别的办法，是不是可以装一个小铁炉？……"②在这些信中，可以看到许许多多"夏天好好休息"，"少走路、多休息、保重身体"之类的劝告。

当母亲遭到某种变故的时候（这种变故在她的一生中又是如此之多），弗拉基米尔·伊里奇对母亲的关怀表现得特别深切。我们家里的人，忽而这个忽而那个遭到逮捕或流放，有时候一下子就

---

① 见本卷第423页。——编者注
② 见本卷第356页。——编者注

是好几个人被捕,于是上了年纪的母亲就不得不一次又一次地到监狱去探望和送东西,在宪兵和保安机关的接待室里一连等候几个钟头。有时就只剩下她孤身一人,为自己丧失了自由的孩子们悲伤。从弗拉基米尔·伊里奇在 1901 年 9 月 1 日给母亲的信里可以特别清楚地看出,他在母亲遭到这种变故时对母亲是多么悬念,而同母亲天各一方又使他多么痛苦。当时玛丽亚·伊里尼奇娜和马尔克·季莫费耶维奇都在狱中,安娜·伊里尼奇娜在国外不能回俄国,因为她一回国就会因同一案件而被捕;德米特里·伊里奇当时在尤里耶夫,大学就要毕业,也不能待在母亲身边。在 1904 年,当德米特里·伊里奇、安娜·伊里尼奇娜和玛丽亚·伊里尼奇娜因党中央委员会和基辅委员会的案件在基辅被捕时,她也是这样孤身一人,住在陌生的城市里。

弗拉基米尔·伊里奇总想要母亲同他住在一起,他曾不止一次地叫母亲到他那里去。但是很难实现,因为母亲一向都要同特别需要她帮助的孩子在一起,而我们在俄国遭到警察迫害时大都离不开这种帮助。因此,无论在弗拉基米尔·伊里奇第一次还是第二次侨居国外的时候,母亲都只能短期地到国外去同他见一次面。在 1902 年,母亲和弗拉基米尔·伊里奇、安娜·伊里尼奇娜在法国北部的洛居维住了个把月。第二次也就是最后一次见面是在 1910 年,当时母亲为了看看弗拉基米尔·伊里奇,特地同玛丽亚·伊里尼奇娜一起来到斯德哥尔摩。在这两次旅程中,弗拉基米尔·伊里奇都精确地告诉母亲怎样走,劝她晚上找旅馆住,"以免旅途过于劳累"。就在斯德哥尔摩的一次工人侨民举行的集会上,玛·亚·乌里扬诺娃第一次同时也是最后一次听到了弗拉基米尔·伊里奇的演说。当我们离开斯德哥尔摩的时候,弗拉基米尔·伊里奇把我们送到码头（他不能上船，因为这是俄国公司的轮船，他一上船就可能被捕），直到现在，我还记得他站在码头上望着母亲的神情。当时他的神情显得那样痛苦，他似乎预感到这是他同母亲最后的一次会面。事实正是这样。在二月革命爆发后回俄国之前，弗拉基米尔·伊里奇一直未能同家人见面，而母亲在这次革命前不久即1916年7月就去世了。弗拉基米尔·伊里奇得知母亲去世的消息后写来的第一封信我们没有收到。第二封信也没有保存下来，不过仅就我所记得的内容，可以看出母亲的去世对他是一个多么沉痛的损失，他痛苦地忍受了这个损失，并且多方安慰我们不要因母亲去世而过分悲伤。

弗拉基米尔·伊里奇一向都很关心自己的姐妹、弟弟和马·季·叶利扎罗夫，经常惦念他们生活得怎样，身体怎样，有没有收入，休息得好不好等等。他设法为我们安排翻译工作，有时候把外文书寄给我们译，关心我们的学习和工作，要我们到他那里去住等等。弗拉基米尔·伊里奇对同志也是很关心的，他经常询问他们生活得怎样，而且还尽力在物质方面帮助他们。例如，他给同志们的译文作序，使他们的译文易于出版，因此也就可以得到收入。

不熟悉沙皇时代侨居生活和合法通信情况的同志，可能会对弗拉基米尔·伊里奇的信中时常出现的一些字眼感到奇怪和费解，如他常提到他生活得"非常平静"、"凑凑合合"、"平静而又安逸"等等，可是这些信都是在诸如帝国主义战争那样的时候写的，而从书刊和秘密信件中可以看到，那时他正拼命地同毒害了大多数社会民主党的沙文主义作斗争。这里不应忘记，弗拉基米尔·伊里奇当时只能利用报刊发表言论，而且还是利用几星期甚至几个月才出版一次的机关刊物，同时邮寄报刊同邮寄小册子一样又极端困难。此外,他也只能在国外侨民的小型集会上或在一些规模不大的外国工人小组里发表言论。显然,这些机会对弗拉基米尔·伊里奇说来是少得太可怜了。如果根据娜·康·克鲁普斯卡娅的说法,他在俄国革命开始的时候活像一只要冲出牢笼的狮子的话,那么对他说来,过去,特别是在帝国主义战争时期远离俄国而侨居国外的生活不就是一座牢笼,使他受着很大的约束而无法施展才能和发挥他那领袖和人民的代言人的天性吗? 他要冲出去,真正像狮子那样冲出去,到广阔得多的天地中去,但是却被迫只做两三个同志的工作,以便通过他们联系广大群众。这种工作以及"沉寂的伯尔尼"的环境对弗拉基米尔·伊里奇这样的人难道不是太"平静"、太"凑凑合合"了吗? ……

在合法信件中只是偶尔才透露出一点他是多么激烈反对"最有害的可恶的机会主义者",反对"有关投票赞成军事拨款等等卑鄙之极的言论"。他那时是受到书报检查制度的限制的,我们只要看看在他的来信中有哪些句子(见附录①)使保安人员和宪兵认为"值得注意",并且成了"物证",就可以了解当时他同他的亲属们"要随便写信是很困难的"②那种处境了。

所以我们在本序言开头就特别指出,弗拉基米尔·伊里奇的家书的重要性和意义主要是有助于说明他作为一个普通人的性格(当然根本说不上很完全,而且由于警察制度的影响还有些片面的地方)。我们认为,从这一点来说,这些信件对有关弗拉基米尔·伊里奇的读物是一个宝贵贡献,唯一遗憾的事就是他写给亲人和同志的许多信件丢失了。至于列宁作为一位领袖、政治

---

① 见本卷第 465—466 页。——编者注
② 见本卷第 426 页。——编者注

活动家和学者，则有另外一些文献，首先是他的丰富的遗著足以说明。

第二次侨居国外对弗拉基米尔·伊里奇来说特别难受。他结束了彼得堡和彼得堡近郊的生活来到了日内瓦；重返旧地，使他感到特别难过。1908年1月14日他在给玛丽亚·伊里尼奇娜的信中写道："我们在这个该死的日内瓦已经待了好几天了……　这是个令人厌恶的偏僻地方，但是没有办法。将来会适应的。"①弗拉基米尔·伊里奇以他始终保持着的百折不回的精神开展了工作，无论什么条件他都善于"适应"。他在下一封给母亲的信中写道："只是在搬家的那一阵子，因为是从好地方搬到坏地方，才感到有点不愉快。这本来是不可避免的。"②在这个时期，他痛感缺乏写作所需的图书资料、新书和报纸，这也是从好到坏，因为在彼得堡的时候，所有报刊和各种新书他都能看到。因此，他要我们"弄来第三届杜马的记录（官方出版的速记记录，以及提交杜马的声明、质询和法案）"，并且"**全部**寄来，不要遗漏"。③　他对"十月党人、右派和哥萨克集团等等的纲领、通告和传单"也很感兴趣。他缺少这些他所需要的材料，而"在杜马里所有这些'废纸'一定遍地皆是，根本没人去捡"。④　他还要我们把"孟什维克出版的**所有新书**"⑤、幸免于难的各种工会杂志以及其他材料寄给他。

弗拉基米尔·伊里奇侨居国外的时候不仅缺书（尽管我们尽力在书市寻找最有用的书供给他），而且也缺俄国的各种报纸。这

① 见本卷第286页。——编者注
② 见本卷第288页。——编者注
③ 见本卷第286页。——编者注
④ 见本卷第294页。——编者注
⑤ 见本卷第287页。——编者注

种情况在帝国主义战争时期特别严重,当时弗拉基米尔·伊里奇往往一份俄文报纸都看不到。他在1916年9月20日的信中写道:"请把看过的俄文报纸一星期给我寄一次,否则我**一张**俄文报纸也看不到。"①

弗拉基米尔·伊里奇经济上也非常困难,特别是在他侨居国外的最后几年。"我们原有的一切生活来源很快就要断绝,因而收入问题相当严重。"(见1915年12月14日的信)娜捷施达·康斯坦丁诺夫娜来信说:这个问题"使他相当着急",②因为弗拉基米尔·伊里奇对待钱财,对待任何人给他的帮助,都是不轻易接受的。他在1916年9月20日的信中写道:"无论如何我要写点东西,因为物价高得要命,生活困难极了。"③

就在二月革命前的几个月内,即1916年秋,弗拉基米尔·伊里奇还在找书翻译,同出版人接洽出版问题。如果他真的把自己的时间花在翻译上是多么不合算呀,然而革命终于"妨碍了"他去做这件工作。

这就是革命前不久他侨居国外时的生活情形。远离俄国,远离他一心要直接去影响的工人群众,再加上侨居生活的种种困难,在这种情况下,虽然弗拉基米尔·伊里奇始终保持着他那坚韧不拔的精神,但是这一切却使他"神经失调",他整个身体都受到了很大的损害。

在1917年2月15日的来信中他带着苦笑的口吻转述了在他收到俄国寄来的汇款时娜捷施达·康斯坦丁诺夫娜所说的一句笑

---

① 见本卷第440页。——编者注
② 见本卷第531页。——编者注
③ 见本卷第440页。——编者注

话:"你开始领'养老金'了"。①

透过这个笑话我们清楚地看到了弗拉基米尔·伊里奇革命前生活的困难情况,但在这封信以后,却是一封简短的喜气洋洋的电报:"星期一夜11时到。请通知《真理报》。"②

他侨居国外的生活结束了,同亲属们的通信也终止了。

后来我只收到弗拉基米尔·伊里奇的两个便条③,很短,短得就像伟大的十月革命胜利前夜克伦斯基执政和科尔尼洛夫叛乱的时候他秘密地住在芬兰的那个时期一样。

玛·乌里扬诺娃

---

① 见本卷第445页。——编者注
② 见本版全集第47卷第447号文献。——编者注
③ 见本卷第448、449页。——编者注

关于弗拉基米尔·伊里奇的家书^①

私人信件对于了解一个人的生平和他的个性是有一定意义的。私人信件能表现这个人的日常生活，他同别人的关系，可以显示他在科学活动或社会活动中显示得不够或根本没有显示出来的性格的某些侧面，至少可以为对这个人的评价添上几笔。虽然弗拉基米尔·伊里奇的书信一般都很简短扼要，从来不爱宣泄感情，也从不啰唆；虽然这些信件令人感到写信人是个一向不轻易把时间花在任何私事上的干事业的人，但就是这些信件，也多多少少反映了写信人的性格。

同时也不应当忘记：这些信件是在沙皇的书报检查制度下写的，随时都要提防对信件的秘密检查，因此就不得不写得特别简短扼要。弗拉基米尔·伊里奇曾写信给妹妹玛丽亚·伊里尼奇娜说："要随便写信是很困难的"^②，而用化学方法写信就比较自由些。在这些用化学方法写的信件中，除了谈纯粹的事务问题以外，还谈党内的最新消息、代表大会和代表会议的情况；还有弗拉基米尔·伊里奇对某些人和党内某些派别三言两语的精辟的评价，以及他在随便交谈时特有的鲜明而果断的词句。但是这些信件看过

---

① 这是安·伊·乌里扬诺娃-叶利扎罗娃为1931年版和1934年版《列宁家书集》写的文章。——编者注
② 见本卷第426页。——编者注

以后就要毁掉，因此，当然就一封也没有保存下来。这些用化学方法写的信常常写在信件的行间，更常用的方法是写在书籍、杂志和某些抽印本的行间。所以，在弗拉基米尔·伊里奇列举他收到的书籍的时候，如果写到某《技术教育和职业教育工作者代表大会日志》或《〈文库〉的抽印本》"非常有意思，因此，要特别感谢阿纽塔"①，那当然就是指他已经收到用化学方法写的信了。有些用普通墨水写的，但不是寄到我本人住处的信，我也没有保存下来，例如，我在1913—1914年所收到的那些写着约定的化名寄到《启蒙》杂志编辑部的信就属于这一类。即使是寄到我本人住处的信，也不全都宜于保存；记得有两三封信就是伊里奇自己要我毁掉的。

　　关于收在这个集子里的信件还要指出的是：这些信既然是家书，其中自然就有不少地方纯粹是谈论家事，涉及人们普遍关心的问题较少，但是，从另一方面来看，这些人不仅仅是亲属关系，而且还志同道合，他们在通信中也商谈工作问题，所以这些合法信件有时是整个通信的一个补充，是这个总链条上的某些环节。诚然，弗拉基米尔·伊里奇不曾为了工作上的问题直接给母亲写信，但他对母亲什么都不必隐瞒，因为他知道母亲是完全同情他的一切革命要求和全部工作的。因此，写给家里某个成员的信多半都是给全家看的。在写给母亲的信里常常委托姐妹、弟弟或者姐夫办事，这些信通常都给全家看，如果家中什么人在外地，那常常就把信转寄给他。

　　当然，弗拉基米尔·伊里奇的家书还有更大的意义，因为这些书信前后涉及的25年是我们党建立和成长的时期，而弗拉基米

---

　　① 　见本卷第94页。——编者注

尔·伊里奇在党的建设中又占着如此重要的地位。

1897—1899年和1908—1909年是弗拉基米尔·伊里奇的两部巨著《俄国资本主义的发展》和《唯物主义和经验批判主义》出版的时期,在这两个时期中,因为他常常委托我们办理出版和校对等事宜,所以通信最为频繁,内容最为丰富。而第一个时期中的通信之所以比较频繁,内容比较丰富,除了上述原因外,还因为这些信件是在流放期间写的,在被迫离群索居和脱离实际生活的流放时期,即使是最孤僻的人也是很爱写信的。从这一时期弗拉基米尔·伊里奇的来信中,特别是从他写给母亲的非常详细的信中,可以清楚地看到他当时的生活条件、爱好和习惯。在这些信中他的个性也许可以说表现得最为明显。

另外,最重要的是从这些流放期间的信件中可以看出弗拉基米尔·伊里奇不仅没有脱离实际生活,相反他在信中谈到了当时马克思主义理论和实践的所有最迫切的问题。从这些信中可以看到,他对"劳动解放社"的成员、对普列汉诺夫和阿克雪里罗得所抱的态度(信中用的都是化名,当时只能这样写);可以看出他对他们是如何极力支持,对他们怀着如何深切的敬意,如何通过信件同他们来往,委托我(1897年我在国外)同他们商谈。弗拉基米尔·伊里奇在这些信中着重指出:阿克雪里罗得警告过的"孤立于政治生活之外"的危险后果是绝对应当防止的。"……我认为作者在这方面完全正确,万分正确,特别是在反对狭隘的'经济主义'拥护者方面。"①弗拉基米尔·伊里奇在这里所说的"经济主义"拥护者是指马斯洛夫一伙,即指《萨马拉新闻》编辑部,这个编辑部指责以司徒

① 见本版全集第44卷第17页。——编者注

卢威为首的《新言论》杂志同情资产阶级、同情自由主义。弗拉基米尔·伊里奇认为当时迫切的任务是不要仅仅在经济斗争方面进行宣传鼓动。他在被捕前不久曾对我说过:"重要的是必须防止滋长这样的幻想,认为仅仅同工厂主进行斗争就可以斗出结果来。应当一开始就提高工人的政治意识。"因此,弗拉基米尔·伊里奇同"劳动解放社"完全一致,在司徒卢威同萨马拉新闻派发生的这些分歧中,他同费多谢耶夫和马尔托夫一样,站在司徒卢威方面,他还写信给马斯洛夫等人为司徒卢威说话。据马斯洛夫说,弗拉基米尔·伊里奇有一封信写得火药味很浓,最后有这么一句话:"如果你要打仗,那咱们就打。"在1899年的信中,弗拉基米尔·伊里奇曾一再表示反对萨马拉派。

弗拉基米尔·伊里奇在1899年2月13日的信中说:"关于萨马拉派,我很怀疑他们能说出什么像样的话来(已经有人给我写信谈到了他们对"资产阶级性"的指责)。"[①]关于为格沃兹杰夫的著作写书评的事他说:"我并不怎么乐意写。我不喜欢这本书:没有什么新东西,都是些老生常谈,有的地方文字不通……""假如能够就这个题目(这里谈的是一篇论遗产的文章。——安·叶·注)同那些不受格沃兹杰夫主义约束的人们讨论一下(读过格沃兹杰夫论富农经济的书[②]没有?我看写得太差了),那是很有益也很有意思的"。[③]

弗拉基米尔·伊里奇一方面继续反对"经济主义",赞同阿克雪里罗得和普列汉诺夫的意见(他们在1895年弗拉基米尔·伊里

---

① 见本卷第164页。——编者注
② **罗·格沃兹杰夫**《富农经济的高利贷及其社会经济意义》1899年圣彼得堡版。
③ 见本卷第161、169—170页。——编者注

奇第一次出国时期就坚持必须结束在小组内与民粹派争辩的关门主义的做法,主张转而组织社会民主主义的政党),但同时也指出阿克雪里罗得新出的一本论俄国的自由主义民主派同社会主义民主派的关系的小册子中有另一种片面性。他指出作者对运动的阶级性强调得不够,对那些因不满而谋反的大地主说了过多的好话;指出应该说利用他们,而不是支持他们。

伊里奇在这些信件中对当时产生的修正主义思潮(伯恩施坦的著作、德国修正主义者在《新时代》杂志上发表的文章和布尔加柯夫的文章)表示愤怒。关于布尔加柯夫他写道:"布尔加柯夫真把我给气坏了:真是胡说八道,纯粹是胡说八道,加上那种没完没了的教授式的装腔作势,鬼知道他写的是些什么东西!……""他**公然歪曲**考茨基的话。""我想写《论考茨基的著作……》"(反驳伯恩施坦。——安·叶·注)(见1899年5月1日的信)。①

关于伯恩施坦他写道:

"伯恩施坦的书我和娜嘉马上就着手阅读了,现在已读完一半以上,但书的内容愈来愈使我们吃惊。理论上太差了;尽重复别人的思想。都是些空洞的批评,连认真地进行独立的批评的尝试都没有。实践上是机会主义……而且还是**胆小的**机会主义,因为伯恩施坦对纲领简直连碰也不愿碰一下。……伯恩施坦指出许多俄国人都支持他……这使我们非常气愤。不错,我们在这里大概都已经真的成了'老年派','落后于'从伯恩施坦那里抄来的……'新词句'了。我不久就要写信给阿纽塔详细地谈谈这个问题。"②

伊里奇要妹妹玛丽亚·伊里尼奇娜设法给他弄到定于10月

---

①　见本卷第184、189页。——编者注
②　即用化学方法写信。(见本卷第98号文献。——编者注)

举行的汉诺威党代表大会的报道(见 1899 年 8 月 22 日的信)。汉诺威党代表大会的主要问题,大家都知道,是关于伯恩施坦的问题。伊里奇把自己写的关于布尔加柯夫文章的评论(曾发表在《科学评论》杂志上)①寄给《新言论》杂志时写道:

　　"当然,在自己人中间展开论战是不愉快的,所以我尽量缓和语气。但是,如果闭口不谈分歧,那就不仅仅是不愉快的,而**简直是有害的**了,再说,对于德国和俄国马克思主义中的'正统思想'和'批判主义'之间的根本分歧,是不能闭口不谈的。"②

　　杜冈-巴拉诺夫斯基也使弗拉基米尔·伊里奇很气愤,他(1899 年 6 月 20 日的信)写道:"《科学评论》杂志第 5 期已经看到,我认为这一期上发表的杜冈-巴拉诺夫斯基的文章极其荒谬,纯粹是胡说八道。他为了'驳倒'马克思,竟任意窜改剩余价值率,并且提出一个荒谬绝伦的前提:劳动生产率改变后产品价值不变。我不知道是否值得撰文评论每一篇这种胡说八道的文章,我想还是让他先履行诺言去更详细地发挥这一点吧。我现在愈来愈坚决地反对马克思主义中的最新的'批评的潮流'和新康德主义(把社会学规律和经济学规律分开的思想就是新康德主义的一个产物)。《唯物主义史论丛》的作者③完全正确,他认为新康德主义是反动资产阶级的反动理论,并且起来反对伯恩施坦。"④

---

①　指列宁的论文《农业中的资本主义(论考茨基的著作和布尔加柯夫先生的文章)》(见本版全集第 4 卷第 85—134 页)。这篇论文曾寄给《开端》杂志,因这家杂志被封,改在 1900 年 1—2 月《生活》杂志上发表。——编者注

②　见本卷第 189 页。——编者注

③　指普列汉诺夫。

④　见本卷第 195—196 页。——编者注

　　弗拉基米尔·伊里奇的第二篇论文是《再论实现论的问题》①（这篇文章已经主要针对司徒卢威了，司徒卢威对修正主义的同情已愈来愈明显）。当然，弗拉基米尔·伊里奇的这次批评仍属对观点相同的人的同志式的批评。

　　"答司徒卢威的文章我就要写完了。我认为，司徒卢威把问题搅得太混乱了，他的那篇文章可能引起拥护者的不少误会和反对者的幸灾乐祸。"（见3月7日的信）②

　　他的担心逐渐加重起来，这一点比较明显地反映在同年给波特列索夫的一些信中（《列宁文集》第4卷）。同时他在信中还说，他正在看手头为数不多的一些哲学书，开始研究哲学。

　　娜·康·克鲁普斯卡娅在1899年6月20日给玛·亚·乌里扬诺娃的信中写道："沃洛佳现在正努力阅读各种哲学著作（现在这是他的正业），如霍尔巴赫、爱尔维修等等。"③

　　此外，弗拉基米尔·伊里奇在信中也提到了在那个时期大概是最重大的一个政治事件，即所谓的《信条》和17个社会民主党人的小组对它的答复④，他在信中写道：

　　"关于《信条》，我不久以后将写信给阿纽塔详谈⑤（我和我们大家对这件事很注意，也很**气愤**）。"（见1899年8月1日的信）⑥

　　"关于青年派的信条，通篇都是言之无物的辞藻，简直使我吃

---

①　《列宁全集》第2卷第405页。（此处指俄文第2版，见本版全集第4卷第60—78页。——编者注）
②　见本卷第171页。——编者注
③　见本卷第487页。——编者注
④　见本版全集第4卷第144—156页。——编者注
⑤　即用化学方法写信。
⑥　见本卷第198页。——编者注

惊。这不是信条,纯粹是无聊的文字堆砌!我打算对它作一个比较详细的评论。"(见1899年8月25日的信)①

　　这个文件是由我寄给伊里奇的,《信条》这个名称也是我很偶然地给它取的。我当时并不认为这个文件有什么特殊的意义,所以就在信中用化学方法尽量写得简短些:"现寄上青年派的一份《信条》。"

　　后来这个名称不知怎的就固定下来,并且谈起"反信条"来了,这时我就不安起来:由于用了这个不正确的名称,我无意中夸大了这个文件的意义。于是我又用化学方法给伊里奇写信作了解释。但是信中的这个地方不知怎的他大概没有看到,因为当他从流放地回来后我对他说,这个文件不是哪个青年派的信条,它出自两个作者——库斯柯娃和普罗柯波维奇的手笔,《信条》这个名称是我取的,弗拉基米尔·伊里奇听了很奇怪,就又问了一句:"是你取的?"不过,他沉默了一会儿后就说,不管怎样,给它一个答复还是必要的。于是文件就以这个名称流行起来了。

　　总之,我们看到,弗拉基米尔·伊里奇在流放时期的家书中对于当时党的生活中的一切迫切问题都有所反应;这些信件显示出他那条正在形成的基本路线的方向,这条路线既要避免经济主义的狭隘性,又要避免因赞赏自由派而态度暧昧的危险,同时也要克服纯知识分子式的对修正主义、对为批评而批评的迷恋。他在流放期间就已经在物色人选以从事未来的建党工作,创办"不化装的"出版物②,他在给波特列索夫的信中曾经说明办这个出版物的

---

① 见本卷第206页。——编者注
② 列·加米涅夫在《列宁书信集》序言和注41(《列宁文集》第4卷第19页)中对"不化装的出版物"的解释显然是不正确的。所谓"化了装的出版物",当然不

必要性,他指出,在一起流放的同志中只有马尔托夫一人可以担任这项工作,因为"这里只有他对这一切"(杂志的利益即党的利益)"非常关切非常积极"。他拟订了办《火星报》的计划。

在1908—1909年《唯物主义和经验批判主义》这一著作出版期间,弗拉基米尔·伊里奇在信中也谈到一般性的问题,特别是这部著作的问题,虽然谈得比流放时期要少得多(流放时期的信一般都比较详细)。但是,我们党内以波格丹诺夫和卢那察尔斯基为首从哲学方面来修正马克思主义的企图,也同伯恩施坦从政治经济学方面来修正马克思主义的企图一样,引起了弗拉基米尔·伊里奇的同样的愤慨。我们知道,还在西伯利亚的时候,混入马克思主义中的这股新康德主义潮流就曾驱使他着手研究哲学,在我国第一次革命失败后的反动年代里,寻神说的潮流也迫使他深入钻研哲学,并且写成一本著作来分析这种脱离马克思主义的倾向。

弗拉基米尔·伊里奇在1908年7月13日给妹妹玛丽亚·伊里尼奇娜的信中写道:"我的病大大推迟了我的哲学研究。但是现在我差不多完全复原了,我一定能把书写成。我对马赫主义者已经作了很多研究,我认为,他们("经验一元论"也包括在内)种种鄙俗透顶的见解我都弄清楚了。"②

弗拉基米尔·伊里奇对"僧侣主义"特别愤慨。这个术语他用来称呼各种寻神说,称呼利用这种或那种方式把宗教观念偷偷塞进马克思主义的各种意图。为了通过书报检查,他建议把书中的"僧

是指穿上社会民主主义外衣的自由派出版物,而是指为了通过书报检查而不得不以合法面貌出现的我们社会民主党自己的出版物。也就是说除了合法的出版物以外,还需要秘密的社会民主党的出版物。在这里没有任何必须同"化了装的自由派"划清界限的意思。绝不能有任何别的理解。

② 见本卷第298—299页。——编者注

侣主义"一词一律换成"信仰主义",并加注释说明("信仰主义是一种以信仰代替知识或一般地赋予信仰以一定意义的学说")①。

书上就是这样印的。而加注的那一句话,在手稿里本来是这样的:"我们的这些要把辩证唯物主义消灭的人,以所有这些所谓最新的学说为依据,竟肆无忌惮地谈起公开的僧侣主义来了(卢那察尔斯基最为明显,但决不只是他一个人)。"弗拉基米尔·伊里奇非常严厉地痛斥了这些"要把……消灭的人们",要我对他们一点也不要缓和;只是为了要通过书报检查,才好不容易地同意缓和一些。

"'设想出了一个神'应该改成:'"设想出了"……(说得和缓些)宗教的概念'或诸如此类的说法。"②

在手稿里句子本来是这样的:"人们可以去想象和'设想'各种各样的地狱、各种各样的鬼怪,卢那察尔斯基甚至设想出了一个神。"而当不必考虑书报检查的时候,他就给我写信说:"凡是斥责波格丹诺夫、**卢那察尔斯基**一伙的地方,**请丝毫**也不要缓和。缓和是不行的。很遗憾,你把切尔诺夫同他们比起来是一个'较诚实的'论敌这句话勾掉了。这样语气就变了,同我的谴责的整个精神不符。关键问题在于:我们的马赫主义者都是马克思主义哲学方面的**不诚实的**、卑怯的敌人。"③他还说:"斥责波格丹诺夫和斥责卢那察尔斯基僧侣主义的地方,不要缓和。我们同他们已经**完全决裂**。用不着缓和,不值得这样做。"(见1909年3月9日的信)④

---

① 见本卷第307页。——编者注
② 见本卷第314页。——编者注
③ 见本卷第332页。——编者注
④ 见本卷第330页。——编者注

他在3月21日信中写道:"在批判康德主义的一节中尤其**不要勾掉'普利什凯维奇'等人!**"①

伊里奇把"普利什凯维奇"同马赫主义者相比的原因是:普利什凯维奇声称他对立宪民主党人的批判比马克思主义者更彻底更坚决,而马赫主义者则声称他们对康德的批判比马克思主义者更彻底更坚决。伊里奇正告普利什凯维奇说,普利什凯维奇先生不应该忘记:"你们批判立宪民主党人,是因为他们是**过分的**民主派,而我们批判立宪民主党人,却是因为他们是**不够格的**民主派。马赫主义者批判康德,是因为他是过分的唯物主义者,而我们批判康德,却是因为他是不够格的唯物主义者。马赫主义者从右边批判康德,而我们从左边批判康德。"(见《列宁全集》俄文第2版第13卷第163页)②

后来,弗拉基米尔·伊里奇把第4章第1节的补充——《车尔尼雪夫斯基是从哪一边批判康德主义的?》寄来的时候又写道:"我认为把车尔尼雪夫斯基同马赫主义者对照一下是极为重要的。"③谈到这些分歧(即一般所说的同"前进"集团的分歧)的政治方面,伊里奇在这一时期的合法信件中只提了寥寥数语:"我们这里的事情很不妙,大概要出现Spaltung(分裂。——安·叶·注);过一个月或一个半月再告诉你确实的消息。现在还不能作更多的猜测。"④(见5月26日的信)关于这次分裂,《关于〈无产者报〉扩大编辑部会议的公报》以及附在公报后面发表的几项决议(即第5

---

① 见本卷第335页。——编者注
② 见本版全集第18卷第205页。——编者注
③ 见本卷第337页。——编者注
④ 见本卷第346页。——编者注

项——关于断绝和马克西莫夫(波格丹诺夫)同志的关系——和第4项——关于卡普里党校)都曾详细谈到。"鉴于某地党校的发起人和组织者都是召回主义、最后通牒主义和造神说的代表人物这一情况",《无产者报》编辑部对这个学校不能负任何责任。(1909年6月决议,《列宁全集》俄文第2版第14卷第89—103页)①

后来几年一般比较少写信,社会性的问题谈得就更少。

第二次侨居国外的头几年过得很沉闷,忧郁,伊里奇心情很沉重。1911年秋天我去巴黎看望他的时候就曾看到这种情况。当时他的情绪显然不像通常那样明朗愉快。有一次我们两人散步的时候他对我说:"不知道还能不能活到下一次革命。"我记得他说这话的时候神情很忧郁,就像1895年在保安机关照的那张相片上的神情一样。这是艰苦的反动时期。当时只不过略微呈现了某些复兴的迹象,例如《明星报》和《思想》杂志的出版。

他在1911年1月3日的信中用高兴的语气告诉我们:"昨天收到了从俄国寄来的《明星报》第1号,今天又收到了《思想》杂志第1期。真使人高兴!……这是件可喜的事情!!"②

弗拉基米尔·伊里奇这时的心情,由于那种"不可开交的纠纷"即同中央委员会国外局和"前进"集团的分歧而分外沉重。这种纠纷使工作进行得非常糟糕。他在1910年的信中就提到过这种纠纷。弗拉基米尔·伊里奇在1911年1月3日给马·季·叶利扎罗夫的信中请他原谅没有及时回信,所说的理由也是这个时期"纠纷特别多"。

从信中可以看出,弗拉基米尔·伊里奇1912年秋迁居克拉科

---

① 见本版全集第19卷第38—40页。——编者注
② 见本卷第379页。——编者注

夫以后的心情就大大舒畅了。他在信中说,现在比在巴黎过得好,神经可以得到休息,写作多了,纠纷少了。《真理报》的工作、工人中和革命工作中出现的高潮,对弗拉基米尔·伊里奇当然起着很好的影响。纠纷也缓和下来,弗拉基米尔·伊里奇于是在信中说:高尔基对我们不那样看不惯了。大家知道,不久高尔基就参加了布尔什维克的《启蒙》杂志编辑部。

弗拉基米尔·伊里奇在信中还谈到打算由《真理报》出版一些小册子,还谈到他看到的俄国人多了,觉得自己离俄国似乎近了,因此他叫马·季·叶利扎罗夫到扎科帕内疗养地去找他,并告诉他从华沙到那里有直达列车;叫我也去,并暗示说边境的居民花30戈比就可以出入国境。

他对克拉科夫的生活大致是满意的,他在信中说,他哪儿也不想搬了,"除非战争把我们赶走,但我不大相信会打起来"①。

从1913年秋天起,我住在彼得堡,在布尔什维克的《启蒙》杂志、《女工》杂志和《真理报》工作。在这一时期,除了用化学方法写信以外,我同弗拉基米尔·伊里奇还就出版方面的事情多次通信,信件寄交《启蒙》杂志编辑部安德列·尼古拉耶维奇(这是化名)收。这些事务性的信件,我现在只保存有两封被秘密检查过的信,这两封信没有编入这个家书集。

在战争年代,通信当然比较少,而且许多信件都寄丢了。但是就在这些保存下来的不多的信件里,甚至在明信片上,弗拉基米尔·伊里奇也谈到了他认为是最急需解决的一般性问题。例如在1910年2月1日的明信片上这样写道:"最近我们这里的情况非

---

① 见本卷第396页。——编者注

常'激烈',但是最后决定争取同孟什维克讲和,事情就是这样,虽然看来非常奇怪。我们停办了派别机关报,并试图更有力地推动**统一**。且看是否成功。"①

在1912年3月24日的明信片上这样写道:"……现在我们这里自己人正在争吵不休,互相抹黑,这种事情很久没有发生了,恐怕从前也未必发生过。所有的小组、分组都起来反对最近的代表会议及其组织者,以至于大家在这里一开会简直就要闹到打架的地步。"②

他在1914年11月14日的信中写道:"看到各国沙文主义的滋长以及像德国(当然不仅仅是德国)马克思主义者或假马克思主义者那样的叛变行为③,十分痛心……　自由派又一次称赞普列汉诺夫是完全可以理解的:他完全应当受到这种可耻的惩罚。……那一期卑鄙无耻的《现代世界》杂志已经看到了……可耻,真可耻! ……"④

在这给中央委员会的信件大大减少的时期,我们用化学方法写的谈工作问题的信件来往却更频繁起来。在1915年的一张唯一被保存下来的明信片中,弗拉基米尔·伊里奇特别——"非常非常"——感谢我寄给他"书、十分有趣的教育文集和信"。⑤ 这里所以说教育文集"十分有趣",当然是因为在书的行间有用化学方法写东西。

---

① 见本卷第364页。——编者注
② 见本卷第386页。——编者注
③ 指1914年8月4日德国社会民主党投票赞成军费拨款。
④ 这一期刊登了约尔丹斯基的文章《胜利一定到来!》。(见本卷第429页。——编者注)
⑤ 保存下来两张明信片,见本卷第256号和257号文献之间的插图。——编者注

总之,从弗拉基米尔·伊里奇的家书中,我们可以看到伊里奇一生为正确地理解马克思主义、为在无产阶级运动的不同发展阶段正确运用马克思主义而进行斗争的痕迹。

————

现在,让我们根据这些书信作一些概括,简要地谈谈我们认为在这些家书中反映出来的弗拉基米尔·伊里奇的个性和性格的某些特点。

首先我们可以看到的是他持久的眷恋之心。这一点在《无产阶级革命》杂志发表弗拉基米尔·伊里奇的部分家书时的许多评论文章都已经指出。就是说,他对一些人的态度在许多年里始终如一。不错,那些人是他的至亲,然而,这些书信还是勾画出了他那种持久的关怀,那种始终如一、坚定不移的性格。此外,从这些书信中我们同样也可以看到他那种对自己的事业的坚定持久的信念和信心。一个人对于自己的亲人总是最坦率的,我们从弗拉基米尔·伊里奇的家书中看不到有半点动摇、疑惑和三心二意。

我们都亲眼看到,在他身上不仅没有过任何颓唐沮丧(他的性格中根本没有这些东西),而且他从来不埋怨自己的处境(无论在坐牢、流放或者侨居国外的时候),甚至在叙述这些事情的时候也不带一点牢骚。当然这里还有另外一个原因,就是大部分信件都是寄到母亲那里去的,母亲已经为儿女们承受了很大的痛苦,这一点对于一向热爱和敬重自己母亲的弗拉基米尔·伊里奇是有深刻的感受的。他感到他自己的活动已给母亲造成许多不安和痛苦,既然这都是因他而引起的,所以他就尽量给母亲写得缓和些。

当他给家庭其他成员,或给一时没有同母亲住在一起的家庭成员写信的时候,信中也充满了这样蓬勃的朝气。例如,我记得

1900—1902年我住在国外的时候,他给我写的信都是这样的,当然这些信在我回俄国的时候都不得不销毁了。我记得,他的信总是像一泓清泉,冲洗着种种灰心、烦躁和消极情绪,使你精神大为振奋,情绪饱满起来。同时,他的自信心并不使你感到压抑而是鼓舞你努力去更充分地发挥自己的作用,他的俏皮的幽默使人胸怀开朗,使你无论做什么工作都能得到最好的调剂。他的书信反映出他对别人的情绪极为关切,反映出他的友好的同志式的关怀,这一点从他对母亲和家庭其他成员的关注中可以看出,从他对同志的关注中也可以看出,他无论在坐牢、流放或侨居国外的时候,总是那样关切地问候他们,提起他们(见1897年3月15日和4月5日的信)。

此外,弗拉基米尔·伊里奇朴实自然,非常谦虚,不仅一点不摆架子、不说大话,而且从不居功,不炫耀自己,这也是他突出的地方。他从年轻的时候起就是这样,而一个有才干的人在年轻时候往往都是有点好炫耀自己的。例如,他曾在长时间内不同意把他所写的那部精心巨著以《俄国资本主义的发展》作为书名,他说这个书名"太大胆、太广泛、口气太大",书名"应当……普通一些"(见1899年2月13日的信),对于用了这个书名销路就会好些的说法,他"也不大喜欢"(见1899年1月10日的信)。①

为了写哲学著作和其他著作,他在坐牢、流放以及后来在国外,都花了许多精力来研究材料,他撰写各种合法的和不合法的文章和小册子(其中许多已经散失了),这一切,他同样也都认为是完全自然和理所当然的事。从这里还可以看到弗拉基米尔·伊里奇

---

① 见本卷第163、150页。——编者注

的很强的工作能力和他那种承担了某项工作就顽强地坚持到底的精神。例如他对于《俄国资本主义的发展》或者这本书的某一章的写作，一般都是如期完成的，这从后面刊载的信中可以看出。

对自己要求严格，自然也就对别人严格。他对于先后同他在一起工作过的同志，总是提出许多任务，并且想尽办法使他们做好，用他那种不折不扣按时完成的作风教育他们。伊里奇向来对做工作、办事情和信件来往中的马虎和拖拉作风不满。例如，在流放地的来信中，他责备司徒卢威不及时回信；在1908—1909年的信中，他对斯克沃尔佐夫–斯捷潘诺夫同志没有好好完成他承担的校阅《唯物主义和经验批判主义》一书的校样的任务很不满意，等等。

从弗拉基米尔·伊里奇的信中还可以看到，他的生活非常俭朴，不讲究，能够随遇而安。不管条件怎样，他在信上总是说不缺少什么，吃得不错。在西伯利亚时是这样，那时他每月的全部生活费就只有官方补助的8卢布；侨居国外时也是这样，当我们偶尔到他那里时，一检查，就总发现他的营养是远远不够的。他的境况使他非但不能帮助母亲，反而不得不超出常情，较长期地接受母亲的资助，这种情况总使他很苦恼。例如，他在1893年10月5日的信中这样说："……花得太多了：一个月用去了38卢布。显然，我过得不够节俭，例如单是乘有轨马车一个月就花了1卢布36戈比。大概对环境渐渐习惯以后，我就会少花些钱的。"[1]后来，他听说母亲从他给别人的信中知道了他生活困难，准备寄钱给他，他感到很不安，请求母亲不要给他寄钱，也不要节省抚恤金（见1911年1月

---

① 见本卷第1页。——编者注

19 日的信）。

在稿费收入不够用时，不得不由党补助，这也使他感到难堪。弗拉基米尔·伊里奇有一次用苦笑的口气，转述在他收到从俄国寄来的汇款时娜捷施达·康斯坦丁诺夫娜说的一句笑话："你开始领'养老金'了"（见 1917 年 2 月 15 日的信）。①

为了节约，只要有可能，弗拉基米尔·伊里奇总是尽量利用图书馆的书籍。在娱乐方面他几乎一个钱也不花：看戏和听音乐（见 1901 年 2 月 9 日的信）非常少，以致生活开支上就没有这一笔账。弗拉基米尔·伊里奇一向总是毫不迟疑地放弃那些去公共场所的休息方式，而选择到大自然中去的休息方式。他在参加第五次党代表大会回去后，从斯季尔苏坚（芬兰）来信说："在这里休息得太好了，游游泳，散散步，清静安闲。清静安闲对我来说比什么都好。"（见 1907 年 6 月 27 日的信）②他在 1897 年从西伯利亚来信说，散散步很舒服，虽然一天要走五俄里左右（约一小时）的路。

他有时背上行囊，同娜·康·克鲁普斯卡娅翻山越岭在瑞士漫游。他攀登过阿尔卑斯山；住在克拉科夫附近的时候爬过塔特拉山。但是吸引他的还不仅仅是这些特别优美的自然景色，他也在像伦敦、慕尼黑这样的大城市的郊区骑自行车或步行游玩。"这里所有的同志当中，就数我们最熟悉**整个**城郊了。我们找到了各种各样的'乡村'小路，熟悉邻近的地方，并且还打算到更远的地方去游玩。"③"我们深入到那些侨民根本不去的偏僻角落。"他很喜欢运动：打猎，滑冰，骑自行车，下棋，并且像青年甚至像孩子那样

---

① 见本卷第 445 页。——编者注
② 见本卷第 281 页。——编者注
③ 见本卷第 272 页。——编者注

天真地沉醉在这些娱乐之中。

　　他曾生动地(虽然很简短)描述过他在日内瓦附近的萨莱夫山中几次漫游和在西伯利亚的"舒-舒-舒"的情况。

　　从这些书信中还可以看到,伊里奇最善于利用他所处的环境。在坐牢和流放的时候,在侨居国外处于革命低潮的时候,他就埋头从事学术、理论工作,就是说,在无可奈何不得不多多少少失去同革命的直接联系的时期,为自己一生的主要事业——无产阶级革命的工作多打下一些科学基础。一旦他同人们能够更广泛地交往,例如在农村,在国外,在往来于各地和旅行期间,则善于抓住实际,了解群众,把细小的事物和现象加以提高概括,不断地建立和巩固理论和共同理想同实际生活之间的相互联系。从每一次交谈中,从来往书信中,无论从什么地方他都善于汲取这样的感受。我们可以看到,伊里奇是多么渴望别人给他寄来仅仅叙述周围情况而不涉及什么大目标的普通信件,多么热切地倾听这些信中所说的话,要求经常写这样的信给他。

　　最后,我们从这些信中还可以看到,无论在监狱里还是在出狱以后,弗拉基米尔·伊里奇都善于保持镇定和平静(见1901年5月19日的信,信中有对玛丽亚·伊里尼奇娜的劝告);而在坐牢之后,在各种惊心动魄的社会事件和政治事件打破了这种平静之后,他就以坚强的意志迅速地恢复平静。他知道,这种平静对于他平生的主要工作,即脑力工作和政治工作来说是非常必要的。就是由于这个缘故,他在整整三年的流放时期中都住在舒沙①,而不像多数流放者那样要求迁到城里去住。他在信中说,临时去去城里

————————
　　① 即舒申斯克。——编者注

比住在那里更好。他在谈到费多谢耶夫自杀事件时说:"在流放地最坏的就是这些'流放纠纷'";"……可别让我在舒舒再有知识分子同志了!"(见1898年1月24日的信)①

　　我们根据自己的看法,大致地谈了谈伊里奇在这些家书中表现出来的性格特点和个性特征。我们相信,发表在这里的信件将有助于读者更充分、更合乎实际地了解弗拉基米尔·伊里奇的为人。

安·乌里扬诺娃-叶利扎罗娃

---

① 　见本卷第116、83页。——编者注

弗·伊·列宁

（1897 年）

1939 年我国出版的《列宁家书集》

1893 年

1

致玛·亚·乌里扬诺娃

10 月 5 日

亲爱的妈妈:昨天收到你 10 月 2 日的来信。我终于找到了一间看来不坏的房间。这里没有其他的房客,女房东家里的人也不多。从我的房间通到他们厅堂的门已经糊上,这样就不大听得到声音了。房间干净、明亮。出入方便。而且离中心区也不远(例如,到图书馆只要走 15 分钟),所以我很满意。

昨天和今天我都见到季洛了。他没有弄到车票,而且遗憾的是,他不可能弄到了,因为他所指望的那个人不在。不过,他说,当他自己在铁路临时管理署里的地位稳定下来以后,是有可能弄到的。但这显然不是很快就能办到的。

我来这里以后,很快就到沃尔科沃墓地[1]去了,那里的一切——十字架和花圈都完整无损。

爱你的　弗·乌里扬诺夫

请寄一些钱来,我的钱快花完了。① 据萨马拉来信说,关于格

---

① 登记当助理律师大约要交 10 卢布,这件事很快就要办理了。

拉福夫案件（我在萨马拉办理的喀山案件）的钱，他们答应在 11 月里付给我。这样我就可以得到大约 70 卢布（如果他们履行诺言的话——不过，这件事情的可靠程度如何，我不知道）。有人答应在这里的一个法律事务所给我安排一个工作，但是这件事什么时候能成功（以及是否能成功），我还不知道。

请把你的经济情况告诉我：从姨母①那里收到一些钱没有？从克鲁什维茨那里收到 9 月份的租金没有？**2** 定金（500 卢布）除用于搬家和安顿新居外，剩下的还多吗？

现在我在圣彼得堡第一次记起流水账来了，看看我究竟要花多少钱。结果，在 8 月 28 日到 9 月 27 日这一个月里，一共花了 54 卢布 30 戈比，其中还不包括买东西的钱（近 10 卢布）和我可能要办理的一件诉讼案的费用（也是近 10 卢布）。当然，在这 54 卢布中，有一部分不是每个月都要花的（套鞋、衣服、书籍、算盘等等）；但是，即使除去这部分（16 卢布），我仍然花得太多了：一个月用去了 38 卢布。显然，我过得不够节俭，例如单是乘有轨马车一个月就花了 1 卢布 36 戈比。大概对环境渐渐习惯以后，我就会少花些钱的。

从彼得堡寄往莫斯科

载于 1929 年《无产阶级革命》杂志
第 11 期

译自《列宁全集》俄文第 5 版
第 55 卷第 1—2 页

---

① 指柳·亚·波诺马廖娃。——编者注

2
致玛·伊·乌里扬诺娃

（10 月）

给玛尼亚莎

我很有兴趣地看了你 9 月 27 日的来信。如果你能时常给我写写信，我是非常高兴的。

我在这里既没有去艾尔米塔什博物馆，也没有去剧院。一个人有点不大想去。将来到莫斯科，我很乐意同你一起到特列季亚科夫绘画陈列馆和其他一些地方去走走。

《俄罗斯新闻》[3] 我是到公共图书馆去看的（看两个星期以前的）。我在这里找到工作以后，可能要订一份。不用为我保存这些报纸，但是，过早地把它们毁掉，我想也不必，某些有意思的东西也许会用得着。

从你谈到的法语教师的情况来看，我感到莫斯科中学生的成绩即使比你好，也好不了多少。中等程度的学生大概不会比你好吧，是吗？告诉我，你在家里是否花很多时间做功课？

告诉米嘉，叫他别理睬那个旧书商了，一本克柳切夫斯基的书[4]他居然索价 25 卢布。4 个卢布，多一个也不能给。米嘉的功课怎样？

再见！

　　　　　　　　　　　　你的　弗·乌·

我写的字你认得出吗？

从彼得堡寄往莫斯科

载于 1929 年《无产阶级革命》杂志
第 11 期

译自《列宁全集》俄文第 5 版
第 55 卷第 2—3 页

1894 年

3

致玛·伊·乌里扬诺娃

1894 年 12 月 13 日

家里不知道为什么好久没有给我来信了。玛尼亚莎,你的身体怎样? 有人写信告诉我,说你又去上学了。

你每天一定要抽出一两小时去散散步。这样埋头用功是会损害健康的。

除了学校的功课以外,你还做些什么? 读些什么书? 常同玛·伊·见面吗?① 她是否到克里木去? 如果方便的话,还望把大学里克柳切夫斯基事件⁵的经过告诉我。据说他作过一次什么演说,后来又出了一本什么书。我连这本书的名字也不知道;我很想知道。

你结识新同学的情况怎样?

你的 弗·乌·

我很早就写信问起《资本论》第 3 卷的事。有人(是个熟人⁶,马尔克认识他)答应给我弄到这本书。但现在我对情况一无所知。

---

① 她收到我的信了吗?

这个诺言不知能否兑现？是仍旧答应去弄书呢，还是不弄了？我很想知道这一点，因为这本书是不容易弄到的。请把这一点转告马尔克。

向全家问候！

妈妈身体好吗？请代我吻她。

等候你的回信。

告诉阿纽塔，我到亚历·安德列耶维奇那里去过了，但是白去了一趟。人家已经答应他了，他也正在等着，但是能否等得到，以及什么时候能等到，都还不知道。

从彼得堡寄往莫斯科

载于 1929 年《无产阶级革命》杂志
第 11 期

译自《列宁全集》俄文第 5 版
第 55 卷第 4—5 页

4

致玛·伊·乌里扬诺娃

给玛尼亚莎

12 月 24 日

我终于握笔答复你 15 日的来信了。

我不能同意你对中学和功课的看法。

第一，大夫说你在圣诞节前不能上学，你却认为缺课不太好。

其实有的学生不仅缺课几星期,甚至缺课几个月。如果你春天又病倒,岂不更糟。

第二,你信中说,要么就休学,既然学习,那"总不能马马虎虎"。我认为,现在最大的问题可能是**毕业**问题。而为了毕业是不必拼命用功的。如果你有时得"3"分,甚至偶尔得"2"分,那有什么了不得呢? 你前两个学季的分数很好,一定会让你升级的。除此之外,你还要什么呢? 而且,既然你上中学以来一直学得很好,那么现在即使完全不做功课,也会顺利毕业的。你应当承认那些得"3"分的人,第一是因为不做功课,第二是因为对学过的东西一点不懂│至少在我们那时候是这样的│。这就是说,你的情况要比他们好。

照我看来,你只有"马马虎虎"学习,才可能毕业。否则,到夏天你又会病得很厉害的。

如果你不愿意马马虎虎学习,那最好还是休学,到国外去。中学总是能毕业的,而旅行可以使你马上就精神焕发,心情开朗,免得待在家里老是萎靡不振。在国外可以看看周围的事物,还可以在那里学到一些比伊洛瓦伊斯基的历史或菲拉列特(?)的教义问答更有意思的东西。

你现在坚持散步吗? 大概没有。为什么你不滑滑冰呢? 你又要说"没有意思"了。究竟不能把自己弄得虚弱不堪,那样"乐趣"就更少了。应当强迫自己活动活动。

关于舍尔古诺夫,我同意你的看法,他有些东西的确已经陈旧了。在他的论文中,你喜欢哪一些? 是关于俄国问题的还是关于历史的？是经济方面的还是哲学方面的？

你的　弗·乌·

从彼得堡寄往莫斯科

载于 1929 年《无产阶级革命》杂志
第 11 期

译自《列宁全集》俄文第 5 版
第 55 卷第 5—6 页

1895 年

5

致玛·亚·乌里扬诺娃

1895 年 5 月 14 日（2 日）于萨尔茨堡

我在奥地利的一个小城市（离目的地已经不远了①）停留两小时，利用这段时间在路上给你写封信，这是我答应过你的。[7]

我在"国外"已经走了两天，在不断练习会话。非常糟糕，我要费很大劲才能听懂德国人讲话，更确切些说，**我完全听不懂**。② 我向乘务员问问题，他回答了我，可是我听不懂。他大声地再说一遍，我仍旧不懂，他就生气走开了。虽然感到这是可耻的失败，但我没有灰心，我还是非常努力地结结巴巴地说着德国话。

向全家问候！

你的　**弗·乌里扬诺夫**

下一封信大概不能很快给你写了。

寄往莫斯科

载于 1929 年《无产阶级革命》杂志
第 11 期

译自《列宁全集》俄文第 5 版
第 55 卷第 7 页

---

① 还有一昼夜多一点的行程。
② 甚至连最简单的话都听不懂，因为他们的发音听起来很不习惯，而且讲得太快。

6

致玛·亚·乌里扬诺娃

5月20日(8日)

上一封信是在路上写的。现在已经住下来了,可是我想不会在这里住长的,很快又要到别的地方去。

这里的风景十分优美。一路上我都在欣赏。过了我给你写信的那个德国车站,就是连绵不断的阿尔卑斯山脉,湖泊一个接着一个,使人简直离不开车窗。要是能知道当地的情况和生活费用(在乡村住一定不会太贵),那真可以到那里去避暑。路费并不贵,而风景实在太美了。

我见着了教女[8]和她家里的人。顺便谈起了马尔克提到过的生活费用问题。[①] 这里雇一个女佣很贵,每月竟然要25—30法郎,要管膳宿,而且听说还要给她吃得很好。

你们在别墅里住下了吗?你们的地址我不一定需要,因为我可以写信给马尔克,可是我想……[②]

从瑞士寄往莫斯科

载于1929年《无产阶级革命》杂志
第11期

译自《列宁全集》俄文第5版
第55卷第8页

---

① 我现在住在……(这个脚注的后半部分在信的第2页上,而第2页没有保存下来。——俄文版编者注)

② 信的结尾部分没有保存下来。——俄文版编者注

7

致玛·亚·乌里扬诺娃

1895年6月8日于巴黎

正在我要动身来巴黎的时候,收到了你的信。真糟糕,米嘉因为生病竟碰上了这样倒霉的事情。我不明白:既然他有病情诊断书,怎能不让他延期考试。他为什么不再想想办法呢? 干吗要白白地丢掉一年呢? 玛尼亚莎现在大概快考完了,或者已经考完了吧。这个夏天,她应当好好休息一下。

巴黎我还只是刚刚接触。这是一个大都市,地方相当大,光看郊区(我经常是在郊区)还想象不出中心区是什么样子。现在给我的印象非常好:街道宽阔而干净,街心花园很多,到处绿树成荫;人们的举止毫不拘束,因此,过惯了彼得堡循规蹈矩生活的人,最初甚至会感到有些惊奇。

要好好地看看这个城市,得花上几个星期才行。

这里的房租很便宜。例如,两个房间带一个厨房,每月租金30—35法郎;一个备有家具的房间,每星期租金6—10法郎,——我希望不花很多钱就能在这里住下。

向全家问候!

你的　弗·乌里扬诺夫

你们对别墅满意吗？①

寄往莫斯科

载于1929年《无产阶级革命》杂志
第11期

译自《列宁全集》俄文第5版
第55卷第8—9页

8

致玛·亚·乌里扬诺娃

1895年7月18日（7月6日）

如果没有记错的话，我上次的信是在8号写的。从那时起我又跑了好多地方，而现在已经……在瑞士的一个疗养院里住下来了，因为我决定利用这个机会把讨厌的病（胃病）好好治疗一下，而且有人竭力向我推荐，说开办这个疗养院的大夫是个精通本行业务的专家。我在这个疗养院里已经住了几天，感到很不错，膳宿条件相当好，治疗看来也是有效的，所以我希望过四五天就能出院。从各方面来看，这里的生活费用太贵了，医疗费尤其贵，因此我已经超支了，现在在单靠身边的钱我怕不够用了。如果可能的话，请按下列地址再给我寄百把卢布来：**瑞士苏黎世**赛莱格拉本街37号楼下**格律恩费斯特**先生⁹ 这样 写就行了；转交之类的话不用 写 。② 不管怎样，我将等着你按这个地址来信。我自己的地址就不写给你了，写了也没有用，在接到你的回信之前，我反正已经离

---

① 信的结尾部分没有保存下来。——俄文版编者注
② 钱最好用保价信寄来。

开这里了。

你们在伏尔加河沿岸旅行很愉快吧？那里有什么新闻？大家身体都好吗？给我的信想必已经寄出了，但是我还没有收到。我在巴黎收到的最后一封信是马尔克写的，是张明信片，因为我老是在东奔西走。但是，只要信上写的是巴黎的地址，那我一定会收到的。

你们那里夏天热不热？这儿热得很，不过我现在住在一个很好的地方，离城很远，靠近一个大湖，周围都是树木。

向全家问候！

你的　弗·乌·

从瑞士寄往莫斯科

载于1929年《无产阶级革命》杂志
第11期

译自《列宁全集》俄文第5版
第55卷第9—10页

9

致玛·亚·乌里扬诺娃

1895年8月10日于柏林

约莫在一星期以前，我从这里写给你一封信，不知收到没有。现在把我的地址再写一遍，以备万一：柏林莫阿比特区弗伦斯堡街12^{II}(库赖克夫人处)弗·乌里扬诺夫先生。

我这里住的地方很不错。离动物园(是柏林最好最大的公园，很漂亮)、施普雷河(我每天都到这条河里去游泳)和市内铁路车站都很近。这里有铁路贯穿全城（从街道上穿过），火车每5分钟一班，所以我进"城"很方便（我住的莫阿比特区其实已经算是城郊了）。

只是在语言方面情况很不好，我听德国话的能力比听法国话差得多。德国人的发音听起来非常不习惯，我甚至连公众场合的演说也听不懂；而在法国，这种演说，我几乎一下子就能全部听懂。前天我到剧院去看戏，演的是豪普特曼的《织工》。尽管我为了看懂这出戏，预先读了一遍剧本，但是我仍旧不能听懂全部对白。不过，我并不泄气，只可惜我的时间太少，不能好好地学习语言。

向全家问候！

你的　弗·乌·

如果你已经把钱寄出，就请立即写信告诉我。如果还没有寄出，就请寄到这里来。

我好久没有接到你们的信了，可能是因为它们（这些信）正在我到过的那些地方转来转去。

寄往莫斯科

载于1929年《无产阶级革命》杂志
第11期

译自《列宁全集》俄文第5版
第55卷第11页

10

致玛·亚·乌里扬诺娃

1895年8月29日

亲爱的妈妈：前几天收到了你的信，今天又收到马尔克的信，我给他写了一张便条，随信寄上。

我的生活如常，目前对柏林还满意。最近身体很好，——大概，生活有规律 东奔西走的生活使我很厌烦，而且在旅途中难以做到饮食 正常，经常游泳，以及其他等等都遵照医嘱，起了应有的作用。我仍旧常到皇家图书馆去看书，晚间通常到各处去游逛，研究柏林的风尚，听听德国人说话。德国话现在我已经能掌握一点了，听懂的比过去多一些了，虽然现在还是差得很。

我去游览柏林的名胜古迹总提不起精神来，我对这些东西从来兴趣不大，多半是偶然去的。一般来说，比起去博物馆、剧院和商场等等地方我更喜欢到各种民间晚会和娱乐场合逛逛。

至于是否长期待在这里，我没有这个打算，俗话说，"在家总比作客好"。但暂时我还要在这里住一个时期，而使我大为吃惊的是，我发觉我的经济又"发生困难"了：买书等等的"瘾头"这样大，天知道钱都花到哪里去了。我又不得不请求"救济"了。如果可能的话，请寄给我 50—100 卢布。

马尔克来信说，你们为房子的事搞得焦头烂额：找不到房子。这就是说，莫斯科在这方面比彼得堡更差。找房子是件非常伤脑筋的事。希望你们很快就能解决。

向全家问候！

你的 弗·乌里扬诺夫

从柏林寄往莫斯科

载于 1929 年《无产阶级革命》杂志
第 11 期

译自《列宁全集》俄文第 5 版
第 55 卷第 12—13 页

11

致玛·亚·乌里扬诺娃

1895年9月7日(8月26日)

亲爱的妈妈:今天收到了你寄来的信和钱,谢谢。天气的差别竟这样大,真使我奇怪。你来信说你们那里已经很凉了,而这里却热得要命,整个8月都没有这样热过,因此,我以为你们大概还住在别墅里呢。

我在这里生活如常,而且已经住惯了,几乎就像在家里一样,所以很愿意在这儿多住些时候。但是动身的日子快到了,我已经开始在考虑各种实际问题,例如买东西,买皮箱、车票等等。要不要带些什么东西回来呢? 我可以在这儿的大商店里买到各种东西,而且这里的工业品好像比我们的便宜些,大概也好些。米嘉也许需要些什么书吧,让他写信告诉我 比方 ,他可能需要某种解剖图集或其他医学上的 东西 ,玛尼亚莎需要什么,也写信来。如果她想不起需要什么,那么你或阿纽塔也许能出出主意,告诉我带些什么东西给她。我觉得应该多买些小东西……①

从柏林寄往莫斯科

载于1929年《无产阶级革命》杂志第11期

译自《列宁全集》俄文第5版第55卷第13页

---

① 信的结尾部分没有保存下来。——俄文版编者注

12

致玛·亚·乌里扬诺娃

1895年12月5日

亲爱的妈妈:昨天收到阿纽塔的来信,她说你想同阿尔达舍夫夫妇一起到喀山去,所以我赶紧给你写信。

阿尔达舍夫夫妇准备今天动身。德·亚·建议我受理关于确认他一个亲戚的继承权的案件,但目前我们还没有完全讲好。

我的生活如常。我对住的房间不很满意,第一,女房东很挑剔;第二,我的房间同隔壁房间只隔了一层薄板,所以什么都听得见,有时候邻居就像在我耳边弹三角琴,使我不得不躲开。幸好这样的事不常发生。他大部分时间不在家,他不在家,屋子里就很安静。

我在这里是否再住上一个月,现在还不知道。**10**看情形再说吧。不管怎样,到圣诞节,即在我的房子到期以前,是不难另外找到房子的。

现在这里的天气很好,我的新大衣现在穿着正合适。①

从彼得堡寄往莫斯科

载于1929年《无产阶级革命》杂志
第11期

译自《列宁全集》俄文第5版
第55卷第14页

---

① 信的结尾部分没有保存下来。——俄文版编者注

1896 年

13

致亚·基·切博塔廖娃[11]

1896 年 1 月 2 日

自从我被捕以后就老想实现一个计划,而且这个念头愈来愈强烈了。我很久以来就在研究一个经济问题(关于国内加工工业品的销售问题),搜集了一些书刊,订了研究计划,甚至还写了一些东西。我曾打算:如果我写的东西超过了一篇杂志论文的篇幅,那就出一个单行本。我很不愿意丢下这个工作,可是现在看来必须作出选择:要么在这里把它写完,要么干脆放弃。

我很明白,要在这里完成写作计划,会遇到许多严重的障碍。但是,也许应该试一试?

所谓"外来的"障碍,看来可以排除。犯人从事写作是许可的。这个问题我特地问过检察官,虽然我以前就知道这一点(就是监狱里的犯人也允许从事写作)。他还明确告诉我,送进去的书数量不受限制。而且还允许把书还回去,就是说,可以利用图书馆。所以,从这方面看,条件还是不错的。

另一个大得多的障碍是找书的问题。需要的书很多(我在下面附了一份书单,这些书是我现在就认为要用的),因此弄到这些书是要费很多周折的。我甚至不知道是否能把书全部弄到。大概可以从自由经济学会[12]的图书馆①借到一些书,只要付给押金,这个图书馆就可以外借图书,借书期限是两个月,但那里的书很不全。要是能够(通过某个作家或教授②)利用大学的图书馆和财政部学术委员会的图书馆,那么找书的问题就算解决了。当然,有些书是非买不可的,我想我还能拿出一些钱来买书。

最后也是最大的一个障碍是送书问题,因为不是送一两本书就行了,而是必须在一个很长时间内,定期地向各个图书馆借书,把书送来③和把书取走。我真不知道怎样来安排这件事。是否可以这样:找一个看门人或扫院子的人,或者找一个送信人或小孩,我可以给一些钱,叫他送书取书。根据工作情况和图书馆的借书规章,换书工作当然要求做得正确和准时,所以,这一切都需要好好安排。

“话讲起来容易……” 我很清楚,要实现这个想法是不那么容易的,我的“计划”也可能是契玛拉[13]。也许您认为需要把这封信拿去同别人商量商量吧,——我等着您的回音。

书单分两部分,我的文章也分为两部分:(一)一般理论部分。这部分需要的书较少,所以我想无论如何要把它写完,但需要做较多的准备工作。(二)运用这些理论原理来研究俄国的情况。这部分需要很多书。其中最难弄到的是:(1)地方自治机关的出版物。不过,这样的材料我已经有了一部分,另外一部分可以订购(如篇

---

① 我已经从这个图书馆里借了一些书,并且付了16卢布押金。
② 列宁指彼·伯·司徒卢威、亚·尼·波特列索夫和他们的熟人关系。——编者注
③ 我想,每两星期送一次足够了。如果一次能借来较多的书,那么,每月送一次也可。

幅不大的专著），还有一部分可以通过认识的统计学家弄到；（2）政府出版物——各委员会的报告书，代表大会的报告和记录等等。这些东西很重要，而要弄到这些东西是比较困难的。自由经济学会的图书馆里有一些，也可能大部分都有。

我附上的书单很长，因为这是我为大的写作设想①拟的。如果某些书或者一些书的某些章节找不到，那就要相应地把内容缩减一些。特别是第二部分，完全可能发生这种情况。

这里图书馆已有的书，没有列入书单。我自己有的书都标上小"十"字。

我是根据记忆开的书单，有的书名好像记错了，在这样的书名上都加了"？"。②

寄自拘留所（彼得堡）

载于 1924 年《无产阶级革命》杂志
第 3 期

译自《列宁全集》俄文第 5 版
第 55 卷第 15—17 页

14

致安·伊·乌里扬诺娃–叶利扎罗娃

1896 年 1 月 12 日

昨天收到了你送来的食物，在你之前，恰好有人也给我带来了各种吃的东西，这样我就储存了很多食品。比如，茶叶就很够我开个铺子了，不过，我想他们是不会允许的，因为要是同这里的小铺

---

①　当然，如果能够按照这个设想来写，那么随着工作的进展，书单还会大大加长。
②　附在信中的书单没有保存下来。——俄文版编者注

子竞争，胜利一定是属于我的。我正在设法对饮食稍加限制，所以面包吃得很少，而你却给我带来这样多的面包，我想差不多够我吃一星期了。这些面包说不定会变得像奥勃洛摩夫卡的星期日馅饼[14]那样硬呢。

一切需要的东西我现在都有，甚至还超过了需要。[①] 我的身体很好。我所饮用的矿泉水在这里也能得到：当天订购，当天就能从药房里给我取来。我每天睡眠九小时左右，并且梦见了我要写的那本书的各个章节。

妈妈和家里其他人的身体都好吗？代向全家问候！

你的　　弗·乌里扬诺夫

如果你什么时候再到这里来，请给我带一支铁管的活动铅笔来。在这儿用普通的木杆铅笔很不方便，因为不许用小刀，削铅笔就必须请看守代劳，他们不大乐意做这些事，不免要拖拖拉拉。

我衣柜抽屉里放着[②]一个装有洗肠器的椭圆形小盒子，最好也给我带来。我本来想，不写委托书也可以：只要塞给女房东 25 个戈比，请她坐马车把东西送来，要**一张收据**就行了。但遗憾的是，这位最令人尊敬的贵妇人固执得像科罗博契卡[15]一样。目前并不迫切需要，所以不值得去买。

寄自拘留所（彼得堡）

载于 1931 年《列宁家书集》

译自《列宁全集》俄文第 5 版
第 55 卷第 17—18 页

---

① 比如说，有人给我带来了礼服、背心和领巾。这些东西全是多余的，所以直接"拨往"库房里去了。

② 更确切些说，也许是曾经放着？

15

致安·伊·乌里扬诺娃-叶利扎罗娃

1896 年 1 月 14 日

昨天收到了你 12 日的信，现寄上第二份委托书。其实，这也许是多余的：昨天我已经收到了我要的一些东西，因此我想你一定接到我的第一份委托书了。根据你的信和亚历山德拉·基里洛夫娜的信，我还是再给你寄一份委托书，以备万一。现在，我的内衣和一切东西**都已完全够用**。不要再送内衣来了，因为没有地方放了。不过，也可以送到库房里去，这样衣服的问题就可以彻底解决了。

亚历·基·为了让牙医生来给我看病而到处奔走，非常感谢她。我给她添了那么多麻烦，实在感到过意不去。牙医生不需要特别的出入证，因为已经得到检察官的许可了。我是在取得许可后才写信给牙医生的。哪一天来，什么时候来，都行。当然，我不能担保我不离开这儿（例如有时会去受审讯），但是我想，他来得愈早，就愈能避免这种很少可能发生的事情。我不给多勃科维奇先生（牙医生，瓦任斯基的助手）写信了，他住在我过去的寓所（戈罗霍娃亚街 59 号）隔壁，也许你可以到他那里去把情况说明一下。

至于我的书籍，我已经把需要的那几本开了一张书单给你。[①]昨天送来的戈洛文和席佩尔的书收到了，非常感谢。在我所要的

---

① 　书单没有保存下来。——俄文版编者注

书里，应该再加上**几本词典**。现在我正在翻译德文书，所以请你把巴甫洛夫斯基词典给带来。

给我送来的内衣大概是别人的，得拿回去。你下次来的时候要问一问这件事，叫他们到我这儿来拿内衣和多余的东西，——我就把这些东西交给他们。

我身体很好。

弗·乌里扬诺夫

妈妈和马尔克都恢复健康了，我很高兴。

寄自拘留所（彼得堡）
载于 1931 年《列宁家书集》

译自《列宁全集》俄文第 5 版
第 55 卷第 18—19 页

16

致安·伊·乌里扬诺娃-叶利扎罗娃

1896 年 1 月 16 日

昨天接到你 14 日的来信。我赶紧给你写回信，虽然你在星期四以前收到这封回信的可能性不大。**16**

我已经写信告诉过你，要把别人的内衣拿回去。现在我把这些衣服收拾好了，你来的时候可以去**向他们要**，或者有谁来，请他代你去要。我拿回去的衣服不是全部，因为有一部分正在洗（你也许可以托人以后再来取），另外，我想把那条方格毛毯暂时留下来，它在这里对我很有用处。

其次，关于书的事，我已经问过了，可以弄一个小箱子放到这儿的库房里来。① 当然，用不着把我的书全都送来。在你给我送来的书单上，有一些书不是我的：如《工厂工业》和《科别利亚茨基手册》是亚历山德拉·基里洛夫娜的，我从她那里好像还借了一本别的什么书。另外，萨拉托夫地方自治机关汇编和沃罗涅日省地方自治机关统计汇编好像是一个统计学家暂时借给我的。你能不能去问一下，是否可以把这两本书暂时留下来，不过现在不必送到这里来。《波果热夫》和《圣彼得堡市法令汇编》好像也不是我的（是不是图书馆的？）。法律汇编和法学教科书当然完全用不着。现在我只请你把**李嘉图**、**别尔托夫**、**尼·——逊**、**英格拉姆**和**福维尔**的著作找来。地方自治机关的汇编（特维尔的、下诺夫哥罗德的和萨拉托夫的）可以捆成一包②，只要说明数目，不必写书名了，我想这包书也可以放到库房里去。这样一来，我的书籍问题就可以一下子解决，免得再麻烦了。经过检查后，我就可以从库房中取书了。

我很担心，我给你添了过多的麻烦。请你不要太劳累了，特别是照书单送书的事可以慢慢办，总归来得及的，现在这里的书够我用的。

你的   弗·乌里扬诺夫

我还需要几个枕套和几条毛巾。

我正在津津有味地重读舍尔古诺夫的著作，并在研究杜冈-巴

---

① 箱子里还可以放一些衣服：大衣、一套外衣和一顶帽子。给我送来的背心、礼服和领巾则请带回去。

② 同《军事统计汇编》和《综合统计汇编》捆在一起。

拉诺夫斯基的那本书①。他作了踏实的研究,不过结尾部分的图解太不清楚了,老实说,我看不懂;得把《资本论》第2卷找来。

寄自拘留所(彼得堡)

载于1924年《无产阶级革命》杂志
第3期

译自《列宁全集》俄文第5版
第55卷第20—21页

---

① 指《现代英国的工业危机及其原因和对人民生活的影响》一书。——编者注

1897 年

17

致玛·亚·乌里扬诺娃

3 月 2 日于"鄂毕"车站[17]

亲爱的妈妈:我又一次在路上给你写信了。这里停车的时间很长,无事可做,我就决定在路上再给你写信——这已经是第三封了。在路上还需要走两昼夜。[18] 我刚才换乘马拉雪橇通过鄂毕河,并且已经买到了到克拉斯诺亚尔斯克的车票。因为这里的交通目前还是"临时性的",所以还是照旧价目买票,就这 700 俄里的路程须付 10 卢布,外加 5 卢布行李费!! 这里的火车走得简直太慢了。这 700 俄里,我们慢慢腾腾地要走两昼夜。过了克拉斯诺亚尔斯克,火车只能通到坎斯克,即只通 220 俄里,而到伊尔库茨克全程将近 1 000 俄里。这就是说,**如果非去不可**就只能坐马拉雪橇了。这 220 俄里铁路也得走一昼夜,愈往前去,火车走得愈慢。

过鄂毕河只能坐马拉雪橇,因为桥还没有完全造好,虽然桥的骨架已经搭起来了。路上还算不错,——我不穿厚衣服(更确切些说,最厚的衣服)挺过来,只是幸亏过河的时间很短,不到一小时。如果必须坐马拉雪橇到达指定的地点(很可能是这样),那自然就非有皮袄、毡靴甚至皮帽子不可了((你看,都是在俄罗斯娇养惯了!! 要是坐马拉雪橇的话,可怎么办啊?))。

虽然路上走得非常慢,但远没有像我预料的那样疲劳。甚至可以说,几乎一点也不疲劳。连我自己也有点奇怪,因为过去从萨马拉到圣彼得堡这三昼夜的行程,就常常使我疲惫不堪。这大概是因为我在这里每夜都睡得很好。我刚走完的西西伯利亚铁路沿线地区(从车里雅宾斯克到克里沃谢科夫1 300俄里,三昼夜行程),景色异常单调:到处是荒无人烟的草原。没有房子,没有城市,村庄很少,偶尔看到树林,其他全是草原。整整三天,看到的就是白雪和天空。据说再往前去,就会出现原始森林,等到过了阿钦斯克,就会看见连绵的山脉。草原上的空气倒是很好,令人感到十分舒畅。这里非常冷,已经超过零下20度,但是比在俄罗斯好受得多。我几乎不觉得这是零下20度。西伯利亚人要人相信:由于空气"柔和",所以寒冷也变得好受得多了。很可能是这样。

我在火车上遇到了阿纽塔在圣彼得堡时去拜访过的那位Arzt[①]。从他那里,我知道了一些关于克拉斯诺亚尔斯克等等的事情,这对我很有用。据他说,毫无疑问可以在那里停留几天。我本来就想停留几天,以便弄清楚自己下一步的去向。要是我给你发出一个"停留数日"的电报,那就是说,停留期限我自己也说不准。也就是说,我要在那里等候医生[②],同他会面,假如我不得不到伊尔库茨克去,那就将与他同行。Arzt还说,因等候确定我的流放地点而耽搁在那里的可能性是没有的,很可能已经决定好了,因为一切必要的有关措施都是预先决定的。好了,下次再谈吧。

你的 弗·乌·

———————————

① Arzt——弗·米·克鲁托夫斯基。——编者注
② 指雅·马·利亚霍夫斯基。——编者注

向全家问候！

附言：你看，说我别的什么都可以，可就不能责怪我写信太少！当**有东西可写**的时候，我写信是很勤的。

同 Arzt 谈话之后，我弄清楚了很多事情（虽然也只是一个大概情况），因此我就放心了。我不像在莫斯科时那样急躁不安了。那时我急躁不安，无非是因为情况不明。现在，不清楚的地方已大大减少，所以我心里也就安定了。

寄往莫斯科

载于 1929 年《无产阶级革命》杂志
第 2—3 期合刊

译自《列宁全集》俄文第 5 版
第 55 卷第 22—24 页

18

致玛·伊·乌里扬诺娃[19]

（3 月 10 日）

给玛尼亚莎

你托医生带来的信收到了，知道了家里的一些情况，我很高兴。妈妈捎来的一只袋子也已收到。我觉得这只袋子对我是很有用处的。你提出要到鲁勉采夫图书馆去作摘录，我当然是同意的。[20] 昨天我终于到这儿著名的尤金图书馆去了[21]，尤金殷勤地接待了我，并且让我参观了他的书库。他还允许我在图书馆里看书，而我想,我是能去的(在这方面只有两个障碍:第一,他的图书馆在城外,但还不算远,总共两俄里左右,因此可以把这当做愉快的散步。第二,图书馆还没有完全整理好,因此我经常去借书,会给主人带来过多的麻烦)。究竟如何,看情形再说吧。我想,第二个障碍也是可以排除的。我还很不熟悉他的图书馆,但是,不管怎样这里收藏的书籍是相当丰富的,例如:这里有18世纪末叶直到现在的各种杂志(最重要的杂志)的全套合订本。我想这些杂志可以成为我写作上迫切需要的参考材料。

我从报上看到,从春天开始就要有快车通到这里了。从巴黎①到克拉斯诺亚尔斯克共走八天,这就是说,从莫斯科到这里只要六天左右。那时书信往来就方便多了。

你的 弗·乌·

从克拉斯诺亚尔斯克寄往莫斯科

载于1929年《无产阶级革命》杂志
第2—3期合刊

译自《列宁全集》俄文第5版
第55卷第24—25页

19

致玛·亚·乌里扬诺娃

1897年3月15日

亲爱的妈妈:我一直在等着你的来信,但是直到今天还没有等到,我去问邮局,也毫无结果。我就猜想,这大概是因为我到这里后没有能马上打一份电报给你们,而你们却在等电报,所以没有给

---

① 显然是指彼得堡。——编者注

我写信。我们之间信件来往时间很长（就是说，信件来往的路程太远），所以，不必等我通知你地址再给我写信。如果他们要我离开此地，我就向邮局提出，要求按我的新地址把信转过来。因此，请按照你们所知道的最新地址多多来信，——由于收不到家信，我很挂念。我只收到了玛尼亚莎托医生带来的一封短信。

今天我把医生送走了。他上伊尔库茨克去了。这里不让他继续待下去，也就是说，地方当局不允许他继续待下去。现在他们还没有为难我，我想他们也不能这样做，因为我已经向总督提出了申请书，现在正在等待他的答复。[22]不过，要我也到那里去的可能性也不是绝对没有。这儿从今天开始已经进入泥泞期，乘驿站马车行路也就更贵更难了。天气好得很，已经完全是春天了。在这里，我把时间花在两件事上：第一，上尤金图书馆去；第二，熟悉克拉斯诺亚尔斯克这座城市及其居民（主要是流放者）。[23]我每天都到图书馆去，图书馆离城两俄里，所以我来回要走五俄里左右（约一小时）的路。每天有这样的散步，我很满意，散散步很舒服，虽然散步有时会叫我想睡觉。在这个图书馆里，与我的研究课题有关的书，比我根据这个图书馆的大小而估计的要少得多，不过这里有一些书对我还是有用的，我很高兴，我在这里的这段时间不至于白白浪费掉。我还到市图书馆去，在那里可以翻阅各种杂志和报纸，不过杂志和报纸要隔十天才能送到这里，而我总还不习惯看这种迟到"新闻"。如果要我住到离这儿数百俄里以外的地方去，那么邮件来往的时间将更长得多，那时就更有必要经常写信而不必等回信了，如果等收到回信后再写信，那就要过一个多月！

非常遗憾的是我们那些人杳无音信。[24]我已经不再等阿纽塔的电报了，我确定她没有打听到什么消息，或者是他们耽搁下来了。听说这里已经撤销了押解囚犯的旅站,这就是说,我们那些人将坐火车到这里来。如果是这样,那我就不明白,为什么让他们在莫斯科耽搁下来呢?是否能够把书籍、食物和信件交给他们?如果这些问题提得还不晚的话,我很希望阿纽塔给我一个答复。

3月16日。昨天没有来得及寄出这封信。从这儿到俄罗斯的火车在深夜开,车站又离得很远。

热烈地吻你,并向全家问候!明天我也许可以把短期借用的书寄给阿纽塔。

你的 弗·乌·

那封附有通讯地址的信你收到了吗?我再重写一遍,以备万一:大卡钦斯克街克拉夫季娅·波波娃宅。你也可以把信寄到邮局待领,我会到那里去查问的。如果我离开这里,他们会随即把信转给我的。

从克拉斯诺亚尔斯克寄往莫斯科
载于1929年《无产阶级革命》杂志
第2—3期合刊

译自《列宁全集》俄文第5版
第55卷第25—27页

20

致玛·亚·乌里扬诺娃

1897年3月26日

亲爱的妈妈:我终于得到了你们的信息,真高兴。第一,我接到了你对我的电报的回电。我还到车站上去查问过，可是什么也没有。后来妹妹①在那里找到了你的来信，阿纽塔的信想必是遗失了。第二，昨晚九点多钟接到了我们那些人动身的电报，真有说不出的高兴，我一口气跑到妹妹那里告诉了她，让她也高兴高兴。现在，我们在计算着日子，我们的心也跟着25日从莫斯科开出的邮车一起"奔驰"。根据最近这份电报来看，我想他们是自费乘车的，否则就不会有格列勃的签名了。我们想，他也会发电报给他在车里雅宾斯克的母亲的，否则就会发生这样的情况：他会路过他母亲住的地方而见不着她，而他母亲却还继续在等他的消息！（妹妹给她的信是不久前才寄出的，恐怕她还没有来得及动身。）25 非常感谢玛尼亚莎，她给我写了信并把收到的信作了摘录寄给我。我对其中的一份摘录写了回信，随信附上——让玛尼亚莎照过去的办法处理。我还打算请她在信件方面，甚至在书籍方面帮助我做些工作。书和信可以给我寄到这里来，现在还不知道他们将在什么时候撵我以及把我撵到什么地方去。但是看来最好是寄到妹妹那里，还有，更要紧的是，信要**挂号**寄来，因为这里的邮局非常马虎，很可能丢失信件（显然，除此之外还有其他方面的障碍②）。

  关于我自己，没有什么新的情况可以告诉你们。我的生活如常，经常到城外的图书馆去，到郊外散散步，到熟人那里走走，睡眠非常充分，总而言之，一切正常。

你的 弗·乌·

  现在我给阿纽塔寄上一张书单，我很想得到这些书，而这些书

---

① 指安·马·罗森贝格，即格·马·克尔日扎诺夫斯基的妹妹。——编者注
② 指沙皇当局的检查。——编者注

大概只能从彼得堡的旧书商那里买到，因此要写一封信给经理①，请他办理这件事，或者请他托别人办理。我在拘留所写的那封信里弄错了一个书名（确切些说，弄错了一个年份），让阿纽塔白跑了一趟，感到非常抱歉。下列这些书是否也可以到莫斯科各个图书馆里去找一找？说不定在什么地方可以找到。

1.《财政部年鉴》1869年圣彼得堡版第1编。

2.《俄罗斯帝国统计年鉴》内务部中央统计委员会出版。

第2辑第6编：《1868年欧俄工厂工业统计资料》，伊·博克编，1872年圣彼得堡版。

3.《欧俄工厂工业主要部门统计图表（附厂名清册）》，**德·季米里亚捷夫**编，第3册，1873年圣彼得堡版（第1、2分册我已经在这儿的尤金图书馆里找到了。这三本书的原价是：(1)2卢布，(2)1卢布，(3)1卢布50戈比，但现在没有卖的）。

从克拉斯诺亚尔斯克寄往莫斯科

载于1929年《无产阶级革命》杂志
第2—3期合刊

译自《列宁全集》俄文第5版
第55卷第27—28页

21

致玛·亚·乌里扬诺娃

1897年4月5日

亲爱的妈妈：今天得到了一些好消息，所以我连忙写信告诉

---

① 指斯·伊·拉德琴柯。——编者注

你。第一，医生从伊尔库茨克发来电报说："听说确定您到米努辛斯克。"第二，安·马·终于得到总督的答复：格列勃和巴季尔也确定到米努辛斯克专区。明天埃·埃·将来这里为释放他们的事进行活动，并使他们现在就能自费前往流放地。我想这是可以办到的（因为已经有前例可援了）。[26]

我很满意给我指定的流放地（如果这个消息是正确的话——我认为不会弄错的），因为在这一带，米努辛斯克和米努辛斯克专区的气候最好，生活费用最低。离克拉斯诺亚尔斯克不太远，邮件每星期送两三次。信件往返现在是 22—23 天，将来大概要 30—35 天，不会再多了。我想，在通航期以前我还不会动身，因为现在道路已经非常泥泞，到伊尔库茨克的那些人也全部耽搁在这里，要到 5 月才能动身。通航期一开始，就可以坐轮船到米努辛斯克去了。

非常遗憾的是，没有替阿纳托利·亚历山德罗维奇也活动一下，让他也能到米努辛斯克专区去。他患过胸膜炎，这对他来说是非常非常重要的。我们已经给圣彼得堡发了一份电报，请他们立刻替他进行活动。大家都耽搁在这里，所以时间是非常充裕的，如果加紧活动一下，可能还来得及替他办到。

给我的信当然暂时还应当按老地址寄来。如果我离开这里，我会留下新地址，让他们把信转给我的。我想，我的书现在就可以寄来，不必等待流放地点最后确定了，因为反正不能把东西寄到米努辛斯克（那里没有运输事务处），而从铁路上寄到这里要花费很长时间。所以，请你们寄到这里来吧，就写安·马·的地址好了。最好是凭提货单领取。你们可把提货单用挂号信寄给安·马·。到了春天，这里就可以用轮船把东西运出去了。

据说格列勃和巴季尔的气色很不好,面色苍白,精神疲惫不堪。他们出来以后,大概就会恢复健康的。

我的身体很好,在这里过得不错。天气好极了。我准备给玛尼亚莎写一封有"文学"内容的信,不过还不知道能否写成。看到《新言论》杂志[27],读了以后,非常满意。

向全家问候!

你的　弗·乌·

从克拉斯诺亚尔斯克寄往莫斯科

载于 1929 年《无产阶级革命》杂志
第 2—3 期合刊

译自《列宁全集》俄文第 5 版
第 55 卷第 29—30 页

22

致玛·亚·乌里扬诺娃和
安·伊·乌里扬诺娃-叶利扎罗娃

1897 年 4 月 17 日

亲爱的妈妈:昨天我收到了你们的三封信。今天我比较详细地收集了一些关于我们确定要去的村子的情况(关于流放地点,我还没有得到正式通知)[28]。我去舒申斯克村(在前几封信中,我好像写错了,写成舒盛斯克村了)。这是一个大村落(居民有 1 500 多人),有一个乡公所、一幢地方官的住宅(这个官员的地位相当于我们的区警察局长,但是权限更大一些)、一所学校等等。这个村落在叶尼塞河的右岸,米努辛斯克以南 56 俄里的地方。因为有乡公所,所以邮件也会比较正常,我听说每周有两次。到那里去,要先坐轮船到米努辛斯克(叶尼塞河再往上就不通轮船了),然后再乘马车。今天这里的叶尼塞河已经解冻,大约再过7—10天轮船就可以通航了;因此,我打算在4月底或5月初动身。给我来信可以而且应当写我现在的地址①,因为我离开此地时会告诉他们把信转寄给我。我现在还无法确定动身的日子。格列勃和巴季尔已经确定到捷辛斯克村,那儿也有乡公所等等,在米努辛斯克以北37俄里的地方,在图巴河(叶尼塞河右侧的支流)沿岸。关于他们的事情,今天已经给警察司发了电报,要求准许他们自费到流放地去。我相信,由于在这里一直害病的母亲的请求,当局会允许他们这样做的;那时,我们就可以一道到米努辛斯克去了。看来,我将在"西伯利亚的意大利"(这里的人们这样称呼米努辛斯克专区的南部)过夏了。现在我还不能判断这个称呼是否正确,但是据说,克拉斯诺亚尔斯克确实比不上那里。不过话得说回来,就连这里城郊叶尼塞河畔的景色,也足以同日古利山或瑞士的风景媲美。这两天,我作了几次郊游(天气已经很暖和了,道路也干了),感到非常满意,如果不是想起我们那些图鲁汉斯克人和被监禁的米努辛斯克人**29**,那就会更满意了。

在这里,我过得很好:我的住所很舒适——特别是伙食等方面的事都由房东包办了。为了进行工作,我已经弄到了几本统计书(好像我已经写信告诉过你们了②),但是我工作做得很少,而闲逛的时候居多。

---

① 现在你们的来信都能收到,而且很准时。最初的几封信大概是在车站上丢的,那里很乱。

② 见本卷第19号和第20号文献。——编者注

谢谢玛尼亚莎的来信,现在我交给她这样一项工作,这里面的数字恐怕会使她感到厌烦的。**30** 我的书应当寄到克拉斯诺亚尔斯克由执据人领取(直接当做货物寄或者通过运输事务处寄,看怎样更好些),我再托熟人寄到米努辛斯克去,那边还要找熟人托付一下。没有别的办法。

米嘉怎么会想到要去防治鼠疫呢!??**31** 如果他这样热衷于旅行和医务的话,那我倒打算劝他在随便那个移民站找个位置。例如……在东西伯利亚。我**刚好**听说,就在叶尼塞斯克省米努辛斯克专区"我的"舒申斯克村正在开办一个移民站……　好极了,欢迎他到这里来。我们可以一同去打猎,——假如西伯利亚能够使我成为一个猎人,而米嘉不能(又不愿)在"不太远的"地方找到工作的话……　啊哈!住了三个多星期就以西伯利亚人自居,竟邀请人家从"俄国"到这里来了,三年以后又会怎样呢?不谈笑话了,他的防治"鼠疫"的计划的确很使我吃惊。但愿不发生什么鼠疫,也用不着他去防治鼠疫。

你的　弗·乌·

给阿纽塔

关于书籍,怎样寄法,请看上面的信。寄什么书? 如果能够得到 150 卢布的稿费**32**(也许分三次付给:拖拖拉拉地隔一个月给一次?),那就可以留出一部分来买书。请给我买:《弗拉基米尔省手工业》最后三编(3 卢布 75 戈比);丘普罗夫和波斯尼科夫的《收成……的影响》①(5 卢布);《1890 年工厂一览表》1894 年圣彼得堡

---

① 指《收成和粮价对俄国国民经济某些方面的影响》一书。——编者注

版(5 卢布?)。以后,看稿费的多少,我再写信给你,所以不要马上把稿费寄出(当然是指寄给妹妹)。请你写信告诉作家,如果他能够留出几十卢布,买一些俄国书和外国书寄给我,供我写书评和一般阅读用,我将感到非常高兴。他知道哪些书是我感兴趣的。他可以把书寄到你那里。我还愿意翻译一些东西,随便什么都可以。我自己可以把翻译工作分配给米努辛斯克人,甚至分配给图鲁汉斯克人①(给他们一些不太紧急的),由我负全部责任,保证及时地、很好地完成。不过,这当然已经是扯到另外一回事上去了,至于用稿费买书这件事,我很希望能够办妥,——**只要这件事不太麻烦作家就好了**②——(请一字不差地加上这句话)。

我想还应该给自己订一些杂志和报纸。在舒申斯克大概什么也没有。根据经济情况,可以订阅:《**俄罗斯新闻**》、《**俄国财富**》杂志33、《**财政通报**》杂志34(不要附刊)、《**社会立法和统计学文库**》35。这样就够多的了;这是说,在收入很多的情况下订这些。要是钱不多,那么就只订《**俄罗斯新闻**》好了。你看着办吧,——特别是当我从舒申斯克把我的收支情况告诉你以后。(你好像在生作家的气。不过当你代表我给他写信的时候,可不要表示出来。我并没有因为我最近一部"著作"遗失而对他有什么"抱怨",因为这件事与他毫无关系。)

请代我向小面包姐妹36多多问候。你为什么不多写一些她们的情况呢?她们的结果怎样?真的没事了吗?这就太好了。如有

---

① 以及其他人。我听说已确定把费多谢耶夫流放到伊尔库茨克省基廉斯克城。
② 我完全信任他的选择。我之所以想用稿费来买书,因为这是能够**及**时得到重要的新书刊的唯一办法。及时看到各种文章和评论,对于给杂志写文章来说至为重要。而如果我先在这里打听出了什么新的书刊,然后再订购,那至少要迟五个星期(!!!)。

机会,也代我向其他的朋友们、书商以及其他人问候!

弗·乌·

你决定到西方去的时候,希望早一点告诉我,这样我就来得及再写信给你,再托你办一些事情。

从克拉斯诺亚尔斯克寄往莫斯科

载于1929年《无产阶级革命》杂志
第2—3期合刊

译自《列宁全集》俄文第5版
第55卷第30—33页

23

致玛·亚·乌里扬诺娃

1897年5月7日于米努辛斯克城

亲爱的妈妈:昨天我们才到达此地。[37]我们打算明天动身到各自的村子里去。我很想现在就把旅途的情况详细地写信告诉你(到这里来花费很大,又很不方便,所以你根本犯不着到这里来),但不知道能不能做到这一点,由于旅途劳顿,我已经疲惫不堪,而明天我大概要更忙些。要是明天还不能写一封更详细的信给你,那就只好限于已经写的这些,仅仅把我的消息告诉你了,等我到了"舒-舒-舒"(这是我对我最后定居的地方开玩笑的叫法)之后,再详细写信给你吧。

你的　弗·乌·

寄往莫斯科

载于1929年《无产阶级革命》杂志
第2—3期合刊

译自《列宁全集》俄文第5版
第55卷第34页

24

致玛·亚·乌里扬诺娃和
玛·伊·乌里扬诺娃

1897年5月18日

亲爱的妈妈:这个星期我收到了你的两封信(4月20日和24日的),现在给你的后一封信写回信,随今晚由这里发出的第一班邮件寄上。请来信告诉我,什么时候,也就是说要隔几天才能收到这里的信。你这两封信是从克拉斯诺亚尔斯克转到这里来的,转来转去费了许多时间,因此很久才到我的手里。关于我的经济情况,我想不起你已经问过我两次了(你在4月24日的信中是这样说的),或者,也可能是我忘了这件事了。当我的经济情况还可以的时候,我在信中是不提这个问题的。但是,在离开克拉斯诺亚尔斯克之前(大约在26—28日),我曾发了一封要求汇款的**挂号信**[38]:现在这笔汇款大概正在从克拉斯诺亚尔斯克到这里来的途中。以后我又从这里写了一封信,说目前我的钱还够在这里用两星期左右。

至于你仅仅为了替我请求调换地方而想特地到这里来一次,这是完完全全不必要的。第一,如果我自己活动一下的话,也可能就允许我调换地方。第二,捷辛斯克村未必就比舒沙①好。根据我们先前初步了解的情况来看,在环境、打猎等方面,捷斯②比舒

---

① 即舒申斯克。——编者注
② 即捷辛斯克。——编者注

沙差得多。第三,上这里来一次,不是那么简单的事;关于这一点,我已经写信告诉过你,今天还要更详细地给玛尼亚莎写信,因为她责怪(我在开玩笑)我"太不好客"了。目前我还没有收到捷斯的来信[39],对那里的情况一点也不知道,当然也不去采取什么行动。如果捷斯确实像我们听说的那样不好的话,说不定他们还会请求迁到别的什么地方去呢。

舒-舒-舒这个村子不坏。的确,地方很荒凉,但是离这儿不远(一俄里半到两俄里),就有一片树林(虽然树木已被砍掉不少)。没有直通叶尼塞河的路,但是舒什河就在村旁流过;不远的地方(一俄里到一俄里半)还有叶尼塞河的一条很大的支流,那里可以游泳。远远可以望见萨彦岭或它的支脉;有些山峰全是白色的,山上的积雪几乎长年不化。因此,就是从艺术角度看来,这里也有可取之处,我在克拉斯诺亚尔斯克写的诗:"在舒沙,在萨彦岭的山麓……"并不是凭空杜撰的。可惜的是,就写了这么一句!

我很奇怪,你信中怎么一句也没有提到把其余的书寄给我的事。如果这些书还没有寄出,那就太糟了(我早在克拉斯诺亚尔斯克时就写信说过这件事①)。现在正好轮船可以通到米努萨②(河水正在猛涨),所以包裹比较容易运到这里。往后又会有困难了,因为叶尼塞河中有许多沙滩,涨水的时间不长。不过,也许那些书已经寄出了吧?

至于我埋怨你们不常给我写信,这已经完全是过去的事了,原因全在于回信收到得太慢(我们还不习惯这种情况)。我记得我还是在一个月或一个半月以前提到这件事的,也就是说,这里指的是

---

① 见本卷第32—33页。——编者注
② 即米努辛斯克。——编者注

你们早在3月底写的那些信！而现在,我收到的信已经比先前多了。至于说信丢了,那我不相信,因为倘有遗失,在收到以后的信时就会发觉。看来,除了阿纽塔寄到车站去的第一封信之外,再没有丢过信。住在这儿乡下,需要更勤地通信,所以很希望能够更多地接到"俄国"的来信。

你信上写道:"阿尼亚说,给编辑部的答复已经看过了。"我没有完全弄懂这句话。是她看过了这个答复呢,还是编辑部已经看过了？关于金矿主一伙同编辑部的冲突,以及他们对编辑部挑战的详情,阿尼亚是否有所了解？她没有听到"另一方"即编辑部的某个人谈过吗?[40] 我等着她的来信。给我订了报纸没有？我在这里什么报也看不到。即使在米努萨也需要订报,因为那里没有阅览室。

问候马尔克！不知为什么他一点也不把自己的情况告诉我。我要告诉他和米嘉,这里看起来是一个打猎的好地方。昨天我到大约12俄里以外的地方去打鸭子和大鹬。这里野禽很多,但是我没有猎狗,而且枪法又不准,所以很难打着什么。这里甚至还有野山羊,而在山里和原始森林里(离此约30—40俄里的地方,当地农民有时到那里去打猎),还有松鼠、黑貂、熊和鹿。

我后悔没有把雨衣带来。这里很需要。你们能不能把它打成小包裹给我寄来？因为我不知道什么时候再进城,而且也不知道在那个同乡村差不多的米努辛斯克城里能不能买到合适的。以后(如果有钱的话),我也许还要请马尔克替我买一支好的转轮手枪,不过目前我还不感到特别需要。

你的　弗・乌・

哥伦布有消息吗？我听说他结婚了，又听说他生病了。你们知道他的情况吗？

阿纳托利和尤利又入狱了，他们想等到通航期才动身，结果总督下命令，让他们到牢狱里去等了!! 到叶尼塞斯克去的轮船定于5月下旬从克拉斯诺亚尔斯克出发。

给玛尼亚莎

1897年5月18日

玛尼亚莎:你作的摘录收到了[41]，非常感谢。在秋天以前，我恐怕不会仔细研究这些摘录了，因为现在我多半时间都在闲逛，什么也没有做。所以，是否还需要什么，究竟还需要什么，现在我还说不上来。

你说我"太不好客"，我倒要同你争论争论。本来，要"好客"，也就是说，要接待客人，首先必须了解自己将要去住的地方，而这一点我在克拉斯诺亚尔斯克的时候还不了解。尽管听人家在说"舒-舒-舒"，自己也在说"舒-舒-舒"，但对怎样到舒-舒-舒去，对当地的情况和生活条件等等我都一无所知，所以，不能算是了解这个地方的。其次，要好客，首先必须心中有数:客人能来到这里，住的地方不说舒服，起码要过得去。而关于这一点，直到最近，也就是说直到5月中旬，我还没有把握。等你读到我这封信的时候，大概已经是6月了。也就是说，较好的半个夏天就将花在了解情况和做准备工作上了! 这样做合算吗? 再说到此地来一趟，是一件很麻烦和很不方便的事，这一点你当然已经从我描写途中乘马车的那封信中知道了。幸亏那时天气还好，要是下雨的话，那就不堪设想了。这里的天气变幻无常。譬如昨天我去打猎,早晨天气非常好,白天很热,完全是夏天的天气。到了晚上,忽然刮起了刺骨的寒风,还夹着雨。我们回来时浑身是泥,要是没有**皮衣**的话,也许冻僵在路上了。当地人说,在西伯利亚,这种事情就在夏天也是常有的,所以人们出门的时候,**即使在夏天**也要带着皮衣。① 在自己还没有熟悉、习惯新环境时,就邀请客人来是不适当的。

不管怎样,如果什么时候要到这里来,必须事先接到从米努萨发给你们的**电报**,告诉你们轮船能通到米努萨城,已经正常通航。要不然的话,可能会发生轮船在半路上抛锚的意外事件。叶尼塞河有许多浅滩和沙滩,所以到米努辛斯克的通航期为时很短,必须"抓住"这一时期。我到现在也不能肯定,轮船是否可以通到米努萨,我想是可以的,因为河水正在猛涨。

顺便提一下电报的事。我们这里的(乡里的)"邮差"是每星期四和星期一(邮件到达米努萨的日子)在米努萨。所以如果要发电报,最好是在星期三或星期日发出,那么在星期四或星期一的**早晨**米努辛斯克就能收到。这样,我在星期二或星期五的早晨就能收到了。当然,在其他日子也可以通过急件信差转送,不过这要贵得多,只有在最紧急的情况下才能这么办。

我对你不乐意到国外去,总是感到很奇怪。难道待在莫斯科附近的乡村里更有趣味吗?? 如果说要**到**莫斯科去上音乐课,那么难道在国外就不能到附近的城市去上课吗? 不过我想,当你看到这封信时,你也许已经在国外了。

---

① 我想给自己添置一件打猎穿的短皮袄。

握手!

你的　弗·乌·

请将各种图书目录寄给我,尤其需要旧书商的,特别是国外旧书商的。

从舒申斯克村寄往莫斯科

载于1929年《无产阶级革命》杂志
第2—3期合刊

译自《列宁全集》俄文第5版
第55卷第34—38页

25

致玛·亚·乌里扬诺娃和
安·伊·乌里扬诺娃-叶利扎罗娃

1897年5月25日

亲爱的妈妈:前天收到了你5月5日的来信,此刻写回信给你,随第一班邮件寄上。现在我自己也在奇怪,4月底我怎么有好长一段时间没有写信啊,大概是由于当时很忙乱,误了日子吧。但以后,无论在离开克拉斯诺亚尔斯克之前,或在路上,我都写得很勤。到这里以后,我也写得很勤,每星期一次。再多写,也实在没有什么内容了;不过我对所有的信都是立即答复的,所以有时候也许是一星期写两次。

我现在一点也不知道埃·埃·的健康情况;大概还可以吧,因为捷辛斯克人在信中没有提到她。一路上,特别是乘马车那一段路，使她相当疲劳，所以她急于赶到村子里去休息。你寄到我这里的那封给她的信，我实在记不得了，很可能是转去了，但我已经忘了。

你信上说米嘉"这个怪人"不到这里来了，我看了不禁大笑起来！我信上那样写，不过是开开玩笑罢了！① 说真的，他跑 4 500 俄里的路，花一个月的工夫（来回），只是为了到舒-舒-舒这个宝贝地方来一趟，那又何苦呢！我感到不安的是，由于我的缘故，你们对过夏天的事久久定不下来，以致把最好的时光和最好的避暑地都放过了。

糟糕的是，书寄得太迟了（如果已经寄出的话，——你信上说"日内"即将寄出）。我本以为这些书已经在路上了。现在需要打听一下，这些书什么时候可以到克拉斯诺亚尔斯克。看样子，在夏末以前是到不了了！

我在这里过得不坏，打猎的劲头很足；结识了一些本地的猎人，跟他们一同去打猎。**42** 我已经开始游泳了；现在要走相当远的路（约两俄里半），往后就会近一些（约一俄里半）。不过对我来说，这点路算不了什么，因为除了打猎和游泳之外，我把大部分时间都花在散步上。我就是想看报纸；我希望很快就能收到报纸，希望你们已经把报纸寄出。

我收到巴季尔从捷斯寄来的一封信。他说，捷斯是一个很糟糕的地方，一片荒凉，附近既没有树林，也没有河流（两俄里以外才有，对他来说是太远了！）；既不能打猎，又不能钓鱼。所以，要是换地方的话，那他们应当到这里来，而我一点也不想到他们那里去。

———————

① 见本卷第 37 页。——编者注

安·马·从克拉斯诺亚尔斯克到他们那里去了一天（5月14日）；
她是随一批移民一道去的，以后又回到克拉斯诺亚尔斯克，打算不
久就住到捷斯去。

向全家问候！

你的　弗·乌·

给阿纽塔

1897年5月25日

很遗憾，由于我的缘故，你们出国的准备工作拖延了。我在这
里生活很好（无疑比所有其他同志都要好些），所以妈妈完全没有
必要为我操心。至于过夏天的事，我也认为她到国外去休息总比
千里迢迢跑到这里来要好得多。不过，现在这些话恐怕已经是多
余的了，——这里所说的"现在"，就是指你看到这封信的时候。

在看你的信的时候，起初我不懂，为什么你写了"**我再说一遍，
我没有向他表示出来等等**"的话[43]，后来我想起来了，好像在莫斯
科，甚至在圣彼得堡的时候我就同你谈过这件事了。由于当时过
分忙乱，所以我完全忘记了，否则当然不会再次提起的。我想编辑
大概是忙得要命，所以他写信给我总是只谈事务。[①] 因此，我要求
他把稿费给我买成书籍寄来恐怕未必合适，他哪有工夫管这些麻
烦事呢。如果你还没有写信把这件事告诉他，那么索性就不要写
了。我想，已收到的第一篇文章的稿费加上我的津贴[44]，差不多够
我用一年了；以后两篇文章[45]的稿费，我打算用来订杂志和买书。
（我不知道你们已经给我寄来了多少钱，我只要30—40卢布就够

---

① 让他们把杂志直接寄到我这里，请把我的地址告诉他们。钱让他们寄给你。

了,余下的用来订杂志。)

关于杂志,我上次信里已经写过了(我再重写一遍,以备万一;虽然我想,至少有一部分已经寄来了)①,需要订:(1)《俄国财富》杂志;(2)《俄罗斯新闻》②;(3)《财政通报》杂志(从年初订起);(4)《社会实践》杂志;(5)《社会立法和统计学文库》(布劳恩博士编)。至于书,一部分也写过了,我记得是《工厂一览表》1894年圣彼得堡第3版(大概是5卢布)与丘普罗夫和波斯尼科夫的论粮价一书③。要是这两本书还没有随那些书一块寄来(这就糟了,因为这样就会在路上走三个月左右!),那么就请你把它们按印刷品寄来吧。这两本书(要是能找到的话,再加上一部《年鉴》)是我工作上最需要的。以后,请你把特别值得注意的一些新书直接寄给我,让我尽快地收到,这样才不至于太落后了。顺便提一下,如果自由经济学会关于粮价的讨论(围绕丘普罗夫和波斯尼科夫的书)的速记记录已出版,请即寄来。**46**

我总是想利用莫斯科的图书馆,在这方面你们作出了什么安排没有? 也就是说,有没有在哪个公共图书馆找到门路? 问题是这样,如果能借出两个月(像在圣彼得堡的自由经济学会的图书馆那样),那么把借来的书**按印刷品**寄来,花钱并不很多(每1俄磅要花16戈比(可以寄4俄磅=64戈比);挂号费7戈比);花一些邮费看许多书,比花多得多的钱**买**少量的书,对我来说可能更上算一

① 见本卷第38页。——编者注

② 可能你们认为把你们的那一份看过之后给我寄来更合算些? 是啊,如果能赶上我这里收寄邮件的日子(而这一点我们很快就能掌握),那么**每周只要寄两次**就行了。这样比每天寄一次省事得多,也节约得多,而每天寄一次,邮费就不会比报纸的订费少。

③ 见本卷第37—38页。——编者注

些。我觉得这对我也方便得多,问题就是能不能在一个较好的图书馆,如大学图书馆①或莫斯科法学会图书馆(应该到那里去打听一下,要一份图书目录,了解一下接受新会员的条件等等)、或者其他什么图书馆按这个期限借到书(当然要交押金)。在莫斯科自然是有几个好图书馆的。甚至也可以打听一下私人图书馆的情况。如果你们之中有谁还留在莫斯科,就请他把这一切都打听清楚。

你如果到国外去,请来信告知,我要详细地写信告诉你,需要从那里寄些什么书来。请你向旧书商以及图书馆、书店尽可能多要些图书目录寄给我。

你的　弗·乌·

对圣彼得堡来信的事,我几乎已经失望了;现在没有人可以指望了,因为我对经理②已完全失去信心。

你写信给小面包姐妹时,请代我问候!让她们把照片寄来同我交换。她们的案子怎样了?

从舒申斯克村寄往莫斯科

载于1929年《无产阶级革命》杂志
第2—3期合刊

译自《列宁全集》俄文第5版
第55卷第39—42页

---

① 我想,米嘉很容易办到这件事;他可以通过某个法科大学生,或者直接找一位政治经济学教授,就说想研究这方面的问题,然后到总书库去把书借出来。不过现在只有等到秋天再说了。
② 指斯·伊·拉德琴柯。——编者注

26

致玛·亚·乌里扬诺娃和
安·伊·乌里扬诺娃-叶利扎罗娃

俄历6月8日(6月20日)

亲爱的妈妈:前天,即6日,我收到了你和玛尼亚莎从华沙寄来的信。看到信才知道,你们到底还是下决心动身了。这样很好。希望你们好好地安顿下来,今年夏天好好休息一下。我不懂你为什么担心很快就要想家。不是只去一个夏天吗?未必会想家吧。我会像过去一样常常写信的。莫斯科本来就很远,在路上再多走三四天也算不了什么。

我从舒沙寄给你的前几封信,想必已经收到,现在你已经知道,我在这里生活得不坏吧。我来到这里,今天正好满一个月,我可以再一次告诉你:对吃住我都十分满意;你问到矿泉水的事,我都忘了去想它了,但愿不久以后连它的名称都给忘掉。现在我在等待客人,米努萨的一个同志想到这里来,还有格列勃也要来打猎。所以我不会感到寂寞的。尤利于5月27日由叶尼塞斯克动身到图鲁汉斯克去了。而阿纳托利留下了,因为大夫根据总督的命令给他检查了身体,认为他身体很弱。大概他最近就要到米努辛斯克专区来。可能也上我这里来。医生也没有到雅库特卡去,他被流放到基廉斯克了。

谢谢玛尼亚莎的附言。

吻她和你！

你的　弗·乌·

给阿纽塔

关于报纸和杂志的事，我好像已经给你写过信了。我后悔没有写信给马尔克。也许由于这个原因，现在事情要大大耽搁了。

请你多给我寄一些"书讯"来，开头哪怕先寄些图书目录和新书广告之类的东西也好。要写信到各个地方去多搜集一些。我很想得到政治经济学和哲学方面经典作家的原文本。最好能打听一下最便宜的版本（普及本之类）和价钱。大概除了旧书商那里，别处是找不到很多的。不过我首先想知道的是，你们住在什么地方，情况如何，然后再写信给你们。

格列勃特别热切地向你问候！他们现在全家住在捷斯，安·马·也在那里（她已经辞掉了工作）。最近他们那里来了许多客人，所以过得很快活。据他们来信说，他们生活得不坏。

我目前还是没有报纸看。5月份的《新言论》杂志不知为什么也没有送来。把你看过的报纸或者你有时零买的报纸寄来吧。哪怕是翻一翻也好。

下次再谈。望多多来信。

你的　弗·乌·

从舒申斯克村寄往瑞士

载于1929年《无产阶级革命》杂志
第2—3期合刊

译自《列宁全集》俄文第5版
第55卷第43—44页

27
致马·季·叶利扎罗夫

1897 年 6 月 15 日

马尔克：您 5 月 23 日的来信收到了，是随上一班邮件寄到的。您也开始"糟蹋纸张"了，这太好了。我希望您所抱怨的"可怕的寂寞"能使您更多地写信给我。您如能这样做，我是很高兴的。况且我们现在的处境有些相像。两个人都孤独地住在乡下(当然，我住的地方稍微远一些)，所以我们应该多多通信。

我还是头一回听说科库什基诺的产业已经决定出售，而且米嘉为这件事已经到喀山去了。[47]给了他继承产业的委托书了，是吗？请您把这件事的处理结果告诉我。一方面，这件事终于要彻底了结了，这似乎很好，但是另一方面，这毕竟是个最不愉快的"结局"，很麻烦，而且十之八九要受到损失。

那箱书我不但没有收到，而且连寄书的事也不知道。这箱书是寄给谁收的？什么时候寄出的？提货单寄给谁了？请把这一切告诉我。我从妈妈的来信中知道，你们想通过运输事务处寄来。这样的话，这箱书就将在路上走很长时间了，大概要两三个月。要是在这次寄来的书里有新买的书，请告诉我是些什么书(要是您还记得的话)，不然我现在就不能决定订购哪些书，因为我怕有些要订购的书或许你们已经给我寄来了。

我已经开始收到《俄罗斯新闻》，并且正在如饥似渴地读着，这只能理解为长久没有报看的反应。还订了什么没有(《俄国财富》

玛·亚·乌里扬诺娃

（1898 年）

杂志；《财政通报》杂志——以雷布金娜的名义订的；德文报刊等等）？我现在是在第13天收到星期三和星期六寄出的报纸。这也就是说，邮件总是在这两天由莫斯科发往此地的。你们盘算寄东西时，请注意这一点。

前天，我收到了民间娱乐协会的报告。**48**谢谢。

我还没有收到过家里人从国外寄来的信。大概他们在旅途中收到我的信少了，给我写信也少了。现在我也不知道怎样给他们去信。寄往伯尔尼恐怕未必合适，而我又没有新的通信地址。我最近一次给妈妈写信是在一星期以前，也就是给您写那张明信片的同一天。今天，我不另外给她写信了，请您把这封信转寄给她看看，这样可以让她放心，并且让她也知道一些我的消息。

米嘉回来以后，如果也能糟蹋糟蹋纸张，那倒也不错。我一直还没有回复他那封"理论性的"信，因为在莫斯科时我的心绪很乱，对他谈的他所关心的那个问题，我什么也没有记住。而从他的信中，我不能得出很明确的印象，因为：第一，他写得太简短了；第二，我手头没有他所引用的书的俄译本，所以无法进行必要的查考。

握手！

您的　弗·乌·

附言：近来我老是在考虑从首都的图书馆借书寄到这里来的事。有时我甚至想，要是这件事办不到，就不能在这里从事写作了，因为写作非常需要外来的刺激，而这种刺激在这里是根本没有的。

从舒申斯克村寄往莫斯科

载于1929年《无产阶级革命》杂志
第2—3期合刊

译自《列宁全集》俄文第5版
第55卷第44—46页

28

致玛·亚·乌里扬诺娃和
玛·伊·乌里扬诺娃

1897 年 7 月 19 日

亲爱的妈妈：昨天我收到了你和玛尼亚莎 29 日的来信。谢谢。

我们的信件往返非常慢，提出的一些问题往往都要过很长时间才能得到答复，所以有许多答复就成为多余的了。例如，你在这封信中还在记挂着钱和一包书的事，但现在想必你早已收到了我那封说明全部情况的信了：钱我早就收到了；长久没有去取，是因为我不等钱用，并且安·马·那里也没有便人带来。那包书还没有收到，不知是否已经寄到克拉斯诺亚尔斯克了（6 月底有人在那里等候过）；那里可能很快就有便人给我带来。如果从那里邮寄来的话，邮费一定相当贵，因为轮船不运送邮件，而由铁路上只能运到阿钦斯克，然后再从那里由马车运到米努萨。

现在想必你已经不仅知道有人曾经建议马尔克到圣彼得堡去，而且还知道了他的决定，他来信对我说，他在等你们从国外给他答复。

你提到科库什基诺的事情的那封信，我收到了，并且已经写了回信。昨天我还收到了米嘉的第一封信，他也叙述了他这次喀山之行的情形。

在卫生方面，我这里未必比你们在施皮茨[49]差；我也经常在叶尼塞河里游泳（有时一天两次），经常散步①，打猎。虽然这里没有像样的地方可以散步，但是打猎的时候有时走得很远，也会碰上挺不错的地方。

昨天从捷斯得到一个消息，说巴季尔和安·马·即将在那里举行婚礼。[50]他们叫我去当傧相。不过，这当然还不是很快的事。

彼得·库兹米奇的遭遇使我非常难过！我只是从你的信里才知道他的消息的！

吻你，请你不要为我担心。

你的　弗·乌·

收到医生从上连斯克（伊尔库茨克省）寄来的信；他被流放到那个地方。尼·叶·费多谢耶夫也在那里。

给玛尼亚莎

玛尼亚莎：你要我描写一下舒-舒-舒这个村子…… 嗯，嗯！不过我好像已经描写过一次了。村子很大，有几条街道，但都积满尘土，很脏——完全是通常所想象的那样。它在荒原上，没有果木，甚至可以说是一片不毛之地。村子四周……尽是牲口粪；这里的人不把牲口粪运到地里去，就那样堆在村子周围，所以要出村子，几乎总得经过粪堆。村边有一条名叫舒什的小河，现在河水已经变得很浅了。在离村子（确切些说，是离**我住**

---

① 散步时，我戴上面罩防蚊子叮；这里蚊子多极了。但是比起北部来，这还不算多呢！

的地方，因为村子很长）大约一俄里到一俄里半的地方，舒什河流入叶尼塞河。叶尼塞河在这里形成了许多小岛和小支流，所以没有通往叶尼塞河主流的道路。我常在一条最大的支流里游泳，但是这条支流现在也明显地浅下去了。村子的另一边（与舒什河相反的方向）大约一俄里半的地方，有一片"森林"；农民们郑重其事地称它为"森林"，而实际上只不过是一片很不像样的、横遭砍伐的小树林；那里就连一片比较大的树荫也找不到（但是草莓却很多！），这和西伯利亚原始森林毫无共同之点。关于西伯利亚原始森林，我目前只是听说，还没有去过（离此地至少有30—40俄里）。山……要说到山，我描写得非常不确切，因为它们离这**里大约有50俄里**，只是在没有云雾遮掩的时候才可以望见它们……就像从日内瓦眺望勃朗峰那样。因此在我那首诗的第一句（也是最后一句）里提到"山麓"①，那是一种写诗的夸张手法（要知道，诗人是常用这种手法的！）…… 所以你问我"爬过什么山？"我只能回答：爬过那所谓的"森林"里的小沙丘，总而言之，这里沙土倒是不少。

我的工作进行得非常非常慢。② 摘录我不知道还要不要。我希望在秋天以前，能够跟莫斯科或圣彼得堡的某个图书馆办好交涉。

看了你对国外生活和当地印象的描述，很满意。如果你今后能更经常地给我写信，那我是很高兴的。

你们打算从6 000多俄里以外的地方寄来"一普特樱桃"，你们的想象力这样丰富，真使我惊讶得张开了嘴巴（倒不是想吃樱桃。

---

① 见本卷第41页。——编者注
② 列宁指他写《俄国资本主义的发展》一书。——编者注

这里没有樱桃,有西瓜)……　这连我们的化学家们也望尘莫及啊!!

你的　弗·乌·

<table>
<tr><td>

从舒申斯克村寄往瑞士

载于1929年《无产阶级革命》杂志
第2—3期合刊

</td><td>

译自《列宁全集》俄文第5版
第55卷第46—49页

</td></tr>
</table>

29

致玛·亚·乌里扬诺娃

8月17日

亲爱的妈妈:前天我收到了你7月29日(8月10日)的信以及玛尼亚莎的信。

我很奇怪,你为什么总是说我不常写信。就我所记得的,已有很长一段时间我是每星期都写信的,有时一星期还写两次呢,也就是说,每一班邮件都有我寄的信。

那箱书的事,我现在也弄得有点莫名其妙了。6月底,我接到克拉斯诺亚尔斯克的消息说,那些书应该在6月底运到,并且需要补交大约9卢布的运费;此后就再没有得到任何消息,虽然当时(7月1日)我就给克拉斯诺亚尔斯克发了两封谈书的信、一封汇款信[1]。那位答应替我张罗这些书的熟人,马虎到了极点,甚至连回信也不给我一封。现在我给波波娃写了一张要求答复的明信片,这下也许能够得到回音了吧。这真是一件伤脑筋的事! 主要是他

---

[1]　这些信没有保存下来。——俄文版编者注

们连信也不给我写,情况也不告诉我! 是不是运输事务处给耽误了呢? 他们这些人难道是骗子,可以不保证把东西按期运到,而且对拖延时间也不负责任吗?

　　阿纽塔在信中也向我提到你们的信件遗失的事。(顺便说一下,我已经收到了她寄来的龚普洛维奇的著作和《文库》。谢谢她寄来这两本书。)我不知道有哪几封信丢失了;我收到信后总是告诉你们的。有一封信在米努辛斯克耽搁了两个月左右,我已经对你说过了。我当时就向米努辛斯克邮局提出了质询,并且把那封信的信封附去作为证据。① 如果是挂号信或印刷品丢失了,那么应该把执据保存好,一定要他们赔偿;只有这样,我们才能教会那些西伯利亚的"伊万·安德列伊奇之流"[51]办事认真些。

　　关于我自己,实在没有什么可写的。我的信所以写得短,是因为生活太单调了:周围环境我已经描写过了;至于我自己的生活,每天不同的仅仅是今天读这本书,明天读另一本;今天到村子的右边去散步,明天到左边;今天写这篇文章,明天写另外一篇(目前我放下了主要的工作,在写一篇论文[52])。当然,我的身体十分健康,有时还去打猎。近来天气很坏,时常刮风,秋雨连绵,颇有寒意,因此大部分时间都待在家里。大概到9月还会有好天气。我打算到米努辛斯克去一趟,买些东西:一盏灯和一些冬令用品等等。我想同普罗明斯基一道去。

　　谢谢玛尼亚莎的来信。她问我希望从国外带些什么东西来。说米嘉想要一只钢表…… 嗯,表我是有的,而且现在走得还很好,要是能带一只闹钟来,那倒是(或者更确切些说,可能是)很有

---

　　① 这些信没有保存下来。——俄文版编者注

用的,因为我在这里太能睡觉,显然,我不仅完全补偿了在拘留所时的睡眠不足,而且已大大地超过了……　不过你们怎样把闹钟寄来呢?是不是等便人带来呢……

阿纽塔住在乡下没法替我买书,那是很自然的。不过,假如她在归途中路过柏林或莱比锡,那时也许能替我办一下。我已经写信说过,作家已经同意寄书给我,而且我已经收到了他寄来的一些书(大概今后还会收到),所以,在这方面我是有保证了,目前我也不缺什么。

吻你和姐姐、妹妹!

弗·乌·

从舒申斯克村寄往瑞士

载于1929年《无产阶级革命》杂志
第2—3期合刊

译自《列宁全集》俄文第5版
第55卷第49—51页

30

致马·季·叶利扎罗夫和
玛·伊·乌里扬诺娃

9月7日

马尔克:现按挂号印刷品寄上我的一篇文章①。请尽快(本来已经晚了)把这篇文章连同附信一并转寄给作家。**53**

---

① 这篇文章我共编了130页,请查对,**特此**附告。

6月份的《新言论》杂志总算在9月5日那天收到了。现在我怕您再寄第二份来,要是再寄来一份怎么办呢?

这一页的下面一半,是写给玛尼亚莎的。我收到了她8月18日(30日)寄来的盖有 Lausanne(洛桑)邮戳的信。我想我们家的人都早已到家了吧。

握手!

弗·乌·

我前些时从《俄罗斯新闻》上看到,图拉的统计学家们没有得到批准。[54]芝加哥人是不是也在其中呢?他为什么不回复我的第二封信呢?那封信我还在克拉斯诺亚尔斯克时就通过玛尼亚莎寄给他了。[①]

图书馆的问题怎么样了?

给玛尼亚莎

1897年9月7日

9月5日收到了你18日(30日)的来信。谢谢你。你们想到买联票去游览瑞士,这实在是个好主意。

我很高兴,你到底对国外发生了兴趣。对过冬你现在究竟有什么打算? 大概现在你们正忙于找房子吧。在大城市里,房子问题实在是件难办的伤脑筋的事! 要是马尔克和米嘉还没有替你们找到房子,那你们一定还在各处找吧。

---

① "芝加哥人"指瓦·安·约诺夫。这里谈到的列宁给瓦·安·约诺夫的信,没有保存下来。——俄文版编者注

妈妈谈到申请书的那封信,我已收到了,并且立刻就写了回信。[55]格列勃和巴季尔要求搬到米努辛斯克去,虽然他们费了很大的劲,但到目前还没有任何结果。[56]我没有去活动,现在也不打算这样做。对于舒-舒-舒我没有什么可抱怨的;而到处活动,焦急地等待答复,老是准备着到什么地方去,——这一切我是很不喜欢的。

好吧,祝你一切都好! 这封信写得很短,因为我的文章今天寄已经是迟了,我得赶紧。吻妈妈!

弗·乌·

从舒申斯克村寄往莫斯科

载于1929年《无产阶级革命》杂志第2—3期合刊

译自《列宁全集》俄文第5版第55卷第51—52页

31

致玛·亚·乌里扬诺娃

9月30日

亲爱的妈妈:我现在从捷斯给你写信,这是我答应过你的。我昨晚到达此地。路上走了很长时间,因为我们三个人(我、巴季尔和我带着的一个小男孩),还带有行李,乘一辆一匹马拉的马车,而这匹马又走得非常慢。

捷辛斯克人①住的地方很好。他们在一幢很大的两层楼房里

---

①　捷辛斯克人是指格·马·克尔日扎诺夫斯基、瓦·瓦·斯塔尔科夫和格·马·克尔日扎诺夫斯基的母亲埃·埃·罗森贝格。——编者注

（在舒沙根本没有这样的房子）占了一套漂亮的住房，这是村里最好的房子。楼上一层全归他们使用，有四个大房间，还搭上一个厨房和一间外室。房间宽敞、明亮、高大、清洁，家具也很不错；总之，每月付 6 卢布租到这套房子是很好的。现在格列勃找到了一点工作，因此他们可以勉强够用，经济危机已经过去了；有一个时期他们是比较紧的。安·马·在本专区的萨加伊村（离此有几十俄里）担任了医助的工作。恐怕她在那里干不长，因为做这样的工作她的身体肯定吃不消，大家认为一个月以后她就会回来的。格列勃的气色不太好，老是闹些小病，性子也变得急躁了。巴季尔情绪很好。埃·埃·在家里料理家务，一般说她的身体不错，虽然在夏天她比较辛苦；就是现在，她也并不轻松，因为什么事都得她自己做。这里是找不到女佣的，夏天就连做短工的也别想找到。目前有一个妇女在他们这里帮忙。

我们今天就已经一起去打猎了。天气极好，我们过得很快活。我获准来这里待五天，我将于星期五或星期六从这里动身直接回舒沙去；舒什①离这里有 70 俄里左右。

马尔克的来信（9 月 12 日的）我收到很久了。我正等他的消息：他这次去喀山的"清理旅行"结果怎样。顺便提一下，他在信中谈到了狗的事。我在舒沙养了一条小狗，希望它明年能成为一条猎狗。从俄罗斯弄条狗到这里来，运费一定是很贵的。他还问起我那本书②的事，这件事还是毫无进展。回到舒什之后，我希望就能紧张地干起来，那时再详细写信告诉你们。吻你和玛尼亚莎！

你的　弗·乌·

---

① 即舒申斯克。——编者注
② 指《俄国资本主义的发展》一书。——编者注

这里的人也都认为，我在夏天长胖了，晒黑了，完全像一个西伯利亚人了。这就是打猎和乡村生活的好处！在彼得堡所得的各种毛病，一下子全都好了！

当然，捷辛斯克人都要我向你多多问好。

从捷辛斯克村寄往莫斯科　　　　　　译自《列宁全集》俄文第5版

载于1931年《列宁家书集》　　　　　第55卷第52—54页

32

致玛·亚·乌里扬诺娃

1897年10月12日

亲爱的妈妈：7日我接到了你和米嘉9月20日的来信。上回由于很匆忙，记得给你写的不很多。今天应当补写一些。

谢谢米嘉的来信。现在答复他的问题：1897年的《哲学和心理学问题》杂志[57]已陆续收到。1896年的合订本也收到了，读完后就寄回（现在借到捷斯去了）。

我还是经常在打猎。目前虽然收获少多了（野兔、黑琴鸡、雷鸟过去我都没有打过，所以要多多练习），但是乐趣并没有减少。一有好天气（今年这里的秋天有不少这样的好天气），我就会拿起猎枪到树林和田野里去。我多半跟普罗明斯基一同去，带着房东的狗，我已经使它习惯于跟我们出去了，它有一些（当然不多）狩猎的本领。我自己也养了一只狗，是向此地一个熟人要来的一只小狗，希望到明年夏天能把它养大，并把它训练好。只是不知道这只狗会不会长得很好，会不会有灵敏的嗅觉。这我现在还看不出来，而只是根据我的这个"飞马"的品种是不能对它的素质作出一个完全肯定的判断的。在圣彼得堡给我们大家买的短棉大衣特别适合于打猎穿，我对它真是赞不绝口。至于冬天的衣服等等（你信中问到了这些事情）应当说我的一切都很充足了。在米努辛斯克我已经储存了许多过冬的用品，现在再买一点就行了。一般说来，在米努辛斯克买东西很不容易，货色很少，商店都是乡村式的（杂货铺；商品是定期运来的，而我恰好赶上一个青黄不接的时候），因此对于习惯了京城的商店的人，到这些店铺来挑选需要的东西就有点困难了。不过这些京城的生活习惯早该丢掉了，在这里这些习惯是完全不合适的，应当适应当地的情况。我觉得我对这里的生活已经相当习惯了，只是买东西时往往还按彼得堡一套考虑问题，总想一到商店就可以买到……

　　现在我来比较详细地谈谈这次外出的情况。我在米努辛斯克只待了两天，全部时间都花在跑商店、为巴季尔的事奔走（我们一起对治安法官的判决写了上诉书，连这位法官本人也承认他的判决过严。[58]且看二级法院如何决定吧）和访问朋友上面。现在在米努辛斯克的政治犯很多：梯尔柯夫，阿·弗·（因1881年3月1日案件）、丘特切夫，尼·谢·和雅柯夫列夫，叶·康·（都是民权党人）、梅利尼科夫（民意党人）、布拉热耶夫斯基（波兰工人）、赖钦，谢·格里·（这是我最熟的人；也是我们一派的同志）、柯恩，费·雅·（波兰人，知识分子；已经服满了苦役）、斯托亚诺夫斯基（因金兹堡案件；已经服满了苦役）。这些人我几乎都见到了。我想，冬天我还可能再去一趟。这样临时去一去，似乎比常住在米努辛斯克更好些，因为我并不想到那里去住。米努辛斯克有一个优点，就是邮政方便（在阿钦斯克，这个优点更加突出，当然我"更愿意"选择阿钦斯克）。不过我只是随便说说，因为我对舒沙已经完全习惯了，也习惯于在这里过冬了，我并不想为调换地方的事去活动，也劝你不必去张罗。

我是和巴季尔一起到捷斯去的。在那里过得非常快活。独自在舒申斯克住了一些日子之后，现在又见到了同志们，又和大伙在一起了，我感到非常高兴。但是，看来他们的生活还不如我。这不是指住房等等方面（在这方面他们的条件比较好），而是指精神方面。格列勃常害小病，显得很忧郁；巴季尔原来也并不是"情绪很好"，虽然他是捷辛斯克人当中最稳健的一个。埃·埃·料理家务，她十分满意捷斯的生活；她也在害病。家务事对她来说并不轻松，因为没有女佣帮忙；在西伯利亚乡下，要找一个女佣是非常非常困难的，在夏天那就简直不可能。所以，像我这样，住在一个供膳寓所里，生活可以过得满不坏，要是自己来料理家务就很不容易了。捷辛斯克人比我善于"交际"（可以这样说）。他们在捷斯认识了一位女医助，另外，在不远的地方（约15俄里）住着两个过去的女大学生[59]，他们也经常和她们见面。我相信他们的忧郁情绪是会消失的。格列勃和巴季尔现在都有了工作。[60]没有工作他们无法生活，因为只有24卢布的补助金。（巴季尔是在流放地结婚的，因此当局不想给他妻子补助金。）

再谈谈图书馆的事。米嘉是从哪个图书馆借到《哲学和心理学问题》杂志的？是不是彼得图书馆？如果是的话，能不能把它的图书目录（新的）寄来看看？好像那里借书是没有期限的。

你的　弗·乌·

我很健康；在工作；精神也很好。

医生（北方的）①要我代他向你们大家问好！（我跟他及哥伦布经常通信。）②

从舒申斯克村寄往莫斯科

载于 1929 年《无产阶级革命》杂志
第 2—3 期合刊

译自《列宁全集》俄文第 5 版
第 55 卷第 54—56 页

33

致玛·亚·乌里扬诺娃和
玛·伊·乌里扬诺娃

1897 年 10 月 19 日

亲爱的妈妈：14 日我收到了玛尼亚莎 9 月 29 日的来信，信里谈到我给马尔克的信③去迟了。其实，前些日子当我知道马尔克要出门的时候，我就担心过这一点。但事实上耽误的时间并不太久，我寄去的稿子**61**一点也没有误时。

我的生活如常，平静安适。冬天已经来临，我们早已足不出户了，而且生起了火炉，如此等等。不过严寒还在后头，现在多半还是秋天的天气，可以带着猎枪轻松愉快地到树林里去游逛。就是到冬天，我大概也不会停止打猎的。冬天打猎，比如说打野兔，也很有意思，并不比夏天差，所以我把打猎算做是乡村生活的一大优点。

---

① 指阿·巴·斯克利亚连科。——编者注
② 信件没有保存下来。——俄文版编者注
③ 见本卷第 30 号文献。——编者注

　　我通常都是在上半月收到杂志。现在我正津津有味地读着9月份的杂志。给编辑部寄去的文章，我想不久就会得到回音的。如果文章被采用，我就再多订几种杂志，我想最好还是通过这个编辑部去办，以免再造成混乱和重复。

　　我在等待阿纽塔、马尔克和米嘉回来的消息。

你的　弗・乌・

　　不久前尤利曾有信来。他说他已迁入新居了，房子比原来的好得多，而且他安顿得很好，所以上个月他整月都能工作；他的文章[62]已经写好并寄出去了。看他在图鲁汉斯克怎样过冬吧。阿纳托利找到了工作[63]，是临时性的。

给玛尼亚莎

　　玛尼亚莎：来信收到，谢谢。为什么你老是要我多写信？难道现在我写得还少吗？你自己的信上就说，你们往往一下子就收到我两封信。那还要怎么样呢？

　　直到现在我还没有收到《工人报》和《公报》。不知道是什么原因耽搁了。要是你有机会到代订的那个书店附近去，可顺便去催一下。

　　给我买一本《三年级系统自修大纲》，定价50戈比，书店在尼基塔大街李希特尔宅3室。（今天我在《俄罗斯新闻》上看到了有关这本书的消息，我想看看里面讲些什么。也许别的书店里也有，不会就是这一家书店有。）你再给我订一份新出的月刊《沃尔弗图书公司各书店出版消息》，**全年**35戈比（莫斯科库兹涅茨克桥12号）。我想看看这是一种什么样的刊物。书目方面的材料和介绍新书的材料，我这里一点也没有。如果这本东西也使你们感兴趣的话，那么你们就用你们的名字订一份，看过之后再寄给我。这本图书目录的内容这样广泛，而价钱又这样便宜，不由得使人怀疑，这是不是骗人的玩意儿？订一份试试看吧。

记得阿纽塔或是你的信里谈到过要给我寄梅林著作的第 2 册。我没有收到。第 1 册能收到很可能是偶然的。

握手！

弗·乌·

从舒申斯克村寄往莫斯科

载于 1929 年《无产阶级革命》杂志
第 2—3 期合刊

译自《列宁全集》俄文第 5 版
第 55 卷第 57—58 页

34
致玛·亚·乌里扬诺娃、
玛·伊·乌里扬诺娃和
安·伊·乌里扬诺娃-叶利扎罗娃

1897 年 12 月 10 日

亲爱的妈妈：我想这封信应当在节日前寄到莫斯科。因此我决定让它随第一班邮件寄出，不像平常那样拖到星期天（我是习惯于星期天给你写信的）。我收到了格列勃的信，他说他已经申请在过节时到我这里来住十天。但愿他能获准。如果他能来，我是非常高兴的。捷斯的朋友们还来信说，季娜伊达·巴甫洛夫娜已经判决，被流放到北方省份，为期三年；说她正在请求转到米努辛斯克专区来。娜捷施达·康斯坦丁诺夫娜大概也打算这样做，她的判决如何我还不大清楚,可能也差不多。

　　热烈地吻你!

你的　弗·乌·

　　希望在你收到这封信的时候,米嘉已经获得自由。他大概不会被拘留很久的。[64]

给阿纽塔

　　目前我正在看拉布里奥拉的著作《论唯物主义历史观》。这是一部写得很有条理、很有趣味的书[65]。我在想:为什么你不把它翻译出来呢?(原著是意大利文,卡缅斯基在《新言论》杂志上谈到,法文译本有些地方译得不够好。[66]所以,你要是翻译的话,必须找到原文本。)全书共分三部分:(1)《纪念共产党宣言》。(2)《关于历史唯物主义》(这部分篇幅最大)。(3)《附录:共产党宣言》(法文本译者:劳拉·拉法格)。自然,只有第2部分适宜于翻译,而且也**不用全译**(我还没有看完)。但是,依我看,删节无论如何也不会使这部捍卫"我们的主义"(拉布里奥拉语)的卓越著作减色。我今天就给圣彼得堡去信,问问作家是否打算在杂志上刊载这个材料。你可以从娜·康·(我就要写信给她)那里打听作家的意见,也可以直接向他建议由你来翻译这本书。[67]

弗·乌·

给玛尼亚莎

　　玛尼亚莎:你11月24日的来信和维亚特卡省的《资料》第2编都收到了。前些时候还收到了《法典》和《条例》[68],我不记得收到后是否写信告诉过你了。

你在信上说，"现在莫斯科**还**不接收"运往米努辛斯克的货物。也许很快就要接收了吧？马尔克大概能够打听到这件事。现在我并不急于要书。或许在圣诞节前后会有机会托人带来，或者可以让要到这里来的姑娘们①带来（关于她们的情况我写信告诉妈妈了），或者是托别人带来。如果是运到克拉斯诺亚尔斯克，也同样要耽搁很多时间。我写作上需要什么书的话，我会写信给你，你可以把书按印刷品邮寄来。托运的事，是否暂时等一等为好。

那本萨夫琴科的书好像是佩斯科夫斯基的。

《自修大纲》收到了，我已浏览了一遍。没什么意思，所以书评也不想写了。

沃尔弗图书公司的小刊物②刚创办还不错，而且售价便宜得出奇。

我订购了塞纽博斯的书。季别尔的书我暂时不打算订。不过，以后有了钱，可能也要订的。在卡尔梅柯娃书店买书可以给我打八五折，所以我就在那里订书了，还有一个好处是，免得你们再去张罗了。

握手！

弗·乌·

从舒申斯克村寄往莫斯科

载于 1929 年《无产阶级革命》杂志
第 2—3 期合刊

译自《列宁全集》俄文第 5 版
第 55 卷第 59—61 页

---

① 指娜·康·克鲁普斯卡娅和季·巴·涅夫佐罗娃。——编者注
② 指《圣彼得堡和莫斯科沃尔弗图书公司各书店出版消息》。——编者注

35

致玛·亚·乌里扬诺娃、
玛·伊·乌里扬诺娃和
安·伊·乌里扬诺娃–叶利扎罗娃

1897年12月21日

　　亲爱的妈妈:前天,我收到了你12月5日的来信。知道米嘉的事有希望弄清楚,我真高兴极了。很明显,这在很大程度上是一种误会,谈不上是什么严重的事情。你问我收到11月16日寄的包裹没有,不知是什么包裹?一般来说,要是可以把东西寄到米努辛斯克,那就应当直接写明寄给我,因为所有我的信件总是要经过米努辛斯克邮局的,我已经托付这里的邮差替我领取邮件。

　　包裹这么多,真把我弄得有点糊涂了,也不知道哪些是已经寄来的,哪些是打算寄来的。是否还往克拉斯诺亚尔斯克波波娃那里寄过什么东西?我想是不会的,不过为了防备万一起见,我将托一个熟人(米努辛斯克的)去打听一下,这两天他就要到那里去了。

　　我还不忙着要书。我这里现在有许多书,就是不寄来也已经看不过来了。

你的　弗·乌·

给玛尼亚莎

　　收到了你12月2日的明信片和两本谢苗诺夫的书,谢谢。我很快就可以把书寄还给你,最晚不超过一星期(星期三是 24 日,恐怕这里的邮差根本不走)。

原来这头两卷里恰好没有什么有意思的材料。当然,在借阅不熟悉的书的时候,发生这种事情是难免的,我也早就料到了这一点。

希望我们至少不要再出罚款,你可以去续借一个月。

你说:"我问过卡布鲁柯夫,要到法学图书馆去,本人必须是法学家,并须经过两个法学家协会会员的介绍。"我不明白你的话。仅仅是这样吗? 本人不需要是协会的**会员**吗? 我将设法在彼得堡找人介绍。

不是法学家也能加入法学家协会,这是毫无问题的。

握手!

弗·乌·

给阿纽塔

你 12 月 5 日的来信和寄来的账单都收到了,谢谢。你把它又重抄了一遍,真是白费力气了。大概我没有把账目的事说清楚,我所关心的只是总账是结余还是超支,而不是要详细的账目,抄写这些详细账目花了你许多力气,而对我却根本没有什么用处。①

奇怪的是,杂志社也没有给我寄任何账单来。不久我还要给他们寄篇文章去[69]。应当给他们附上一张便条(转寄手稿时),让他们把稿费清单和订杂志等等的账单寄来。否则我就不清楚自己究竟有多少钱,我好像已经超支了。

---

① 这里显然是指列宁的稿费收支清单。——编者注

　　我们之间有些误会,显然也是由于我提出的一个问题而引起的,——我问我们的熟人从哪儿得到了关于出版一个小刊物的计划的消息[70],我以为是从你那里听到的。现在才完全清楚,并不是这么回事。既然事实不是这样,我根据最初的猜测所说的那些话当然也就不能算数了。啊,这个叶戈尔! 我得给他点厉害看。

　　照片和合影确实没有收到![71]我也给娜捷施达·康斯坦丁诺夫娜写了信,她还没有回信。是不是需要给尤利的姐妹们①写封信呢?

　　顺便提一下,我接到了尤利10月29日(一点没错!)的来信。他说,生活得不错,他们搬到一块住了(这样方便得多,也经济得多,同时,由他们那里唯一的一位"太太"做饭,当然也就比较简单了),他们得到了补助金,因此他显得很有朝气,一点也不颓丧了。那位诗友②这两天就要到我这里来过节了,假如他不再骗人的话。阿纳托利的妻子③被关进了叶尼塞斯克监狱(要关三个月),因此他一直都在焦急不安,他说牢房很冷,而她又害了重病。[72]真倒霉! 在俄罗斯坐牢也许要好得多。

　　费多谢耶夫和利亚霍夫斯基连一个字也没有写来,天晓得他们那里的情况现在怎样了!

　　我想要圣西门的著作,以及下面这些法文书:

卡·马克思《哲学的贫困》1896年巴黎版	3.5 法郎
弗·恩格斯《社会发展中的力量和经济》	2.5 法郎
卡·马克思《黑格尔法哲学批判》1895年版	1 　法郎

---

①　指莉·奥·策杰尔包姆和H.奥·策杰尔包姆。——编者注
②　指格·马·克尔日扎诺夫斯基。——编者注
③　指多·瓦·特鲁霍夫斯卡娅。——编者注

上列各书都包括在《国际社会主义丛书》中，拉布里奥拉的著作也包括在内。

　　握手！

弗·乌·

从舒申斯克村寄往莫斯科

载于 1929 年《无产阶级革命》杂志
第 2—3 期合刊

译自《列宁全集》俄文第 5 版
第 55 卷第 61—63 页

36

致玛·亚·乌里扬诺娃和
玛·伊·乌里扬诺娃

1897 年 12 月 27 日

　　亲爱的妈妈：第一次和第二次寄来的钱（即 11 月 16 日和 12 月 8 日寄的）都收到了。现在我们的补助金也按期发给，这方面的情况已经完全正常，所以我想今后长时期内（相对地说）可以不需要任何额外补助了。

　　格列勃在我这里已经住了好几天了，他获准到我这里来住十天。我们生活得很好，经常出去散步，好在天气多半都很暖和。有一天据说是冷到了零下 36 列氏度①（大约一周半以前），又有几天起了暴风雪（西伯利亚人把它叫做"恶天气"），在这以后，天气变得

---

　　① 1 列氏度等于 1¼ 摄氏度，零下 36 列氏度相当于零下 45 摄氏度。——编者注

很暖和了,现在我们非常热衷于打猎……虽然打到的东西很少。冬天在这里又能打到什么呢!可是出去跑跑也是很愉快的。由于过节,本星期三邮件没有走(星期五也没有来)。这是我来舒沙以后第三次邮件脱班——还不算很多。好在有客人在这里,所以也就不觉得怎样了。

热烈地吻你!

你的 弗·乌·

寄上我给杂志写的一篇文章。最好赶快转去,也许可以赶上1 月号发表。[73]

格列勃向大家问候!他要我转告玛尼亚莎,他等着跟她大大争论一番。

给玛尼亚莎

玛尼亚莎:关于施坦格的文章,你不用再费劲去查了,很可能是我说错了。隔了这么多年,怎能记得清呢!找到了一篇文章,就该谢天谢地了。我好像记得第二篇文章不在《经济杂志》上,而是在 1891 年的《北方通报》杂志上(至少不久前我在什么地方见到过这样的引文)。[74]无论如何,不必再去翻阅 1885 年以前的《经济杂志》了。

你准备到我这里来,我很高兴。现在的情况不同了,所以我没有什么特别的理由劝你不要来了。等叶尼塞河开航后,到这里来就没有什么大问题了。很可能娜捷施达·康斯坦丁诺夫娜也要到我这里来,这个问题大概很快就能得到解决,也许在你看到这封信的时候,问题已经解决了。但是,假如允许她流放到舒-舒-舒来,而不到俄罗斯北部去,那当然不会让她拖到春天,这样她就得马上动身。

握手!

弗·乌·

我记得马尔克有一次写信问过我,要不要在莫斯科给我弄一条猎狗?我当时没有理会这件事,因为我对"飞马"抱很大希望,可是,结果它却使我大失所望。要是现在,我当然很同意马尔克去给我弄条猎狗来,——不过这显然是空想,而且也不值得这样做。运费太贵了。格列勃异想天开地说:弄一只小狗,装在筐子里运来!他出这个主意,我们都觉得好笑。当然这要比别的办法多少好一点。不行,那样马尔克一定要为此"大事张罗"了;你从这一段话中可以看到,住在舒-舒-舒和捷-捷-捷斯①的人们有时会想些多么小的问题。

从舒申斯克村寄往莫斯科

载于 1929 年《无产阶级革命》杂志
第 2—3 期合刊

译自《列宁全集》俄文第 5 版
第 55 卷第 64—65 页

---

① 即捷辛斯克。——编者注

1898 年

37

致玛·亚·乌里扬诺娃和
马·季·叶利扎罗夫

1898 年 1 月 4 日

亲爱的妈妈：你 12 月 15 日的来信收到了。这个星期我们这里邮件脱了一班（1 月 1 日），所以我不知道阿纽塔活动[75]的结果如何。不过，大概会有好结果的，——既然案件已经转到圣彼得堡，那就是说，问题不太严重，没有理由再拖延下去了。①

至于皮大衣，你完全不必担心。我穿着我的冬装（我们大家从圣彼得堡带来的），再加上这件皮大衣，**即使要出门**也足够了（而出门的机会是很少的）。散步时穿着它反嫌太热，所以除了少有的冷天（像昨天、前天），我都穿棉大衣。一般说来，这里的冬天非常暖和。至于打猎，你也不必担心，一点危险都没有。况且现在打猎的季节已快结束了，要到春天才……（第一次和第二次寄来同样数目的钱都已收到。）

从舒沙到米努辛斯克有 55 俄里的路程，但在冬季有一条较短的路程——50 俄里。

----

① 参看本卷第 69 页。——编者注

格列勃在我这里住了十天,前天走了。今年的节日在舒-舒-舒过得实在不错,这十天不知不觉就过去了。格列勃非常喜欢舒-沙,他说这里比捷斯好得多(而我却说捷斯好! 我向他开玩笑说,凡是我们不待在那里的地方总是好一些),他说这里附近有树林(冬天在这里散步也十分好),远望萨彦岭,风景十分优美。特别是在晴朗的日子,阳光照耀下的萨彦岭更使他心旷神怡。再告诉你们一件事,格列勃现在非常爱好唱歌,他一来,我的寂静的房间里立刻充满了欢乐的气氛,他一走,我的房间里又沉寂下来了。但是他没有乐谱和歌片。我们家从前有过这种东西,好像还不少(那时我们也常常"喊叫")。假如现在谁也不需要这些东西的话,最好寄给他,他一定会高兴的。巴季尔是音乐家(会弹吉他),他会给格列勃改编歌曲。格列勃在我这里因为生活有规律,经常散步,健康有了一些恢复,他离开这里的时候,精神很饱满。

我记得已经写信告诉过你,娜捷施达·康斯坦丁诺夫娜打算要求转到这里来(原来判决她在北方省份流放三年)。如果这个计划能实现,那真是一个好机会,可以托她把书籍、乐谱和其他东西都带来。

吻你!

你的   弗·乌·

给马尔克

1898年1月4日

您12月16日的来信和附来的两份有趣的列有报告提纲的通

知都收到了。关于杜冈-巴拉诺夫斯基和司徒卢威的报告遭到禁止的事,并没有使我十分惊异,因为司徒卢威的同一题目的论文早就被剪掉了,而他的报告提纲是十分明确的。我只是不了解,是**哪一位**大臣下令禁止这两个报告的? 不过,彼得堡各主管机关之间进行联系是用不了很长时间的……[76]

听到芝加哥人在彼得堡的消息,我感到很奇怪。上一回我听说——有人告诉我(确切些说,有人写信告诉我),他在高加索的某个地方。这么说,现在他安顿下来了。他没有回我的信,我想,我已经用不着再等待了;大概他现在公务羁身,而且由于他到处奔波,很可能把这件事忘光了。这没有什么关系。您看他的情况如何? 他看上去怎么样(不是指身体方面)? 有什么计划没有? 他有哪些熟人? 他不想恢复他的写作计划吗?(也许阿纽塔会写信给我,回答其中的一些问题,即回答那些她所知道的问题。因此,我问您也许是不必要的。)顺便问您一下,最近我委托芝加哥人办的那件事(这事我已经写信告诉玛尼亚莎),就是请他通知亨·布劳恩,说我允许翻译我那篇著作,您写信告诉他了没有?

洛津斯基的报告真是胡说八道的杰作。[77]假如彼·伯·不预备对这个报告发表国内评论[78],那就请把刊登这个报告的那期《自由经济学会学报》寄给我(要是不难找到的话)。应该把洛津斯基和尤沙柯夫先生并列在一起。假如您把他的报告寄给我,请顺便替我买一份1896年自由经济学会关于币制改革的讨论的速记记录。在那次讨论中也有一个民粹主义者表现得很突出,好像就是洛津斯基。

关于《祖国之子报》[79]您听到什么了吗? 我已经写信给圣彼得

堡，要他们给我订一份（如果值得订阅的话）。① 这张报纸很有意思，因为有民粹派参与其事。您看到过这张报纸吗？

握手！

弗·乌·

附言：我又弄到了一条猎狗，是塞特种。这是一位同志从城里带来的。不知它会长成什么样子，不知它能不能活到春天（现在还很小，我担心它也会患瘟疫）。有一点不好，就是它是母的……

从舒申斯克寄往莫斯科

载于1929年《无产阶级革命》杂志
第2—3期合刊

译自《列宁全集》俄文第5版
第55卷第66—68页

38

致玛·亚·乌里扬诺娃和
安·伊·乌里扬诺娃-叶利扎罗娃

1898年1月24日

玛尼亚莎和阿纽塔的来信以及谢苗诺夫的著作第3卷和《法学通报》杂志**80**这两本书都收到了。特别感谢玛尼亚莎寄来这两本书。巴季尔的照片也收到了。

请再给我买两本书：**卡布鲁柯夫**的《农业经济学讲义》和**瓦·**

---

① 这封信没有保存下来。——俄文版编者注

沃·的《手工工业概述》(1卢布50戈比)。后一本书也许可以从旧书商那里买到,前一本书是不久以前为大学生出版的,因而即使这本书不发售(根据《俄罗斯新闻》上没有登载这本书的广告来判断),玛尼亚莎大概也可以弄到它的。

关于我自己,没有什么新鲜事情可以告诉你们。现在三个人在一起打猎,更加快活了。这里已经完全是春天的天气;今天雪都在融化了。

娜捷施达·康斯坦丁诺夫娜有希望从流放乌法省三年改为流放舒沙两年[81],我等待着她和伊丽莎白·瓦西里耶夫娜的到来。我已经给她们准备了住处,就是我隔壁的一个房间,也是这家房东的房子。① 如果夏天还有客人来,我们可以租用整所住宅(房东家可以搬到院子里的旧的小屋去住),这样要比自己在这里购置家具什物方便得多了。

不过我不知道,娜·康·的事在春天以前是否可以有结果,有人说在2月间可以解决,但这类话传得还少吗?

真糟糕,米嘉的案件要拖一些时候了;要白白浪费一年,他一定很不愉快。大概还会允许他上别的大学,或者作为校外生参加考试的。②

你的　弗·乌·

附上的信是给哥伦布的③

---

① 我同这里的一个神父展开了滑稽的竞争,因为他也向房东要房子。我表示抗议,并坚决要求等到我的"家庭"情况最终明朗以后再决定。现在还不知道我是否能够摆脱这个对手。

② 参看本卷第69页。——编者注

③ 这封信没有保存下来。——俄文版编者注

给阿纽塔

在报纸上看到你翻译的那本阿米奇斯的作品出版了。如果你那里这本书还有多余,请给我寄点来。你是根据什么条件翻译的?有没有同出版人订合同? 是什么样的合同?

我正在计划把我的一些文章印成专集。**82** 前两天我收到尼·沃多沃佐夫的《经济评述》,因而产生了这个念头。把那篇论手工业者的文章印成小册子出版,是不合适的。最好把论西斯蒙第的文章和论手工业者的文章放在一起。这样,事先不经过书报检查机关的检查就可以出版(出专集需要有 10 印张,而现在差不多有 12 印张,即 200 页左右),这就合适得多了。可以标上这样一个题目:《评民粹派的浪漫主义学说》。这样一本书的内容就会比较有意思、比较多样化些。书报检查机关是否会准许翻印已被查封的杂志曾经刊登过的那篇文章,我看这是主要的问题。不过,我想书报检查机关会准许的,因为那篇文章谈的是抽象问题,而且早在杂志停刊之前很久就发表了。关于这件事,我也要写信告诉娜·康·,请她去征求一下作家的意见。我不想等待他们的新计划实现了。况且这两篇文章都很长,不太适合登在杂志上。可以把其余的文章交给杂志发表,我认为把这些文章放在专集内很危险(书报检查机关不会通过),而且也不太适宜(性质完全不同)。那篇论手工业者的文章,写得十分平和,其中有很多数字。至于费用问题,我认为这要比通过书报检查简单得多。假如定价为 1 卢布 50 戈比,只印 1 000 册①,那么可以把出版费定为 500 卢布,书商和作

---

① 如果印 2 000 册,就可以把定价降低为 1 卢布 25 戈比。

者也得到同样的数目。卖掉500册就可以抵偿出版费,而500册大概是可以卖掉的。

问题是:谁去负责出版工作呢? 在彼得堡没有谁可以托付。是否可以让马尔克负责事务性的工作(买纸、与印刷所签订合同),让玛尼亚莎负责校对工作?① 如果可以这样办,我马上就把论西斯蒙第一文的修订稿寄去(需要分章节和改正重要的排印错误)。如果这样办,就**发电报**给我:"寄修订稿来"。根据我的估计,如果顺利,最迟4月间就可以出书。

我觉得应当自己来试一下,不要等待新言论杂志社那些人的计划了,他们做事像是"蜗牛爬行……" 其次,写了东西不能发表,是很遗憾的,再说我们需要收入。也许有人会反对,说文章的性质根本不同,但我看这没有什么关系。尼·沃多沃佐夫的集子也包括各种各样的文章,一般来说,这种情况并不少。同时,我的两篇文章也有一个共同点,就是都批判了民粹派的经济观点,一篇是抽象地进行批判,一篇是根据俄国的材料进行批判。请尽快回答我:这个计划是否可行? 如果可行,那就应该抓紧时间,开始做起来。

尼·叶·费·没有写信给我,我已经写过两封信给他了②,但他都没有回信。假如你给他写信,可以责备他一下。关于上连斯克"纠纷",我听说了,那里有一个攻击过尼·叶·的可恶的坏蛋。[83]不,可别让我在舒舒③再有知识分子同志了! 娜·康·一来,就是一个完整的流放者团体了。

---

① 校对工作并不十分复杂,因为全书有$\frac{1}{2}$是翻印的,其余的$\frac{1}{2}$是我已经仔细地誊写清楚的手稿。
② 列宁同尼·叶·费多谢耶夫的往来书信没有保存下来。——俄文版编者注
③ 即舒申斯克。——编者注

向全家问好!

你的　弗·乌·

从舒申斯克村寄往莫斯科

载于1929年《无产阶级革命》杂志
第2—3期合刊

译自《列宁全集》俄文第5版
第55卷第69—71页

39

致玛·亚·乌里扬诺娃

1898年2月7日

　　亲爱的妈妈:昨天我收到1月22、23日你和全家的来信,非常高兴,我感谢大家的祝贺。当然,我也曾这样想过:你们一定会写信给娜捷施达·康斯坦丁诺夫娜,叫她顺路来见你们一面的;我希望她能够获准。关于她转到舒-舒①来的事,到现在我还一点消息也没有。她来信息是说,"日内"即可解决,而事情却一直在拖下去。不过,现在大概要不了多久就可以等到最后的决定了。

　　至于让娜·康·带的包裹,我认为,应该尽量多装些书在里面,因为不知道夏天还会不会有机会带东西来。玛尼亚莎打算到国外去(这当然比舒-舒和西伯利亚的蚊子要有趣些),那么你和米嘉可能要到科库什基诺去吧……　才两个半月,他就患起浮肿病来了,真糟糕。第一,他在狱中是否遵守他的饮食制度?恐怕没有。而依我看,在那里是必须遵守的。第二,他是否做体操?大概

---

　　①　即舒申斯克。——编者注

也没有。这也是必须做的。至少根据我自己的经验，**每天**临睡以前做做体操是很愉快，很有益处的。即使在最冷的天气，在整个牢房里寒气袭人的时候，只要活动活动，也会感到暖和，过后睡觉也舒服多了。我可以介绍给他一种最简便的体操（虽然是引人发笑的）：行 **50** 次鞠躬礼。我给自己规定的就是这种课程。看守从窗洞中望进来，看见一个从来不肯到拘留所的教堂里去的人，突然变得如此虔诚起来，使他不胜惊异，而我并不感到难为情。但是，至少要连续做 50 次，每次手要碰着地，同时腿不能弯曲。请把这种办法写信告诉他。要知道，那些医生多半只会空谈卫生。

其次，关于衣服的问题，我已经写信告诉过你一些了。再带些短袜来也可以。这里的裁缝，我信不过。在米努辛斯克做衣服很不方便，可还得上那里去才行。这里有一个裁缝，今天他亲自对我说，他给所有的人都做过衣服，包括以前的政治犯在内，甚至还给所有的神父做衣服（他这是向我吹嘘）。虽然这番话说得很动听，但我总觉得还是在莫斯科买现成的好，你给我准备的那块衣料，送给米嘉或马尔克吧。我只是特别想请你买一件**最结实的上衣**，因为打猎很伤衣服。如果我的草帽还没有坏（那还是巴黎货呢！），把它也带来吧。固然普罗明斯基已经在这里做起帽子来了（有时像……毡鞋一样！），但这种帽子是春秋两季用的，不是夏季用的。再有就是羊皮手套，如果没有尺寸也可以买的话（这一点我没有把握）。无论在彼得堡或是在巴黎，我从来不戴手套，而在舒舒舒①，我想戴戴试试——在夏天好防蚊子。头上倒可以戴面罩，两只手

_____

①　即舒申斯克。——编者注

却叮得厉害。格列勃告诉我说，这里的蚊子隔着手套也能叮人，但我不相信。当然，买的时候要挑选适用的，——不是跳舞时用的，而是防蚊子用的。此外，再给我买一些**方格**纸，我怕米努辛斯克没有，我需要的并不多，有四刀就够了，格子大小要各种各样的（从最小的到最大的）。

阿纽塔问我什么时候结婚，甚至还问我"邀请"哪些人?! 哪里有这么快! 首先要娜捷施达·康斯坦丁诺夫娜到这里来，其次，结婚必须得到当局的批准，要知道，我们是完全没有权利的人。在这种情况下哪里谈得上"邀请"呢!

至于 verbalisme① 和 phraséologie②两个词，我以为应当翻译成 вербализм（附以说明）和 фразеология…… 虽然实际上这不是翻译，而是简单的音译，然而，这有什么办法呢? 如果不用 вербализм 而用"玩物态度"，意思就完全不一样了，甚至搞拧了。同玩物态度比起来，вербализм 的意思更接近于烦琐哲学即多余的（假的）博学。不过，我已经不记得拉布里奥拉是怎样使用这两个词的了。③

你寄来的波格丹诺夫的著作已经收到，谢谢。我已经读了一半了。写得很有意思，很有道理。我想写一篇评论。[84]

现 在来回答玛尼亚莎的问题。她问，格列勃是哪个声部? ……嗯，也许可以算是男中音吧。他唱的也就是我和马尔克过去常常"喊叫"（保姆④是这样说我们的）的那些东西。

———————————

① 拘泥文字，咬文嚼字。——编者注
② 漂亮而空洞的词句。——编者注
③ 指翻译拉布里奥拉的《论唯物主义历史观》中碰到的问题。——编者注
④ 指瓦·格·萨尔巴托娃。——编者注

另一个问题是:她在巴黎会不会被迷住?——很可能。但现在她本人已经到了国外,她自己可以去判断了。我在巴黎一共住了一个月,在那里很少做工作,经常跑来跑去参观"名胜古迹"。我还不清楚,玛尼亚莎是想去求学呢,还是只是去避暑?

感谢马尔克的来信。然而,让他不要忘记果戈理笔下的"伊万·安德列伊奇之流"的人物。我不知道,在你们那里,在俄国,有什么样的进步,而这里,毫无疑问,伊万·安德列伊奇之流正在大显身手,他们感兴趣的不仅是婆娑起舞的军旗手,不仅是婆娑起舞的少女们。[85]

很奇怪,关于《祖国之子报》你们怎么一点也没听说呢?我今天在《俄国思想》杂志[86](1897年11月或12月)上看到,这张报纸被称为真正的民粹派的机关报。

下次再谈。

　　　　　　　　你的　弗·乌·

现在这里是真正的冷天了,所以我们停止了打猎活动,但仍旧时常到树林里去散步。我住的房子很暖和,穿的更暖和。

现将我需要的书开列如下。如果现在还不晚,让玛尼亚莎把这张书单寄给娜捷施达·康斯坦丁诺夫娜,她可以在圣彼得堡找寻这些书。

如果我们还有什么带图画的儿童读物,也让娜·康·带来,送给普罗明斯基的孩子们。

阿·谢苗诺夫《工业和贸易的历史资料的概述》,共3卷。旧书,50年代或60年代,或更早时期出版。

《财政部所属各机关的通报及材料汇编》圣彼得堡版,1865 年第 6 期,1866 年第 4、5 期,特别是 **1867 年第 6 期(6 月)**。

《有关维亚特卡省手工业状况的资料》,共 5 编,19 世纪 80 年代维亚特卡版(玛尼亚莎已经有了第 2 编)。

瓦西连科《波尔塔瓦省农村居民的手工业》。

《欧俄农村居民经济状况资料汇编》1894 年圣彼得堡大臣委员会办公厅出版。

舍尔比纳《弗拉基高加索铁路区的经济关系》。

别佐布拉佐夫《俄国的国民经济》。

《南俄农业主协会学报》1895 年刊载……先生(大概是博里涅维奇先生? ……)关于敖德萨近郊经济的论文的那几期。

拉戈津《俄国南部的铁和煤》。

门捷列夫《关税税则详解》。

《法学通报》杂志 1887 年第 11 期和第 12 期。

柳多戈夫斯基……（?《农业经济学原理》? 或者是这一类的书。书名已经记不清楚了,是 70 年代出版的。）

《内务部委员会统计处根据 1849—1852 年资料编制的统计表》。

《俄罗斯帝国统计年鉴》1866 年圣彼得堡版第 1 辑第 1 编。

《中央统计委员会汇刊》1894 年第 34 期(《1882—1892 年粮食和马铃薯的平均收获量》)。

《中央统计委员会汇刊》1889 年第 10 期和第 12 期。

《中央统计委员会汇刊》。

1897 年的某一期(最后出版的几期中的一期),其中载有关于 **1893—1894** 年军马调查的材料。

（须查图书目录或中央统计委员会出版物目录）

从舒申斯克村寄往莫斯科

载于1929年《无产阶级革命》杂志
第4期

译自《列宁全集》俄文第5版
第55卷第71—75页

40

致玛·亚·乌里扬诺娃和
马·季·叶利扎罗夫

1898年2月14日

　　亲爱的妈妈:我收到了玛尼亚莎寄来的书(布尔加柯夫的著作)[87],谢谢她。她问我,是否收到阿尼亚12月27日寄出的挂号印刷品。[①] 我现在记不太清楚,因为事情已经过去很久了。我只记得,我收到过外国图书目录和《新时代》杂志[88]。玛尼亚莎的信是1月26日写的,很可能我收到12月27日的来信后写的回信在这时候还没有到达莫斯科。[②] 波格丹诺夫的书,更早以前就收到了;我很喜欢这本书,我给它写了一篇评论。[③] 布尔加柯夫的那本书写得也不坏,但我不喜欢关于流通问题的那一章,他对国外市场问题的提法,不很确切。当然,收到这本书,我也是很高兴的。

---

①　《新时代》杂志第3期收到了。
②　见本卷第80页。——编者注
③　见本卷第86页。——编者注

　　我们的补助金又要延期发了,因为碰上了新年。另外,告诉你一个消息,从叶尼塞斯克新来了一个县警察局长(就是在叶尼塞斯克扣留猎枪的那个县警察局长)。[89]表面看来他现在还没有什么作为。但是不知为什么他们把普罗明斯基的补助金从每月 31 卢布(他有五个孩子)减为 21 卢布了,七口之家靠这点钱在舒沙是无论如何不能维持生活的,而做帽子的手艺(他的职业)在这里也没有出路。另一位同志①到米努辛斯克去治病,已经在那里住院了。

　　这里的天气仍旧非常冷,西伯利亚的冬天毕竟是要显示一下自己的威力的。但我对于寒冷似乎已经有点习惯了,我每天都要散步很长时间。

你的　弗·乌·

　　你们把《财政通报》杂志的订费寄给娜·康·了吗? 我本来已经不指望收到它了(因为我对她说过,要她在我经济宽裕的时候再订),但是,我现在照旧从她那里收到这个刊物。

　　今天我把从图书馆借来的几本书和技术报告按挂号印刷品寄给阿纽塔。

给马尔克

　　娜捷施达·康斯坦丁诺夫娜来信说,作家建议或者筹一笔款子或者找一个出版人来出版我的文章,因此,她就不从他那里取回稿子了。我回信告诉她,还是把稿子取回来,转寄给您,因为“找人”出版,说不定要花上好多年的时间,而且谁会愿意来担负这件

---

　　① 指奥·亚·恩格贝格。——编者注

相当麻烦的事情呢？我在这两天就要着手修订那篇关于西斯蒙第的文章，不等您回复我上次写的那封信了，修订好了以后立刻寄给您。**90**（作家的建议对我之所以重要，只是因为它证明了这个计划在书报检查方面不成问题，而我所关心的也正是这一点。）至于我的其他稿子①，除了那篇论手工业者的文章**92**外，我想不该把它们收进去，因为第一，性质完全不同，它们只适宜于杂志刊登，再说内容又是论战性的，只有暂时的意义；第二，不必冒险。

我想，你接到这封信以后，就可以开始同一些印刷所商洽（我所以说"一些"，是因为要找的、要进行交涉的可能不止是一家印刷所），就可以找纸店了。我就在您进行这些准备工作的时候把修订稿寄出，这样到时候就可以立刻排印了。我觉得最好要抓紧时间，使这本书能在 4 月间出版。

握手！

弗·乌·

我认为最好把关于西斯蒙第的文章排在前面，把关于手工业者的文章排在后面。

从舒申斯克村寄往莫斯科　　　　　　译自《列宁全集》俄文第 5 版
载于 1929 年《无产阶级革命》杂志　　　第 55 卷第 76—78 页
第 4 期

---

① 即关于"遗产"和关于尤沙柯夫这两篇文章。对米库林的著作的短评，当然是绝对不宜收在这本书里的。**91**

41

致马·季·叶利扎罗夫

1898年2月18日

马尔克:今天我把论西斯蒙第一文的修订稿按挂号印刷品给您寄去。改动的地方不像我想象的那么多,只改了一些错字,分了分章节(共分两章)。应当说,排铅印的稿子,对排字工人来说要容易多了,因此错误大概会少些,校对工作(这工作仍旧是**十分必要的**)也会省力得多。我寄去的剪贴资料可以直接交给印刷所,不过一定要**严词**嘱咐他们,不要丢失①(不然就要丢失大部分手稿),让他们**每次把原稿**(手稿或剪贴资料)**同校样一起**送来,没有原稿,旁人(非作者本人)校对是**极其困难的**(根据我的经验),而且会产生许多很不愉快的误解和错误。我希望玛尼亚莎能挤出时间来担任校对。一般说来,从头到尾由一个人担任校对,这是很重要的,否则,就会由于校对符号不同而造成混乱,而且在二三校时(至少应该校对两次),常常会忘记检查初校时校出的错误是否已经改正,在改正时是否又发生新的错误。排印得准确美观,这是非常重要的。

这篇文章(随同这封信)您将在3月初收到,如果那时立即开始排印,毫不拖延地进行这一工作,并经常催促印刷所,也许可以在复活节前印好,送交书报检查机关。那就太好了。如果这本书要到5月才能出版,那么销路就可能会大受影响。关于事情进展

① 因此,如果需要拆成单页(印刷所常常这样做),每一页就要另外编码。

的情况,我将等候您的消息。

我一直在考虑另外的两篇文章(关于"遗产"和关于尤沙柯夫):一方面,谨慎一点的话,不应当把这两篇文章拿出去发表;另一方面,又舍不得把它们扔掉,特别是后一篇……　况且这后一篇评论的是一本书,而不是杂志上发表的文章……　是否可以试一试? 如果有经验的人认为可以,那我大概是不反对试一下的。那样,就必须把文中提到那家被查封的杂志①的几段话删掉(关于尤沙柯夫的那篇文章我没有底稿,所以这件事只有托出版人去办了,工作量并不大),并把这两篇文章排在最后面,以便在抽掉这两篇文章的时候(如果当局要求这样做)不致影响前面几篇。如果按每印张出版费约40卢布计算,这两篇文章(共四印张)的损失不会太大。无论如何决不应当因这两篇文章而延迟这本书的出版。

假如彼得堡还没有把手稿寄给您,请写封快信给娜捷施达・康斯坦丁诺夫娜,让她赶快寄出,并请着手将我今天寄去的稿子送去排印。

握手!

弗・乌・

附信请转交或转寄给娜・康・。她要我现在把信寄到莫斯科去,因为大概很快就要催她动身了。

从舒申斯克村寄往莫斯科

载于1929年《无产阶级革命》杂志
第4期

译自《列宁全集》俄文第5版
第55卷第78—79页

---

①　指1897年12月被沙皇政府查封的《新言论》杂志。——编者注

42

致玛·亚·乌里扬诺娃和
玛·伊·乌里扬诺娃

1898 年 2 月 24 日

亲爱的妈妈：我今天收到了从俄罗斯和西伯利亚各地寄来的大批信件，因此整天像过节一样地兴高采烈。

玛尼亚莎和阿纽塔 2 月 9 日的来信收到了，《法学通报》杂志、《统计年鉴》以及《代表大会的日志》（技术教育和职业教育工作者代表大会）[93]也都收到了。谢谢。《代表大会的日志》非常有意思，因此，要特别感谢阿纽塔。她来信说，阿米奇斯的书是儿童读物。我不知道这个情况，但儿童读物在这里也有用处，因为普罗明斯基的孩子们正没有书读呢。我甚至还想订一份《田地》画报[94]。这会使普罗明斯基的孩子们非常高兴，因为他们每星期可以看到画报了，而我自己可以得到一部 12 卷的《屠格涅夫全集》，这是《田地》画报的赠书。所有这些连邮费在内一共才 7 卢布！这真太诱人了。只要《屠格涅夫全集》印得还可以（即没有歪曲原文，没有遗漏，没有严重的排印错误），就完全值得订阅。我们家里有谁看见过前几年《田地》画报的赠书吗？好像它赠送过《陀思妥耶夫斯基全集》？印得还可以吧？

现在我的经济状况大有改善的希望，因为出版论文集的事无论如何是会成功的，而且我就要着手从英文翻译一大本亚当·斯密的著作（从彼得堡寄来的），一定会得到一些收入。**95** 因此，我的一切债务都可以还清（欠债是不应该忘记的）。我认为也可以订阅一份《田地》画报，《屠格涅夫全集》印得是否"还可以"，还是请家里的人来判断吧，他们的判断更有依据。

今天我收到了1898年《俄国财富》杂志第1期。《财政通报》杂志早已陆续收到。

当然，还要请你趁这次娜·康·前来的机会带点钱来（不必提早寄来，今天已经发补助金了），因为以后开支可能相当大。也就是说，我的债务又要增加一些。

我的生活如常。没有什么新鲜事情，没有什么客人，也还没有什么熟人。

阿纽塔来信说，娜·康·写信告诉她，"在圣彼得堡找到了出版人"，但是，娜·康·给我的信里只说，"他们答应去找"。可能我们之间发生了可笑的误会：圣彼得堡在接到我去信以前就**独立地**产生了这个计划，而我在接到彼得堡的来信以前也独立地产生了一套想法。我们就这样各想各的，好像两个人在街上走路对面碰到了一起，都不知道是向右让路好，还是向左让路好。

不过，现在问题大概已经解决了。

吻你，向全家问好！

　　　　　　　　你的　弗·乌·

我认为玛尼亚莎来信的意思是说，**两本**书（《法学通报》杂志1887年第12期和《统计年鉴》）都是买来的，也就是说，不必寄还了。

娜·康·的事进展不顺利。关于期限大概再奔走也没有什么用了,至于她迁到这里来的事,他们倒答应给解决。

附上给她的一封信,因为她现在可能已经在莫斯科了,假如还没有到,请转寄给她。

给玛尼亚莎

玛尼亚莎,请再把下面几件东西寄给我:

(1)Hardmuth 6 号铅笔(阿纽塔去年给我买过一支,我非常喜欢这种铅笔,可惜已经用完了)。

(2)一盒火漆和一个封信用的图章(假如家里没有旧的图章,那就去买一个,或者定做一个便宜些的)。图章上不要刻名字,也不要刻姓名的缩写,只要刻一个容易记住的和容易转告别人的图形就行了。

(3)笔尖擦。 ⎫
(4)一把小剪刀。 ⎭ 我本来有这两件东西,可是,唉! 在路上都丢了。现在,我用衣服下摆来代替笔尖擦,上面已经染得很漂亮了;剪刀是向房东借的——剪羊毛用的。这种剪刀的好处是它总能引起人们的笑声和快活。

再见!

弗·乌·

从舒申斯克村寄往莫斯科

载于 1929 年《无产阶级革命》杂志第 4 期

译自《列宁全集》俄文第 5 版第 55 卷第 80—82 页

43

致玛·亚·乌里扬诺娃和
马·季·叶利扎罗夫

1898年3月1日

亲爱的妈妈：我一直在等候米嘉恢复自由的消息，可是怎么老是没有。

我十分健康，生活如常。看样子冬天终于快要过去了。这里的冬天相当使人讨厌。今天和昨天的天气完全像春天了。

附上给娜·康·的一封信，万一她还没有动身，就交给她。背面还有一封谈事务的信，是给马尔克的。

你的　弗·乌·

给马尔克

我得到了一个消息，因此不得不改变原来决定在莫斯科出版的计划。① 作家告诉我，莫斯科的书报检查办法非常苛刻。布尔加柯夫的书（论市场）在书报检查机关竟压了**一年**！这简直是不可思议！既然这样，当然就别想在莫斯科出版了。应该把全部注意力转向彼得堡。作家目前完全有可能出版这本书，但他想拖到秋天（依我看没有必要）。至于出版所需的费用问题，我想可向妈妈借笔"内债"，书出版以后一定可以收回成本的。

---

① 指出版《经济评论集》。——编者注

这个消息真使我不知所措,我已经想不出什么好办法了。您大概会见到娜·康·,请您同她商量一下作出决定吧。我这里"作决定"就要:写信、写信、再写信,但因为不了解情况,只是凭空猜测等等,结果一切都是白费。

您的　弗·乌·

您还没有为这件不走运的事情徒劳无益地奔走吧!但愿如此。(娜·康·来信说,她没有把手稿寄出。)等候您的回信。

从舒申斯克村寄往莫斯科

载于1929年《无产阶级革命》杂志
第4期

译自《列宁全集》俄文第5版
第55卷第82—83页

44

致玛·亚·乌里扬诺娃和
安·伊·乌里扬诺娃–叶利扎罗娃

1898年3月8日

亲爱的妈妈:这个星期你们的信我好像一封也没有收到过。由此可以断定,米嘉还在狱中,这很使人难过。

不知道你收到这封信的时候娜·康·是否还在莫斯科。如果在,我想托她再办一件我忘记告诉她的事情,就是把我们家里的象棋带一副来,因为在米努辛斯克的同志们当中有下棋的对手。有一天我又像从前那样兴高采烈地同他们下了一盘。我曾毫无根据地认为在东西伯利亚这样一个落后的地方是不会需要象棋的。其实在东西伯利亚是有各式各样的地方的。

我的生活如常。捷辛斯克人来信说，埃·埃·的补助金被取消了，因为"母亲不能算做家庭的成员"（新鲜的解释！）。普罗明斯基的补助金也从每月31卢布减为19卢布。阿纳托利历尽千辛万苦，终于"救出了"妻子①。尤利从图鲁汉斯克来信说，生活还过得下去，幸好他是一个不灰心丧气的小伙子！

你的　弗·乌·

附上给娜捷施达·康斯坦丁诺夫娜的一封信。

请把钱交给娜捷施达·康斯坦丁诺夫娜带给我，要多一些，假如她已经走了，就寄给伊丽莎·瓦西·。如果我们不得不自己购置家具什物的话，那么开支将要相当大，所以我打算扩大我的债务，再借一次内债。大概到秋天我将得到一笔翻译稿费，完全可以还清债务——我想在500卢布以上。

给阿纽塔

我想请你替我找几本英语参考书。我已获准在这里搞点翻译，并且已经收到了一本厚厚的韦伯的书。[96]我很担心，怕出许多错误。

我需要下面这两本书：

（1）英语语法，特别是**句法**和有关习惯用语的部分。如果娜·康·没有努罗克著的语法书（好像她有这本书，不过不知道是不是

---

① 指多·瓦·特鲁霍夫斯卡娅。——编者注

她自己的),把你那本寄来给我用一个夏天也可以,假如你(或玛尼亚莎)不需要的话。不过不知道努罗克的语法书是否有很多与这个问题有关的材料? 假使可以找到一本好的用英语写的参考书,那就太好了。

(2)**地名和专有名词词典**。要从英文翻译或音译地名和专有名词是很困难的,我很怕出错。不知道有没有适用的词典? 假如在《书目索引》或者其他索引或图书目录中查不到,是否可以想办法从其他材料上查到? 当然,如果是顺便可以查到或找到的话(钱我倒不担心,因为将来稿费是不少的,初次尝试应该搞得仔细些),特意费很多力气去找,那就没有必要了。我还会收到这本书的德文译本,可以经常用来参考。

你的　**弗·乌·**

夏天你们有什么打算吗? 他们会放米嘉到科库什基诺去吗? 你们想不想到那里去过夏呢?

莫斯科是个挺别扭的城市,你说是吗? 那里住也别扭,出书也别扭,为什么你们还要守在那里呢? 马尔克告诉我说,你不同意搬到圣彼得堡去,这真使我感到惊奇。

从舒申斯克村寄往莫斯科

载于1929年《无产阶级革命》杂志
第4期

译自《列宁全集》俄文第5版
第55卷第83—85页

45

致玛·亚·乌里扬诺娃

1898年3月14日

　　亲爱的妈妈:我收到了你2月28日的来信。我没想到你们这么快就从喀山回去! 前两天我曾收到亚历山大·伊万诺维奇从那里寄来的信,使我很奇怪。他说,现在他已经工作了,尼古拉·伊万诺维奇在圣彼得堡,他们在喀山还住在原来的地方。[97]应当抽空给他写封回信。不知道他的身体如何,根据来信很难判断;如果他的身体还像以前那样,工作是很困难的,就连活下去也不容易。

　　如果书由铁路货运来得快,而收费却只抵慢速度运送的费用,那当然最好当货物运来。问题只是:什么时候运出和运到什么地方? 假如运到阿钦斯克,让娜捷施达·康斯坦丁诺夫娜从那里带来,那是很冒险的:可能书赶不上,结果就要在阿钦斯克耽搁下来。看来最好还是运到克拉斯诺亚尔斯克,在那里再等便人带来。现在我可能很快就会找到便人。

　　关于申请搬到别处去的事,我现在没有这个打算。依我看,现在提出来,为时过早。等娜捷施达·康斯坦丁诺夫娜来了之后,看看怎么个安排法再说。我今天不给她写信了,希望你收到这封信的时候,她已经离开了莫斯科。万一她还没有走,就请转告她:我昨天收到了韦伯那本书的德文译本(这个译本对我的翻译工作很有帮助,没有它,我可能胜任不了这个工作)和《财政通报》杂志。

　　你为我的身体担心,那是多余的,我现在十分健康。

现在天气很好，太阳暖和得多了，道路已经泥泞不堪。但是，这里的冬天不会很快过去，天气也不是很快就会暖和的。

这封信大约要到4月1日，也许稍微早一些，你才能收到。因此，我祝贺你和玛尼亚莎的命名日。希望在复活节前米嘉能够被释放。

你的　弗·乌·

我收到了玛尼亚莎寄来的《莫斯科新闻》[98]，起先是一份（忘记是哪一号了），里边没有什么值得注意的文章。昨天又收到了四份（第53—56号），我已经看了其中几篇值得注意的攻击马克思主义者的文章。谢谢。

不久，也许过三四个星期以后，或者更早一些，这里同俄罗斯的联系就要中断了，每年春天都是如此。大约要有两个星期——在最坏的情况下大约要有三个星期——不能同俄罗斯通邮。

从舒申斯克村寄往莫斯科

载于1929年《无产阶级革命》杂志第4期

译自《列宁全集》俄文第5版第55卷第85—86页

46

致马·季·叶利扎罗夫

给马尔克

3月28日

您3月10日的来信收到了，知道您已收到手稿，也知道了您的种种计划。

想必您已收到我的上一封信了。在那封信中我已经告诉您，我不想在莫斯科出书了(这封信是在我了解到莫斯科的书报检查办法之后**立刻**写给您的)。①

书报检查办法那样苛刻，那当然不用想在莫斯科出版了。既然可能(**至少**)要拖延一年到一年半，何必用一大笔钱去冒这个险呢?? 请把手稿收集起来，包好，按印刷品寄还给彼得堡的作家，好在他十分热心，不怕麻烦。关于钱的问题，请写信告诉他，钱是有的，让他告诉我们究竟需要多少;只要他工作上有可能安排，请他抓紧时间，争取在秋天出版。

两个月的通信竟落得这样一个结果! 您还没有真正开始进行工作吧? 希望如此。假如已经买了纸张，可以转到彼得堡去，如果已经付排，那就把排好的几印张的费用付掉。损失几十卢布，总比用几百卢布去冒险要好得多。至于圣彼得堡，作家(可以相信他)说得很有把握。

当然，假使我略微知道一些"故都"和它的书报检查机关的可爱之处的话，就不会想到要在莫斯科出书了。但是，这种情况我知道得太迟了，娜·康·在同作家商谈之后才写信告诉我的。

握手!

您的　**弗·乌·**

我的写作完全停顿下来了②:我在搞翻译，在这上面花了不少时间。以后看情况再说吧——草稿快要完成了，但还需要**大大**加工。

---

① 见本卷第43号文献。——编者注
② 指《俄国资本主义的发展》一书的写作。——编者注

附言:我很奇怪,您来信好像说想在莫斯科出版?? 但自己又指出那里的书报检查办法很苛刻。为什么要自找麻烦呢??!

从舒申斯克村寄往莫斯科

载于 1929 年《无产阶级革命》杂志
第 4 期

译自《列宁全集》俄文第 5 版
第 55 卷第 87—88 页

47

致玛·亚·乌里扬诺娃

1898 年 5 月 10 日

亲爱的妈妈:客人们终于到了。[99]她们是 5 月 7 日傍晚到的,那天我正好出去打猎了,因此她们在家里没有碰见我。我感到娜捷施达·康斯坦丁诺夫娜的气色不太好,她应该在这里好好地恢复一下健康。伊丽莎白·瓦西里耶夫娜一见我就说:"啊! 您发胖了!"你瞧,这个评语简直是再好不过了!

使我十分难过的是,她们没有带来一点关于米嘉的好消息!

你托她们带来的信以及 4 月 20 日的来信都收到了。你给我带来了很多东西,十分感谢。至于即将到达的书籍,娜·康·已经在米努辛斯克交涉过了,我希望很快就能收到,不要再费周折。也许我亲自去取,因为我打算到"城里"去一趟。

轮船的情况是这样的:娜·康·她们只坐到索罗基诺(离米努辛斯克 70 俄里);她们在克拉斯诺亚尔斯克等了一个星期。水位还很低,大约要到 5 月底—6 月初汛期才会到来。从米努辛斯克到舒沙有55俄里。这里的轮船来往是不定期的，没有固定的班次，但一般来说，在通航期间，船只的来往还比较正常，不会发生特殊的拖延的情况。我非常非常盼望你能到这里来，但愿米嘉能早日获释。

对了，阿纽塔曾经问过我，我邀请谁参加婚礼。你们大家我都邀请，不过我不知道，是不是最好用电报邀请你们！！你知道，他们向娜·康·提出了一个使人啼笑皆非的条件：如果**不立即**（原话如此！）结婚，就要把她送回乌法。我当然不会愿意让这样的事情发生，因此，我们已经开始"忙碌"起来了（主要是申请发给证书，没有证书是不能结婚的），好赶在斋戒以前（即彼得节前斋戒期**100以前**）结婚：我总希望，严厉的当局能够认为，这是不折不扣的"立即"结婚?！我邀请了捷辛斯克人（他们已经写信来，说我必须有证婚人），但愿当局能放他们来。

向全家问好！

热烈地吻你！

你的　弗·乌·

对了！差一点忘了。娜嘉告诉我，说给我寄了几本哲学书，但是这些书却错寄到伊尔库茨克那边去了。为什么我**从来**没有听说过这件事呢??是不是遗失了一封信？请阿纽塔来信告知详情。

从舒申斯克村寄往莫斯科

载于1929年《无产阶级革命》杂志
第4期

译自《列宁全集》俄文第5版
第55卷第88—89页

48

致玛·亚·乌里扬诺娃

1898 年 5 月 17 日

亲爱的妈妈：这个星期我收到了玛尼亚莎 5 月 1 日的来信。

我的书还没有收到，但希望很快就能收到。关于这件事，娜捷施达·康斯坦丁诺夫娜在米努辛斯克已经去详细交涉过了。

至于报纸，大概用不着再订了，因为我可能从捷斯收到《祖国之子报》。

这里的天气还是很糟糕，常常刮风和下雨。春天一直不像春天的样子。

你的　弗·乌·

向全家问好！我写的地址对吗？

从舒申斯克村寄往波多利斯克

载于 1929 年《无产阶级革命》杂志
第 4 期

译自《列宁全集》俄文第 5 版
第 55 卷第 89—90 页

49

致玛·亚·乌里扬诺娃

1898 年 6 月 7 日

亲爱的妈妈：前天我收到了你 5 月 20 日的长信，谢谢。上一封信中我忘记告诉你，我在米努萨取到了那箱书，并且已经把它带回来了。**101**

我真不明白，你怎么会很长时间没有接到我的信了；"很久很久以来"我总是每逢星期天就给你写信的。

我们结婚的事又要拖延一些时候了。大约在一个月以前，我就申请发给必需的证书，并且在米努萨亲自找县警察局长询问过拖延的原因。原来（这是西伯利亚的"作风"！）在米努萨**直到现在**还没有我的档案材料，虽然我已流放一年多了！！（档案材料就是关于流放者的证明文件，没有这种文件，县警察局长就一点也不了解我，不能发给我证明书。）他们必须到克拉斯诺亚尔斯克监狱管理处去转抄，我怕县警察局长连这件事也会拖延下去。无论如何在7月以前是不可能举行婚礼了。① 我要求县警察局长同意让捷辛斯克人来参加婚礼，但他断然拒绝了，推托说：米努萨的一个政治流放者（赖钦）今年3月请假到乡下去，结果逃跑了…… 我再三说明，绝对不用担心捷辛斯克人会逃跑，但是一点没有用。

捷辛斯克人获准在捷斯住到秋天，然后就搬到米努萨来。

关于叶尼塞河的通航情况，好像我已写信告诉过你了。水位至今还很高，甚至现在还在上涨；天气酷热，山上森林里的雪大概在融化了。这里船只（全是拖轮）来往没有固定的时间；从克拉斯诺亚尔斯克到米努辛斯克坐船要走两天，有时还要多一些。从米努萨到舒沙坐马车要走55俄里。假如米嘉获释，而且你决定到我们这里来，希望你能发一个电报来。伊丽莎白·瓦西里耶夫娜担心你在路上太疲劳。假如你能坐二等车来，我想就不会太疲劳了。

---

① 列宁和克鲁普斯卡娅的婚礼是在1898年7月10日举行的。——编者注

向全家问好！迫切地等待阿纽塔的来信。她收到《哲学问题》杂志了吗？

热烈地吻你！

你的   弗·乌·

从舒申斯克村寄往波多利斯克

载于 1929 年《无产阶级革命》杂志
第 4 期

译自《列宁全集》俄文第 5 版
第 55 卷第 90—91 页

50

致玛·亚·乌里扬诺娃

1898 年 6 月 14 日

亲爱的妈妈：我收到了玛尼亚莎 5 月 30 日的来信，谢谢。可是为什么她对我在 5 月 14 日寄去的《哲学问题》杂志只字未提呢？这本书收到了没有？（我是按照阿纽塔的要求给她寄去的；玛尼亚莎信中说，我 5 月 10 日和 17 日的信她都收到了）。

我们的生活如常。今天娜嘉大概也要写信给你。

现在已经完全是夏天的天气了，炎热异常；伊·瓦·特别难以忍受这种炎热的天气。我和娜嘉已经开始游泳了，我们已经在过夏天了。

可告的消息很少，而且都是些令人不快的消息。捷斯的叶菲莫夫同志疯了（他是叶卡捷琳诺斯拉夫地方的工人，患迫害狂），格列勃把他送进了医院。在图鲁汉斯克尤利那里发生了一件极可悲的"纠纷":有个流放者(坏蛋)对他进行荒谬无理的诽谤,结果决裂了,不得不分开。尤利现在一个人单独住着,他得了病,神经支持不住了,已不能工作。上帝保佑,不要再搞什么"流放者团体"吧!别再发生流放"纠纷"吧!尤利已请他父亲去设法让他转到其他任何一个地方去。

我十分健康。(娜嘉和伊·瓦·也都健康。)翻译工作就要结束,以后又要开始写作了。**102** 关于评论集①,来信说,很快就要排印了。

向全家问好! 米嘉是否在用功? 他最好有系统地研究点东西,不然这样泛泛地"读书",没有多大用处。

热烈地吻你!

你的　弗·乌·

如有便人来,让玛尼亚莎托他把我的这两本书带来:

(1)**博罗维科夫斯基**的《民法》(第10卷第1册);

(2)《民事诉讼法规》(袖珍本)。

从舒申斯克村寄往波多利斯克

载于1929年《无产阶级革命》杂志
第4期

译自《列宁全集》俄文第5版
第55卷第91—92页

---

① 指《经济评论集》。——编者注

51

致安·伊·乌里扬诺娃-叶利扎罗娃

1898 年 7 月 15 日

昨天收到了你 6 月 27 日的来信。

关于尼·叶·的事,我昨天已经收到了医生的信。尼·叶·是用转轮手枪自杀的。6 月 23 日已经安葬了。他给格列勃留下了一封遗书,手稿也留给他了,据说还嘱咐转告我:他是"对生活充满了坚定的信心"而死去的,"并不是由于绝望"而自杀。

我没有料到,他会这样悲惨地死去。一定是那个坏蛋针对他挑起的流放"纠纷"严重地影响了他。

我好像已经写信告诉过你,从维尔纳给我寄来了一箱书(我还没有收到)。这会不会就是寄到伊尔库茨克去的那些书呢?收到后,再写信告诉你。一般说来,弄错图书馆的书(你信中说这些书在日内就要归还)比弄错我的书(我的书很多)更使我感到难受。我真没想到会拖延这么久!! 我们尽量想防止拖延时间,争取在一个半月内,而不是在半年内交换一次图书,现在这一切努力不都白费了吗?!! 这真叫人痛心,再加上娜·康·一离开彼得堡,我同彼得堡的图书馆联系的机会就完全没有了。我甚至想请你亲自去见见图书馆的人,去明确谈妥借书、还书以及建立经常联系等等的条件。本来以为这不是一件很难的事,但整整搞了一年半也没有搞好。我已经在想,应该放弃这件事情了,同"远距离"作斗争实在不是儿戏。

我非常奇怪，你怎么没收到《哲学问题》杂志。要是遗失了，那真糟糕，因为这本书很有用，价钱又不便宜；而且杂志也不成套了。我写的是"玛丽亚·乌里扬诺娃收"，5月15日按挂号印刷品寄出的。执据我还保存着。不知地址写错了没有(可能我写的还是索巴奇亚广场)？请想尽办法去查询一下，再告诉我。我可以拿执据到邮局去要求赔偿。每次寄书我**总是**在信中谈到的。因此，假如书没有收到，你马上就可以知道。看来似乎我还有一封信也遗失了。

谢尔盖·伊万诺维奇来信说，他在申科累姆斯克找到了一个医生的职位，他很满意。我认为他是对的。找个工作做最好，否则，在流放中会意志消沉下去。有2 500卢布大概就能在那里将就生活下去了。

我和娜嘉两人一起在誊写韦伯那部书的译稿。根据合同，我们应该在8月15日以前寄出。这种抄写真使我厌烦了(我们两人一共要抄1 000来页稿纸)。但是，翻译这本书很有意思，因为这本书很有用处。

娜嘉昨天接到阿波利纳里娅·亚历山德罗夫娜的来信(从克拉斯诺亚尔斯克寄来的)，说她将被送到卡扎钦斯科耶村去(属于叶尼塞斯克专区，离叶尼塞斯克大约100俄里，在叶尼塞河畔)。那里还有几个政治犯：勒柏辛斯基、林格林格、罗斯特科夫斯基和格里戈里耶娃。阿波·亚历·在克拉斯诺亚尔斯克待了十天左右，现在大概到指定的地点去了。

到底什么时候才释放米嘉呢？我真想不到，他们会把一些小事情夸大到如此荒谬的地步。他被释放后，将到哪里去呢？

吻妈妈,向全家问好!

你的 弗·乌·

你是否同马尔克一起到高加索去呢?

知道你已经把出版费寄给了作家,我非常高兴。十分感谢。我现在就等着出书①了。顺便说一句,请你写信告诉他,替我留下给作者的赠书 25 本,我想分送给同志们和熟人。你收到这些书后,马上寄给我 12—15 本,其余几本要寄到哪里,我再写信告诉你。

从舒申斯克村寄往波多利斯克

载于 1929 年《无产阶级革命》杂志
第 4 期

译自《列宁全集》俄文第 5 版
第 55 卷第 93—95 页

52

致玛·亚·乌里扬诺娃

1898 年 8 月 2 日

亲爱的妈妈:前两天我收到了你 7 月 15 日的来信。

希望你接到我这封信的时候,米嘉已经恢复自由。他们屡次答应要释放他,大概秋天总会放他了吧。对米嘉案件的审讯实在拖得太久了!

---

① 指《经济评论集》。——编者注

　　玛尼亚莎打算到布鲁塞尔去,我很赞成。她在那里比在瑞士大概能学得更好些。她大概很快就能学会法语。听说那里的气候也很好。娜嘉有个熟人①在比利时住过五年左右,现在打算再从俄国去那里(列日)。他同娜嘉的一个要好的女友①结了婚。娜嘉今天要给这位女友写信,请她把各种情况和地址都写信告诉玛尼亚莎(寄往波多利斯克),这可能会对她有帮助。

　　既然你们以前的住所的看门人告诉你们,邮差在5月里送来过"一本黄皮的书",那显然就是我寄去的《哲学问题》杂志了。因此,很可能这本书没有遗失,还可以把它找回来。我再等一个星期,等马尔克上班时打听一下书的下落,到那时我再去声明遗失。

　　我很高兴,阿纽塔想通知大家,以后不要把东西寄到 C.M.**103**那里去。这个蠢人不久前又收到别人寄给我的东西,她想借此扩大"事态"……　当然,我并没有理睬这种愚蠢的行为(大概是由于我们同米努辛斯克人争吵而引起的),寄到她那里的书,我会收到的。但还是不经她转比较痛快些。假如还不是所有的人都知道这件事,就叫阿纽塔写信通知他们。前两天我收到了阿纽塔替我买的一部分书(大半是哲学方面的)。有一批要转给我的书还在米努辛斯克;里面也有一些哲学书籍。

　　在这批书中下面这几本大概是阿纽塔的:**贝德克尔**的《瑞士》以及《瑞士国民教育问题**年鉴**》,1892年、1893年和1894年(3卷)。让阿尼亚写信告诉我,怎样处理这几本书。如果要寄给她,

---

　　①　为了保密,列宁的亲属把列宁信中提到的"熟人"和"女友"的姓名涂掉了。"熟人"指尼·列·美舍利亚科夫,"女友"指安·伊·美舍利亚科娃(切丘琳娜)。——俄文版编者注

是立刻寄呢，还是等到秋天再寄（秋天我们打算从铁路上运一箱书回去）。

　　阿波利纳里娅·亚历山德罗夫娜·雅库波娃①被送到（大概我已写信告诉你们了）叶尼塞斯克专区的卡扎钦斯科耶村去了，这个村子坐落在叶尼塞河旁，在驿道上，离叶尼塞斯克大约有 100 俄里或者还多一点。那里的政治犯有林格林格、罗斯特科夫斯基等人。她到那里以后还没有写信给我们。

　　捷辛斯克人打算在 8 月中旬搬家。

　　医生从上连斯克寄来了一封信，详细地描述了尼·叶·费多谢耶夫的死。他把阿尼亚给尼·叶·的信退回来了，因为这封信寄到的时候，尼·叶·已经死了（医生不知道这是谁寄来的信），他问怎样处理那 25 卢布。（他们在那里募捐，要给他立一个墓碑。）尼·叶·欠下的债务（约 80 卢布），他们（即上连斯克的同志们）也负责替他偿还。

　　医生在信里说，有个坏蛋（也是政治犯）在钱的问题上对尼·叶·进行了卑鄙地诽谤，这使尼·叶·万分痛苦；尼·叶·决定不再接受任何人的**任何**帮助（他的决定往往是难以改变的）；因此他忍受了极端的贫困，他不能工作，便照他说的那样：“当我确信自己不能工作的时候，就决定不再活下去”……　在他死后，上连斯克收到了一份电报，说玛丽亚·格尔曼诺夫娜②已获准到他这……

---

① 为了保密，列宁的亲属把列宁信中提到的阿·亚·雅库波娃的姓名涂掉了。——俄文版编者注
② 指玛·格·霍普芬豪斯。——编者注

吻你并向全家问好！祝马尔克愉快地旅行和休息。

你的　弗·乌·

伊·瓦·和娜嘉问候你。

从舒申斯克村寄往波多利斯克

载于 1929 年《无产阶级革命》杂志
第 4 期

译自《列宁全集》俄文第 5 版
第 55 卷第 95—97 页

53

致玛·亚·乌里扬诺娃和
安·伊·乌里扬诺娃-叶利扎罗娃

8 月 16 日

　　亲爱的妈妈：这个星期我收到了阿纽塔 7 月 30 日的来信。我是在星期一(8 月 10 日)在米努萨(我是去那里治牙的)收到的。[104]收到的原来还是一封快信，这使我感到很惊奇。不过，由于信件要从快车(开往托木斯克)转到普通车上，结果还是耽误了一些时间。在星期二(8 月 11 日)我收到了 7 月 29 日莫斯科寄来的报纸(普通车带来的)，而快信是 7 月 30 日发的，也就是说，稍微快了一点点。

　　我不能从这里寄快信，因为要寄快信，必须在鄂毕[105]有熟人，先把信寄到那里去，再由他们把信投入快信邮箱。

　　不过，你们可以再寄一次快信试试，看看什么时候可以收到。

　　今天我要把韦伯那本书的译稿寄到圣彼得堡去了。我已写信告诉他们把稿费寄给你们,假如作家不知道你们的地址,那就写信告诉他。

关于我的评论集,本来应该有消息了,但是还没有;我和娜嘉怀疑会不会是失败了……

我认为玛尼亚莎不该犹豫不决。她能在外国的一个首都生活和学习,对她会很有益处,而在比利时学习是特别方便的。她想去听哪个专业方面的讲课呢?

我没有立即去查问《哲学问题》杂志看来是做对了,原来它并没有遗失,尽管它到得太迟,已经没有用处了。

　　　　　　　　　　　你的　弗·乌·

给阿纽塔

阿纽塔:现把内格里的《暴风雨》和你要的图书目录按挂号印刷品寄给你。用的地址和这封信相同。望收到后即来信。

在收到你的来信的同时,我从阿尔汉格尔斯克得到消息,说玛·格·在7月16日知道了尼·叶·的死讯后,也自杀了(7月18日)。这真是一出大悲剧!那个坏蛋尤霍茨基(居然还是上连斯克的一个政治流放者呢!!)的恶毒诽谤对这种结局起了主要的作用。尼·叶·受到极大的刺激,万分苦恼。因此他决定不接受任何人的帮助,他忍受了极端的贫困。据说,在他死前两三天还收到了一封类似的诽谤信。简直太不像话了!在流放地最坏的就是这些"流放纠纷",但我从来没有想到,这些纠纷会发展到这种地步!诽谤者早就受到了所有同志公开、严正的谴责,而我无论如何也没想到,尼·叶·(他对流放纠纷有过一些经验)会把这一切看

娜·康·克鲁普斯卡娅

（1895 年）

得那么严重,想不开。

　　沙霍夫和龚普洛维奇的著作以及《出版消息》(1 月号和 3 月号两期)是前天收到的,这是因为我们的邮差使邮件脱了一班。

　　尤利希望很快就离开图鲁汉斯克。他们正在捷斯举行婚礼,很快就会迁到米努辛斯克来。① 巴季尔在这里的一个企业主那里找到了个技师的职位。

你的　弗·乌·

从舒申斯克村寄往波多利斯克

载于 1929 年《无产阶级革命》杂志
第 4 期

译自《列宁全集》俄文第 5 版
第 55 卷第 97—99 页

54

致玛·亚·乌里扬诺娃

8 月 26 日

　　亲爱的妈妈:昨天收到你 21 日打来的说米嘉已被释放的电报以及你和阿纽塔的来信。所有消息都使我非常高兴,特别是头一个消息。这么说,在审讯结束以后米嘉就被释放了,现在很想知道,检察当局究竟要求怎么处置他。**106** 请告诉我你们打算怎样过冬。

　　阿纽塔的来信很重要,让我知道了自己过去担心失败不免为时过早,这使我感到十分高兴。② 今天按挂号印刷品寄上(用的地

---

　　①　这里指格·马·克尔日扎诺夫斯基同季·巴·涅夫佐罗娃的婚礼。——编者注
　　②　指《经济评论集》的出版。——编者注

址和这封信相同)我最近写的一篇小文章。[107]请把它转寄给作家，让他设法随便刊载在什么地方。要是已经来不及收进评论集，那就刊载在一个杂志上(《世间》杂志[108]或《科学评论》杂志[109]都可以，大概《科学评论》杂志比较合适)。我不知道直接把手稿寄到圣彼得堡去是否合适。韦伯著作的译稿我就是这样寄去的，因为当时离规定的期限(9 月 1 日)只剩下两个星期了，不知道这样做会不会引起那里不满。我准备暂时把文章寄给你们。

龚普洛维奇的著作、沙霍夫的著作、沃尔弗图书公司的《出版消息》和弗里德曼寄来的书都收到了，我已经写信告诉过你了。

"大婶"的问候等等我很感谢。但可惜只是问候。至于说我"不回信"，我可没有过错。阿纽塔认为怎样好：是必须现在回信呢，还是**应该**等些时候？

这里已经是秋天了，虽然这几天天气很好。至于我们的屋子到冬天不顶用，我们并不这样想，也不为这件事担心。当然，另外找个住所也是可以的。

你的   弗·乌·

玛尼亚莎怎么样？仍然犹豫不决呢，还是已经作出了最后的决定？

从舒申斯克村寄往波多利斯克

载于 1929 年《无产阶级革命》杂志
第 4 期

译自《列宁全集》俄文第 5 版
第 55 卷第 99—100 页

55

致玛·亚·乌里扬诺娃

1898 年 9 月 16 日于克拉斯诺亚尔斯克

　　亲爱的妈妈:我在这里已经住了好几天了。如果轮船误点不超过一昼夜的话,我打算明天动身回去。我不能同安·马·和埃·埃·一起走了(我好像从米努辛斯克写过一封信给你,说我同她们商量好一起走,是不是?)。埃·埃·住在此地的医院里;那里有一个大夫是安·马·的熟人。看来埃·埃·住在那里受到的照料还不错,她觉得自己的精神很好。大夫们仍然不能作出准确的诊断:只是跌伤呢(她在一个半月至两个月前曾经从马车上跌下来),还是肝脓肿。肝脓肿这种病很严重,是慢性病,很难治愈。我太可怜不幸的安·马·了。她的孩子死了以后,自己又生了病,至今尚未复原。她有时激动得像要发疯似的。我很不愿意留她一个人在这里,但我的期限已满,不能不走。我准备请这里的同志们常常去探望她。由于花了一笔路费,给了安·马·一些必要的帮助,另外,又买了些必需的东西,所以用掉不少钱。韦伯夫妇著作的译稿(全部)(8 月 15 日已寄往圣彼得堡①)的稿费想必已经寄来了,请你拿一半左右寄给伊丽莎白·瓦西里耶夫娜(我向她借了钱)。如果还没有寄来,我想最好再等些时候(如有机会,也可顺便去取这笔稿费)。反正我还不会发生经济危机,因此用不着十分着急。

---

① 译文是在 8 月 16 日寄出的(见本卷第 115 页)。——编者注

到这里来一趟使我十分满意:医好了牙,在舒申斯克待了一年半之后总算出来走动走动。虽然在克拉斯诺亚尔斯克的人不多,但在舒沙待过之后出来看看大家,谈谈打猎和舒申斯克"新闻"以外的东西,也总算是一件愉快的事。回去需要走相当长的时间(大约五昼夜),因为轮船沿叶尼塞河逆水行驶,是很慢很慢的。天气非常冷,只好待在船舱里(我当然已经穿上了冬衣,在这里我还给娜嘉买了件皮袄,因此多么冷我也不怕)。我备了蜡烛和书籍,免得坐船时无聊得要命。大概勒柏辛斯卡娅(一个流放者的妻子)和我一起走,她要到库拉基诺村(离米努辛斯克约 40 俄里,那里住着我们的一个同志库尔纳托夫斯基)去工作,她的丈夫已被遣送到那里。昨天知道了一个令人高兴的消息,就是尤利搬走了,但究竟搬到什么地方,我还不知道。我收到家里最近的一封信是阿纽塔在 8 月 24 日寄来的。很感谢她寄来了信和书(《新时代》杂志、《文库》的抽印本,科汉斯卡娅传[110]等等)。我要在回到舒沙之后,就是说大约在十天之后才能给她回信。这真是够迟的了,不过没有办法。

你的　弗·乌·

热烈地吻你,并问全家好!

刚刚见过安·马·,知道埃尔维拉·埃内斯托夫娜的病好多了,大夫认为现在没有什么危险了,并说再过八天左右她就能康复出院并且能够回米努辛斯克去。这些都是令人十分高兴的消息。

寄往波多利斯克

载于 1929 年《无产阶级革命》杂志第 5 期

译自《列宁全集》俄文第 5 版第 55 卷第 100—102 页

56

致玛·亚·乌里扬诺娃

1898 年 10 月 11 日

亲爱的妈妈:这个星期没有得到你们的任何消息。想必你同米嘉和旅行回来的人正在安顿生活。阿纽塔的旅行好像不很顺利? 这真可惜,因为到克里木去的机会是不太多的。玛尼亚莎怎样? 动身了吗? 通信地址和通信的事你们同她详细约好了没有?如果约好了,请告诉我,我也要从这里给她写信。彼得堡一直没有消息,真使我感到奇怪:韦伯夫妇著作的译稿是在 8 月 15 日寄去的,直到今天,连说明已经收到的通知也没有(稿件当然是挂号寄到书店转交彼·伯·的)。至于评论集,也是杳无音信。据 8 月 7日寄来的最后一封信说,已经校对到第七印张,就是说,一半以上已经校好了。难道竟拖了一个多月吗? 大概是失败了。如果是这样,我想他们总该把书还给我(按挂号印刷品寄来,没有什么不方便的)。我真感到莫名其妙,而我和娜嘉想,多半是失败了。那样就太糟糕了。我已经写完《市场》①的草稿并开始作最后的加工。誊清原稿和这一道工作是同时进行的,我想誊清一部分寄一部分,并希望随收随即排印,这样就不至于拖延了(我估计最迟过一个月就可以寄出第一批)。如果从 12 月可以开始排印,刚好还来得及在本季度出版。只是(鉴于上次的失败)这回必须找一

---

① 指《俄国资本主义的发展》一书。——编者注

个出版人，跟他订好合同。我所以写这些，是因为阿纽塔会见到作家（因为她常去彼得堡）或者会顺便打听到一些情况，而且一般说来，即使她见不到他，也打听不到什么，我也愿意谈谈这些事，跟大家商量商量。

我们这里没有什么新闻。天气已经冷了，冬天大概很快就会到来。今年这里秋天的天气比去年坏。

问大家好！

你的 弗·乌·

对了，我差一点忘记告诉你了：我随上一班邮件（10 月 8 日）给你们寄去了（按挂号印刷品邮寄）两本书——一期《科学评论》杂志和一期《哲学和心理学问题》杂志。这两本书是阿纽塔要我寄还给她的。我还迟了，要请她原谅。

从舒申斯克村寄往波多利斯克

载于 1929 年《无产阶级革命》杂志
第 5 期

译自《列宁全集》俄文第 5 版
第 55 卷第 102—103 页

57

致玛·亚·乌里扬诺娃

1898 年 11 月 1 日

亲爱的妈妈：前天我收到了你 10 月 14 日的来信，高兴得很。格列勃今天到我这里来做客，他是一个人来的，住三天。埃·埃·

仍在生病,真可怜。她的病很重,也许需要把她送到圣彼得堡或莫斯科去,因为这里的大夫很差劲。

不能多写了,因为我们散步了一整天,现在去寄信已经够晚的了。我们这里天气很好,——晴朗,严寒,平静;还没有下雪。

向全家问好! 马尔克在克里木休养得好吗? 我希望能很快就收到阿尼亚的来信。米嘉近况如何?

请把附信转寄给阿·巴·斯克利亚连科①,因为我把他的通信地址丢了。

如果阿纽塔真的想到圣彼得堡去,那么可以顺便替我那本长篇著作②做些事情了。不久以后(大概再过一个至一个半星期)我就可以把头两章直接寄给她,这样我至少可以随时了解到它们的情况。同时我还要把这本书的计划告诉她。

热烈地吻你!

你的 弗·乌·

玛尼亚莎还没有来信。

从舒申斯克村寄往波多利斯克

载于1929年《无产阶级革命》杂志第5期

译自《列宁全集》俄文第5版第55卷第104页

---

① 这封信没有保存下来。——俄文版编者注
② 这里和下面指的都是《俄国资本主义的发展》一书。——编者注

58

致安·伊·乌里扬诺娃-叶利扎罗娃

（11 月 7 日和 11 日之间）

给阿纽塔

今天已把《市场》的两本稿子寄给妈妈了。这是头两章,大约是全书的 $\frac{1}{4}$ 或 $\frac{1}{5}$。全书共有八章,现在第 3 章已快搞好了,全部工作大概在 1 月份可以结束,因为娜嘉誊得非常快,我写多少她就能誊多少。尽管我把初稿压缩了很多,但篇幅仍然过大。我计算了一下,头两章大约有 27 万个字母,按每一印张 33 000 个字母计算,大约有 8 印张半。这样,全书约有 35—40 印张。我还是希望不要超过 35 印张,因为这已经够厚了(560 页)。无论如何出版时最好能达到这样的要求:开本大一些,铅字用中号的,使每页约有 2 400 个字母,每印张有 33 000 多个字母,——这样比较合适,页数可以少一些。

关于出版的事,看来必须把希望寄托在寻找出版人这方面了。也许你能到圣彼得堡去,如果去,你就同作家商量一下。玛·沃多沃佐娃太太是否愿意出版这本书?**111** 我不打算自己出版,因为我认为评论集已经搞糟了(虽然直到现在关于这本评论集和译稿都还没有**任何**消息!)。如果出乎意外,情况不是这样,那么自己出版也是可以的,不过要找一个有水平的专门的校对员,付给他应有的报酬,并且要定好条件,每校好一印张校样就要马上寄来。

　　现在就可以(也应当)开始排印(所以说应当,是因为不这样做春天以前就出不来了);以后可以逐章寄给你,我保证不会耽误。如果找到出版人,就应当同他订立明确的合同,最好把寄校样也规定为必要的条件,因为排印错误——如统计表里的排印错误——除了作者以外,别人很难发现;此外还可以作些修改和补充等等。作家春天给我来过信,说可以分成几部分在《科学评论》杂志上或别的杂志上刊载。我当然不反对这样做,只是未必有哪个杂志愿意刊载这样长的东西——这种事实在是非常少有的。拿一两章去发表,倒还可以。比如第 2 章,还有第 1 章,本身都是完全独立的,完整的。正因为多少有这种打算,我们才匆匆忙忙把写好的一部分立刻寄去了。不过在交给杂志刊载时必须明确地谈好刊载时间,预先声明作者有权现在就出版全书,而不用等到全文在杂志上刊载完了以后。[112]

　　我寄去的这本书的序言不是供出书用的(可能将来还要修改或补充)[113],而是为了使人了解全书的结构。至于目录,我往后将随各章一起寄。如果不需要这样详尽的目录(虽然在我看来目录详尽对读者方便得多),可以把它压缩一下,只留下章节名称好了。[114]顺便提一下,这些章节名称不要用黑体字排,也不要用斜体字排(这样做太郑重其事了),恰恰相反,要用最小的八点铅字排。这样就能少占一些地方,也比较切合这些标题的作用。至于统计表,我也认为用小号铅字排最合适,这样它们可以尽量少占一些地方。

　　似乎没有什么必要谈这么一大堆详情细节,但我希望至少得把这些全都做到。很可能作家愿意或者同意承担这件事,不过有一点美中不足,就是他这个人在联系方面非常非常不守时,而且看来他怎样也改不了了。总而言之,他太盛情了,比如,由他的妻子①亲自校对评论集的头一部分——这个工作又麻烦又费时间。她自己有一大堆各种各样的事情,哪儿还能承担这个工作呢? 因此雇一个专门的校对员[115](哪怕由他们介绍也好)比较合适,可以要求他按时联系,随时把事情进行的情况通知你,并把每印张校样寄来。

好了,这封信也该结束了。请回信,只告诉我稿子已经收到也行。

你的　弗·乌·

从舒申斯克村寄往波多利斯克

载于 1929 年《无产阶级革命》杂志
第 5 期

译自《列宁全集》俄文第 5 版
第 55 卷第 105—107 页

59

致玛·伊·乌里扬诺娃

1898 年 11 月 11 日

玛尼亚莎:收到你的信我们很高兴。我们马上查地图,看看这个布鲁塞尔究竟在什么地方。查到之后就一边看一边想:离伦敦、离巴黎、离德国都很近,你看,它在欧洲的正中央…… 真的,我很羡慕你。我在流放初期甚至下决心不看俄国欧洲部分的地图和欧

---

①　指尼·亚·司徒卢威。——编者注

洲的地图，因为一打开地图，看到上面各种各样的黑点，心里就很
难受。而现在不要紧了，忍受惯了，看地图时心情平静多了；我们
甚至还常常作这样的遐想：以后到这上面的哪个"点"去好呢？ 在
流放的前一半时期，可以说多半是回顾过去，而现在是展望未来。
好吧，过些时候就会见分晓的。至于报纸和书籍，你能弄到什么就
弄什么。请你把各种各样的图书目录寄一些来，旧书商的也好，书
店的也好，各种文字的都要。今天本来还想托你办件小事，可现在
决定还是等到下一次再说。我要提醒你，去年我给你还是给阿尼
亚写信谈过的一件事，就是常常有些特别有意思的官方报纸，上面
登载着议会辩论的速记记录。如果你能打听到哪里卖这种报纸
（在布鲁塞尔只有比利时报纸，还是法国和英国报纸都有？），并且
能寄几份**有意思的**来（我想，你很留心报纸吧），那就太好了。我劝
你不要只看比利时的报纸，最好再订一份德国报纸。这样既不会
忘掉德语，又可以得到很好的阅读材料；而报纸的价钱并不贵。

　　你回家过圣诞节吗？

　　　　　　　　　　　你的　弗·乌·

　　等了很久，总算收到我那本评论集①了。我将请阿纽塔给你
寄一本。

从舒申斯克村寄往布鲁塞尔　　　　　　译自《列宁全集》俄文第 5 版
载于 1929 年《无产阶级革命》杂志　　　　　第 55 卷第 107—108 页
第 5 期

---

　　① 指《经济评论集》。——编者注

60

致玛·亚·乌里扬诺娃和
安·伊·乌里扬诺娃-叶利扎罗娃

1898 年 11 月 15 日

亲爱的妈妈：你们在波多利斯克过冬过得怎样？今年冬天你们大概不太愉快吧——马尔克不能和你们住在一起，米嘉被困在波多利斯克。米嘉根本没有写信回答我这些问题：他怎样服兵役，当士兵还是当医助？关于他的案件有什么消息没有：大约什么时候可以了结？结果会怎样？还是说一点消息都没有？马尔克的身体怎么样？他一个人在莫斯科不感到寂寞吗？也许因公务和在夜校讲课[116]（他现在还讲不讲课？）而忙得不可开交吧！

我们这里没有什么新闻。只是娱乐活动改变了，因为冬天到来，我停止了打猎而开始像小时候一样滑起冰来了。我已经将近十年没有滑冰了，但从前学的看来没有忘掉。娜嘉也想学，不知道她能不能学会。

问全家好！热烈地吻你！

你的 弗·乌·

给阿纽塔

上次写信我忘记告诉你，《新时代》杂志当时我已经收到了。

昨天收到亚・米・卡尔梅柯娃寄来的结账单。我已经欠下 8 卢布的债了，但我还是继续不断在订阅。真使人莫名其妙，翻译稿费怎么还没有来！译稿早在 8 月 15 日就寄到圣彼得堡去了。如果稿费来了，请寄 50 卢布到书店去。如果你收到这封信时稿费还没有来，那我真不知该怎么办了。如果可能的话，——哪怕寄 10 卢布给书店也好；关于翻译稿费问题，他们转告我说，不管怎样（在书报检查方面大概不会有什么障碍）总是会给的，——就是说，只是时间问题。

上次写信曾要你把我的书寄给各个熟人，但忘记了你不知道他们的地址。**117**阿尔汉格尔斯克那些人的地址我自己也不知道。今天给米・叶・格里戈里耶夫写了一封信①，寄到他工作的那个锯木厂，**碰碰运气**看吧。好像你同阿尔汉格尔斯克有通信联系，如果是这样，你把书寄给你的朋友，托他们转交不是更好吗？如果不能这样做，就等收到地址以后再说吧。拉拉扬茨的地址是：沃罗涅日市，博戈斯洛夫斯克街和克鲁托伊巷拐角处 11 号伊萨・克里斯托福・拉拉扬茨收。还应当寄一本给在《科学评论》杂志上写文章的那个萨马拉人②。他在圣彼得堡，但我不知道他的地址。

我托你办这么多事，会不会使你负担过重？

沃尔弗图书公司刊登广告说有一套法国经典作家丛书出版，**每卷 10 戈比**。你看到过这是些什么书吗？

你的　弗・乌・

看到拉布里奥拉著的书用俄文出版的消息，我感到很奇怪！

---

①　信没有保存下来。——俄文版编者注
②　指彼・巴・马斯洛夫。——编者注

可以想象到这本书会删成什么怪样子的！

拉布里奥拉的书是不是你译的？

在《法兰克福报》[118]上读到关于斯图加特党代表大会[119]的很有趣的报道。我们想明年订阅这份报纸。你看什么外国报纸吗？

从舒申斯克村寄往波多利斯克

载于1929年《无产阶级革命》杂志
第5期

译自《列宁全集》俄文第5版
第55卷第108—110页

61

致玛·亚·乌里扬诺娃和
安·伊·乌里扬诺娃-叶利扎罗娃

1898年11月22日

亲爱的妈妈：我今天要给阿纽塔写一封谈事务的长信，因此我不再给你写什么了，况且，关于我们的近况，娜嘉已经作了很长的叙述，我完全没有什么可补充的了。她的叙述大体上是对的，只是谈到我写《市场》一书的情况时有些夸大。①

你的　弗·乌·

请米嘉尽快把《图拉省备忘手册》②寄给阿列克谢·巴甫洛维奇·斯克利亚连科，因为我不知道他的地址。

①　见本卷第481页。——编者注
②　我今天就按挂号印刷品给你寄去。

给阿纽塔

一下子收到了你的两封来信,一封是 11 月 1 日的,一封是 11 月 4 日的。把书转给沃多沃佐娃出版有许多好处,至少会稳当些。看来她付给《评论集》的稿费是十分公平的,稿费少完全是因为印数少。**120** 要是付给《市场》一书这样的稿费,那当然不能令人满意。我打算接受沃多沃佐娃出版我的《市场》的建议(你见到她时,当然要代我多多致谢),至于稿费条件,就由你来同她商谈吧(如果这件事不使你感到为难的话),因为我不知道,是拿一定数量的稿费合算还是拿"全部纯利润"合算。当然应当在这两者当中挑选一种比较合算的办法,况且我现在根本不忙着要拿钱。而最重要的出版条件是,保证校对得**非常好**。做不到这一点,**根本用不着**出版。《评论集》的校对简直糟透了:除了我寄给你的那些**歪曲意思的**排印错误①以外,还有很多小错,同志们已经纷纷向我指出来了。**121** 毫无疑问,必须花钱请一个有水平的校对员,应当把这一点定为必要的条件。由于作者不能亲自进行校对,即使付出双倍的报酬给这样的校对员我也情愿。特别是那些统计表,——里面会出大错的。而《市场》一书里统计表又特别多。另外(即使校对得非常好),**必须**立即把最后一校的校样寄给我,一印张一印张地寄,我好寄去勘误表。这样做最多使出版延迟一个月(如果能寄得及时);这算不了什么,只要出版的书像样就行。至于出版时间,——现在就可以开始排印(我们这里已经誊清了第 3 章,这几天我就可以结束第 4 章,就是说结束全书的一半,而后一半要容易得多,所以我

---

① 在寄勘误表给你的同时,也给作家寄去一份,请他**一定**要把勘误表印成单页,夹在书里,随书发售。就是说,现在必须请沃多沃佐娃做这件事了。

敢保证在 2 月 15 日以前把最末一章寄到莫斯科,甚至还可能早一些);这对我是格外方便的,因为这样我就来得及把前面一些印张里的排印错误(不单单是排印错误,可能还有什么更重大的问题)通知你们。开本和铅字的大小最好是这样:每页约 2 400 个字母,——这样全书共 30 印张,即总共 500 页(页数再多似乎没有必要,而且会给读者增加负担)。最后,对于第 2 章的图表,应当特别加以注意,不要让它有错误。请你把这一切同沃多沃佐娃谈一谈,并在收到这封信后尽快给我写回信。第 3 章和第 4 章一结束就寄出,大约要过两星期。

请再寄三本《评论集》给玛尼亚莎。亚历山大·列昂季耶维奇的地址是:阿尔汉格尔斯克歌剧院街古季娜宅。这里的同志我全都给寄去了。还有一本应当寄给在《科学评论》杂志上写文章的那个萨马拉人。

你收到的⅓稿费中有一半要还米嘉那笔寄给伊丽·瓦西·的钱;从剩下的一半中寄一半到卡尔梅柯娃书店(我欠了这个书店的钱,而现在还在向它订购很多书),另一半应当用来订阅 1899 年的杂志和报纸;现在该订报刊了,特别是外国的报刊。请订:

《俄罗斯新闻》,订一年——**8 卢布 50 戈比**(给我付 10 个月的订费)。

《俄国财富》杂志,订一年——**9 卢布**。

《世间》杂志,订一年——**8 卢布**。

《田地》画报,订 1899 年一年——**7 卢布**。

《法兰克福报》,订 1899 年第一季度——**4 卢布 70 戈比**。

《社会立法和统计学文库》,亨利希·布劳恩编。订 1899 年一年——**12 马克**。

在这里我们很珍视报纸和杂志,特别是那些按时送来的报纸和杂志;因此我才请你早些订阅。

你的　弗·乌·

向全家问好!

(布洛斯的著作已经交给巴季尔了,现在不在我们这里。)

<table>
<tr><td>从舒申斯克村寄往波多利斯克

载于 1929 年《无产阶级革命》杂志
第 5 期</td><td>译自《列宁全集》俄文第 5 版
第 55 卷第 110—113 页</td></tr>
</table>

62

致玛·亚·乌里扬诺娃和
德·伊·乌里扬诺夫

1898 年 11 月 28 日

亲爱的妈妈:你和米嘉 11 月 9 日寄来的信已经收到了。

你们发电报到这里来的时候,要记住,我们的邮差每逢星期一、四早晨在米努萨。就是说,发电报要在星期日或星期三早晨。这样,我在星期二或星期五早晨就能收到电报(这是我们收寄邮件的日子,是舒申斯克地方的"节日")。①

玛尼亚莎来过一封信,我们已经给她回信了②,但以后再没有收到过她的信。

---

① 发电报的地址:米努辛斯克舒申斯克乌里扬诺夫。
② 见本卷第 59 号文献。——编者注

你喜欢住在波多利斯克,我非常非常高兴。马尔克只好一个人生活了,当然,这是很遗憾的。

我还想托阿纽塔办一件事情,就是在要订阅的杂志中增加一份《帝国自由经济学会学报》(只要这个杂志还在出版的话)。定价是一年 3 卢布(6 期),寄费在内。

如果通过沃尔弗图书公司订这些杂志,那么那里已经有我的地址了,《出版消息》就是那里寄来的。

你的　弗·乌·

向全家问好!

伊·瓦·向大家问好!

我那本书一半已经完工了,我相信全书的篇幅将比我预计的要短些,而不是长些。

给米嘉

关于我打猎的事你了解的情况不太对。这是谁告诉你的？是不是阿纽塔搞错了年份,把打兔子的旧事当新闻了。今年秋天,我在这里打了许多兔子,——在叶尼塞河的岛屿上,兔子多得很,因此,我们很快就打腻了。普罗明斯基打了好几十只,他把兔皮收集起来,准备做件皮大衣。

当然,打黑琴鸡和雷鸟要更有趣一些,不过就是难打。7 月间我还打到过几只小的雌黑琴鸡,而现在要打它们得骑着马、带着来福枪才行,因为在冬天,黑琴鸡不等步行的猎人走近就飞了(例外的情况极少)。打雷鸟需有(在秋天的时候)一只好猎狗,——而我的珍妮,大概是还太小,或者是不中用。冬天捕捉雷鸟大半是用

"篓"、网或活圈套。①

现在我们有了一种新的娱乐,就是滑冰,因此打猎的兴趣大大减小了。

明年夏天,我希望多去打几次猎,——那时工作会少一些,猎狗也会更熟练一些,而且那将是我待在西伯利亚的最后一个(希望如此)夏天了。

握手!

弗·乌·

从舒申斯克村寄往波多利斯克

载于 1929 年《无产阶级革命》杂志
第 5 期

译自《列宁全集》俄文第 5 版
第 55 卷第 113—114 页

63

致玛·亚·乌里扬诺娃、
安·伊·乌里扬诺娃-叶利扎罗娃和
马·季·叶利扎罗夫

1898 年 12 月 6 日

亲爱的妈妈:你附在阿纽塔信里的短信收到了。我要详细给她回信。关于我自己,没有什么新鲜事情可以告诉你,生活如常。天气始终很好,今天我打算去打一次冬猎。阿纳托利来信说,他恐

---

① 去年我还打死了几只雷鸟(虽然很少),而如今却一无所获。

怕是得了伤寒病,真可怜。尤利在图鲁汉斯克冻坏了(早晨室内经常是零下 2 度),一直在焦急地等待调地方。雅柯·马·(利亚霍夫斯基)来信说,给费多谢耶夫建立墓碑需要 180 卢布,而现在只募集到 70 卢布——他请求把这个情况告诉所有的熟人。① 他说,10 月 18 日亚历山德罗夫监狱来了这些人:亚·叶尔金、弗勒利希、兹梅耶夫、阿柳什克维奇、塔拉拉耶夫、丘特留莫娃-阿布拉莫维奇和戈尔德曼。他们全都是到雅库特卡去的。

你的　弗·乌·

给阿纽塔和马尔克

一起收到了你们的两封信,非常感谢,现在就比较详细地回复你们。

作家不同意花钱请一个校对员(校对《评论集》),这真使人诧异,因为排印错误很多,而特别使我放心不下的是那歪曲意思的排印错误,更正这些错误的勘误表我已经给你和他都寄去了。这两天我在等你们的回信,——能不能把勘误表附在什么地方;这可是必须要做的。

我觉得,恐怕没有必要自己出版:第一,能同沃多沃佐娃这样一个合适的出版商建立经常的联系是很好的;第二,搞出版要有很大一笔钱,又是件很麻烦、复杂和困难的事。自己头一次搞,不可避免会犯各种错误,而我很希望这本书在外观上是无可指责的,即使多花几百卢布也没有关系;第三,在时间上恐怕也不会相差太久:我的信将在节日前寄到,而沃多沃佐娃将在 2 月回去,——也

---

① 寄钱的地址:伊尔库茨克省上连斯克雅·马·利亚霍夫斯基收。

许还可以同她在信中商议。如果自己出版,来来往往,找这找那等等,那得花费多少时间啊。而且从另一个城市去料理出版的事,那是极其困难的。因此最好还是给沃多沃佐娃写信,你们以为如何?问问她,什么时候可以开始排印,需要多少时间,能不能最迟在四月底出书,等等。至于条件,经过再三考虑,我觉得还是拿纯利润比按印张算稿费好。如果是拿纯利润,我计算了一下,差不多可以拿总额的$\frac{1}{3}$或者更多一些;如果按印张算稿费,要得到这个数目,每印张最少要给75卢布,而这个数目对出版人来说恐怕负担过重,而且得冒险。

我已经完成了四章,今天甚至可以把它誊清,因此这两天就可以把第3章和第4章寄给你们。我希望你们在2月会收到全书。顺便说一句,你们将来如果看我的稿子的话,请把意见寄来。我在草稿上记下了誊清稿的页码,这样我以后可以把更正寄去。关于《评论集》还有个请求:请把你们或者熟人在报刊上看到的有关这本书的反应告诉我,不然,我在这里对目前报刊上的情况知道得太少了。

如果八点铅字和表格排印起来贵一些,出版人花在《市场》一书上的费用就要特别多,因为书中有很多统计表,还有图解。据我现在的估计,全书总篇幅要比我预计的少,但仍然大约有450页(按每页2 400个字母计算)。同样的篇幅,照沃多沃佐娃的出版物的排法(铅字排得很稀,每页只排2 000个字母),至少要排550页,——所以铅字最好排得密些。统计表最好全用八点铅字,不然它们要占很多地方,读者查看时不能一目了然,很不方便。那些整页朝切口排的统计表特别不方便(因为查看时要把书转过来)。对读者来说这一切都是很重要的。沃多沃佐娃出版的《土地占有制和农业》一书的**附录**里的统计表所用的那种铅字就很好；最好用这种铅字排第2章和其他各章的所有统计表(第2章的统计表最多,其他各章少得多,但还是有)。应当把这一切同出版商商谈一下,也要谈谈给我寄校样的事(这一点我已经提过)。为了快些出版,可以在两个印刷所印刷,分头印第1部分(头4章)和第2部分,各标各的页码。顺便说一下,马尔克建议改动标题并印成两卷。我看这未必合适。标题普通一些、晦涩一些比较容易使书报检查机关通过。要是改动标题,我就得在正文中作很多小的改动,这很麻烦。分成两卷没有必要,因为如果采用《评论集》那样的开本和字体,那么每卷都比《评论集》这本书还要**薄些**(而且不能分卷出售,因为叙述是连贯的,各章的引证也是互有联系的等等)。至于定价,我不希望超过3卢布,我以为价钱过高是不合适的(而过低又要赔本)。印数最好尽量多些①,《评论集》的印数很少,这是很可惜的。至于《市场》这本书会不会遇到书报检查方面的障碍,依我看,只要不碰上对我们这些人施行特别严厉的措施和迫害的时候,是不会遇到的。既然《评论集》的销路很好,《市场》的销路大概会更好。这一点应当让出版商相信。还有个问题,就是给作者多少册赠书的问题(你给玛尼亚莎补寄3本《评论集》没有？希望已经寄去)。我想,应当要50本,因为这次要送给更多的人,有时还要用它交换地方自治机关的统计出版物。

　　好吧,就啰啰唆唆说这些,——这封信和过去给你们写的那些同样长的、也是谈这些事的信,一定有很多话是重复的。老是重复这些话,你们一定感到厌烦了。我写的书里也有类似情况,我已经

---

① 我完全同意马尔克的意见,"应该"**不少于**2 400册。不过要看出版商怎么说！

把《市场》的初稿大刀阔斧地删改过了。

　　握手!

弗·乌·

大家都向你们问好!

<table>
<tr><td>从舒申斯克村寄往波多利斯克</td><td>译自《列宁全集》俄文第 5 版</td></tr>
<tr><td>载于 1929 年《无产阶级革命》杂志
第 5 期</td><td>第 55 卷第 115—118 页</td></tr>
</table>

64

致玛·亚·乌里扬诺娃和
安·伊·乌里扬诺娃-叶利扎罗娃

1898 年 12 月 12 日

　　阿纽塔寄来的《新时代》杂志和识字运动委员会的报告,以及 11 月 28 日的明信片都收到了。给她的回信写在另外一页上。星期二和星期五是我们收寄邮件的日子,但是你们关心的当然不是这个。我们收到的报纸都是星期三或星期六发出的,就是说,要走 13 天。因此我认为你们在星期二或星期五写信来最合适(这是指从莫斯科寄来;至于从波多利斯克该什么时候寄,我就不知道了)。我和娜嘉已申请到米努辛斯克去过节,去一个星期。[122] 不过来信反正能收到,所以地址不必更改了。

你的　弗·乌·

给阿纽塔

今天就按挂号印刷品把《市场》的第 3 章和第 4 章寄给妈妈。我把已写好的部分的字数更精确地算了算;头 4 章约有 50 万个字母。① 这比我预计的要少些(而后半部又将比前半部少些)。因此,我的担心是多余的;用每页只能排 2 000 个字母的铅字排完全可以。至于分两卷出版我也没有什么反对意见,你们自己同出版商商量着办吧。只是那些数字,数字! ——如果校样不寄给我看,一定会出大错的。②

请在原稿里作两点修改:(1)在序言中把"大家知道,这个问题……"这句话和下面一句话的开头到"对方……;我们"删掉,而直接写上"作者……"("觉得……是不够的")。

我想,一开头就议论"对方"是没什么好处的。[123]

(2)删掉第 44 页上的第 6 节末尾的注释,改为:"参看**弗·伊林**《经济评论集》1899 年圣彼得堡版第 30 页。"[124]

收到这些修改意见后请回信。

非常感谢你寄来了《新时代》杂志和识字运动委员会的报告。1897—1898 年的《新时代》杂志我缺了几期,能不能补齐? 我有第 7—8 期和第 11 —24 期,缺第 1—6 期和第 9—10 期。很想把 1897—1898 年的《新时代》杂志配齐。

你来信说,收到了我 11 月 15 日的信③,却没有收到上一封谈

---

①　我按每页约 900 个字母(第 2 章所用的大稿纸每页约 1 600 个字母)计算。

②　有小数的数字一定要用特殊的排法:小数的字要比整数的小,而且要**排得比整数低一些**,即不是 6.3 而是 6.³。这一点对防止出错是很重要的。

③　见本卷第 128—130 页。——编者注

书的问题的信。我已经记不得是什么时候寄出的。但肯定是在收到圣彼得堡寄来的书之后立即写了封平信给你，并**附去一张列有歪曲意思的排印错误的勘误表**，还曾请你把几本书分送给熟人，其中再给玛尼亚莎三本（给她自己的一本除外），一本寄到圣彼得堡给那个萨马拉人（不是给老人），一本给科库什卡（我没给他寄过），加上给你们三本，给芝加哥人、《工厂》的作者（杜·-巴·）和《市场》的作者（布尔加柯夫）[125] 各一本，给格里戈里耶夫和哥伦布各一本，一共是 14 本，记得以上这些我在失落的那封信里都谈到过。

从医生的来信中知道，好像书报检查机关坚决和绝对禁止韦伯夫妇著作的译稿出版，是这样吗?? 这使我很诧异。怎么会这样呢？我想这只能解释为传错了话，他说的可能是《工联主义史》一书的译本；这本书是比较不符合书报检查机关要求的。而且我们的译稿才刚刚在排印，不是吗？

握手！

弗·乌·

我曾写信到特维尔省地方自治局统计处要一本**综合汇编**（1897 年版第 13 卷第 1 编）。但这些家伙没有寄来。你有没有熟人？能不能弄到一本？难道克拉斯诺彼罗夫（如果他在那里的话）会拒绝吗？

从舒申斯克村寄往波多利斯克

载于 1929 年《无产阶级革命》杂志第 5 期

译自《列宁全集》俄文第 5 版第 55 卷第 118—120 页

65

娜·康·克鲁普斯卡娅和
列宁致玛·亚·乌里扬诺娃

12 月 20 日

亲爱的玛丽亚·亚历山德罗夫娜:沃洛佳今天忽然打猎去了,所以由我来写信。这一时期我们这里常常冷到零下 20 度,今天却暖和,零下 2 度半,所以沃洛佳让打猎给迷走了,况且,按舒申斯克猎人的说法现在是打黑琴鸡的最好时候,因为黑琴鸡在严寒时期什么也不吃,现在拼命找吃的,连猎人来了,它们也看不见。沃洛佳是带着别人的猎枪去的,因为他自己的断了:枪管是生铁做的,一掉在冰上就摔断了。我们把枪送到米努萨去修理,但当地的工匠不肯修。这样一来,就得买支新的。听说在米努萨有支很好的双管枪要卖,沃洛佳很想把它买下来。现在我们忙着准备到米努萨去。但全部准备工作只是沃洛佳在墙上挂了一张纸条,上面写着要到城里去买的东西。妈妈不去米努萨,起初她嫌道路不好走,现在又嫌天气冷。我们在圣诞节前一天起程,下月 1 日或 2 日回来,下一封信沃洛佳大概要从米努萨给您写了。我不知道沃洛佳写信提到没有,库尔纳托夫斯基和勒柏辛斯基夫妇也都准备到米努萨去过节,打算一起滑冰、下棋、唱歌、争辩等等。这个节日大概会过得很愉快。

《市场》一书结束之后,计划要认真地学习一下各种语言,特别是德语。沃洛佳向书店订购了一本巴甫洛夫斯基的《俄德词典》，并请阿纽塔帮忙找一本屠格涅夫作品的德文译本和一本好语法书。我听说德语语法书中费·菲德列尔的那本很好，不过不知道真的是不是这样。

还有，顺便提一下，我们怀疑我们对《生活》杂志[126]的猜测是不对的。如果是这样，当然不值得订阅这份杂志了。

我们只收到过玛尼亚莎一封来信。为什么她不写信？也许是她的信寄不到这里？叫她寄挂号信好了。沃洛佳回来了，他气冲冲地怪我为什么待在家里不去滑冰。信就写到这里吧。"祝新年好！"热烈地吻您和阿纽塔！问候德·伊·和马·季·！妈妈再三问候大家！暂时没有什么可写的了，等从米努萨回来后再谈吧。再一次热烈地吻你们！

　　　　　　　　　　　　　　您的　**娜嘉**

我也附上一句：祝新年好！

关于屠格涅夫作品的德文译本，我想最好是问一问沃尔弗图书公司这类书店，同时顺便要一份列克拉姆[127]的出版物目录。不管是屠格涅夫的什么作品，对我们都一样，不过译文希望要好一些的。德语语法最好是尽可能全一点的，特别是句法部分。如果是用德语写的，那就更好了。订购书籍和代为查询的事一般是否就同沃尔弗图书公司发生联系算了？卡尔梅柯娃书店有些不大愿意代为查询，例如我请他们替我找尼·卡雷舍夫的《俄国国民经济资料》一文的抽印本（1898 年《莫斯科农学院通报》**第 2 期**第 2 分册），但这个书店不接受这个委托，甚至连告诉一下《通报》的地址也不肯……　你们能弄到这本书吗？

祝你们一切都好！

弗·乌·

从舒申斯克村寄往波多利斯克

译自《列宁全集》俄文第 5 版
第 55 卷第 120—122 页

载于 1929 年《无产阶级革命》杂志
第 5 期

66

致玛·伊·乌里扬诺娃[128]

（12 月 22 日和 28 日）

比利时　布鲁塞尔市　米尼姆街 40 号
玛·乌里扬诺娃小姐收

1898 年 12 月 22 日

玛尼亚莎：我收到你寄来的柯瓦列夫斯基的著作了，但并没有收到信。我感到这很奇怪(大家也都感到奇怪)，因为除了你的第一封信之外，我们再没有收到过信。是不是这些信都失落了？还是你被新的生活迷住而没有功夫写信？我早就有柯瓦列夫斯基的著作了，我是向彼得堡一家书店订购的，还在 11 月份就收到了。老实说，这本书我只读了开头的一部分，而没有把它读完，因为编写得太乏味了。请告诉我，你打算什么时候动身去避暑，你现在看些什么报纸和杂志？你对布鲁塞尔和它的书报出版情况全都熟悉

了没有？请把刊登着有趣的议会演说词的《公报》**129**寄给我。我
打算写一封长信给你，但要等节日以后，我们就在这几天要到米努
辛斯克去过节。

你的　弗·乌·

娜嘉向你问好！

　　我已经收到你12月20日的来信。我现在在米努萨。我回去
之后就给你回信。

你的　弗·乌·①

寄自米努辛斯克

载于1929年《无产阶级革命》杂志
第5期

译自《列宁全集》俄文第5版
第55卷第122—123页

67

致玛·亚·乌里扬诺娃和
安·伊·乌里扬诺娃–叶利扎罗娃

1898年12月28日于米努辛斯克城

　　亲爱的妈妈：我现在从米努辛斯克给你写信；我和娜嘉到这里
来过节，一直要待到1日。我们在这里过得好极了。在工作之余，
我们所希望的，也只能是这样的休息。我们滑冰、唱歌等等玩得挺

---

　　① 这一段话写于12月28日，文中说的"12月20日"是指公历。——编者注

起劲的。

你的　　弗·乌·

另外一页信是写给阿纽塔的。

昨天收到了玛尼亚莎从布鲁塞尔寄来的信，信中附来了新的地址。

给阿纽塔

收到了你 12 月 5 日的明信片和 12 月 8 日的信。非常感谢。关于作家的报告，我已经在《俄罗斯新闻》上看到了详尽的报道。真的，这些新观点恐怕不值得在简短的专题报告中发表。费多谢耶夫的未完成的著作在这方面谈得很有意思；他对改革前的我国地主经济似乎抱有完全不同的观点。[130]

（不记得我告诉过你没有，第 24 期以前（包括第 24 期在内）的《新时代》杂志我们都已收到了。）

关于《图拉省备忘手册》，我已经告诉过你，这是给阿·斯克利亚连科的，我当时没有他的地址。关于收到识字运动委员会的报告的事，我早就告诉过你了。①

我同意作家的意见（立即排印，采用杜冈–巴拉诺夫斯基那本书[131]的开本和铅字，而且不把校样寄到这里来校）。用《危机》的铅字排，也相当密，篇幅将近 500 页。我又结束了两章（第 5 章和第 6 章），其中第 5 章已经誊清。希望在 1 月间能全部结束。

二校样的校对，我当然同意由你负责，并且非常非常感谢你负

---

①　见本卷第 61 号和第 64 号文献。——编者注

责这种费力不讨好的工作。但是花钱请一个校对员仍然是完全必要的；我看每印张付酬 2 卢布少了些；可付 3 个卢布或更多一些，让他校对**两次**，你负责**三校样**（而不是二校样）的校对。要把清样寄给我（不要一印张一印张地寄，可以一次寄 5—10 印张），以便发现排印错误。只不过我认为把草稿寄给你不十分方便，因为我有时需要作些补充，加一些东西，等等，要是没有草稿我就没法做这些。能不能多给校对员一些报酬，责成他把校样和誊清稿一起寄给你？如果不能，我当然只好把草稿寄给你（你可以发个"寄草稿来"的电报来要）。

你的　弗·乌·

关于我同意沃多沃佐娃的建议的事，我在收到你的信后就**立即**回信告诉过你了。① 他们正在读布洛斯著的书，都要求不要把这本书拿走。你们能不能在莫斯科弄一本？

寄往波多利斯克

载于 1929 年《无产阶级革命》杂志第 5 期

译自《列宁全集》俄文第 5 版第 55 卷第 123—125 页

---

① 见本卷第 136—137 页。——编者注

1899 年

68

致玛·亚·乌里扬诺娃

1899 年 1 月 3 日

亲爱的妈妈：昨天我同娜嘉从米努萨回来了。在米努萨，我们在格列勃和巴季尔那里非常愉快地过了一个星期，并且跟同志们一块儿迎接了新年。**132** 在迎接新年的时候，大家频频举杯祝贺，其中一个同志提议"为埃尔维拉·埃内斯托夫娜和不在场的母亲们的健康"干杯，这个提议受到大家特别热烈的欢迎。

今天，我们的生活还没有能够走上常轨，从明天起，要重新开始工作了。我的书的第 6 章已经脱稿（还没有誊清）；我希望再过四个星期左右能全部结束。我还在米努萨的时候就已经回复了阿纽塔 12 月 5 日和 12 月 8 日的来信①；我在信中同意马上把头几章付排，可以不由作者校对（最好是经过三次校对而不是两次校对），只把清样寄给作者即可，总之，同意由阿纽塔酌情处理出版事宜。我想，阿纽塔已经收到我的信了。当时我还给米嘉一信，请他给我买一支猎枪。他那儿是不是会遇到经济上的困难？我的稿费不知为什么迟迟不来，而我还一直在卡尔梅柯娃书店赊购书籍，简直有

---

① 见上一号文献。——编者注

些不好意思了。

热烈地吻你并向全家问好！

你的　弗·乌·

伊·瓦·和娜嘉嘱笔问候。

从舒申斯克村寄往波多利斯克

载于 1929 年《无产阶级革命》杂志
第 6 期

译自《列宁全集》俄文第 5 版
第 55 卷第 126 页

69

致玛·亚·乌里扬诺娃

1899 年 1 月 10 日

亲爱的妈妈：我收到了你和阿尼亚 12 月 24 日的来信。包裹
到现在还没有收到，娜嘉信中已经详细告诉你们了。[1]

你的信中说，你们在 22 日才收到我 6 日的信[2]，并说信走得
这样慢，使你感到很奇怪。我也不知道是怎么回事：也许邮件在米
努萨就耽误了；16 天，这不算太多，我们收到莫斯科的报纸也要隔
12 天呢。

老实讲，虽然作家认为手稿写得"非常工整"，但我对于《市场》
一书的校对工作还是不放心，因为作家上一次的校对工作已经说

---

① 见本卷第 482—483 页。——编者注
② 见本卷第 63 号文献。——编者注

明他是一个糟糕的校对员了，何况校对根本不是他的事情，他也不适宜干这件事，这件非常麻烦的工作要认真去做。因此，我认为，仍然要坚持经过三次校对，而不是两次（最后一次校对在莫斯科进行），并且要阿纽塔同校对员保持直接的联系。我很担心，不要像《评论集》似的搞得那么糟；如果搞成那样，可真叫人伤脑筋了。但是要从这里答复各种细小的具体问题是很困难的，甚至是不可能的，这些问题需要在那里当场加以解决。因此对更改标题的事情，我也不挑剔什么了，虽然我不喜欢这个标题，至于标题的气派大些，"销路"就会好些，这种说法我也不大喜欢。标题我故意选择了一个比较普通的。不过，既然把它保留下来用作副标题，那也没有多大关系。我再重复一次，所有的小问题都必须当场立刻加以解决。我从这里答复你们总要耽搁时间的，不起什么作用。如果可能和方便，我非常希望能看到最后一次的校样，哪怕是一次来5—10印张也好。

关于杜冈-巴拉诺夫斯基论文答辩会的情况，我已经在《俄罗斯新闻》上看到了。对，应当狠狠地回击卡布鲁柯夫![133]

第5章和第6章即将寄出；结尾部分可能要晚一点寄，但也不会太晚。我想，事情大概不会因此而耽搁下来。

你的   弗·乌·

向全家问好！

寄上第2章的增补，接誊清稿第152页。[134]

从舒申斯克村寄往波多利斯克   译自《列宁全集》俄文第5版
                                              第55卷第127—128页
载于1929年《无产阶级革命》杂志
第6期

70

致玛·亚·乌里扬诺娃

1899 年 1 月 17 日

　　亲爱的妈妈:包裹我们终于收到了[135],谢谢。星期二还收到了阿纽塔寄来的《新时代》杂志。我们差不多已经逐渐把去年各期的都搜集全了,这是一件令人非常高兴的事情。阿纽塔当然在寄给我的各期杂志上读到过《……历史任务》①一文。我早已读过这篇文章并且完全同意这篇文章的基本结论(像这里的其他同志一样)。这次按挂号印刷品寄给你的还有我那本书的两本底稿(第5章和第6章) 附有一张单页,即 目录 ;这两章大概有 20 万个字母,最后两章也差不多接近这数字。很想知道,开头几章是不是已经付印了? 大概要多久才能拿到清样? 阿纽塔是不是像她最初打算的那样看最后一次校样? 如果情况是这样,我认为,把开头几个印张连同其他书籍一起给作者寄来就没有什么不方便了。其实,这大概不用征求我的意见,就已经肯定地或者否定地解决了。

　　我们这儿没有什么新闻。尤利不知为什么很久没有来信,这真叫人惊异和不安。阿纳托利仍在病中,真可怜;不久前才熬过了伤寒病,现在肺和心脏还有一些并发症。我们劝他迁到米努辛斯克专区来休养,因为叶尼塞斯克的气候太坏了,但是不知道为什么他还是固执己见。[136]

你的　弗·乌·

---

①　指帕·阿克雪里罗得《俄国社会民主党的历史任务》一文。——编者注

向全家问好!

从舒申斯克村寄往波多利斯克

载于1929年《无产阶级革命》杂志
第6期

译自《列宁全集》俄文第5版
第55卷第128—129页

71

致玛·伊·乌里扬诺娃

比利时　布鲁塞尔市　米尼姆街40号
玛丽亚·伊里尼奇娜·乌里扬诺娃小姐收

1899年1月24日

　　玛尼亚莎:你寄来的图书目录收到了。非常感谢。图书目录里头有些有意思的东西。我打算给你寄一张想要购买的书籍的单子。请来信告诉我,你已经熟悉布鲁塞尔了吗?熟悉书刊方面的情况,尤其是书刊供应方面的情况了吗?我很想看看关于议会中某些很有意思的辩论的速记记录。例如在巴黎就可以在《公报》上找到这种材料,这种《公报》当然也有零售的。我不知道能不能在布鲁塞尔买到这种公报?也许,在比利时的政府报纸上也刊登这种记录。你是从哪儿买到这份英国图书目录的?在布鲁塞尔的英国图书公司里买的,还是从伦敦订的?

　　我目前正忙于写作:我那本书剩下不多了,很快就可以写完,以后大概就要给杂志写东西了。因此这封信就不多写了,而且娜嘉说,她会把我们的近况详细告诉你的。

如果在旧书商那儿碰到法国、英国等等国家的农业经济学的书刊(农业统计、调查表、英国各种委员会的报告)或关于工业形式演变的著作(顺便提一下,如拜比吉、尤尔这些老作家关于这个问题的著作),而价钱还合适,就买下来。

你的工作多不多? 打算什么时候回家?

握手!

你的　弗·乌·

寄自舒申斯克村

载于1929年《无产阶级革命》杂志
第6期

译自《列宁全集》俄文第5版
第55卷第129—130页

72

致德·伊·乌里扬诺夫

1899年1月26日

收到你关于猎枪的来信,赶紧给你回信,不等你答应给我寄的价目表了。现在我已经有了一份 И.申布鲁纳枪械商店(旧报胡同,在特维尔大街和尼基塔大街之间,托尔马切夫宅)的价目表,这是去年冬天马尔克寄给我的。价目表第6—7页上吕蒂希的奥古·弗兰科特工厂生产的后膛枪对我特别合适(45—55卢布,顺便谈一下缩口,价目表上和我从猎人那儿听到的都说,"缩口"可以增强射击的密集度和火力,这种说法对不对? 假如是这样,12号口径和16号口径,重约7.5俄磅的猎枪,就应当是最合适的了),

在第 22 页上还有同一工厂生产的轻便猎枪(6.5 俄磅,枪管不是
17 俄寸而是 14.5 俄寸,也有缩口,65 卢布,12 号口径)。① 你问起
口径和重量。我曾经有过一支 12 号口径的,还存有这号口径的定
装弹(铜的)(E.托尔别克工厂出品;买一颗我就花了 12 戈比。);孔
径大小如图:②

　　定装弹大概是要买新的(我想有 25 颗铜的就足够了),因为定
装弹必须同猎枪完全适合。所以口径和重量都得自己选择,不过
只要打得好,这也就不那么要紧了(当然,在其他条件相同时宁愿
要轻便猎枪;不过,实际上枪管"稍结实些"更好——万一需要也可
以通一通——那就不容易折断或弄弯。我有点太偏爱轻便别旦式
步枪了!)。特别使我感兴趣的是申布鲁纳枪械商店关于出售枪支
条件的广告:"顾客选择枪支时可以亲自进行射击试验,或由商店
代试"(第 3 页)。可是对试枪的专门费用,却一个字也没有提! 当
然,决不能相信商店的选择,必须亲自试验,记下装几筒药③和留
下试过枪的靶板。不过要在"50 俄尺"(第 3 页。注意)的距离试
枪,这真叫人感到奇怪! 真见鬼,——在 17 俄丈的距离里能够打
死什么样的鸟兽呢? 我一向是在 25 —**30** 俄丈的距离来试我的猎
枪的。不过,这也许是由于我没有经验。如果你"召集会诊"(喔
哟!),大概一切都会加以权衡的。使我感到最惊异的是,申布鲁纳
枪械商店把寄送猎枪的重量算做 35 俄磅重(原文如此! 第 108
页——"寄往遥远地区")。寄费 17.5 卢布,真是岂有此理! 7.5

---

① 也有比较便宜的:42 卢布(第 10 页),35 卢布(第 14 页,第 18 图,没有缩口)。
　　如果好打,而且一般说来枪还可靠,那么这样的也行。我决不追求装饰品。
　　12 号口径的比较大;还是买 16 号口径的好些。

② 列宁在这儿用铅笔画了一个圈。——俄文版编者注

③ 如果在商店试枪的话,记下装几筒药是很方便的,否则就非常麻烦。

俄磅重的猎枪需邮费4卢布，箱子（你信中说的）约需2卢布，——
这样大概要7卢布，我这样告诉过你，在米努萨，人家也是这样告
诉我的。自己订做箱子，自己寄，是不是更好些？填定装弹用的小
工具，只要最普通的即可（我要一个1卢布75戈比的：在一根小棍
的末端安上一个普通锥子，用它来敲击火帽。见申布鲁纳的价目
表第75页第133图，"本地普通货"——1卢布75戈比）。打猎背
的袋子用不着（打着的话，我用根普通绳子拴着也可以带回来！），
我有子弹带——士兵的带子（皮的）可装12颗定装弹，其余8—9
颗装在口袋里；猎枪的背带也有——只是背带环最好是在商店配
好，如果那里能配的话。你写的"直径相符的火帽"是怎么回事？？
后膛枪的火帽不都是一个规格吗？现在我把我用的火帽的大小标
在上面[1]；假如大小不一样，——自然就请寄105个，也可以再多
些：因为我这里除我有的那种以外，别种是找不到的。

　　至于填药塞，我一向就用报纸，我认为买填药塞这种东西是一
种不必要的奢侈。假使这种看法不对，就是说，假使填药塞对于射
击是重要的，假使也像你写的那样真的不贵，——那就给我寄一些
填药塞，或一个做填药塞的刀具（价目表第92页，75戈比；我听
说，这是一种用起来很方便的东西。如果你用过这种刀具，请告诉
我，你用的是哪种纸板）。特别不值得买枪套，我还有一个普通的
旧枪套，这是在克拉斯诺亚尔斯克的商店买猎枪时送给我的。[2]
有一个同志向我谈到金属刷子，他说，这种刷子是很有用的。

---

①　列宁在这里画了一个箭头，在上面空白的地方用铅笔照火帽大小画了一个
　　圈。——俄文版编者注
②　单管枪的套子是否适用？不过，我认为在此地缝制要便宜些，商店里的要价
　　太贵了。

好吧，就是这些了吧？如果有用过的旧猎枪，枪管又没有任何毛病，这当然值得买下来。枪请寄交伊丽莎白·瓦西里耶夫娜收。用不着太急，在 3 月 1 日以前就行，3 月底以前也可以。

————

听说你的案件已有转机，又有回到大学读书的希望，这使我非常非常高兴。你指出第 4 章第 2 节（第 346 页）开头部分的错误是完全正确的，谢谢你。应当是 4 130 万俄石，不是 1 430 万俄石。[1]我在初稿上写对了，在二稿上竟写错了，而且也没有注意到这个错误。**请立即把这个更正寄出。**关于卡布鲁柯夫话中的"合理性"，我认为用不着改正；卡布鲁柯夫在这里无疑指的是"有道理"，而不是技术上的合理性，其实，**我在这里也是同样**把合理性理解为有道理，而不是理解为技术上的合理性。我所以要加以嘲笑，是由于卡布鲁柯夫的论据不过是一种同义反复，因为民粹派也认为自然经济"有道理"。对"合理性"一词，读者难道会在两种场合下理解得不一样（就是说，对卡布鲁柯夫的话和我的同样一段话理解得不一样）？[2]

烟草种植园确实为 **7.5 万—9.5 万—65 万个**（即 75 000 — 95 000 — 650 000）。[3]

目前我滑冰的劲头大极了。格列勃在米努萨给我表演了各种花样（他滑得很好），我学得很起劲，有一回竟跌伤了手，有一两天不能写字。老本领总是忘不掉的。滑冰这种活动远比冬天打猎好，冬天打猎往往会陷入没膝的雪中，把猎枪搞坏……而鸟兽却难得看到！

————

① 见本版全集第 3 卷第 226 页。——编者注
② 同上书，第 225 页。——编者注
③ 同上书，第 267—268 页。——编者注

握手!

弗·乌·

从舒申斯克村寄往波多利斯克

载于1929年《无产阶级革命》杂志
第6期

译自《列宁全集》俄文第5版
第55卷第130—133页

73

致玛·亚·乌里扬诺娃

莫斯科省　　波多利斯克城

布龙尼齐街　　维诺格拉多夫宅

玛丽亚·亚历山德罗夫娜·<u>乌里扬诺娃</u>收

1899年1月30日

　　亲爱的妈妈:昨天收到阿纽塔寄来的《新时代》杂志和米嘉寄来的价目表。谢谢。今天在《俄罗斯新闻》上看到了《开端》杂志[137]的广告。很好,我恰恰在《开端》杂志开端的时候赶完了我的《市场》一书(今天终于写完了。星期三将寄上最后两章),现在有功夫可以不慌不忙地写点关于目前的东西了。我收到一本书,约我给这本书写个书评,但是没有来得及读完。[138]

　　我记不得,我是否写信讲过阿纳托利仍在病中。他又遇上了一件不幸的事:命令他迁往安齐费罗沃村(在叶尼塞斯克北面几十俄里,通往图鲁汉斯克的那条路上)[139]——罚他迁往新的流放地,是因为流放者马赫诺韦茨(去年冬天来的)逃跑了,而他把阿纳托利的地址给了一个人。由此便莫名其妙地认为，阿纳托利是早就知道这次逃跑事件的！目前阿纳托利因病还没有被送走，他现在连门都不能出了。他已经提出了移住米努辛斯克专区或回俄罗斯治病的申请。

关于尤利迁移的事，一点也不知道。

从卡扎钦斯科耶村（阿·亚·雅库波娃在那里）也送走了三个流放者（林格尼克（被迁到离我们不远的地方）、阿列菲耶夫和罗斯特科夫斯基），因此卡扎钦斯科耶的流放者就大大减少了。

库尔纳托夫斯基（住在库拉基诺村，离我们约100俄里）申请住到舒沙来，但被拒绝了；现在他将要迁往叶尔马科夫斯克村（离舒沙约40俄里），在那里将只有他一个人。

我们这儿的天气真是好得出奇：不怎么冷（零下10—12度），天气晴朗，阳光像春天一样温暖。真是不像西伯利亚的冬天啊！

热烈地吻你并向全家问好！

你的　弗·乌·

寄自舒申斯克村

载于1929年《无产阶级革命》杂志
第6期

译自《列宁全集》俄文第5版
第55卷第133—134页

74

致玛·亚·乌里扬诺娃

1899年2月3日

亲爱的妈妈：今天寄给你我的《市场》的最后两本底稿，即第7章和第8章，以及两个附录（二和三）[140]和最后两章的目录。我终

1899 年 2 月 3 日列宁给玛·亚·乌里扬诺娃的信的第 1 页

于结束了这个工作,有一个时候,这个工作简直好像要拖拖拉拉做
不完似的。请阿纽塔尽快把底稿等等同附上的给格沃兹杰夫那本
书写的书评一起寄给作家。作家"为了约写书评"才寄给我这本书,
因此我认为不写是不合适的。但我并不怎么乐意写。我不喜欢这
本书:没有什么新东西,都是些老生常谈,有的地方文字不通(如各
种"农业经济的放任"等等)。但是该书作者是我们的同道,是民粹
派的反对者,而主要的是《开端》杂志的撰稿人。无论我怎么讨厌这
种"萨马拉派"的态度[141],我还是决心克制自己,在这篇书评中用五
分之四的篇幅批评了民粹派,五分之一的篇幅批评了一下格沃兹杰
夫。还不知道,编辑部是不是喜欢这样,我不知道编辑部同"萨马拉
派"的关系如何。关于这一切娜嘉今天就要写信告诉作家的妻子①。

　　热烈地吻你并向全家问好!

弗·乌·

从舒申斯克村寄往波多利斯克　　　　　译自《列宁全集》俄文第 5 版
　　　　　　　　　　　　　　　　　　第 55 卷第 137 页
载于 1929 年《无产阶级革命》杂志
第 6 期

75

致玛·亚·乌里扬诺娃

1899 年 2 月 7 日

　　亲爱的妈妈:今天又给你寄去一小卷印刷品(挂号),其中一份

---

① 指尼·亚·司徒卢威。——编者注

《出版消息》[142]是要我寄还的那一期;还有一份书评[143],请转寄给作家。随下一班邮件我还要寄一份第7章的简短的增补。但愿不致迟误。我上次好像忘了告诉你,根据我大略的计算,全书约有934 000个字母。这并不太多,按每页2 000个字母计算总共约有467页。如果每页的字母再少些,例如1 680个字母(像杜冈-巴拉诺夫斯基的《危机》一书那样)——这样当然就会毫无必要地提高书价——那大约要有530页。

阿纽塔想必没有收到我很早以前写的一封信,我在那封信里,请她寄给我:(1)屠格涅夫作品的任何一种过得去的德文译本;(2)一本详尽的德语语法(即使用德文写的、给德国人看的也可以,因为为俄国人写的语法书通常都太简单)。① 我想好好地学一下德语。现在我还想请她给我寄一本《俄德词典》,从我们家所有的词典中挑一本,或者是连斯特列姆词典,或者最好是俄文同三种欧洲文字对照的雷夫词典。我本来已经要从卡尔梅柯娃书店订购巴甫洛夫斯基的《俄德词典》了,但该书是分卷出版的,才出了近一半。

你的　弗·乌·

向全家问好!

从舒申斯克村寄往波多利斯克

载于1929年《无产阶级革命》杂志第6期

译自《列宁全集》俄文第5版第55卷第137—138页

---

① 见本卷第143页。——编者注

76

致安·伊·乌里扬诺娃-叶利扎罗娃

给阿纽塔

1899年2月13日

收到你1月27日的信,得知《市场》的消息,我非常高兴。如果说我1月10日的信,像你所说的,是过于悲观的话,那么这次可以说是极其乐观了。非常非常感谢瓦·安·、米嘉、特别是你,谢谢你们为书的出版操心劳力,对书的命运——就出版质量而言——我现在已经完全放心了。关于书名,我是部分地同意了,我的书名是太长了;不过它确实是必要的,当然,最好把它作为副标题。书名本身也应当比《俄国资本主义的发展》普通一些。《俄国资本主义的发展》这个书名太大胆、太广泛、口气太大。依照我的意见,最好是用《关于俄国资本主义发展的问题》。里博的小册子(《激动的回忆》),你说已经寄出,可是我**还没有收到**。[144]想必不是你那里寄挂号印刷品时被耽误了,就是这里收到时被耽误了。我在以前的信中已经写明全书的大约字数,你根据这个字数不难确定,还剩下几个印张。我以极大的兴趣等待着头两章,在印刷方面,第2章是最困难的。你说服瓦·安·"出自理智"不要作改动,做得很对(其中,关于小的说明你是完全正确的,我也正是想说:是小的,而不是可爱的①。关于尖锐的话,我现在基本上赞成把它们

---

① 在俄语里"小的"是"маленькая","可爱的"是"миленькая",仅差一个字母。——编者注

改得缓和些并且加以压缩。我深信,出版物中尖锐的话比口头上或书信里的分量要重得多,因此在这方面必须要有些节制)。关于统计表,你说小数不省略,用另一种字体排出来,比整数排得低一些,统计表不朝切口排,这种做法我也非常非常满意。如果因此而提高一些书价,那也问题不大。照你对出版费用的大致估计来看,如果印2 400本,大概就可以定出一个适当的价格,即每本不超过2卢布50戈比。[①] 不过,所有这一切,全都由你决定吧。我也很想看看,图解[145]是不是印得很成功? 统计学家们(瓦·安·和另一位)关于图解说了些什么? 对图解的与众不同处,有人已经向我提了一些意见。图解是不是可以达到明白易解的目的?

出版家就《遗产》一文给我写了一封信,他的意见有一定的道理。[146]关于萨马拉派,我很怀疑他们能说出什么像样的话来(已经有人给我写信谈到了他们对"资产阶级性"的指责)。[147]"我们从谁接受遗产"这个问题完全不是我在答复米海洛夫斯基时所提出的那个问题。我在答复米海洛夫斯基时,谈的是关于我们是否拒绝"《莫斯科新闻》所攻击的"而我提供了准确的定义的那种遗产。[148]如果能同萨马拉派就马克思主义对自由主义启蒙派的态度以及"非经济"的作用和意义这一原则问题展开论战的话,那倒是很有意义和很有好处的。

和你、马尔克和米嘉握手并热烈地吻妈妈!

弗·乌·

今天米哈伊尔·亚历山德罗维奇(西尔文)路过这里。他被迁

[①]   为了使读者能买到便宜的书籍,我希望由杂志社等等地方出售,由读者现款购买,打个折扣,例如一本减为1卢布75戈比,只是不知道这是否行得通。

往叶尔马科夫斯克村(离我们这里约40俄里)。看样子,他在身心方面都很健康;变化不大;我们看到他非常高兴。

再寄上一份第7章的增补。[149]

奥·波波娃迟迟不支付翻译韦伯的书的稿费[150],使我很奇怪。娜嘉说是已经讲好了条件的:无论在什么情况下,甚至书报检查机关不许出版,稿费也仍然照付。我们的钱又用完了。请寄200卢布来,寄钱时写伊·瓦·的名字。如果奥·波波娃那儿再过一两个星期仍然没有什么消息,我就得借贷了,因为不这样我们便无法摆脱困境。

从舒申斯克村寄往波多利斯克

载于1929年《无产阶级革命》杂志
第6期

译自《列宁全集》俄文第5版
第55卷第138—140页

77

致玛·亚·乌里扬诺娃

1899年2月21日

亲爱的妈妈:再给你寄上一篇书评[151],请转寄给作家。至今还没有收到阿纽塔答应要寄来的里博的小册子,这真使我感到奇怪;同样使我感到奇怪的是,为什么阿纽塔特别指明第24页,说《市场》一书的字体跟这一页上面的字体一样? 难道里博的小册子是用不同字体排印的? 其实,这本小册子我倒根本不需要,因为我所盼望的是能很快地收到开头几个印张。

我们的身体都很好;生活如常;这个星期要接待客人。① 是春天了;已经解冻好几天了。

你的   弗·乌·

向全家问好!

《科学评论》杂志不知道为什么认为不必把第1期寄给我,也不必把我的文章的抽印本寄给我。听说有彼·司徒卢威的反驳,但是目前还没有看到。**152**

从舒申斯克村寄往波多利斯克

载于1929年《无产阶级革命》杂志
第6期

译自《列宁全集》俄文第5版
第55卷第141页

78

致玛·亚·乌里扬诺娃和
安·伊·乌里扬诺娃-叶利扎罗娃

1899年2月28日

亲爱的妈妈:今天我们送走了米努辛斯克来的客人——格列勃、巴季尔、季·巴·、该地的工人等等,他们从星期三待到今天(星期日)。这几天的日子过得很快活,现在我们又照常工作了。米努辛斯克人想申请到这里来过夏天,因为在城里夏天太不好过

---

① 见下一号文献。——编者注

了。但不知道，物质条件是不是会强迫他们留在城里。如果他们能来的话，我们的夏天一定会过得很好。埃尔维·埃内·，用格列勃的话说，仍然是常闹小病。安东·马·没有来，因为她现在暂时要到库拉基诺村担任医助的职务。

热烈地吻你！

你的　弗·乌·

你们是否在考虑怎么过夏天？有什么打算吗？

给阿纽塔

收到了几期《新时代》杂志[153]；非常感谢你寄来了杂志、农业概况[154]和《市场》的清样。我对清样非常满意。你在清样上大概花了很大力气，因此差不多没有什么排印错误。在统计表中根本没有发现排印错误（虽然你说有），在正文中，错误也很少。字体，我认为是令人满意的。这样大约要有30个印张（这是最大限度，也许还要少些），正跟我所设想的一样。统计表排印得很出色。把小数清楚地分出来，也没有朝切口排的统计表①，这特别好。用八点铅字（第46页）和六点铅字（第39页）排的表很合适，我简直不能期待比这再好的了。[156]标题和分节号的字体也恰到好处。总之，我这次丝毫也不为作者未能参加校对而感到遗憾了。在以后的邮件里，我将寄给你一份我的熟人的名单，请把书直接从俄罗斯

---

① 在各行数字上边也有朝切口排的标题，但这丝毫也不使人感到看起来不方便。当然在特殊场合，朝切口排的统计表也不要紧，不过用六点铅字印直排的统计表终究要好得多。第504页的统计表[155]如果能用六点铅字排印，那就太好了。

寄给他们,因为把大批书籍寄到我这里,再由我分寄出去,不但费钱而且很不方便。我想,你在收到这封信时,第2章早就校对完了,可是从校对方面来看,第2章实在是最头痛的一章。关于序言,我再考虑一下,也许另写一篇寄上,不然的话,就用原来的好了。[157]

勘误表我就附在下面。

刚从米努辛斯克人那里收到载有彼·伯·司徒卢威反驳伊林文章的《科学评论》杂志第1期。我想作答复,虽然我觉得彼·伯·的文章**赞成**我的成分倒比反对我的成分多。不知道,我现在写文章时是不是可以引用《市场》一书?也就是说,这本书在4月上半月能不能出版?请告诉我,你的意见如何。(引用这本书对我很重要,因为可以避免重复。)[158]

握手!

你的　弗·乌·

附上给马尔克的信。

我不知道把写给他的信寄给你方便,还是直接寄给他方便?(就写"莫斯科—库尔斯克铁路管理署"行吗?)

勘　误　表

第8页,顺数第12行,«служит»应为«служат»。

第24页,顺数第3行,«дефинации»应为«дефиниции»。

第27页,顺数第9行,在 искать 前加«。

第27页,顺数第23行,«стоющих»应为«стоящих»。

第36页,倒数第22行,капитализма,«это»应为«капитализма…Это»。

第 39 页,顺数第 1 行,在 <u>и　проч.</u>的后面加括号( ))。

第 46 页,倒数第 7 行,《Сопоставления》应为《Сопоставление》。

第 47 页,顺数第 7 行,《потребительного》应为《потребительского》。**159**

从舒申斯克村寄往波多利斯克

载于 1929 年《无产阶级革命》杂志
第 6 期

译自《列宁全集》俄文第 5 版
第 55 卷第 141—143 页

79

致马·季·叶利扎罗夫

给马尔克

1899 年 2 月 28 日

　　您 2 月 8 日的信收到了。您的象棋对局寄来得正是时候。如今成了象棋迷的米努辛斯克人,那时正好在我们这儿做客,我们厮杀得难解难分。我们也分析了您的这一局棋,从这一局棋来看,您已经下得高明多了。大概您每步棋都要考虑很久,(也许?)还要请观战的人参谋参谋吧? 现在如果要同赢过拉斯克尔的人交锋,真是有点战战兢兢呀!**160**

　　关于"正统派"**161**由于《遗产》一文发动的"攻击",我正殷切地盼望着看到报刊上的反映。我认为,关于"支持"这个原则问题是很重要的(这个问题与"经济学"和非经济关系的问题有联系。不知发动攻击的人是否把这些问题联系起来?)。假如能够就这个题目同那些不受格沃兹杰夫主义约束的人们讨论一下(读过格沃兹杰夫论富农经济的书没有？我看写得太差了①)，那是很有益也很有意思的。我们等着吧。

您对于《市场》的意见我读了很感兴趣。让我们看看这本书总的会产生什么印象吧，——看看评论界会说些什么，特别是同志们会怎样评论。修改现在已经不可能了(个别地方，当然例外)，也就是说，不可能改变叙述简略(已经有近30印张了！再多是绝对不行的！)，数字、统计表多，题目比较狭窄这个总的情况了。要改的话，只能有一种改法：分为两部或两卷，每一部再用一两年的时间来修改。但是，由于各种原因，我认为这个计划是不大适宜的。国外市场问题，只是在第8章谈到边疆地区问题的一节里很概括地提了一下。我本来就根本不想考察国外市场。

您打算辞职的事我一点也没有听说过。您想要进什么样的工程学校？是高等的吗？要学几年？毕业时可以取得什么资格？您是不是想成为一个工艺工程师？对您能不能优待一两年，就是说，您能不能不从一年级读起，因为您已经读完了数学系？

握手！

弗·乌·

娜嘉和伊·瓦·向您问好！

从舒申斯克村寄往波多利斯克

载于1929年《无产阶级革命》杂志
第6期

译自《列宁全集》俄文第5版
第55卷第144—145页

---

① 见本卷第74号文献。——编者注

80

致玛·亚·乌里扬诺娃①

1899 年 3 月 7 日

亲爱的妈妈:这星期我收到了三部德文版的屠格涅夫小说,谢谢。你们买的是列克拉姆出版社的版本,这很好,这个版本恐怕是最合适的了。现在我还想要一部俄德词典(记得家里有两部,一部是连斯特列姆编的,一部是雷夫编的,都是老词典。最好是寄后一部,寄前一部也可以)和一本德语语法。这件事我已经写信告诉过阿纽塔;马尔克有《书目索引》,里面介绍了好几种用德语编写的德语语法**详解**。我本来想订购巴甫洛夫斯基的《俄德词典》,并且已经要向卡尔梅柯娃书店去订了,但是这部词典是分卷出版的,至今还未出齐。

答司徒卢威的文章**162**我就要写完了。② 我认为,司徒卢威把问题搅得太混乱了,他的那篇文章可能引起拥护者的不少误会和反对者的幸灾乐祸。我想,如果这篇回答不能在杂志上发表(可能是由于杜冈-巴拉诺夫斯基或者布尔加柯夫比我先作了回答;一月份那期《科学评论》杂志至今尚未寄给我!),可将它编入《市场》一书,作为第四篇附录(这篇文章不会超过一个印张)。当然最好能在杂志上发表。

---

① 这封信内附有一个信封,上面写有玛·亚·乌里扬诺娃写的玛·伊·乌里扬诺娃在布鲁塞尔的地址。——俄文版编者注

② 玛·亚·乌里扬诺娃在这个地方加了一个注(显然是为玛丽亚·伊里尼奇娜加的):"文章我们已经看过,读起来很有味道,写得真好!"——俄文版编者注

我们这里一切如常。日暖风和,春天的气息已经很浓了。

同志们很少有好消息。阿波利纳里娅·亚历山德罗夫娜已获准去叶尼塞斯克三个星期。可怜的阿纳托利仍在病中,体温高到40度。据说他患的是肺病,自然,大家都尽可能瞒着他。他迁到米努辛斯克专区去的事还没有决定。

你的　弗·乌·

热烈地吻你! 伊·瓦·和娜嘉向全家问好!

从舒申斯克村寄往波多利斯克

载于1929年《无产阶级革命》杂志
第6期

译自《列宁全集》俄文第5版
第55卷第145—146页

81

娜·康·克鲁普斯卡娅和
列宁致玛·伊·乌里扬诺娃

比利时　布鲁塞尔市　米尼姆街40号
玛丽亚·乌里扬诺娃小姐收

3月7日

亲爱的玛尼亚:对不起,这次我又太不守时了,你可别生气,因为刚接到你的信,客人们就到了。我们决定痛快地过一过谢肉节,把城里人(6个人)①都请来做客了。我们的平静的舒沙顿时人多

---

①　见本卷第166—167页。——编者注

起来,变得十分热闹。时光是在节日的气氛中度过的,5 天不知不觉就过去了。最后一天米哈伊尔·亚历山德罗维奇也来了(他现在是我们的近邻,我们跟他经常有机会见面,他住在离我们 35 俄里的地方)。我们在客人们走后好久不能安定下来。现在沃洛佳全神贯注地在写答复司徒卢威的文章。文章谈的还是那个永远谈不完的市场问题。总之,沃洛佳好像不得不花许多时间去进行论战,维护他在《评论集》中提出的论点。他还准备写有关卡布鲁柯夫的文章。我没有固定的工作,只随便看一点东西。我在舒沙已经住了足足 10 个月了,可是什么都没有做成,一切都还停留在打算阶段。是春天的味道了,河里的水满满的,白柳树枝头的麻雀叽叽喳喳叫个不休,公牛在街上溜达,不时发出哞哞的叫声;女房东家的母鸡每天早晨都要在火炉旁咯咯地叫,常把大家吵醒。街上泥泞不堪。沃洛佳老是谈起猎枪和猎靴的事。我同妈妈正准备栽些花。从这段描述中,你可以想象到我们在如何消磨时间,也可以了解到我们写信的材料为什么不是很多了。从你的来信中可以看出,你的生活与我们迥然不同,周围是那么活跃,那么有生气。你想必已经开始深入当地的生活,被它吸引住了。非常感谢你寄来的剪报,请继续寄来。连你都抱怨自己的法语学得不好,那我和沃洛佳的外语知识就更加显得可怜了,沃洛佳的外语倒还比较好一点,我可就差远了。我们现在好不容易才弄到德文版的屠格涅夫小说,准备练习俄译德,但是目前我们手头既无词典,又无语法书,即使有了,也未必会去翻译。可见,只有我们到了国外,环境的需要迫使自己不得不认真学习外语,才会好好去学。你打算什么时候回家?是否必须参加几门考试?你在布鲁塞尔感到很寂寞吗?熟人多不多?告诉你,阿纳托利病得很重。大夫都断定是肺病,他老是发烧。库巴得到了去叶尼塞斯克三个星期的许可,现在已经走了。她很少来信,来信也只是由于过意不去,所以对她的生活情况不很了解;大概不太好吧。季娜总是那样又快乐又活泼。好吧,再见。热烈地吻你!祝好!妈妈叫我代她吻你。望常来信。

你的 **娜嘉**

玛尼亚莎:握手!我同样感谢你寄来剪报。我对娜嘉的信没有什么要补充了。

弗·乌·

寄自舒申斯克村
载于1931年《列宁家书集》

译自《列宁全集》俄文第5版
第55卷第146—148页

82

致玛·亚·乌里扬诺娃和
安·伊·乌里扬诺娃-叶利扎罗娃

1899年3月17日

亲爱的妈妈:昨天收到你2月28日的来信。非常非常感谢你寄来照片。我看照片拍得很好,再说我身边原有的照片都是很久以前的,所以更感到高兴。假如你能来舒沙看我们,那就太好了。夏天来比较合适,可先乘火车到克拉斯诺亚尔斯克,再转搭轮船到米努萨(在5月初,轮船通常还不能开到米努萨,但在夏季,轮船有

时——虽然次数极少——甚至可以开到舒沙)。从过夏来说,舒沙
还不错。格列勃和巴季尔也提出申请,请求准许他们迁到这里来
过夏天(夏天在米努萨很糟);不知能不能得到批准。① 玛尼亚莎
不久前曾给我们来过信,我们今天也要给她写回信。

伊·瓦·已收到了钱。

米嘉打算在你发信以后马上就去买猎枪,那好极了。这里3
月底开始打猎,我们早就在谈论各种打猎的事了。

热烈地吻你并祝贺你的命名日! 这封信也许在4月1日以前
能寄到。

你的　弗·乌·

伊·瓦·向你问好! 娜嘉今天也要给你写信。②

给阿纽塔

寄来的《出版消息》**163**(非常感谢)和清样③都收到了。总的说
来,我对清样感到很满意:印刷清楚,统计表清晰,没有排印错误,
朝切口排的统计表也很少。但不知图表如何? 现寄上一份第4—
11印张上的勘误表。勘误表内包括某些(我画有线的)难懂的或改
变了意思(虽然很少)的词句。也许这样做较为妥当:除了卷末附上
勘误表以外,在卷首再附上(贴上)一张小纸条,请读者在阅读前先
改正那些错误极为严重的地方,因为正是这些地方(我画有线的)关
系重大,其他错误则在卷末指明。我觉得这种做法有时是可以的。

---

① 申请没有批准。——编者注
② 这封信没有保存下来。——俄文版编者注
③ 指《俄国资本主义的发展》一书第2章和第3章的清样。——编者注

　　既然历来任何出版物都不可能没有排印错误,所以我可以说(出乎你的意料),我感到**十分**满意。从排印的正确程度来看,这本书比《评论集》好多了,排印错误少,而且多半是无关紧要的地方。

　　关于目录,随你的意见办吧:或者只用每节的标题,或者除此之外再附上我编写的详细内容。[164]

　　现寄上一份我的熟人的名单,出书后请按名单寄发。米嘉少不得要为寄发这一大堆印刷品忙一阵了! 不过这总比把大批书寄到我这儿来要好得多(我要三本就够了)。

　　寄上一份**序言**的附言。要是还来得及,很希望把它刊印出来,以便援引考茨基的出色的著作。[165]也许,即使序言已经排好,附言也还是有可能排上吧? 接此信后,请即回信,告诉我能否排上和大概什么时候可以出版。

　　瓦·安—奇也承担一份工作了! 校对这样的东西确实很难!! 握手! 向全家问好!

你的　**弗·乌·**

　　哥伦布和医生很久没有给我来信了。

给阿纽塔

　　还要请你办一件事情。如果你有机会去圣彼得堡或见到作家,请打听一下韦伯的书的消息。为什么至今还不支付稿费? 据娜嘉说,曾经讲定,稿费支付不取决于出版与否。应该向波波娃索取。我们不拟为此事写信给作家;因为用书面提出这个问题不十分恰当。这只能利用私人见面的机会。

———

页	行	顺数或倒数	正	误	增删
51	17	倒数	заметил	эаметили	
52	12	顺数			删去)
52	30	顺数			在 земли 后加；
59	6	顺数	бедноте	бедносте	
61	2	顺数	23 574	23 547	
68	4	倒数（附注）	крестьянской	крестьян	
69	2	倒数	Коротоякскому①	Коротоянскому	
70	1	顺数			删去在 сведений 后的逗号
79	4	倒数	«страны»，но»	«страны»，«но»	
86	13	倒数			在 оставляющая 前加《
88	8	倒数	далеко	давно	
115	8	倒数	раскрестьяни-вание	раскрестьянст-вование	
117	9	倒数			在 ренты 后加：
119	3	顺数	это	что	
120	1	倒数			在 нечто 前加［.
121	4	倒数	［ср. у нас«трех-дневники»］.	［«ср. у нас трех-дневники»］	
121	1	顺数	говорим	говорили	
124	8	顺数	превосходным	перевосходном	
134	6	顺数			删去 необходимо 后的逗号
138	3	倒数	состоят	стоят	
142	1	顺数			删去在 этого 后的破折号
144	4	倒数	том	зтом	
144	5	倒数	подземные	подземельные	
151	13	顺数			在 пуда 后加 и
161	6	倒数			在 кризис 后加 есть кризис

---

① 第71页顺数第7行有一个同样的排印错误。

页	行	顺数或倒数	正	误	增删
162	6	倒数			在 владелец 前加《
168	16	顺数 }	Чаславский	Часловский	
169	4	倒数			
170	13	倒数	составляет	составят	
172	4	顺数			删去在 около 前和 крестьянства 后的引号
174	11	顺数	этой	иной	
174	5	倒数	дашь	дать	

从舒申斯克村寄往波多利斯克

载于 1929 年《无产阶级革命》杂志
第 6 期

译自《列宁全集》俄文第 5 版
第 55 卷第 148—151 页

83

娜·康·克鲁普斯卡娅和列宁
致玛·伊·乌里扬诺娃

比利时　布鲁塞尔市　米尼姆街 40 号
玛丽亚·乌里扬诺娃小姐收

3 月 17 日

亲爱的玛尼亚:我对你的祝贺不可能及时了,信肯定要迟到,但不管怎样我还是要非常非常热烈地吻你。谢谢你寄来布鲁塞尔的风景照片,只是我不愿过早地想国外,甚至我现在连俄罗斯也不愿想了。不过想夏天还是可以的。玛·亚历·最近来信说,她同阿纽

塔夏天要来我们这里,我今天已写信去波多利斯克①,详尽地描述了
舒沙的优美的环境。我甚至计划好我们如何去佩罗沃湖,如何在那
儿钓鲫鱼和煎鲫鱼。你知道,米努辛斯克人已提出申请,要求来舒
沙过夏天,那时我们打算弄一匹马,骑着马儿到处游逛该是多么快
活呀。总之,我成了"热爱祖国的人",能够津津有味地谈论叶尼塞
河、岛屿、森林和其他等等。可是我总是恨自己不是一个男子,否则
我的游兴会大上十倍。尽管我很想同你见面,但我仍不愿拿舒沙来
引诱你,说实在的,舒申卡②毕竟是一个乡村,如果现在有人提出要我
选择在哪里过夏天,莫斯科近郊还是舒沙,那我一定选择莫斯科近郊。

　　沃洛佳现在正埋头研究考茨基的《土地问题》,正在写这本书
的书评③。至于我,目前只能望书兴叹而已。一般地说,我们的书
相当多,多得使人感到要读的书很多,而读得却很少。《开端》杂志
尚未收到,只收到一本枯燥乏味的《俄国财富》杂志。

　　好吧,就写到这里。妈妈热烈地吻你并向你祝贺!沃洛佳也
要写信给你。

　　上一班邮件到来的时候,我们收到玛·亚历·的照片,照片拍
得好极了,是不是?

　　再见!热烈地吻你!

你的　娜嘉

3月17日

亲爱的玛尼亚莎:我在娜嘉信上附笔向你祝贺,这次写得也很

---

①　这封信没有保存下来。——俄文版编者注
②　即舒申斯克。——编者注
③　见本版全集第4卷第79—84页。——编者注

短,请原谅。这是因为压到今天写的信太多了,又是写到图鲁汉斯克去的信(去那里的邮件每月一次)[166],又是写给阿纽塔的一份清样勘误表。

我们这儿的新鲜事儿很少。目前著作界十分沉寂,大家都在观望。彼得堡和芬兰发生的事情在外国报纸上是常常谈到的(从《法兰克福报》可以看出来),但这些报道都被涂掉了,因此我们知道得很少很少。[167]

握手! 可以再见了吧?

你的　弗·乌·

寄自舒申斯克村

载于 1929 年《无产阶级革命》杂志
第 6 期

译自《列宁全集》俄文第 5 版
第 55 卷第 152—153 页

84

致玛·亚·乌里扬诺娃

莫斯科省　波多利斯克　布龙尼齐街

维诺格拉多夫宅

玛丽亚·亚历山德罗夫娜·乌里扬诺娃收

1899 年 3 月 21 日

亲爱的妈妈:寄上我对考茨基的书①所写的短评(或书评);请

---

①　指考茨基的《土地问题》一书。——编者注

阿纽塔转寄出去。杂志①第 1 期还未收到。看后天来不来。

要是阿纽塔还没有为德文书的事给玛尼亚莎写信，那是不是就让她去一封信呢？玛尼亚莎如果马上要走，可叫她通知邮局，把书改寄到别的地方的熟人那里。或者叫阿纽塔写信把自己的熟人告诉她。可能的话，最好把 1897 — 1898 年《新时代》杂志所缺各期寄来。

热烈地吻你并向全家问好！

弗·乌·

寄自舒申斯克村

载于 1929 年《无产阶级革命》杂志
第 6 期

译自《列宁全集》俄文第 5 版
第 55 卷第 153 — 154 页

85

致玛·亚·乌里扬诺娃和
安·伊·乌里扬诺娃-叶利扎罗娃

1899 年 4 月 4 日

亲爱的妈妈：你和米嘉的信都收到了。你不必为舒沙的住处担心，地方够住。谢肉节的时候就有四个人在我们这里做客。如果你的健康情况允许，我们非常非常高兴不等流放期满就在这里见到你（流放期有时会延长……但愿不会这样）。娜嘉给你写得比

---

① 指《开端》杂志。——编者注

较详细。① 但是在时间上,我要对她的信提出修改,因为5月初这里的水还很浅;我们的轮船就曾在中途抛过锚。碰到这种情况,得多坐100俄里的马车,很不方便。就是说,最好5月**底**到达克拉斯诺亚尔斯克,那时就可乘轮船稳稳当当到达米努萨了,而从米努萨到这里就只有55俄里。舒沙作为一个避暑地是不错的。与别的避暑地比较起来,我以为即使差的话,也差不了多少。问题只是在路上了。

至于猎枪,你一点也不用担心。猎枪我已经用惯了,而且我是很注意安全的。② 这地方打猎是唯一的消遣,成天坐着不动,出去"溜一溜"是必要的。

谢谢米嘉为我张罗猎枪(枪还没有收到)。

我在《俄罗斯新闻》上看到,马尔克竟赢了契戈林!他真有两下子!好吧,什么时候我也跟他杀几盘!

热烈地吻你并向全家问好!

你的   弗·乌·

对了,差一点忘了,从维亚特卡将有书寄给你(注明收书人付款),那是给我的。请米嘉将这些书开一张详细的单子寄来。

给阿纽塔

1899年4月4日

《实际生活》杂志和《海泽德语语法》已收到了。非常感谢你寄

---

① 见本卷附录第15号文献。——编者注
② 后膛枪比普通枪安全多了。

来语法书,这本书写得极好。齐昂的著作早收到了,上次在信中已经谈到过。**168**

随上一班邮件我曾给彼得堡发了一份电报,回答我接到的3月26日的来电。来电说:"书价拟每册2卢布,作者约得1 500,是否同意,希电告卡尔梅柯娃书店。"①我的回电是"同意",因为在电报中实际上无法讨价还价,尤其是在出版前夕,不能因此而耽误出版! 可是事实上我对此是不太"同意"的。非常奇怪,他们(不知是谁;没有署名)为什么要"越级"行动,不向经管整个事务的你征求意见,而要直接找我征求意见呢? 我现在甚至懊悔没有给他们这样回电:"请向莫斯科叶利扎罗娃接洽,她经管此事。"的确应该这样回电! 因为1 500卢布作为三年的劳动代价是少了;这等于每一印张只值50卢布。再说,《评论集》既然畅销,那么《市场》的销路也完全可以放心。这样的话,根本没有必要送给书商30%。出版人要是比较精明的话,规定给书商拿15%就可以了,而且也可通过《开端》杂志社推销,相信它一定不会拒绝。不过现在谈这些,差不多没有用了,因为可能是既成事实了。书价便宜,稿费方面当然得作些让步。既然不是我们自己出版,而是别人,当然就不好向他们提出特殊要求了。因此前面讲的这些话,只是不着边际的设想,不是"切实的"建议。

我想第11—16印张(这几个印张我前天才从你那儿收到)中的勘误表也很可能迟了,因此我没有誊清就把它寄上,以备万一。②

《开端》杂志第1—2期合刊我终于从别的同志那里弄到了。(如果还没有订《开端》杂志的话,请代我们订一份。我干了一桩大

---

① 这份电报没有保存下来。——俄文版编者注
② 勘误表没有保存下来。——俄文版编者注

傻事，又一次相信了作家。但愿今后再不会这样傻了。）一般说，我很喜欢这本杂志，但是波·阿维洛夫的文章稍微差些，它尖锐有余，论证不足。[169]布尔加柯夫真把我给气坏了：真是胡说八道，纯粹是胡说八道，加上那种没完没了的教授式的装腔作势，鬼知道他写的是些什么东西！[170]难怪有人在《祖国之子报》上捧他！看他怎样收场吧。我想写《论考茨基的著作和布尔加柯夫先生的文章》[171]。关于卡布鲁柯夫的文章，我不打算写了，因为不值得再写第二篇。作家像往常一样，又默不作声了，我们不指望从他那里得到杂志方面的消息，虽然这方面的消息颇感需要。

握手！

弗·乌·

从舒申斯克村寄往波多利斯克

载于 1929 年《无产阶级革命》杂志
第 8—9 期合刊

译自《列宁全集》俄文第 5 版
第 55 卷第 154—156 页

86

致玛·亚·乌里扬诺娃和
安·伊·乌里扬诺娃-叶利扎罗娃

1899 年 4 月 11 日

亲爱的妈妈：星期二收到米嘉寄来的包裹，对他的费心，非常感谢。猎枪我很满意（目前天气很坏，这里春季常有飑——叶尼塞河吹来的狂风，因此差不多没有打过猎）。我觉得，装 $2\frac{3}{4}$ 筒火药太多了,会产生后坐力,所以改装 2½ 筒。我不知道商店里的人怎么能放得下 3 筒火药! 我现在还不能看出左枪管发射的良好效果,可能试射时距离太远了,约有 60 步,将近 30 俄丈。

如果你们来这里,请随身带一点黑素纱,作防蚊面罩用,我在这里不带面罩就不行。这地方周围尽是沼泽。其次,请再给我带 200 个分隔火药和霰弹用的填药塞(就像米嘉寄来的那种。这里没有,而这玩意儿非常轻,又不占地方)。

我打算在复活节到一些比较好的地方去打打猎。

热烈地吻你!

你的　弗·乌·

(下星期日是复活节,没有邮件。而且叶尼塞河也可能解冻——它一般是在 4 月下旬解冻。因此通信可能中断,但是不必为此担忧。况且去年好像几乎没有中断过。)

给阿纽塔

我把论考茨基和布尔加柯夫的文章随下一班邮件寄到妈妈那里。请转寄给作家,并要求他尽快答复你编辑部是否接受这篇文章。我认为很可能不接受,因为作家多半支持布尔加柯夫,他会觉得论战不适宜,尤其是一场激烈的论战。我曾尽量设法使语气缓和一点,但谈起这篇令人气愤的教授式的荒谬文章,我便说什么也冷静不下来,因为它太不像话了。我当然不想限制编辑部的"修改"权,不过这点不必写明,因为改稿是很自然的事,除非作者特别声明。如果他们不接受这篇文章,请尽快通知我;可能的话,你就把文章寄给《生活》杂志或《科学评论》杂志 《世间》杂志未必接受。

从作家那里没有得到任何写作方面的消息，对此我们也不再抱希望了。然而，没有不断的正常联系，写作是非常不方便的。例如，很久以前，还在 1 月份的时候，我曾写信①（娜嘉代笔）告诉他们，我准备写关于卡布鲁柯夫的文章，他们并没有告诉过我这类文章已经有了。书评情况，一无所知。（论述考茨基著作的书评他们也许不用，也许送到别的地方去，因为这篇文章是批驳布尔加柯夫的。）现在他们哪些文章有了，哪些没有，也不知道。如果有可能跟芝加哥人取得通信联系，那就太好了，因为他情况熟悉，跟他们大概又相当接近，所以他可能很容易回答你的各种问题，并且也可能使你经常了解杂志方面的事。但不知能否办到？

你（和妈妈）走了以后[172]，稿子怎么寄？一定要通知邮局，把信和印刷品转寄到什么地方，寄给谁。

对了，我在自己的文章中引用了我的《市场》一书。如果你寄出稿子时还未出版，则请删掉有关引文的注释，或在稿子上写明，让他们去删。[173]

握手！

弗·乌·

从舒申斯克村寄往波多利斯克

载于 1929 年《无产阶级革命》杂志
第 8—9 期合刊

译自《列宁全集》俄文第 5 版
第 55 卷第 157—158 页

---

① 这封信没有保存下来。——俄文版编者注

87

致玛·亚·乌里扬诺娃和
安·伊·乌里扬诺娃-叶利扎罗娃

1899年5月1日

亲爱的妈妈:阿纽塔4月12日的信已于星期二收到,星期五又收到我的书①(三本)和译稿。给阿纽塔的信我另外写。

今年我们这里的春天来得特别早。树木已经开始抽芽,河水猛涨。现在轮船无疑可以驶到米努萨,可是涨起来的水能否维持,以及维持多久,这就说不定了。

米哈·亚历山·(西尔文)来信告诉我,他的未婚妻想在5月底(23日以后)去他那里。她姓帕佩廖克(奥丽珈·亚历山德罗夫娜),地址是梁赞省叶戈里耶夫斯克城(她是该城的初级中学女教师)。如果你决定来,可以跟她同路。总之,这是一个好机会。米哈·亚历·曾请她去波多利斯克一趟,但仍需要写信跟她联系,因为她也可能因故去不了波多利斯克。叶尔马科夫斯克村(米·亚·住在那里)离我们40俄里;从米努萨去该村要经过舒沙。

你的　弗·乌·

热烈地吻你并向全家问好!

你们的住处安排得怎样? 你的身体好吗? 玛尼亚莎什么时候

---

① 指《俄国资本主义的发展》一书。——编者注

回家?

给阿纽塔

1899 年 5 月 1 日

你 4 月 12 日的来信、我的书和韦伯的书的译稿（**三包挂号印刷品**）都收到了。

书的外观我很满意。由于你为校对事费了很多心，书印得极好。你对书价的处理也很合适，当然，书价是提高了。既然学生可以打七五折，那也就行了。书是否已给所有的熟人寄去了? 我想应该再为我留下 15 本备用，以交换各种集子等等。关于《评论集》的事，我已写信让你再去要几本（这里寄两本就够了，而且不必急于寄来）。书名令人十分满意，作家改得很好。如果来了什么稿费，暂不必寄。（我已写信告诉妈妈，不久就有可靠的人来。）

我同意负责校订韦伯的书的译稿。校订时将跟我的第 1 卷译稿统一考虑。既然由我校订，就不必再等了，第 1 卷应该立刻付印，是不是? 难道这又要取决于彼·伯·的"准备"??

不过校订时**必须有**：(1)**第 2 卷英文原本**（我只有第 1 卷）；(2)第 2 卷**德译本**（K.胡戈译，我只有第 1 卷，第 2 卷也出版了）。要是这些书还没有寄出，则请赶紧去信，要他们尽快寄出。不过这样做会不会耽搁时间呢? 能否托人到他们那里把这些书取来寄给我?[174]

我不很乐意彼·伯·把我的一篇答复他的文章交给《科学评论》杂志发表。他大概是想避免在《开端》杂志上进行论战吧?[175]如果情况是这样，那么我的关于布尔加柯夫的文章一定也不会用的。我终于收到《开端》杂志了，两本都是完整的。总的说来，杂志我很喜欢。但是布尔加柯夫的文章令人愤慨。他**公然歪曲**考茨基的话，再加上还有这种跟伯恩施坦的"批评"遥相呼应的反对社会主义革命的狂妄言论**176** 书店拒绝寄送伯恩施坦的这本书①。我向玛尼亚莎要过，不知她能不能带来。你能弄到一本吗？。我正在写第二篇文章批驳他。② 当然，在自己人中间展开论战是不愉快的，所以我尽量缓和语气，但是，如果闭口不谈分歧，那就不仅仅是不愉快的，而**简直是有害的**了，再说，对于德国和俄国马克思主义中的"正统思想"和"批判主义"之间的根本分歧，是不能闭口不谈的。论敌们反正早就在利用这种分歧了（见《俄国财富》杂志第4期的米海洛夫斯基的文章**177**）。此外，自己人在进行论战的时候，可以附带说明，在共同反对民粹派这一点上是一致的。我打算在文章的末尾把这一点提出来。**178**布尔加柯夫的主要缺点之一就是他没有确切地说明，他在哪方面是与考茨基一致反对民粹派的。

握手！

弗·乌·

在《科学评论》杂志（第3期）上看到了马斯洛夫反对我的论遗产一文的附注，没有什么意思。

现寄上内格里的作品。那些农业报告是什么样的？

最好送给马斯洛夫一本《资本主义的发展》。请通过《科学评论》杂志编辑部或通过彼·伯·或瓦·安·送给他。

请把有关该书的各种评论寄来，并让瓦·安·把彼得堡各种

---

① 指《社会主义的前提和社会民主党的任务》一书。——编者注
② 见本卷注171。——编者注

报纸上的有关评论寄来。

从舒申斯克村寄往波多利斯克

载于1929年《无产阶级革命》杂志
第8—9期合刊

译自《列宁全集》俄文第5版
第55卷第159—161页

88

致玛·亚·乌里扬诺娃和
安·伊·乌里扬诺娃-叶利扎罗娃

莫斯科省　波多利斯克城　布龙尼齐街
维诺格拉多夫宅
玛丽亚·亚历山德罗夫娜·<u>乌里扬诺娃</u>收

1899年5月9日

　　亲爱的妈妈:玛尼亚莎的信收到了,她在信中说,她打算很快动身回家。我等待着你们的消息:到这里来的事是如何决定的。

　　这几天,照西伯利亚人的说法,这里是最厉害的"恶天气",他们管这种从叶尼塞河西边吹来的**风**叫做"恶天气",这种风刮起来就像旋风一样,又冷又凶。这里一到春天,总是旋风时起,常把篱笆和屋顶等东西吹坏。前几天,我打猎经过树林时,亲眼见到旋风把又高又大的桦树和松树吹倒了。不过这种讨厌的"恶天气"只是在春秋两季出现,夏季即使有风,也不厉害,所以**不必**担心。今天天气已经略微好转,看来夏季就要到来了。从5月中旬到8月中旬，在这里就不用害怕西伯利亚的"恶天气"了。

下星期日我把我的论文稿子①寄给你，如果你们要走，就关照把稿子转给指定的收件人。

我们大家都很健康，向你和全家问好！

热烈地吻你！

你的 弗·乌·

给阿纽塔

今天我写完了第二篇批驳布尔加柯夫的文章。等修改誊清后就寄到妈妈那里去。我急切地盼望着第一篇文章的回音；5月中旬也许该有回音了吧。

很多"学生"[179]到《生活》杂志社去了，你是否知道，事实上谁在那里负责编辑？

目前在德国对于伯恩施坦的书的争论是颇有意思的，可是我没有看到这本书，也没有看到任何论述它的文章（除了偶尔在《法兰克福报》上看到几篇短评外）。非常遗憾。

米嘉是否把我的书按照我开的名单一一寄出了？如果一部分书应由瓦·安·寄的话，请问他一下，是否**所有的人**都寄了？潘·尼·勒柏辛斯基（他住在叶尼塞斯克省米努辛斯克县库拉基诺村）给我来信说，书**没有收到**，虽然在我开的名单上有他的名字。我想还需要留10—15本书备用（但是不必寄来）。

握手！

弗·乌·

---

① 指《农业中的资本主义》的第二篇文章。——编者注

向马尔克问好!

寄自舒申斯克村

载于 1929 年《无产阶级革命》杂志
第 8—9 期合刊

译自《列宁全集》俄文第 5 版
第 55 卷第 161—163 页

89

致安·伊·乌里扬诺娃-叶利扎罗娃和
玛·亚·乌里扬诺娃

给阿纽塔

1899 年 5 月 29 日

你写在马尔克来信中的附言看到了。

你以前给我的信中,都没有提到建议我写政治经济学简明教程的事。[180] 我决定拒绝这个建议,因为奉命作文是困难的(也难于跟波格丹诺夫竞争,为什么不把他的著作再版呢?[181]),秋季以前脱稿也有困难。另外,我现在一般说来希望多读少写。由于我同作家的通信完全停止,所以请你把我拒绝这个建议的事转告他。

韦伯的书的译稿**尚未开始校对**。我**一直在等**原文本(第 2 卷)和德译本(第 2 卷)。如果拖延了,可不是我的过错。不过更怕的是作家拖延。第 1 卷是否付印了?

关于有电报通知我书已出版的事,我只是从你这封信中才知道的。我要给米努辛斯克邮局去信,查问电报下落。地址写对了吗? 应该写:"**米努辛斯克　邮转舒申斯克　乌里扬诺夫收**";还要交 7 或 14 戈比的邮费。如果漏写"邮转"，电报就可能压下来。一般说来，我还没有发现往这里发电报是一件不保险的事，因为别的电报都能准时送到。最好使发出的电报在星期日或星期三晚上到达米努辛斯克；这样我就可以在星期二或星期五早晨接到电报。

现寄上你要的那篇论西斯蒙第主义者的文章和我对涅日丹诺夫的回答。[182] 后一篇文章最好也在《生活》杂志上发表。① 万一《开端》杂志复刊，我当然还是愿意在《开端》杂志上发表。

我目前在阅读一些书刊和学点外语。总之，工作做得很少，一点也不想写作。

遗憾得很，作家丝毫没有谈起格沃兹杰夫的事。我真想痛骂他一顿。但是我又想，他也是同一个杂志的撰稿人，所以自己应该尽量温和一些。在同一个杂志上吵骂是令人难堪的。也许作家是想把我现在称之为"格沃兹杰夫主义"的这种东西就这样放过去吧？对此我一无所知，而且我也不知道格沃兹杰夫是何许人也。隔得这么远，很难作出判断。

你的　弗·乌·

1899 年 5 月 30 日

亲爱的妈妈：现按挂号印刷品寄上我的文章和你们所要的论西斯蒙第主义者的文章的抽印本。我已给阿纽塔和马尔克详细地写了信。这星期他们给我来过一封信。很奇怪，他们的信（5 月 14 日寄出）盖有"**克拉斯诺亚尔斯克**"的邮戳。难道信是随西伯利亚快车寄来的？

---

①　如果我的答司徒卢威的文章还未印好，可以将这篇文章作为它的附录，但要删去我从答司徒卢威的文章中援引的引文。[183]

我们都很健康,向全家问好!

热烈地吻你!

你的　弗·乌·

从舒申斯克村寄往波多利斯克

载于1929年《无产阶级革命》杂志
第8—9期合刊

译自《列宁全集》俄文第5版
第55卷第163—164页

90

致玛·亚·乌里扬诺娃和
德·伊·乌里扬诺夫

1899年6月20日

　　亲爱的妈妈:你的5月31日的来信已经收到,谢谢。关于统计汇编——特维尔省的和维亚特卡省的,记得我已经写信告诉你,**不要给我全寄来**,我现在不研究这些东西,在流放期结束以前也不想研究它们。如果需要用哪一本,由我写信给你一本一本要比较好,因为就这样我要往回运的书已经够多了。不过,你们寄来的统计汇编大概不多。米哈·亚历·来信说:他的未婚妻夏末才能来。

　　关于迁到克拉斯诺亚尔斯克的事,我们认为不必去申请。有一次我跟伊丽·瓦西·聊天,她想要提出申请,让我今年秋天也去乌法,理由是她和娜嘉冬天在路上有困难。如果她的这个愿望能够实现,我会写信告诉你的。

　　补助金已经发给我们了。

　　叶尔马科夫斯克村来信说,阿纳托利的病仍未好转。

利亚霍夫斯基据说在赤塔当出诊医生。

非常遗憾，你们那里的天气很坏，在别墅中没有能够得到很好的休息。我们这里 6 月份也多雨。

我们的生活如常。我现在很少工作。打猎的季节很快就要到来，我恐怕更做不了多少工作了。

《开端》杂志 5 月号收到了，但被剪掉不少。这一期看来没有什么特别值得一读的东西。我对这本杂志能否恢复旧观感到失望。有人来信说，内务部曾要求编辑部公开创刊号和 4 月号各篇文章作者的真实姓名。我很想知道，在这些"被公开的人"中有没有我们共同的熟人？

热烈地吻你并向全家问好！

你的　弗·乌·

给米嘉

《科学评论》杂志第 5 期已经看到，我认为这一期上发表的杜冈-巴拉诺夫斯基的文章极其荒谬，纯粹是胡说八道。他为了"驳倒"马克思，竟任意审改剩余价值率，并且提出一个荒谬绝伦的前提：劳动生产率改变后产品价值不变。我不知道是否值得撰文评论每一篇这种胡说八道的文章，我想还是让他先履行诺言去更详细地发挥这一点吧。[184]我现在愈来愈坚决地反对马克思主义中的最新的"批评的潮流"和新康德主义（把社会学规律和经济学规律分开的思想就是新康德主义的一个产物）。《唯物主义史论丛》的作者①完全正确，他认为新康德主义是反动资产阶级的反动理论，

---

① 《唯物主义史论丛》的作者是格·瓦·普列汉诺夫。——编者注

并且起来反对伯恩施坦。波格丹诺夫的近著(《自然史观的基本要素》1899年圣彼得堡版)使我极感兴趣,我已经订购。《开端》杂志5月号载有这本书的一篇书评,书评写得荒谬透顶,尽是些装腔作势的词句,而对问题的实质却避而不谈。很遗憾,这本书的出版广告不知为什么我竟没有注意到。我想,这一定是一本有用的书,因此对这种书评不能置之不理。**185**

猎枪我很满意。春天我很少打猎。现在真正的打猎季节快开始了。今年夏天我准备去多打几次。

握手!

弗·乌·

请把我收到的地方自治机关统计资料汇编的**书单**即标题和内容简介(统计表或统计表加文字说明就行了)寄给我。

从舒申斯克村寄往波多利斯克

载于1929年《无产阶级革命》杂志
第8—9期合刊

译自《列宁全集》俄文第5版
第55卷第165—166页

91
致玛·亚·乌里扬诺娃

莫斯科省　波多利斯克城　市立公园　3号别墅
玛丽亚·亚历山德罗夫娜·乌里扬诺娃收

1899年7月11日

亲爱的妈妈:现在给你写几句,告诉你:我们都健康。这个星期我收到了玛尼亚莎写给我的信上提到的那些书(拉布里奥拉和茹尔·盖得的著作①),谢谢。

我们稍稍推迟了去米努辛斯克的时间。可能这个星期动身,去的时间不长。我们这里的天气不好:今年夏天真糟糕,老是刮风下雨。

收到利亚霍夫斯基一信,原来他在赤塔当医生,他打算以后到斯列坚斯克也当医生。

韦伯的书的原文本仍未收到,尽管作家已经答应寄来。

你的　弗·乌·

伊·瓦·和娜·康·向全家问好!

寄自舒申斯克村

载于1929年《无产阶级革命》杂志
第8—9期合刊

译自《列宁全集》俄文第5版
第55卷第167页

92

致玛·亚·乌里扬诺娃

1899年8月1日

亲爱的妈妈:这星期看来我们几乎没有什么新鲜事。现在完全是夏天的天气了。热得很,多少有点妨碍打猎,而打猎的季节恐

---

① 指拉布里奥拉的《社会主义和哲学》和盖得的《为社会主义而进行的经常斗争》两本书。——编者注

怕很快就要过去，所以我更得抓紧时间好好打它一阵。

我记不起是否写信谈到医生（雅·马·利亚霍夫斯基）的事，他现在在赤塔当出诊医生，并且准备到斯列坚斯克也干这一行。

米·亚·夫妇和其他的客人都来了。我不多写了，请原谅。我们都健康，大家向你问好！关于《信条》我不久以后将写信给阿纽塔详谈（我和我们大家对这件事很注意，也很**气愤**）。¹⁸⁶

热烈地吻你！

你的　弗·乌·

从舒申斯克村寄往波多利斯克

载于 1929 年《无产阶级革命》杂志
第 8—9 期合刊

译自《列宁全集》俄文第 5 版
第 55 卷第 167—168 页

93

致玛·亚·乌里扬诺娃和
玛·伊·乌里扬诺娃

莫斯科省　波多利斯克城　市立公园　3 号别墅
玛丽亚·亚历山德罗夫娜·乌里扬诺娃收

1899 年 8 月 7 日

亲爱的妈妈：你 7 月 15 日的来信收到了，托你办的阿纳托利的事你也办好了，非常感谢。我这两天还想再去看望一下阿纳托利，据说他的病势很重，血大口大口地吐得很厉害，甚至常咳出血块……　省长曾到过叶尔马科夫斯克村，阿纳托利已被准许去克拉斯诺亚尔斯克,可是现在他本人又不准备去了。

今天我们在等候客人们的光临:从米努萨来的格列勃夫妇和巴季尔。据说,格列勃被批准调到铁路上当工程师。当然,他要利用这个机会积蓄一点路费,否则他和巴季尔要离开这里就不容易,到冬天就完全不可能了。

我们任何申请也没有提出,看来现在我们反正是要等到 1900 年 1 月 29 日了……① 但愿届时能够离开这里,至于在这段时间里住在哪里,这是无关紧要的。

埃·埃·已恢复健康。一般说来,米努辛斯克人夏天过得很好。安·马·好像已在米努辛斯克找到了工作。

热烈地吻你并向全家问好!

你的　弗·乌·

给玛尼亚莎

施塔姆勒的书②我不久前才在这里看完,看的是德文本,觉得很不满意。我看是故弄玄虚,胡说八道,烦琐论证,毫无价值。我很想知道谁对你称赞过这本书。不错,司徒卢威和布尔加柯夫都在《新言论》杂志上称赞过这本书,因为他们两个和施塔姆勒一样,都站在新康德主义的立场上。**187**据我看,施塔姆勒的书倒是一个**反驳**新康德主义的最好的根据。脑子里只有一堆臆造得十分笨拙的**定义**,就企图攻击马克思主义,像施塔姆勒(他以前仅仅写过大学生的罗马法教科书……)所做的那样,简直太可笑了。有人(库诺)在《新时代》杂志上说施塔姆勒的书的作用是不好的,这话完全正确。

---

① 指列宁流放期满的日子。——编者注
② 指《从唯物史观看经济和法》一书。——编者注

前几天收到《开端》杂志 4 月号，差不多已经看完了。一般说，这期内容很有意思，特别是《最迫切的问题》一文①。

我们还没有收到韦伯的书的原文本!! 看来要拖到回去的时候了，没有原文本是搞不好的……

看了《科学评论》杂志第 7 期上的帕·尼·斯克沃尔佐夫论市场的文章**188**，我认为，内容极端贫乏，作者的观点也不清楚。我答司徒卢威的文章②还没有发表，真是岂有此理，莫名其妙！

握手！

弗·乌·

寄自舒申斯克村

载于 1929 年《无产阶级革命》杂志
第 8—9 期合刊

译自《列宁全集》俄文第 5 版
第 55 卷第 168—169 页

94

致玛·亚·乌里扬诺娃

莫斯科省　　波多利斯克城　　市立公园　　3 号别墅
玛丽亚·亚历山德罗夫娜·乌里扬诺娃收

1899 年 8 月 15 日

亲爱的妈妈：我接到了玛尼亚莎和米嘉的信，知道我的电报你们已经收到，知道你们已决定不到这里来了。你现在病好了吗？

---

① 作者是亚·尼·波特列索夫。——编者注
② 指《再论实现论问题》一文（见本版全集第 4 卷第 60—78 页）。——编者注

玛尼亚莎何时动身(去何处)？你们什么时候迁到新住所或莫斯科去？现将早就该还的一本书按挂号印刷品寄上。请原谅我的延误。热烈地吻你并向全家问好！

你的　弗·乌·

娜嘉和伊·瓦·也向你们问好！

寄自舒申斯克村

载于1929年《无产阶级革命》杂志
第8—9期合刊

译自《列宁全集》俄文第5版
第55卷第170页

95

致玛·亚·乌里扬诺娃

莫斯科省　波多利斯克　市立公园　3号别墅

玛丽亚·亚历山德罗夫娜·乌里扬诺娃收

1899年8月22日

亲爱的妈妈：你的信、阿纽塔和玛尼亚的信、阿纽塔寄来的杂志(《科学评论》)和玛尼亚莎寄来的剪报前天都收到了。谢谢。知道你的病已经痊愈，又能外出散步了，我非常高兴。波多利斯克的疟疾怎么会如此猖獗呢？是不是那地方沼泽很多？你现在是不是完全好了？这里的秋天似乎很好，又干燥又温暖。你们那里怎样？

快信比平信好像快不了多少，这使我感到非常奇怪。你们8月7日的信，我在20日才收到(我在同一天收到的报纸也是7日的)。迟误的原因是不是由于信件随快车运到克拉斯诺亚尔斯克(至少,在信封上盖有"克拉斯诺亚尔斯克,8 月 14 日"的邮戳)后又折回阿钦斯克(从米努萨到阿钦斯克有驿道)? 这趟列车或是在阿钦斯克不停车,或是停了但没有把信件取下来。情况可能就是这样,因为从莫斯科到克拉斯诺亚尔斯克的信是很快的(7 日寄出14 日可到),但是节省下来的这段时间却在克拉斯诺亚尔斯克回到阿钦斯克的路上消耗掉了。

关于迁移,我们**只是说说而已,根本没有提出任何**申请。我们认为用不着提出申请,就等到 1900 年 1 月 29 日吧。

我们的生活如常。现在天气很好,我跟娜嘉常常出去散步。我们大家都很健康。

紧紧地拥抱你,我亲爱的妈妈,祝你健康!

你的　弗·乌·

寄自舒申斯克村

载于 1929 年《无产阶级革命》杂志
第 8—9 期合刊

译自《列宁全集》俄文第 5 版
第 55 卷第 170—171 页

96

娜·康·克鲁普斯卡娅和列宁
致玛·伊·乌里扬诺娃

8 月 22 日

亲爱的玛尼亚:你的信我早就收到了,但是最近这段时间我不知为什么，懒得要命，信也不写，有好几封信该回呢。这大概是由于我最近的生活方式造成的：整天(每天约5小时)闲逛，书也看不大进。今年夏天很讨厌，目前秋天倒很好。沃洛佳也常常闲逛，但他仍然做工作，只是比以前少多了。

你决定了没有？去哪里？什么时候走？你写信问沃洛佳，你应该去哪里，看了你的信，我便回想起我像你这么大的时候拿不定主意的情况。有一阵子我曾决定去当乡村女教师，可是没法找到工作，于是又想到外地去。后来，别斯图热夫学校[189]开学了，我进入该校学习，我当时想我在那里会学到一切我想学的东西，但是那里讲的完全是另外一套，我便离开了学校。一句话，我那时拿不定主意，一点办法也没有。只是到了21岁的时候，我才听说还有什么"社会科学"，而在那以前，我认为学自然科学或学历史才是真正的学习，所以我一会儿读什么罗斯梅斯勒的著作，一会儿又读西班牙国王菲力浦二世的历史。你现在的条件完全不同了。我不知道你现在就准备找"饭碗"值不值得，我以为是不值得的，如果需要钱，可以到随便哪条铁路上去工作，在那里至少可以上班来下班走，别的事儿都不管，像自由自在的哥萨克一样，不像当教师、做医生什么的，要花费更多的时间和精力。现在就花时间接受专业训练是很可惜的，因为我们希望知道而且应该知道的东西太多了，比如懂得外语，就可以使你一辈子有饭吃。说起来，我和沃洛佳的外语都很糟糕，两个人外语都学得不好，学来学去，还是不行。我们又开始学英语了。这不知已经是第几次了！我至少是第十次。你大概已经跑到我前面了。阿尼亚的英语不是学得很好吗？瞧，我老忘了问你，美舍利亚科夫你认识了吧，他现在大概在莫斯科。他和你一样，对比利时颇有好感。我曾一度同他通过信，所以我那时对比利时的情况很熟悉,并且很感兴趣。如果你经常见到他的话,那你是否知道他的妻子现在在哪里。她的女友来信说,她到慕尼黑去了。假如同她失掉联系,那会是我的一件憾事。她为人很好。不知道什么时候才有机会同她见面。我在彼得堡的所有熟人现在是天各一方,不知去向。起初他们还来信,现在渐渐不通信了。通信也很别扭,从来不能谈什么正经事,想谈吧……弄不好结果就会显出彼此间的不理解来。库巴的近况我不了解,她很少来信,只知道她情绪极坏。我写得够啰唆的,沃洛佳该没地方写了,就此搁笔吧。热烈地吻你、玛·亚历·和阿纽塔! 妈妈也问候大家! 祝好!

娜 嘉

1899年8月22日

玛尼亚莎:从信中知道你终于为我弄到了我**迫不及待地**盼望得到的伯恩施坦的著作[190],我感到非常高兴。我已经收到**雅库特卡**的来信,他们正在阅读伯恩施坦的书,可是我这里还没有弄到!! 这个人愈被人吹得厉害,愈被形形色色愚蠢的资产者和非资产者的"青年派"(从各个意义上来说)利用,那就愈有必要尽快地认识认识这位"最时髦的"机会主义英雄。

公历1899年10月9日将在汉诺威举行党代表大会[191],将谈到伯恩施坦的问题。我**很**希望得到关于大会的报道。请设法替我弄到这些报道,通过下面任何一种办法都可以弄到:你可以给国外的熟人写信(我要让阿尼亚也这么办),请他们把载有这些报道的那几号报纸寄来,即使把在俄国买得到的《法兰克福报》寄来也行。如果熟人们无论《前进报》[192]或是《法兰克福报》都不肯寄的话,那么能不能向莫斯科邮政总局**订阅10月份**的《法兰克福报》?(我知道,一次至少要订三个月,可是这太多了,也太贵,得 4 卢布 70 戈比。能不能只订一个月?)如果到那时你已在国外,就请你把那几号报纸买了寄来。

出版方面的事情我没有什么要托你办的,因为我现在没有写什么,也不打算写什么。不过你如果出国,我倒可能请你为我物色一些好的旧书。

握手!

弗·乌·

从舒申斯克村寄往波多利斯克

载于 1929 年《无产阶级革命》杂志
第 8—9 期合刊

译自《列宁全集》俄文第 5 版
第 55 卷第 171—174 页

97

致玛·亚·乌里扬诺娃

1899 年 8 月 25 日

亲爱的妈妈:上星期日回家,收到玛尼亚从家里寄来的信和剪报(非常感谢),后来又收到阿纽塔寄来的《新时代》杂志和我的几篇批驳列维茨基的短文的抽印本(两本)**193**。收到这些东西我感到特别高兴。阿纽塔来信说,是否到这里来,你们还是拿不定主意,又说,如果确实知道轮船能开到米努萨,而且回得来的话,那就会来的。我们收到这封信后,决定给你发一份电报,告诉你 9 月中旬之前船是通的(去年我是搭船直抵米努萨的,正好是 9 月下旬的最后一趟船），所以你们要来还是来得及的，当然，要你完全健康，而且米嘉的事情也不影响才好。我想，22日的那份电报你们及时收到了吧？发出电报后，我们只等你们来了，不然就给我们回一封信。两年来这里的秋天都很好，不知道今年多雨的夏季过后会怎么样。

在阿纽塔寄来的书中，我特别喜欢梅林的著作；我刚看完这部书的第2卷，感到非常非常满意。关于青年派的信条，通篇都是言之无物的辞藻，简直使我吃惊。这不是信条，纯粹是无聊的文字堆砌！我打算对它作一个比较详细的评论。

作家的沉默使我气极了。韦伯的书没有寄来。论《市场》的文章没有登出，批驳布尔加柯夫的文章更是音信杳无。我认为，最好向他要回全部稿子，自己送到编辑部去，这样，刊载与否也可以得到一个及时的确切的答复，并可以建立直接的联系。我自己来办这件事自然不很方便，但是我想，如果阿纽塔能抽出时间办这些事的话，她是可以办到的，直接送交比由作家转交要好。如果他压下我驳他的文章仅仅因为他自己尚未写好对该文的答复，这就太卑鄙了！写信给他本人没有意义，他不会回答。

热烈地吻你并向全家问好！

　　　　　　　　　　　　　　　你的　弗·乌·

从舒申斯克村寄往波多利斯克

载于1929年《无产阶级革命》杂志
第8—9期合刊

译自《列宁全集》俄文第5版
第55卷第174—175页

98
给玛·亚·乌里扬诺娃

1899年9月1日

亲爱的妈妈：我这次来不及在星期日给你写信，只好过了半个星期才写。

昨天我收到了伯恩施坦的书和王德威尔得的书①以及两份《莫斯科新闻》，其中一份和伯恩施坦的书卷在一起，另外一份（第223号）只有**半张**，**单独**卷成**一卷**，这使我们非常奇怪，是不是有什么东西遗失了或搞错了？

伯恩施坦的这本书我就自认为算是我的了，玛尼亚莎并没有明确说一定要我在什么时候归还，她只是说她将另行设法再弄一本。我很需要这本书。万一玛尼亚莎要她寄给我的这一本，那就让她**立即**来信告知。

伯恩施坦的书我和娜嘉马上就着手阅读了，现在已读完一半以上，但书的内容愈来愈使我们吃惊。理论上太差了；尽重复别人的思想。都是些空洞的批评，连认真地进行独立的批评的尝试都没有。实践上是机会主义（确切些说是费边主义，伯恩施坦的许多论点和见解都是从韦伯夫妇的一些近著里抄袭来的），是登峰造极的机会主义和可能主义，而且还是**胆小的**机会主义，因为伯恩施坦对纲领简直连碰也不愿碰一下。他的惨败大概是用不着怀疑的。伯恩施坦指出许多俄国人都支持他……　　（第170页和第173页

---

① 伯恩施坦的书是指他的《社会主义的前提和社会民主党的任务》。王德威尔得的书是指他的哪一本著作没有查明。——编者注

的注释)这使我们非常气愤。不错,我们在这里大概都已经真的成了"老年派","落后于"从伯恩施坦那里抄来的……"新词句"了。我不久就要写信给阿纽塔详细地谈谈这个问题。①

昨天我们(终于!)收到了韦伯的书的英文本第 2 卷(德文本没有;我们今天去订购了),关于第 1 卷没有任何来信和消息!

我批驳布尔加柯夫的文章②,现在**必须**作若干修改和补充。我将根据手头的草稿改。请阿纽塔马上去要回**第二篇文章**并妥为保存,等我的修改稿寄去。¹⁹⁴

我们这儿新鲜事儿很少。阿纳托利的病情日益恶化。格列勃日内即将赴下乌金斯克(伊尔库茨克省)担任铁路上的工作。伊丽莎·瓦西·昨天收到 100 卢布的汇款。

热烈地吻你!

你的　弗·乌·

大家都向你们问好!

附言:原来《法兰克福报》这里就近可以买到,所以用不着再去订阅了。我请玛尼亚莎设法替我搜集(可向德累斯顿订购或向熟人打听)1898 年的下列几号《萨克森工人报》:(1)载有帕尔乌斯批驳伯恩施坦的文章的那几号;(2)1898 年第 253、254、255 号。¹⁹⁵

从舒申斯克村寄往波多利斯克　　　　　　译自《列宁全集》俄文第 5 版
载于 1929 年《无产阶级革命》杂志　　　　　　第 55 卷第 175—177 页
第 8—9 期合刊

---

① 指用化学方法写的信。——编者注
② 指批驳布尔加柯夫的《论农业资本主义演进的问题》一文。——编者注

99
致玛·亚·乌里扬诺娃

1899年9月11日

亲爱的妈妈:我要告诉你们一个令人非常悲伤的消息:阿纳托利于9月8日去世了,9月10日,我们把他安葬在叶尔马科夫斯克村。他的病不会好,这老早就知道了,不过最近他的病情发展得特别快。他的妻子①目前仍留在叶尔马科夫斯克村。米哈·亚历—奇·西尔文面临着去当兵的危险:他已经接到了去米努辛斯克报到的通知,9月14日就要出发。如果他征召入伍,就得服役两年,这比他的流放期还多两个月。

我跟娜嘉现已着手校订韦伯著作第2卷的译稿,不等第1卷的校样(虽然它对我们校订第2卷译稿很有用处)和第2卷的德译本了。这件工作恐怕要花去相当多的时间。

与此信同时,另按挂号印刷品寄上我的评论布尔加柯夫的文章的修订稿。请阿纽塔在稿子上照此修改(把原来的挖掉,把现在的贴上去),并跟编辑部联系发表的事。是否发表,希望尽快有个交代。

我们这里的人身体都很好。

热烈地吻你,我亲爱的妈妈,并向全家问好!

你的　弗·乌·

从舒申斯克村寄往波多利斯克

载于1929年《无产阶级革命》杂志
第8—9期合刊

译自《列宁全集》俄文第5版
第55卷第177—178页

---

① 指多·瓦·特鲁霍夫斯卡娅。——编者注

100

致玛·亚·乌里扬诺娃

1899 年 10 月 17 日

　　亲爱的妈妈:这个星期我接到了家里寄来的许多有意思的东西,非常感谢。使我格外高兴的是看到了一种新的法文杂志[196],看样子它很有意思;而且它是由龙格主编出版的,这本身就是一件了不起的事。斯图加特代表大会的记录就要看完了,也很感兴趣。还有关于莫斯科工会代表大会的小册子(我是星期五收到的)同样也很有意思,很有教益。[197]

　　著作界很沉寂。我好像已经告诉过你,我在报上看到了韦伯的书的译本第 1 卷出版的消息,并且**自己订购了一本**,因为他们显然认为不必寄给我。听说彼得堡将出版一种新报纸《北方信使报》[198],我打算等报上登出广告后马上就订阅。尤利从图鲁汉斯克来信说,《新闻和交易所报》[199]上登过一篇 M.恩格尔哈特的小品文《摊牌》,严厉"谴责"伊林写的论资本主义的书。要是在莫斯科寻购这份报纸不怎么费事,我倒很想拜读一下。《**生活**》杂志很少看到;第 7 期却完全出乎意料地直接从彼得堡而且好像是直接从编辑部寄来的(一点不错!!?!!)。同志们有时寄《科学评论》杂志来,我经常见面的几位近邻常常收到。

　　我们这里一切如常。你们在莫斯科安顿得怎样? 究竟谁出国? 阿尼亚还是玛尼亚莎? 什么时候动身? 米嘉一个人留在波多

安·伊·乌里扬诺娃-叶利扎罗娃

（1900—1902 年）

利斯克吗?

　　热烈地吻你并向全家问好!

你的　弗·乌·

从舒申斯克村寄往莫斯科

载于 1929 年《无产阶级革命》杂志
第 8—9 期合刊

译自《列宁全集》俄文第 5 版
第 55 卷第 178—179 页

1900 年

101

娜·康·克鲁普斯卡娅和列宁
致玛·亚·乌里扬诺娃

1 月 19 日

亲爱的玛丽亚·亚历山德罗夫娜:问题终于明朗了;可以回俄罗斯了,期限估计不会再延长。28 日我们先把东西送走,29 日就动身。同我们一起走的有瓦·瓦·和奥丽珈·亚历山德罗夫娜。勒柏辛斯基夫妇也准备走,但我很怀疑他们能不能如期成行。奥·亚·急于到米·亚·那里去,米·亚·已被派往里加。瓦·瓦·也很着急。我们大概在 30 日从米努萨出发。我现在只担心可不要为我耽搁下来。不久前我们才想起去打听我要不要去办一下申请自费走的事。瓦·瓦·去问过县警察局长,原来这件事要到警察司去办理,县警察局长个人不能发通行证给我,因为有关我的事他没有接到任何命令。今天我们要给警察司和克尼波维奇夫妇各发一份电报,但也许还会出现麻烦事。**200** 到乌法时,沃洛佳想要停留两三天,以便了解清楚,是决定把我留在乌法还是把我送到斯捷尔利塔马克或别列别伊去。现在我们这里尽是谈走的事。书我们都装箱了,称了一下,大约合 15 普特。书和一部分东西我们准备托运,其实,我们的东西好像也并不太多。由于天冷的关系,我们想定做一个带篷的大雪橇,但是在城里弄不到,而在这里定做又叫人不放心,恐怕做出来的雪橇到不了阿钦斯克。御寒的衣服很多,大概不会受冻,再说天气也在转暖了:奥斯卡尔昨天看见天上有了云彩,今天早晨只有零下28度。最糟的是妈妈总是很容易着凉,现在又咳嗽起来了。我和沃洛佳不管天气怎么冷,每天都要出去,对冷空气已经习惯了,还不知道妈妈在路上会怎样。真希望29日快点来,要走就走吧。动身的日期快到了,妈妈本来今天就打算动手包饺子,准备路上吃。别人劝我们在路上一定要带些饺子,因为其他东西容易冻硬。所以妈妈准备做一大堆饺子,不放油,也不放葱。

现在很少看书。不过沃洛佳还在那里写文章回答斯克沃尔佐夫。[201]今天我们就可以把韦伯的书的译稿寄走,它真使人厌烦透了。

好吧,再见!热烈地吻您!也热烈地吻玛尼亚莎和阿纽塔!可惜我不能到莫斯科去。妈妈向您问候!

您的 娜嘉

当你接到这封信时,或许我的电报你已经先看到了。希望我们很快就能见面。

你的 弗·乌·

(从亚·尼·来信中得知,普罗柯波维奇那本书终于被书报检查机关扣压了(!!),就是说,不能答复他了。[202]真是怪事!)

从舒申斯克村寄往莫斯科

译自《列宁全集》俄文第5版第55卷第180—181页

载于1929年《无产阶级革命》杂志第8—9期合刊

102

致玛·亚·乌里扬诺娃

1900年3月15日

亲爱的妈妈:你的来信前几天收到了。关于娜嘉的事我已于10日提出申请,希望很快就有回音。[203]如果(万一)不顺利,我真想请你(如果你的身体非常健康的话)亲自去申请一下。但这是以后的事,先看看那边的情形再说。

《生活》杂志我已收到,所以不必寄了。[204]

请阿纽塔把《文库》寄给娜嘉(我这里还有一份可以暂用)。我在这里过得还不错,常常跑图书馆,也常常出去散步。

请原谅,我写得这样短,因为要赶邮班。

热烈地吻你并向全家问好!

你的 弗·乌·

这里有位名医,我想请他治治我的卡他性胃炎。据说在彼得堡随着春天的来临正发生各种各样的流行病。①

从普斯科夫寄往莫斯科

载于1929年《无产阶级革命》杂志
第11期

译自《列宁全集》俄文第5版
第55卷第181—182页

---

① 暗示当时的逮捕事件。——编者注

103

致玛·亚·乌里扬诺娃

莫斯科省　波多利斯克　克德罗娃亚宅
玛丽亚·亚历山德罗夫娜·<u>乌里扬诺娃</u>收

1900年4月6日

亲爱的妈妈：今天收到玛尼亚莎4月3日的信，她怪我没有去信。我的确不应该，甚至4月1日我都未向你和玛尼亚莎祝贺。[1]事情是这样的：当时由于那位盼望已久的旅行家[2]来到这里（大概他现在已回到家里了），我像娜嘉在给西伯利亚同志们的信中所形容的那样，又"忙得不可开交"了。

我的生活如常，健康情况很好，今天已在试着不喝"矿泉水"。我经常散步（现在在这里散步很好），看来在普斯科夫（以及在城郊）风景优美的地方不少。我在本地商店买了几张印有普斯科夫风景的明信片，现在给你、玛尼亚莎和阿纽塔各寄一张。[3]

昨天收到了米·亚·的信，信中说（信是4月4日写的），明天或后天他（与奥·亚·）又要到西伯利亚去，军事当局再次改变了

---

① 4月1日是列宁的母亲和妹妹玛·伊·乌里扬诺娃的命名日。——编者注

② 指尤·奥·马尔托夫。——编者注

③ 有两张明信片保存下来了：一张是寄给玛·亚·乌里扬诺娃的，另一张是寄给玛·伊·乌里扬诺娃的。——俄文版编者注

他的服役地点。他答应从阿钦斯克把新地址寄来。

娜嘉恐怕仍在养病。大夫认为(约一个星期以前她来信说),她的病(妇女病)需要耐心治疗,得静养2—**6个星期**。我又给她寄了一点钱(我从沃多沃佐娃那里收到100卢布),因为治病需要相当多的费用(我的钱暂时够用,如若用完,我就写信给你)。这样一来,即使被批准了(我至今仍未得到回音,我现在几乎不想再等了),她现在也不能来我这里。今年春天,即再过一个半月以后,我想去看看她,也可能提前。

我这里的那位熟人①在领取出国护照,想在4月下旬出国治病;他一走,我这里就会寂寞些。

我在本地一位德国人那里学德语,每上一课,花50戈比。正在练习俄译德,会话不多,进行得不很顺利,我常想是不是把它扔下,不过暂时还是看看再说。近来一般很少工作,韦伯的书的索引至今仍未编完。

我常去图书馆,读读报。很少看到新书,达维多夫的书②这儿看不到。我不准备回答彼·司徒卢威(我在回答斯克沃尔佐夫的那篇文章里已经插了一小段批驳他的话)[205],卡乔罗夫斯基的书我看过了,我正在考虑回答他。玛尼亚莎见到《科学评论》杂志第3期和第4期没有?其中有一篇关于皮萨列夫的文章[206]写得很好。

米嘉辞了职,研究起科学来了,是吗?这太好了。玛尼亚莎工作多吗?阿纽塔和马尔克的住处安排得怎样,在什么地方?

祝你节日好,亲爱的妈妈,热烈地吻你!谢谢玛尼亚莎的来

---

① 指亚·尼·波特列索夫。——编者注
② 玛尼亚莎如果有,是否可让她寄来?

信。向米嘉问好！

你的　弗·乌·

寄自普斯科夫

载于 1929 年《无产阶级革命》杂志
第 11 期

译自《列宁全集》俄文第 5 版
第 55 卷第 182—184 页

104

致玛·亚·乌里扬诺娃

莫斯科省　波多利斯克城　克德罗娃亚宅
玛丽亚·亚历山德罗夫娜·乌里扬诺娃收

1900 年 4 月 26 日

　　亲爱的妈妈：我今天就把我答应过你的梅奇那本小册子和《科学评论》杂志的一本抽印本寄给你。很抱歉，我寄迟了些。你们过得好吗？阿纽塔的事情安排得怎样？她现在在哪里？过夏天的事她决定了没有？

　　热烈地吻你并向全家问好！

你的　弗·乌·

寄自普斯科夫

载于 1929 年《无产阶级革命》杂志
第 11 期

译自《列宁全集》俄文第 5 版
第 55 卷第 184 页

105
致玛·亚·乌里扬诺娃

莫斯科省   波多利斯克城   克德罗娃亚宅
玛丽亚·亚历山德罗夫娜·乌里扬诺娃收

1900 年 4 月 30 日

亲爱的妈妈：你和玛尼亚 25 日的来信已经收到了。我可能会提前离开这里，大约在两个星期以后，但确切的日子我还说不上。

我提出申请要求在乌法住一个半月[207]，这件事大概我已写信告诉过你了。但愿早日得到回音。

娜嘉给我来信说，她的健康情况已有好转。她没有收到阿纽塔的《文库》。我现在要请阿纽塔这么办：能不能在**我到你们那里以前把那本**《文库》**要回来**，不要把它寄给娜嘉了，因为我现在要用它（我想亲自给她带去），我原来所指望的那一本已经落空了。非常希望在我到你们那里的时候能拿到它。

请玛尼亚莎把娜嘉的那篇译稿寄给我，我要把它寄到杂志社去。

菲力波夫来信说，书报检查官甚至把那篇批驳斯克沃尔佐夫的文章也删掉了差不多 $\frac{1}{3}$！真倒霉！

热烈地吻你并向全家问好！

你的 弗·乌·

寄自普斯科夫

载于 1929 年《无产阶级革命》杂志
第 11 期

译自《列宁全集》俄文第 5 版
第 55 卷第 184—185 页

106

致玛·亚·乌里扬诺娃

1900年5月5日

　　亲爱的妈妈：今天上午我才收到你2日的信和玛尼亚莎的附笔。我不知道信为什么来迟了（你预料我在3日或至迟在4日就能收到）；信封上的邮戳是"2日邮车"和"4日普斯科夫"，这样看来似乎没有迟到：信4日到普斯科夫，今天上午就送来了。信从波多利斯克大概不像从莫斯科来得那样快。

　　亲爱的妈妈，你又为我白白操心了：我的健康现在已大大好转，我早就不喝矿泉水了，再也没有想到要喝它，也不感到有这种需要。我昨天从本地警察局长那里领到了他不阻拦我出国的证明，今天交了10卢布的税，再过两个小时我就可以领到出国护照了。这样一来，夏天我就要到暖和的地方去了；我不能立刻离开这里，因为我还要同一些编辑部和译稿的几个出版人联系，了结一下财务方面的事情（我想，我从菲力波夫那里还会得到一点钱。如果从他和波波娃那里得不到，我将写信给你，请你寄给我一部分）。此外，关于我因妻子生病向警察司申请去乌法住一个半月的事，我还需要在这里等候回音。我在4月20日就把申请书送上去了，大约一个星期后该有答复。我一定要去看看娜嘉，但是还不知道能否在她那里住一个半月，或许（十有八九是如此）只能住较短的时间。领出国护照（我最近住在普斯科夫，就应该在这里领出国护照）绝不会碍我的事，因为内地各省签发的出国护照，有效期限法定为三个月，就是说，即使在8月5日由俄国动身也不会晚。所以我在信中已经说过，我计划在5月15日和20日之间离开这里，当然我要尽量争取提前一些。请来信告诉我，东西如何处理，是留在莫斯科（马尔克是否在那里？住在什么地方？他在莫斯科是否会住很久？经常到你们那里去吗？）还是直接带到波多利斯克（我不知道这是否方便，因为这样我就要把一切东西都带着，书也在内），最后请玛尼亚莎写信详细告诉我怎样才能在波多利斯克找到你们。

紧紧地拥抱你，向全家问好！

你的　弗·乌·

盼早日见面！

娜嘉来信说她的身体好些了。

我刚从省长办公室领到护照，并且还查问了我申请去乌法的事，原来是被拒绝了！！！这完全出乎我预料，真不知怎么办才好！

从普斯科夫寄往波多利斯克

载于1929年《无产阶级革命》杂志
第11期

译自《列宁全集》俄文第5版
第55卷第185—187页

107

致玛·亚·乌里扬诺娃

莫斯科省　波多利斯克　克德罗娃亚宅
玛丽亚·亚历山德罗夫娜·乌里扬诺娃收

1900年5月10日

亲爱的妈妈：刚才收到你8日的来信，现在马上就给你回信。

我很高兴,已经得到许可同你见面了,当然一定要利用这个机会。可惜我还不能马上就动身,因为我以后不想再回这里了,所以要在此地再住 5—7 天,以便把财务和与一些编辑部有关的事情处理好。我早到一个星期或晚到一个星期当然无关紧要。你和阿纽塔提出的理由(顺便说一下:我今天收到一本有关城市统计的书,谢谢)我大体上同意,并且打算按照你们的建议去做,只是关于我亲自去圣彼得堡这一点,我无法办到,我还是想请你去一趟,如果来得及就在 18 日(星期四),如果来不及就在 25 日(星期四),这要看我们什么时候能够见面。**208**

盼早日见面!

你的   弗·乌·

寄自普斯科夫

载于 1929 年《无产阶级革命》杂志
第 11 期

译自《列宁全集》俄文第 5 版
第 55 卷第 187 页

108

致玛·亚·乌里扬诺娃

1900 年 5 月 18 日

亲爱的妈妈:很遗憾,我要耽搁几天才能走,所以写这封短信告诉你一下,不过耽搁的日子不会很多:我想,在星期日或星期二晚上即 21 或 23 日我总可以到你们那里了。**209**热烈地吻你,请不必记挂我的身体，现在我很健康，经常散步；天气也很好，下过两三天雨后，一切都变绿了，没有尘土，空气清新——真想到野外去。

你的　弗·乌·

盼早日见面！

从普斯科夫寄往波多利斯克

载于1929年《无产阶级革命》杂志
第11期

译自《列宁全集》俄文第5版
第55卷第188页

109

致玛·亚·乌里扬诺娃

莫斯科省　波多利斯克城　克德罗娃亚宅
玛丽亚·亚历山德罗夫娜·乌里扬诺娃收

1900年7月2日

亲爱的妈妈：很遗憾，我必须告诉你，我们的会面又要延期了。我因事必须到西伯利亚一个同志那里去一个短时期[210]，因此我不能在7月20日或21日（我想更确切些是20日）以前路过波多利斯克。我到达以后，只要收拾收拾东西，办理一下签证，就可以走了。如果东西还没有准备好，我要请米嘉采取最有力的措施，甚至要他亲自去跑。我们都健康，向你问候！

紧紧地拥抱你，亲爱的妈妈，并向全家问好！

你的　弗·乌·

寄自乌法

载于 1929 年《无产阶级革命》杂志
第 11 期

译自《列宁全集》俄文第 5 版
第 55 卷第 188—189 页

110

致玛·亚·乌里扬诺娃

俄国　莫斯科省　波多利斯克　克德罗娃亚宅
玛丽亚·亚历山德罗夫娜·乌里扬诺娃收

1900 年 8 月 31 日

　　亲爱的妈妈：我很奇怪，你的信我一封也未收到。我从巴黎[211]已经给你写过两封信，现在又在途中（才去莱茵河玩过）给你写信。[212]我的身体很好，日子过得也不坏：这两天见到了阿纽塔，同她在一个很美丽的湖上划了船，风和日丽，景色迷人。说真的，这里好天气也很少，总是下雨，打雷。夏天这里也像在俄国一样，不宜于观光游览。

　　热烈地吻你并向全家问好！请玛尼亚莎尽快把我的书全部寄来，关于箱子的事，我准备很快就写信。

你的　弗·乌·

给我写信可按原来地址(或者寄阿纽塔转给我——虽然这样会比寄到巴黎慢一些)。

寄自纽伦堡
载于 1929 年《无产阶级革命》杂志
第 11 期

译自《列宁全集》俄文第 5 版
第 55 卷第 189 页

111

致玛·亚·乌里扬诺娃

俄国　莫斯科省　波多利斯克　克德罗娃亚宅
玛丽亚·亚历山德罗夫娜·乌里扬诺娃收

1900 年 9 月 7 日于巴黎[213]

亲爱的妈妈:我接到玛尼亚的一张明信片和一封信。家里的消息使我非常高兴。我游览莱茵河回来已经好几天了。我想在这里不会停留很久,大概很快就要离开。去什么地方,还不知道,待确定后再写信告诉你。

玛尼亚莎埋怨我的信写得太短。我承认自己不对,但是也应该说明,在这里简直叫人忙坏了,感受这样多,这样不同,很难确定哪些该多说些,哪些该写详细些。我想当我离开这里后,离开这种博览会的混乱和博览会的气氛多少远一些,我才能安下心来,写封详细的信。而现在只有请原谅我写得非常笼统了。

热烈地吻你,亲爱的妈妈,并向全家问好!

你的　弗·乌·

玛尼亚莎的来信一点也没有谈到你的健康状况,我想,这就是说你很健康,是吗?

米嘉的事怎样?① 马尔克什么时候去莫斯科? 你们大家什么时候搬到莫斯科去? 关于玛尼亚莎的案件有什么消息没有?[214]

寄自慕尼黑

载于 1929 年《无产阶级革命》杂志
第 11 期

译自《列宁全集》俄文第 5 版
第 55 卷第 190 页

112

致玛·亚·乌里扬诺娃

公历 1900 年 9 月 19 日

亲爱的妈妈:昨天(不,是 16 日,不是昨天)收到了你 8 月 23 日的来信,感到十分高兴。玛尼亚莎的头几封信和 8 月 24 日的明信片我也接到了。玛尼亚莎在明信片中说事务处[215]又来通知了。我把地址**已经寄给**玛尼亚莎,要她交到事务处去。我想玛尼亚莎该已收到了吧?

不让米嘉进大学念书,我感到非常遗憾。又得损失一年时间,鬼才知道这是怎么回事! 也许还会从你所说的那个靠山身上找到一线希望。玛尼亚莎的事情仍然拿不准吧?

---

① 指德·伊·乌里扬诺夫入尤里耶夫大学的事。——编者注

昨天接到阿纽塔一信,我想最近就会见到她(我同她常常是玩得很痛快的)。我准备最近继续喝我的矿泉水,以便治疗得更得法些。现在这里天气很好,阴雨天已经过去,大概可以很好地玩玩了。亲爱的妈妈,衣服和钱我都足够了,暂时都不需要寄。我想最近我不会写信要。如果有需要,我会尽量早作打算的。

昨天也接到娜嘉一信。据她说,他们过得很好,她现在每天有 7 小时(!)课。

紧紧地拥抱你,亲爱的妈妈,并向全家问好!望尽快能够把过冬的事彻底安排一下,而且尽量安排得好些。

你的   弗·乌·

我差点忘记说,9 月 17 日(俄历 4 日)接到了我留下的那本布劳恩编的《文库》。来得真快! 非常感谢玛尼亚莎。

从慕尼黑寄往波多利斯克

载于 1929 年《无产阶级革命》杂志
第 11 期

译自《列宁全集》俄文第 5 版
第 55 卷第 191 页

113
致玛·亚·乌里扬诺娃

俄国   **莫斯科**   巴赫梅季耶夫街   沙罗诺夫宅(25 号)
玛丽亚·亚历山德罗夫娜·<u>乌里扬诺娃</u>收

1900 年 10 月 3 日

亲爱的妈妈:玛尼亚莎 9 月 8 日的信收到了,由于这封信是从巴黎转到我这里的,所以耽搁了。得悉米嘉的事正在妥善解决,进尤里耶夫大学念书的事也可能获准,我很高兴。[216]希望他早日解除约束! 玛尼亚的事情怎样? 她来信一点都没有提。你的身体好吗? 你们都安顿好了吗? 我现在很健康,流行性感冒早就痊愈了,而且已照常工作。这儿天气好极了,你们那里怎样? 玛尼亚莎寄来的书(《政府公报》)也收到了,谢谢。希望快把箱子和钱寄来。

　　紧紧地拥抱你,亲爱的妈妈,并向全家问好!

你的　弗·乌·

寄自慕尼黑

载于 1929 年《无产阶级革命》杂志
第 11 期

译自《列宁全集》俄文第 5 版
第 55 卷第 192 页

114

致玛·伊·乌里扬诺娃

俄国　莫斯科　巴赫梅季耶夫街　沙罗诺夫宅(25 号)
玛丽亚·亚历山德罗夫娜·乌里扬诺娃[①]收

给玛尼亚莎

1900 年 11 月 6 日

玛尼亚莎:你的信收到了,非常感谢。

---

① 这封信开头写给玛·亚·乌里扬诺娃的一段话没有保存下来。——俄文版编者注

书在前两天寄到了。不过当我把大箱子打开时,我真是大吃了一惊。里面原来是些医学书籍,是一个叫安娜·费杜洛娃的人的书(她是西伯利亚巴尔瑙尔地方的人,从1893年到1899年在洛桑和日内瓦求学)。这是多么荒唐,多么岂有此理的事!我根本不知道这位女士,第一次听到她的名字。这些书怎么会跑到这里来的?怎么会寄到莫斯科别人那里去了?这些书在莫斯科几个月为什么竟没有人过问?

如果可能,请你尽量了解一下究竟是怎么回事。我为全部书支出了近40(四十!)卢布,也就是说,由于那些马虎先生的过失,我为别人的书多破费了大约30卢布。

我要写信去西伯利亚和瑞士,让人设法找到这个人。那些书我暂且送到货栈里去。①

我曾经收到莉罗奇卡的来信,她向你和妈妈再三致最热烈的问候。看来我同她见不到面了。

我的书已妥收无误,谢谢。

我再写一遍我的地址,以备万一。

奥地利布拉格斯麦茨基街27号弗兰茨·莫德拉切克先生收。**217**

这里的天气很坏,但是今天很好,风和日丽。且看这里冬天如何。

---

① 应当同寄书的那个运输事务处联系一下。请你把这个事务处的详细地址告诉我。书的女主人可能很快就会向他们催问。他们收寄这些书时给过提书单(执据)没有?要是给过,他们怎能不凭提书单就把书(在这里)交出去?请你去同他们交涉一下,或者(**最好**)写封挂号信附上回信的邮票请他们答复。

(我认为寄人应该把所花的费用还我,因为这是他的过错,是他把书寄到了别人名下,而且又没有写明寄书人。)

　　我的生活如常,偶尔学点外语,我同一个捷克人互教德语和俄语(说得确切些,是会话,不是教课),常去图书馆。

　　请代我热烈地吻妈妈。最近她的身体好吗? 马尔克怎样? 不要忘记给我找到那位中国旅行家①的地址。

　　握手!

你的　弗·乌·

11 月 7 日

　　请原谅,信发晚了。昨天接到你寄来的书(谢谢,选得很好)和 10 月 10 日的信,只是为什么这封信到得这样晚呢?

寄自慕尼黑

载于 1929 年《无产阶级革命》杂志
第 11 期

译自《列宁全集》俄文第 5 版
　第 55 卷第 192—194 页

115

致玛·伊·乌里扬诺娃

俄国　莫斯科　巴赫梅季耶夫街　沙罗诺夫宅
玛丽亚·亚历山德罗夫娜·乌里扬诺娃收

1900 年 11 月 29 日

　　玛尼亚莎:刚才接到你 11 月 6 日的信和附来的另一封信。

---

① 指阿·巴·斯克利亚连科。——编者注

谢谢。

　　你的上一封信**我没有收到**。因此我不知道那些医学书籍如何寄法？写谁的名字？写书主的名字吗？是否可以先让她把费用寄来？

　　我很健康，生活如常。请代我热烈地吻妈妈，并代向马尔克致热切的敬意！

　　你们是否能及时收到我的信？请核对邮戳，并写信告我。

　　　　　　　　　　　　　　　你的　弗·乌·

寄自慕尼黑

载于 1929 年《无产阶级革命》杂志
第 11 期

译自《列宁全集》俄文第 5 版
第 55 卷第 194 页

116

致玛·亚·乌里扬诺娃

俄国　莫斯科　巴赫梅季耶夫街　沙罗诺夫宅
玛丽亚·亚历山德罗夫娜·乌里扬诺娃收

1900 年 12 月 6 日

　　亲爱的妈妈：玛尼亚莎转给我的那几封信，前几天已收到了。谢谢。我是否能很快给西伯利亚写回信还不得而知。我老早收到的另一封信也还没有回复。

　　昨天接到阿纽塔的来信。她说她还不知道会在巴黎住多久。

你想必也收到她的信了。

米嘉是否有可能回家过节? 他的医学和德语学得怎样?

你们那里天气怎样? 想必那里冬天很好,而这里却总是秋雨连绵,泥泞不堪。如果整个"冬天"都这样下去,那还不如下雪和冷一些好。虽然偶尔也有天晴日朗的好日子,但只是例外。

马尔克计划在什么地方休假? 在莫斯科还是去其他什么地方?

玛尼亚莎的情况如何? 她的工作很多吗? 她现在身体好吗? 多跑跑,就是说去城郊走走对她或许会有好处。阿纽塔来信说,玛尼亚莎可能与娜嘉一同到这里来,是这样吗?

我的生活如常。在异国漂泊,一事无成,我真"希望"把杂七杂八的事暂时结束一下,集中精力做点工作。

娜嘉常给我来信,她身体很好,只是伊·瓦·老是生病。

亲爱的妈妈,紧紧地拥抱你,祝你健康! 向全家问好!

你的　弗·乌·

玛尼亚莎滑冰了吗? 这里有一种**人造**(!)滑冰场,我总想去看看这种冰场,连冰都是人造的——可怜的布拉格人![1]

寄自慕尼黑

载于1929年《无产阶级革命》杂志
第11期

译自《列宁全集》俄文第5版
第55卷第195—196页

---

[1]　写"布拉格人"是为了保密。列宁当时在慕尼黑。——编者注

117

致玛·伊·乌里扬诺娃

俄国　莫斯科　巴赫梅季耶夫街　沙罗诺夫宅
玛丽亚·伊里尼奇娜·乌里扬诺娃收

1900 年 12 月 14 日

玛尼亚莎:你第二次告诉我寄书地址的那封信已经收到了。明天我先把箱子送去修理一下(因为经过长途旅行箱子已经破损不堪,我不敢就这样往外寄),然后再通过运输事务处寄去。提书单我用挂号信直接寄给费杜洛娃。东西寄走后我再写信给你。①

谢·伊·的信收到了,记得我已经告诉过你。

昨天收到阿尼亚的来信。看来她想在这里,即在国外多住一些时候。只是她不知道你们的情况怎样,是否正急着等她在圣诞节以前回去。

米嘉向铁路索赔,做得非常好,这当然是不应该放弃的。

紧紧地握手,请代我热烈地吻妈妈!向马尔克和米嘉问好!请原谅我写得如此简单,因为时间不早了,明天如来得及就继续写,如来不及,就这样寄出。

> 你的　弗·乌·

---

① 我用收书人付钱的寄法寄去(我们在莫斯科取书时也是付了钱的),这样寄大概分文不花,看来是可以这样做的。

我刚才听说箱子已经修好了。就是说今天（或者不迟于明天）我可以把它寄走了，如果不再耽搁（耽搁的可能很小），我就不另通知你了。提书单我将按那个地址直接用挂号信寄去。记得在 9 日给你寄去了一个你喜欢的小玩意儿，收到了没有？

再一次热切地向大家**特别是**向妈妈问好！

你的　**弗·乌·**

寄自慕尼黑

载于 1929 年《无产阶级革命》杂志
第 11 期

译自《列宁全集》俄文第 5 版
第 55 卷第 196—197 页

118

致玛·亚·乌里扬诺娃

俄国　莫斯科　巴赫梅季耶夫街　沙罗诺夫宅

玛丽亚·亚历山德罗夫娜·乌里扬诺娃收

1900 年 12 月 26 日

亲爱的妈妈：当你接到这封信的时候，大概就快过节了。祝你节日愉快！米嘉到时候也许能赶到，你们可以团聚一下了（至少在俄国的人可以团聚一下了）。我和阿尼亚本来也想聚会，但未能如愿。这里已是圣诞节，到处是枞树，这几天外面分外热闹。前几天我去过维也纳，在屋里坐了几个星期之后一旦到外面跑跑感到非常愉快。[218] 只是这里的冬天太不讨人喜欢，因为总不下雪。实际上连冬天的影子都没有，只不过是糟透了的秋天，到处是湿漉漉的。好在天气还不冷，我不穿冬大衣也完全过得去。但不下雪总没有趣。愈是厌烦泥泞，就愈是憧憬那真正的俄罗斯的冬天、走雪橇的道路、清冷的空气。我正在过国外的第一个冬天，过第一个根本不像冬天的冬天。纵使偶尔也有像我们那里美好的晚秋时常有的好天气，但我仍然不太满意。

我的生活如常，相当孤单，也……遗憾得很，相当杂乱。老想按部就班地做些事，但一直也没有成功。从春天起这种情况一定会改变，那时我就可以进入"常轨"了。自从在舒申斯克埋头用功之后，我就一直在俄国和欧洲东奔西跑，现在我非常想安静地写点东西，只是对国外环境不习惯，使我不能很好地这样做。

亲爱的妈妈，你身体好吗？阿纽塔不在，是否觉得很寂寞？玛尼亚莎的事怎样了？对了，我忘记告诉她，普希金的作品收到了。非常感谢。她 12 月 6 日的来信也收到了。直到现在还没有回信，因为我到外地去了一趟，随后又很忙。

亲爱的妈妈，紧紧地拥抱你并热切地向全家问好！

你的   弗·乌·

寄自慕尼黑

载于 1929 年《无产阶级革命》杂志
第 11 期

译自《列宁全集》俄文第 5 版
第 55 卷第 197—198 页

1901 年

119

致玛·亚·乌里扬诺娃

俄国　莫斯科　巴赫梅季耶夫街　沙罗诺夫宅
玛丽亚·亚历山德罗夫娜·乌里扬诺娃收

1901 年 1 月 1 日

亲爱的妈妈：向你祝贺新年，祝你一切都好，特别是身体健康！向全家(米嘉也和你们在一块吧?)问好，向大家致以良好的祝愿！玛尼亚莎寄来的带有书套的地图，前几天已收到，非常感谢。关于收到提书单的事，她的女友已经告诉我了。

玛尼亚莎在新的一年中一定能恢复迁徙自由！

再一次致以衷心的祝贺！

你的　弗·乌·

寄自慕尼黑

载于 1929 年《无产阶级革命》杂志
第 11 期

译自《列宁全集》俄文第 5 版
第 55 卷第 199 页

120

致玛·亚·乌里扬诺娃

俄国　莫斯科　巴赫梅季耶夫街　沙罗诺夫宅
玛丽亚·亚历山德罗夫娜·乌里扬诺娃收

1901年1月16日

亲爱的妈妈:你12月26日的来信和玛尼亚莎的附笔,都收到了。米嘉能同你们在一起,因而你们的节日过得更愉快了,这使我非常高兴。遗憾的是你们那里冷得那么厉害。这里的德国人(或捷克人)听到我说气温达到零下28列氏度时,都惊叫起来,他们很奇怪俄国人怎么能受得了。这里冷到零下8—10列氏度就算酷寒,几乎所有的人都只穿秋大衣(即使大部分人另外还加毛衣)就行了。这里的房屋也完全不适于严寒天气,墙壁薄,窗户不封严,甚至常常不安装防寒窗。从秋天起我就住在一个供膳寓所里,吃得不错,你不用为我担心。我身体很好,大概是因为坐得少,走得多。现在离娜嘉来的日期已经不远,再过两个半月她就期满了。[①]到那时我就能把一切都安排好的。

热切地向米嘉和马尔克问好!多谢玛尼亚莎给我寄书,尤其多谢她托表兄从维也纳转寄来非常美丽而有趣的照片,我希望能经常收到这样的礼物。[219]

---

　　① 娜·康·克鲁普斯卡娅于1901年3月11日流放期满。——编者注

热烈地吻你，我亲爱的妈妈，并祝你健康！

你的　弗·乌里·

寄自慕尼黑

载于 1929 年《无产阶级革命》杂志
第 11 期

译自《列宁全集》俄文第 5 版
第 55 卷第 200 页

121

致玛·亚·乌里扬诺娃

俄国　莫斯科　巴赫梅季耶夫街　沙罗诺夫宅
玛丽亚·亚历山德罗夫娜·乌里扬诺娃收

1901 年 1 月 27 日

亲爱的妈妈：前几天收到了你的来信、玛尼亚莎的明信片和米嘉的照片以及普罗托波波夫的著作。谢谢你们。我很喜欢米嘉的这张照片——依我看它拍得很成功。我早就想念着照片了，因此我一定让娜嘉把我的相册带来，如果你们有新的照片，就请寄来。

我现在已不需要厚衣服了。这里的冬天看来已经过去——我指的是有雪的、气温在零度以下的名副其实的冬季。12 月底以前天气暖和，有雨无雪。后来下了雪，气温降到零下 10—15 列氏度（早晨），德国人就叫嚷说冷得"要命"。的确，即使外面只有零下 3 度时，他们的住所里也冷得要命——建筑物太蹩脚了。约在一周以前，冰雪融化的天气来临，全部积雪一夜之间都化掉了，目前这里像我们的 3 月,甚至像西伯利亚 4 月的天气。也许——甚至很可能——还要下雪,不过下的时间很短就是了。最冷的时候已经过去了,我上月买柴和煤花费了整整 5 卢布,而过去每月只用一两个卢布。

我身体很健康,生活如常。我同阿纽塔常通信,希望不久能见到她。

热烈地吻你,我亲爱的妈妈,并热切地向全家问好!

你的　弗·乌·

附言:娜嘉不到两个月就要期满了,她很快就会动身,当然会同你见面的。希望到夏天我们也能见面!

寄自慕尼黑

载于 1929 年《无产阶级革命》杂志
第 11 期

译自《列宁全集》俄文第 5 版
第 55 卷第 201—202 页

122

致玛·亚·乌里扬诺娃

俄国　莫斯科　巴赫梅季耶夫街　沙罗诺夫宅
玛丽亚·亚历山德罗夫娜·乌里扬诺娃收

1901 年 2 月 9 日

亲爱的妈妈:你们过得好吗？ 有什么新消息？ 米嘉从尤里耶

夫来信说些什么？他目前大概在加紧用功迎接考试吧？

不久以前我收到了玛尼亚莎寄来的旧稿子和维也纳的礼物。**220** 非常感谢。

这里的天气又回到了冬天，也就是说，又下雪了，但并不冷，白天雪就化了。

前几天我去看了歌剧，非常愉快地欣赏了《犹太女人》**221**，这出歌剧我在喀山看过一次（当时是扎克尔热夫斯基主演的），这大概是13年前的事了，但是某些调子现在还记得。音乐和歌唱都很好。我也去看过几回（德国的）戏。有时至少能懂个大概。你们在莫斯科常看戏吗？

阿纽塔不久前来信说，她工作忙，还得耽搁一个时期。

我亲爱的妈妈，你不打算递个申请书，请求允许娜嘉去看看你吗？即使几天也是好的。她大概非常愿意去，然而两个首都①通常是禁止去的，据她来信说，流放乌法期满之后，禁止去的只是两个首都。**222**

如果玛尼亚莎为我订好了杂志，请她告诉我一声，好让我知道，我可以到邮局去看看。

紧紧地拥抱你，我亲爱的妈妈，并向全家问好！

你的　弗·乌·

寄自慕尼黑

载于1929年《无产阶级革命》杂志
第11期

译自《列宁全集》俄文第5版
第55卷第202—203页

---

① 指彼得堡和莫斯科。——编者注

123

致玛·亚·乌里扬诺娃

1901年2月20日

亲爱的妈妈：不知怎的很久没有收到你的信了。近几天只收到玛尼亚莎6日的信，我非常感谢她的来信。你们过得好吗？不太冷吧？你身体好吗？

目前这里又冷起来了。雪下得很大，据说为13年来所未有。列车有几次因大雪而误点。但这显然已是冬日的最后挣扎了。我已经习惯和适应了这里的冬天。不过，如果下一个冬天还要在这里过，我会写信向你们要棉大衣的。要是不穿棉大衣，就必须穿绒衣，或是穿两套外衣（像我现在这样），起初穿起来不很舒服，现在早已习惯了。而且此地的冷也不像俄国那样，零下10度就算是"冷得不得了"了。

这里的狂欢节最近几天结束了。我第一次看到外国的最后一天的狂欢节——街头举行化装游行，到处都在胡闹，大量的彩色纸屑朝人们的脸上抛，还有许多长长的彩纸条，诸如此类，不一而足。这里的人很会在大街上寻欢作乐。

我非常健康，大概是因为跑路时候多，坐的时候少。我的生活大致如常。

娜嘉的期限快满了（按这里的算法是3月24日，按你们那里的算法则是3月11日）。日内我就要递申请书为娜嘉申请护照。我想请玛尼亚莎把"我的"一盒笔尖交娜嘉带来。这里竟然到处都买不到。捷克人和德国人真笨极了。没有英国笔尖,只有"自制"品,根本不能用。

米嘉来信说什么?他何时考完?

马尔克打算怎样度过今年的夏天?

紧紧地拥抱你,我亲爱的妈妈,并祝你健康!向全家问好!

你的　弗·乌·

你们常去看戏吗?契诃夫的新剧作《三姊妹》怎样?你们看了吗?演得怎样?报上的评论我读过了。"大众艺术剧院"[223]演得一向都很好,直到现在我还很满意地回想起去年同可怜的哥伦布一道看戏的情况。他身体好吗?我总想给他写信。但老是抽不出时间。

从慕尼黑寄往莫斯科

载于1929年《无产阶级革命》杂志
第11期

译自《列宁全集》俄文第5版
第55卷第203—204页

124

致玛·亚·乌里扬诺娃

俄国　莫斯科　巴赫梅季耶夫街　沙罗诺夫宅
玛丽亚·亚历山德罗夫娜·乌里扬诺娃收

1901年2月27日

亲爱的妈妈:我收到了玛尼亚莎1901年2月2日的来信和《工业界报》[224]。谢谢。

《科学评论》杂志退回来的文章[225],现在不必寄来了,最好就交给娜嘉。

阿·弗·在尼科利斯克的通信地址怎样写法？我给他往哈尔滨写过一次信,但不知他收到没有。请告知他的详细地址(有机会也把我的地址告诉他),我有时也很想知道他的一些情况。

看来阿尼亚要推迟动身了,大概她自己也给你们写了信。

请原谅信写得很短。现在一点时间都没有。过两天再多写些。

热切地向全家问好!

热烈地吻你!

你的　弗·乌·

寄自慕尼黑

载于1929年《无产阶级革命》杂志第11期

译自《列宁全集》俄文第5版第55卷第204—205页

125

致玛·亚·乌里扬诺娃

1901年3月2日

亲爱的妈妈:现在把我的新地址告诉你。我已随房东迁居,新地址是:

奥地利**布拉格近郊弗尔绍维采**384号　弗兰茨·莫德拉切克先生①。

我现在去维也纳。**226**原来此地没有俄国领事(!),但是我在请求发给娜嘉护照的申请书上面的签字必须取得证明。我想到了维

---

① 弗·莫德拉切克(列宁曾用他的地址跟俄国通信)已迁新址。——编者注

也纳以后再给你写信。

可惜我没有学捷克语。有趣的是,它同波兰语很接近,有大量俄语古词。不久前我出去了一趟,一回到布拉格,就觉得特别惹人注目的是布拉格的"斯拉夫"风格,带"契克"、"切克"等词尾的姓,以及"льзя"①和"лекарня"②一类的词,等等。目前正是和暖的春天,去一趟维也纳玩玩倒不坏。

你们大家身体都好吗? 米嘉情况如何? 紧紧地拥抱你,我亲爱的妈妈,并向全家问好!

你的 弗·乌·

从布拉格寄往莫斯科

载于1929年《无产阶级革命》杂志第11期

译自《列宁全集》俄文第5版第55卷第205—206页

126

致玛·亚·乌里扬诺娃

俄国 莫斯科 巴赫梅季耶夫街 沙罗诺夫宅

玛丽亚·亚历山德罗夫娜·乌里扬诺娃收

1901年3月4日于维也纳

亲爱的妈妈:我上这儿是为娜嘉弄"证件"来的。布拉格没有俄国领事馆,而我请求发给娜嘉出国护照的申请书又必须取得证

---

① 可以。——编者注
② 医院。——编者注

明。维也纳是一个热闹而美丽的大城市。久住"外省"以后,来看看首都是很愉快的。这里很有一些东西可看,所以路过此地时(如果你们有谁出门的话),值得逗留一番。为此我给娜嘉寄了一小本维也纳游览指南。我想,娜嘉很快就会同你们见面的,她不会为护照的事耽搁下来。玛尼亚莎有机会去市中心时,我请她给娜嘉买一本亨德舍尔铁路旅行指南(2马克),这本书从这里寄去是不值得的。

顺便说一下,我在这里参观了造型艺术博物馆,甚至还去看了维也纳的轻歌剧! 不大感兴趣。还参加了一个报告会,那里讲的是人民大学的一门课。不大满意,于是很快就走了。

向全家问好并热烈地吻你,我亲爱的妈妈!

　　　　　　　　　　　你的　弗·乌·

大概我回到家就能看到阿纽塔的信(也可能还有你的或玛尼亚莎的信)。

为了防备万一,我把我的新地址再写一遍:

奥地利布拉格近郊弗尔绍维采　弗兰茨·莫德拉切克先生。

载于1929年《无产阶级革命》杂志
第11期

译自《列宁全集》俄文第5版
第55卷第206—207页

127

致玛·亚·乌里扬诺娃

1901年5月19日

亲爱的妈妈:刚才收到了你的信和马尔克的附信。我立即把这两封信转寄给了阿纽塔。她已经去柏林了。她想利用那里的图书馆学习一下。我想,在柏林比在这里对她更方便些,因为布拉格①的图书馆不是很好的。

很遗憾,你没有能找到合适的住房安顿下来,而且别墅也不好。今年夏天的天气对住别墅的人来说恐怕很不理想,至少从夏初和从这里阴沉多雨的天气来看是这样。这对我们倒很好,因为我们是留在城里过夏的,而对你就不妙了。大概米嘉还能找到什么好一点的工作吧,是吗?我也很希望马尔克和玛尼亚莎很快就能同你在一起。**227** 从马尔克的来信看,他已经有些习惯于新的环境,并且学会了消磨时光的办法,既使自己不感到寂寞,又能使健康少受损害。我给他和玛尼亚莎各写了几句,请你将这些信转给他们。

热烈地吻你,我亲爱的妈妈,并衷心祝你精神愉快,身体健康,特别是希望你能尽快与玛尼亚莎和马尔克在一起。

你的 弗·乌·

向米嘉问好! 他大概很忙吧?

从慕尼黑寄往波多利斯克

载于1929年《无产阶级革命》杂志
第11期

译自《列宁全集》俄文第5版
第55卷第207—208页

---

① 这里说布拉格是为了保密,其实是慕尼黑。——编者注

128

致玛·伊·乌里扬诺娃[228]

1901年5月19日

亲爱的玛尼亚莎：我决定给你写几句，不然，恐怕你以为我真的懒得像头猪了。我在这里的确是经常忘记自己该做的事！不错，自从娜嘉和伊·瓦·来了以后，我们的家务安排得好多了，有了自己的住所，我可以更好地工作了，但是琐碎的事仍然太多。

你过得好吗？我想，你已经建立了有规律的生活制度了吧？这对关在单人牢房里的人是很重要的。我刚才给马尔克写了信，非常详尽地告诉他"制度"要怎样规定更好：在脑力工作方面，我特别劝他搞翻译，并且要做**还原式翻译**，就是说，先由外文译成俄文，然后把俄文译文再倒译成外文。根据我的经验，这是学习外语的一种最合理的方法。在体力活动方面，我竭力劝他（也向你再重复一下）每天做体操和擦身。在单人牢房里这简直是不可少的。

从妈妈转来的你的一封信中，我知道你已经安排好几种学习了。希望你能借此忘掉自己的处境，即使是暂时忘掉也好，这样时间就会更加不知不觉地过去了（如果条件不是特别差的话，通常在监狱里时光是过得很快的）。我还劝你要利用现有书籍正确地安排学习，使学习内容多样化。我记得很清楚，变换阅读或工作的内容，翻译以后改阅读，写作以后改做体操，阅读有分量的书以后改看小说，是非常有益的。有时情绪不好（在监狱里情绪是相当容易起变化的），纯粹是由于看到的东西单调和做的事情单调而产生厌倦的

德·伊·乌里扬诺夫、玛·伊·乌里扬诺娃和
马·季·叶利扎罗夫
（1900—1901 年）

缘故。如果能时常变换,就可以心神安定和有所克制。记得过去我总在午饭后或傍晚为了休息而按时看小说,我看小说要算在监狱里看得最起劲的。不过最主要的是不要忘记每天必须做体操,每次要迫使自己做几十个(不要打折扣!)不同的动作! 这是非常重要的。好吧,暂且写到这里。热烈地吻你,并祝你精神愉快,身体健康!

你的　弗拉基·乌里扬诺夫

从慕尼黑寄往莫斯科

译自《列宁全集》俄文第5版
第55卷第208—209页

载于1929年《无产阶级革命》杂志
第11期

129

致玛·亚·乌里扬诺娃

1901年6月7日

亲爱的妈妈:你5月10日的来信和米嘉寄的报纸,我都收到了。十分感谢。我非常希望米嘉今后能继续从他收到的俄国报纸中拣各种有意思的寄给我,因为这里没有图书馆,除了《俄罗斯新闻》以外,几乎什么都看不到……

阿纽塔在柏林,她已给我来了信,说她已经收到了寄给她的稿费,并且说她现在收到你的信件比先前快了。

你很喜欢那座别墅,并且能经常到户外散步,这使我非常高兴。照阿纽塔的话看来,我以为你们的新别墅又坏又冷,下雨天住在里边怎么成呢?

令人忧虑的是,马尔克和玛尼亚莎的情况毫无改变。我在阿纽塔临动身前给他们写了信，谈了一通狱中如何消磨时间的事。不知这些信收到没有，是否到了他们的手里？

我们在这里的住所完全安顿好了。这里的房租比俄国同样的大（比较而言）城市里的便宜些，我们买的日常用具是旧的，价钱不贵。伊丽·瓦西·和娜嘉亲自料理家务，并不很吃力——这里的家务简单得多。地点也非常好：在城郊，不远就有水，还有一个绿树成荫的花园。有电车通中心区，交通很便利。

前几天我从我的出版商那里收到 250 卢布，因此目前经济方面还不错。总的说来，我在这里各方面都很好，我只希望一件事，就是我们家的人能尽快获释，好让你不再过几乎是孤单单的生活。

伊·瓦·和娜嘉身体都健康，他们热切地向你和全家问好。娜嘉打算在一两天内就写信给你。

热烈地吻你，我亲爱的妈妈，祝你身体健康！

你的　弗·乌·

从慕尼黑寄往波多利斯克

载于 1929 年《无产阶级革命》杂志
第 11 期

译自《列宁全集》俄文第 5 版
第 55 卷第 209—210 页

130

致玛·亚·乌里扬诺娃

1901 年 7 月 1 日

亲爱的妈妈：很久没有得到你一点音信，你身体好吗？不久以前，我收到阿尼亚寄来的你转给她的马尔克的信，其中有给我的附

笔。我非常高兴得到他的消息(玛尼亚莎还没有给我回信),但是
知道他们牢房里的条件不大好时,很感忧虑。而且他们坐牢的季
节也不好,正赶上夏天。不过,我们这里夏天并不热,雨水很多。
你们那里天气怎样?

米嘉寄来的钱(75 卢布)收到了,谢谢。这大概是卖掉我那支
猎枪的钱吧。他收到娜嘉的信了吗?信中曾请他把我写的关于资
本主义的书①给我寄三本来。

你们在波多利斯克有熟人吗?遇见过去年同我们一道划船的
那位先生229 吗?你大概每周都去莫斯科吧,甚至还不止去一次,
是吗?西伯利亚朋友230 当中有谁路过时去过你们那里吗?

紧紧地拥抱你,我亲爱的妈妈,并祝你身体健康!我们大家都
热切地向米嘉、马尔克和玛尼亚莎问好。

你的 弗·乌·

从慕尼黑寄往波多利斯克

载于 1929 年《无产阶级革命》杂志
第 11 期

译自《列宁全集》俄文第 5 版
第 55 卷第 211 页

131

致玛·亚·乌里扬诺娃

1901 年 7 月 17 日

亲爱的妈妈:日前收到了你的信,是由阿纽塔转来的。知道我
们家的人可望早日获释,感到特别高兴。恐怕当局最终会确信"案

---

① 指《俄国资本主义的发展》一书。——编者注

件"不能成立。即使"案件"能够成立,仍然可以早日释放,因为现在就连极为重大的案件也"在结案以前"很早就释放了。从阿纽塔转给我的玛尼亚莎的来信中可以看出,玛尼亚莎的精神状态不错,至少这一点是很好的。

阿纽塔近几天给我来信说,她想搬到郊外去:这固然不错,然而应当指出,国外的城市夏天防暑的设施都比较好,也就是说,时常喷洒街道等等,所以夏天在这里的城市里比在俄国好过些。例如,我们可以每天在很好的游泳池里游泳,而花钱却不太多。也有地方散步,而且去城外也不远。这里,街上的车辆行人比俄国同样的大城市少得多,这是因为电车和自行车取代了马车的缘故。我们住在城郊,这儿的市面很安静,因此我们对自己住的地方很满意,不打算到乡村或别墅去。

紧紧地拥抱你,我亲爱的妈妈,并祝你健康! 热切地向米嘉,特别是向马尔克和玛尼亚莎问好!

你的 弗·乌·

从慕尼黑寄往波多利斯克

载于1929年《无产阶级革命》杂志
第11期

译自《列宁全集》俄文第5版
第55卷第211—212页

132

致玛·亚·乌里扬诺娃

1901年8月3日

亲爱的妈妈:收到了你6月13日的来信,非常感谢。真是怪得很,连米嘉也被禁止探望。可慰的是,案件快结束了,他们很快就会获释和被放逐。也许会安置在离莫斯科不太远的地方,我指的是玛尼亚莎,因为你在信里已经说了马尔克决定上他哥哥那里去。[231] 马尔克的案件既然将不了了之,那他大概还有结束学业的希望[232],即使不能按期毕业,推迟一年也无妨;特别是由于他曾毕业于数学系,批准的可能性就更大。

米嘉什么时候走?离开的时间长吗?他什么时候才能全部考完?今后有些什么计划?还像过去那样总想当保健医生吗?

我们的生活如常。本来想和娜嘉出去走一趟,但是天气总是变化无常。现在又在整天下雨。今年这个夏天恰恰是在城里反倒比在乡下好过些。

这几天我正在盼望阿纽塔从新住处来信。

紧紧地拥抱你,我亲爱的妈妈,祝你健康!热切地向米嘉、马尔克和玛尼亚莎问好!

你的　弗·乌·

从慕尼黑寄往波多利斯克

载于 1929 年《无产阶级革命》杂志
第 11 期

译自《列宁全集》俄文第 5 版
第 55 卷第 212—213 页

133

致玛·亚·乌里扬诺娃

1901 年 9 月 1 日

亲爱的妈妈:近几天接到了你给娜嘉的来信和玛尼亚莎的附

信。得知我们家的人的事情不妙，感到忧心如焚！亲爱的妈妈，我简直不知给你出什么主意才好。请不要过分焦急，看来检察机关对我们家的人吹毛求疵无非是一种最后的尝试，想无中生有地夸大"案情"，待这种尝试失败后，就该释放他们了。如果你的身体吃得消，到彼得堡去走一趟也许会有些好处，在那里可对关押6个月不进行审讯这种闻所未闻的怪事提出控诉。这个事实是确凿无疑的和完全非法的，因此就这一点提出控诉最为合适。一般来说，彼得堡不论怎样，大概总要问一下莫斯科，并提醒他们稍微收敛一点，不要在地方上太无法无天（米嘉当年坐牢时情况也是这样）。这是主张去彼得堡的一种考虑。当然也有另外一种考虑，就是不主张去，因为去了不一定会有结果，反而弄得自己很着急。是否值得那样做，你就地会看得更清楚些，或许你已跟朋友们商量过这件事。米嘉要探望玛尼亚莎遭到了拒绝[233]，对这一点也应该提出控诉，因为这确实是少有的事。

　至于阿纽塔，我当然不会写信告诉她你说的那些事，免得使她过分焦急。我想在最近——也许过几个星期以后——同她见面，竭力给她哪怕是一点点安慰。

　亲爱的妈妈，你有空时，请写信给我，告诉我近来怎样，身体是否健康，秋天打算在哪儿过。你是否打算迁往莫斯科，还是暂时留在波多利斯克？玛·瓦·[234]什么时候动身？你再见到玛尼亚莎和马尔克时，请代我们大家热切地向他们问好。现在夏天过去了（夏天对坐牢来说，是最讨厌的季节）。待审讯以后，他们心里就会有些底，知道他们的案件并没有什么大不了的。

　紧紧地、紧紧地拥抱你，我亲爱的妈妈，愿你精神愉快，身体健康！你还记得吗，在我被拘留时，你也曾把我的案件看得远比实际情况更严重更危险；而玛尼亚莎和马尔克的案件，与我的案件根本不能相比！把他们押着不放，部分地大概是因为被捕的人很多，还不能很好地弄清楚案情。当然如果在彼得堡，这种荒唐事情是不可能发生的。

再一次吻你！

你的　弗·乌·

我们的生活如常，伊丽·瓦西·常闹点小病痛，这里又有流行性感冒了。娜嘉看来已经住惯，对环境完全适应了。

从慕尼黑寄往波多利斯克

载于 1929 年《无产阶级革命》杂志
第 11 期

译自《列宁全集》俄文第 5 版
第 55 卷第 213—215 页

134
致玛·亚·乌里扬诺娃

1901 年 9 月 21 日

亲爱的妈妈：收到了你 8 月 22 日的来信。谢谢你的来信和寄来的钱（35 卢布），这笔钱偶然由于一个朋友的过失，耽误很久，现在终于收到了。在经济方面，我们一般还过得去。我的出版商给我寄来了一点，我想，靠这些钱还能维持相当长的时间，而且，这里自己管家务，生活费用不太贵。不必寄钱来了，谢谢。

你给娜嘉的信，不久前也收到了，我给你写了回信[①]，你收到

---

① 见上一号文献。——编者注

了吗？

　　我从阿纽塔那里得知，我们家里人的案件已经侦查完毕，并且已经移交给检察官。这就好了，现在我们家的人大概会安心些，他们获释的日子不会太久了。或许，你请求保释的申请也可望获准。难道案子侦查结束之后还要拘留吗？不大会的吧。

　　至于我们在彼得堡的那些熟人，情况则相当不妙。除了仅有的一个老朋友①外，差不多连一个熟人也没有了。这个老朋友你也认识，你在莫斯科时他的妻子到你那儿去过，当时伊丽莎·瓦西·也在你那里。但是他帮不了很多的忙。娜嘉有个老朋友——阿波利纳里娅·伊万诺夫娜·克尼波维奇，住在彼得堡区大直街42 号16 室，但是她那里能否帮你什么忙，我就不知道了。不过，我还是告诉你一下，如果你去彼得堡时想到要找她，就可以用上。

　　我们的生活如常。现在，在相当长时间的阴雨以后，这里的天气好转了，我们就趁这时候尽量去美丽的城郊游逛，既然不能到什么地方去度夏，就需要这样利用机会！伊丽·瓦西—娜现在病好了，身体好些。她热切地向你和全家问好，娜嘉也问好。

　　紧紧地拥抱你，我亲爱的妈妈，并祝你健康，愿我们家的人早日获释。过冬的准备搞得差不多的时候，就请来信。在别墅里是不是已经感到冷了？

你的　弗·乌里扬诺夫

从慕尼黑寄往波多利斯克

载于 1929 年《无产阶级革命》杂志
第 11 期

译自《列宁全集》俄文第 5 版
第 55 卷第 215—216 页

---

　　① 指伊·尼·切博塔廖夫，他与乌里扬诺夫一家交往甚密。——编者注

1902 年

135

致玛·亚·乌里扬诺娃

1902 年 2 月 26 日

亲爱的妈妈:现在把娜嘉的信①寄给你。你和玛尼亚 1 月 31 日的来信我已经收到了。谢谢米嘉为寄书的事操劳。

阿纽塔的来信也谈到了马尔克的计划。我认为,哈尔滨现在已经不是那么遥远了,而且不久铁路修通以后,还要近些。同时马尔克大概在那里也不会待很长的时间吧。如果不去哈尔滨而在任何地方又都找不到事干,那没有事干,的确也很糟糕。我们大家都热切地向他问好,祝他这次远行能早日归来。

伊·瓦·现在身体很好。她热切地向你并向玛尼亚莎、米嘉和马尔克问候。她打算不久就回俄国去;我不知道她是否真会回去,但她谈起这件事的时候,是很认真的。

再一次谢谢玛尼亚莎寄来了书,这些书我全都收到了。高尔基文集第 5 卷,我们已经有了(偶然得到的)。请她代我热切地向"邻庄"的居民②问好。找到了老相识,我非常高兴。过去我和他

---

① 这封信没有保存下来。——俄文版编者注
② 指阿·安·普列奥布拉任斯基。——编者注

一起度过了许多美好的夜晚。我希望不久能给他详详细细地写一封信。

　　我在上一封信中也谈到过你们的合影，我非常喜欢它。

　　热烈地吻你，我亲爱的妈妈，祝你健康！

你的　弗·乌·

从慕尼黑寄往萨马拉

载于 1929 年《无产阶级革命》杂志
第 11 期

译自《列宁全集》俄文第 5 版
第 55 卷第 217—218 页

136

致玛·亚·乌里扬诺娃

1902 年 3 月 24 日

　　亲爱的妈妈：不知为什么已经很久没有收到你们的信了。你们过得好吗？最近我们这里完全是春天的天气了，——有人穿着夹大衣，有人根本不穿大衣。可以说今年没有过冬天。你们那里大概现在还是冬天吧。在萨马拉现在该化雪了——是已经泥泞难行了，还是到处都是一摊摊正在融化的雪？[235]

　　你们打算怎样过夏天？如果真的不能到较远的地方去（但我还是希望你们能够去），就是去日古利山[236]也很好。你的身体现在怎么样，我亲爱的妈妈？你们那里春天大概也流行着由感冒引起的疾病和其他病症吧。

　　马尔克究竟打算怎样？阿纽塔来信说，他不打算去满洲了，而是看中了伏尔加河流域的一个职位。这个职位他得到了没有？他打算住在什么地方？

我也没有收到米嘉的信，不知道他现在是在莫斯科还是在南方，他工作的事怎样了？

玛尼亚莎怎么样？还在自治局工作吗？[1] 她夏天也应该离开萨马拉，——我直到现在还不能忘记，萨马拉在大热天是多么糟糕。

我们也在考虑避暑的地方，尽管这里的城市在夏天和俄国的城市完全不同。

我偶尔也能看到俄国杂志，但很有限，也很不及时。《世间》杂志上刊载了韦列萨耶夫新写的中篇小说，你们满意吗？我起初抱很大希望，可是读下去却并不十分满意。

紧紧地拥抱你，我亲爱的妈妈，热切地向玛尼亚莎和所有熟人问好！

你的　弗·乌·

从慕尼黑寄往萨马拉

载于 1929 年《无产阶级革命》杂志第 11 期

译自《列宁全集》俄文第 5 版第 55 卷第 218—219 页

137
致玛·亚·乌里扬诺娃

1902 年 4 月 2 日

亲爱的妈妈：

前两天收到了玛尼亚莎的来信，十分感谢她。几天以前我还写

---

[1]　玛·伊·乌里扬诺娃在省地方自治局工作。——编者注

信给你们说我很久没有收到你们的信，甚至还打算写信问阿纽塔呢。

书请玛尼亚莎等我寄去**新**地址以后再寄来**237**。多谢她替我整理书，德文书我只想要你们**或朋友们**在俄国所不需要的（甚至**将来也不需要的**）那些。这是因为在这里我可以很容易地弄到德文书，德文书不缺。这里所缺的就是俄文书，所以请把**所有**能带来的俄文书都挑出来，并且把**全部**统计资料都挑出来，另外专门装箱。我有**些**想念那**些**统计资料了，并且打算把它们**全部**运来。特别感谢玛尼亚莎，她又给增添了一些俄罗斯古典文学作品。

现在你的身体好吗，我亲爱的妈妈？你还打算夏天到国外来吗？只要这不使你太累的话，那真是好极了。

热切地向马尔克问好！他到底领到外出许可证没有？

"医生"①在满洲的情况怎么样？我仍然很想同他通信。他的地址还没有打听到吗？

玛尼亚莎转达了我对那位"老相识"（我过去常去他庄上拜访他）的热切的敬意了吗？②听到他的消息，我非常高兴。

玛尼亚莎在夏天最好也到日古利山里的什么地方去休息一下，你说是吗？

紧紧地拥抱你，我亲爱的妈妈，向全家问好！

你的 弗·乌·

从慕尼黑寄往萨马拉

载于1929年《无产阶级革命》杂志
第11期

译自《列宁全集》俄文第5版
第55卷第219—220页

---

① 指阿·巴·斯克利亚连科。——编者注
② 见本卷第255—256页。——编者注

138

致安·伊·乌里扬诺娃-叶利扎罗娃

柏林　路易森街 6 号　第 100 号邮局
留局待领　B.R.Y.①收

1902 年 4 月 10 日

简直忙得精疲力竭！我们 12 日动身②。如有急事，暂请按下列通信处写信：

伦敦西中央区

格雷旅店路

弗雷德里克街 14 号

阿列克谢耶夫先生。③

（里面信封上写：**转列宁**）

此地那位大夫的通信处**在任何情况下**都可以用，任何时候他都可以把信转给我。

今天收到了大婶的来信（和书），谢谢她。

---

① B.R.Y.是安·伊·乌里扬诺娃-叶利扎罗娃领取留局待领信件时用的代号。——编者注
② 如有变动，再写信告知。
③ 列宁到伦敦后最初几周曾经用尼·亚·阿列克谢耶夫的住所作为通信处。——编者注

紧紧地握手!

列 宁

寄自慕尼黑

载于1925年《列宁文集》俄文版
第3卷

译自《列宁全集》俄文第5版
第55卷第220—221页

139

致玛·亚·乌里扬诺娃

1902年5月8日

亲爱的妈妈:前两天收到了玛尼亚莎寄来祝贺节日的伏尔加河风景明信片。十分感谢她。不知你们最近是否能按时收到我寄去的所有信件? 除了这张明信片以外,不知为什么我已经很久没有收到你们的信了。

你同伊·瓦·通信吗? 她现在住在圣彼得堡,看来她不很满意那个地方,打算回来。

我希望很快就能见到你[238],我亲爱的妈妈。只是路上不要弄得太疲劳了。一定要白天坐车,晚上住旅馆。国外的旅馆并不贵,而且住起来很舒服。这里的火车行驶速度快,停车的时间短,一连坐几天车不休息,是绝对受不了的。

我迫切地等待着你动身的消息。从俄国或是在过了国境坐上到这里来的直达列车时,你是不是可以发个电报来? 这样就方便多了。

我本想请你把我留下的内衣带几件来。可是现在我考虑不必了,因为我留下来的东西,大概米嘉能用得上,而且也许他已经拿走了,在俄国买新的带来就不必了。但如果还剩下一些东西,谁也用不着,也可以带来(当然少带一些,不要使你过分劳累)。

我建议你在德国和奥地利坐快车(三等快车加价不多,可是非常快),并建议你买一本《亨德舍尔铁路旅行指南》,在家里计划好旅程。玛尼亚莎大概很熟悉这本旅行指南。

紧紧地拥抱你,我亲爱的妈妈,并热切地向全家问好!

你的　弗·乌·

从伦敦寄往萨马拉

载于1929年《无产阶级革命》杂志
第11期

译自《列宁全集》俄文第5版
第55卷第221—222页

140

致玛·亚·乌里扬诺娃

1902年6月7日

亲爱的妈妈:我收到了玛尼亚莎的信,很感谢她。至于寄书的地址,我设法尽快寄上。真是伤脑筋,这件繁重的事情仍旧要由你们来做!不过,现在我们很快就要把这件事情办完了,——你们也就可以不再去为这些书麻烦了。

我们都在等待着你,我亲爱的妈妈,我正和阿纽塔在信中谈论她的计划:究竟怎样和你一块住,住在什么地方。看来,目前这里——我们这里和阿纽塔那里①——都将是好天气了。伊丽·瓦西·来信说,她大概也快要来了,不知为什么她仿佛对这次回去不大高兴(其实我当时一直劝她,向她说明没有必要回去,而且她很快就会感到寂寞的)。

关于我的健康状况,就不写了,因为我身体很好。娜嘉也很好。

马尔克的工作怎么样了? 他接受托木斯克的工作了吗? 什么时候去?

玛尼亚谈到她划船的情况,使我颇为羡慕…… 夏季到伏尔加河去有多好啊! 1900年春天我、你和阿纽塔的那次旅行真太好了![239]好吧,既然我不能去伏尔加河,——伏尔加河流域的人就该到这里来。这里也有好地方,虽然风格各异。

盼能见面,我亲爱的妈妈!

紧紧地拥抱你!

你的　弗·

附言:高尔基和斯基塔列茨的书收到了,我看得**津津有味**。我不但自己看了,还给别人看。

从伦敦寄往萨马拉

载于1929年《无产阶级革命》杂志
第11期

译自《列宁全集》俄文第5版
第55卷第222—223页

---

① 安·伊·乌里扬诺娃-叶利扎罗娃当时住在德累斯顿近郊。——编者注

141

致玛·亚·乌里扬诺娃

1902年9月14日

亲爱的妈妈:接到你们的电报,后来又接到你的明信片,我们都高兴极了。一路上好吗? 不觉得太累吧? 等你稍稍休息安顿好了以后,请来信谈几句路上的情况。

阿纽塔的照片(即她寄来的照片),已按时收到,完整无损[240]。

我们这里一切如常,大家身体都很好。今年秋天,这里的天气好极了,想必是为了弥补糟糕的夏天吧。我和娜嘉已经多次到郊外去寻找(而且确实找到了)"风景优美"的地方。

紧紧地拥抱你,我亲爱的妈妈,并热切地向玛尼亚莎和阿尼亚问好!

你的　弗·乌·

从伦敦寄往萨马拉

载于1929年《无产阶级革命》杂志
第11期

译自《列宁全集》俄文第5版
第55卷第223页

142

致玛·亚·乌里扬诺娃

1902年9月27日

亲爱的妈妈:不知怎么已经很久没收到你们的信了。你们回萨马拉一路上情况如何,安顿得怎样了,一直都没有消息。大概玛尼亚莎已经不在老地方住了,而我的信还是寄的老地址,因为我不知道别的地址,我想信会按新地址转过去的。现在阿纽塔在什么地方？米嘉和马尔克有什么消息吗？你们打算怎样过冬呢？

你身体好吗,我亲爱的妈妈？一路上不太累吧？

我们这里一切如常,只是近来比较忙一些。不过目前我的生活基本上已走上轨道,所以我才能把较多的时间花在图书馆里。

这里的天气非常好,好像是为了补偿糟糕的夏天似的。我和娜嘉已经游览了近郊的许多地方,并且发现有些地方异常优美。要是你们那里的天气也这样好,你们也该趁此机会到野外走走。不然在这种时候待在萨马拉想必是不会过得很愉快的。

紧紧地拥抱你,我亲爱的妈妈,并祝你健康！我、娜嘉和伊·瓦·热切地向全家问好！

你的　弗·乌里扬诺夫

从伦敦寄往萨马拉

载于1929年《无产阶级革命》杂志
第11期

译自《列宁全集》俄文第5版
第55卷第224页

143

致玛·亚·乌里扬诺娃

1902年11月9日

亲爱的妈妈:你的来信早已收到了。但不知怎么的总没能回信,而且我还在等你对我上封信的回音。米嘉原来已经释放了[241]，我上次信上还谈到,相信米嘉会被释放的,可没料到有这样快。阿纽塔现在不用老去跑"衙门"了(这种事情往往使人很难受,甚至比坐牢还难受),她总算能到马尔克那里去了,我特别为她高兴。要知道,她过那种所谓没有安身之地而到处"奔走"的生活已经很久了。

目前阿纽塔那里有什么消息吗? 马尔克对职务满意吗? 米嘉有收入吗? 他是否打算来看你们呢? 亲爱的妈妈,我想你身体很健康吧?

至于谈到我们的情况,我们生活如常,凑凑合合。这里天气很暖和,就像我国8月的天气,连穿夹大衣都感到热(不过里面还是穿暖和的内衣,穿外国绒衣)。我对本地的生活已经相当习惯了,正在通过实践掌握语言。现在伊·瓦·身体很好,不常闹病了。娜嘉感到有点疲劳,但一般说来身体还可以。

我收到过一些俄国的新书,如热列兹诺夫的政治经济学,但是还没有来得及通读一遍。翻了一下,觉得不太喜欢。我所看的报纸仍和以前一样,大部分是莫斯科的。至于本地报纸,我都是到阅览室去看的。

今年冬天你们大家身体都好吗?

紧紧地拥抱你,我亲爱的妈妈,并热切地向全家问好!

你的　**弗·乌里扬诺夫**

从伦敦寄往萨马拉

载于1929年《无产阶级革命》杂志
第11期

译自《列宁全集》俄文第5版
第55卷第224—225页

144
致玛·亚·乌里扬诺娃

1902 年 12 月 17 日

亲爱的妈妈:前两天接到玛尼亚莎给娜嘉的信,还有你的附笔,得到你们的消息,我非常高兴,因为很久没有音讯了。阿纽塔来过一封信,看样子她很满意她新到的地方。玛尼亚莎的信上说,你们不久就要见到米嘉和他的妻子了①。请代我和我们大家热切地向他问好。也许阿纽塔也会来的,这样的话,你们过节又可以团聚一下了吧? 那真太好了。

我们这里一切如常。冷了几个星期(照此地说法,"冷天"就是冰雪不融化的天气,但是并没有下过雪),我们差点都患了重感冒,不过现在都好了。天气又潮湿起来,这样下去,我大概要不习惯过我国的冬天了!

看了玛尼亚莎的信知道,她很喜欢热列兹诺夫的书。我没读完这本书,只是随便翻了翻,所以不能妄加评论。等读完以后再写信谈论吧。而我以前所讲的只是初步的**表面的**印象。

玛尼亚莎还说她在学几种外国语,甚至包括英语。我本来就想给她寄本发音课本去,这本书很好,是用德文写的。不久前我也在学习这本书,非常满意这个课本,我无法形容它有多好。这本书是亨利·**斯威特**的《英语会话课本》(1901 年牛津版),定价约 1 卢

---

① 德·伊·乌里扬诺夫夫妇于 1902 年冬来到萨马拉。——编者注

布 25 戈比。如果玛尼亚莎想要,我就寄给她,因为我已经不用了。不过,她既然有了图森的书,不知是否还有必要寄,因为图森的书非常好。我原来不相信图森提出的方法,现在才确信,这是一种独特的可靠而有效的方法。如果学完图森的第 1 册,再向个地道的外国人另外学几课,那就一定可以学好。现在已经有了图森的几种**注音**词典,我劝玛尼亚莎一定要买,因为我国的亚历山德罗夫词典**错误百出**。(例如,根据图森的方法编的穆勒袖珍词典——《英语和德语袖珍词典》第 1 册《英德词典》,定价 2 马克,1902 年柏林**兰根沙伊德**书店出版——我劝她一定要买。)

看,我谈起书来就没个完…… 我想订一本《唯心主义问题》**242**。显然,这是那些胡说八道的先生们的"战斗"文集。

伊·瓦·和娜嘉向大家问好! 望你们早日见到客人,让孤寂的生活热闹一下。

紧紧地拥抱你,我亲爱的妈妈!

> 你的　**弗·乌里扬诺夫**

从伦敦寄往萨马拉

载于 1929 年《无产阶级革命》杂志
第 11 期

译自《列宁全集》俄文第 5 版
第 55 卷第 225—227 页

145

致玛·亚·乌里扬诺娃

1902 年 12 月 26 日

亲爱的妈妈:请把附信转给阿纽塔,因为我没有她的地址,想必是弄丢了（我还一次也没有给她写过信），也许现在她已不在托木斯克，而在你们那里了。好像你曾希望大家（包括米嘉在内）能团聚在一起过节的。这事如愿了吗？你们见到米嘉的妻子了吗？请来信告诉我。

我们这里一直没有什么新鲜事。严寒已过去，现在的天气和俄国的秋天一样，今年是例外，气候比较干燥，使人感到很舒服。在这里过节大概是很寂寞的：集会少，阅览室不开放，看戏又不容易，因为到处客满。不过，我打算利用这段时间同几个新认识的人见见面。

近来我比平常更注意看德国报纸：德国发生的事件很引人注意，有时，很想看一些这方面的新材料。现在，看样子那里已平静下来了[243]。

你们过得怎样？严寒已经过去了吗？有新认识的人吗？

好吧，祝你们节日快乐，大家身体健康！

你的　　弗·乌里扬诺夫

从伦敦寄往萨马拉

载于1929年《无产阶级革命》杂志
第11期

译自《列宁全集》俄文第5版
第55卷第227—228页

1903 年

146

致玛·亚·乌里扬诺娃

1903 年 2 月 4 日

亲爱的妈妈:我已经很久很久没有收到你的信和家里其他人的信了。大概,你们来的信中有哪一封丢失了,因为不能设想这么长时间没有一个人给我写过信。我不知道米嘉是否已到你们那里去过了? 他待了很久吗? 他有些什么打算? 现在他在哪里? 阿纽塔有消息吗? 她已经动身去旅顺口了吗?[244]什么时候去的? 你的身体好吗? 难道你们那里现在仍然很冷吗?

我们这里天气很好,碰上了一个分外宜人的温和的冬季,雨和雾(暂时)很少。伊·瓦·仍常常闹病,现在还是这样,不过不是大病,服一些家庭常备药品或是用一些俄罗斯土方,就能对付过去。如果她住到更南边的什么地方去,也许会好起来。我和娜嘉身体很好,生活如常,平平静静,凑凑合合。前些时候,我们入冬以来第一次欣赏了一个很好的音乐会,感到非常满意,——特别是柴可夫斯基的最后一部交响乐(悲怆交响曲)。在你们萨马拉是不是常有好的音乐会? 我们还去看过一次德国戏,其实我们倒很想看看俄国艺术剧院演的《底层》……

紧紧地拥抱你,我亲爱的妈妈,祝你一切都好,特别是身体健康。向全家问好。或者就把这封信转给阿纽塔,谁知道我什么时候才能知道她的地址呢?

你的　弗·乌里扬诺夫

我写的地址对吗?

从伦敦寄往萨马拉

载于 1929 年《无产阶级革命》杂志
第 11 期

译自《列宁全集》俄文第 5 版
第 55 卷第 229—230 页

147

致玛·亚·乌里扬诺娃

1903 年 2 月 22 日

亲爱的妈妈:你的信收到了,非常感谢。得知阿纽塔的情况,极为高兴。请你就把这封信转给她,因为我不知道她的地址;虽然不久前我收到过她的一封短信(谢谢她),但是她忘了写地址,而且什么情况也没有说清楚,弄得我简直莫名其妙。我只是从你那里知道了"中国"居民①的情况。这倒是在某种程度上比较接近欧美! 有意思,我觉得真有意思。

不过依我看老朋友②太可怜了……

---

① 指安·伊·叶利扎罗娃和马·季·叶利扎罗夫。——编者注
② 指阿·巴·斯克利亚连科。——编者注

如果经过日本或者英国的某个港口同中国女人①通信是不是更快一些？虽然海路要远得多，但是欧洲人办事却准时好几倍！

我们的生活如常，没有什么特别的好消息可告，不过也没有什么坏消息，一般说来我觉得不像过去那样劳累过度了。最近我准备到德国去逛一次245。天气非常好，穿着夹大衣都热，风和日丽……真想出去玩玩。

你们好吗？米嘉夫妇现在在哪里？玛尼亚莎怎么样？

紧紧地拥抱你，我亲爱的妈妈，祝你健康！

你的　弗·乌里扬诺夫

热切地向我们全家问好，特别是向阿尼亚和马尔克问好！

从伦敦寄往萨马拉

载于1929年《无产阶级革命》杂志
第11期

译自《列宁全集》俄文第5版
第55卷第230—231页

148

致玛·亚·乌里扬诺娃

1903年3月29日

亲爱的妈妈：你的信前两天已经收到了，非常感谢。看来阿纽塔在远东待的时间比她原来打算的要久一些。我还以为她已经在

---

①　指安·伊·叶利扎罗娃。——编者注

你们那里了。大概这么远的路程不是说走就能走的。米嘉这么说来也还没有确定自己的住地。玛尼亚莎这个可怜的人儿很寂寞吧?

好在你们那里天气也已经转暖,要不这样冷的冬天实在太折磨人了。现在你的身体好吗,我亲爱的妈妈?

我们这里很暖和。前不久我们带着伊·瓦·举行了一次远足——星期天我们带了些夹肉面包当午餐,到野外去玩了整整一天(不知为什么,我们不知不觉地完全养成了外国的习惯,总是在星期天才出去玩,其实这并不合适,因为到处都挤满了人)。我们玩得很痛快,野外的空气把我们大家迷醉得像孩子一样,后来我还躺下休息了一阵,就像在西伯利亚打猎时那样。对于郊游,一般说来我们很在行。这里所有的同志当中,就数我们最熟悉**整个城郊**了。我们找到了各种各样的"乡村"小路,熟悉邻近的地方,并且还打算到更远的地方去游玩。我近来很好,工作正常,没有杂事缠身,娜嘉和伊·瓦·也都健康。

紧紧地拥抱你,我亲爱的妈妈! 请你经常来信,把你们的生活情况和打算告诉我(或者请玛尼亚莎代写)。

你的　**弗·乌里扬诺夫**

从伦敦寄往萨马拉

载于1929年《无产阶级革命》杂志
第11期

译自《列宁全集》俄文第5版
第55卷第231—232页

1904 年

149

致玛·亚·乌里扬诺娃

1904 年 1 月 8 日

亲爱的妈妈：

我忘了回答玛尼亚莎问起的 150 卢布的事。这些钱就暂时留在你们那里备用吧。我只要求用其中的一部分给我买些书。我曾写信要过一本俄法词典。现在再加一本：

谢切诺夫著《思想的要素》(不久前出版的)：

最近我在这里同娜嘉以及另一位朋友①去萨莱夫山作了一次极为愉快的旅行。山下边日内瓦雾气重重,一片朦胧,而在山上(海拔约 1 200 米)则是阳光灿烂,白雪皑皑,人们滑着雪橇,俨然是一个俄罗斯的美丽的冬日。山下是一片云雾的海洋,除了山峰之外,什么都看不见,而且只有那些很高很高的山峰才浮现出来,连小萨莱夫山(海拔 900 米)也整个淹没在云雾里。

这是我们欣赏瑞士和它的风光的开始。我们打算到春天再作一次远途的徒步旅行。

---

① 指弗·威·林格尼克。——编者注

紧紧地拥抱你,我亲爱的妈妈! 你身体好吗? 过得怎么样?

从日内瓦寄往基辅

载于1929年《无产阶级革命》杂志
第11期

译自《列宁全集》俄文第5版
第55卷第233页

150

致玛·亚·乌里扬诺娃

(1月20日)

基辅　拉博拉托尔纳亚街12号14室
玛丽亚·亚历山德罗夫娜·乌里扬诺娃收

亲爱的妈妈:现在你感到放心一些了,这很好,但愿我们家被捕的人[246]都很健康。他们可能是由于大逮捕而连带被抓去了……

请你把马尔克·季莫费耶维奇的地址写信告诉我,我有一些出版方面的事情找他。他在彼得堡。你收到娜嘉的信了吗? 不久前她给你写过信。我的地址是:日内瓦福瓦耶小路10号。

你的　**弗·**

载于1929年《无产阶级革命》杂志
第11期

译自《列宁全集》俄文第5版
第55卷第234页

151

娜·康·克鲁普斯卡娅和列宁
致玛·亚·乌里扬诺娃

7月2日

亲爱的玛丽亚·亚历山德罗夫娜:前天收到了玛尼亚莎的信,昨天又收到了您的信。我多么高兴啊! 现在就盼阿尼亚能早些获释了。紧紧地拥抱你们,我亲爱的! 只是你们两个人身体都很差,这可不好。你们一定要休息,主要的是要找个空气新鲜的地方把身体养好,基辅毕竟是个城市。只不过北方夏天天气并不好,我妈妈住在彼得堡附近她朋友的别墅里,常常抱怨天气太冷,下雨太多。看来,在马·季·的别墅里休养是最适宜的。

现在我们也在休息。我们把房子让出去了,这使我非常高兴,否则就要整天忙于收拾房子和料理家务,我们这里有时来的人很多,经常要想着料理家务,真使人厌烦。出去散步就喝不上牛奶;7点钟不起床,买肉就得进城,诸如此类的事情实在不少。而且到冬天的时候又很冷。现在我们安排起来就方便多了。我老是渴望着秋天,想好好坐下来做些工作。我正在想各种办法避免不断有人来的状况,这实在使人疲于应付。现在我们在洛桑。我们离开日内瓦,得到充分的休息约有一个星期了。我们摆脱了日内瓦的一切事务和牵挂,在这里每天睡10小时,游游泳、散散步,沃洛佳甚至连报纸也不仔细看了,书本来就尽量少带,可是就连这点书也只字未读，准备明天把它们寄回日内瓦去，明早4点钟我们将背上行囊到山里去作两周左右的旅行。[247]先到因特拉肯，再到卢塞恩，现在正根据贝德克尔旅行指南详细地制定旅行计划。在一周的时间里，我们已经明显地"恢复过来"了，连脸色也显得健康了。去年一冬是那么艰难，脑子都累坏了，现在就是休息个把月也不为过，尽管我已经开始感到有些过意不去。天色不大好，没有下雨，但总是雾沉沉的。关于我们的生活，暂时没有更多的好写了。我和沃洛佳已经约定，任何工作都不谈，工作又不是熊，跑不到森林里去，不要谈它，也尽量不去想它。

可能今天晚上我就给玛尼亚莎写信，紧紧地、紧紧地拥抱你们，热烈地吻你们，我亲爱的！

您的　娜嘉

亲爱的妈妈：我匆忙地附上几句话。热切地向玛尼亚莎问好，并祝贺她获得了自由。夏天你一定要休息。你们要搬到野外去住。我们游玩、休息得很好。紧紧地拥抱你！

你的　弗·乌里扬诺夫

从洛桑寄往基辅

载于1929年《无产阶级革命》杂志第11期

译自《列宁全集》俄文第5版第55卷第234—235页

152

致玛·亚·乌里扬诺娃[①]

（7月7日或8日）

俄国　**基辅**　拉博拉托尔纳亚街 12 号 14 室
玛丽亚·亚历山德罗夫娜·<u>乌里扬诺娃</u>收

两个流浪儿向亲爱的妈妈和玛尼亚莎问好！

你们的　弗·乌里扬诺夫

寄自弗鲁蒂根(瑞士)

载于 1929 年《无产阶级革命》杂志
第 11 期

译自《列宁全集》俄文第 5 版
第 55 卷第 236 页

---

① 这是一张印有弗鲁蒂根附近的坎德斯泰格地方风景的明信片。列宁和娜·
康·克鲁普斯卡娅在山地徒步旅行时曾在此地逗留。——编者注

153

致玛·亚·乌里扬诺娃和
玛·伊·乌里扬诺娃①

俄国　基辅　拉博拉托尔纳亚街 12 号 14 室
玛丽亚·亚历山德罗夫娜·乌里扬诺娃收

1904 年 7 月 16 日

从我们的蒙列波[248]向你们问好！我们不久还要走。妈妈身体好吗？好久没有得到你们的消息了。请写信来。

你们的　弗·乌里扬诺夫

寄自伊塞尔特瓦尔德(瑞士)

载于 1929 年《无产阶级革命》杂志
第 11 期

译自《列宁全集》俄文第 5 版
第 55 卷第 236 页

154

致玛·亚·乌里扬诺娃

(7 月 20 日)

俄国　基辅　拉博拉托尔纳亚街 12 号 14 室
玛丽亚·亚历山德罗夫娜·乌里扬诺娃收

两个流浪儿向亲爱的妈妈问好！今天我们到了去少女峰的新

---

①　这是一张印有布里恩茨湖畔的伊塞尔特瓦尔德地方风景的明信片。——编者注

1904 年 7 月 20 日列宁给玛·亚·乌里扬诺娃的明信片

Verlag Chr. Brennstnhl. Meyringen 107.

路附近，现在正经过迈林根到卢塞恩去。

你的　　**弗·乌里扬诺夫**

寄自瑞士　　　　　　　　　　　　译自《列宁全集》俄文第 5 版
　　　　　　　　　　　　　　　第 55 卷第 237 页

155

致玛·亚·乌里扬诺娃

1904 年 8 月 28 日

　　亲爱的妈妈：很久没有给你们写信了，对于你们的地址总是没有把握。今天我们收到了伊丽·瓦·的来信和玛尼亚莎的来信。谢谢她为翻译的事操心受累。关于这个问题娜嘉将详细地写信给她。现在我得到了一本霍布森论帝国主义的书，已经开始翻译[249]，每天只翻译一点点，因为我仍然按夏天的生活方式过日子，散步，游泳，闲逛。这个夏天总算好好休息了一下！

　　你们过得怎样？萨布林诺的别墅好吗？在那里好好休息了吗？以后怎样打算？妈妈身体好吗？阿纽塔和玛尼亚莎出狱后好吗？关于这些事情请你们简单地告诉我一些，要不玛尼亚莎来信就只谈翻译问题。

　　紧紧地拥抱亲爱的妈妈，并向全家问好！

你们的　　**弗·乌里扬诺夫**

　　我写的地址对吗？如有变动请事先通知我。我的地址是：日

内瓦　科林街 3 号,但必须**在信封上**写明:弗·伊·乌里扬诺夫亲收。

从日内瓦寄往萨布林诺(彼得堡近郊)

载于 1929 年《无产阶级革命》杂志
第 11 期

译自《列宁全集》俄文第 5 版
第 55 卷第 237 页

1907 年

156

列宁和娜·康·克鲁普斯卡娅
致玛·亚·乌里扬诺娃

1907 年 6 月 27 日

亲爱的妈妈:好久没有给你写信了。阿纽塔想必已经把我们安排休息的计划告诉你了。我回来时非常疲乏,现在已经得到了充分的休息。在这里休息得太好了,游游泳,散散步,清静安闲。**250**清静安闲对我来说比什么都好。打算再待两个星期左右,然后回去工作。娜嘉和伊丽莎·瓦西·身体都很好,她们也休息得非常好。

你们的住处安顿得怎样了?你身体好吗?见到阿纽塔没有,她现在在哪里?在你们那里还是在马尔克那里?有空请给我来信或者请米嘉代写几句也行。

紧紧地拥抱你!

你的 弗·乌里·

代我热切地向米嘉夫妇问好!

亲爱的玛丽亚·亚历山德罗夫娜:沃洛佳写信时没有代别人问候的习惯,所以我就自己写并代妈妈向您问好,向全家问好。我可以证明，我们确实休息得非常好，大家都快胖得不能见人了……这里的树林是松林，有海，天气非常好，总之，一切都很好。此外，又没有什么家务事，这一点也是很好的。您休息得怎么样？您的疟疾好了吗？完全好了吗？常去采蘑菇吗？总之，过得怎么样？我们在这里跟整个世界隔绝了，虽然邮件一星期来六次，但是谁也不写信来。再一次紧紧地拥抱您！

您的　**娜嘉**

从斯季尔苏坚寄往莫斯科省谢尔普霍夫县米赫涅沃车站

载于1929年《无产阶级革命》杂志第11期

译自《列宁全集》俄文第5版第55卷第238—239页

157

列宁和娜·康·克鲁普斯卡娅
致玛·伊·乌里扬诺娃

（6月底）

　　亲爱的玛尼亚莎：谢谢你的来信。请原谅我没有马上给你回信。我在这里已经"紧抓"夏天的休息和安闲不放（我好几年没有休息了，得好好休息一下），以致大小事情都放了下来。

　　我反对抵制第三届杜马，关于这个问题，我刚写完一篇文章[251]，大概不久就会发表的。依我看，不能离开高潮的环境、离开同早先的立宪幻想作斗争的任务而重提抵制的口号。应当发展新的高潮（这个高潮可能随着莫斯科纺织工人的七月罢工而来到，罢工可能会有40万人参加），做好准备工作，把它变成普遍的高潮，但宣布抵制是不恰当的。我们不应当一概拒绝抵制，当高潮到来的时候我们可以提出抵制。但如果现在宣布抵制，只能说是轻举妄动，或者就是不加分析地重复有过光荣革命历史的口号。我在将要发表的那篇文章①里要详细论述的根据简单说来就是这样。

你的住处安顿好了吗？满意吗？请写信告诉我。热切地向马尔克和所有的熟人问好！

我们休息得非常好，把一切事情都抛开了。

热烈地吻你！

你的 弗·乌·

亲爱的玛尼亚莎：我在这里附上两句。我没有什么可写的，因为我们现在"置身社会之外"，过着别墅生活：洗洗海水浴，骑骑自行车（但是道路很坏，骑不远）。沃洛佳下下棋，运运水，有一段时间大家很喜欢玩英国的"傻瓜"游戏，等等。只是莉嘉家务事很多…… 我们都已休养得很好，本来可以大读其书，但是这里的书对我们都不大合适，也不想看。热烈地吻你！

你的 娜·

莉嘉和妈妈也向你问候！

从斯季尔苏坚寄往基涅利
车站(萨马拉省)

载于1931年《列宁家书集》

译自《列宁全集》俄文第5版
第55卷第239—240页

---

① 大概两星期后就要出版。

158

致玛·亚·乌里扬诺娃

1907年10月15日

亲爱的妈妈:很久没有给你写信了。上一封信好像是从我的夏季"蒙列波"寄出的。现在我们又在老地方安下家来准备过冬了[252],希望今年的冬天不像去年那么冷。不过话说回来,我们现在对气候已更能适应,"塞窗缝"也更有经验了。住房和我们的一切安排我都十分满意。玛尼亚莎到我们这里做客来了,现在还在这里,但是因为冬天已经来到(今天初雪,天气转冷了),她准备今天就回去。

你现在生活得怎么样? 天气真正冷起来的时候住在乡下行不行? 代我热切地向米嘉问好![253] 很可惜,秋天我没能去他那里,否则我们会好好打一阵猎,秋天的天气一直是很好的。他什么时候休假? 休多久? 到哪里去?

阿纽塔已经来过两封信了。看样子她对这次旅行很满意①。旅行路线很有意思,现在南方该是特别好的时候。

我们和许多好朋友②一起住在这里。有书看,有工作做。我们常去海边散步。玛尼亚莎看来在这里过得不坏,做了很多工作——搞翻译。

---

① 安·伊·乌里扬诺娃-叶利扎罗娃当时住在国外。——编者注
② 当时住在库奥卡拉的有亚·亚·波格丹诺夫、约·费·杜勃洛文斯基、尼·亚·罗日柯夫、加·达·莱特伊仁。——编者注

　　前些时候,大家差不多都向秋天送了见面礼——害了两天流行性感冒。现在都已经恢复健康,或者说正在恢复健康。伊丽·瓦西·身体也很好,只是有时候为家务事太操心了。

　　紧紧地拥抱你,我亲爱的妈妈,并吻你! 祝你健康!

你的　弗·乌里扬诺夫

从库奥卡拉寄往莫斯科省谢尔
普霍夫县米赫涅沃车站

载于 1929 年《无产阶级革命》杂志
第 11 期

译自《列宁全集》俄文第 5 版
第 55 卷第 240—241 页

1908 年

159

致玛·伊·乌里扬诺娃

俄国　圣彼得堡　彼得堡区　巴甫洛夫街 6 号 16 室
玛丽亚·伊里尼奇娜·乌里扬诺娃女士收

1908 年 1 月 14 日

亲爱的玛尼亚莎：

　　现将《教育》杂志[254]寄回，这是我错拿到这里来的。我现在大概不欠你的书了吧？如果还欠，请告诉我。

　　我们在这个该死的日内瓦已经待了好几天了……[255]　这是个令人厌恶的偏僻地方，但是没有办法。将来会适应的。你们过得怎样？没冻着吧？妈妈身体好吗？请代我吻她，并代我向阿纽塔问好，还向米嘉问好，要是他还没有动身的话。

　　关于那篇小文章昨天我给列夫·波里索维奇写了封信①，并请他给我弄来第三届杜马的记录（官方出版的速记记录，以及提交杜马的声明、质询和法案）。这些东西，只有通过私人关系才能弄到。请你活动活动，看谁愿意给我，并请你**全部**寄来，不要遗漏。

----

① 　这封信没有保存下来。——俄文版编者注

还请你**立即**把尚在俄国(圣彼得堡,莫斯科)出版的**所有**工会杂志买来寄给我。1月4日出版人应付给我一笔钱,请你从伊丽莎·瓦西·那里取50卢布去用,并请把孟什维克出版的(如若他们出版的话)**所有**新书以及有关资料寄来。我从1月1日起订了《同志报》(《我们时代报》)[256],今后也准备经常留心新书的出版情况。如果列·波·懒得写信或者太忙,请你问他如何答复(我的问题)并告诉我。还有,我要知道关于格拉纳特(俄国史)的答复;关于我写文章[257]的事同他们订了合同,还是吹了呢? 让列·波·打听到之后就告诉你。

　　紧紧地握手!

　　　　　　　　　你的　　弗·乌里扬诺夫

　　见反面

　　你把我和娜嘉的证件寄出了没有? 如没有寄出,就请尽快用挂号邮包寄来。我必须持有这些证件才能得到居住权。

　　我的地址是:日内瓦双桥街17号(屈普费尔处)弗拉·乌里扬诺夫

载于1929年《无产阶级革命》杂志
第11期

译自《列宁全集》俄文第5版
第55卷第242—243页

160

列宁和娜·康·克鲁普斯卡娅
致玛·亚·乌里扬诺娃

1908 年 1 月 22 日

　　亲爱的妈妈：今天收到了你和玛尼亚的来信，现在赶紧给你们回信。能直接得到你们的信息，我非常高兴，而玛尼亚莎以前的来信我都没有收到。在我们搬到日内瓦以前不得不用转递办法邮寄的这些信件都倒了霉了。

　　听说阿纽塔患了严重的流行性感冒，我们感到非常不安。一定是你们住的房子很差（娜嘉说，很潮湿），才引起了这种并发症。现在你们大家都健康吗？米嘉好吗？他又工作去了没有？

　　我们正在这里慢慢地安顿下来，等安顿好了，当然不会比过去差。只是在搬家的那一阵子，因为是从好地方搬到坏地方，才感到有点不愉快。这本来是不可避免的。关于去卡普里的事，我刚来到这里就接到了高尔基的来信，他极力邀我到那里去。我和娜嘉当然想接受这个建议到意大利去一趟（在卡普里，正像"高尔基夫妇"所写的，**现在**水仙花正在盛开），但不是现在就去。首先必须把一切事情都安排好了，然后才能去旅行。

　　不是昨天就是前天我给玛尼亚莎写了一封信，又委托她办理书的事情。我委托她办的事情太多了吧？

　　紧紧地拥抱你，我亲爱的妈妈，祝你非常健康！请代我和娜嘉向大家问好!

你的　　弗·乌里扬诺夫

我亲爱的,你们患了可恶的流行性感冒,真是讨厌! 会不会是因为住的房子太潮湿了? 幸而你们现在都逐渐在好起来……　热烈地吻你们大家,祝你们早日痊愈,完全康复!

你们的　　娜嘉

从日内瓦寄往彼得堡

载于1929年《无产阶级革命》杂志
第11期

译自《列宁全集》俄文第5版
第55卷第243—244页

161

致玛·伊·乌里扬诺娃

俄国　圣彼得堡　彼得堡区　巴甫洛夫街6号16室
玛丽亚·伊里尼奇娜·乌里扬诺娃女士收

1908年2月7日

亲爱的玛尼亚莎:你1月20日的来信和青年著作家关于同一件事的来信收到了,今天还收到了《言语报》[258]。非常非常感谢你寄来《言语报》:那一篇小文章的确很有意思!

关于韦伯的著作,我给青年著作家回过信并寄去了委托书。为周全起见,我再重复一下:(1)我不知道第一版印多少册;(2)那时负责校订的是司徒卢威,第1卷是他校订的;(3)第2卷的译者是叶·斯米尔诺夫(古列维奇)。我那时译第 1 卷所得的稿费是每 1 印张 20 卢布,校订第 2 卷是每 1 印张 10 卢布。让青年著作家去讲讲价钱吧,万不得已甚至可以减一半,但一定要强调合同里所规定的印数。

关于格拉纳特,昨天收到一个同事的来信。那里的情况对我来说也不坏。

关于我的结婚证书和在克拉斯诺亚尔斯克塞点钱的事,我认为不必太麻烦,也不必去塞许多钱。看来,照目前这样也能对付过去。

再过一个月,**可能还早些**,我们打算在这里给自己找一个住所。

至于纪念马克思的文集,我大概也不能为它写什么了,写这样的东西仓促从事是不行的。**259**

这么久了家里人还没恢复健康! 真糟糕。恐怕是今年的流行性感冒特别厉害,或者是你们那里天气太坏。告诉我,妈妈身体怎样。

我在这里还没有完全安顿好,例如还没有加入"俱乐部",那里容易看到杂志,借到新书。**260** 我一入了"俱乐部"(大概就在最近),就尽力去找一本可以让你翻译的东西。你收到《新时代》杂志没有? 这个杂志的科学副刊第 1 期有考茨基的一篇文章:《民族性和国际性》。这篇文章我还没看到,不知道是否适宜于翻译。考茨基的《社会主义与殖民政策》(新出版的小册子,共 80 页)我已看过。我认为这是合法的东西。你可以同"**种子**"**261** 谈一谈①,这本书能

---

① 请再问一下,我是否可以按**他们的**地址把新书,即**可能**适宜于翻译的新书寄给你?

译出来是很好的。奇怪的是没有看到翻译出版帕尔乌斯的著作《殖民政策和资本主义制度的崩溃》）的预告。难道没有一个人想译它吗？问问"种子"吧。我在这里，在国外，可以同作者接洽。

紧紧地握你的手，热烈地吻妈妈！

你的　**弗·乌里扬诺夫**

附言：邦契编的《诗选》没有收到。

收到的工会杂志有《汽笛》和《纺织事业》。今后仍请把所有这类杂志寄来。

寄自日内瓦

载于 1929 年《无产阶级革命》杂志
第 11 期

译自《列宁全集》俄文第 5 版
第 55 卷第 244—246 页

162

致玛·伊·乌里扬诺娃

1908 年 2 月 14 日

亲爱的玛尼亚莎：

不久前曾写信给你，谈到一些有关翻译的事。现在想补充一下。我在这里看到了《新时代》杂志的副刊第 1 期，上面有考茨基的文章《民族性和国际性》。记得你说过你不断收到《新时代》杂志，因此我就不给你寄了（不过为了方便起见，请给我一个地址，以便给你寄国外的书和论文）。依我看，这篇东西是完全合法的，毫无疑问应当翻译。请你问一下出版人（共 36 页）。最好是把它（这是批评鲍威尔的文章)和奥托·鲍威尔的著作《民族问题和社会民主党》一同出版(阿尼亚大概有这本书,她译过其中的一章)。

这里有一位同事要我们问问出版人,他们愿不愿出版**胡施克**的《农业生产纯收入的统计》,我在**土地问题**的第一部分曾引用过这本书。[262] 有机会问问出版人,我可以给它写序。不过这本书也实在太专门……

至于我的结婚证书的事,我昨天已同警察司司长谈过了。[263] 原来这个东西还是非要不可的。请你找一个熟识的律师商量商量,看看用下面这个办法从克拉斯诺亚尔斯克弄到副本是否妥当(因为用"塞点钱"的办法,希望恐怕不大):不是有提供证据的法律程序吗? 伊丽莎·瓦西·不妨去找调解法官或圣彼得堡有关的法院,说要克拉斯诺亚尔斯克宗教法庭发给结婚证书副本(或者说要同女儿**打官司**,或者说要写遗嘱等等),申请**发**给她一份**证明**。能不能**用这个办法**把这个证书或它的副本弄到手? 请你同律师商量一下看。

家里人身体好吗? 妈妈和阿纽塔完全恢复健康了吗?

你的　**弗·乌里扬诺夫**

附言:非常非常感谢你寄来第三届杜马的记录。千万请你**继续**寄来,并且经常些,同法案和质询一并寄来。

从日内瓦寄往彼得堡

载于 1929 年《无产阶级革命》杂志
第 11 期

译自《列宁全集》俄文第 5 版
第 55 卷第 246—247 页

163

致玛·伊·乌里扬诺娃

1908 年 2 月 17 日

亲爱的玛尼亚莎：请把下列书籍寄给我：

1.《过去的年代》杂志第 1 期（1 月出版，定价 85 戈比）——**有马克思给米海洛夫斯基和米海洛夫斯基给拉甫罗夫的信**。

2.《关于俄国反革命的历史材料》，第 1 卷，定价 2 卢布 50 戈比。

3.《我们的代表（第三届杜马）》①，50 戈比（"基础"——这是书店的名字吗？）。

4. **洛科季**《俄国的预算和课税政策》，1 卢布。

5. **阿尔马佐夫**《我国的革命（1902—1907 年）》，1 卢布 50 戈比（劳动版）——我没有有关这本书的任何介绍，不知道该不该买？不过反正得看看！

6.《1903—1906 年巴库石油工业区工人罢工运动**概况**》，1907 年巴库版，定价 1 卢布 50 戈比。

第二十次会议以后的杜马记录没有收到。本来应同法案一起收到的！比如，不久前《首都邮报》曾报道"温和农民团"纲领出版的消息。请设法给我弄来！要是在杜马里能找到熟识的关系，把

---

① 如果有的话，最好是买带**照片**的。

十月党人、右派和哥萨克集团等等的纲领、通告和传单弄来也不坏。在杜马里所有这些"废纸"一定遍地皆是，根本没人去捡。

日前曾写信给你谈到翻译(考茨基著作)的事。收到这封信了吗?[①] 收到我的第 2 卷第 2 分册手稿[264]没有(公历 1908 年 2 月 5 日从这里寄出，绕弯寄的)?

关于钱的事，我另有信给妈妈。

你的   弗·乌里扬诺夫

如果有机会，请把附信转交梅什科夫斯基。最好是他和林多夫都能寄来**直接的**通信地址。请把这话告诉他们。林多夫和邦契间的"口角"[265]以及因此在出版社发生的冲突结果怎样了?

从日内瓦寄往彼得堡

载于 1929 年《无产阶级革命》杂志
第 11 期

译自《列宁全集》俄文第 5 版
第 55 卷第 247—249 页

164

致安·伊·乌里扬诺娃-叶利扎罗娃

1908 年 3 月 10 日

亲爱的阿纽塔：

你 2 月 21 日的信收到了。你们住进了一所潮湿的房子，而且

---

① 见本卷第 290—292 页。——编者注

大家都病得这样厉害,真是糟糕透顶。玛尼亚莎患了伤寒病,多么不幸! 莉迪娅·米哈伊洛夫娜天天写信给我们,告诉我们说玛尼亚莎的体温并不高。但是,我不敢认为这个消息可以使人安心,因为患严重伤寒病的人也常有体温并不高的。

现在妈妈的身体怎么样? 如果你实在没有功夫,就请莉·米哈·在来信的时候写上几句。

其实马尔克用不着从自己的出差费中留出这么多的钱,因为我的出版人现在付给我的钱已经足够用了。[266] 不用说,你一定要用这笔钱好好地安排一下玛尼亚莎和妈妈的生活,或者帮助她们搬到一个较好的地方去。她们能不能到这里来呢?

我给玛尼亚莎寄去一本供翻译用的书(德国小说)。你们收到了没有(从莱比锡寄出的[267])? 我曾经写信同她谈过阿纳托尔·法朗士的作品(《圣女贞德》)和辛克莱的作品(阿列克辛斯基建议把这两本书翻译出来)。

紧紧地握你的手,请代我热烈地吻妈妈! 娜嘉因事出去了,她再三嘱笔问好。

　　　　　　你的　弗·乌里扬诺夫

从日内瓦寄往彼得堡

载于 1930 年《无产阶级革命》杂志第 1 期

译自《列宁全集》俄文第 5 版第 55 卷第 249 页

165

致玛·伊·乌里扬诺娃

（4 月 19 日和 23 日之间）

亲爱的玛尼亚莎：

但愿你现在已经能够亲自看信并且基本痊愈了。被病魔缠了这么久，真够呛！但重要的是以后不要复发了。生过这种病以后，最怕劳累和感情激动。要是能把你送到斯季尔苏坚去就好了！①在你**完全**康复后，给我简短地写几句。我要到意大利去一个星期。**268** 回来以后就给你写信。

紧紧地拥抱你，祝你早日恢复健康！

你的　弗·乌里扬诺夫

从日内瓦寄往彼得堡

载于 1929 年《无产阶级革命》杂志
第 11 期

译自《列宁全集》俄文第 5 版
第 55 卷第 250 页

166

致玛·亚·乌里扬诺娃

1908 年 6 月 20 日

亲爱的妈妈：我很久没有写信给你们了。好像最后一次是从伦敦寄出的一张明信片。**269** 我从那里回来的时候就生病了，患的

---

①　见本卷第 156 号和 157 号文献。——编者注

是肠炎。现在已经恢复健康，开始正常吃饭了，在取消饮食的限制以后我总是感到很饿。现在我又开始工作了。

我们的生活如常。天气极不正常。有时又闷又热，来一阵大雷雨；有时阴雨连绵，冷丝丝的，像今天这样。夏天的天气真不像夏天。

你们在乡下生活得怎么样？但愿玛尼亚莎已经完全复原。我们正等着她到我们这里来。热切地向米嘉问好！

紧紧地拥抱你，亲爱的妈妈！

你的　弗·乌里扬诺夫

附言：很遗憾，莫斯科的哲学家出版家①不同意出版我的书。如果可能，我想请你们写信给莫斯科的熟识的著作家，看他们是否能找到地方出版。现在我在这方面找不到关系。

听说阿纽塔已经校对完了我谈土地问题的那本书的最后几个印张。直到现在样本我还一份也没有呢！由于种种原因，我**极其需要**得到两三份，即使是没有装订好的也可以。**270**当然，我很清楚，如果直接去要几份，在**一切**方面都是不恰当的、不谨慎的、不方便的，等等。不过，如果有可能私下做到这一点，或者如果阿纽塔那里还有哪怕是一份，我请你们务必寄给我暂时用一下。我现在就非常需要它。

大家都向你们问好！

你们的　弗·乌里扬诺夫

从日内瓦寄往莫斯科省谢尔普霍夫县米赫涅沃车站

载于1929年《无产阶级革命》杂志第11期

译自《列宁全集》俄文第5版第55卷第250—251页

---

① 指帕·格·达乌盖。——编者注

167

致玛·伊·乌里扬诺娃

1908 年 7 月 13 日

亲爱的玛尼亚莎:我刚刚收到你的信和阿纽塔的附笔。听到这些消息我非常高兴。尤其使我高兴的是,知道那本书①有希望在秋天出版。但是,我的一个相当重要的问题你那个彼得堡的通讯员却忘记回答了。这就是:能否给我弄到**哪怕是一份**样本,拼好版的或尚未拼版的都可以。既然那本书秋天就要出版,也就是说,这并不是不可能的。我愿意用 5 卢布或者甚至 10 卢布马上买到一份。因为现在,也就是在秋天以前,我极其需要把这本书介绍给某些不能读到手稿的人。如果在秋天以前我不能把这本书介绍给那些人,我在各方面就会遭到很大的损失。因此,既然你有彼得堡的地址,收信人又给你写回信,而且他在这方面又很熟悉,——我请你务必写封信给他,请求他在可能的情况下,如果必要,哪怕是"塞点钱",用 5 卢布给我弄到**一份**。

我的病大大推迟了我的哲学研究。但是现在我差不多完全复原了,我一定能把书写成。我对马赫主义者已经作了很多研究,我认为,他们("经验一元论"也包括在内)种种鄙俗透顶的见解我都

---

① 指列宁的文集《十二年来》第 2 卷第 2 分册。——编者注

弄清楚了。①

我就写信给巴黎的玛·伊万—娜,给她一封介绍信。②

请代我热烈地吻妈妈! 热切地向大家问好! 我老是忘记写信告诉阿纽塔,340 个卢布我已经收到了。暂时我不需要钱了。热切地向米嘉、马尔克、阿纽塔他们问好!

你的　弗·乌里扬诺夫

附言:如果有机会去莫斯科,请替我买切尔帕诺夫的这两本书:(1)《阿芬那留斯和他的学派》;

(2)《内在论哲学》。每本售价一卢布。《哲学和心理学问题》杂志社出版。这两本书是一套丛书中的两个分册,丛书的名称不知是叫概述和研究,还是就叫研究,或是叫专论等等。

你们夏天休息得怎么样? 我们这里天气很好。我常常骑自行车。常常游泳。娜嘉和伊·瓦·热切地向大家问好!

从日内瓦寄往莫斯科省谢尔普霍
夫县米赫涅沃车站

载于 1929 年《无产阶级革命》杂志
第 11 期

译自《列宁全集》俄文第 5 版
第 55 卷第 251—252 页

---

① 列宁指他写《唯物主义和经验批判主义》一书。——编者注
② 指玛丽亚·伊万诺夫娜·韦列田尼科娃,列宁的表姐。信和介绍信都没有保存下来。——俄文版编者注

168

致玛·伊·乌里扬诺娃

1908年8月9日

亲爱的玛尼亚莎：现将一张我刚刚去过的地方的照片寄给你。我到山里去玩了一阵。恶劣的天气使我不能在那里作更久的盘桓。但是我仍然玩得很痛快。我的那本书拖得太久了，现在我打算在一个半月左右把它写完。然后我们再一起去玩玩。我非常希望你能在秋天到我们这里来多住些日子。好不好？希望你一定来！如果妈妈也能来那就太好了。今年夏天的天气并不十分好，雷雨比往年多。到9月的时候这里的天气可望转好。你们来吧！

玛丽亚·伊万诺夫娜曾经路过这里。我和她只谈了一会儿。我是上星期日晚上到她那里去的。她在日内瓦待了两天就到意大利去了。她在巴黎也没有住多久，总共只有两个星期。她这次到国外来游历的确太匆忙了！

请代我热烈地吻妈妈！

你的　弗·乌·

我们都很健康，都热切地向你们问好！

附言：费尔-勒格利斯距离迪亚布勒雷[271]不远。我同你没有一块儿到那里去过。从日内瓦去,要乘两个半小时火车,然后再步行近 4 个小时。

从日内瓦寄往莫斯科省谢尔普霍
夫县米赫涅沃车站

载于 1929 年《无产阶级革命》杂志
第 11 期

译自《列宁全集》俄文第 5 版
第 55 卷第 253 页

169

致玛·亚·乌里扬诺娃[①]

(夏天)

附言:今天我看了一篇有趣的讲火星居民的杂文,这篇杂文是根据洛韦尔的英文新著《火星和火星上的运河》写的。洛韦尔是一个天文学家,曾长期在一个特设的堪称世界第一的天文台(在美国)工作。

这是一部科学著作。它证明火星上有人居住,火星上的运河是技术上的奇迹,那里的人大概比这里的人大 $1\frac{2}{3}$ 倍,像大象一样生着长鼻子,浑身是羽毛或兽皮,长四条腿**或六条腿**。我国的那位作者[②]有些欺骗我们,他笔下的火星美人**不完整**。看来他的原则大概是"一个令人鼓舞的谎言,要胜过千万个卑微的真

---

① 这封信只剩下附言,原信没有保存下来。——俄文版编者注
② 指亚·波格丹诺夫,他是小说《红星》的作者。——编者注

理"272……

高尔基的新小说《最后一代》①已经出版了。

从日内瓦寄往莫斯科省谢尔普霍　　　　　　译自《列宁全集》俄文第 5 版
夫县米赫涅沃车站　　　　　　　　　　　　第 55 卷第 254 页

载于 1929 年《无产阶级革命》杂志
第 11 期

170

致玛·亚·乌里扬诺娃

1908 年 9 月 30 日

　　亲爱的妈妈:很久没有给你写信了。我本来指望玛尼亚莎到这里来会把一切都告诉我们的,但是她一直拖着没有来。如果她能在这里的 10 月下半月来,那就太好了,我们可以一同到意大利去旅行。我打算把书②写完以后(现在就要写完了)休息个把星期。10 月 11 日我要到布鲁塞尔去三天,然后回到这里来,再作到意大利去的打算。273为什么米嘉也不到这里来呢? 他照料病人以后也应该休息一下。真的,请他也来吧,我们可以在一起好好地玩玩。如果经济方面有困难,可以动用阿尼亚那个存折上的存款。我目前有可能得到一笔很大的收入。

---

① 阿·马·高尔基的剧本《最后一代》。——编者注
② 指《唯物主义和经验批判主义》一书。——编者注

如果能去游览意大利的湖泊，那实在太好了。听说那里深秋时节很美。阿纽塔大概很快就会到你那里去的，她去了，你就让玛尼亚莎和米嘉来吧。

紧紧地拥抱你，亲爱的妈妈，祝你健康！

你们乡下秋天的天气怎么样？这里倒是不坏。夏天的天气很不好，而现在有时简直又像夏天了。

我们都很健康，务请代我们向大家问好！

你的　弗·乌里扬诺夫

从日内瓦寄往莫斯科省谢尔普霍夫县米赫涅沃车站

载于1929年《无产阶级革命》杂志第11期

译自《列宁全集》俄文第5版第55卷第254—255页

<h1 style="text-align:center">171</h1>

<h1 style="text-align:center">致安·伊·乌里扬诺娃-叶利扎罗娃</h1>

1908年10月27日

亲爱的阿纽塔：我很奇怪，为什么你们这么久没有来信。大概是往莫斯科搬家非常忙，没有顾得上写信。

我那本书稿[1]寄往何处，请把地址告诉我。书已经写好了，一共24印张（每印张40 000字母），大约400页。再有两个星期左

---

① 指《唯物主义和经验批判主义》一书。——编者注

右我就可以把它校订好寄出去,我希望能够得到一个妥善的邮寄地址。

关于出版人的问题,看来情况很不好,今天我得到消息,说格拉纳特买下了孟什维克的《历史》①,换句话说,孟什维克在那里占了上风。很明显,他现在一定会拒绝出版我的书。**274** 好在我现在并不急需稿费,也就是说,我同意作些让步(什么样的让步都可以),同意直到卖掉书有了收入后再付稿费,——总之,出版人根本不用冒什么险。关于书报检查问题,**各种**让步我都可以接受,因为我的书除了个别说法不合适以外,总的说来是完全可以公开的。②

等待你的回信。

我和全家人吻妈妈和你!

你的　弗·乌里扬诺夫

从日内瓦寄往莫斯科

载于 1930 年《无产阶级革命》杂志
第 1 期

译自《列宁全集》俄文第 5 版
第 55 卷第 255—256 页

---

① 指尔·马尔托夫、彼·马斯洛夫和亚·波特列索夫编的《20 世纪初俄国的社会运动》一书。——编者注

② 因此,如果稍有可能,可以接受**任何**条件签订合同。

1908 年 10 月 27 日列宁

给安·伊·乌里扬诺娃-叶利扎罗娃的信的第 1 页

172

致安·伊·乌里扬诺娃-叶利扎罗娃

1908年11月8日

亲爱的阿纽塔：今天收到了你和妈妈附有新地址的明信片。我寄到普列斯尼亚44号4室的信你收到了没有？如果把大批手稿写上你私人的住址寄出去，而根本不寄给任何一家**出版社**，我是不放心的。如果可能的话，请替我找一个出版社的地址，我好**立刻**把手稿寄出去。现在我等着你回复我这封信。此外，如果书报检查机关的检查**很**严格，可以把各处的"僧侣主义"一词都改为"信仰主义"，并在注解中加以说明（"信仰主义是一种以信仰代替知识或一般地赋予信仰以一定意义的学说"）。[275]这是**说明**我将要作的让步的性质的一个例子。

握手并热烈地吻妈妈！

你的　**弗·乌里扬诺夫**

从日内瓦寄往莫斯科

载于1930年《无产阶级革命》杂志
第1期

译自《列宁全集》俄文第5版
第55卷第256—259页

173
致玛·亚·乌里扬诺娃

1908年11月17日

　　亲爱的妈妈:玛尼亚莎今天到洛桑著名的耳科大夫梅尔莫德博士那里看病去了。看病日期是大夫给她来信指定的:我这里的名医看病,必须这样依次等候。据一般反应,这位大夫很高明。四年前我曾在他那个诊疗所动过一次小手术,手术做得很出色。因此,我想他能把玛尼亚的病治好,要不然这只耳朵还会严重影响她,妨碍她学习。她同我们住在一个楼里,在我们上面一层楼;屋里安了一个炉子,因此现在很暖和,很舒适。午饭和晚饭她都同我们一起吃。只是拉丁语叫她伤脑筋。原来还要考拉丁语,而且考期只限11月19日这一天。当时离考期总共只剩下10天了。我本来劝她"突击"一下语法,去碰一碰运气;好在她的法语很好。但事实上她学习不能太紧张,耳朵妨碍她;加上考期又那样近,不大有希望。因此她放弃了拉丁语。幸亏我们可能全都要搬到巴黎去,到时候她当然也要同我们一起去。在巴黎则不要考拉丁语。我们这次搬家差不多已经完全肯定了,但最早也还要再过个把月才能搬。一搬家当然会有一大堆麻烦事。希望大城市能使我们大家的心情都舒畅一些;在这种穷乡僻壤已经待腻了。住在巴黎必然会多花一些钱,这是一定的。气候大概不会比日内瓦坏。这里的天气相当潮湿,雾也很讨厌。我们正在打听,如何处理那两辆自行车。丢掉它们吧,很可惜,休息和游玩时骑一骑非常有意思,但是关税可能很高,不过我想总能找到一个妥善的解决办法。请转告阿纽塔,我已把哲学手稿寄给一个熟人了,他曾住在 1900 年我去克拉斯诺亚尔斯克之前我们见面的那个小城里。**276** 我想他已经收到,并已转交给你们。如果还没有的话,那就得到他那里去一趟,好在他住得离你们不远。千万请立即写封短信告诉我手稿是否收到了。我已经给彼得堡的两个朋友写了信,请他们帮忙找人出版。我告诉他们,如果有什么问题,可以通过那位在知识出版社工作的我们共同的熟人①同阿纽塔联系。对知识出版社本身,我几乎根本不抱希望,它的"老板"②是一只大狐狸,他向阿纽塔许过模棱两可的诺言,但他到高尔基住的卡普里岛去嗅一嗅以后,大概就会拒绝出版的。③ 必须另找出路。我已说过我愿作一切让步。④

　　紧紧地拥抱你,亲爱的妈妈,祝你健康!

你的　弗·乌里扬诺夫

从日内瓦寄往莫斯科

载于 1930 年《无产阶级革命》杂志
第 1 期

译自《列宁全集》俄文第 5 版
第 55 卷第 259—260 页

---

① 指弗·德·邦契-布鲁耶维奇。——编者注
② 指知识出版社的经理康·彼·皮亚特尼茨基。——编者注
③ 见本版全集第 19 卷注 3。——编者注
④ 见本卷第 171 号和第 172 号文献。——编者注

174

致安·伊·乌里扬诺娃–叶利扎罗娃

1908 年 11 月 26 日

亲爱的阿纽塔：刚刚给你寄去一封"报警"信，就收到你 11 月 9 日的来信，说稿子已收到，完整无损。的确我为这部稿子的寄递有点过分担心。不过我是非常害怕失落这部好几个月才写成的大部头稿子的，就是耽搁了也会使我神经紧张。你要求发电报去问回音，做得很对。如果那边不同意，应当马上通过邦契出版。别的出版人恐怕找不到了。而邦契现在是欠债搞出版，他是东托西托，将就着干。我能否得到收入全无把握，但他毕竟肯出版。[277] 我已经给彼得堡的两位同事写过信，准备还要写。当然，如果你能碰到机会，你就交出去，总之由你做主，不过可能性大概是很小的。

如果找不到出版人，就马上直接寄给邦契，只是让他不要给任何人看，得加倍注意，以免出娄子！请你把这一点告诉他。

有两处改动，或者确切些说是一处改动，一处补充。第 60 页（《绪论》的末尾）在"瓦连廷诺夫把它们混淆起来"（正数第 9 — 10 行）到"我们……"（倒数第 2 行）要删掉，直接写上：

"瓦连廷诺夫把它们混淆起来，同时还可笑地安慰我们，他写道：'马赫和…… "接近"…… 我们也不认为是哲学上的罪过。'①……"（第 61 页）

---

①   第 60 页正文的下半页应当在这里就结束了。（见本版全集第 18 卷第 31 页。——编者注）

请按此修改。

补充的一点我写在另一张纸上寄给你,这样容易把它贴上。这是加在第 5 节(第 5 章)**最末一个词**后面的注释。[278] 这一章的抄本我家里现在没有,因此说不出最末一个是什么词,不过这也并不需要。

紧紧握手!

你的　　**弗·乌里扬诺夫**

附言:我准备把你的信寄到巴黎给玛尼亚莎。她从巴黎还没来过信。

请你再把地址告诉我一遍,因为玛尼亚莎把你的地址带走了,现在我是凭记忆写的。又及。

从日内瓦寄往莫斯科

载于 1930 年《无产阶级革命》杂志
第 1 期

译自《列宁全集》俄文第 5 版
第 55 卷第 261—262 页

175

致玛·亚·乌里扬诺娃

1908 年 12 月 10 日

亲爱的妈妈:今天我们终于把房子让出去了。部分物件今天按慢件托运走。我们在星期六或者最迟在星期一动身。房子已有人给我们租好,奥尔良林荫路 69 号或 67 号——到巴黎后我再确切告诉你。**279**目前要写信给我们,寄给玛尼亚莎好了。我们租的房子在一楼,有三个房间,有一个是为玛尼亚莎准备的。

　　刚刚收到阿纽塔的来信,给她发了份电报:立即接受第二个条件。我很高兴,不经过知识出版社就把事办妥了,我认为应当尽快根据第二个条件签订合同。现在最要紧的是抓紧时间,尽快同出版人①签订正式合同,把事情定下来,并催他们赶快出版。如果可以的话,应当把**立即**出版这一条订进合同里(如果可以的话,不妨讲明要多给作者一些赠书,当然也不要太坚持)。还有,订合同时,我劝阿尼亚小心些,尽可能不签自己的名字,以免受出版法追究(以免出了事坐牢;这一点需要同内行人商量一下)。用我的名义签合同,根本不用阿纽塔的名字,提也不提她,这样行不行?**280**

　　我给你们寄了两封写错了地址的信,大概都没有送到,因为你对这两封信只字未提。或许可以到邮局去查询一下,把这封信的信封附上,告诉他们,字迹是这样的,信是从同一个城市寄出的,收信人是玛·亚·乌里扬诺娃或者安·伊·叶利扎罗娃,只是写错了巷名,把哈莫夫尼基区奥博连斯基巷写成**索科利尼基**巷了。这两封信到底收到没有? 如果没有收到,我就把其中一封信里附去的补充**再写一遍**。②

　　现在再寄上第 5 章的几个小改动。校样请一定按印张寄来(都寄到下述地址:巴黎　圣马赛尔林荫路 27 号　玛·乌里扬诺娃小姐),让我通篇校对一下。万不得已时,咱们私下说说,我甚至也可以同意第一个条件;但第二个条件很有利,而且还有机会马上

----

① 指 Л.克鲁姆比尤格尔。本信及第 176、177、183、188、190、191、192、196 号文献中提到的出版人,都是指 Л.克鲁姆比尤格尔。——编者注

② 见本卷上一号文献以及注 278。——编者注

在莫斯科出版,这很诱人,所以千万要抓住这个机会。作者署名问题,我不坚持,署什么名字都可以,我没有意见,让出版人挑选吧。

　　热烈地拥抱你,亲爱的妈妈! 热切地向阿纽塔问好! 大家都问候你们。

你的　弗·乌里扬诺夫

从日内瓦寄往莫斯科

载于 1930 年《无产阶级革命》杂志
第 1 期

译自《列宁全集》俄文第 5 版
第 55 卷第 262—263 页

176

致安·伊·乌里扬诺娃-叶利扎罗娃

1908 年 12 月 19 日于巴黎

　　亲爱的阿纽塔:今天从玛尼亚那里收到了你寄来的一张明信片和一封由日内瓦转来的信。这么说,一切都安排好,合同也签好了。好极了。至于改动,我在遗失的那封信里给你写过。现在我再重复一下。对巴扎罗夫和波格丹诺夫的态度,我**同意**缓和些;对尤什凯维奇和瓦连廷诺夫——不必缓和。关于改成"信仰主义"等等,**只是**在迫不得已时,即出版人提出最后通牒式的要求时我才同意。关于校样,我不打算在这里校对,让你们久等,这样做恐怕不行。我只要求一印好就寄来(即**除了**机样边印边寄**以外**,还要寄没校对过的毛样),使我能够**在非常必要时**发电报或写信把排印错误等等通知你们。的确应把考韦拉尔特改成科韦拉尔特,虽然这可能是佛来米人，天知道他们佛来米人发"科"还是发"考"音。

在日内瓦时我曾按照正确的地址给你寄去了一封附有修改和补充的信。收到没有？

我们马上就要从旅馆到自己的新寓所去，地址是：巴黎（XIV）博尼埃街 24 号①弗拉·乌里扬诺夫先生。找到了很好的寓所，很阔气，但很贵，一年 840 法郎＋近 60 法郎的税＋60 法郎左右给女看门人的费用。在莫斯科，这算便宜的（4 个房间＋1 个厨房＋几个贮藏室，自来水和煤气俱全），而在这里就算贵了。不过很宽敞，我想也一定很舒适。昨天替玛尼亚莎买了家具。我们的家具是从日内瓦运来的。寓所位于巴黎南郊，在蒙苏里公园附近。很安静，像住在乡下一样。离市中心很远，但在我们附近不久就要通地铁了，一般说交通是便利的。现在对巴黎还感到满意。

紧紧握手！大家都向你问候！代我吻妈妈！

你的　弗·乌里扬诺夫

关于普利什凯维奇一段请保留②。其他责骂的话同意缓和些，难听的话也同样处理。"设想出了一个神"应该改成："'设想出了'……（说得和缓些）宗教的概念"或诸如此类的说法。③

寄往莫斯科

载于 1930 年《无产阶级革命》杂志
第 1 期

译自《列宁全集》俄文第 5 版
第 55 卷第 263—265 页

---

① au deuxième au-dessus de l'entresol，用俄语说就是：在 4 楼，porte à droite（右边那扇门。——编者注）。
② 见本版全集第 18 卷第 205 页。——编者注
③ 同上书，第 74 页。——编者注

177

致安·伊·乌里扬诺娃–叶利扎罗娃

1908 年 12 月 24 日于巴黎(XIV)博尼埃街 24 号

　　亲爱的阿纽塔:关于校样问题,记得我在上一封信中已经把问题都说清楚了,今天又收到你的信,因此我再抓紧时间简单地谈一谈。我过去和现在都不赞成把校样寄到这里来校对,让你们等我从这里寄回校对过的校样。我只是请你们寄校样来**以备万一之用**,就是说,有了这份校样,我可以预先指出排印错误和最重要的修改,或者是碰到特别情况等等的时候可以发电报叫你们停止印刷,此外,如发生意外,我能有这么一份校样也是好事。

　　因此我请求印**两份一**校样(或者印两份二校样,一校样、二校样都印两份就更好了),你看一份,另一份**马上**寄给我,谁都不会被耽误。我想,出版人**完全**可以做到这一点,因为非到万不得已时我决不会妨碍出书。如果印两份校样需要费用(未必需要,**我们不必**提这个问题),我同意自己负担。

　　如果**一**校样按时寄来,**绝对**不会耽误一星期,因为在全部校完和印好之前还有好几天(改一校样,改二校样,拼版,印刷)。出版人说要**耽搁一星期**,那是他胡扯。

　　顺便提一下,万一要耽搁,我会马上发电报给你的。在电报里我用 arrêtez 12 或 65 等符号,arrêtez 表示暂停印刷,等作者校对的校样,第一个数目字表示第几章,第二个表示第几节(如 12＝第 1 章第 2 节;65＝第 6 章第 5 节等)。再说一遍,只有在万不得已时我才这样做。

至于章节标题，可以的话，最好不用黑体字排，而是用八点铅字或斜体字排。这些当然都不重要。

有一封附有补充和小改动的信是不是遗失了？关于埃·贝歇尔的修改和补充①你已收到，我从你的来信可以看出来，但在这封信以前还有一封附有修改的信。

事情进展很快，我高兴极了。这是主要的。

紧紧握手！吻妈妈！

你的　弗·乌里扬诺夫

这里大家都向你问候！我们在巴黎已逐渐习惯了。

寄往莫斯科

载于 1930 年《无产阶级革命》杂志
第 1 期

译自《列宁全集》俄文第 5 版
第 55 卷第 265—266 页

---

① 见本版全集第 18 卷第 303—304 页。——编者注

1909 年

178

致安·伊·乌里扬诺娃-叶利扎罗娃

1909 年 2 月 6 日

　　亲爱的阿纽塔:昨天给你一信,还说收到校样没有丝毫希望,可是今天早上就收到了第一批校样!现寄上勘误数处(排印错误一般不多)供参考,同时我也很想知道,寄到你那里快不快,是否赶得上。至于校样,我不打算寄给你了。

　　Коллекцию 应为 коллекции(手稿第 15 页倒数第 8 行;条样第 5 页顺数第 1 行)。

　　Предположения 应为 предположением(手稿第 22 页倒数第 3—4 行;条样第 7 页顺数第 3—4 行)。

　　Те лесные 应为 телесные(手稿第 28 页顺数第 6—7 行;条样第 9 页顺数第 3 行)。

　　Элюций 应为 эмоций(手稿第 36 页倒数第 3—4 行;条样第 10 页倒数第 2 行)。[281]

　　就是这些。

　　紧紧握手并吻妈妈!

你的　弗·乌·

大家都向你问候！我马上要同玛尼亚莎到剧院去看俄国戏。演的是安德列耶夫的《我们的日子》。

从巴黎寄往莫斯科

载于1930年《无产阶级革命》杂志
第1期

译自《列宁全集》俄文第5版
第55卷第267页

179

致安·伊·乌里扬诺娃-叶利扎罗娃

(2月16日或17日)

　　亲爱的阿纽塔：昨天给你发出一份电报**282**，今天收到了回电。玛尼亚莎一直急着要马上就走，不过现在似乎已经同意等来信后再说。妈妈的身体怎样？米嘉的信我看过了，**请他**在最近这段时间里经常**给我们来信**，因为他是医生，更了解病情，尤其是向专家请教以后，所以我**请他务必经常**把情况告诉我们，即使是三言两语也行。关于校对的问题，千万请你丢开，因为在这个时候还把这种工作加在你身上，简直是不近人情。既然有手稿，那就花钱请一个大学生或其他什么人（或者通过"作家"①等）作最后校对，把我的地址告诉他，你就不要分心管勘误的事了。即使这样，你也够累了…… 热烈地吻妈妈！我们大家都热切地向你们问好！

　　马尔克不愿意在期满以前动身，他说，反正现在是不会放他到

---

① 指伊·伊·斯克沃尔佐夫-斯捷潘诺夫，他曾大力协助出版列宁的《唯物主义和经验批判主义》一书。——编者注

首都去的。

紧紧握手！

你的 弗·乌里扬诺夫

从巴黎寄往莫斯科

载于1930年《无产阶级革命》杂志
第1期

译自《列宁全集》俄文第5版
第55卷第268页

180

致安·伊·乌里扬诺娃-叶利扎罗娃

(2月17日或18日)

亲爱的阿纽塔：寄上我对今天收到的校样的更正。我已经收到：

(1)版样第97—112页。

(2)尚未拼版的条样第81—97页(手稿第302—364页)。

但是两者之间有遗漏：版样到手稿第274页为止(包括第274a、274д页)，而条样却从第302页才开始，就是说，**漏掉了大约27页稿子!!** 是漏掉了一整张版样？是在当印刷品寄时丢了？还是偶然忘了寄来或忘了从印刷所取来？**务请**把这些漏掉的校样(手稿第274—302页)寄来。并请你无论如何要采取措施，以防止在拼版和印刷时漏掉。这些漏掉的地方无论对我或对这本书都**特别**重要。

我现在按手稿再把遗漏的地方写得更准确一些。版样第 112 页最后几个字是：“应该把这些能动力”。这几个字在手稿的第 274 页或第 274a 页或第 274б 页上。这几个字之后就开始漏，从第 274a 页到第 302 页的“再引几句巴扎罗夫的话”止，即到顺数第 3 行止。这就是遗漏的准确范围。[283]

还有一个错误，或者说得更确切些，不是错误，而是条样里有一个地方在拼版时会引起错误：条样第 88 页的倒数 **17** 行 从“格尔”(德文版第 4 版第 14 页)等等 开始 手稿第338 页 应该排在 **条样第 89 页的末尾**。

也就是说：在排版时，“宗教经验”(条样第 88 页倒数第 18 行，手稿第 334 页顺数第 6 行)后面接着就排上了“格尔”(第 14 页……)，即第 338 页顺数第 7 行。要仔细检查，不要在拼版时弄错了。

请务必花钱请一个**懂得多种语言的人**校对最后的校样(并把我们的往来信件交给他)。让米嘉拿 **100 卢布**到“作家”那里去**请个人**①(或者是作家自己，或者由他介绍一个人)作最后校对，并同我联系。这件事**必须**这么办，因为你现在**显然**顾不上校样，不然只会使你劳累和苦恼。**千万请你马上办好这件事**。

昨天给你去了一封信，玛尼亚莎也给你去了信。热烈地吻妈妈。“好了一些”——这太含糊了……[284]　请来信。

紧紧握手！

你的　弗·乌·

---

①　这件事两三个钟点就能办好。

附言:还请把**已经印好的**机样马上寄来:我要整理一份勘误表。这很重要,因为即使全书都已经印好,也还能作某些更正。

————

页	行	顺数或倒数	误	正
① 97	11	顺数	для	(для
97	4	倒数	загораживает	загораживают
97	2	倒数	Schulweischeit	Schulweisheit
98	9	顺数	теориями,	теориями
① 99	10	顺数	Erkenntnill	Erkenntniss
99	17	顺数	S.87),	S.87).
① 99	10	倒数	Erk.n.Irrth	Erk.u.Irrth
99	9	倒数	последовательный	«последовательный
① 100	3	顺数	Писону	Пирсону
100	4	顺数	1907, pc.p.15).	1907, p.15).
① 100	10	倒数	Конечно	«Конечно
103	3	顺数	материализма.	материализма.II.
103	6	倒数	следующей	четвертой
105	8	顺数	природе	природе».
105	17	顺数	действительности?[1])	действительности?»[1])
106	13	顺数	Геринса	Геринга
110	7	倒数	тезисе,	тезисе Маркса
① 111	11	倒数	сю	ею
① 111	9	倒数	кантианц.	кантианцы.
① 112	10	倒数	вообще	вообще,

————

① 该书第一次出版时业已更正。——编者注

条样	行	顺数或倒数	手稿页数	行	顺数或倒数	误	正
81	19	倒数	（305	3	顺数）	Единство	«Единство
81	19	倒数	（305	3	顺数）	состоит в	состоит не в
81	3	倒数	（307	2	顺数）	вопрос «бытия	вопрос о «бытии
82	9	顺数	（307	3	倒数）	материализма» и идеализма	материализма и идеализма»
82	13	顺数	（308	2	顺数）	марксистом	марксистом.
82	17	顺数	（308	7	顺数）	махитской	махистской
82	22	顺数	（308	5.	倒数）	вещей в себе，	вещей в себе
82	23	倒数	（310	9	顺数）	Фейербах	Фейербаха
82	18	倒数	（310	5	倒数）	абстркация	абстракция
82	16	倒数	（310	3	倒数）	на	не
82	6	倒数	（311	10	顺数）	zileth	zuletzt
82	2	倒数	（311	3	倒数）	wesen	Wesen
83	19	顺数	（313	6	顺数）	ohue Empfiin-daung	ohne Empfin-dung
83	43	顺数	（314	1	倒数）	Siune	Sinne
83	24	倒数	（315	7	顺数）	stch	sich
83	19	倒数	（315	6	倒数）	филосовский	философский
83	18	倒数	（315	5	倒数）	ннблюдал	наблюдал
83	15	倒数	（315	1	倒数）	знали	знаем
84	8	顺数	（317	8	倒数）	не согласован-ности	несогласован-ности
84	4	倒数	（318	6	顺数）	Unauskeunt-liches	Unauskennt-liches
85	3	顺数	（318	5	倒数）	ошибочную путаную	ошибочную и путаную
85	11	顺数	（319	7	顺数）	отделает	отделяет
85	15	顺数	（319	11	顺数）	toti cœio	toto cœlo
85	17	倒数	（322	1	顺数）	нас»，	нас»
86	8	顺数	（323	7	倒数）	обсолютном	абсолютном
86	18	顺数	（324	6	顺数）	обсулютно	абсолютно
86	20	顺数	（324	9	顺数）	обсолютной	абсолютной

条样	行	顺数或倒数	手稿页数	行	顺数或倒数	误	正
86	23	顺数	（324	7	倒数）	обсолютной	абсолютной
86	31	顺数	（325	4	顺数）	обсолютной	абсолютной
86	16	倒数	（325	8	倒数）	слысл	смысл
86	10	倒数	（325	1	倒数）	Еели	Если
87	2	顺数	（326	7	倒数）	агнотицизм	агностицизм
87	10	顺数	（327	4	顺数）	основая	основная
87	15	顺数	（327	8	倒数）	бронирующая	организующая
87	27	顺数	（328	8	顺数）	Основы	Основа
87	33	顺数	（328	3	倒数）	строили	строим
88	1	顺数	（329	1	倒数）	будемы	будем
88	23	顺数	（331	8	顺数）	указываются	укладываются
88	45	顺数	（332	3	倒数）	опыты	опыт
88	51	顺数	（333	5	顺数）	фактомъ	фактом
88	54	顺数	（333	8	顺数）	наук	науки
88	59	顺数	（333	3	倒数）	что	то
88	64	顺数	（334	4	顺数）	нея	него
88	13	倒数	（338	6	倒数）	Asu-Berliche	Aeusserliche
88	10	倒数	（338	2	倒数）	Erkeuntui	Erkenntniss
88	10	倒数	（338	2	倒数）	desselbeu	desselben
88	10	倒数	（338	2	倒数）	bes Ueber-siunlichen	des Ueber-sinnlichen
88	10	倒数	（338	2	倒数）	Stalt	Statt
88	7	倒数	（339	4	顺数）	wahrnehmung	Wahrnehmung
88	5	倒数	（339	6	顺数）	Durchfürmg	Durchführung
88	3	倒数	（339	10	顺数）	vahrhaft	wahrhaft
88	2	倒数	（339	2	倒数）	wissenschaften	Wissenschaften
88	1	倒数	（339	1	倒数）	1893	1843
89	3	顺数	（334	8	倒数）	выпускает	вытекает
89	8	顺数	（334	3	倒数）	в(«Анал.	в«Анал.
89	19	顺数	（335	5	倒数）	развитию	различию
89	19	顺数	（335	5	倒数）	филосовских	философских
89	29	顺数	（336	7	顺数）	запутываеаъ	запутывает

条样	行	顺数或倒数	手稿页数	行	顺数或倒数	误	正
89	33	顺数	(336	5	倒数)	солипизму	солипсизму
89	4	倒数	(338	3	顺数)	следовательво	следовательно
90	9	顺数	(340	5	顺数)	причинкости	причинности
90	13	顺数	(340	8	倒数)	с опыте	в опыте
90	17	顺数	(340	4	倒数)	берклианцами	берклеанцами)
90	18	顺数	(340	2	倒数)	признали	признаем
90	25	顺数	(341	9	顺数)	he; gnosis,—	he; gnosis—
90	26	顺数	(341	9	顺数)	знания	знание

从巴黎寄往莫斯科

载于 1930 年《无产阶级革命》杂志
第 1 期

译自《列宁全集》俄文第 5 版
第 55 卷第 268—273 页

181

致安·伊·乌里扬诺娃-叶利扎罗娃

(2 月 23 日)

亲爱的阿纽塔:昨天晚上收到了你的来信,还有亲爱的妈妈的附笔。玛尼亚莎和我们都高兴得不得了。玛尼亚莎今天又活跃起来,同马尔克出去玩了——今天是狂欢节的最后一天[285],法国人正在狂欢。请代我和我们大家更热烈地吻妈妈,——热切希望她最近能顺利地恢复健康!

今天收到了第 8 和第 9 印张(第 113—144 页)的版样。非常满意:没有遗漏,条样也没有弄乱(上次我写信时谈到这一点,当时**没有看到**版样。不过顺便插一句,你寄印刷品时没有用绳子捆好,这样,单页甚至印张都很容易掉出来)。

这两个印张的校样总的说来很好,使我非常高兴。但我仍然不想收回花钱请人校对的要求(上次信中曾谈到这一点),因为在妈妈生病的时候,恐怕你很难抽出时间干这样枯燥的工作,而且精力也很难集中。

寄上版样第 8 和第 9 印张(第 113—144 页)的更正。将来**印刷**时,务请从第 1 印张起就寄给我,以便列出一张勘误表,这些排印错误必须说明,哪怕是在书里专门插进一页也好。

紧紧握手,再一次吻妈妈!

你的　　弗·乌里扬诺夫

稍微错一点就改变原意的有:

(1)第 126 页顺数第 16 行漏掉 не

(2)和第 138 页倒数第 20 行。

页	行	顺数或倒数	误	正
①113	16	倒数	цев,	цев
①114	8	倒数	Юма,	Юма)
115	13	倒数	ощущений»	ощущений.
①116	4	顺数	элементами»	«элементами»
①116	9	顺数	впечатления»	«впечатления»
①119	10	顺数	бы сам	он сам

①　该书第一次出版时业已更正。——编者注

页	行	顺数或倒数	误	正
120	11	顺数	объявляется,	объявляется
120	9	倒数	«объединяет	объединяет
121	13	顺数	рассуждали	рассуждаем
①122	14	倒数	махитским	махистским
122	13	倒数	почтенейшим	почтеннейшим
122	10	倒数	действительность!!!!	действительность»!!
①123	12	顺数	искажение	искажении
123	15	顺数	Stimmen	stimmen
123	17	顺数	Stimmen	stimmen
①124	5	顺数	ними	ним
①124	12	顺数	том-то дело	том-то и дело
124	10	倒数	изрѣчение	изречение
124	8	倒数	марксистов!»	марксистов!
124	3	倒数	или,	или
①126	16	顺数	Единство	«Единство
126	16	顺数	состоит в	состоит не в
127	7	顺数	материализма» и идеализма	материализма и идеализма»
127	15	顺数	махитской	махистской
①127	15	倒数	в себе.	в себе
127	2	倒数	(sinnlichen),	(sinnlichen)
128	7	顺数	еписком	епископом
①128	10	顺数	Фейербахе	Фейербаха
128	17	顺数	на	не
①128	6	倒数	(weseн)	(Wesen)
129	15	顺数	ohue Empfiindung	ohne Empfindung
131	16	倒数	ошибочную путаную	ошибочную и путаную
①132	8	倒数	нас»,	нас»
①132	5	倒数	виделн	видели
133	15	倒数	существут	существует
①133	7	倒数	осоотно-	о соотно-

---

① 该书第一次出版时业已更正。——编者注

页	行	顺数或倒数	误	正
①134	6	顺数	обсолютной	абсолютной
135	8	倒数	незавимо	независимо
①137	10	倒数	что	то
①137	5	倒数	поповщине	поповщины
138	6	顺数	в(«Анал.	в«Анал.
138	20	倒数	развитию	различию
139	15	顺数	вательво	вательно
①139	3	倒数	Obfective	Objective
139	1	倒数	1893	1843
①139	13	倒数	Aeusserlliche	Aeusserliche
①140	13	顺数	с опыте	в опыте
140	17	顺数	берклианцами	берклеанцами
140	12	倒数	не; gnosis, —	не; gnosis, —
①141	2	顺数	субъективизм), чистое берклеанство;	субъективизм, чистое берклеанство);
141	5	顺数	чугств	чувств
143	18	倒数	клоунами и профессорами	клоунами-профессорами
143	14	倒数	цризнавать	признавать
143	7	倒数	А.	Л.
144	1	顺数	основы	основа
144	18	倒数	«Истории о философии»	«Истории философии»

从巴黎寄往莫斯科

载于 1930 年《无产阶级革命》杂志
第 1 期

译自《列宁全集》俄文第 5 版
第 55 卷第 273—276 页

---

① 该书第一次出版时业已更正。——编者注

182

致安·伊·乌里扬诺娃–叶利扎罗娃

俄国　莫斯科　哈莫夫尼基
奥博连斯基巷　博尔德列夫 5/7 号 30 室
安娜·伊里尼奇娜·叶利扎罗娃收

1909 年 3 月 2 日

　　亲爱的阿纽塔：在这里收到了你和米嘉的来信——十分感谢。我已经从巴黎给你寄去一信，谈到最近的校样很好。如果妈妈的身体好了一些，而你又不过于劳累的话，我当然不坚持请人校对。不过你会不会太累呢？米嘉来信说妈妈好些了，我很高兴！总算好些了，不过，她一定很虚弱。请照旧把校样寄来，拼好版的和尚未拼版的都寄来（我多校一遍不要紧，这样会好些，错误少些）。已经印好的机样，也请马上寄到巴黎。

　　我在尼斯休养。这里风景优美：阳光灿烂，气候暖和干燥，还有南方的海洋。过几天我就回巴黎。

　　热烈拥抱妈妈，和大家握手！

你的　弗·乌·

寄自尼斯

载于 1930 年《无产阶级革命》杂志
第 1 期

译自《列宁全集》俄文第 5 版
第 55 卷第 276—277 页

183

致安·伊·乌里扬诺娃-叶利扎罗娃

1909 年 3 月 9 日

亲爱的阿纽塔：我在尼斯痛快地休养了一番之后，于昨天晚上回到巴黎，你 16 日来的信已经看到了。

现在把版样第 10 和 11 印张的更正寄给你。只有两处是重要的。波格丹诺夫的书的名称是《经验一元论》，不是《经验批判主义》。这个排印错误如果来不及改正，**一定**要在勘误表上特别注明①（不知道你收到我从尼斯寄出的那张明信片没有——我从那里给你寄了两张明信片，我在其中一张上面已经指出过这个排印错误了）。另一个排印错误在第 170 页顺数第 9 行，在所引普列汉诺夫的那段话里面多了一个"这"字。

至于请人校对的事，你曾想了各种办法，这样做当然是对的，因为既要做这项非常细致枯燥的工作，又要照顾妈妈，确实是难以想象的困难。在这样的工作条件下，最近的校样却搞得这么好，这只能使我惊奇。

对我来说，最重要的是快些出书。已经拖得太久了。俄历 3 月 15 日以前能出版也好，否则就糟了！我不知道该不该要违约金，我还在犹豫。可是值不值得同出版人闹翻呢？不值得。

---

①　在《唯物主义和经验批判主义》书末的"最重要的勘误"中指出了这一排印错误。——编者注

最近没有校样,恐怕是因为我离开了巴黎,所以你没有寄来吧? 但愿是这样,而不是印刷和排版的耽误。现在请把全部校样寄来。

米嘉来信说妈妈已逐渐康复。总算在恢复健康了! 热烈地吻妈妈并热切地向大家问好!

你的 弗・乌・

附言:斥责波格丹诺夫和斥责卢那察尔斯基僧侣主义的地方,不要缓和。我们同他们已经**完全决裂**。用不着缓和,不值得这样做。

万分感谢"作家"同意帮忙。看来他毕竟还是一个真正的**马克思主义者**,而不是像有些人那样是"一时的马克思主义者"。[286]请代我立即把我的书赠给他。又及。

版样第 10 和第 11 印张(第 145—176 页)的更正

页	行	顺数或倒数	误	正
145	9	顺数	отговорки	оговорки
150	1—2	倒数	«Эмпириокритицизм»	«Эмпириомонизма»
151	6	倒数	Мы,—	Мы—
151	5	倒数	Мы,—	Мы—
152	9	倒数	«Эмпириокритицизм»	«Эмпириомонизм»
153	10	顺数	1895	1891
153	15	顺数	текста	тезиса
153	4	倒数	прямой.	прямой».
155	15	倒数	(143),	(143).
159	5	顺数	дышим	дышем
160	8	顺数	«Эмпириокритицизм»	«Эмпириомонизм»
162	12	倒数	воющий	воюющий

页	行	顺数或倒数	误	正
163	13	倒数	обходя	трусливо обходя
163	10—11	倒数	«Эмпириокритицизм»	«Эмпириомонизм»
166	2	倒数	нринимают	принимают
167	19	倒数	Авенариусу	Авенариусу»
167	18	倒数	ним»,	ним,
168	14	顺数	«Эмпириокритицизм»	«Эмпириомонизм»
168	16	顺数	«Эмпириокритицизм»	«Эмпириомонизм»
170	9	顺数	на эту тему	на тему
170	11	顺数	оказываются пус-тыми	оказываются совер-шенно пустыми

从巴黎寄往莫斯科

载于1930年《无产阶级革命》杂志第1期

译自《列宁全集》俄文第5版第55卷第277—279页

184

致安·伊·乌里扬诺娃-叶利扎罗娃

1909年3月12日

　　亲爱的阿纽塔：今天收到第1—9印张的清样和第13印张。"清样"就是用上等纸印的，而且看来同机样差不多，但是我不明白为什么在每一印张的上方都打着(印刷所打的)"校样"的印章。

　　不管是什么，是校样也好，是机样也好，都应当说，弄错了的段落全部改对了，而且，**总的说来**，这些"清样"搞得非常非常好。我现在唯一的希望和要求就是**尽快**出书。现在事情已完全安排妥当,校对工作也做得很好,无论如何要加快出书,要加快,实在是拖得太久了,不能忍受了。因此,如果又有什么事情拖住你,那你一定要马上花钱请一个人帮你校对(如果你还没有请的话)。

现在寄给你一张勘误表,这些排印错误在我以前的更正里已指出过,但都**没有改过来**。这里只包括第 6—9 和第 13 印张的勘误(前面 5 印张的,我明后天寄出,因为我把这几印张给了别人了,得先把它要回来)。

这些排印错误一定要列进放在卷首或卷末的勘误表,因为其中**有一些**歪曲了原意。不过总的说来排印错误**很少,无论如何不**至于要耽误出版。

我还没有第 10、11、12 印张(第 145—192 页)的版样。因此这些印张的勘误表还得专门寄一次。我会写清楚,是**那几**印张版样的勘误表。如果等不到我最后的一份勘误表,出书时一定要附上我这份勘误表,标题用:**已发现的排印错误。**

最重要的是:第 126 页顺数第 16 行。

紧紧握手并吻妈妈!

你的　　弗·乌·

附言:凡是斥责波格丹诺夫、**卢那察尔斯基**一伙的地方,**请丝毫**也不要缓和。缓和是不行的。很遗憾,你把切尔诺夫同他们比起来是一个"较诚实的"论敌这句话勾掉了。这样语气就变了,同我的谴责的整个精神不符。关键问题在于:我们的马赫主义者都是马克思主义哲学方面的**不诚实的**、卑怯的敌人。**287**

第 6—9 印张(第 81—144 页)的勘误表

页	行	顺数或倒数	误	正
83	14	顺数	не может	может
85	4	顺数	само	сами
89	12	倒数	замечаниях	Замечаниях
90	14	顺数	мышления	мышление
91	12	倒数	суть	есть
93	11	顺数	дерева	дерево
94	11	顺数	с кривляки	кривляки
95	2	倒数	ad. hond.	ed. Lond.
97	4	倒数	загораживает	загораживают
100	4	顺数	pc. p.	p.
103	3	顺数	материализма. (в заглавии главы II)	материализма. II
103	6	倒数	следующей	четвертой
106	13	顺数	Геринса	Геринга
110	7	倒数	тезисе, о	тезисе Маркса о
121	13	顺数	рассуждали	рассуждаем
122	10	倒数	!!!!	»!!
123	15	顺数	Stimmen	stimmen
123	17	顺数	Stimmen	stimmen
124	10	倒数	изрѣчение	изречение
126	16	顺数	состоит в	состоит не в
128	17	顺数	на	не
135	8	倒数	незавимо	независимо
138	17	顺数	развитию	различию
139	1	倒数	1893	1843
113	17—18	顺数	клоунами и профессорами	клоунами-профессорами
143	7	倒数	А. Фейербах	Л. Фейербах
144	1	顺数	основы	основа
144	17	顺数	Истории о философии	Истории философии

第13印张(第193—208页)的勘误表

页	行	顺数或 倒　数	误	正
194	20	顺数	не может не вести	не может вести
195	80	倒数	Гроссман	Грассман
196	1	顺数	Гроссман	Грассман
197	3	顺数	объективный	«объективный
206	2	倒数	Gedachte	Gedachte)
208	1	倒数	Pag	Prag

从巴黎寄往莫斯科

载于1930年《无产阶级革命》杂志
第1期

译自《列宁全集》俄文第5版
第55卷第279—281页

185

致安·伊·乌里扬诺娃–叶利扎罗娃

(3月21日和22日)

1909年3月21日

亲爱的阿纽塔:你大概从报纸上已经知道了,这里发生了邮电职工的罢工。[288]邮件收发极不正常。一直没收到校样(自第13印张的版样以后就没有收到过)。

我把信用挂号寄给你,以备万一,请你回信时**也用挂号**。

(1)寄上第1—5印张的勘误表。

(2)寄上对手稿第630页的更正[①]。

———————

① 更正没有保存下来。——俄文版编者注

(3)务请把第3章第6节(即自由和必然这一节)开头一句的注释列进**勘误表**。

误:不仅是微笑

正:不是微笑,而是憎恶。

这一点必须更正,否则就歪曲了我的意思,因为我认为向宗教谄媚根本不是什么可笑的事,而是非常卑鄙。

书中后半部中斥责波格丹诺夫和卢那察尔斯基的地方,无论如何不要缓和。这一点我已经写信告诉过你,这些信想已收到。在批判康德主义的一节中尤其**不要**勾掉"普利什凯维奇"等人!

收到了马尔克寄来的明信片。妈妈的身体复原得怎样了? 代我热烈地吻她! 我们大家都很好,都向你们问好!

你的　弗・乌・

1909年3月22日——今天的消息:邮电职工的罢工结束了。但信仍用挂号寄给你,你回信时也请用挂号——为了稳当!

第1—5印张(第1—80页)的勘误表

页	行	顺数或倒　数	误	正
1	7	顺数	1909	1908
21	17	倒数	молчат	молчать
23	2	顺数	somethiug	something
29	3	顺数	материализма.	материализма.I
		(在标题中)		
31	16	顺数	§	S
39	14	倒数	删去 и	
40	11	顺数	s.X,стр.30	S.X
45	4	倒数	Porncaré	Poincaré
46	9	倒数	комплекты	комплексы

页	行	顺数或倒数	误	正
46	8	倒数	называли	называем
47	15	顺数	называли	называем
47	18	顺数	рис. пер. , ст.	рус. пер. , стр.
50	18	倒数	nih	sich
52	1	顺数	деления	различения
56	20	倒数	реалистические»	«реалистические»
60	13	顺数	Так. Так сначала.	Так. Так. Сначала
61	2	倒数	Gartmann	Hartmann
63	18	顺数	χαϥ ἑεοχήν	χαϥ ἑξοχήν
64	10	倒数	на это	на то
66	15	倒数	не—Я;	не—Я
68	2	顺数	принимаемыя	принимаемая
68	12	顺数	показать	показал
69	2	倒数	Avenarius, Phylosophy	Avenarius' Philosophy
70	3	倒数	но а	но и
77	2	倒数	Recention des Aene-siclemus	Recension des Aene-sidemus
78	3	顺数	Введения	Введении

从巴黎寄往莫斯科

载于1930年《无产阶级革命》杂志
第1期

译自《列宁全集》俄文第5版
第55卷第282—283页

186

致安·伊·乌里扬诺娃-叶利扎罗娃

（3月23日或24日）

亲爱的阿纽塔:刚才收到你3月7日的挂号信。十分感谢!

知道亲爱的妈妈已经痊愈,而且能起床了,我非常高兴。让我紧紧、紧紧地拥抱她!

马尔克怎样?他有信来吗?

我们这里罢工完全结束了。终于结束了!不过这件无产阶级的好事却大大妨碍了我们出书……

你的校样和版样**仍然没有收到**。清样只有第1—9(第1—144页)和第13印张(第193—208页)来了。第3章第6节开头部分以后的校样都没有来。

邮差倒是说了些安慰的话,他说俄国来的邮件在罢工期间没有分拣,一两天内分拣好就可以投送。但很难相信这话。

不管怎样,我还是十分高兴,事情正在进展,第19和20印张已经拼好版,就是说很快就要搞完了。这本书一再拖延,真把我等苦了。

寄上补充一则。不必因它而耽误出版。不过,要是时间来得及,可另用一种字体(如用八点铅字)印在卷末,放在结论后面。我认为把车尔尼雪夫斯基同马赫主义者对照一下是极为重要的。①

50本书归你处理,我当然同意。

紧紧握手!

你的 弗·乌·

从巴黎寄往莫斯科

载于1930年《无产阶级革命》杂志
第1期

译自《列宁全集》俄文第5版
第55卷第284页

---

① 见本版全集第18卷第376—379页。——编者注

187

致安·伊·乌里扬诺娃–叶利扎罗娃

1909 年 3 月 26 日

亲爱的阿纽塔：今天收到第 15—18 印张的版样，现将勘误表寄去，**一定要**印成另页放在卷首或卷末。

"清样"，**显然**也就是机样（虽然我很奇怪上面有"校样"的印章），我**只**收到第 1—9 和第 13 印张。务请将其余的清样，即机样给我寄来。

请告诉我，你估计什么时候能出书。热烈地吻妈妈！

你的 弗·乌·

第 15—18 印张（第 225—288 页）的勘误表

页	行	顺数或倒数	误	正
232	16	倒数	Pat	Nat
233	18	顺数	важно	важное
①233	12	倒数	afficits	afficirt
①238	1	顺数	созвал	создал
239	15	顺数	кантиста	контиста
248	13	顺数	«Философия и социальная этика»	«Философские и социологические этюды»
253	4	顺数	Осн.7-е по	Осн. теории позн.
①257	14	倒数	Во-2-м,	Во-2-х,
①257	16	倒数	течение	течения

---

① 该书第一次出版时业已更正。——编者注

页	行	顺数或倒数	误	正
262	6	顺数	ушах	умах
262	18	顺数	Ант.	примеч.
270	14	倒数	содержания	состояния
284	2	顺数	删去 раньше	

从巴黎寄往莫斯科

载于1930年《无产阶级革命》杂志
第1期

译自《列宁全集》俄文第5版
第55卷第285页

188

致安·伊·乌里扬诺娃-叶利扎罗娃

1909年4月5日

亲爱的阿纽塔:昨天收到第14—20印张,即第209—320页的版样,但这些我已经有了 我现 在只剩第10印张的版样即第177—192页还没有 ;今天收到条样第226—234(手稿第784—809页)。

寄上第**14**印张(第209—224页)的勘误(其他印张的勘误已经寄走)和条样的更正。其实这里重要的更正只有一处:在条样第234页(第7节《俄国的一个唯心主义物理学家》第一段末尾) 手稿是第809页 印着"思想家和唯物主义者弗·伊·维尔纳茨基"。这完全歪曲了原意。应当是:"思想家和自然科学家……"**289**

如果来不及更正,一定要特别附上一页说明这个排印错误歪曲了原意。

　　你问:"第802а、802б页该接哪里,这几页在什么地方?手稿里没有。"现在告诉你,这几页是(从日内瓦)单独寄给你的,是开头有"莱伊所以陷于混乱"这几个字的那一段(第6节)顺数第7行"客体"一词的注释(条样是第232页,手稿是第802页)①。

　　现在我再寄给你一份,以备万一(怕单独寄去的这些补充材料②没有寄到)。当然,**不要**因此耽误出书。不过看样子,这本书在出版人那里"本来"就要大拖特拖……弄到天长地久。显然,复活节前也出不了!……

　　紧紧握手!吻妈妈,并希望你们俩尽快到克里木。

你的　弗·乌·

第14印张(第209—224页)的勘误表

页	行	顺数或倒数	误	正
213	7	顺数	самых	самих
213	1	倒数	1832	1892
217	1	倒数	не только улыбку.	не улыбку,а отвращение.
218	12	倒数	его	их
223	5	倒数	отличалась	отмечалась
224	2	倒数	geschichte	Geschichte

从巴黎寄往莫斯科

载于1930年《无产阶级革命》杂志第1期

译自《列宁全集》俄文第5版第55卷第286—287页

---

① 这一注释已加进去(见本版全集第18卷第311页)。——编者注

② 我把这份补充材料(第802页的注释)同另一处补充材料(第7节末尾,手稿第812页)抄在一张纸上。大概都丢了,现在再抄一遍。**不必**因其中的**任何**一个补充材料而耽误出版。

189

致安·伊·乌里扬诺娃-叶利扎罗娃

1909年4月6日

亲爱的阿纽塔：昨天给你寄去一信，附有第14印张的勘误和两处补充。想已收到。

今天早晨收到第10、11、12印张的**清样**，以及第21印张的版样。现在把勘误寄给你，**一定要**印在书里的勘误表上。

非常遗憾的是不得不把勘误这样零零散散地（见信末附言）寄给你，我很担心这些单张的勘误表会丢掉。也许你是每次收到以后就把它们粘上，以便一起送到印刷所去吧？

至于钱，请马上给我汇来（我现在需要钱）；最好是由银行，即由**里昂信贷银行**汇来。为了免得在这里兑换时多花手续费，最好在莫斯科兑成法郎，然后把法郎如数汇给巴黎奥尔良林荫路19号里昂信贷银行办事处Z乌里扬诺夫先生，活期存款第**6420**号。

这是最省事的办法。不必托人捎来，用我上面说的办法，只要把执据保存好就行了，也用不着寄任何支票来。

衷心地希望你和妈妈能尽快离开莫斯科。妈妈必须到克里木去休养。热烈地吻她！向大家问好！

　　　　　　　　　　　　　你的　弗·乌·

附言：现在我把**全部21印张**即清样第1—18印张和版样第

19—21 印张的勘误表都寄给你了。请查对并告诉我,这些勘误表你是否全都有了,如有丢失,我再给你寄去。

第 10—12 印张(第 145—192 页)的勘误表

页	行	顺数或倒数	误	正
145	9	顺数	отговорки	оговорки
150	2—1	倒数	Эмпириокритицизм	Эмпириомонизм
152	9	倒数	同上	同上
160	8	顺数	同上	同上
163	11	顺数	同上	同上
168	14	顺数	同上	同上
168	16	顺数	同上	同上
192	13	倒数	同上	同上
153	10	顺数	1895	1891
153	15	顺数	тексте	тезисе
167	18	顺数	Авенарпусу	Авенариусу»
167	19	顺数	ним»,	ним,
170	9	顺数	на эту тему	на тему
170	11	顺数	пустыми	совершенно пустыми
134	9	顺数	идея	идею
187	18	顺数	трансценцус	трансцензус

第 21 印张(第 321—336 页)的勘误表

页	行	顺数或倒数	误	正
324	11	倒数	явлении	явления
330	18	倒数	тенций	тензий
332	14	顺数	Решкэ	Ремкэ
333	13	倒数	сцены	схемы

从巴黎寄往莫斯科

载于 1930 年《无产阶级革命》杂志
第 1 期

译自《列宁全集》俄文第 5 版
第 55 卷第 287—289 页

190

致安·伊·乌里扬诺娃-叶利扎罗娃

1909 年 4 月 8 日

亲爱的阿纽塔：今天收到第 22 印张（第 337 — 352 页）的版样。错误很少。现将勘误表①寄去。

关于出书问题，我对你有两点很重要的请求。

（1）从上月的经验看来，即使只剩下四五印张，出版人和印刷所也会拖很久很久。而对我来说，**最最**重要的就是快些出书。我这样要急于出书，因为这不仅是一项写作任务，而且还是一项重要的政治义务。**290**因此我特别要求你务必给自己（或给"作家"，要是你把工作转交给他的话）请一个助手，让他专门跑印刷所催他们出版。每星期花 15 卢布找个大学生并不难：想干这种事的人多得很。可以告诉他，如果 4 月 10 日前能出书，就奖给 20 卢布。② 要他经常跑印刷所，把校样送去，把改正的校样**迅速**带回来给你，**每天关照工作**等等。为这件事花它 100 卢布并不可惜。一定要这样办，托给"作家"办也好。因为对我来说拖到 4 月下半月才出书就**要命**了。

（2）我已把第 1—22 印张的勘误全部寄给你了。希望**马上**排

---

① 勘误表没有保存下来。——俄文版编者注

② 显然，同俄国佬打交道，不给油水是不行的。如果在 4 月 10 日以前出书，就给拼版工人 10 卢布，——必须**绕过**出版人去催促印刷所。

印成勘误表,并把校样寄来。这完全来得及,这一点对我很重要,因为印出来的书应当准确无误。

　　握手!

你的　弗·乌·

热烈地吻妈妈!

从巴黎寄往莫斯科

载于 1930 年《无产阶级革命》杂志
第 1 期

译自《列宁全集》俄文第 5 版
第 55 卷第 289—290 页

191

致玛·亚·乌里扬诺娃

1909 年 5 月 21 日

　　亲爱的妈妈:你 4 月 25 日的来信收到了,非常感谢。知道你们已经在克里木安顿下来,你总算能够休息一下了,我们都异常高兴。玛尼亚莎的情况是这样的:她已经报名参加考试[291],现在正在用功背书。结果如何还得等些时候,再过几个星期就可以知道她考得怎样了。我相信她能考得好,因为她非常用功。现在她的身体很好。不过我们还是常常拉她出去散步,最近我们曾带她到离巴黎几俄里的克拉马尔森林去,那里的空气好极了。

　　如果她能够留在这里,我们全家能够在一起过冬,那当然是再好不过了。等考试一完,我就要想法使她留下来。夏天我们将去休养(我想时间大约在 6 月底或 7 月初),到时候就拖她同我们一起去,秋天她就在这里等你,这样我们就可以在巴黎好好地团聚一番了。

紧紧地拥抱你,亲爱的妈妈,希望你好好休息! 我们大家身体都很好,并向你问好!

你的　弗·乌·

附言:热切地向阿纽塔问好! 书已经收到。[292]印刷得太好了。只是大家对书价(2 卢布 60 戈比)有意见,不过这显然是出版人的过错!

从巴黎寄往阿卢普卡(克里木)

载于 1929 年《无产阶级革命》杂志
第 11 期

译自《列宁全集》俄文第 5 版
第 55 卷第 290—291 页

192

列宁和娜·康·克鲁普斯卡娅
致安·伊·乌里扬诺娃-叶利扎罗娃

1909 年 5 月 26 日

亲爱的阿纽塔:我往阿卢普卡给妈妈寄了一封信以后,没几天就接到了你的来信。

书已收到,我认为印得不坏。后面的排印错误不比前面少,一

眼就可看出校对者不懂外文（例如，英文 A new name for old
ways of thinking 就弄得很可笑①）[293]，不过这种缺点很难避免，而
且也无关大体。总之，我对印刷是满意的。大家对书价有意见，这
也是对的。以后在合同上不仅要规定册数，而且必须规定书价。
不过，我被出版人逼得太厉害了，只要能出书，**一切**条件我反正都
会同意。

出版人还没有把钱寄来。我担心要受他的骗了。[294]我已经给
佩列斯去过信。[295]最好你也给出版人写一封信：他答应一个星期
以后寄来，而现在已经过了三四个星期了。（剩下的那笔钱的支票
一定要取。）存折上的 500 卢布，请你汇给我（奥尔良林荫路 19 号
里昂信贷银行办事处 Z 乌里扬诺夫先生。活期存款第 6420 号），
因为我不指望出版人了。

我们这里的事情很不妙，大概要出现分裂；过一个月或一个半
月再告诉你确实的消息。现在还不能作更多的猜测。[296]

玛尼亚莎正在用功背书。她身体很好，想必能通过考试。下
一步情况如何我不知道。她好像是想回家。

我们还没有决定去海滨的时间和地点。[297]但夏天要去是一定的。

热烈地吻妈妈，紧紧地握你的手！

你的　弗·乌里扬诺夫

亲爱的阿尼亚：你在最近的一封信里问我为什么不给你写信。

---

① 斯捷潘诺夫大概根本就没有看过……

去年整个冬天我都是灰溜溜的,时间不知怎么糊里糊涂地过去了,工作也不顺利,因此,我根本无法给你写信。当然,如果玛尼亚什卡①没有向你谈沃洛佳的情况,而沃洛佳也没有谈她的情况,那我一定会像以前一样把他们的情况详细地告诉你,可是现在没有什么可写的,我们的生活很平淡。我每次都让他们代我问好,但是他们大概都没有这么做。无论如何我最近要给你写一封信,现在先让我并代妈妈热烈地吻你和亲爱的玛丽亚·亚历山德罗夫娜。

你们的　娜嘉

从巴黎寄往阿卢普卡(克里木)

载于 1930 年《无产阶级革命》杂志第 1 期

译自《列宁全集》俄文第 5 版第 55 卷第 291—292 页

193

致德·伊·乌里扬诺夫

(6 月底或 7 月初)

　　亲爱的米嘉:玛尼亚莎已经写信把她的病情告诉你了。我也想同你商量一下。大夫都说她盲肠尾部发炎(该是阑尾炎吧?)。我曾经向本地一位很好的外科大夫打听了一下,他肯定是阑尾炎,并建议动手术。大家都说动手术很安全,能够把病彻底治好。

　　这位外科大夫(杜布歇博士)很有声望。不久前他给一位朋友

---

① 即玛·伊·乌里扬诺娃。——编者注

的妻子动手术（也是这种手术），结果非常好，流血极少，8 天后就能起床了。医院也很好。

现在发作得不厉害，体温**没有**上升，痛得也不很厉害。请你**立即**给我回信。我倾向于动手术，但是不知道你的意见，我不敢决定。**请立即回信。**

这里能做好手术，这是不成问题的。大夫建议动手术前哪儿也别去。

我没有给妈妈写信，因为怕引起她不必要的惊慌。不会有什么危险，玛尼亚莎甚至并没有整天都躺着，我也没有写信给阿纽塔，因为妈妈会看我写去的信。

请你写封信给马尔克，通过他（如果这样做不会惊动妈妈的话）告诉阿纽塔。不过，最好还是根本不要写信到克里木去，因为这会使他们惊慌的。

总之，等着你的回信。大家都主张赶快在这里动手术。你是否也这样主张呢？

握手！

你的　**弗·乌里扬诺夫**

我的地址：法国巴黎（XIV）博尼埃街 24 号弗拉·乌里扬诺夫先生。

寄往莫斯科省谢尔普霍夫县米赫涅沃车站

载于 1929 年《无产阶级革命》杂志第 11 期

译自《列宁全集》俄文第 5 版第 55 卷第 293 页

194

致玛·亚·乌里扬诺娃

1909 年 7 月 19 日

亲爱的妈妈:今天收到了你寄来的印着克里木风景的明信片(装明信片的信封有一个角被剪去了,我们很奇怪,不知是你剪的,还是这里邮局剪的?)。

你来信问起给玛尼亚莎钱的事。我在复你上一封信时已回答你了,但不是立即就回信的(我们当时在搬家),所以你的明信片和我的回信错开了。

我这里有钱。我给玛尼亚莎,但是她坚决不要,说她不需要,而且还把她的 70 法郎拿给我们看。

这个星期六我们可能到布列塔尼去休息。伊·瓦·已经去了。玛尼亚莎复原得很快。现在我可以告诉你曾经发生过的事了。她曾经害阑尾炎,也就是盲肠尾部发炎。这种病只要能够及时治疗根本没有危险,动了手术就可以彻底治好。我们征求了米嘉和这里最好的大夫的意见之后,决定立刻动手术。玛尼亚莎在外科医院(这个医院非常好)住了一个星期。手术做得非常成功。玛尼亚莎一个星期后就出院了,现在回到家里已经第三天了。能够走动,什么东西都能吃。复原很快。盲肠尾部切除后,她立刻就感到轻松多了。本周末她可以坐火车了,我们想同她一起到布列塔尼去。

总之,你可以**完全放心**。让玛尼亚莎在这里动了手术是桩好事,因为这里的外科大夫很高明。长期以来慢性阑尾炎老是折磨她,如果不动手术,她还要受折磨。而现在她是个完全健康的人了。

紧紧地拥抱你,我亲爱的妈妈,祝你健康! 请不要因为没有及时把玛尼亚莎的情况告诉你而生气。

你的 弗·乌·

附言:大家都向你问好!

我的地址:巴黎 XIV 玛丽·罗斯街 4 号弗拉·乌里扬诺夫先生。

寄往阿卢普卡(克里木)

载于1929年《无产阶级革命》杂志
第11期

译自《列宁全集》俄文第5版
第55卷第294—295页

195

致玛·亚·乌里扬诺娃

1909年8月24日

亲爱的妈妈:昨天接到了你的来信,现在赶第一个邮班给你复信。你对玛尼亚莎的担心是不必要的。她的健康正在很好地恢复。走路的确还不能走得太多,因为腿(右腿)还有点儿痛。我们问过巴黎和这个村里的大夫，这是不是什么不好的现象。他们都说不要紧，说复原的情况正常，只是稍微慢一点。他们建议玛尼亚莎缠绷带，好减轻走动时的震动。昨天她走了五六俄里，回来后睡得很香，感到很好。总之，她的脸色好多了，和过去**大不相同**，胃口和睡眠都很好，看起来完全是一个健康的人。一句话——我说的**完全是真话**——一切都很好，只是慢一点。这大概是由于去冬疲劳过度了。我们在这里休息得很好。我们已住了三个星期，还想再住一两个星期，也可能是三个星期。玛尼亚莎再过一个月能否启程回国，现在我还不敢说。经过三个星期的休息，她的身体好多了。我劝她多喝牛奶和酸牛奶。酸牛奶是她自己做的，但是，我看她的营养还是不够，为了这件事我经常同她吵嘴。

我们的供膳寓所吃的和住的都很好，而且也不贵（4 个人每天 10 法郎）。我同娜嘉仍旧经常骑自行车出去游逛。

紧紧地拥抱你，我亲爱的妈妈，祝你健康！

你的 弗·乌·

我们大家都热切地向你问好！

附言：马尔克有什么消息吗？他动手术后完全复原了吗？我们大家都向他问好！

从邦邦（法国）寄往锡涅利尼科沃
车站（叶卡捷琳诺斯拉夫省）

载于 1930 年《无产阶级革命》杂志
第 1 期

译自《列宁全集》俄文第 5 版
第 55 卷第 295—296 页

196

致玛·亚·乌里扬诺娃

1909 年 10 月 25 日

亲爱的妈妈:你和阿纽塔的信以及出版人汇来的钱,前两天都已收到了。谢谢。今天接到玛尼亚莎寄来的一封短信,谈到她想治病的事。她寄给我的书(《批判评论》杂志)也收到了。

玛尼亚莎说,你们还住在带家具的廉价公寓里。这样想必非常不方便。最好赶快搬进同熟人一起找到的那个住宅里去。

米嘉知道玛尼亚莎回莫斯科的消息后,大概很快就会去找你们。我想请他给我写上几笔,告诉我他认为玛尼亚莎的身体怎么样,他想找哪个大夫(或哪些大夫)商量给她治病。

我们这里一切如常。大家身体都很好,并向你们问候。这里10 月上半月的天气真好,而现在真正的秋天就要开始了。紧紧地拥抱你,亲爱的妈妈,并热切地向大家问好!

你的　弗·乌·

从巴黎寄往莫斯科

载于 1957 年《列宁全集》俄文第 4 版第 37 卷

译自《列宁全集》俄文第 5 版第 55 卷第 296—297 页

197

致玛·亚·乌里扬诺娃

<u>俄国</u>　莫斯科　少女坪　博热宁斯基巷　达维多夫宅4室
玛丽亚·亚历山德罗夫娜·<u>乌里扬诺娃</u>女士收

1909年11月4日

亲爱的妈妈：

　　前两天收到了玛尼亚莎从新住处寄来的信。你们的新居安排得怎样？暖和吗？我们住的房子有暖气设备，而且天气直到现在还很暖和，所以，甚至感到太热了。玛尼亚莎找到了一个高明的大夫，这是件好事，现在只是要比较严格地遵照医嘱才好。

　　《俄国报》[298]已收到。十分感谢。那位好像套中人[299]的历史学家也来信了。遗憾的是，他正准备写一些愚蠢不堪的东西！对他恐怕也只有听之任之了[300]。

　　我明天要到布鲁塞尔去[301]，要在那里待几天。给阿纽塔的回信已寄往萨拉托夫，我估计她已经到那里了。

　　紧紧地拥抱你，我亲爱的妈妈，并热切地向玛尼亚莎和米嘉问好！大家都向你们问好！

你的　弗·乌·

寄自巴黎

载于1929年《无产阶级革命》杂志
第11期

译自《列宁全集》俄文第5版
第55卷第297页

198

致玛·亚·乌里扬诺娃

(12 月 3 日或 4 日)

俄国　莫斯科　少女坪　博热宁斯基巷　达维多夫宅 4 室
玛丽亚·伊里尼奇娜·乌里扬诺娃收

　　亲爱的玛尼亚莎:今天收到了无耻地瞎诌了一通高尔基如何如何的那一号《俄国晨报》。[302] 好几天以来,巴黎和柏林的某些报纸(《闪电报》[303]、《柏林每日小报》[304])就在这样撒谎骗人。前两天《前进报》曾经有力地驳斥了它们这种彻头彻尾的谎言,非常公正地揭露出这一切为什么都是彻头彻尾的胡说和捏造,并且写得非常巧妙。有一个蠢货,"只知其一,不知其二",竟把他所听到的关于召回主义、学校、哲学等等片断的消息瞎编一通。可以说,《俄国晨报》纯粹是一张造谣报,它登出这篇"访问记"来,只求耸人听闻而已。今天《言语报》也腾出篇幅编造这种造谣中伤的东西。立宪民主党人兴高采烈,他们有撒谎和造谣中伤的借口了。

　　你好吗? 妈妈的身体怎样? 不知道为什么好久没有接到你们的信了。请来信简单地谈谈你们安排得怎样,生活怎样,米嘉怎样。我们这里一切如常。冬天已经来了,我常去图书馆。我们的屋子很暖和。伊·瓦·常害点小病。娜嘉在努力学法语。

紧紧握手并再三吻妈妈!

你的　弗·乌·

附言:你收到给历史学家的答复没有?**如果有机会**能托一位彼得堡的朋友把我放在萨布林诺的书寄来就好了[305],如果不能全部寄,就把马克思、恩格斯及杰出的古典作家的书寄来也行。

寄自巴黎

载于 1929 年《无产阶级革命》杂志
第 11 期

译自《列宁全集》俄文第 5 版
第 55 卷第 298 页

199

致玛·亚·乌里扬诺娃

(12 月 7 日或 8 日)

俄国　莫斯科　少女坪　博热宁斯基巷　达维多夫宅 4 室
玛丽亚·亚历山德罗夫娜·乌里扬诺娃收

亲爱的妈妈:你和玛尼亚的来信收到了。非常感谢。今天又收到了玛尼亚莎的第二封信,给我带来了好消息:我不用再给那个熟人写信了。听说你们的房子很冷，我非常不安，如果现在都不到 12 度，那冬天怎么过呢？你可别感冒了…… 能不能想点别的办法，是不是可以装一个小铁炉？这里的人常常这么办（我们不需要，我们有暖气，**很暖和**），我们在西伯利亚的时候也是这样办的。直到现在（至少在我们这里）天气还不很冷，不过冬天还在后面呢。

非常非常感谢玛尼亚莎告诉我的消息。如果有机会的话，就请她替我设法弄到莫斯科省农业的新统计资料（1907 — 1909 年）①，并打听一下（可以到书店去打听）《土地规划委员会通报》的价钱。我托了好多熟人都没有弄到这份材料，但我很需要。

紧紧地拥抱你，我亲爱的妈妈，并祝你健康！代我和我们大家热切地向玛尼亚莎问好！

你的　弗·乌·

寄自巴黎

载于 1929 年《无产阶级革命》杂志
第 11 期

译自《列宁全集》俄文第 5 版
第 55 卷第 299 页

---

① 指《莫斯科省统计年鉴》。——编者注

200

致玛·伊·乌里扬诺娃

(12月10日或11日)

俄国　莫斯科　少女坪　博热宁斯基巷　达维多夫宅4室
玛丽亚·伊里尼奇娜·乌里扬诺娃收

　　亲爱的玛尼亚莎:不久前我偶然听说圣诞节将在莫斯科召开一个统计工作者代表大会,说得更确切点,是医生和自然科学家代表大会的一个分组会议。[306]我已听说有两个熟人将出席这个会议(一个是莫斯科的,另一个是外省的),可以肯定地说,决不会只有两个熟人,一定还要多。最重要的是,利用这个机会替我弄一些地方自治机关的统计出版物。千万请你设法在出席大会的统计工作者中找一找我们的熟人,哪怕找到一个也好,把我的地址告诉他,说我请他给我寄一些地方自治机关的统计出版物:(1)关于农民经济和地主经济,特别是目前的统计和按户调查的材料;(2)关于手工业者和工业的材料;(3)关于1906年11月9日的法令[307]和份地分配的材料。我想,可以直接把我的地址告诉他们。如果他们说不能寄到国外,那就请把你的地址告诉他们,然后我再汇钱给你把这些统计材料给我寄来。我非常需要这些材料。如果必要的话,我可以写一个简短的申请书给统计工作者(我把它附上以备万一,用不用由你酌定)[308],好让我们认识的统计工作者分发给其他城市的统计工作者(或者给他们看一下),替我请求他们(或**征得他们同意**)给我寄材料。

请写一封短信告诉我,是否已找到人了,可以托谁办这件事。如果没有找着,我再写信告诉你怎么办。

上次我告诉你的那个出版物好像不是叫《土地规划委员会通报》(不过,我听说**也有这个**出版物),而是叫《**地方局公报**》(内务部的)。能不能找到一个熟识的官员替我弄到这份东西?

紧紧握手并吻妈妈!

你的　**弗·乌·**

寄自巴黎

载于 1929 年《无产阶级革命》杂志
第 11 期

译自《列宁全集》俄文第 5 版
第 55 卷第 300—301 页

1910 年

201

致玛·伊·乌里扬诺娃

俄国　莫斯科　少女坪　博热宁斯基巷　达维多夫宅 4 室
玛丽亚·伊里尼奇娜·乌里扬诺娃女士收

1910 年 1 月 2 日

　　亲爱的玛尼亚莎：今天收到了妈妈的来信（给娜嘉和我的）和你的附笔。知道你们的住处安排得不错，妈妈也因摆脱家务而很满意，这使我非常高兴。但愿冬末真正是冬末，不要再冷起来。我们这里冬天一直不像冬天，而像春天。例如今天简直就是风和日暖的春天，我和娜嘉一早就到布隆林苑里去散步，非常愉快。过节这几天，我们"游兴大发"：去了几个博物馆，看了一次戏，参观了蜡像陈列馆[309]（这个地方使我非常满意）。今天我还打算到一家酒馆去，听"歌唱人"（译得不好，原词是 chansonniers）唱革命小调。我很后悔，夏天没有利用和法国人闲谈的机会来**系统地**学习一下法语发音。现在我读了几本语音学的书，发觉我在这方面很差。

　　附信看完后请转交费多尔·奥杰斯基，地址如旧。你看一下这封信，就可以了解我需要什么。莫斯科市的统计资料已经收到，十分感谢。请寄给我关于莫斯科市第一、二、三届杜马**选举**的三份统计资料。我又收到了一封从梁赞寄来的有关统计资料的信,这真是太好了,看来,我将会得到许多人的帮助。

　　紧紧握手,希望你少操劳,多休息,祝你健康! 向米嘉问好! 吻妈妈并拥抱妈妈! **恭贺新年!**

你的　弗·乌·

寄自巴黎

载于1929年《无产阶级革命》杂志
第11期

译自《列宁全集》俄文第5版
第55卷第302—303页

202

致玛·伊·乌里扬诺娃

(1月初)

　　亲爱的玛尼亚莎:收到了你的明信片,所说的事情知道了,谢谢。关于自行车的事,我本来以为很快就能得到赔款,但是事情老是拖着。现在正打官司。希望能够打赢。我从瑞维西[310]回来的路上,一辆汽车把我的自行车压坏了(幸而我跳开了)。行人帮我记下车号,推举了几个证人。我已打听到车主(是一个子爵,真该死),现在正跟他打官司(通过律师)。现在反正我不骑车,因为太冷(不过冬天天气很好,步行起来挺舒服)。

　　附上我急需的关于土地规划的两本书的确切名称。你已经找到能够给我弄到这些书的人了吗?

紧紧握手! 请代我吻妈妈! 你们的屋子她觉得冷吗?

$$你的 \quad 弗·乌·$$

(1)1907年和1908年《土地规划和农业管理总署的工作概况》,1909年圣彼得堡版。

(2)《各县土地规划委员会工作概况(1907—1908年)》。

> 我没有把握,这是两本书,还是一本书?[311] 如果是两本书,那么后一本对我更为重要。

(3)《土地规划和农业管理总署年鉴》1908年圣彼得堡版。

从巴黎寄往莫斯科

载于1929年《无产阶级革命》杂志第11期

译自《列宁全集》俄文第5版第55卷第303—304页

203

致玛·伊·乌里扬诺娃

俄国　莫斯科　少女坪　博热宁斯基巷　达维多夫宅4室
玛丽亚·伊里尼奇娜·乌里扬诺娃收

1910年1月12日

亲爱的玛尼亚莎:

　　刚才收到你的来信,赶紧给你写封简短的回信,因为怕过几天我就没有空了[312]。关于瑞士德语区的那个人,我设法去打听。如果需要快点办,请把确切的期限告诉我;如果我找不到,好及时由组织者自己去寻找。

统计资料我收到了。非常感谢。

请代我热切地向阿纽塔问好! 也向马尔克问好!

紧紧地拥抱妈妈,祝她健康!

你们过得怎样? 冬天冷不冷? 我们这里很暖和。我对看戏热心起来了,最近看了一出布尔热的新剧《街垒》。很反动,但很有趣。

紧紧握手!

你的 弗·乌·

寄自巴黎

载于 1929 年《无产阶级革命》杂志
第 11 期

译自《列宁全集》俄文第 5 版
第 55 卷第 304 页

204

致玛·伊·乌里扬诺娃

(1 月 30 日或 31 日)

俄国   莫斯科   少女坪   博热宁斯基巷   达维多夫宅 4 室
玛丽亚·伊里尼奇娜·乌里扬诺娃收

亲爱的玛尼亚莎:几天以前就收到你的来信,一直想写回信。但最近我有要紧的事,没有时间。历史学家的信也已收到,我会给他写回信的(有机会请转告他),但现在(马上)不可能写。

我收到米嘉的一封信,他的不幸的消息[313]使我非常吃惊。他信上说，伤势正在好转，很快就要练习走路。请来信告诉我，他恢复得怎样了。他的职位是否已经失掉，还是给他保留着，一直保留到他恢复健康为止？他还能不能在痊愈后像从前那样在自己的医疗区内到处给人看病？

你一点没有提到阿纽塔的情况，我也好久没有收到她的信了。她在新城市还满意吗？①

现在妈妈的身体怎样？她的流行性感冒好了吗？

我们这里发了一次巴黎多年未见的大水（现在还没有退），你大概已从报纸上知道了。我到塞纳河边去了两次，都费了很大力气（有轨马车的通行路线缩短了；地铁和电车都停开）。结果"巴黎成了威尼斯"，真是怪事。许多人没法上班。大概在水退以后，还会发生种种灾难，如房屋倒塌等等。

我们这里一切如常，平静无事。娜嘉跑遍了所有教授法语的学校，孜孜不倦地在提高法语程度。自行车的事情已经解决，官司打赢了。② 莫斯科市的统计资料已收到，非常感谢。

代我热烈地吻妈妈！我们大家热切地向你们问好！

　　　　　　　　　　　　你的　**弗·乌·**

请原谅我这封信写得断断续续。总有事打扰。

寄自巴黎

载于1929年《无产阶级革命》杂志
第11期

译自《列宁全集》俄文第5版
第55卷第305—306页

---

① 安·伊·乌里扬诺娃-叶利扎罗娃当时在萨拉托夫。——编者注
② 见本卷第202号文献。——编者注

205

致安·伊·乌里扬诺娃-叶利扎罗娃

(2 月 1 日)

莫斯科   少女坪   博热宁斯基巷   达维多夫宅 4 室
玛丽亚·亚历山德罗夫娜·乌里扬诺娃收

亲爱的阿纽塔:最近我们这里的情况非常"激烈",但是最后决定争取同孟什维克讲和,事情就是这样,虽然看来非常奇怪。我们停办了派别机关报,并试图更有力地推动**统一**。且看是否成功。由于这些变化,许多事情急需处理,只是不久以前,我才摆脱了这些事情。

巴黎这个地方,许多方面都令人厌恶……   直到现在(到**这里**已经一年了!),我还不能**完全**适应巴黎的环境,尽管这样,我仍然觉得,只有发生特殊的情况,才会把我赶回日内瓦去!

寄自巴黎

载于 1930 年《无产阶级革命》杂志
第 4 期

译自《列宁全集》俄文第 5 版
第 55 卷第 306 页

206

致德·伊·乌里扬诺夫

1910年2月13日

亲爱的米嘉：你的来信早已收到(登载棋题的《田地》画报[314]随后也已收到)，这么迟才回信，真不好意思。你的健康恢复得怎样了？相信做大夫的总是很谨慎，在没有痊愈以前，是不会去工作的吧？当我骑自行车通过车辆拥挤不堪的巴黎中心区的时候，我总是提心吊胆怕出事故。而你冬天在乡下竟然会摔成这样！大概马的性子太烈，赶得也太急了吧？

你是否已完全恢复，无论如何要来封短信告诉我。阿纽塔来信说，你的腿能治好(能彻底治好吗？以后还能骑自行车吗?)，而肩膀却治不好。真是这样吗？我不大相信肩胛骨伤了就一定治不好。必须认真治疗并且彻底治好。

我觉得，玛尼亚莎最好在夏天多休息一些时候。妈妈来信也谈到这点，说就是怕管不了她…… 但实在应该休息。

我们这里一切如常，平静无事。天气很好，我又打算骑自行车了，好在官司已经打赢，不久就该得到汽车主人的赔款了。

紧紧握手！祝你更快更彻底地恢复健康！我们大家向你问好！

你的 弗·乌·

从巴黎寄往莫斯科省谢尔普霍夫县米赫涅沃车站

载于1929年《无产阶级革命》杂志第11期

译自《列宁全集》俄文第5版第55卷第306—307页

207

致玛·亚·乌里扬诺娃

1910 年 2 月 13 日

　　亲爱的妈妈：前几天收到你和阿纽塔的来信，非常非常感谢。前些日子因为事情很忙，只好给玛尼亚莎草草写几句，现在这些事情已经摆脱了（我很快就给她写信）。

　　象棋[315]早已收到，只是忘了提一下。在这里，我很少下棋，几乎完全生疏了。

　　知道你们对住房和女房东很满意，并且你已痊愈，又开始散步，我非常高兴。春天你们最好早些离开莫斯科，到伏尔加河或乡下什么地方去。不然，春天待在莫斯科一定会感到不舒服。

　　这里的天气好极了。塞纳河的水位还很高，但洪水在很快退下去；这次洪水造成的损失很严重（我们的住区一点没有受到影响）。

　　我收到米嘉的一封短信，说他正在复原。我十分自责，没有及时给他回信。看来行车不安全的地方还不只是在巴黎车水马龙的大街上……

　　在这里，我有时见到奥古斯塔·巴甫洛夫娜。她的亲属①在莫斯科，你们常见面吗？她待人很好。

---

　　① 指季·巴·克尔日扎诺夫斯卡娅、索·巴·舍斯捷尔宁娜以及她们的丈夫。——编者注

紧紧地拥抱你,我亲爱的妈妈,并祝你健康!

你的　弗·乌·

我们大家都热切地向你问好!

从巴黎寄往莫斯科

载于1930年《无产阶级革命》杂志
第4期

译自《列宁全集》俄文第5版
第55卷第307—308页

208

致德·伊·乌里扬诺夫

1910年2月17日

　　亲爱的米嘉:接到你的棋题①之后,才使我对于象棋微微地"动了心",不然我已经把它忘得一干二净了。我好像有一年没下棋了,近几年来,我总共只下过几盘"闪电式"或半闪电式的快棋。你的棋题我很容易就解开了。是车 d8—d6。今天我还在《言语报》上看到了一个排局,这个排局的破法我没有马上想出来,但我十分喜欢它(2月1日的报,第31号(总第1269号),第195排局)。局势是这样:白方王 g3,马 g1,象 e7,兵 h5 和 d3。黑方王 e3,兵 h7,d5 和 a2(也就是说,最后这个兵差一步就变为后了)。白方先走,最后是白方胜。走得真漂亮!

　　你恢复得怎么样?腿和肩胛骨痊愈了吗?是不是很快又能走

---

① 　见本卷第365页。——编者注

路和骑车了?

　　握手!

你的　弗·乌·

从巴黎寄往莫斯科省谢尔普霍
夫县米赫涅沃车站

载于 1931 年《列宁家书集》

译自《列宁全集》俄文第 5 版
第 55 卷第 308—311 页

209

致玛·亚·乌里扬诺娃

1910 年 4 月 10 日

　　亲爱的妈妈:希望你能在 4 月 1 日前收到这封信。祝贺你的命名日,同时也祝贺玛尼亚莎。紧紧、紧紧地拥抱你们!

　　前两天收到了你从新住处寄来的信,在这以前不久,还收到了米嘉的来信。我不知道你们的旧居离中心区这么远。要坐一个钟头的电车——真糟糕! 在这里,我到图书馆①去只要乘半个钟头的电车,——就是这样,我也感到很累。要是每天去一个钟头,回来又是一个钟头,真不得了。好在你们现在找到了离自治局②很近的住所。只是不知道这一带的空气好不好,灰尘多不多,憋气不憋气。谢谢历史学家的来信;我已经给他回信了。

　　我们能在 8 月间见面316,那真是太叫人高兴了,只是一路上

---

　① 指巴黎国立图书馆,列宁常在那里进行研究。——编者注
　② 玛·伊·乌里扬诺娃当时在莫斯科省地方自治局供职。——编者注

1910 年 2 月 17 日列宁给德·伊·乌里扬诺夫的信的第 1 页

不要把你弄得太累才好。从莫斯科到彼得堡必须买卧铺,从彼得堡到奥布也是。从奥布到斯德哥尔摩有"布列号"轮船,设备很好,在大海上的航程约两三个钟头,若是好天,就像在内河航行一样。从彼得堡起有来回票。只要火车上不累,那在斯德哥尔摩是可以很舒服地过上一个礼拜的!

找别墅的事,暂时还没有确定。我们还在犹豫:找一间像去年那样的供膳寓所,让娜嘉和伊·瓦·得到充分的休息好呢,还是找一幢事事都得由她们亲自料理的别墅;这会使伊·瓦·非常劳累的。

这里已经是春天了。我已把娜嘉的自行车搬了出来。真想出去溜达溜达,骑骑车。

紧紧地拥抱你,我亲爱的妈妈,并祝你健康!热切地向玛尼亚莎问好!

　　　　　　　　你的　弗·乌·

从巴黎寄往莫斯科

载于1929年《无产阶级革命》杂志
第11期

译自《列宁全集》俄文第5版
第55卷第311—312页

210

列宁和娜·康·克鲁普斯卡娅
致安·伊·乌里扬诺娃-叶利扎罗娃

1910年5月2日

亲爱的阿纽塔:昨天接到了你从新住处寄来的信。谢谢你的祝贺。我们这里一切如常。娜嘉常常不大舒服——她还是有神经失调的症状,但总的说来大家身体都还健康。我早就又在骑自行车了,偶尔也到巴黎郊外去,好在我们住得离城堡很近,即离城市的边界很近。夏天休息的事,我们还没有确定;这里夏天来得较晚;可能再一次到邦邦去,那里的供膳寓所很便宜,而且非常安静,不过娜嘉有点不大愿意再到那里去。也可能这一次我们要到海滨的社会主义者聚居地去试试。① 去年伊·瓦·在那里住过,她很满意。

如果你能看到阿拉卡耶夫卡的邻居②,请代我热切地向他问好。可惜,他对通信好像有不共戴天之仇似的,不然哪怕是偶尔能够听到一些"从俄国内地"传来的新农村的情况,也是很令人高兴的。这方面的消息很少,即使能跟熟悉情况的人随便聊聊,也是一件快事。

也向北满人③问好。他现在生活得怎样,是否摆脱了俄国人的……并非只是作家才有的"弱点"……

至于说我不满意医生④(就是你求我给点帮助的那位医生)一事,你完全弄错了,要不也许是我无意中说了些不妥当的话。我过去和现在对他没有丝毫不满。他给我的印象很好。我没有机会同他多接近。现在,他已搬到城外,那里对孩子们会好一些。他生活非常困难;听说最近因为做临时性工作得到一点很微薄的酬金。我难得同他见面。这里的侨民都穷得要命。

---

① 见本卷第 213 号文献。——编者注

② 指阿·安·普列奥布拉任斯基。——编者注

③ 指阿·巴·斯克利亚连科。——编者注

④ 指米·费·弗拉基米尔斯基。——编者注

我的工作进行得很不顺手。也许,我能熬过这场不可开交的纠纷[317],那时候就能回过头来搞工作了。

紧紧握手! 热切地向马尔克问好! 大家都向你问候!

你的 弗·乌·

亲爱的阿尼亚:你谈及一个熟人的那封信早收到了,当时我立刻就写回信寄给了玛尼亚莎。照我看,这封信是寄丢了,虽然玛尼亚莎回答了信中提出的一个问题。我请她写信告诉我这封信收到没有,但是她没有写。你要我把信给他看看的那个熟人,现在不在,另外,我信中给你谈的那件事没有跟他说,我是跟另外一个人说的。我准备在最近详细地给你写一封信。热烈地吻你! 向马·季·问好! 妈妈向你们问好!

娜·康·

从巴黎寄往萨拉托夫

载于1930年《无产阶级革命》杂志第4期

译自《列宁全集》俄文第5版第55卷第312—314页

211

致玛·亚·乌里扬诺娃[318]

俄国　莫斯科　梁赞—乌拉尔铁路米赫涅沃车站

德米特里·伊里奇·乌里扬诺夫收

1910年6月18日

亲爱的妈妈:我们从星期日郊游的地方向你、阿纽塔和米嘉问好！我是和娜嘉一起骑自行车出游的。默东森林很好，很近，离巴黎45分钟路程。**319**我收到了阿纽塔的信，并写了回信。我自己并代娜嘉紧紧拥抱你！

你的　弗·乌·

寄自默东(法国)

载于1931年《列宁家书集》

译自《列宁全集》俄文第5版
第55卷第314页

212

致玛·伊·乌里扬诺娃

俄国　芬兰

芬兰铁路泰里约基车站　伊诺-涅米村　萨韦利耶夫私人别墅

萨韦利耶夫(转玛·伊·乌·收)

1910年6月18日

亲爱的玛尼亚莎：我和娜嘉向你问好！我们正在默东森林里玩。美极了！你的信(长信)在我给你寄信的那天晚上收到了。总之全收到了。我们会给你写信，会把新书刊寄给你的。

敬礼和相亲相爱！**320**

你的　弗·乌·

寄自默东(法国)

载于1929年《无产阶级革命》杂志第11期

译自《列宁全集》俄文第5版
第55卷第314—315页

213

致玛·亚·乌里扬诺娃

<u>俄国</u>　莫斯科　梁赞—乌拉尔铁路<u>米赫涅沃</u>车站

德米特里·伊里奇·<u>乌里扬诺夫</u>大夫收

1910年7月1日

亲爱的妈妈:我在那波利热切地向你问好! 我是从马赛坐轮船到这里来的,又便宜,又舒适。就像在伏尔加河上航行一样。我要从这里到卡普里去住一些时候。①

紧紧、紧紧地拥抱你! 向大家问好!

你的　弗·乌·

寄自那波利(意大利)

载于1931年《列宁家书集》

译自《列宁全集》俄文第5版
第55卷第315页

---

① 列宁到卡普里(意大利)是去找阿·马·高尔基。——编者注

214

致玛·伊·乌里扬诺娃

俄国 芬兰

芬兰铁路泰里约基车站 伊诺-涅米村 萨韦利耶夫私人别墅
瓦·亚·萨韦利耶夫转玛·伊·乌·收

1910 年 7 月 28 日

亲爱的玛尼亚莎:我在波尔尼克①给你写信。我同伊·瓦·和娜嘉在这里住下来差不多有一星期了。我们休息得太好了。经常游泳等等。你们的情况如何?妈妈的身体怎样?关于哥本哈根和斯德哥尔摩的问题②现在怎么样了?来信请寄:波尔尼克(下卢瓦尔省)蒙黛西尔街 玫瑰别墅 乌里扬诺夫先生收。

向大家问好!

你的 **弗·乌·**

一星期以前我从巴黎往米赫涅沃给妈妈寄了一封信,收到了吗?

寄自波尔尼克(法国)

载于 1929 年《无产阶级革命》杂志
第 11 期

译自《列宁全集》俄文第 5 版
第 55 卷第 315—316 页

---

① 关于在波尔尼克住的情形,见娜·康·克鲁普斯卡娅《列宁回忆录》1971 年人民出版社版第 183 页。——编者注
② 指同列宁在国外会见的事。——编者注

215

致玛·亚·乌里扬诺娃

芬兰(经由斯德哥尔摩)　泰里约基

芬兰铁路泰里约基车站　莱佩涅诺村

叶卡捷琳娜·利亚桑年别墅

玛丽亚·亚历山德罗夫娜·乌里扬诺娃女士收

1910年9月4日

亲爱的妈妈:我在哥本哈根向你和阿纽塔热烈问好。代表大会昨天结束[321]。我已写信跟玛尼亚莎商量好了:俄历9月4日即公历9月17日,我在斯德哥尔摩码头等你们。① 一位同志会帮我在斯德哥尔摩租两间屋子,从9月17日至24日租一个星期。我这里的地址玛尼亚莎知道。往斯德哥尔摩给我去信时请寄:乌里扬诺夫收。留局待领。紧紧地拥抱你!

盼早日见面!

你的　弗·乌·

我在这里待到本月15日。

寄自哥本哈根

载于1929年《无产阶级革命》杂志
第11期

译自《列宁全集》俄文第5版
第55卷第316页

---

① 列宁到斯德哥尔摩去是为了跟母亲玛·亚·乌里扬诺娃和妹妹玛·伊·乌里扬诺娃会面。——编者注

1911 年

216

致马·季·叶利扎罗夫

1911 年 1 月 3 日

　　亲爱的马·季·:非常感谢您的来信! 我在这里痛感关山阻隔,只要听到有人谈到"来自伏尔加河"(多么想念伏尔加河啊!)的印象和观感,就得到了很大的安慰。您的观感有意思极了,特别是因为这些东西是您在办事和旅行时的见闻,不是为了什么既定的目的收集起来的。您夏天的来信也使我极为高兴。但是很抱歉,我从海滨回到巴黎,再从巴黎转赴哥本哈根和斯德哥尔摩,都没有给您写回信。

　　关于我到意大利去的事,现在(和最近的将来),显然是不会成功的。经济情况(阿尼亚也问过我)不许可。出版人没有找到[322]。文章寄给《现代世界》杂志去了[323],但是,看来那边也有困难;几个星期了还没有得到答复。长途的旅行只好等到情况好转的时候再说了。但从意大利到这里很近很近,如果您打算到意大利去,那您总不能不到巴黎来弯一趟吧。人们都说,巴黎这地方来过一次就想来第二次,也许不无道理。

　　玛尼亚莎的确最好还是在萨拉托夫继续休息,不要急于动身,这从各方面说都比较好。

我们的生活如常。令人高兴的事很少。最近"纠纷"特别多，因此请原谅我没有及时回信:阿纽塔来信说她同李沃维奇的谈判没有成功[324]，我没有给她回信;我也好久没有给妈妈写信了。现在全家人差不多都还在你们那里,那就请您转致我的歉意吧,代我热切地向阿尼亚、玛尼亚莎问好,并热烈地吻妈妈!

紧紧握手!

您的　弗·乌·

妈妈在斯德哥尔摩跟我讲了您和负责人斗争的事。既然工资增加了,那就是说要赢了。祝贺您! 要避免不愉快的事情!

新年好! 祝**全家**新年好!

昨天收到了从俄国寄来的《明星报》[325]第1号,今天又收到了《思想》杂志[326]第1期。真使人高兴! 我想您也已看到了。这是件可喜的事情!!

从巴黎寄往萨拉托夫

载于1930年《无产阶级革命》杂志
第4期

译自《列宁全集》俄文第5版
第55卷第317—318页

217

致玛·亚·乌里扬诺娃

俄国　萨拉托夫　潘克拉季耶夫街 7 号 5 室
玛丽亚·亚历山德罗夫娜·乌里扬诺娃收

1911 年 1 月 19 日

亲爱的妈妈：　我们刚刚接到你的来信。娜嘉很感激你并向你问好。而我则急于要消除看来是由于我不在意而引起的误会。请不要给我寄钱来了，现在我不需要。我最近曾有一封信说起，书和文章都没有地方出版。但是，在上一封信中我已说过，听说文章有人要了。关于书的事，我给高尔基写过信①，希望他给我满意的答复。不管怎样，**现在**我的境况并不比过去差，我不需要钱，我亲爱的妈妈，请你务必什么也不要寄来，也不要节省抚恤金了。如果境况不好，我会坦率地写信告诉你，但是现在并不是这样。找一个出版人并不容易，但我要再三寻找。另外，我还**继续**在领取我在斯德哥尔摩跟你谈过的那种"薪金"。**327** 所以，请不要担心。

娜嘉给玛尼亚莎去了两次信，今天她又在写第三封信了。②玛尼亚莎收到信了吗？

---

① 见本版全集第 46 卷第 11 号文献。——编者注
② 为了保密，娜·康·克鲁普斯卡娅给玛·伊·乌里扬诺娃的信是用化学方法写的。——俄文版编者注

米嘉来信说他已调任①,我听到这个好消息很高兴。我们大家热切地向马尔克和阿纽塔问好!

我们都很健康,生活如常。昨天,我作了一个关于托尔斯泰的专题报告,也许,我还要到瑞士各地去作这个报告。②

这里天气不错,干燥,寒冷(我们的住房很暖和),出去散步很好。

紧紧地拥抱你,我亲爱的妈妈,祝你健康!

　　　　　　　　　　　　你的　弗·乌·

附言:塔尼亚的母亲在莫斯科病了。③

寄自巴黎

载于 1930 年《无产阶级革命》杂志
第 4 期

译自《列宁全集》俄文第 5 版
第 55 卷第 318—319 页

218

致玛·亚·乌里扬诺娃

1911 年 4 月 8 日

亲爱的妈妈:你大概在俄历 4 月 1 日可以收到这封信。我向你和玛尼亚莎祝贺命名日。愿你早日扎扎实实地恢复健康。今天,我见到了医生④——阿纽塔的"教子"的父亲——他说,在坐骨

---

① 指德·伊·乌里扬诺夫调到费奥多西亚担任保健大夫。——编者注
② 列宁没有去瑞士作关于列·尼·托尔斯泰的专题报告。——编者注
③ 指索·尼·斯米多维奇被捕。她是乌里扬诺夫一家的挚友。——编者注
④ 指米·费·弗拉基米尔斯基。——编者注

神经犯过病以后，要特别小心，以防复发。顺便告诉你：他的妻子和孩子们准备回俄国，不过目前他们想先去乡下过夏天。

我亲爱的妈妈，我已经接到你的信，知道你在萨拉托夫的近况和你有关玛尼亚莎的种种考虑。你就不要过早地担心吧，也许到夏末事实会证明情况并不像你想象的那样。

你们打算在哪儿过夏天？就在萨拉托夫吗？那里夏天好吗？

我们这里过了一个星期真正的冬天：下雪，寒冷。现在又开始转入春天了。伊·瓦·在大冷的那几天里感冒了，还躺着呢。我们的生活大致如常，平平静静。遗憾的是，玛尼亚莎的来信太少了。不知她近况怎样？热切地向她和全家问好！

紧紧地拥抱你，我亲爱的妈妈，并祝你健康。

你的　弗·乌里·

从巴黎寄往萨拉托夫

载于 1929 年《无产阶级革命》杂志
第 11 期

译自《列宁全集》俄文第 5 版
第 55 卷第 319—320 页

219

致玛·亚·乌里扬诺娃

（8 月 20 日）

俄国　塔夫利达省　别尔江斯克　果戈理街　库普宅
玛丽亚·亚历山德罗夫娜·乌里扬诺娃收

亲爱的妈妈：我和娜嘉在旅行途中向你和全家热烈问好！我

们到这里来要玩一整天。

你的　弗·乌·

寄自枫丹白露(法国)

载于1930年《无产阶级革命》杂志
第4期

译自《列宁全集》俄文第5版
第55卷第320页

220

致玛·伊·乌里扬诺娃

(8月20日)

芬兰(经由斯德哥尔摩)　泰里约基　芬兰铁路泰里约基车站
伊诺–涅米村　萨韦利耶夫私人别墅
瓦西里·亚历山德罗维奇·萨韦利耶夫先生转玛·伊·收

亲爱的玛尼亚莎:我和娜嘉在旅行途中向你问好——我们到
这里来玩一整天。

致热烈的敬礼!

你的　弗·乌·

寄自枫丹白露(法国)

载于1929年《无产阶级革命》杂志
第11期

译自《列宁全集》俄文第5版
第55卷第321页

221

致玛·亚·乌里扬诺娃

(9月28日)

俄国　萨拉托夫　乌戈德尼克大街26号　叶利扎罗夫家
玛丽亚·亚历山德罗夫娜·乌里扬诺娃收

亲爱的妈妈:我在卢塞恩给你写信。我是意外地(趁社会党国际局在苏黎世开会[328])到瑞士来的。我要到各处去作专题报告。[329]昨天,我攀登了皮拉特山——海拔2 122米。目前天气极好,玩得十分痛快。紧紧地拥抱你并热切地向全家问好!

你的　弗·乌·

寄自卢塞恩(瑞士)

载于1929年《无产阶级革命》杂志
第11期

译自《列宁全集》俄文第5版
第55卷第321页

1911 年 9 月 28 日列宁给玛·亚·乌里扬诺娃的明信片

Blick auf Bahnhof, Friedensmuseum, Pilatus

1912 年

222

致玛·亚·乌里扬诺娃

（3月8日或9日）

俄国　萨拉托夫　乌戈德尼克大街 26 号
玛丽亚·亚历山德罗夫娜·乌里扬诺娃女士收

亲爱的妈妈：前几天，我们又收到了你们寄来的礼物——鱼、鱼子、干咸鱼脊肉。非常感谢。现在，当我们津津有味地吃着这些美味食品的时候，我们就想起了伏尔加河。说真的，今年家里寄来的这些礼物，可把我们撑坏啦！

你们生活得怎样？报载你们那里很冷，还在下雪。这里已经是春天了。大约在一星期以前，我修好了自行车，骑着到韦里埃尔森林去（玛尼亚莎去过那里），从那里带回来一些发芽的柳枝。今天，我又和娜嘉去了一趟，那里已经樱桃花盛开了。春天到了，只是天气靠不住，多雨。

夏天，你们想到哪里去呢？伊·瓦·想回俄国，但恐怕不行。我们想把她送到法国南部阿尔卡雄的熟人那里去。

大家都好吗？紧紧地拥抱你，我亲爱的妈妈！热切地向阿纽塔、玛尼亚莎和马尔克以及米嘉问好！

你的　弗·乌·

娜嘉和伊·瓦·热切地向你们问好！

寄自巴黎

载于1930年《无产阶级革命》杂志
第4期

译自《列宁全集》俄文第5版
第55卷第322页

223

致安·伊·乌里扬诺娃-叶利扎罗娃

（3月24日）

萨拉托夫　乌戈德尼克大街26号
安娜·伊里尼奇娜·叶利扎罗娃收

最近一直待在家里搞翻译，不太了解巴黎的动态。不过，现在我们这里自己人正在争吵不休，互相抹黑，这种事情很久没有发生了，恐怕从前也未必发生过。所有的小组、分组都起来反对最近的代表会议及其组织者，以至于大家在这里一开会简直就要闹到打架的地步。[330]

一句话，这里不仅有意义的事情很少，而且连好消息也很少，不值得写信告诉你。

寄自巴黎

载于 1930 年《无产阶级革命》杂志
第 4 期

译自《列宁全集》俄文第 5 版
第 55 卷第 323 页

224

致玛·亚·乌里扬诺娃

1912 年 4 月 7 日

　　亲爱的妈妈：你大概在俄历 4 月 1 日前后可以接到这封信。向你和玛尼亚莎祝贺命名日，热烈地吻你们，愿你们一切都好！

　　你们那里伏尔加河上的春天怎么样？大家都好吗？我现在每天都要从《言语报》上看看萨拉托夫的天气情况，所以我知道，你们那里还很冷。

　　这里，今年的春天好像是来早了。几天前，我又骑车到森林里去——园子里果树都开着白花，"像牛奶浇过一样"[331]，芳香扑鼻，春天多么迷人呀！可惜，我只是一个人去——娜嘉感冒了，嗓子都哑了。

　　我们打算到巴黎近郊的丰特奈去过夏天，并想干脆搬到那里去常住。[332]在巴黎费用很贵——房租上涨了，另外，郊外的确也更有益于健康，更安静些。这几天我就打算出去找房子。

　　我们盼望接到玛尼亚莎的长信。可是没有接到。我给她寄去一份大纲——这是我所能弄到的一切。马尔克和阿尼亚的身体怎样？米嘉有什么消息吗？

再一次热烈地吻你并热切地向全家问好！

你的　　弗·乌·

从巴黎寄往萨拉托夫

载于 1930 年《无产阶级革命》杂志
第 4 期

译自《列宁全集》俄文第 5 版
第 55 卷第 323—324 页

225

致玛·亚·乌里扬诺娃

1912 年 5 月 27 日

亲爱的妈妈：我因为有事作了一次短途旅行[333]，昨天晚上才回到巴黎，并且看到了你的来信，获悉阿尼亚和玛尼亚莎遭到了不幸。[334]我相信，她们不会被拘留很久，因为这种逮捕太没有道理了。连他们也公开告诉阿纽塔：拘留的时间不会很长！看来省里在这时候是为了"以备万一"而平白无故地随便抓人。

我亲爱的妈妈，你那里有熟人吗？有人来看望你吗？在这种情形下，意外的孤寂是最糟糕最难受了。马尔克和米嘉有信和消息吗？

有没有什么熟人在彼得堡？假若有，给他们写写信是有好处的，他们也许能打听出是怎么回事。有时，省的行政当局是过于卖力了，特别是现在过了五一节以后。

紧紧地拥抱你，我亲爱的妈妈，并祝你身体健康，精神愉快！

你的　弗·乌·

附言：关于过夏天的事我们还没有决定。现在还不热。

从巴黎寄往萨拉托夫

载于 1930 年《无产阶级革命》杂志
第 4 期

译自《列宁全集》俄文第 5 版
第 55 卷第 324 页

226

致玛·亚·乌里扬诺娃

1912 年 6 月 2 日

亲爱的妈妈：关于玛尼亚莎和阿纽塔被捕的事，前几天我已给你写信谈过了。现在还想谈谈。我担心你现在会感到太孤寂。我在上次信中曾问起有没有什么熟人来看望你，当然还不可能接到回信。

今天，在彼得堡的报纸上我看到一条在萨拉托夫铁路职员中进行大逮捕和大搜查的消息[335]。看来，抓人倒是挺卖力的……　不知道你有没有得到玛尼亚和阿纽塔的什么信息？既然逮捕的时候，连他们也不得不说拘留看来不会很久，那你大概很快就能见到阿纽塔了。但是，如果逮捕牵涉面很广，那么单单为了甄别所有的被捕者，就可能要拖一些时候。

我亲爱的妈妈，请你写封短信告诉我，你身体怎么样，精神可好，有没有什么新鲜事儿；在萨拉托夫你有没有熟人。多通通信，也许多少会减少你一些忧虑。

我们这里一切如常。昨天，我们到圣克卢公园去散步，但是很糟糕，天下雨了。一般说来，现在天气并不热，关于过夏天的事，我们仍旧没有作任何决定。

娜嘉和伊丽·瓦西·热烈地吻你，并祝你身体健康，精神愉快！我也拥抱你，我亲爱的妈妈！

你的　　弗·乌里扬诺夫

从巴黎寄往萨拉托夫

载于 1930 年《无产阶级革命》杂志
第 4 期

译自《列宁全集》俄文第 5 版
第 55 卷第 327 页

227

致玛·亚·乌里扬诺娃

1912 年 7 月 1 日

亲爱的妈妈：接到了你的信，知道了你们要去游伏尔加河和卡马河，知道了你们的新地址。我也正好要告诉你我的新地址。今年夏天，我远离巴黎来到了克拉科夫。这里已差不多是俄国了！连犹太人都像俄国人，八俄里外就是俄国国境（从赫拉尼策乘车到这里约两小时，从华沙到这里九小时），女人们光着脚，穿着花花绿绿的连衣裙——完全像俄国一样。我这里的地址是：

奥地利　克拉科夫

兹韦日涅茨街 L.218 号

弗拉·乌里扬诺夫先生

希望你和阿纽塔好好休息一下，在伏尔加河上玩个痛快。天

2/VI. 12.

Дорогая мамочка! Я уже писал тебе по поводу ареста М. и А. Хотелось поговорить ещё. Боюсь, что ты слишком одиноко теперь себя чувствуешь. Я спрашивал в предыдущем письме, есть-ли кто из знакомых, навещающих тебя, но ответа на письмо, конечно, не могло ещё быть.

Сегодня прочитал в петербургской газете о больших арестах и отыскал в Сарехове в связи с жел.-дор. служащими. Видишь, хватают здесь особенно усердно.... Не знаю, успелали ты получить какие-нибудь

1912 年 6 月 2 日列宁给玛·亚·乌里扬诺娃的信的第 1 页

气愈来愈热了。在河上也许会好些。

　　关于玛尼亚莎,既然他们对你那样说,可以设想她不会被拘留很久。

　　向马尔克问好!

　　我亲爱的妈妈,请把米嘉的地址告诉我。

　　重新安家用去我们许多时间。我们夏天住在城外(在一个叫"萨尔瓦托尔"的别墅区附近)。我们还不会讲波兰话。困难和麻烦很多。

　　伊·瓦·在生病,有点像肺炎。

　　紧紧地拥抱你,我亲爱的妈妈,并热切地向阿尼亚问好!

　　伊·瓦·和娜·康·热切地向你问好并拥抱你!

　　　　　　　　　你的　　弗·乌里扬诺夫

寄往萨拉托夫

载于 1957 年《列宁全集》俄文
第 4 版第 37 卷

译自《列宁全集》俄文第 5 版
第 55 卷第 328 页

228

致玛·伊·乌里扬诺娃

(11 月底)

亲爱的玛尼亚莎:

　　照片①和信收到了,非常感谢。到底等着啦! 你现在身体

---

　　① 指玛丽亚·亚历山德罗夫娜、安娜·伊里尼奇娜和玛丽亚·伊里奇娜的照片。——编者注

怎样?

你选择了北方[336],我并不奇怪,——如果是我,大概也会选择这个地方。但愿不要把你送得太远,——那边也有很糟的地方。你一到,就请来信。

最近几天,我们这里很忙乱,所以未能马上回信。

这里到处都在传说要打仗,从报纸上也看得出来。一旦打起来,大概要搬到维也纳去(或者甚至要搬到我们上次见面的那个城市去①)。但是,我不相信会打起来。

热烈地吻你,我亲爱的玛尼亚莎!伊·瓦·和娜嘉吻你!

你的　弗·乌里扬诺夫

附言:来信告诉我,你是否会收到《新时代》杂志?

从克拉科夫寄往萨拉托夫

载于 1929 年《无产阶级革命》杂志
第 11 期

译自《列宁全集》俄文第 5 版
第 55 卷第 329 页

229

致安·伊·乌里扬诺娃–叶利扎罗娃

(秋天)

亲爱的阿纽塔:接到来信,我很高兴。不过,你的字迹至今还显得没有力,手疼得够呛吧!

在这里,我们比在巴黎过得好,——神经可以得到休息,写作

---

①　指斯德哥尔摩,列宁曾于 1910 年 9 月在这里同母亲和妹妹会面。——编者注

多了,纠纷少了。我想我们会面也将会容易些,——如果不打仗的话,我是不大相信会打仗的。

偶尔接到高尔基的来信,他现在对我们不像从前那样看不惯了。

马尔克和米嘉怎样?

请代我热烈地吻妈妈!

这里现在正是秋高气爽,我们对散步很起劲。

物质条件暂时还过得去,但很不保险……　如果有问题,我再给你写信。

紧紧握手! 写得匆忙,请原谅。

你的　弗·乌·

附言:伊·瓦·和娜嘉再三嘱笔问候并吻你! 她俩身体都很好。

从克拉科夫寄往萨拉托夫

载于 1930 年《无产阶级革命》杂志
第 4 期

译自《列宁全集》俄文第 5 版
第 55 卷第 329—330 页

230

致玛·亚·乌里扬诺娃

（12 月 21 日或 22 日）

亲爱的妈妈:前信迟迟未复,现在又收到你的第二封来信,使我感到很抱歉。娜嘉正在写信把我们的生活情况详尽地告诉你。①

我们还没有得到玛尼亚莎的消息。如果娜嘉和我的信会引起她的兴趣,就请把这两封信转寄给她。

依我看,你不必为玛尼亚担忧:从气候方面说,沃洛格达比阿斯特拉罕好(阿斯特拉罕传染病比较猖獗和比较危险),还可以找到熟人。这个城市离彼得堡和莫斯科毕竟不算太远。彼得堡的报纸大概在第二天就能送到。

翻译的事很难办,必须在莫斯科或彼得堡托人去跟**出版人**接洽。娜嘉有一个主意我觉得很好,就是去找萨巴什尼科夫兄弟②商量一下。是不是阿纽塔也写封信给克鲁姆比尤格尔(如果可能的话)或想想别的办法。我现在跟出版社没有任何联系。

马尔克为什么常常闹病? ——真糟糕! 应当休息,夏天应该到山里去,这里有个扎科帕内,在山里,四个钟头就到了,据说,是个非常美丽的地方。

我们没有考虑搬家,除非战争把我们赶走,但我不大相信会打起来。过些时候就会见分晓的。

热切地向米嘉和阿纽塔问好!她的手指怎么样了?该完全好了吧!

紧紧地拥抱你,我亲爱的妈妈,并祝你身体健康!

你的   弗·乌里·

从克拉科夫寄往萨拉托夫

载于 1930 年《无产阶级革命》杂志
第 4 期

译自《列宁全集》俄文第 5 版
第 55 卷第 330—331 页

---

① 这封信没有保存下来。——俄文版编者注
② 指萨巴什尼科夫兄弟出版社。——编者注

231 致玛·伊·乌里扬诺娃(1912 年 12 月 24 日或 25 日)

231

致玛·伊·乌里扬诺娃

（12 月 24 日或 25 日）

俄国　沃洛格达

玛丽亚·伊里尼奇娜·乌里扬诺娃女士收　留局待领

亲爱的玛尼亚莎：终于接到了你的信，虽然是封短信。告诉我，你安顿得怎么样了，有些什么熟人，有没有可能找到工作。地方当局答应对找工作不加阻挠，真的没有阻挠吗？[①]

最近接到妈妈的来信，她说马尔克抱病从彼得堡回来了。他为什么常常闹病？你们分手时他的情况怎么样，当时他还健康吗？

你现在也许又在患"牢狱贫血症"，要不，是不是过去的贫血症又**加重**了？应该想想办法，例如去滑滑冰。真的，不要小看了滑冰！这里现在雨雪交加，场地泥泞。去年，我到了一个"冷"地方，一到那里我就找了个冰场试试，看看滑冰忘了没有。

关于法文翻译和德文翻译的事，由于版权合同的问题，现在特别困难。很遗憾，我现在在这里同出版社的联系已经完全断绝。你不妨向彼得堡和莫斯科写写信，如果有熟人，就请他们去找找出

---

①　玛·伊·乌里扬诺娃当时被流放在沃洛格达。——编者注

版人。翻译毕竟是一桩好事情;翻译的书现在出得也不少。告诉我,这件事的前景如何。

　　伊·瓦·和娜嘉再三嘱笔问候!

　　紧紧握手!

　　　　　　　　　　　　　　　　你的　弗·乌里·

寄自克拉科夫

载于 1929 年《无产阶级革命》杂志
第 11 期

译自《列宁全集》俄文第 5 版
第 55 卷第 331—332 页

232

致玛·伊·乌里扬诺娃

俄国　沃洛格达　喀山广场　穆罗姆采夫宅　戈罗霍娃亚家
玛丽亚·伊里尼奇娜·乌里扬诺娃收

　1912 年 12 月 28 日

　　亲爱的玛尼亚莎:我已经收到你的来信和地址,现在赶紧给你回信。你收到了我写给你的那封留局待领的信吗?

　　关于《平等》杂志[337](每月出版两期),大概得由我们寄。唯一的问题是:是否能通过书报检查? 设法了解一下,或者我们就干脆寄了。

　　你们隔多久收到彼得堡的报纸? 隔一天还是隔几天?

向所有的朋友致深切的祝愿和敬意!

完全属于你的　弗拉·乌·

寄自克拉科夫

载于 1929 年《无产阶级革命》杂志
第 11 期

译自《列宁全集》俄文第 5 版
第 55 卷第 332—333 页

1913 年

233

致玛·亚·乌里扬诺娃

1913 年 1 月 3 日(12 月 21 日)

亲爱的妈妈:今天接到了你和阿纽塔的来信。非常感谢。

向你们大家祝贺节日! 祝你们节日快乐,身体健康,精神愉快!

今天还接到玛尼亚莎的一张明信片,上面印有沃洛格达河的风景。从明信片看来,这个小城倒还不错…… 玛尼亚莎说,她过得还不坏。

如果米嘉在你们那里,那就热切地问他好! 也问马尔克好! 想来他已经恢复健康了吧?

只是阿纽塔仍然写得不好! 都是手指头的毛病!

我们身体都很好。打算比庆祝此地的节日更隆重地庆祝俄国的节日。

紧紧地拥抱你,祝你一切都好!

你的 弗·乌里·

从克拉科夫寄往萨拉托夫

载于 1930 年《无产阶级革命》杂志
第 4 期

译自《列宁全集》俄文第 5 版
第 55 卷第 334 页

234

致玛·亚·乌里扬诺娃和
安·伊·乌里扬诺娃–叶利扎罗娃

（2月24日）

俄国　萨拉托夫　察廖夫斯克大街36号
玛丽亚·亚历山德罗夫娜·乌里扬诺娃收①

　　亲爱的妈妈：　今天收到了两个包裹。你们给我们寄了这么多的甜食！我代表大家表示衷心的感谢。娜嘉直生我的气,说我不该写信提到"鱼"和甜食,给你们添了那么多麻烦。可是我没想到会寄这么多……　这里对鱼类的税不高,但对甜食的税却相当高。好了,我们现在可以再过一次"新年"了！

　　马尔克不在,你们俩生活得怎样？报纸上说,行政当局可能要大赦。我们正等着2月21日……②

　　这里冬天的天气非常好,也不下雪。我买了双冰鞋,滑冰滑得很起劲。这使我回想起了辛比尔斯克和西伯利亚。我在国外过去从来没有滑过冰。

　　紧紧地拥抱你,我亲爱的妈妈！热切地向阿纽塔问好！伊·瓦·和娜嘉也向你们问好！

你的　弗·乌里·

---

①　地址是按保存在警察司案卷中的密检邮件刊印的。——俄文版编者注
②　指为纪念罗曼诺夫王朝建立300年而实行的大赦。——编者注

附言:我们的门牌号码改了。现在是卢博米尔斯基耶戈街**49**号。

亲爱的阿纽塔:

收到包裹后刚刚才给妈妈写好回信,就接到你和妈妈的来信。马尔克对旅行感到满意,这很好,只是希望他在西伯利亚能安顿得更好一些。如果你们要到米嘉①那儿去,希望你能顺便来看看我们,到这里差不多是同一条路,绕弯不大。要不是对护照课高税的话,是非常便宜的,但是,如果没有护照,那只有边境居民才能拿着花 30 戈比弄来的"国境出入证"出入国境。

我们的生活如常,凑凑合合…… 我们现在正在考虑由《真理报》**338**出版小册子的计划…… 不知道能不能成功,不过这是需要的。

玛尼亚莎很少来信。她还没有找到工作。

这里最糟的是**俄文**书太少,真没有办法!

紧紧握手!

你的 弗·乌·

从克拉科夫寄往萨拉托夫

载于 1930 年《无产阶级革命》杂志
第 4 期

译自《列宁全集》俄文第 5 版
第 55 卷第 334—336 页

---

① 当时德·伊·乌里扬诺夫在费奥多西亚当保健医生。——编者注

235

致安·伊·乌里扬诺娃-叶利扎罗娃

（3 月 18 日）

亲爱的阿纽塔：好久没有收到你们的信了，不知是什么原因？妈妈身体好吗？收到"礼物"后我马上给你们写了回信，不知收到没有？

看来大赦和沃洛格达的流放者**完全**无关……**339**

米嘉和马尔克到新地方后有没有信来？

你知道克鲁姆比尤格尔的地址吗？他出版过我的哲学书。能不能找到他（请告诉我怎样找他，我可能在莫斯科找到熟人），问问他是否还有卖剩的书？我们现在大概**还**能想办法销售，要就这件事同出版人商量一下。

紧紧握手并吻妈妈！

你的　**弗·乌里·**

附言：我们现在的地址是：卢博米尔斯基耶戈街 **49** 号（不是47 号）。

从克拉科夫寄往萨拉托夫

载于 1930 年《无产阶级革命》杂志
第 4 期

译自《列宁全集》俄文第 5 版
第 55 卷第 336 页

236

致玛·伊·乌里扬诺娃

（4月上半月）

亲爱的玛尼亚莎:祝你命名日快乐! 希望你尽可能不要孤独地度过这个夏天,希望你快快恢复健康!

非常感谢你的来信。得到那些消息我很高兴,过两天我再抽空给你写信。现在我得搁笔了,因为忙得很,请原谅。

向朋友们问好! 紧紧握手!

你的　弗·乌·

从克拉科夫寄往沃洛格达

载于1957年《列宁全集》俄文
第4版第37卷

译自《列宁全集》俄文第5版
第55卷第337页

237

娜·康·克鲁普斯卡娅和列宁
致玛·亚·乌里扬诺娃

5月3日

亲爱的玛丽亚·亚历山德罗夫娜:我们收到了您的几张明信

片；知道您休息得很好，我很高兴。我们这里也已经完全是夏天了。今天我们已把东西运到乡下去了。我们的新地址是：

奥地利

波罗宁（加利西亚）

泰雷曲·斯库平别墅

························

我们再过3天就动身去乡下。整理东西真麻烦极了，我们要在波罗宁住5个月，所以什么都得买好。我像残废人一样，动不动就累了。我已经做了整整一个月的电疗，脖子还不见好，不过眼睛已经开始好转，心跳也慢些了。在这里的神经科诊疗所治疗花不了多少钱，大夫也很仔细。还有一个好处，就是在候诊的时候可以听别人讲波兰话，自己也可以用波兰话同别人交谈。我想最终要把波兰话学会。夏天有空，我打算读一些波兰文的书。我们可能在夏天雇一个每天工作四五小时的女佣，这样就可以少操些家务事了。妈妈没有回俄国，一方面因为我生病，另外又因为没有适当的机会。不过主要还是因为我生病的关系。最近乱七八糟的事情弄得她很累。沃洛佳出门去了，连自己的生日和节日都没有在家过。这次外出使他很愉快。**340**

还不知道波罗宁有没有洗澡的地方，沃洛佳非常爱洗澡，那里不会有澡盆，可能连淋浴也洗不到。

我希望赶快搬到乡下去。虽然我们住在城边，窗户对面就是一个菜园，而且前天还听见有夜莺叫，但这里毕竟是城市，孩子们吵吵嚷嚷，士兵和车辆来来去去。

好了，紧紧地拥抱您和阿尼亚，并向大家问候！阿尼亚的手指到现在还没有好吗?！

妈妈向你们问候!

您的   **娜嘉**

亲爱的妈妈:我在娜嘉的信后面附上几句。请原谅,我没有写信。我出去了几天,现在又忙着搬家。

非常感谢米嘉的来信。**341** 我还接到了马尔克一封很长很有趣的信,到波罗宁以后再给他回信。

波罗宁在"扎科帕内"(疗养地)前面一站。在扎科帕内有从华沙来的二等**直达**列车和从"赫拉尼策"来的三等**直达**列车。

紧紧地拥抱你并热切地向全家问好!

你的   **弗·乌·**

从克拉科夫寄往费奥多西亚
(克里木)

载于 1930 年《无产阶级革命》杂志
第 4 期

译自《列宁全集》俄文第 5 版
第 55 卷第 337—338 页

238

致玛·伊·乌里扬诺娃

(5 月 12 日或 13 日)

俄国   沃洛格达   叶卡捷琳娜–德沃良大街 40 号

玛丽亚·伊里尼奇娜·乌里扬诺娃收

亲爱的玛尼亚莎:我好像欠了你的债似的(欠马尔克·季莫·

的债,那就不必说了!)。现在终于能给你写信了。这几天我们搬家了(原因之一是娜嘉得了巴塞多氏病³⁴²,这个病真使我担忧),搬到山里离扎科帕内7公里的波罗宁村来度夏。这个地方在塔特拉山脉①旁边,从克拉科夫往南坐6—8小时的火车就到了,经过克拉科夫可以通往俄国和欧洲。这里离俄国是远了些,但是有什么办法呢。

我们租了一座别墅(非常大,实在太大了!),租了整整一个夏天,直到公历10月1日。费了好大劲才把家搬完。由于搬家,娜嘉的病也好像更厉害了,大概得送她到伯尔尼去医治……

这个地方好极了,海拔近700米,空气非常新鲜,克拉科夫那个有些潮湿的低洼地简直不能相比。我们有很多报纸,可以进行工作。

这里的居民是波兰农民,是"古腊利"(即山民),我只能用非常蹩脚的波兰话同他们交谈②,因为我只会几句,此外就得把俄国话变变样子同他们说。娜嘉能说一点波兰话,能看波兰文的书。

这个乡村倒几乎是俄国式的。草屋顶,非常穷。农妇和孩子们都打赤脚。男人们穿的是古腊利服装——白呢裤子、白呢披肩,这种披肩又像斗篷,又像外衣。我们这个地方不是疗养区(扎科帕内是疗养区),所以很安静。希望安静的环境和山间的空气能使娜嘉的病好起来。我们在这里过的是乡村生活,起床很早,鸡一上窝就准备睡觉。每天要走的路就是到邮局和火车站。

你经常看《真理报》和《启蒙》杂志³⁴³吗?我们在这里对《真理

---

① 塔特拉山脉是喀尔巴阡山脉的一个支脉,海拔2 600米。瑞士也不过如此而已!

② (我宁愿用德国话同犹太人交谈。)

报》纪念专号[344]的出版和五金工会中战胜取消派的消息[345]都非常高兴。

你的生活怎样？夏天还上课吗？弄到的书够吗？

向波兰朋友们[①]问好，并且希望他们能尽力给以帮助……

伊·瓦·和娜嘉，还有我，都再三向你问候并且吻你！

你的　弗·乌·

地址：奥地利　波罗宁（加利西亚）　乌里扬诺夫先生。

附言：如果妈妈最近不到你那里去的话，请把这封信转寄给她。

载于 1929 年《无产阶级革命》杂志第 11 期　　　　译自《列宁全集》俄文第 5 版第 55 卷第 339—340 页

239

娜·康·克鲁普斯卡娅和列宁致玛·亚·乌里扬诺娃

5 月 25 日

亲爱的玛丽亚·亚历山德罗夫娜：今天我们收到了您的信，现在赶着给您回信。

---

①　指瓦·瓦·沃罗夫斯基，当时他也被流放在沃洛格达。——编者注

　　我的病在好起来。心跳得慢多了。遵照大夫的嘱咐,我吃得很多,牛奶也喝得很多,服罗班腺体制剂,总之一切都很好。沃洛佳非常着急,特别是有人劝我找科赫尔以后他真不知怎么办才好。德米·伊里·写信给他说用不着作手术等等,我很高兴;不然又有人会给他乱说一气:什么可能失明,什么要躺一年半不能动等等。我的病根本没有那么严重,经过一个夏天就会痊愈的。

　　现在才算真正开始休息了。费了好大的劲来搬家,安顿下来后,最初还少不了争吵,因为这里的人让避暑的人给带坏了,撒谎,欺骗,什么都干。最初这些事真使人恼火,不过现在一切都好了。现在有个姑娘来帮做家务事,她不会做饭,可是什么粗活都能干。看样子今天天要晴了,整整下了一个星期的雨,不过倒并不潮湿。今天早上和沃洛佳去散步,走了两小时左右,现在他一个人不知道到野外什么地方去了。

　　早上从邻家跑来一只毛蓬蓬的小黑狗,沃洛佳总要逗它一阵子。真是避暑的生活。

　　我们只认识一家人,可是他们住得很远,要走半个小时。尽管如此,我们有时一天还是要见两次面。

　　我非常喜欢这个安静的环境。我的事也不多。多半是看波兰小说,但也不太起劲。

　　这个地方很美。还有一个好处,就是骑自行车不太方便,不然沃洛佳又要拼命骑车,那就不能很好休息了,还是多散散步好。

　　妈妈向您问候! 她还是很忧伤,大约两个星期前她的姐姐[①]死了,她们是一起长大的,并且一生都很亲密。当她得到姐姐生病

---

　　① 指O.瓦·季斯特罗娃,她曾做过教师,1913年去世。——编者注

的消息时,甚至想回新切尔卡斯克去,可是护照不在手里(拿去调换了)。

热烈地吻阿尼亚,并向大家问候! 沃洛佳大概自己还要写。紧紧地拥抱您,我亲爱的!

您的 **娜嘉**

亲爱的妈妈: 紧紧地拥抱你,并且向大家问好! 米嘉的来信都收到了,非常感谢。我劝娜嘉去伯尔尼,她不肯。不过她现在已经好一些了。

你的 **弗·乌·**

从波罗宁寄往费奥多西亚(克里木)

载于1957年《列宁全集》俄文第4版第37卷

译自《列宁全集》俄文第5版第55卷第340—341页

240

致玛·伊·乌里扬诺娃

俄国 沃洛格达 叶卡捷琳娜–德沃良大街40号

玛丽亚·伊里尼奇娜·乌里扬诺娃女士收

寄信人:弗拉·乌里扬诺夫于波罗宁(加利西亚)

6月18日

亲爱的玛尼亚莎:6月21日或22日我和娜嘉要到伯尔尼去,(可能)在那里给她做手术。那里的通讯处是:瑞士 **伯尔尼**   法

尔肯路9号　什克洛夫斯基先生转弗·伊·乌·

大概要住1—3个星期。

寄给你一张塔特拉的风景照片，不久前我们到那里玩过。伊·瓦·和娜嘉再三向你问候！娜嘉觉得自己身体还好。

如果妈妈在你那里，向她热烈问好。如果不在，请你写信代我向她问好。

你的　弗·乌·

载于1957年《列宁全集》俄文
第4版第37卷

译自《列宁全集》俄文第5版
第55卷第342页

241

致玛·亚·乌里扬诺娃

俄国　沃洛格达　叶卡捷琳娜–德沃良大街40号
玛丽亚·伊里尼奇娜·乌里扬诺娃女士转玛·亚·收

1913年6月24日

亲爱的妈妈：

你的信是在我们动身前收到的。我和娜嘉已经到了维也纳，今天要继续赶路。到伯尔尼后再给你写信。紧紧地拥抱你，还有玛尼亚莎和阿纽塔！我们一路上很顺利，在维也纳逛了逛。天气很好。

你的　弗·乌·

真对不起马·季·，他写了那么有趣的信，可是我没有回信。请他不要生气！

寄自维也纳

载于1929年《无产阶级革命》杂志
第11期

译自《列宁全集》俄文第5版
第55卷第342—343页

242

致玛·亚·乌里扬诺娃

（6月28日或29日）

俄国　　沃洛格达　　叶卡捷琳娜-德沃良大街40号

玛丽亚·伊里尼奇娜·乌里扬诺娃

（转玛·亚历山·乌里扬诺娃收）

亲爱的妈妈：

我和娜嘉到伯尔尼已经好几天了。科赫尔还没有应诊。他是一个任性的人。他很有名，所以……爱摆架子。这里有经验的医生都非常称赞他，并且说一定能治好。我们正在等。给我写信暂时寄：瑞士　伯尔尼　法尔肯路9号　什克洛夫斯基先生（转弗·伊·）。

在这里大概要住上几个星期。

紧紧地拥抱你，我亲爱的妈妈，热切地向阿纽塔和玛尼亚莎问好！娜嘉也向你们问好！

你的 弗·乌·

寄自伯尔尼

载于1929年《无产阶级革命》杂志
第11期

译自《列宁全集》俄文第5版
第55卷第343页

243

致玛·亚·乌里扬诺娃

1913年7月26日，星期六

亲爱的妈妈：娜嘉在诊疗所里"准备"了两个星期，终于在星期三动了手术。看样子手术是成功的，因为昨天娜嘉的脸色已经很好，也开始想吃点流质了。看来手术很艰巨，娜嘉受了将近三个小时的折磨，没有用麻药，但是她勇敢地忍受了。星期四情况很不好，发高烧，说胡话，真把我吓坏了。不过昨天已经明显地好转，烧退了，脉搏也正常多了。

科赫尔到底是一个出色的外科医生，患巴塞多氏病的人都应该上他们那儿去，找他治病的俄国人，特别是犹太人，多极了。

现在我已经在考虑回去的事。我们打算8月4日动身（如果科赫尔不阻留的话，但有时是会阻留的），在苏黎世、慕尼黑和维也纳各住一夜，然后就到家了。在这里还来得及收到你一封信，以后就应该寄到波罗宁去了。如果还要在这里耽搁，我再写信告诉你。

我给写文章的那家报纸被封了[346]，这对我非常不利。我得更加把劲儿去找出版人和翻译工作,现在要找到一项文字工作真是非常困难。

紧紧地拥抱你,我亲爱的妈妈,热切地向玛尼亚莎和阿尼亚问好! 娜嘉再三问候你们!

你的   弗·乌·

从伯尔尼寄往沃洛格达

载于 1929 年《无产阶级革命》杂志
第 11 期

译自《列宁全集》俄文第 5 版
第 55 卷第 343—344 页

244

致玛·伊·乌里扬诺娃

(11 月 12 日或 13 日)

俄国   沃洛格达   莫斯科大街   萨马林宅 3 室
玛丽亚·伊里尼奇娜·乌里扬诺娃收

亲爱的玛尼亚莎:我和娜嘉的信寄走没有几天,就收到了你的来信。

你怪我不回信,我确实不对,由于搬家和流行性感冒,拖得太久了。现在伊·瓦·又病了,得了重感冒,不过已经**见好**。

你问德国有什么新书? 我刚刚看完四卷《马克思和恩格斯通信集》,想在《启蒙》杂志上写一篇文章。[347] 这个通信集有很多有意义的东西。可惜鬼德国人卖得太贵了,要 40 马克! 贝尔的新著

《英国社会主义史》我还没有看过，不过我很快就能把它看完。

　　库诺的关于宗教的起源[一书]不久前已经出版。我可以把它寄给你（我准备买），只是怕寄不到。如果你订了或者你能弄到《新时代》杂志的话，那上面有你感兴趣的读物的全部目录。没见到有什么资产阶级的新著。如果你想要，我可以寄给你一份德文新书目录（由莱比锡书商欣里克斯少量出版，我每月收到一份）。

　　紧紧握手，请代我和娜嘉热烈地吻妈妈！

你的　弗·乌·

阿纽塔很久没有来信了。

　　我正在读奥克塔夫·米尔博的《澳洲野犬》。依我看，写得不好。

寄自克拉科夫

载于1929年《无产阶级革命》杂志第11期

译自《列宁全集》俄文第5版第55卷第344—345页

245

致玛·伊·乌里扬诺娃

俄国　沃洛格达　莫斯科大街　萨马林宅3室

玛丽亚·伊里尼奇娜·乌里扬诺娃收

12月21日

亲爱的玛尼亚莎：

　　今天按印刷品把德文书单寄给你，看完后告诉我一声，你对它是否感兴趣(用完请退回,但**不必**着急)。

你和妈妈过得怎样? 过节的时候打算去看马尔克或阿尼亚吗? 米嘉有[信]来吗?

我们这里一切如常……我已经非常习惯克拉科夫的生活了,圈子很窄,平静,呆板,不过在某些方面比巴黎要方便一些。

原谅我信写得很少,一些琐事老是妨碍我。

请代我热烈地吻妈妈! 娜嘉和伊·瓦·向你们问好并吻你们!

你的   弗·乌·

寄自克拉科夫

载于 1929 年《无产阶级革命》杂志
第 11 期

译自《列宁全集》俄文第 5 版
第 55 卷第 345—346 页

246

娜·康·克鲁普斯卡娅和列宁
致玛·亚·乌里扬诺娃

12 月 26 日

亲爱的玛丽亚·亚历山德罗夫娜: 很久没有给您写信了。最近我在写信方面似乎是在进行意大利式的罢工。沃洛佳也应该负一部分责任,他把我拉进了"郊游派"。我们开玩笑说,我们这里有"电影派"(喜欢看电影的人),有"反电影派"或反犹太派[1],有总

---

[1] 反电影派原文是 антисинемисты,和反犹太派的原文 антисемиты 相似。这里是开玩笑,把前者说成后者。——编者注

想去郊游的"郊游派"。沃洛佳是坚定的反电影派和狂热的郊游派。瞧他还尽把我朝他那一派里拉,于是什么事也干不成了。天气好像也是有意似的好得出奇。下了一场雪,简直美极了。秋天那一阵子也非常好。在克拉科夫不郊游又有什么事可干呢! 什么文化娱乐也没有。我们曾去听过一个音乐会,贝多芬的四重奏,还是跟大伙一块凑钱买的长期票;可是不知为什么音乐会使我们感到很沉闷,虽然我们认识的一位出色的音乐家①很欣赏。波兰戏不想看,电影也不像个样子,总是演那种五场的情节剧……　我和沃洛佳决定过了节之后到本地大学的图书馆去看看,否则太难为情了,一次都没有去过。在这里,我们最渴望的就是小说。沃洛佳差不多把纳德松和涅克拉索夫的作品给背下来了,一本残缺不全的《安娜·卡列尼娜》也翻来覆去看了上百遍。我们的文艺书籍(过去在彼得堡的那些书的很小一部分)都留在巴黎了,而这里没有地方能弄到俄文书。有时候看到旧书商的关于乌斯宾斯基 28 卷集、普希金 10 卷集等等的广告就非常羡慕。

沃洛佳好像存心要做大"文豪"了,而且是个极端的民族主义者。波兰画家的展览会你说得再好他也不看,而有一次在熟人那里拣到一本他们扔掉的特列季亚科夫绘画陈列馆的绘画目录,却爱不释手。

我们身体都很好。沃洛佳每天洗冷水浴,散步,已经不失眠了,他对这个闭塞的地方赞不绝口。妈妈老是有点小毛病,一会儿牙龈发炎,一会儿咳嗽。她再三问候你们! 玛尼亚莎的信收到了,她总是写得那样潦草,我一点也看不明白。希望她常来信。紧紧、

---

①　指伊·费·阿尔曼德。——编者注

紧紧地拥抱她,拥抱她和您,祝你们身体健康,一切都好!再一次吻你们!

您的　娜嘉

　　热烈地吻你,我亲爱的妈妈,并祝你精神愉快,身体健康。热切地向玛尼亚莎(前几天给她写了一封信)和阿纽塔问好,我想阿纽塔一定在你们那儿。

你的　弗·乌·

从克拉科夫寄往沃洛格达

载于 1929 年《无产阶级革命》杂志
第 11 期

译自《列宁全集》俄文第 5 版
第 55 卷第 346—347 页

1914 年

247

娜·康·克鲁普斯卡娅和列宁
致玛·亚·乌里扬诺娃

1月7日

亲爱的玛丽亚·亚历山德罗夫娜:祝您以及玛尼亚莎和阿尼亚新年快乐,一切都好!

我和沃洛佳两人用几盘酸牛奶迎接了欧洲的新年,而俄国的新年我们就根本不准备过了,因为沃洛佳要外出一个月到一个半月,到图书馆去看书、写作。[348]我当然有些羡慕,因为我们这个城市与其说像个城市,还不如说像一个偏僻的乡村。我非常惦念大家。这里根本没有我们要"拜访"的人,也没有我们要关心的人。

我们同本地居民总有点不太熟。

这里本来已经入冬,沃洛佳已经滑了三次冰,还怂恿我也买双冰鞋,但是天气又突然转暖,冰也全化了,譬如今天就完全充满了春天的气息。昨天也不太像冬天的样子,我和沃洛佳到城外散步,走了好远,十分愉快。

这就是我们的全部近况。紧紧地拥抱您,妈妈也向你们问好!

您的眼睛怎样?阿尼亚是不是照她原来的打算来了?

好吧，祝您健康！

您的　**娜嘉**

亲爱的妈妈：让我紧紧地拥抱你，祝你以及玛尼亚莎和阿尼亚新年快乐！

你的　**弗·乌·**

从克拉科夫寄往沃洛格达

载于 1957 年《列宁全集》俄文
第 4 版第 37 卷

译自《列宁全集》俄文第 5 版
第 55 卷第 348—349 页

248

致安·伊·乌里扬诺娃-叶利扎罗娃

（2 月 11 日）

圣彼得堡　贡恰尔街 11 号 23 室
安娜·伊里尼奇娜·叶利扎罗娃收

亲爱的阿纽塔：长期外出之后，我终于又回到家里了；翻阅了你的全部来信；今天还收到你特别担心能否寄到的那封信。全都收到了。关于文章交得太迟的问题，你的意见是对的，但有什么办法呢？我只有一双手。《启蒙》杂志第 1 期还没有来，虽然我们收到的报纸上有消息说它已经出版了。恐怕你们那里也要迟到。现在我正在写关于民族自决的论文。或许能赶上第 2 期登载。**349**

请寄给我《无产阶级真理报》第11号(2份)、《真理之路报》第2号、《新工人报》第8号(总第126号),只是不要托别人寄(不可靠),要亲自寄。

关于1905—1908年的刑事案件统计资料汇编,请不要买了(用处不大,且太贵),从图书馆(律师公会图书馆或国家杜马图书馆)给我借一本寄来看一个月好了。(非常感谢你寄来的司法部部刊;我已寄回,想你已经收到了吧。)听说你们那里把关于X事件①一文中的反对取消派的某些论点删掉了,这种不恰当的、有害的调和主义行为,使我非常生气,因为你们这样做只能有利于取消派的无耻诽谤,阻碍把类似加琳娜、马尔托夫、唐恩之流这些坏蛋清除出工人运动的必然过程。然而你们是阻碍不了的,你们只会使自己丢丑。马尔托夫之流在X事件中所进行的卑鄙恫吓使我愤怒万分:看吧! 我们一定要逐步把这帮恫吓者击溃。

好久没有给家里写信了。想来现在家中一切都好吧。请来信谈谈。

刚刚收到《启蒙》杂志第1期。谢谢你。总的说来还不错。可错字却…… 在评论列维茨基时竟糊涂地说什么"派别地"……**350**谁把这一点给疏忽了? 作者是怎么样的人? 关于妇女机关刊物**351**,娜·康·准备写点东西。

寄自克拉科夫

载于1933年《列宁文集》俄文版
第25卷

译自《列宁全集》俄文第5版
第55卷第349—350页

---

① X即Б.Г.丹斯基。关于X事件,见本版全集第25卷第405、133页。——编者注

249

致玛·伊·乌里扬诺娃

俄国　沃洛格达　莫斯科大街　萨马林宅3室
玛丽亚·伊里尼奇娜·乌里扬诺娃收

1914年2月16日

亲爱的玛尼亚莎:我刚旅行回来不久(顺便提一下,我在巴黎曾作了关于民族问题的演说[352]),一直没能写信给你。

近来好吗? 何时期满?

妈妈的身体如何? 是否完全恢复了健康?

好久没有得到马尔克和米嘉的消息了。一点儿也不知道他们的生活情况和计划。

我们这里一切如常。生活过得凑凑合合。娜嘉的巴塞多氏病似乎又要复发了,虽然现在征候还不明显,但是已经出现了。可能春天还得再送她去动手术…… 这件事还没有肯定,来信最好暂时不要向她提到这一点。我身体很好。伊·瓦·也很健康。

紧紧握手! 请代我热烈地吻妈妈!

你的　弗·乌·

寄自克拉科夫

载于1929年《无产阶级革命》杂志
第11期

译自《列宁全集》俄文第5版
第55卷第350页

250

致玛·亚·乌里扬诺娃

1914年2月21日

亲爱的妈妈：你的明信片收到了，谢谢。你们那里的天气和这里竟会差这么多！这里完全是春天了，雪早化了，天气十分暖和，出门用不着穿套鞋，阳光灿烂，这在克拉科夫也是异乎寻常的，谁也不相信这是在"潮湿的"克拉科夫。遗憾的是你和玛尼亚莎不得不住在那个讨厌的小市镇里！…… 我没有去伦敦，而是到巴黎去了一趟，玩得还不错。巴黎这个城市对经济不宽裕的人来说，生活是很不方便的，会把人弄得很累。但是作短期的逗留、参观和游览，那就没有比它更好更令人快乐的城市了。我在那里尽情地消遣了一番。

夏天我们可能又要去波罗宁。

紧紧地拥抱你，我亲爱的妈妈，祝你身体健康！热切地向玛尼亚莎问好！

你的　弗·乌·

附言：娜嘉和伊·瓦·也热烈地吻你！

从克拉科夫寄往沃洛格达

载于1929年《无产阶级革命》杂志
第11期

译自《列宁全集》俄文第5版
第55卷第351页

251

娜·康·克鲁普斯卡娅和列宁
致玛·亚·乌里扬诺娃

3 月 16 日

亲爱的玛丽亚·亚历山德罗夫娜：很久没有给您写信了。不知为什么今年没有心思写信。我们的生活非常孤独，说实在的，全城我们只认识一家人家。这一家有一个小男孩，很惹人喜欢，但我们和孩子的母亲却谈不来。另外也还有一家熟人，可是同他们在一起觉得很难过，一家人都被穷困折磨坏了。我们收到的信也不太多。主要是靠看报过日子。

近来天气很不错，草儿发绿了，树枝抽出了嫩芽，但道路泥泞不堪。不过，沃洛佳今天还是骑着车出去跑了好远，连内胎也给弄爆了。我们准备到森林中去远足一次。每天我们都要散散步。我们紧靠着城边住，走 5 分钟就到野外了。我们已经租到一所旧别墅，打算 5 月 1 日搬到那里去。这所别墅对我们来说稍微大了一点，离店铺也远了点，但是房间很好，有壁炉和两个凉台，又不紧靠大路。

也许在那里我能休息过来。我的巴塞多氏病又犯了，不过没有从前那样厉害，眼睛还算正常，脖子只是在激动时才肿大，但心跳相当快。老实说，生病我现在倒不十分怕，也没有什么妨碍，苦恼的倒是又需要处处小心，而且还要遵守病人的那一套生活制度。克拉科夫这个地方很潮湿，将来到了波罗宁，病一定会很快好起来的。

沃洛佳非常喜欢波罗宁,特别爱爬山。今年,我们准备雇一位照料家务的女佣,以便撇开烦琐的家务事,有可能出去远足。

阿尼亚今年给我们寄来了我们喜爱的书,玛尼亚莎收到我的信了吗?

我亲爱的,让我热烈地吻您和她!

妈妈向您问候!她原打算回俄国,但这件事不那么容易。

祝您身体健康,一切都好!

您的 娜嘉

亲爱的妈妈:让我热烈地吻你,并向全家问好!也问米嘉好——谢谢他给我的来信。马尔克也有信来。我们在这里看了影片《贝利斯案件》[353](已经改编成情节剧了)。我们参加了用乌克兰语举行的舍甫琴柯纪念晚会。[354]但我对乌克兰语懂得太少了。我们的生活如常。紧紧地拥抱你,祝你身体健康!

你的 弗·乌·

从克拉科夫寄往沃洛格达

载于1957年《列宁全集》俄文第4版第37卷

译自《列宁全集》俄文第5版第55卷第351—353页

<h1 style="text-align:center">252</h1>

<h2 style="text-align:center">致玛·亚·乌里扬诺娃</h2>

1914年4月10日

亲爱的妈妈:紧紧地拥抱你,并祝贺你和玛尼亚莎的命名日!

现在,我希望沃洛格达的夏天能比冬天好些,这是最后的一个夏天了!①

近来我略微有些感冒(春天总是免不了的),但现在已经好了。

很快(5月初)我们又要到波罗宁去了。

紧紧地拥抱你,祝你身体健康!

你的　弗·乌·

从克拉科夫寄往沃洛格达

载于1929年《无产阶级革命》杂志
第11期

译自《列宁全集》俄文第5版
第55卷第353页

253

致玛·伊·乌里扬诺娃

俄国　沃洛格达　莫斯科大街　萨马林宅3室
玛丽亚·伊里尼奇娜·乌里扬诺娃收

4月22日

亲爱的玛尼亚莎:听说你对我长时间不写信似乎有些不满。在写信方面我确实很抱歉,但在我们(特别是你和我)所处的情况下,要随便写信是很困难的……

---

① 玛·伊·乌里扬诺娃在沃洛格达的流放期于1914年秋结束。——编者注

昨天收到了妈妈给我和娜嘉的信。请代我热烈地吻妈妈! 对于你们来说,也许夏天要比冬天好一些。

不久以前,我得到了一些有关奥洛涅茨流放地情况的消息。那里有人收集了关于流放者的状况和成分的材料:绝大部分是工人和新手(革命后参加的),在这个县里的 150 人当中,有两个取消派,左派民粹派很少。显然,流放者的成分在急剧地变化,把这方面的材料收集起来,不时在《启蒙》杂志上发表,是很有意思的。**355** 娜嘉给你写了信,并且打算还要写。

大约再过两个星期,我们又要到波罗宁去了,那里有山,我希望娜嘉的巴塞多氏病能在那里养好,因为这种病宜于在山区疗养。现在这里的天气好极了,我常常骑自行车到外面去。

总的说来,无论我们现在住的这座城市有多么偏僻,多么落后,但比起巴黎来,我还是更喜欢这里。巴黎侨民生活纷乱,简直不可想象,神经高度紧张,还是白搭。在巴黎工作不方便,国立图书馆的工作搞得很糟,所以我们常常想念日内瓦,那里工作效率高,又有方便的图书馆,生活不是那样不安和杂乱。在我流浪所到过的地方中,如果伦敦或日内瓦不是那么远的话,我最喜爱它们。日内瓦总的文化水平很高,生活也特别安适。而这里,文化生活根本谈不上,差不多和俄国一样:图书馆很糟糕,而且对读者极不方便,即使是这样的图书馆我也几乎没有机会去……

塔特拉山(我们在波罗宁就住在塔特拉山附近)的秋天非常美丽,——至少是去年秋天,在多雨的夏季之后,显得十分迷人。你不是秋天流放期满吗,我有时想,我们能不能在秋天见面呢? 如果秋天天气好的话，我们打算十月份也在乡下过。

　　紧紧握手！

你的　弗·乌·

寄自克拉科夫

载于 1929 年《无产阶级革命》杂志
第 11 期

译自《列宁全集》俄文第 5 版
第 55 卷第 354—355 页

254

致安·伊·乌里扬诺娃-叶利扎罗娃

俄国　彼得格勒　希腊大街 17 号 18 室
安娜·伊里尼奇娜·叶利扎罗娃收
伯尔尼　迪斯泰尔路 11 号弗拉·乌里扬诺夫寄

1914 年 11 月 14 日

　　亲爱的阿纽塔：你的来信、马尔克·季·的来信，还有妈妈寄来的明信片，都先后收到了。十二万分地感谢你们！我现在不需要钱。我被囚禁的时间很短，总共 12 天，而且很快就得到了一些特殊的优惠条件，总之"坐牢"非常轻松，条件和待遇都不坏。[356] 目前我在这里已比较习惯，生活也安排好了。我们住两间带有家具的房间，很不错，在附近一家食堂吃饭。娜嘉很健康，伊·瓦·身体也很好，不过人老了很多。给格拉纳特百科词典写的词条（关于马克思)已经写完,最近就准备寄给他。[357]我的书有一部分(大部分,几乎是全部)只好丢在加利西亚……我十分担心这些书的命运。[358]看到各国沙文主义的滋长以及像德国(当然不仅仅是德国)马克思主义者或假马克思主义者那样的叛变行为,十分痛心……自由派又一次称赞普列汉诺夫是完全可以理解的:他完全应当受到这种可耻的惩罚。[359]请速来信告诉我,杂志的事怎么样了。[360]有复刊的希望没有? 在什么时候? 邮局对挂号的手稿负责吗? 紧紧地拥抱妈妈,吻妈妈,祝她身体健康,并代全家热切地向你们问好!

你的　弗·乌里扬诺夫

　　附言:那一期卑鄙无耻的《现代世界》杂志已经看到了……可耻,真可耻! ……[361]

载于 1930 年《无产阶级革命》杂志　　译自《列宁全集》俄文第 5 版
第 4 期　　　　　　　　　　　　　　第 55 卷第 355－356 页

255

致玛·伊·乌里扬诺娃

俄国　莫斯科　瑟罗米亚特尼基

科斯托马罗夫巷 15 号 336 室

玛丽亚·伊里尼奇娜·乌里扬诺娃收

寄信人:瑞士　伯尔尼　迪斯泰尔路 11 号

弗拉·乌里扬诺夫

12 月 22 日

亲爱的玛尼亚莎:今天收到了你 11 月 14 日的来信,非常高兴。你写的是我们从前的地址,现在的地址是:迪斯泰尔路 11 号。

关于这里有没有查询俄国战俘情况的机构,以及关于你所询问的那个战俘,我将尽量打听。**362**眼下就要过节了,可能一时打听不出来,不过无论如何我还是尽量打听。

在这沉寂的伯尔尼,我们过得还不错,平静而又安逸。这里的图书馆很好,在利用图书方面我很满意。终日办报的时期结束以后,读读书是很惬意的。娜嘉在这里找到了一个教育图书馆,现在她正在写有关教育的论文。

我已写信给阿纽塔,请她给土地问题这本书找一个出版人,我可能在这里写完这本书。**如果有机会,请你也打听打听。**

为什么你一点也不谈谈自己的近况? 身体怎么样? 有没有收

入？什么工作？在哪里工作？能维持生活吗？顺便写上几句吧。紧紧地、紧紧地握手！

你的 弗·乌里扬诺夫

娜嘉和伊丽·瓦西·再三问候你！

有机会请你打听一下(如果不太麻烦的话)，格拉纳特收到我写的关于马克思的条目没有。能为百科词典写点东西就好了，但如果没有机会结识编辑部的秘书，就不容易办到。

载于1929年《无产阶级革命》杂志
第11期

译自《列宁全集》俄文第5版
第55卷第356—357页

1915 年

256

致玛·伊·乌里扬诺娃

俄国 莫斯科 瑟罗米亚特尼基
科斯托马罗夫巷 15 号 336 室
玛丽亚·伊里尼奇娜·乌里扬诺娃收
瑞士 伯尔尼 迪斯泰尔路 11 号 乌里扬诺夫寄

1915 年 2 月 9 日

亲爱的玛尼亚莎:你寄来的奥加诺夫斯基和马斯洛夫的两本小册子都收到了。非常非常感谢!!这两个人都是最有害的可恶的机会主义者(难道有人同意他们和普列汉诺夫吗?这真是糟透了)。但是看一看他们写的东西却大有好处。因此,能寄来一些这样的东西以及有关的报纸(和杂志)剪贴资料,那就感激不尽了。例如:叶·斯米尔诺夫早先(8 月或 9 月)在《俄罗斯新闻》上发表的有关投票赞成军事拨款等等卑鄙之极的言论,我都看过。但是,他以及类似他那样的一些人后来还写过什么东西,那我就一点也不知道了。

在这里的图书馆里我们可以很方便地看到外国的报纸和书

1915年2月9日列宁给玛·伊·乌里扬诺娃的明信片

籍。生活还不错;伯尔尼虽然是一个寂寞的小城,但却是一个文明城市。伊·瓦·感染上流行性感冒了。

德国人反沙文主义的情绪愈来愈高,无论是在斯图加特或是美因河畔法兰克福都发生了分裂。**363**柏林出版了具有反沙文主义情绪的《光线》杂志。**364**

如果不太麻烦你,而且你又有机会到格拉纳特兄弟出版公司附近去的话(用不着专门为这件事跑一趟,这事一点不急),那就请你问问出版公司,他们采用了我为百科词典写的条目,是否把稿费寄给马·季·叶利扎罗夫了(我曾请他们这样做的),①能否再为百科词典写点东西。我曾写信问过秘书②,但是没有回音。

紧紧握手,我和娜嘉都热切地向你问好!

你的　弗·乌里扬诺夫

载于1929年《无产阶级革命》杂志
第11期

译自《列宁全集》俄文第5版
第55卷第358—361页

---

① 列宁指他自己给百科词典写的《卡尔·马克思》这一条目,稿费是交给玛·伊·乌里扬诺娃本人的。——编者注
② 见本版全集第47卷第49号文献。——编者注

257

致玛·亚·乌里扬诺娃

<u>俄国</u>　<u>彼得格勒</u>　彼得堡区　宽街 48/9 号 24 室
玛丽亚·亚历山德罗夫娜·<u>乌里扬诺娃</u>收

伯尔尼　<u>赛登路 4a</u>^{III} 号　乌里扬诺夫寄

1915 年 10 月 7 日于伯尔尼

亲爱的妈妈：最近我和娜嘉搬到伯尔尼来了。本来我们打算在泽伦堡多留些时候[365]，但是那里已经下雪，冷得受不了。今年秋天就很冷，泽伦堡又是山区气候。我们在这里租到了一个很好的房间，有电灯和洗澡间，房租 30 法郎。娜嘉的健康恢复得不错；不再心动过速；甚至能够爬山了；但愿巴塞多氏病不再复发就好了。

你们近来怎样？过冬的事安排好了吗？你的身体好吗？房间暖和不暖和？非常非常感谢阿纽塔给我们寄来了书、十分有趣的教育文集和信①。关于找出版人的事，我已写信给她，现在正等着回信。[366]玛尼亚莎好吗？如果可能，请把这封信转寄给她；要是我也能收到她的信，该多高兴啊。请代我们向米嘉和马尔克热烈问好！能把《言语报》的摘录寄来（阿纽塔来信说，她打算摘录），那就感激不尽了。我们看到的俄国报纸、书籍和小册子太少太少了，非

---

① 显然，这是一封用化学方法写的信。——俄文版编者注

常渴望能读到这些东西。阿纽塔收到我早就寄给她的那张"索书单"了吗?(就是那张我想读的俄国书的书单。)我,还有娜嘉,热烈地吻你、拥抱你和阿纽塔!

你的　弗·乌里扬诺夫

载于 1930 年《无产阶级革命》杂志
第 4 期

译自《列宁全集》俄文第 5 版
第 55 卷第 361—362 页

1916 年

258

致玛·伊·乌里扬诺娃

俄国　莫斯科　小格鲁吉亚街 7 号 13 室
玛丽亚·伊里尼奇娜·<u>乌里扬诺娃</u>收

<u>苏黎世</u>I　明镜巷 12 号（卡梅雷尔处）　乌里扬诺夫寄

1916 年 2 月 20 日

　　亲爱的玛尼亚莎：非常感谢你前几天寄来了报纸。今天我收到了德国红十字协会中央委员会的通知，战俘阿龙·罗森费尔特在比托夫第 66 团（66Rgt）。[367]打听了一年多，日内瓦红十字会和丹麦红十字会都查不出这个人。后来我偶然发现了德国战俘委员会的地址，马上给他们写了封信，而他们也是两个多月没有答复！！

　　我和娜嘉对苏黎世感到很满意；这里的图书馆很好；我们还要在这里住几个星期，然后再回伯尔尼。[368]信也可以寄到这里来，邮局会转给我们的。

　　紧紧握手，衷心地祝你一切都好！娜嘉也问你好！

你的　弗·乌里扬诺夫

载于 1929 年《无产阶级革命》杂志
第 11 期

译自《列宁全集》俄文第 5 版
第 55 卷第 363 页

259

致玛·亚·乌里扬诺娃

1916年3月12日

亲爱的妈妈:寄上照片两张,一张是给玛尼亚莎的。

我们现在住在苏黎世。是到这里的图书馆来进行一些研究的。我们非常喜爱这里的湖光山色,图书馆也比伯尔尼的好得多,因此我们待在这里的时间可能要比预定的时间长一些。信可以寄到这里,邮局总会转的。

我想你们那里的天气不再会大冷了吧,你在冰冷的房子里没有冻坏吧?但愿快点暖和起来,但愿冬天过后你能休息过来。

娜嘉再三问候大家!热烈地吻你,我亲爱的妈妈,并祝你身体健康。请向阿纽塔还有马·季·热切地问好!

　　　　　　　　　　　　　　　　你的　弗·乌·

从苏黎世寄往彼得格勒

载于1929年《无产阶级革命》杂志
第11期

译自《列宁全集》俄文第5版
第55卷第364页

260

致马・季・叶利扎罗夫

俄国   彼得格勒   涅瓦大街45号

"伏尔加"轮船公司管理处

马尔克・季莫费耶维奇・叶利扎罗夫先生收

瑞士   苏黎世   明镜巷 14^{II} 号   乌里扬诺夫寄

1916年9月20日

亲爱的马・季・:请把这张明信片给玛尼亚莎看看,或者是转寄给她。昨天我收到她8月8日的来信(明信片),还有书,非常感谢她。得到阿纽塔住院的消息[369],我很不安。是怎么回事呢?是不是因为她所说的曾经不得不住院动手术治疗的那个病呢?希望你们千万要去找最高明的外科医生,因为,在这种情况下绝不应当再同一般的大夫打交道了。要常来信,写上三言两语也好,我很挂念。现在的信件慢得实在可怕!还要感谢玛尼亚莎为我奔忙寻找出版人:无论如何我要写点东西,因为物价高得要命,生活困难极了。玛尼亚莎近来好吗?她的收入多不多?(200卢布我已经收到,并写了回信,再一次谢谢。)如果可能,请把看过的俄文报纸一星期给我寄一次,否则我**一张**俄文报纸也看不到(寄得太频也不必要)。紧紧握手,吻玛尼亚莎!娜嘉也问候你们!

您的   **弗・乌里扬诺夫**

载于1929年《无产阶级革命》杂志第11期

译自《列宁全集》俄文第5版第55卷第364—365页

261

致玛·伊·乌里扬诺娃

俄国　彼得格勒　宽街 48 号 24 室
玛丽亚·伊里尼奇娜·乌里扬诺娃收
瑞士　苏黎世 I　明镜巷 14^{II} 号　乌里扬诺夫寄

1916 年 10 月 22 日

　　亲爱的玛尼亚莎：昨天同时收到了你 8 月 29 日和 9 月 1 日寄来的两张明信片。你为我奔忙寻找出版人，又寄钱给我，非常感谢。关于最新资本主义的手稿，不知新出版人收到没有？[370]希望收到后你就来信告诉我。我认为这部经济著作非常重要，迫切希望它能尽快地全文发表出来。你来信说："出版人希望把《土地问题》印成书，而不是印成小册子。"这大概是要我把续篇寄去（也就是说，除了已写完的美国部分，还要补写业已答应的德国部分）。[371]等我把老出版人①预约的稿子写完后马上就动手写这一篇。

　　总之，我认为新出版人是向我**预定**关于土地问题的续篇了！一有机会，就请你提醒他这件事。（500 卢布还没有收到，不过这两天一定会收到。我认为这不算是预支的稿费，而是出版人收到

――――――――――
　　① 指弗·德·邦契-布鲁耶维奇。――编者注

手稿后应付的报酬。)

能否打听一下(趁便,不要特地去),格拉纳特是否把我写的关于马克思的那一个条目编入百科词典了?[①] 答应给我的抽印本并没有给我。如果他不作答复,你能否到图书馆去借这一字母的分册查一查?

关于翻译什么东西的问题,我已经给你提了三个选题(三本书:克梅雷尔、吉尔布雷思、霍布森的著作)。如果不合适,告诉我,我再找其他的书,如果合适,就应当具体地商妥,说约稿已定,选题已被采纳。这样我就好动手了。阿尼亚是否可以翻译一本呢? 请代我和娜嘉热切地向阿尼亚问好! 我给你写过三张明信片,都寄到马·季·那里[②],这一张寄到你处。这是否都一样方便? 我和娜嘉的生活如常,平平静静;苏黎世的图书馆较好,工作起来也比较方便。我和娜嘉热烈地吻你并向马·季一奇问好! **非常**感谢你寄来的书,妇女杂志也收到了。

你的   弗·乌·

载于 1929 年《无产阶级革命》杂志   译自《列宁全集》俄文第 5 版
第 11 期   第 55 卷第 365—366 页

---

① 见注 357。——编者注
② 这三张明信片只保存下来一张(见上一号文献)。——编者注

262

致玛·伊·乌里扬诺娃

俄国　彼得格勒　宽街48/9号24室

玛丽亚·伊里尼奇娜·乌里扬诺娃女士收

瑞士　苏黎世　明镜巷14^{II}号　乌里扬诺夫寄

1916年11月26日

　　亲爱的玛尼亚莎:刚刚按照马尔克·季莫费耶维奇的地址给你寄了一张挂号明信片,就收到了你寄来的书(两卷本的小说),随后又收到了你的明信片,知道你们这几天正在等待阿纽塔①。非常感谢你寄来了书。得到阿纽塔的消息,高兴极了。热切地向她问好,希望她不要在阿斯特拉罕省久留,要小心,那里气候十分炎热,不要病倒了。娜嘉也向你们问好,并感谢你告诉我们莉迪娅的消息。

　　我们的生活如常。物价一天比一天涨得厉害。非常感谢你寄来的钱(我已写信告诉马·季·,500卢布=869法郎我已经收到了)。如果不麻烦的话,请你把读过的俄文报纸每月分3—4次寄给我,用细绳捆紧(否则就会遗失)。我现在读不到俄文报纸。关于翻译的事,我已提出三本书:**克梅雷尔**的《技术的进步》;**霍布森**的《帝国主义》;**吉尔布雷思**的《运动的研究》。还没有接到回信;正

---

① 指安·伊·乌里扬诺娃-叶利扎罗娃从狱中释放出来。——编者注

在等答复(因为出版人要打听一下,是否已经出版过了)。

再一次紧紧地握你们的手,吻你和阿尼亚!

你的　弗·乌里扬诺夫

载于1929年《无产阶级革命》杂志
第11期

译自《列宁全集》俄文第5版
第55卷第366—367页

1917 年

263

致玛·伊·乌里扬诺娃

俄国　彼得格勒　宽街 48/9 号 24 室

玛丽亚·伊里尼奇娜·乌里扬诺娃收

瑞士　苏黎世 I　明镜巷 14 号　乌里扬诺夫寄

1917 年 2 月 15 日

亲爱的玛尼亚莎：今天我收到由亚速海—顿河银行转来的 808 法郎，此外，1 月 22 日我还收到了 500 法郎。请告诉我，这是什么钱？是不是出版人寄的？是哪个出版人寄的？是什么书的钱？是寄给我的吗？必须做到心中有数，也就是要弄清楚哪些书出版人已付了钱，哪些还没有付。我不明白怎么会有这么多钱；娜嘉开玩笑说："你开始领'养老金'了。"哈哈！玩笑倒开得挺有趣。事实上物价也确实高得吓人，而由于神经衰弱，工作起来实在吃力。笑话不谈了，不管怎样，还是需要把事情弄清楚，你要写信告诉我。很可能你给我的一封信（也许不止一封）在途中遗失了，所以我不知道这是怎么一回事。我不敢花这些钱（因为常常有人让我把钱转给一位有病的朋友）。

不久以前收到了你寄来的《俄国纪事》杂志[372]、《粮食的固定价格》、《劳动仲裁》和《图拉省统计资料》这四本书。非常非常感谢。十分热切地向阿纽塔、马·季·和米嘉问好！我们的生活如常，非常平静；娜嘉常闹小病。冬天异常冷，甚至现在还很冷。你们大家在那里怎样？身体都好吗？很难收到你们的信。

紧紧握手并热烈地吻你！

你的　弗·乌里扬诺夫

载于1929年《无产阶级革命》杂志
第11期

译自《列宁全集》俄文第5版
第55卷第368—369页

264

致马·季·叶利扎罗夫

（2月18日或19日）

挂号

俄国　彼得格勒　涅瓦大街45号"伏尔加"轮船公司管理处

马尔克·季莫费耶维奇·叶利扎罗夫先生收

寄信人：瑞士　苏黎世Ⅰ　明镜巷14号　弗拉·乌里扬诺夫

亲爱的马尔克·季莫费耶维奇：从附上的稿件您可以看到，娜嘉正计划出版一部《教育词典》或《教育百科全书》。[373]

我竭力支持这个计划，我认为它能够弥补俄国教育读物中的一个重大缺陷，会是一项非常有益的工作，而且还能得到一笔收入，这对我们是非常需要的。

随着读者人数的增加和范围的扩大，现在俄国对**百科全书**一类出版物需求量很大，并且还在急剧增加。一部好的《教育词典》或《教育百科全书》是案头必备的，必然会多次再版。

我相信娜嘉一定能实现这个计划，因为她研究教育多年，写过有关教育的文章，作了系统的准备。苏黎世又是从事这种工作最合适的地方。这里的教育博物馆也是世界上最好的。

这种事情的收益是没有问题的。如果我们能借到一笔必需的资金，或找到一个能入股的资本家，而由我们**自己**来出版，那就再好没有了。

如果这**不**可能，或是这样办只会浪费时间（您当然比我更清楚，您仔细考虑和打听之后，再决定这个问题），那就应当把这项计划交给老出版人，他大概能够接受。只是不要让他们把计划偷了去，也就是不要让他们剽窃了计划。然后应以编者（即娜嘉）的名义和出版人就**各项**条件签订一个**非常明确的**合同。否则出版人（老出版人亦然！！）完全会剥削编者，把**全部**收入独吞了。**这种事情是常有的。**

务请您对这项计划仔细考虑一下，打听打听，商量商量，四处跑跑，并把情况详细告诉我。①

握手！

　　　　　　　　　　您的　　**弗·乌里扬诺夫**

附言：此书可分两卷出版，分两栏排印。以1—2印张作为一

---

①　如果事情办妥，即请来电告我："百科全书合同已签订。"这样娜嘉就可以加紧进行工作。

个**分册**发行。征求**预订**。这样很快就能收到钱。

载于1930年《无产阶级革命》杂志
第4期

译自《列宁全集》俄文第5版
第55卷第369—370页

265

致玛·伊·乌里扬诺娃

(8月)

　　亲爱的玛尼亚莎:热切地向你问好并致最良好的祝愿! 我生活得很好,已着手写关于国家的文章,对于这个问题我很早就发生兴趣了。[374]我要劝告你:一定要去看病。正好现在比较空闲,而且又不太安定。应当利用这个时间去治腿和神经。我恳求你,一定去,立刻就去。可以随身带些翻译工作或小说,免得太寂寞,在治疗过程中或多或少总要感到寂寞的。无论如何一定要去看病,希望接受我的请求,并写几句回答我。紧紧地拥抱你!

你的　弗·乌里扬诺夫

从赫尔辛福斯(赫尔辛基)寄往彼
得格勒

载于1929年《无产阶级革命》杂志
第11期

译自《列宁全集》俄文第5版
第55卷第370—371页

266

致玛·伊·乌里扬诺娃

(8月底和9月之间)

给含羞草①

我最亲爱的含羞草：请你务必去治病，不要拖延，不要错过时间。回去时安排干什么都是**不难**的。一定要去！！

贝尔这个题目很好。不过你还得设法弄到**施留特尔**的那本论宪章运动的书(德文版)**375**；这是在贝尔之后出版的，这本书指出了这位机会主义者的错误。根据贝尔**和施留特尔**的这两本书，可以写出一本非常好的小册子。请简短地给我回个信。

"历次党代表大会"也是很好的题目(除了**记录**之外，还需要各种小册子，至于有哪些小册子，我连个大概也记不得②)。文章如果写好了，请把草稿寄给我，一起研究研究。

紧紧地、紧紧地拥抱你！

弗·乌里·

从赫尔辛福斯(赫尔辛基)寄往彼得格勒

载于1929年《无产阶级革命》杂志
第11期

译自《列宁全集》俄文第5版
第55卷第371页

---

① 含羞草是玛·伊·乌里扬诺娃的党内化名。——编者注
② 列宁关于斯德哥尔摩代表大会的《报告》我是偶然得到的，而且只有……　太少了！

1918 年

267

致玛·伊·乌里扬诺娃

（2 月底和 3 月 8 日之间）

玛丽亚·伊里尼奇娜·乌里扬诺娃

务请尽快搜集下列图书资料，并尽可能在明天早晨给我送到斯莫尔尼来（布哈林应协助）：

（1）小册子（我的）《修改党纲的材料》。①

（2）同名小册子，**莫斯科出版的**（索柯里尼柯夫等等）。

（3）《启蒙》杂志，发表我关于修改党纲一文的那一期。[376]

（4）《斯巴达克》杂志[377]，发表有关党纲的文章的那两期（好像是 1917 年第 3 期和第 4 期）。

载于 1933 年《列宁文集》俄文版
第 21 卷

译自《列宁全集》俄文第 5 版
第 55 卷第 372 页

---

① 见本版全集第 29 卷第 472—493 页。——编者注

1919 年

268

给娜·康·克鲁普斯卡娅的电报

（7月2日）

喀山或发往收电人的所在地
全俄中央执行委员会"红星号"巡回指导轮
乌里扬诺娃-列宁娜收

转去波兹涅尔的来电一份。
请电告健康情况和航行路线。[378]

人民委员会主席　　**列宁**

载于1933年《列宁文集》俄文版
第24卷

译自《列宁全集》俄文第5版
第55卷第373页

269

致娜·康·克鲁普斯卡娅[379]

1919 年 7 月 9 日

亲爱的娜久什卡：接到你的来信真高兴。我给喀山发过一份电报，见没有回信，又给下诺夫哥罗德发了一份电报，今天才得到回音，说"红星号"应在 7 月 8 日开到喀山，在那里至少停一昼夜。我在后一份电报里询问他们能否在"红星号"上给高尔基找一个舱位。他明天到达这里，可我倒是非常希望他能离开彼得格勒，因为他在那里心神不安、精神不振。我想你和其他同志是会高兴与他同行的。他待人很亲切；有点任性，不过这毕竟是小事情。

不时有人给你来信求你帮忙，我读了这些信，并根据可能尽力而为。

米嘉已去基辅，因为克里木好像又落到白卫分子手里了。

我们的生活如常，星期天总在"我们的"别墅休息。[380] 托洛茨基病已痊愈，到南方去了，相信他能扭转那边的局势。由于加米涅夫（来自东方面军）代替了总司令瓦采季斯，我想情况将会好转。

我们给了波克罗夫斯基（米·尼·）两个月的假期；想让柳德米拉·鲁道福夫娜·明仁斯卡娅来代理他的职务（虽然这还没有决定），**而不是**波兹涅尔。

1919 年 7 月 9 日列宁给娜·康·克鲁普斯卡娅的信的第 1 页

紧紧地拥抱你,请常来信电!

你的   弗·乌里扬诺夫

注意:要听大夫的话,多吃些,多睡睡,这样到冬天你就**完全**可以工作了。

载于 1931 年《列宁家书集》　　　　　译自《列宁全集》俄文第 5 版
　　　　　　　　　　　　　　　　　　第 55 卷第 373—374 页

270

给娜·康·克鲁普斯卡娅的电报

(7 月 10 日)

喀山   乌里扬诺娃收

我们都很健康。[381]今天见到高尔基,我劝他坐你们的船,这事我已电告下诺夫哥罗德,但是高尔基断然拒绝了。已经让波克罗夫斯基去休假,暂时指定明仁斯卡娅代理他的职务。乌列茨基带来的信已收到,并托他带了一封回信给你。你们有没有莫斯科的报纸?

列 宁

载于 1945 年《列宁文集》俄文版　　　　译自《列宁全集》俄文第 5 版
第 35 卷　　　　　　　　　　　　　　第 55 卷第 374 页

271

致娜·康·克鲁普斯卡娅

全俄中央执行委员会"红星号"轮

娜捷·康斯坦·乌里扬诺娃收

7月15日

亲爱的娜久什卡:趁克列斯廷斯基去彼尔姆的机会,写封信给你。或许你还能收到。

昨天收到莫洛托夫从喀山发来的电报,我复电给他说:你会在离开喀山(有人告诉我你们预定夜3时离开)以前收到我的信的。

从莫洛托夫的电报里,知道你的心脏病仍然时有发作。这说明你**过度**劳累了。应当严格遵守规定,好好听大夫的话。

否则到冬天你就不能工作了!别忘记这一点!

关于教育人民委员部的事情,我已经给你发过电报。

东方战线打得很漂亮。今天听说我们拿下了叶卡捷琳堡。南方有起色,但还没有根本好转。我们相信迟早总会好转的。

虽然我苦苦劝说高尔基,但未能把他劝走。

昨天和前天我同米嘉(他准备在这里待四天左右)、阿尼亚住在哥尔克。椴树已开花。我们休息得很好。

紧紧地拥抱你并热烈地吻你！希望你多休息,少工作。

你的 弗·乌里扬诺夫

载于1957年《列宁全集》俄文第4版
第37卷

译自《列宁全集》俄文第5版
第55卷第377页

272

致安·伊·乌里扬诺娃-叶利扎罗娃

(1919年10月和1920年9月7日之间)

给安·伊·叶利扎罗娃

明天打电话把结果告诉我。

赶紧出版：

《社会保障人民委员部全俄儿童保健工作者第一次代表大会的报告》。原库什涅列夫印刷所印刷。

在10月份就全都准备好了。

载于1945年《列宁文集》俄文版
第35卷

译自《列宁全集》俄文第5版
第55卷第378页

273

致玛·伊·乌里扬诺娃和
娜·康·克鲁普斯卡娅

(1919 年或 1920 年)

给玛丽亚·伊里尼奇娜和
娜捷施达·康斯坦丁诺夫娜

　　最晚早晨 **10 时**要把我叫醒。现在是 4 时 1 刻,我还不能睡;身体很好。否则会把明天也白送掉,打乱安排好的工作。

列　宁

载于 1957 年《列宁全集》俄文
第 4 版第 37 卷

译自《列宁全集》俄文第 5 版
第 55 卷第 378 页

1921 年

274

给德·伊·乌里扬诺夫的电报

（4月）

辛菲罗波尔疗养管理处

处长德米特里·伊里奇·乌里扬诺夫①

请留布哈林一家和玛尼亚莎多待些日子，要关心他们，使他们彻底恢复健康并得到充分的休息。

列　宁

译自《列宁全集》俄文第 5 版
第 55 卷第 379 页

---

① 列宁在电文上加了批语："何时送达，**请告**。"——俄文版编者注

275

致玛・伊・乌里扬诺娃

（1921 年）

在我房间**床后面**的白桌子上有两本书和两份报纸，都是意大利文的。

（1）**屠拉梯**《〈社会批判〉杂志三十年论文集》

（2）**特雷维斯**《社会主义问题的论战》

（3）《**新闻报**》⎫
（4）和**另外一份**⎭意大利文报纸

载于 1957 年《列宁全集》俄文
第 4 版第 37 卷

译自《列宁全集》俄文第 5 版
第 55 卷第 379 页

276

致玛・伊・乌里扬诺娃

（1921 年）

玛尼亚莎：

请给你这本书的人（博宾斯基?）找卡拉汉和加涅茨基谈谈，并**把结果**（能不能在华沙弄到?）告诉我。

译自《列宁全集》俄文第 5 版
第 55 卷第 380 页

1922 年

277

致玛·伊·乌里扬诺娃

（夏天）

玛尼亚莎： 昨夜我们这里的一座国营农场烧掉了。可能是由于疏忽大意。

捷尔任斯基的秘书格尔松赶来（"侦查"）了。他把这张便条带给你。我希望你和娜嘉明天早晨到这里来。今天晚上你打电话跟格尔松谈一下。

敬礼！

弗·伊·

译自《列宁全集》俄文第 5 版
第 55 卷第 381 页

278

致安·伊·乌里扬诺娃–叶利扎罗娃

（年底）

亲爱的阿纽塔：事情是这样的：

这本书原来是"社会主义科学院"的，"社会主义科学院"禁止把书借回家。

但他们允许我例外！

弄得有些难为情，——当然这是我的过错。现在应当非常严格地督促戈拉在家里尽快把书读完还回去。

如果需要，我可以托人从别处找一本来，归入我个人的藏书。

你的 弗·乌·

载于 1957 年《青春》杂志
第 1 期

译自《列宁全集》俄文第 5 版
第 55 卷第 381 页

279

☆致玛·伊·乌里扬诺娃

（1922 年）

玛尼亚莎：

请把那张莫斯科省大地图带来。这张地图放在我们餐室的书

列宁在哥尔克村散步

（1922 年 8、9 月间）

橱顶上。

你的　弗·伊·

寄自列宁哥尔克(莫斯科郊区)

载于 1957 年《列宁全集》俄文
第 4 版第 37 卷

译自《列宁全集》俄文第 5 版
第 55 卷第 382 页

附　　录

一

列宁家书的摘录

（摘自莫斯科宪兵局的案卷）

　　列宁有六封信是在 1901 年 3 月 1 日前夜搜查玛·伊·乌里扬诺娃的住处时被搜去的,这些信件被当做"物证"收入了案卷。在莫斯科宪兵局的案卷（俄国社会民主工党莫斯科小组案卷,1901 年第 5 卷第 69 号第 101 页）中有这些信件的如下摘录：

　　1.信的日期是 1897 年 7 月 3 日,署名是"你的**弗·乌·**",头一句话是："玛尼亚莎:你 6 月 16 日的来信已经收到了",信封上的收信人是:玛丽亚·亚历山德罗夫娜·乌里扬诺娃（即"玛尼亚莎"的母亲）。信中开列了一个马克思主义学习大纲,在阅读材料中有社会民主党的机关刊物《前进报》和《新时代》杂志。

　　2.信的日期是 1898 年 9 月 4 日,署名是"你的**弗·乌·**",信封上写的发信人是玛丽亚·亚历山德罗夫娜·乌里扬诺娃。该信的头一句话是："亲爱的妈妈:来信已于前几天收到了",下面几句话很值得注意:(1)"关于转寄给谢尔盖·伊万诺维奇书籍一事,必须说明,我不知道他在哪里。也许已在中科累姆斯克";(2)"利亚霍夫斯基前几天写来一封信,主要谈的是从上连斯克路过的新的流放者的事情";(3)"瓦西·瓦西·（斯塔尔科夫）想请求到下乌金斯克去";(4)"勒柏辛斯基夫妇正在迁往库拉基诺村";(5)"阿波利纳里娅·亚历山德罗夫娜不久以前从卡扎钦斯科耶村来过信"。

　　3.信的署名是"**弗·乌·**",日期是 1898 年 12 月 15 日,头一句话是："现在我把叶·姆·寄给我的那封要我立刻转寄出去的信寄给阿纽塔",在这封信中要注意上面摘出的这句话和提到的姓名的缩写"叶·姆·"。

　　4.信的日期是 1899 年 6 月 14 日,署名是"你的**弗·乌·**",头一句话是:"亲爱的妈妈:这个星期没有从家里得到你们的任何信息";信中有叶戈尔·叶戈罗维奇·库古舍夫公爵的姓氏,写信人要求把自己的《资本主义的发展》一书转寄给他。

　　5.写信人同上,日期是"1900 年 8 月 18 日于巴黎",收信人是玛·亚·乌里扬诺娃,信中有这样一个地址:"巴黎 卡普勤林荫路8 号 杜邦博士先生转古科夫斯基先生"。

　　6.信的日期是"10 月 20 日于布拉格"。署名是"**弗·乌·**",收信人是玛丽亚·亚历山德罗夫娜·乌里扬诺娃,信中有这样一个地址:"奥地利 布拉格 斯麦茨基街 27 号弗兰茨·莫德拉切克先生(转弗·伊·)"。

这几封信的原稿还没有找到,可能在二月革命初期的一次火灾中被烧毁了。

二

娜·康·克鲁普斯卡娅的书信

1898 年

1

致玛·亚·乌里扬诺娃和
玛·伊·乌里扬诺娃

1898 年 2 月 15 日

亲爱的玛丽亚·亚历山德罗夫娜:

　　安娜·伊里尼奇娜难道没有收到我 2 月 8 日或 9 日的信吗? 我在那封信中相当详细地把自己的情况告诉了她。糟糕的是,还不知道什么时候宣判。司法部里有人告诉我说,报告书将于斋戒的第一个或第二个星期内提出。他们还告诉我说,决定让我到乌法省流放3年(判决没有改变),但是警察司可以允许我在监视下住在舒沙。事情还很不肯定。在宣判以后,我大概还要在彼得堡耽搁两个星期左右;因此,我们可能还要三四个星期才能离开彼得堡。我们在莫斯科要逗留两三天,到莫斯科的日期待我确切知道以后再写信告诉您。关于沃洛佳的著作①,有人已经答应我**一定**找到出版人;据说莫斯科的书报检查非常苛刻,因此这本书有在书报检查机关中长期搁置的危险;有人建议夏天付排这本书,以便秋天出版,这一类书在秋天出版最为适宜。由于以上种种原因,所以我没有取回手稿,我征求过安娜·伊里尼奇娜的意见,问她怎么办最好,但还没有收到回信。现在我把一本英文书寄给了沃洛佳,让他翻译(编辑说,即使沃洛佳不大懂英语也不要紧,因为可以利用德文译本,只要根据英文本检查一下就行了);搞翻译很有意思,而且报酬也高。我不知道沃洛佳是不是打算搞翻译。我从他的一封信中推断,他是打算搞的;不管怎样——这没有什么不得了的,因为已经说好了:我们两个人可以合译,这本书很厚。我对出版书籍的一切组织工作完全外行……

妈妈患胸膜炎已经快一个月了,还没有痊愈。今天要来一位新的大夫给她看病;最初给她看病的那个大夫实在太马虎。妈妈再三问候大家!

我总是认为他们会允许我到舒沙去的。我到哪里去,对他们还不都是一样?

热烈地吻您!

热爱您的 **娜嘉**

2月15日

亲爱的玛涅奇卡②:我已经写信给安娜·伊里尼奇娜了,但是她显然没有收到我的信。小面包责备我不写信,这也是冤枉的!实在没有什么可写,一切都还没有确定,今天这样,明天那样,但是有些最必要的事我还是写的,而且对来信也总是回复的。

我没有看到库巴,在动身以前也未必能见到她。我曾接到过她一封信,她说现在不找她谈话了,因此她感到精神很好,看了很多书,每逢星期四她非常高兴。她向大家问候!

我也许能找到瓦·沃·的著作。我把沃洛佳的书单交给了一个熟人,他

---

① 指出版《经济评论集》。——编者注
② 即玛丽亚·伊里尼奇娜·乌里扬诺娃。——编者注

答应替我找到所有的书，——柳多戈夫斯基的书（这是珍本）和经济杂志除外。虽然他可以说是一个找书能手，但我不知道他能不能找到。我想多带一些书去，但不知道带什么好。我自己的书不多，而且都是一些很普通的书，不知道是否值得带去，这些书在沃洛佳那里大概全有了。向熟人们借书非常麻烦，同时也不知道该借哪些？再过两个星期左右就要动身了，而我收集的书还很少。总之，我们对动身的准备工作做得很不积极，也不知道准备些什么东西合适，据说，应当多带些寒衣去……　我们大概快要动身了。代我吻安·伊·，告诉她，她有一点做得很不好，她到处宣扬我：她在给沃洛佳的信中说我的样子像鲱鱼，又向小面包诉苦，说我滑头……　热烈地吻您，亲爱的！请代我谢谢德米特里·伊里奇的祝贺。我希望他的案件在夏天以前能结束。好吧，再见！

娜·克鲁普斯卡娅

从彼得堡寄往莫斯科

载于 1929 年《无产阶级革命》杂志
第 4 期

译自《列宁全集》俄文第 5 版
　第 55 卷第 387—389 页

2
致玛·伊·乌里扬诺娃

3 月 6 日

寄上沃洛佳的一些文章。直到现在才把它们转寄给你，这是因为我曾去信告诉沃洛佳书报检查方面的情况，我在等待他的回信。他要我去打听一下书报检查办法；打听以后才知道，在这方面最主要的是出版的地点问题。莫斯科在这方面比彼得堡苛刻得多，在莫斯科，挑不出任何毛病的书也要被扣压下来和被删改得面目全非。布尔加柯夫的书在书报检查机关已放了快一年了。好像沃多沃佐娃也把出版社迁到彼得堡去了。作家坚决认为，在莫斯科出版书太不明智。情况就是这样。

关于我动身的问题……　亲爱的玛尼亚，我一点也不知道。在这里住着一位从米努辛斯克来的太太，她说，在 10—12 日以后就不能走了，不然，就有滞留在路上的危险。我一直盼望在 3 月 4 日宣判，这样，我们就能在 10 日晚上动身。但是判决已推迟到 3 月 11 日（这还不是肯定的），警察司里有人对我说,我的呈文**"可能会考虑"**,**如果**准许我去西伯利亚,那么最早也得在宣判以后,**或许**会准许我直接从彼得堡而不是从乌法省(!)动身。明天我还要到司里去。我很不愿意把我的行期拖到春天。今天我很忙,明天晚上我要给安娜·伊里尼奇娜写信,告诉她我到司里去的结果。明天我要求在那里同库巴见面,不然,一次也没有见到她就走了,那真太遗憾了。

热烈地吻你!

娜·克鲁普斯卡娅

你们把地址写错了:应当把 18 号 35 室改为 35 号 18 室。

从彼得堡寄往莫斯科

载于 1931 年《列宁家书集》

译自《列宁全集》俄文第 5 版
第 55 卷第 389—390 页

3

致玛·亚·乌里扬诺娃

(5 月 10 日)

亲爱的玛丽亚·亚历山德罗夫娜:我们总算到了舒申斯克,我现在就履行自己的诺言——写信告诉您沃洛佳的健康情况。依我看,他健康极了,他的气色比在彼得堡的时候好。住在这里的一个波兰女人①说:"乌里扬诺夫先生总是很快活的。"他非常喜欢打猎,这里的人一般来说都是打猎的爱好者,所以我不久也一定会去寻找各种鸭子、水鸭以及诸如此类的野物。

到舒沙来,一路上一点也不使人感到疲劳,如果用不着在克拉斯诺亚尔斯克耽搁一下,就更不会使人感到疲劳了;而且据说,轮船从 6 月起通到舒沙。那真是太好了。所以,如果您能到这里来,路上是没有什么问题的。在我看来,住在舒沙很不错,这里离树林和河流都很近。我不准备多写了,因为这封信只是沃洛佳的信的附笔②。他的信大概写得详细得多。我在米努辛斯克打听过那些书,那里已经收到了您的信和通知单,但收件人不能在克拉斯诺亚尔斯克领取那些书。我们就在当天晚上办理这件事,写了委托书寄到

---

① 指伊·卢·普罗明斯基的妻子。——编者注
② 见本卷第 47 号文献。——编者注

克拉斯诺亚尔斯克去了,现在这些书日内就会收到。多谢您。我们那么多行李都十分顺利地带到了,什么也没有丢失,各处都让我们上车。还应当谢谢您给我们准备了干粮,这些干粮我们吃了三四天,这比车站上的食品好吃得多……　好了,情况就是这样。我们毕竟上岸了。我谈了你们大家的情况,但沃洛佳很不满足,他认为我讲得太少,其实我已经把我所知道的全讲给他听了。吻你们,并向马·季·和德·伊·问候!

娜·克鲁普斯卡娅

从舒申斯克村寄往莫斯科

载于1931年《列宁家书集》

译自《列宁全集》俄文第5版
第55卷第390—391页

4
致玛·亚·乌里扬诺娃

6月14日

　　亲爱的玛丽亚·亚历山德罗夫娜:现在沃洛佳正坐着跟磨粉工人详细地谈论房子和奶牛的事情,让我坐下来给您写几句吧。可我不知道从何写起,每天过得都是一样,周围也没有发生什么事情。我觉得我在舒沙好像已经住得很久很久了,已经完全习惯了。在舒沙,夏天甚至很不错。我们每天傍晚出去散步,妈妈不到远处去,而我们有时走得比较远。这里晚上的空气一点也不潮湿,散步非常好。蚊子虽说很多,但我们都做了面罩,就是不知为什么这些蚊子专爱咬沃洛佳,不过,总还可以过得下去。那条有名的"猎"狗也跟着我们散步,它总是发疯似地追逐小鸟,这常常使沃洛佳生气。沃洛佳这一阵子没有去打猎(他到底还不是一个酷爱打猎的人),鸟类似乎都躲到巢里去了,所以他那双猎靴也放到地窖里去了。沃洛佳不去打猎,而试着去钓鱼,他有一次到叶尼塞河去钓了一夜山鲶鱼。但是最近一次出去,他连一条小鱼都没有钓到,后来不知为什么再也不谈山鲶鱼了。叶尼塞河对岸真是美极了!我们到那里去过一次,一路上看到各种有趣的事情,真是太好了。现在天气炎热。游泳要到很远的地方去。现在我们计划每天早晨去游泳,这样早晨6时就要起床。不知道这个制度能不能坚持下去,今天已游过泳了。总的说来,我们现在的生活很像是"真正的"别墅生活,只是没有自己的家业罢了。

　　还有,我们吃得也不错,可以尽量喝牛奶,我们大家都生气勃勃。我对沃洛佳现在的健康的样子始终感到奇怪，因为在彼得堡的时候我老是看到他在闹病。怪不得季诺奇卡①在米努萨看到他的时候甚至惊叫起来。季诺奇卡的身体也很好。至于莉罗奇卡，那就完全不同了。有人从彼得堡寄来她在出狱后第二天照的一张相片，那个样子简直怕人。难道她真的变成那样了吗？有时我想，是不是可以把她送到舒沙来，如果这样，那就好了，在舒沙她也许可以稍微恢复一下健康。

　　您看，我拉里拉杂讲了一大堆废话。玛尼亚在最近的一封信中向我要照片。我还在路上的时候就已经写信去彼得堡，托人把我的照片（自己拍的）寄给您，但他们大概把这件事忘了。至于外面拍的照片，我将写信去彼得堡，托人到照相馆去加印几张，他们大概不会拒绝做这件事的。我很希望您和玛尼亚能到我们这里来。现在还来得及。请代我向德·伊·问候！沃洛佳已经跟磨粉工人谈完话了，而且还写完了两封信，可是我的废话怎么也讲不完。

　　好了，再见吧，热烈地吻您！妈妈向大家问好！要想通过沃洛佳问候，总是白费，因为他认为这是当然的事情，用不着问。我还要热烈地吻玛尼亚和阿纽塔，并向马·季·问候！

您的　**娜·克鲁·**

从舒申斯克村寄往波多利斯克　　　　　译自《列宁全集》俄文第 5 版
　　　　　　　　　　　　　　　　　第 55 卷第 391—392 页
载于 1929 年《无产阶级革命》杂志
第 4 期

5

致安·伊·乌里扬诺娃-叶利扎罗娃

1898 年 8 月 9 日

　　沃洛佳兴高采烈地给我读了你在信里对我提出的种种责备。好吧，我承认自己有罪，但可以从宽处理吧。

　　今天沃洛佳写完了他的《市场》②，现在他只要再把它压缩一下就大功告

---

①　即季·巴·克尔日扎诺夫斯卡娅-涅夫佐罗娃。——编者注
②　指列宁的著作《俄国资本主义的发展（大工业国内市场形成的过程）》。——编者注

成了。韦伯的著作这几天也将顺利译完。现在只剩下一小半需要校阅的了。我觉得译文还算不坏。

弗里德曼那里又收到了给沃洛佳的一箱书。在这箱书中有亚当·斯密的著作、哲学书籍和你的那两本阿达·内格里的书。弗里德曼太太本来要大闹一场的，但是这些书最后还是收到了。现在已经放上了书架，并且编了书目。沃洛佳时而温情脉脉地扫视这些哲学书籍，为将来埋头读这些书而浮想联翩。

昨天我们收到莉罗奇卡一封令人非常高兴的来信，她在信中描写了自己在卡扎钦斯科耶的生活情况。那里有 10 个流放者，他们大多数人过着公社式的生活；自己开辟了一个菜园，养了一头奶牛，自己有割草场，大家住在一所大房子里。莉拉写道，她充分享受着自由的欢乐，采采浆果，收收干草，料理料理家务，书可一眼也没有看过。她想就这样度过夏天，等到秋天再脱离公社，坐下来做些事情。她那封信写得很长，很生动，我为她非常高兴，她总算是得到休息了。

我们的生活一切如常。没有什么新鲜事情。沃洛佳一直专心一意地埋头工作，有时去打大鸨。他们本来准备今天到一个地方去打大鸨，可是已经连刮了好几天大风，日夜不停，没有下雨，而风却刮得很厉害。

[我们]吃…………………………………我们用树[莓]泡甜酒……①腌了黄瓜，——一切都像在俄罗斯那样。我们曾经买过一些西瓜，但是，果然都不出所料，这种东西里面完全是白的，根本别指望它会变成红色的。我们有一次吃了雪松果。

沃洛佳打算到原始森林去玩两天，去看看原始森林是什么样的，采些浆果和松果，打几只原始森林中的松鸡。我们常常谈起原始森林，这比谈鸭子有趣得多。

关于我们生活中的新鲜事情，能够告诉你们的大概就是这些。

玛尼亚什么时候到布鲁塞尔去？我很为她高兴。我写了一封信[给安娜·伊万诺夫娜·美舍利亚科娃]（过去叫做[切丘琳娜]）②，她曾经同我一起在学校里教过书，是我的非常要好的朋友。他们将搬到列日去住，我只怕他们已经动身走了，而我的信去迟了。

好了，再见吧，热烈地吻你、玛尼亚和玛丽亚·亚历山德罗夫娜，并向

---

①　因为信的背面在这些地方写有需要保密的内容，所以被收信人一起剪去了。——俄文版编者注

②　方括号中的词句是收信人为了保密剪去的。——俄文版编者注

马·季·问候! 妈妈向大家问候! 她最近闹了点小病。祝一切顺利!

娜　嘉

从舒申斯克村寄往波多利斯克

载于 1929 年《无产阶级革命》杂志
第 4 期

译自《列宁全集》俄文第 5 版
第 55 卷第 392—394 页

6

致玛·亚·乌里扬诺娃

(8 月 26 日)

亲爱的玛丽亚·亚历山德罗夫娜:

上一班邮件到来时我们终于收到了关于德·伊·获释的电报。邮件送来的时候正好有许多客人在。最近几天,我们这里有"异族侵入",来了形形色色的人,有的来自米努萨,有的来自周围其他地方。他们搅乱了我们的平静生活,简直把我们弄得头昏脑胀。特别使我们感到心烦的是各种关于马、牛、猪等等的"经济性的"谈话。这里的人都热衷于经营,就连我们本来也养了半匹马(一个本地居民从乡里借到一匹马,我们愿意给马买饲料,因此我们能随意使用这匹马),但是我们这半匹马原来是被累坏了的马,三俄里路要走一个半小时,因此只得把它退回去,我们这次经营也就完了。然而,我们对采集蘑菇很热心,我们这里有许多松乳菇和卷边乳菇。沃洛佳起初说他不喜欢也不会采蘑菇,可是现在要把他从树林里拽都拽不走了,他已成了真正的"蘑菇迷"。我们准备在明年开辟一个菜园,沃洛佳已经承担了掘畦的工作。这也将成为他的体育锻炼。现在他只热心于打猎。他现在正在整顿自己打猎用的行装呢。他常常打到雌黑琴鸡,我们大家边吃边赞美。我并不认为,我们这所"地主房子"会很冷,以前有一个录事住过这里,他说,这屋子还不错,还暖和。但无论如何我们一定要采取各种预防措施:我们订购了毡子,还要仔细糊严窗户,在房子四周筑上土台等等。我们每个房间都装了炉子,因此不会很冷。写得够啰唆的了。紧紧地拥抱您,我为德·伊·和您感到非常高兴。请代我向他热烈问好! 热烈地吻阿尼亚和玛尼亚! 妈妈再三问候大家! 她已经逐渐习惯舒申斯克的生活,现在已不像初来时那样感到寂寞了。

您的　**娜嘉**

从舒申斯克村寄往波多利斯克

载于 1929 年《无产阶级革命》杂志
第 4 期

译自《列宁全集》俄文第 5 版
第 55 卷第 394—395 页

7

致玛·伊·乌里扬诺娃

1898 年 9 月 11 日

　　今天我要给你写一封很长、很长的信。沃洛佳到克拉斯诺亚尔斯克去了，他不在家，我就感到有点无聊；"生活制度"起了变化，今晚忽然觉得寂寞了，这时候最适合写信。我可以随意扯上一大堆废话，也确实是"废话连篇"。

　　亲爱的玛尼亚，今天收到了你的一封很长的信，而沃洛佳收到了一封从图拉来的信，这一定是德·伊·寄的。我给他放到抽屉里去了。我想德·伊·待在图拉一定很寂寞，像他现在所处的这种不安定的环境，本来就不会愉快的，何况又住在一个陌生的城市里，当然就毫无乐趣了，但是最使人讨厌的那种漫长的"固守亚速**382**的生活"总算过去了。现在德·伊·可能已经到波多利斯克了……不管怎样，问题想必已经弄清楚了。

　　我们这里的秋天美极了，只是早晨很冷，夜里还结冰。因此沃洛佳把全部寒衣都带走了：厚帽子、皮大衣、手套、厚袜子。他很久以前就提出申请，要求去治牙，拖到现在牙痛完全好了，当局才允许他去克拉斯诺亚尔斯克一个星期。沃洛佳本来不想去了，但到底还是去了。我很赞成他去，这样可以使他稍微调剂一下精神，又可以看看朋友，他在舒沙住得实在太久了。他自己对这次旅行也是很高兴的。他在动身前一天连书都不想翻了。我忙着替沃洛佳缝补冬衣，而他坐在窗口，兴致勃勃地闲聊，样样事情都嘱咐到了：窗户要关严，门要锁好，甚至还向房东借了一把锯子，把门修理了一下，上锁更方便了。总之，他非常关心我们的安全：他叫奥斯卡尔到我们家来过夜，并且还教会我开手枪。动身的前一夜，他没有睡好，第二天早晨，车夫来了以后，我才把他叫醒，当时他高兴得唱起凯旋曲来了。不知去这一趟能否使他满意。他当然不能不带很多书去：带去了五本厚厚的书，而且还要到克拉斯诺亚尔斯克图书馆去作笔记。我希望他不要去看这些书。沃洛佳打算在克拉斯诺亚尔斯克给自己买两顶帽子、一块做衬衫的亚麻布、一件大家穿的皮袄、冰鞋等。我本来想叫他给普罗明斯基的女儿买一件短上衣,谁知他跑去问妈妈,应当买几"俄磅"的短上衣,我连忙向他解除了这个艰巨的任务。我收到沃洛佳从米努萨寄来的一封短信,信上他虽然在埋怨等轮船的事,然而我根据这封信可以断定,这次出门开头是顺利的。

沃洛佳不在的时候,我打算:(1)彻底地修补一下他的衣服,(2)学会读英文书,为此我应当记熟努罗克语法的各种例外规则,共12页,(3)把已经开始读的一本英文书读完。然后再读些别的书。我和沃洛佳已开始读《鼓动员》一书(上面有阿尼亚手写的"赠娜坚卡",我总想向她致谢,但一直没有谢成)。我们感到英语的发音很难,所以我答应他要学会努罗克语法。这几天我自己做饭。妈妈鼻炎很重,感冒了,因此我得料理家务。妈妈对舒沙已很习惯了,在信中她常常描写舒申斯克的美丽的秋天。沃洛佳在家的时候,我和他常去打雌黑琴鸡。现在是打雌黑琴鸡和雷鸟的季节——这是些高贵的禽鸟,不必像打鸭子那样到沼泽地去打。只是我们去了几次,连一只雌黑琴鸡或雷鸟都没有看到,不过玩得很痛快。有一次我们看到20来只雷鸟:那一天我们舒申斯克的全体流放者乘了一辆大板车,突然一群雷鸟在道路两旁飞起来了,我们的猎人不知所措,沃洛佳甚至叫了起来,后来他总算瞄准好了,但是雷鸟却溜掉了,它们甚至不是飞走的,而就是这样走开的。总之这次打猎令人大失所望,什么也没有打到,只是奥斯卡尔打中了珍妮的眼睛,我们以为这只狗要瞎了,但它倒好了。沃洛佳不在,珍妮非常寂寞,它紧跟着我,时常为了一点小事而汪汪大叫。

你瞧我写了这么多无聊的话,实在是没有什么其他事情可写。因此沃洛佳在信中也时常重复地写同一件事情,由于生活单调,所以连时间观念也完全失去了。我和沃洛佳有一次甚至好久想不起来,瓦·瓦·是在三天以前还是十天以前到我们这里来做客的。为了弄清这个问题我们想了老半天,才好容易想起来。沃洛佳打算从米努萨给家里写信,因此我想,我信中写的事情有一部分会重复的。不过也不一定,我的信写得总是婆婆妈妈的。不久以前,我收到作家妻子的来信,她说,她正在校对沃洛佳的书①,已经在校第7印张了。她怕这本书印不到10个印张——新的法令规定了每个印张的字母数量,如果真是这样的话,那就把卡雷舍夫②加上好了,这倒也不错,不过书

---

① 指《经济评论集》,这本书的开头部分的校样是尼·亚·司徒卢威看的。——编者注

② 指列宁的《论我国工厂统计问题(卡雷舍夫教授在统计学方面的新功绩)》一文(见本版全集第4卷第9—39页)。——编者注

的出版日期就要推迟了。我们天天都在等待这本书的出版。沃洛佳打算在年前把《市场》写完，虽然还不十分有把握。就写这些吧。玛丽亚·亚历山德罗夫娜8月10日的来信已收到了，不知为什么这封信使我特别高兴。热烈地吻她！

　　当你收到我这封信的时候，想必就要动身了。祝你一切成功！我曾经很想到比利时去，将来有可能的话，也许还想到国外去，到世界各地看看，目前不必想这些了。你大概要等阿尼亚吧？她要什么时候回来？［美舍利亚科娃］①倒是个非常好的人，有点粗野，但是非常直率和善良。好吧，应当结束了。我自己并代妈妈再一次热烈地吻你和玛丽亚·亚历山德罗夫娜！

你的　娜·

从舒申斯克村寄往波多利斯克

载于1929年《无产阶级革命》杂志
第5期

译自《列宁全集》俄文第5版
第55卷第395—398页

8

致玛·亚·乌里扬诺娃

9月27日

　　亲爱的玛丽亚·亚历山德罗夫娜：今天，我又是代替沃洛佳写信。沃洛佳在前天夜晚从克拉斯诺亚尔斯克回来了。他收到了玛尼亚的两封来信。他本想在今天坐下来给家里写回信，但是，一清早奥斯卡尔和普罗明斯基就来了，他们怂恿沃洛佳到什么阿加尼托夫岛上去打猎，据他们说，那里野兔多极了，雌黑琴鸡和雷鸟简直成群结队。沃洛佳犹豫了一下，最后还是同他们一起去了，碰巧今天也是一个好天气。一般地说，这里的秋天是很好的，只冷过一个星期。沃洛佳这次到克拉斯诺亚尔斯克去，总的来说，是满意的。大概他已经写信讲过，他这次是同埃尔维拉·埃内斯托夫娜和托涅奇卡②一同到克拉斯诺亚尔斯克去的，因为埃·埃·肝脏受伤，病得很厉害③。我们原

---

　　①　为了保密，姓氏在手稿中被剪去了。——俄文版编者注

　　②　即安·马·罗森贝格。——编者注

　　③　见本卷第55号文献。——编者注

以为,她患了肝癌或肝脓肿,但幸亏什么也不是,仅仅是受伤,所以只需要特别注意保养就行了。她们也同沃洛佳一起回来了。在克拉斯诺亚尔斯克时,埃·埃·住在医院里,而沃洛佳则住在克拉西科夫家里。他在克拉斯诺亚尔斯克去看望了一些人,同他们聊聊天,下了十来盘象棋。有一个现在暂时住在克拉斯诺亚尔斯克的人,很可能被指定到离我们 40 俄里的叶尔马科夫斯克村去住。这个人会下象棋,谈话也很有风趣,沃洛佳是在克拉斯诺亚尔斯克同他认识的。我很希望他被指定到那里去住,这样我们就可以同他见面了,40 俄里的路程很近。沃洛佳是同一个住在卡扎钦斯科耶村的流放者的妻子勒柏辛斯卡娅一起坐船到米努萨的(轮船慢吞吞地走了 5 天!)。勒柏辛斯卡娅在库拉基诺村找到一个医助的职位,这地方离我们也不远,她的丈夫也要搬到那里去。他也喜欢下棋。勒柏辛斯卡娅谈到了莉罗奇卡,说她很暴躁,爱生气,她参加了公社,每隔一星期做一次饭。在他们那里有三个妇女,一个人烤面包,其他两人轮流做饭。前天,莉罗奇卡来了一封信,看样子,她很厌烦这种流放者团体的生活,她信上说,只有当她独自一个人、可以进行学习的时候,她才感到愉快。——原来,沃洛佳原先拔掉的不是病牙,这回在克拉斯诺亚尔斯克牙医才给他把病牙拔了下来。回来的路程使沃洛佳腻烦极了,虽然除了他从家里拿去的很多书以外他还买了一些书。他不愿在米努萨停下来,甚至连通行证也没送交县警察局长过目。他在克拉斯诺亚尔斯克买了件皮袄。皮袄是给我买的,其实是“全家用的”,预备在外出和走远路的时候穿。皮袄价值 20 卢布,非常柔软,穿上就不想脱下。总之,要买的东西他都买到了,甚至还给普罗明斯基的孩子们和住在我们院子里的毡靴匠的小儿子米纳买了玩具。这孩子大约 5 岁,经常到我们家里来玩。早晨,一听说沃洛佳回来了,就赶紧抓起母亲的靴子,匆匆忙忙穿上衣服。母亲问他:“你到哪儿去呀?”——“不是说弗拉基米尔·伊里奇回来了吗!”——“你会打搅人家的,别去……”——“不,我要去,弗拉·伊里·喜欢我!”(沃洛佳真的很喜欢他)。昨天,我们把沃洛佳从克拉斯诺亚尔斯克带来的小马送给他,他跟沃洛佳更亲热了,甚至不愿回家去睡觉,他和珍卡一块躺在地毯上睡。真是个逗人喜欢的小家伙!

我们终于雇到了女佣,一个 15 岁左右的姑娘,每月工钱两个半卢布,外加一双靴子,星期二她就来,这样我们就可以不再自己料理家务了。我们储藏了各种东西准备过冬。还要安装窗户,只是现在外面还很暖和,就把窗户关死了,这太可惜! 妈妈对舒申斯克的生活已经有些习惯了,最近没有闹病,也不感到烦闷。谢谢玛尼亚莎的来信,当然,我还要往国外给她去信。她在那边生活能安排好的。可惜,她不便同美舍利亚科夫夫妇一起去,他们人都挺好,特别是安娜。我们收到了左拉著作的德译本,正准备读它。现在,我们就要收到从彼得堡寄来的《法兰克福报》了,沃洛佳还想订一份英文报纸。沃洛佳的书不知怎么音信杳无。如果出不成,那才遗憾呢。那篇对卡雷舍夫的评论要寄到彼得堡去,可能是因为没有满十印张,所以就拖延下来了。好吧,废话说得够多了。我自己并代沃洛佳热烈地、热烈地吻您和玛尼亚莎! 妈妈再三问候你们! 阿尼亚什么时候回来呢?

您的　娜嘉

上次写信忘了告诉您,布洛斯的书已经收到。要不要把它转寄出去?

真奇怪,为什么你们在收到那篇对卡雷舍夫的评论时没有接到沃洛佳的信呢。我记得,那时候他寄了一封信的。①

从舒申斯克村寄往波多利斯克

载于 1929 年《无产阶级革命》杂志
第 5 期

译自《列宁全集》俄文第 5 版
第 55 卷第 398—400 页

9

致玛·亚·乌里扬诺娃

10 月 14 日

亲爱的玛丽亚·亚历山德罗夫娜:沃洛佳去克拉斯诺亚尔斯克的时候,我曾给您写过一封详细的信,在他从那里回来的时候也给您去过一封信。这两封信您大概都收到了吧。现在,又过了好些日子了。我们这里已经是冬天了,我们的舒申卡②已经结冰。下过一次雪,但融化了。天气相当寒冷(零下 5 度),但并没有影响沃洛佳今天跑到小岛上去猎野兔,要去整整一天,今年他还没有打死过一只野兔。他穿得很暖和,到外边去活动活动也无妨,最近期间,他把全副精力放在他的《市场》一书上,从早写到晚。第一章已经告成,我觉得这一章很有意思。我装成一个“修养不高的读者”,要来判断《市场》的论述是否明确,我尽可能装得“修养差些”,想特别挑剔一点,但挑不出什么毛病来。

---

① 见本卷第 54 号文献。——编者注

② 即舒申斯克。——编者注

真奇怪,关于那本书的事,直到现在作家那里一点消息也没有,我们想一定是落空了。总之,近来收到的信件少得可怜。昨天,我们乐了好一阵子。昨天,除了报纸以外,什么也没有,妈妈就责怪邮差,说他恶意地把信藏起来了,又责怪我们,说我们给他的小费太少了,还责怪我们的熟人,说他们都是极端的利己主义者。然后又怪我们,说我们既然对邮差那么吝啬,而前天去库尔纳托夫斯基那里却那样浪费钱,那为什么呢? 又说我们妨碍了别人的工作,还吃了人家的饭。结果,我们大家都笑了起来,由于信件很少而常常引起的那种不愉快的感觉也消失了。我们曾到库尔纳托夫斯基那里去过一次①,他在一家糖厂工作,离我们大约有 20 俄里。那天是星期日,天气虽冷,但美丽的蔚蓝色的天空阳光灿烂,我们乘车前去。大家都穿上了冬装:沃洛佳身穿皮大衣,脚上穿着毡靴,而我全身裹着那件"全家用的"皮袄,连头都缩在里面了。库尔纳托夫斯基简直忙极了,没有假日,每天工作 12 小时,我们的确打断了他的工作,但这对他只有好处,我们也确实吃了他一顿饭。我们参观了糖厂,糖厂经理对我们这两个"出名的外国人"表示了特别的殷勤(尽管沃洛佳穿了他那双毡靴和冬裤,活像童话《拇指孩》中的巨人,而我的头发被风吹得全部竖了起来),他竭力为工人们在那样恶劣的条件下劳动辩护,而且是他自己谈起这个话题的;他处处献殷勤,别看他一副温文尔雅、娇生惯养的样子,却跑过去给沃洛佳端来了一个小凳子,并且抹去了上面的灰尘。我差点儿笑出声来。库尔纳托夫斯基过一个月也要到我们家里来做客,巴季尔和托涅奇卡说不定也要来。不知沃洛佳是否写信告诉您,巴季尔和格列勃要求调到下乌金斯克去担任工程师的职务。现在,我们可以通过捷辛斯克人去利用米努辛斯克的图书馆,虽然这个图书馆破败得很,但藏书还是不少的。阿纽塔曾问我,现在在干些什么。我正在酝酿一本通俗小册子,想把它写出来,然而还不知道结果怎样②。这可以说是我的主要工作,其次,我还干点别的事情,例如,学习英语,看书,写信,协助沃洛佳工作,出去散步,钉钮扣…… 我们现在很会料理家务:用牲口粪掺上泥敷好房子,安好了窗户,开了一个很好的通风小窗,屋旁园地都种上了东西,并用篱笆围了起来。雇了一个小姑娘,现在她帮妈妈做家务,全部粗活都由她来做。亲爱的玛丽亚·亚历山德罗夫娜,您想寄点衣服或家常用具给我们,谢谢您的好意。但是我们不需要什么衣服了,因为在到舒沙来之前,我们缝补了很多衣裳,至于家常用具,我们从彼得堡也带来了一些,如果说还需要什么的话,那么比较需要的是手杖、炉叉、小铲子等等用具。沃洛佳的东西

---

① 是在 1898 年 10 月 11 日去的。——编者注
② 显然是指娜·康·克鲁普斯卡娅在舒申斯克写的《女工》一书。——编者注

也都齐全了,只缺睡衣,但是他在克拉斯诺亚尔斯克买了亚麻布,现在睡衣已经做好。瞧,已经好多天了,沃洛佳还没有试穿一下呢。沃洛佳总是奇怪,我哪儿来材料写这么长的信。其实,他信上只是写对大家都有关系的事,而我芝麻大的事都要写……　我还欠阿纽塔的债,有一封信还没有答复她,但是,希望她不要埋怨我,不要也不给我写信。

你们大家过得怎样?玛尼亚走了吗?动身前,她很激动吗?她是一个人走的,还是同美舍利亚科夫夫妇一起走的呢?德·伊·的事情怎样?居住在波多利斯克的许可证他收到了吗?阿纽塔和马·季·对自己的旅行还满意吗?好啦,照这样问下去,我可要问到明天了。向大家问候,热烈地、热烈地吻您和阿纽塔!妈妈热切地问候你们!沃洛佳的事让他自己写信吧。我再一次热烈地吻您!

您的　娜嘉

玛尼亚的地址怎么写?

从舒申斯克村寄往波多利斯克

载于 1929 年《无产阶级革命》杂志
第 5 期

译自《列宁全集》俄文第 5 版
第 55 卷第 400—402 页

10

致玛·伊·乌里扬诺娃

1898 年 11 月 11 日

自昨天收到邮件起直到今天,我们的心情一直是很兴奋的。昨天,我们看见乡里的小信差背了一大捆东西爬过篱笆蹒跚而来。原来,由于我们的邮件太多,为了不致遗失,不得不用乡里的皮袄把它们包起来。当然,这不是信,仅仅是些书,但是,有时候收到书也是非常愉快的。你现在身体怎么样?已经认识了许多人了吧?现在对布鲁塞尔还感到满意吗?我曾经接到过美舍利亚科夫的几封热情洋溢的信,他完全沉醉在比利时的生活中了。有时,读了他的信,就很想去看看世界上人们是怎样生活的。大概各种民间合唱会使你感到很愉快吧。据说,在比利时人们都很会唱歌。格列勃到我们家里来过,有一天晚上,他和沃洛佳一块唱了几支歌,当时我便想起了你,大概你正在那边听比利时人唱歌吧。格列勃在我们家做了四天的客,季娜没有来,因为埃尔维拉·埃内斯托夫娜病了，她不能丢下她不管。我们去打过猎，而格列勃以较多的时间阅读了《市场》的头两章。你以为《市场》写完了？完全不是这么回事。要到 2 月份才能全部结束。沃洛佳从早到晚写个不停，几乎完全没有时间去搞别的事情了。

　　热烈地吻你，妈妈也吻你！祝一切都好！

你的　娜嘉

从舒申斯克村寄往布鲁塞尔

载于 1929 年《无产阶级革命》杂志
第 5 期

译自《列宁全集》俄文第 5 版
第 55 卷第 403 页

11

致安·伊·乌里扬诺娃-叶利扎罗娃

11 月 22 日

安·伊·：

　　我已好久没有给我所说的"家里"写信了。像往常一样，我今天又打算谈一大堆废话，但是不知道从何谈起，我已经忘记上次写了些什么。最近在我们生活中最重大的事件当然是收到《评论集》这件事。我们等了又等，以为毫无希望了，沃洛佳在前一天还悲观地说：邮局能送来什么特别的东西呢？终于在一个阴沉沉的早晨，我们看见乡里的小信差背了一大捆东西爬过篱笆蹒跚而来：原来，用乡里的皮袄裹着的就是这本遥遥无期的《评论集》……　我们的心情很快就改变了。由于十分高兴，沃洛佳差一点要答应到马托夫家（这里的小店老板，犹太人，因为他们经常来纠缠不清，所以沃洛佳很讨厌他们）去参加婚礼……　但所有这一切已经是很久以前的事了。沃洛佳现在集中精力埋头写他的《市场》，他非常珍惜时间，我们已经有好几个月没到普罗明斯基那里去了，沃洛佳要我每天早晨在 8 点钟甚至在 7 点半就叫醒他，但是我叫他往往无效，他咕哝几句以后又蒙头大睡起来。昨天夜里他说了梦话，讲到尼·—逊先生和自然经济……　除了写《市场》以外，他还有件事——就是滑冰。由沃洛佳和奥斯卡尔发起，在靠近我们家的河上修了一个滑冰场，教员和几个居民也来帮了忙。沃洛佳滑得很好，他甚至把双手插在他那件灰色短大衣的口袋里，像个真正的运动员那样，奥斯卡尔滑得不好，而且很不小心，所以老是摔跤，我一点也不会滑；他们给我做了一把椅子，我就扶着这把椅子在练（我一共还只滑了两次，已经有了点进步），教员还等着冰鞋。我们好像是在给当地人义务表演：他们赞赏沃洛佳，取笑我和奥斯卡尔，他们不停地吃着胡桃，把壳扔到我们出色的滑冰场上来。珍妮不喜欢滑冰场，它宁愿绕着牧场跑来跑去，把嘴脸钻在雪堆里，衔起各种稀罕的东西（如旧的马蹄铁之类）来给沃洛佳。妈妈对滑冰有些害怕。有一天，天气很好，我们把妈妈拉出来散步，那时河面上的冰真好，透明晶亮，我们就向冰上走去，不知怎么的，妈妈滑倒了，头也碰破了，从此以后，她对滑冰更加害怕了。妈妈对沃洛佳有点不满意；不久以前，沃洛佳一本正经地把雌黑琴鸡当做鹅，一面吃一面赞美说，真是只好鹅，也不肥。还有一件有趣的事情。我们打算在圣诞节进城，沃洛佳准备做一副象棋带去，他想同勒柏辛斯基决一死战。沃洛佳用树皮刻棋子，通常都是在晚上，在他"写累"的时候刻。他有时找我去商量：应该给王安个什么样的头，应该给王后配上什么样的腰身。我对象棋完全外行，常把马同象弄错，但是我还是大胆提出意见，结果那副象棋做得非常精巧。我又说了一大堆废话。热烈地吻你和玛丽亚·亚历山德罗夫娜，并向男人们问候！妈妈再三问候大家！

今天，太阳在美丽的蔚蓝色的天空中放射出异彩，去滑冰一定很愉快。还是下次再谈吧。

娜　嘉

从舒申斯克村寄往波多利斯克　　　　　译自《列宁全集》俄文第 5 版

载于 1929 年《无产阶级革命》杂志　　　　第 55 卷第 403—405 页
第 5 期

1899 年

12

致玛·亚·乌里扬诺娃

1899 年 1 月 10 日

亲爱的玛丽亚·亚历山德罗夫娜：非常感谢您寄来信和包裹。包裹我们还没有收到,因为我们这里的邮差是个新手,连挂号信也误期。这个邮差最初摆出一副难于接近的样子,不肯代收邮件,不过现在一切都好了。我们的节日在米努萨过得好极了,玩了好长时间。圣诞节的时候,几乎所有留在这个专区的人都集合到了城里,因此大家一起迎接了新年,这个年过得很愉快。大伙分手的时候都说:"我们的新年过得真好!"主要是大伙心情很好。我们煮了热红酒,煮好以后,把时针拨到 12 点,就隆重地辞别旧岁,大家纵情地歌唱,提议"为母亲们"、"为不在这里的同志们"等等干杯,表示了各种美好的祝愿,最后在吉他的伴奏下跳起舞来。这里有个同志很会画画,他已经答应画几幅迎接新年的热闹场面。要是他画出来了,您将清楚地看到我们迎接新年的情景。那些天充满了节日的气氛,沃洛佳从早到晚在棋盘上厮杀……他打败了所有对手,这当然不在话下;大家还滑了冰(有人从克拉斯诺亚尔斯克送给沃洛佳一双梅尔库里生产的冰鞋。穿上这双冰鞋可以"大跨步跳",也可以玩各种花样。我的冰鞋也是新的,不过我穿上新的也和穿上旧的一样,滑得仍然很糟,确切些说,我不是滑,而是像鸡似地一步一步往前挪,滑冰对我真是一门高深莫测的学问!),一起合唱,还坐着三套马的车到处玩! 不过我们可把主人们给累坏了! 他们自己都承认,要是再来上这么一天,他们都非累垮不可。埃·埃·的脸色比在彼得堡时好多了,虽然她还病着(她根本不能吃肉食和面包),她对自己的家很满意,就是有点怕回俄罗斯。其他的人的情况就不怎么样了。托涅奇卡的脸色特别难看,她贫血和患湿疹。连季娜也消瘦了,而且常常烦躁。看到我们壮壮实实的乡下样子,大家都惊叹不已,埃·埃·甚至说我比季诺奇卡①胖多了。妈妈没有去那里过节,她是够寂寞的了。过谢肉节时,大家都打算到我们舒沙来。所有我们这些住在舒申斯克的人,包括奥斯卡尔和普罗明斯基在内,都在向往着客人的光临,并且已经在安排他们的住处,安排怎样更好地接待他们等等。

不过,到谢肉节还有好长时间,我们暂且做自己的日常工作,打扫冰场,沃洛佳在忙着写《市场》。我接到了阿尼亚 12 月 24 日的来信,我不给她另写回信了,因为要写也都是这些内容。不过,只想对她作一点解释。她在生我的气,说我把自己的信全送给沃洛佳去"审阅",其实我大半都是用开玩笑的口吻写写我们舒申斯克的生活,其中有不少是嘲弄沃洛佳的,要是这些信在寄出以前不给他看看,我就不这样写了。

我接到过作家妻子②的一封信,才知道她给我们来的两封信都遗失了。

---

① 即季·巴·克尔日扎诺夫斯卡娅-涅夫佐罗娃。——编者注
② 指尼·亚·司徒卢威。——编者注

提起我的照片,真晦气！还在春天的时候,我就托他们把您喜欢的我那张自己拍的照片寄给您。显然,他们没有照办。我这就写信,让他们把我的近照加印几张,寄到波多利斯克去。我不知道在街上如果碰到了德·伊·是不是能认出他来,在其他适当的场合或许可以认出来。顺便提一下,瓦西里·瓦西里耶维奇拿走了布洛斯的著作,带到工厂里去了,他要求借阅一个时期。季娜伊达·巴甫洛夫娜想写信给她在图拉的一个姐妹,让她把自己的布洛斯著作寄到波多利斯克去。好吧,就写到这里。紧紧地拥抱您和阿尼亚,并向大家问候！妈妈也向大家问候！

您的　娜嘉

从舒申斯克村寄往波多利斯克

载于 1929 年《无产阶级革命》杂志
第 6 期

译自《列宁全集》俄文第 5 版
第 55 卷第 405—407 页

13

致玛·亚·乌里扬诺娃

(1 月 17 日)

　　亲爱的玛丽亚·亚历山德罗夫娜:非常感谢您寄来的包裹,只是过于溺爱我们了。一般说,我是一个相当爱吃甜食的人,我为自己找理由说这是"身体需要",总得说出点所以然来呀。现在,我还在使沃洛佳改信我这一套。每逢午饭和晚饭以后,我总是给他甜食吃;每次他都说"岂有此理",可是每次还是吃了,而且吃得津津有味。我们虽然有足够的吃的本领,但还是准备把一部分甜食留到谢肉节,等客人到来时,我们就大摆筵席。我该结束了。紧紧地拥抱您,吻阿尼亚,向大家问候！

您的　娜嘉

从舒申斯克村寄往波多利斯克

载于 1931 年《列宁家书集》

译自《列宁全集》俄文第 5 版
第 55 卷第 407 页

14
致玛·伊·乌里扬诺娃

1 月 24 日

亲爱的玛尼亚：你也许在心里说我不讲信用，答应写信，可是一个字也没有写。该怎么说就怎么说吧，就是骂我也是应该的。我老早就打算给你写信，但是一拖再拖。首先，应当告诉你我们是怎样过圣诞节的。我们过得很愉快。留在这个专区的人全都进了城，其中多数人都住了三四天。我们舒沙人很少，所以同大家聚会感到高兴极了。现在我们已经同所有留在这个专区的人认识了。这段时间我们很像样地过了节。我们滑了冰，大家都笑我滑冰的样子，但从米努萨回来后，我有了进步。沃洛佳从米努萨弄来了很多滑冰用具，现在舒申斯克的人对于他的各种"大跨步跳"和"西班牙式跳跃"都赞叹不已。另外的一种娱乐是下象棋。他们简直是从早下到晚。只有我和季娜不下棋。可是不久我也受了感染，有一次，同一个不大会下棋的人对一局，居然把他将死了。我们还唱了歌，唱了波兰歌曲，又唱了俄罗斯歌曲。瓦·瓦·有一把吉他，于是我们又在吉他伴奏下唱歌。我们也读了书，并且痛痛快快地聊了天。我们特别热闹地迎接了新年（顺便提一下，人们把沃洛佳抛到半空中，我这还是第一次看到，简直把我笑死了）。我们等着客人到我们这里来过谢肉节。不知道他们来不来，但愿他们都能够来。米努辛斯克人看来不能说很健壮：托涅奇卡严重贫血，她瘦得怕人，面色苍白；季娜也消瘦了，而更主要的是，她的心情极为烦躁；男人们的身体也很糟。格列勃总是一会儿靠在沙发上，一会靠在床上。此外，还要提一提，我们可把主人们累坏了，最后几天，在他们那里每天有 10 — 16 个人吃饭。主人们自己也承认，要是再来上这么一天，他们可就吃不消了。妈妈没有同我们一起去，她怕冷。从米努萨回来后，我们又捡起了日常工作。沃洛佳在写《市场》。现在正写最后一章，到 2 月可以脱稿。上一班邮件到来时我收到了作家妻子的一封信，信中充满了欢乐。创办《开端》杂志一事已获准，完全出乎意料之外，现在他们那里正忙得不可开交。读着她的信令人感到他们那里是多么生气勃勃。她还说，韦伯的著作译得很好，很快就要出版。真使人高兴。我们这里正是美好的宁静的冬天，可怕的西伯利亚的严寒现在连影子也没有，阳光和煦如春，我们已在议论，怎么不知不觉地冬天就过去了（虽然冬天并没有过去）。你那里生活怎样？显然，你对于信件是算得很清楚的，不过你自己写信也不能说很经常。这可不对头。比利时的生活你已经很熟悉了吗？总的来说，你对自己的生活还满意吧。不过还是请你经常来信，我也要尽量勤写。妈妈吻你！你何时回家？看来你要变成真正的法国女郎了。我早就在羡慕你的语言知识了，我非常想学好外国语，即使学好一种也行。好吧，再会！祝一切都好！

娜　嘉

从舒申斯克村寄往布鲁塞尔

载于1931年《列宁家书集》

译自《列宁全集》俄文第5版
第55卷第407—409页

15

致玛·亚·乌里扬诺娃

4月4日

　　亲爱的玛丽亚·亚历山德罗夫娜：大约两星期以前，我给您写过一信，像往常一样，谈了一大堆废话。我们这里一切如常。大家都健康，室外很暖和，到17度，野外有的地方已完全干了，我们经常作长时间的散步，看见过两只雁和野鸭。沃洛佳买了一双新的长统猎靴，穿起来差不多到腰；他常在小花园里读书，平常只穿夹大衣。不久前我挖小水沟时，只穿了一件连衣裙，现在正尽量设法种菜和种花，而且还用心地读着格列勃寄来的有关这方面的书。说到我的身体，真是健康得很。但是要问小鸟飞来没有，很遗憾，什么小鸟都没有飞来。您问我们的房子是否宽敞，很宽敞，要是您来的话(非常非常希望您来)，全家都住得下。我记得，仿佛给您寄过一张住所的图样，不过，已经记不清楚了，或许只是这样想过。我们共有三间房：一间是四个窗户，另一间是三个窗户，还有一间是一个窗户。的确，这所房子有个很大的不便之处，就是各个房间都是相通的，不过，如果都是自己人，也就没有什么妨碍。我和沃洛佳想把我们现在住的房间(有三个窗户的)腾给您，我们搬到中间那间去。我们现在住的房间有个好处，不是相通的。这些到时候就会知道了。亲爱的，现在只看您的健康状况是否容许您长途跋涉了，至于住处，无论如何都可以住得下。假如您5月启程，那么乘轮船好。我们来时乘的是第一班轮船，那时沿途是光秃秃的，即使这样，还是很美，要是夏天来，我想乘轮船是很好的。而乘火车却很累人。沃洛佳可能在信中提过，米努辛斯克人不想再住到舒沙来了,他们在市郊租了别墅,这是米努萨城唯一的一所别墅。您喜欢游泳吗?游泳的地方离我们相当远,大约要走 20 分钟。我知道,阿尼亚喜欢游泳。我还记得,有一次我到别洛奥斯特罗夫你们住的地方去,我和阿尼亚还冒雨去游泳呢。

我们收到了从城里寄来的《开端》杂志,其中布尔加柯夫的一篇文章沃洛佳看了非常生气,现在沃洛佳正考虑写文章反驳他。这本《开端》杂志我们等了好久,起初我还以为邮差给遗失了,我们这里的邮差是个十足的糊涂虫;有时把报纸丢了,有时忘了给人家执据,有时走过门口也不知道送信。我每次都在心里用各种西伯利亚骂街的话骂他。写得不少了。这封信寄到的时候,大概正赶上复活节。虽然沃洛佳反对,但我还是准备染彩蛋,做甜奶渣糕。您知道这里的风俗是在复活节时用冷杉装饰房间。这是很好看的。所以我们也准备"效法"(我原想说"多多效法"但想到明年的复活节我们要在俄罗斯过了)这种风俗。那时,米哈·亚历·和库尔纳托夫斯基可能来我们这里做客。好吧,再见! 热烈地吻您和阿尼亚,向全家问候,妈妈也向大家问候!

您的　　娜嘉

从舒申斯克村寄往波多利斯克

载于 1957 年《列宁全集》俄文第 4 版第 37 卷

译自《列宁全集》俄文第 5 版
第 55 卷第 409—410 页

16

致玛·亚·乌里扬诺娃

6 月 20 日

　　亲爱的玛丽亚·亚历山德罗夫娜:我好像已经很久没有给您写信了,不知为什么总是提不起笔,而且我总以为您或许会来。现在,不想再拖了。我们这里一切如常。沃洛佳现在正努力阅读各种哲学著作(现在这是他的正业),如霍尔巴赫、爱尔维修等等。我开玩笑说,他脑袋里塞满了这种哲学,那我很快就不敢同他说话了。现在还没有打过一次猎,那支出色的猎枪甚至还没有脱过套子。我们照例每天出去游泳和散步,采集酸模和浆果等等。沃洛佳像打猎那样热心地采集,有一次采酸模时,我看见他两只手一齐抓,那样子真叫人吃惊…… 关于打猎的事谈得很多,他们什么地方都想去,要上什么四十湖,说那一带猎物多极了,不管到哪里,一下子就可以满载而归;等等。

这一切都要等到彼得节以后。彼得节以后,我们打算到米努萨去,可能乘轮船去,现在已经得到了许可。不久前,我们这里来过客人,先是阿纳托利夫妇,随后是勒柏辛斯基夫妇和他们三个月的小女儿。阿纳托利的面色难看极了,看来未必能好得了。他的妻子也忧郁得很,不言不语的。现在这里的良好气候对阿纳托利也没有什么用处了。勒柏辛斯基夫妇在我们这里待了两天,在那两天里我们的屋子里尽是喧闹声、婴儿的啼哭声和催眠曲声等等。他们的小女儿乖极了,而他们两个做父母的又是那样温存,一分钟也不让女儿安静:唱啊、跳啊、不停地逗弄她。迄今为止,还没有送什么新人到我们这里来。入夏以来,连奥斯卡尔和普罗明斯基也很少露面,他俩在种菜园。我和妈妈也种了各种各样的蔬菜(甚至还种了甜瓜和西红柿),我们早就吃上了自己种的小萝卜、莴苣和茴香。我们还开辟了一个花园,里边木犀草正在开放,其余的花(紫罗兰、香豌豆、雏菊、三色堇、福禄考)还要迟些时候才会开放。花园也给妈妈带来了不少乐趣。这个夏天,在我们这里过冬的那个小姑娘没有走,因此家务事就没有了。现在距我们离开这里只剩下7个月的时间了,所以我们常常谈起回俄罗斯的事,沃洛佳准备写信告诉您我们在这方面的计划。你们大家都生活得怎样?您的疟疾病和阿纽塔的咳嗽是否都好了?我不再另给阿纽塔写回信了,不过请她不要生气,反正见面时,我还要同她谈个痛快。非常遗憾的是,您不来了,不过现在离我们回俄罗斯的时间已经不远了,如果到时候我们能离开这里,那么2月间我们就回到俄罗斯的家里了。那时您就会看到,沃洛佳在舒沙身体养得多么好,这是他在彼得堡时从来没有过的。紧紧地拥抱您,亲爱的,注意别生病。热烈地吻阿纽塔和玛尼亚莎,向马·季·和德·伊·问候! 妈妈也向大家问好!

您的　**娜嘉**

从舒申斯克村寄往波多利斯克

载于1929年《无产阶级革命》杂志
第8—9期合刊

译自《列宁全集》俄文第5版
第55卷第410—412页

17

致玛·亚·乌里扬诺娃

7月3日

亲爱的玛丽亚·亚历山德罗夫娜:昨天收到了您6月16日的来信。今天我们就把信写好付邮,因为今天我们要出去做客。不过,看样子未必去得成,因为"恶天气"来了。准是沃洛佳说坏的:他老是夸"好天气,好天气",瞧吧,天气反而变得不成样子了。没有一天不刮风,百叶窗被吹得砰砰作响。不过并不冷,我们每天照样出去散步。现在已是打猎的季节,但是沃洛佳还没有对打猎着迷。他只去过一两次,打了几只雌黑琴鸡,我们已吃得很过瘾了。现在我们正在准备出去做客,已得到进城的许可,不过许可证暂时还在乡里,我们自己也不知道,去还是不去。我们本来要动身了,但瓦西里·瓦西里耶维奇还在工厂,他回来后要来找我们一同去的,另外,我们还约好了格列勃和季娜也在同一时候到达…… 我很想看看季娜,跟她聊聊;我好久没有看见她了。跟同志们聚会过后,总觉得有点不满足。见面前本来是打算畅谈一番的,可是相见之后,不知不觉就把谈心推到次要的地位,而游玩、下棋、滑冰等却成了主要的内容,结果没有尽兴反而先疲倦了。不过大家聚会一番总是很好的。有人从叶尔马科夫斯克来信说,阿纳托利病得很厉害。勒柏辛斯基的妻子是医助,据她看来,已经临危了。可是叶尔马科夫斯克的大夫是个大乐观派,他告诉多米尼卡说,病人还有希望。至于米哈·亚·,他很孤独,因为他的未婚妻①改到夏末才来。现在,叶尔马科夫斯克是我们这个专区流放者最多的地方。我一直在想,是否还会送谁到舒什来,但是没有,一个也没有送来。普罗明斯基的流放期到秋天就要满了,他们家现在考虑的问题是:将来是不是会用官费把他们送回去,倘若要自己出钱,那可是走不了的,因为他们人多,是八口之家。这一段时间,我们同舒申斯克的同志在一起相当习惯了。要是有一天奥斯卡尔或普罗明斯基不到这里来,简直就像缺少什么似的…… 莉罗奇卡不知为什么挺苦闷。她来信说,有许多事情要做,她每天早上五六点钟就起床,赶着把事情做好。不错,她老是遇上不太如意的事情,但这又有什么办法呢,其实哥萨克村也并不比别处坏。我很想同她见见面,只是恐怕现在做不到,即便能把她调到我们这个地方来,等她到时,我们也已经不在这里了。好吧,再见! 热烈地吻您! 妈妈再三问候你们! 阿纽塔是否已经走了? 倘若还没有走,就请代我热烈地吻她,也热烈地吻玛尼亚!

您的 娜·乌里扬诺娃

从舒申斯克村寄往波多利斯克

载于1931年《列宁家书集》

译自《列宁全集》俄文第5版
第55卷第412—413页

---

① 指奥·亚·帕佩廖克。——编者注

18

致玛·亚·乌里扬诺娃

（10月17日）

　　亲爱的玛丽亚·亚历山德罗夫娜：我好久没有给您写信了，甚至收到玛尼亚莎9月14日的来信后我也没有回信，因此感到有点过意不去。我们这里一切如常，没有什么好写，而我们的日常生活我已经谈过好多次了。前几天，库尔纳托夫斯基到我们这里来了，给我们讲了一些叶尔马科夫斯克人的情况。多米尼卡生了一个男孩，但这孩子有病，有人认为是传染了结核病；她自己也老是生病，愁眉不展。米哈·亚历·已确认可以当兵，他只能过一两个月的自由生活了，到12月他就不知道要到哪里去了。现在他很忙。他的妻子经常生病，又很寂寞，因此她常常在园子里逗小牛和小狗库尔塔什卡解闷。他们打算在初雪以后乘雪橇到我们这里来。库尔纳托夫斯基在我们这里做客的那两天，男人们总是一大早就出去打猎了。库尔纳托夫斯基是个打猎迷。有人接到从哥萨克村的来信，说雅库波娃失踪了，那里的人到处打听她的下落，他们曾经问叶尔马科夫斯克人，她是否到过叶尔马科夫斯克，据说一星期前，她曾经到过那里。又有人说，她逃到国外去了，有人在柏林看到过她。就是这些。我们这里已是秋天，很快就可以滑冰了。这倒好，不然散步都已经腻了；沃洛佳也快要停止打猎了。他正在校韦伯的书的译文，他一个人在搞，因为两个人搞时间会更长。工作很乏味，因为翻译得很差，几乎都要重新翻译。而我，老实说，什么也没有做，要问时间消磨到哪里去了，连我自己也不知道。现在只有3个月零13天就要离开这里，快了。我已向警察司申请允许我到普斯科夫去。妈妈也准备以自己的名义提出同样的申请。好吧，再见！热烈地吻您，向全家问候！

　　　　　　　　　　　　　　　　　　您的　**娜嘉**

从舒申斯克村寄往莫斯科

载于1929年《无产阶级革命》杂志
第8—9期合刊

译自《列宁全集》俄文第5版
第55卷第413—414页

1900 年

19

致玛·伊·乌里扬诺娃

3月28日

不知为什么总不见你和阿纽塔来信。看来我上次的那封给集体的信不中你们意,我那时不知为什么没有心思写。不久前,我们的西伯利亚人为"给集体的"信狠狠骂了我一顿,沃洛佳也挨了骂,因为他给5个人写了一封20行的信,却想因此而得到5封回信。他们都笑话他。事情就是这样。亲爱的玛露霞①,祝贺你,愿你一切都好! 由于我自己的一切情况在给玛丽亚·亚历山德罗夫娜的信中已经谈过,所以我这里只谈谈我们都熟悉的人的情况。叶戈尔到这里来过。见到他我高兴极了,不然我不知要怎样牵记他。他高高兴兴的,很神气,不住嘴地说这说那。他说瓦西里·瓦西里耶维奇在鄂木斯克得了个好职位,托尼亚生了个女儿,母女都很健康,埃·埃·因为添了小孙女喜不自胜(生第一个时她是满不在意的)。格列勃也得了好职位,当上了托木斯克附近一个机务段的段长助手。季娜暂时还在下乌金斯克。这些人的情况全都很好。不过可怜的米·亚·在里加的情况很糟。他来信说,兵营的生活比苦役还苦,不允许独自行动,时刻都有士兵跟着,而且只准到小店铺去。除了一本德语词典和一本民法外,他所有的书全被没收了。吃得很坏。自己的东西什么也留不下,一转眼就被人偷光了。发的衣服质量很差,结果只好自己买。最糟糕的是,米·亚·偏偏被编在镇压工人的那个连队里,士兵每杀1个工人就可领取10卢布奖赏,在巡逻的时候他们可以随便开枪打人。情况就是这样。米努辛斯克的同志们全都很好。不久前我接到那里一封来信,非常高兴。我真想不到米努辛斯克人使我这样迷恋。巴拉姆津(我们那只狗就是送给他的)准备给狗画一张画送给我们(给沃洛佳本人),他很会画。我们那只狗真有福气,成了大家的宠儿。谈起狗来,我就想起莉罗奇卡。有一次她通过我托付别人一些事情,其中一件就是极为详细地谈一只脱毛的狗的事。不久前我们大家所熟悉的一个女朋友接到她的一封信,把信中

---

　① 即玛·伊·乌里扬诺娃。——编者注

一些片断寄给我看了。那封信的理论部分我是不大欣赏的,说什么伯恩施坦在理论方面并未提出什么来,"不过是胡说一通罢了!",但是又说什么他那本书的实际意义很大,注意到了群众的需要,号召面向生活,面向具体事物。她认为,那本书之所以受人欢迎,是因为正统派使人腻烦了。关于决议**383**,她说道,里面拼命捏造一条必经的发展道路。总之,莉罗奇卡现在对我是个未知数。过去我和她在一些观点上始终是十分一致的,但是最近三年来不知在她身上发生了什么事,我简直认不出她来了。也许我们见面后能谈到一起,而通信就谈不拢。她不再是我认识的那个莉罗奇卡了,写信谈些雾呀,天气呀,那是不值得的,而谈别的事,看来她不愿意,而且也谈不起来。说真的,她的出嫁我无论如何也不能同意。她的丈夫①给我的印象是一种说不出来的自高自大、不学无术……　算了,这个题目我谈得太多了。

再见,请吻阿纽塔,并代我向马·季·问好!

你的　**娜嘉**

从乌法寄往莫斯科

载于1929年《无产阶级革命》杂志
第11期

译自《列宁全集》俄文第5版
第55卷第414—416页

20

致玛·伊·乌里扬诺娃

莫斯科　巴赫梅季耶夫街　沙罗诺夫宅25号
玛丽亚·伊里尼奇娜·乌里扬诺娃女士收

3月30日

亲爱的玛尼亚莎:

前天给你和玛·亚·寄去一信,昨天我接到了你们的来信。听说玛·亚·可能到沃洛佳那里去,我非常高兴。看来我一时还不能动身。是的,沃洛佳很瘦,他最近才搞成这个样子,以前他的气色是很好的。我觉得对他说来,与其怪胃炎,不如怪失眠。他近来常常睡眠不足,在动身以前,很激动,加上天气又非常冷,根本没有外出散步。自从走了之后,沃洛佳马上就高兴起来,饮食和睡眠又恢复正常了。我想他的胃炎是可以用矿泉水止住的,那一

---

① 指康·米·塔赫塔廖夫。——编者注

回矿泉水对他起了很好的作用。一般说来,沃洛佳是注意自己身体的。他来信说吃得很好。但是,他不能同家里人住在一起,这总让人感到很遗憾。

从你的来信中我断定尤利去过你那里,所以我的所有新闻都过时了。

我把我的译文和书寄给你,所有画了线的地方我都不明白,除此以外,我想还有其他许多地方译错了。我的英语程度太差,词典也帮不了多大忙,一句话我往往有好几种理解。因此请你把整个译文审阅一遍,把错误的地方修改一下。就写到这里吧,再见,我亲爱的英国姑娘!热烈地吻玛·亚·和阿尼亚!

你的 **娜·乌·**

寄自乌法　　　　　　　　　　　译自《列宁全集》俄文第 5 版
载于 1931 年《列宁家书集》　　　第 55 卷第 416—417 页

21

致玛·亚·乌里扬诺娃

7月26日

亲爱的玛丽亚·亚历山德罗夫娜:

我刚才接到沃洛佳由奥地利寄来的明信片…… 但是信走得太慢了,这张明信片我是在第八天接到的。这样看来,今后沃洛佳的信我一般要在第九、第十天才能收到。沃洛佳说他的身体很好,这当然使我非常非常高兴。您过得怎样?身体好吗?我们这里道路泥泞、空气潮湿的日子已经过去,天气已经转好。你们那里现在的天气想必也很好,你们可以利用这个夏天。现在我们这里很好,遗憾的是上次乌法给您和阿纽塔留下的印象很坏,因为那时的天气是那样的闷热,再加上我们的住处又是那样杂乱无章。我们暂时还住在原来的住宅里,但是我们可能很快就要搬到另一处住宅过冬。那处住宅我们曾经住过,是非常好的,就在我们斜对面。我现在很健康,妈妈也很好。她向大家问好。

沃洛佳在乌法时给菲力波夫写了一封挖苦他的信,因为他在发表沃洛佳的文章时作了歪曲。① 沃洛佳走后,菲力波夫来过一封信,尽量想暗中把事

---

① 这封信没有保存下来。这里指列宁《非批判的批判(评 1899 年《科学评论》第 12 期帕·斯克沃尔佐夫先生的论文《商品拜物教》)》一文(见本版全集第 3 卷第 563—585 页)。——编者注

情了结,他写道:"阁下,目前事情还可以补救,兹将斯克沃尔佐夫文章的手稿寄上,以便您能作答。务请注意书报检查,并请写得短一些。"他想用寄原稿这份殷勤来软化沃洛佳。但是过了两天以后,他又改变了主意,寄来了第二封信。这封信不像上次那样写的是转交弗·伊·,而是转交乌里扬诺夫先生了。这封信单从外观上看就很不礼貌:信只用了半张破纸,是在雷明顿牌打字机上打的,而且在打好的信上还作了修改。这封信很粗暴无理,说话根本不通过大脑。我写信告诉他,两封信都已收到,但是现在不能转交沃洛佳,因为我不知道他的地址,等知道后立即转交;我把手稿退了回去,因为如果寄到国外,势必大大拖延文章的发表,作者未必高兴。大概沃洛佳也不会接受这份缺德的殷勤。斯克沃尔佐夫那篇文章也是非常粗暴的。胡乱引用马克思,对论敌根本不了解。同这种人争论是没有意思的。不知沃洛佳是否会回答他。

沃洛佳走后第二天,玛丽亚·安德列耶夫娜①到我们这儿来过。她很可爱,亲热极了。我甚至有点过意不去,因为我根本就不会亲热。我也想表示一下亲热,打算帮她煮点果酱,但是马上就想起我从来也没有煮过果酱,天知道我能煮出什么来……　他们整个冬季都将住在田庄……　好吧,再见!热烈地吻您和阿纽塔,我将给玛尼亚莎写封简短的信去。

您的　娜嘉

从乌法寄往波多利斯克

载于 1929 年《无产阶级革命》杂志
第 11 期

译自《列宁全集》俄文第 5 版
第 55 卷第 417—418 页

22

致玛·伊·乌里扬诺娃

7 月 26 日

亲爱的玛尼亚莎:谢谢你寄来了书、照片(这一定是你的手艺)和附在沃洛佳信中的那段附笔。我早就准备写信,结果一拖再拖耽搁下来了。你们大家生活得怎样?我很久不知你们的音讯了。你们打算什么时候搬到城里去?

---

① 指玛·安·格拉切夫斯卡娅,她是列宁姨母的女儿。——编者注

你今年冬天作何打算？当听到沃洛佳来信说玛丽亚·亚历山德罗夫娜和阿纽塔要同他一起前来的事，我太高兴了。我一直在想要同阿纽塔聊聊。想要谈的事很多，但是当他们来了，我竟茫然不知所措，什么都忘了，而且这里还有一些不相干的客人。结果我一次也没有同他们好好谈过，不知下次何时才能见面。算了，以后再说吧。我在乌法只剩下七个半月的时间，很快就会过去的。我好不容易找到了一个教书的工作，自己也请人在上德语课。我找到了一个柏林籍的德国人，他勉强答应每星期教我两次会话。现在已经上过第一课，这个德国人很健谈，大概可以学到点东西。此外，我还在阅读几本很无聊的德文小说，这样我就钻到德语里去了，什么地方也不去，而且怕见人，哪儿也不想去。好吧，再见！紧紧拥抱你！

娜·乌里扬诺娃

附言：此地有一位小姐要去找你，沃洛佳说过没有？她是沃洛佳一位老相识的侄女。请你尽可能把布鲁塞尔大学的学习情况给她介绍一下。

由乌法寄往波多利斯克　　　　　　　　译自《列宁全集》俄文第 5 版
载于 1931 年《列宁家书集》　　　　　　　　第 55 卷第 419 页

23

致玛·亚·乌里扬诺娃

波多利斯克（莫斯科省）　克德罗娃亚宅
玛丽亚·亚历山德罗夫娜·乌里扬诺娃女士收

8 月 26 日

亲爱的玛丽亚·亚历山德罗夫娜：

　　我又很久没有给您写信了，但是我还是只能谈谈自己的情况，这当然是很枯燥的。尽管如此，还是要写。我的身体很好，妈妈也很健康。我们搬到新住宅来已经三个星期了。这处住宅非常方便，有两个小房间，一个厨房，楼下窗外有一个花园，住宅新修过，房东也很好。这处住宅过去我们住过，但是现在样子完全变了。我们的地址是：**普里尤特街库利科娃亚宅**。看样子我们已经全都安顿好了。我现在特别忙：夏天的课还未完，冬天的课就已经开始了。我冬天是在两个地方教课，在这两个地方教课相当愉快，收入也不坏（62

卢布）。每天要花6小时左右。由于我爱工作，所以没有什么关系，并不感觉累。只有一样不好，那就是乌法道路泥泞，一下子就陷进去了。按日期推算有月亮的夜晚，街上就不再点路灯了，因此一不小心就会掉进沟里，偏偏有一个地方的课是晚上的。每逢节日，有一个很好的德国人教我德语。事情进行得不坏，但是近来我们这里很忙乱，我已有两个星期没有看书了，德语连摸也没有摸，这使我非常苦恼。沃洛佳在抱怨巴黎的生活太忙乱。巴黎嘛，那是理所当然的，而乌法竟也这样忙乱，真不像话。现在整天人来人往，还有路过的。路过的人说季娜非常苦闷，最近变化很大，人也瘦了，面色苍白。又有人说米哈·亚历山·的物质条件很坏，奥·亚·长期找不到教书工作。米哈·亚历山·被派到克拉斯诺亚尔斯克团，这个团要开拔（现在已经开拔）。西伯利亚人总是懒于写信，我对他们的事知道得很少。当然我自己也有一定责任。莉嘉准备迁到乌法，她已经提出申请，不知是否能迁得成。我非常希望在我走以前能见到她。沃洛佳极少来信，显然，他给我的地址不准确，因为我寄去的那些信看来都没有接到。现在我在给他往巴黎写信。不知他叫我寄的书（《生活》杂志）应寄到哪里。看来我只好把书寄给你们，他可能把他最新的地址给了你们。从他最近那封信来看，我想他已经离开了巴黎，但他并没说要到哪里去。随同《生活》杂志我把法文书也寄上，还给玛尼亚莎。她来信说她应该在9月间把书还掉。顺便说一句，阿纽塔带去了一本高尔基的书在路上看，书主现在向我讨还这本书，如果不很费事，就请把书寄来。请玛尼亚莎原谅，我不另给她写信了，否则又得重复。你们生活得怎样？身体都好吗？阿纽塔要去很久吗？关于德米·伊·进大学的事彼得堡有回信来吗？你们很快就搬到莫斯科去吗？好吧，再见！热烈地、热烈地吻您和玛尼亚莎！妈妈向大家问好！

您的　娜嘉

附言：刚才发现，我根本就没有沃洛佳要的那期《生活》杂志，所以只把法文书寄上。

寄自乌法

载于1931年《列宁家书集》

译自《列宁全集》俄文第5版
第55卷第420—421页

24

致玛·伊·乌里扬诺娃

波多利斯克（莫斯科省）　克德罗娃亚宅
玛丽亚·伊里尼奇娜·乌里扬诺娃女士收

9 月 11 日

　　亲爱的玛尼亚莎：我们的信一定是前后错开了。我在 8 月底曾给玛丽亚·亚历山德罗夫娜去过一信，极其详细地谈了我的生活情况。那本法文书我原先想托那位小姐带去，她本来是要去你那里的，谁知这位小姐找到了一个去巴黎的女伴，她此行似乎只是为了玩玩而已，关于学习的事想得很少，所以她不能到波多利斯克去了。因此那本书我只好邮寄，不过不是我亲自去寄的，在匆忙中就忘了写"挂号"，所以只作为普通印刷品替我寄走了。我担心这本书会丢失。请来信告知你是否收到了。还有一件关于书的事。沃洛佳在这里时曾答应要把《资本主义的发展》一书寄给一个熟人，但他忘了，现在他要我们办这件事。为了避免不必要的往返邮寄，请你直接把一本《资本主义的发展》寄往比尔斯克（乌法省），给帕维尔·费多罗维奇·萨维诺夫①。再没有别的事了。德米·伊里·有什么收获没有？你们什么时候搬到莫斯科去？大家身体都好吗？阿尼亚什么时候回来？

　　我们的生活如常。我们两个人都很健康。我还在教书，教好几门课，甚至在教拉丁语；家里总是有人来来往往，我还在学德语，但是时间很少。有一个德国人教总比一个人自学好得多。沃洛佳来信不多，关于自己谈得非常少，他总嫌那里太忙乱。奥丽珈·亚历山德罗夫娜不到乌法来了，因为她在克拉斯诺亚尔斯克住下了，而米哈伊尔·亚历山德罗维奇进了作战部队。季娜急于要回俄罗斯，她的来信写得很笼统。这些天来我在等着一个回来的同志，他早就应当经过这里，但在临动身时得了痢疾，至今还恢复得很慢。

　　我们乌法这里真是泥泞不堪，我还从来没有见过，总是下雨、下雨……糟糕透了。

　　好吧，再见！热烈地吻你和玛丽亚·亚历山德罗夫娜！妈妈向你们

---

① 帕·费·萨维诺夫曾因彼得堡"斗争协会"案件而被流放。——编者注

问好！

娜　嘉

寄自乌法

载于1931年《列宁家书集》

译自《列宁全集》俄文第5版
第55卷第421—422页

25

致玛·亚·乌里扬诺娃

莫斯科　巴赫梅季耶夫街　沙罗诺夫宅
玛丽亚·亚历山德罗夫娜·乌里扬诺娃女士收

1900年10月1日

　　亲爱的玛丽亚·亚历山德罗夫娜：我早就接到了玛尼亚的信，但是我总是抽不出时间回信。看来你们搬到莫斯科已经很久了。您生活得怎样？您身体好吗？德·伊·到尤里耶夫去了吗？玛尼亚莎的案件快结束了吧？[①]我曾接到阿纽塔一信，当时就回复了她，但我写的信总是不能及时到达，沃洛佳给我的信有时也不按他写的先后次序到达。虽然沃洛佳最近来信不算少，但是我还是对他的生活情形知道得很少，我只知道他进了英语补习班，工作总是未能走上轨道……　季娜和她丈夫常来信责备我，说我对沃洛佳的事写得很少，让我写给他们什么呢？沃洛佳根本就不会写自己的日常生活状况。让他自己写信给他们吧。他们还不打算回俄罗斯，甚至根本就没有这种准备，虽然早就可以回来了。很快就到3月11日了，甚至季娜也将成为自由自在的哥萨克了。还剩下5个月零11天，我已分不清这是多还是少了。我不知道按原先打算那样在11日从乌法乘早车走是否走得成。不过在乌法除了泥泞以外，没有什么不好的，我已成了一个热爱乌法的人了。我们已经完全安顿好了（按照外省方式），房子很好，饮食等等也很好，总之，我们已经适应了外省生活了。时光在不停地流逝。我担任着两个地方的课，那些孩子都很可爱。一般说来我是很喜欢给孩子们上课的，再加上现在这些孩子又是如此可爱，特别是一个很小的小姑娘。我教书的那家，是一个富商，我教的就是他

---

　　① 玛·伊·乌里扬诺娃于1899年9月30日被捕，并被送到下诺夫哥罗德，直到侦讯完毕；同年12月底回莫斯科。——编者注

那一大群后代(5 个)。他们家里的规矩很严,都是商人的规矩,不过对孩子们这样教育我还是很喜欢的。他们不打扮,几乎没有玩具,保姆也没有,自由自在。小一些的孩子整天在外边玩,大一点的孩子自己擦皮鞋、打扫房间(甚至洗衣服),既不摆阔气,也不娇气。大大小小学习都很用心。有一个小姑娘(7 岁)特别逗人喜欢,性情温和,聪明可爱,读书非常用功和细心。她每天"如饥似渴地"读书、写字、做算术。遇到一点儿有趣的事两只大眼睛就亮晶晶的。现在她总是在楼梯上等着我,给我汇报孩子们当中所发生的事情。一句话,这个小姑娘简直把我给迷住了。这些孩子都太可爱了! 这个小姑娘很活泼,老爱笑,完全没有受过什么教养(有时用衣襟擦鼻涕)。有一个小男孩也很可爱,不过是另一种性格。总之,我和往常一样很喜爱自己的学生,只是这些课占去的时间太多,分配得也不适当。我参加了法语补习班的学习(很快德语补习班也要开学)。会话班每星期上 3 课,每课 1 小时,每月学费 6 卢布,目前我很满意。我在高级组学习,我们一共有 4 个人。那个法国人是个很有经验的教员,课讲得很生动,只是学生们有些疲沓。遗憾的是我连一本法语书也没有,法国教员把 6 月份的报纸或没头没尾的杂志交给我们读。**玛尼亚莎有没有(大概有)法文小说或一般法文书籍**? 我们这里大家的会话能力都不强,虽然我在语言上还是一知半解,但我在这方面还算是内行。外文书籍很难找到。我还继续到德国教员那里去听课,有时要给他写 10 页长的作文,但是我们每星期只上一次课,实践的机会太少了。我自己已能读德文小说了,但是直到现在我的德语会话还不及法语。每天到晚上 8 点钟以前时间就是这样度过的,晚上通常都做不了什么事情,很少有哪一个晚上没有人来串门。我的详细生活情况就是这样。妈妈再三向您问候,我热烈地吻您! 我不另给玛尼亚莎写信了,写也是重复这些。让我拥抱她吧。就写到这里。祝一切都好!

您的　**娜嘉**

寄自乌法

载于 1931 年《列宁家书集》

译自《列宁全集》俄文第 5 版
第 55 卷第 422—424 页

26

致玛·亚·乌里扬诺娃

11 月 8 日

亲爱的玛丽亚·亚历山德罗夫娜:您的信已经收到好几天了,昨天又收到了玛尼亚莎的信和剪报，十分感谢，这些我都读完了。

　　不久前我给您写过一封信，咱们的信老是前后错过。我现在很健康，妈妈常闹点小病，不是心动过速就是感冒。我们现在的寓所很好，甚至还有钢琴。我们有一个女友很会唱歌，所以家里晚上经常有音乐，当然，有些怪声怪调，因为琴声有时嘶哑，有时尖叫，有时格格作响，但不管怎样，总算是音乐。妈妈让客人给累坏了，我也很希望客人们少来两趟；不过9点钟回到家里已经相当累了，反正也做不了很多事。

　　前几天接到沃洛佳两封来信，一封走了两个半星期，另一封走了两个星期。真是慢得可怕。沃洛佳劝我继续学英语，但我恐怕不能照他所说的去做。现在我已同德国人说好每星期上三次课，这样效果一定会好些。大概我也被沃洛佳的丢不开的念头所感染——想不惜代价学好几种外语。现在，除了教书和学习外语之外，我还有别的工作，是什么工作等我春天再详细告诉您。到3月只剩下4个月了，到那时候再去看您，然后再去看沃洛佳。我现在不想多考虑这个问题，不然会觉得时间过得太慢。

　　我不知道怎样做才能在春天去莫斯科，看来不宜过早提出申请。其实也用不着早作推测。到春天还早着呢，我们这里还是冬天，而且是个不错的寒冬。愿圣诞节在您那里快点到来，在圣诞节……①

从乌法寄往莫斯科　　　　　　　　　　译自《列宁全集》俄文第5版
　　　　　　　　　　　　　　　　　　　第55卷第424—425页
载于1931年《列宁家书集》

27

致玛·伊·乌里扬诺娃

莫斯科　巴赫梅季耶夫街　沙罗诺夫宅
玛丽亚·伊里尼奇娜·乌里扬诺娃女士收

12月2日

　　亲爱的玛尼亚莎：非常感谢你寄来的相册，为了转寄相册给你添了不少麻烦，我很抱歉，同时也要感谢你为我寻找法文书籍操心。以前的书我还没有看完，看得太慢了。我十分了解，学习语言要不多看书，就永远也掌握不

---

① 这封信的后半部分没有保存下来。——俄文版编者注

了,但是总抽不出空来。我有时是多么羡慕你们那种清静的生活啊!能有这样的清福看它一晚上书该有多好,可是永远也办不到。总是人来人往、人来人往!看来,在乌法这样的麻烦本来是可以避免的。可是不知为什么会弄成这样,我又不会交际。不错,那种脑腆劲我已经没有了,只不过有时不知不觉地突然上来一阵子最古怪的脑腆劲,连一句话也说不出来,但是现在这种情况很少,而且很快就会过去,而从前往往是弄得很窘的。所以当你来信谈起你的脑腆时,我是了解你的。我知道这种滋味是多么不好受,摆脱它是多么不容易……

我又得求你一件事。沃洛佳嘱托我给菲力波夫写封信,提提手稿和评论斯克沃尔佐夫的那篇文章的稿费问题。关于手稿的事我今天就写信去,关于稿费的事需要给**索伊金**写封信,要把页数写清楚。我手头没有《科学评论》杂志,无法准确计算页数,更主要的是我怕寄钱的事给耽误了,而我就在那个时候要离开乌法,这样一来我怕会出岔子。也可能菲力波夫已经把钱寄到莫斯科了,要是这样,就会弄得很难为情。因此请你代表沃洛佳给索伊金写封信,让他把钱寄到你那里。最好能在新年前把这件事办妥。

你怎么又不舒服了?是不是流行性感冒?希望你现在已经全好了……是吗?玛丽亚·亚历山德罗夫娜身体好吗?你怎么来信一点也没提到她?你在做些什么事情?读些什么书?

3月份如果你还不出国,我们就能见面。只剩下三个半月了,实际上没有好多天了。告诉你,我常常怀疑,不通过沃洛佳是否能发给我出国护照,可能要有他的同意才行。你是否知道,发给阿纽塔护照时,是否也要有马尔克·季莫费耶维奇的同意?总之,随着3月份一天天迫近,我也愈来愈不安了,总担心会有什么事留难。虽然沃洛佳近来的信已经使人安心得多了,他来信说非常健康,但我总希望这三个月很快就过去。

西伯利亚人很少来信,我只是听到路过的人说格列勃瘦了,季娜胖了。消息太少了。

再见吧,紧紧地拥抱你和吻你。热烈地、热烈地吻玛丽亚·亚历山德罗夫娜!妈妈向大家问好!

你的　**娜·乌里扬诺娃**

寄自乌法

载于1931年《列宁家书集》

译自《列宁全集》俄文第5版
第55卷第425—427页

28

致玛·亚·乌里扬诺娃和
玛·伊·乌里扬诺娃

12月22日

　　亲爱的玛丽亚·亚历山德罗夫娜和玛尼亚莎：很久没有给你们写信了。今天我有一种节日前的感觉，过得与往日完全不同。今后两个星期不上课了，昨天是最后一课，法国教员也已回家过节，我可以说是一个自由自在的哥萨克。今天我先打扫了一下，随后就坐下来写信，再就是结束一切未了之事。我本来想在圣诞节前给你们写信的，但忙得精疲力竭了。考虑到过节和风雪，这封信大概在新年时才能到达。向你们，我亲爱的，祝贺新年，热烈地吻你们，祝你们身体健康，一切都好！我希望在这一年中能好好地同你们聚会聚会。妈妈也向你们祝贺。我们这里冷得"非同小可"，每天都在零下30度左右，严寒之外往往还有暴风雪。我穿着妈妈的皮大衣和毡靴，而妈妈连门也不出，她一受冻就喘不过气来。由于暴风雪的关系，信件到得特别迟。

　　节日你们怎样过？德米·伊·回家了没有？再有，阿纽塔的地址怎样写法？很久以前我按照沃洛佳的地址给她写了封信，不知她收到了没有。很想给她写信，就是不知道往哪里写。不久前我曾接到奥丽珈·亚历山德罗夫娜的来信，她也在询问阿纽塔的地址。亲爱的玛尼亚莎，你还没有被准许出国，这真使人遗憾，而我倒已经在羡慕你了呢！可能我们会一起走。我现在尽量不去想春天和出国的事，东想西想，枉费心思。昨天我被大大嘲笑了一番，于是我生气地大讲起沉静稳健的必要性，但是我发脾气的结果正好证明我是不沉静稳健的。糟糕的是我那些熟人都是些容易激动的、"情绪忽高忽低的"人；既然发神经，那有什么办法，可是为什么要那样任性呢？我真受不了。

　　奥丽珈·亚历山德罗夫娜来信说他们生活得不好，她住在克拉斯诺亚尔斯克，因为米哈伊尔·亚历山德罗维奇同她一起可以得一些优待。她现在教一点课，不大好，想再找个地方。米·亚·在军队待得很不耐烦，无所事事，当兵使他很苦恼。西伯利亚人都常来信，只有泰加人和鄂木斯克人例外，他们一封信也没写，真好意思。据说格列勃对自己的职务很厌倦，我很奇怪，他们为什么还要待在那里呢？我们住在交通干线附近，时常有人从这儿经过，他们使我们的生活添了不少内容。前些时候来过一个米努辛斯克的熟人,他请了一个月的假回家探望母亲。顺便提一下,玛尼亚莎,你向我打听关于奥·①是什么人的问题,我本人对她的情况不大清楚,但许多人都说她很好。我本想托她带封信,但是,第一,她并不顺路,第二,我那时正害流行性感冒,动不了脑筋。我那时想,她会同阿纽塔认识的。看,我愈讲愈没有边际了。我的外语学习进展很慢,似乎不大适于学语言。好吧,再见! 让我再一次热烈地拥抱和吻你们,并向马·季·和德·伊·问好!

你们的　娜嘉

　　考茨基著作的译文②现在不在手边,暂时寄到阿斯特拉罕去了,不久就会寄回来,但是沃洛佳要求给他寄去。不过已被弄得乱七八糟,我不知道能不能再转寄了。

从乌法寄往莫斯科　　　　　　　　　译自《列宁全集》俄文第 5 版

载于 1931 年《列宁家书集》　　　　第 55 卷第 427—428 页

<h1 style="text-align:center">1901 年</h1>

<h2 style="text-align:center">29</h2>

<h2 style="text-align:center">致玛·伊·乌里扬诺娃</h2>

2 月 2 日

亲爱的玛尼亚莎:

　　直到今天我还没有回答你上次的来信,因为收到你的信后,我就给阿斯特拉罕去信,请他们赶快把《反批评》一书寄来,至今还没有得到回信,这几天我正在等回信。眼下你可以向菲力波夫把译文要来,沃洛佳托我给菲力波夫

---

① 指格·伊·奥库洛娃。——编者注

② 指列宁所译卡·考茨基的《伯恩施坦与社会民主党的纲领。反批评》(1899 年斯图加特版)一书的原稿;见《考茨基论文集》1905 年圣彼得堡李沃维奇出版社版。在这一版里没有译者的名字。1906 年再版时才指出译者是列宁,出版者同上。该书第 3 版是 1922 年在基辅出版的。——编者注

写过一封信,叫他把沃洛佳的全部手稿都寄给你。大概他还没寄来吧?

　　不知道为什么我把通信的事完全忽略了,不过目前心情很平静,因此很想闲谈一番,虽然也没有什么好谈的。我们这里一切如常,只有阳光明朗得像春天那样。我总是盼着春天,有时候脑子一转就想起来:还有一个半月的时间,到那时候……那时候我真要高兴死了,特别是当我到了沃洛佳那里的时候。现在真是连感到寂寞的时间也没有,各种各样的事情多得很,要及时做完这一切事情,而我有时竟不可原谅地懒惰起来。非常想到大街上去,有时我就不坐下来工作,而出去逛大街,要不然从早晨起就看小说。虽然在乌法这地方令人苦闷,可是能够养身体,就拿我来说,最近胖得厉害。妈妈在这方面不能算好,她时常闹点小病。她已经准备动身的事了,正在缝东西,算日子。你知道吗,乌法以西只有莫斯科和彼得堡不准去。至少已经有过三次这类的事情了。可是人们也都不愿意动地方:愿意留在乌法,因为这里收入好。要不就搬到萨马拉去。可是萨马拉又有什么好呢!

　　唉,我读的书太少了! 在这个时期只读完了别尔嘉耶夫的书。外语学习也进展得很慢。从圣诞节以后,我还没有到法语补习班上去上过课,因为我们班散了,就剩下我一个人,那个法国人也不好好教。德语课有时还去上,成绩好坏得看情绪而定,有时讲得还算可以,有时就胡编一通。现在所有我们在乌法的人都同萨马拉的报纸联系上了,都在为报纸写文章,我也跟着写。①因为我对这件事不习惯,有时要费很大的劲。总的来说,这一年我是想同文字工作建立姻缘,也有点成绩,但糟糕的是,我写的总不像心里想的那样,我简直恨我写的东西。情况就是这样。你为什么在信上丝毫也不写些自己的情况? 你生活得怎样? 你的事到底什么时候才结? 别了,确切些说,再见了! 热烈地吻你! 紧紧地拥抱和热烈地吻玛丽亚·亚历山德罗夫娜,急切地盼望去莫斯科见到你们。妈妈向大家问好! 别了,亲爱的玛尼亚莎,原谅我写得太潦草。

你的　娜·乌·

从乌法寄往莫斯科

载于1931年《列宁家书集》

译自《列宁全集》俄文第5版
第55卷第429—430页

---

　　①　在1901年2月16日《萨马拉报》第36号上刊登了娜·康·克鲁普斯卡娅的《学校与生活》一文。——编者注

30
致玛·伊·乌里扬诺娃

1901 年 2 月 12 日

　　亲爱的玛尼亚莎：多谢你寄来剪报，我怀着很大的兴趣都看完了。现在我又接到了包裹通知单。我猜这是考茨基的著作，如果是，明天我就把它寄给你。耽搁了这么久，真令人生气。你知道不知道《论文集》是否能弄到，有人一再向我要这本书，说到处都没有卖的。

　　只剩下一个月的时间了。真是太好了！什么时候才会只剩下一天呢？当然，终究会有那一天的。

　　我几乎忘了一件事。妈妈有件要紧的事请你办。她请你把她的奖券拿去保险。手续必须在 3 月 1 日以前办好，券号是 **7328**，不能在乌法办理，因为奖券如果中签，只到 4 月才能知道，那时还得回乌法，总之，这是不值得的。执据留在你那里好了。保险费大约 3 卢布，妈妈想马上寄去，但是我劝她等见面的时候再给钱也来得及。就是这件事。

　　难道我们要同阿尼亚在路上错过去吗？我非常想见到她。请写信告诉我，她打算什么时候动身前来。我还要到阿斯特拉罕去一趟，我不知道是先去莫斯科呢，还是从阿斯特拉罕回来后再去莫斯科，我想这要看阿尼亚什么时候动身前来再决定。

　　好吧，再见！这个星期中我们这里人多极了，我非常高兴，节日总算过完了。

　　紧紧地拥抱和热烈地吻你和玛丽亚·亚历山德罗夫娜。妈妈向你们问好！

　　盼早日见面！

你的　**娜嘉**

菲力波夫有什么回信吗？这个家伙！

从乌法寄往莫斯科

载于 1929 年《无产阶级革命》杂志
第 11 期

译自《列宁全集》俄文第 5 版
第 55 卷第 430—431 页

31

致玛·亚·乌里扬诺娃

1901 年 6 月 11 日

　　亲爱的玛丽亚·亚历山德罗夫娜：这些日子我一直没有给您写信，因为起初我指望阿纽塔会写信向您详告我们的日常生活，后来妈妈和沃洛佳也都写了信。我们全都健康。沃洛佳没有一点卡他性胃炎的征候。妈妈也健康。她认为我们的生活过得很单调，我不这样看。不错，我和沃洛佳都不太爱动，至今我只参观过一个绘画陈列馆，这个城市什么样子我几乎完全不知道。这也是因为现在正是夏天，要出去散步就不到城里去，而是到田野去。我们住在城边上，这里既有大城市的方便(有小店铺、电车等等)，又接近野外。就拿昨天来说，我们还沿着大路愉快地逛了一阵。一路上风景如画，两旁种着白杨，四周是田野和花园。我们只远游过一次，但是很不顺利，遇上了雷雨，而且很累。我们打算到山里去玩一趟。阿纽塔一直劝我们搬到乡下去过夏，妈妈也认为这样比较好，但是从多方面考虑，搬到乡下住不方便。不能搬到远处去住，否则沃洛佳就得每天进城，这是很累人的。而且他还经常跑图书馆。公园离我们也不远，到游泳场只要走 20 分钟。总之，我们的生活已大致上了轨道了，沃洛佳的工作已有一些安排……　至于我自己，现在事情还很少，或者确切些说，完全没有事情。时间都安排了，可是到底用在什么地方了，自己也不知道。

　　我打算去参观一下这里的学校。那是孩子的世界。人们总是那么关心孩子们，孩子们都是那么可爱、那么健康。我曾经参观过我们城市里的一些学校，不由得比较一下，我认为这里的孩子们的生活要好得多。我的这些打算现在还只是打算而已，不过将来总有机会去参观的。收到了沃多沃佐娃寄来的一张 600 多马克的支票，但是钱还没有拿到，也没有接到信。总之，从俄国来的信简直少极了，可以说所有的老朋友都把我们忘了。比如说，季娜和巴季尔就都音信杳无……　我们同样也不知道格列勃到底是否离开了他的泰加……

　　亲爱的玛丽亚·亚历山德罗夫娜，您的生活怎样？身体好吗？请代我向德·伊·问好！

　　附上给玛尼亚莎的一封信。① 请代我向马·季·问候！有什么新消息

---

　　①　这封信没有保存下来。——俄文版编者注

吗？有什么情况没有？

我们大家向您问好，我热烈地、热烈地吻您！

您的　**娜嘉**

附言：沃洛佳请德·伊·给医生寄三本《资本主义的发展》。

从慕尼黑寄往波多利斯克

载于1929年《无产阶级革命》杂志
第11期

译自《列宁全集》俄文第5版
第55卷第431—432页

32

致玛·亚·乌里扬诺娃

1901年7月16日

亲爱的玛丽亚·亚历山德罗夫娜：

阿纽塔把您给沃洛佳的信和玛尼亚的信都转给我们了，为什么玛尼亚没有收到我的信呢？真奇怪！如果快要放人的消息属实，那真是太好了……　您见到玛尼亚的时候，请您告诉她，我热烈地、热烈地吻她，向她热烈问好。您的信里说沃洛佳可以从您给妈妈的信里知道您的日常生活情况，这使我很惊讶。信准是失落了，因为妈妈没有收到您的来信，不久前她还叫我问问您，是否收到了她的信。妈妈总是生病，咳嗽，睡不好觉。今天她和我们到游泳场去了一趟，结果劳累不堪，而总共才走了不过15分钟的路。我们几乎每天都去游泳，游泳场很好，我们虽然是住在城里，但是离城郊很近。这个地方从各方面来说都很好。现在天气相当热，但是还不算受不了。

时间过得真快，不知不觉一个星期又一个星期地过去了；并不是事情多，而是"正事做不了，琐事胡打搅"。

我又开始学德语了，语言不通不方便。我找到一位德国女士，她教我德语，我教她俄语。学学再看吧。我和沃洛佳一直打算到德国剧院去看戏，但是我们在这方面都不太积极，老是说"该去一趟了"，然而始终只是说说而已，总是被别的事情耽搁了。阿纽塔在这方面积极得多。实际上我们现在也很少有这种心情。要尽量地领略国外风光，第一次来要在年轻的时候，因为那时对什么都感兴趣……　不过我对我们现在的生活大致还算满意，起初感到有点寂寞，一切都很不习惯，可是现在，对这儿的生活逐渐地熟悉了，寂寞的感觉就消失了。只是从俄国来的信实在太少。好吧，就写到这里吧。紧紧地拥抱您，亲爱的，祝您身体健康、精神愉快！

　　妈妈向您和德米·伊·问好！我们等着他来信。好吧，祝您一切都好！

您的　娜嘉

从慕尼黑寄往波多利斯克

载于 1929 年《无产阶级革命》杂志第 11 期

译自《列宁全集》俄文第 5 版第 55 卷第 432—433 页

33

<h2 style="text-align:center">致玛·亚·乌里扬诺娃</h2>

8 月 2 日

　　亲爱的玛丽亚·亚历山德罗夫娜：昨天接到了您给沃洛佳的信。从信上看来，你们那里一切照旧，使我感到遗憾。上次我也没有给玛尼亚莎写信，因为我想她很快就要同您在一起了。不过好事情总会是不期而至的。有时候，离家很长时间，脑子里尽想着其他的事。等到快要回到家的时候就感到，一到家准会收到一份电报，说我们家里的人已同您在一起……　亲爱的，您去看玛尼亚莎的时候，请替我热烈地、热烈地吻她，并请代我向马·季·问好。我将给玛尼亚莎写信。

　　我们这里一切如常。沃洛佳现在工作得非常起劲，我为他感到很高兴。当他完全投入某项工作的时候，他总是精神愉快，朝气勃勃，这是他的天性，他的健康状况非常好，看样子，卡他性胃炎一点也没有了，也不再失眠了。他每天都用冷水擦身体，此外，我们几乎每天都要去游泳。可是妈妈不知为什么总是闹点小病，有时害风湿症，有时身体虚弱，有时感冒。

　　一个星期后，我和沃洛佳打算到瑞士去看看阿纽塔，时间不长。我很高兴，阿纽塔没有像她原来打算的那样到吕根岛去，而到图恩湖去了。图恩湖可能比较好。我们到那里去虽然只住几天，可是想到这次旅行我就非常愉快，因为首先我想看看阿纽塔，其次想看看那些山是什么样子的，我从未看到过这种山，只是在画上看到过。在这期间，我们的一位熟人搬来同妈妈作伴，这样她就不会害怕只剩下她一个人了。妈妈打算秋天去彼得堡，而我劝她在我们这里过冬，不知道她怎样决定。现在已是夏末，我好像没有察觉到夏天是怎么过去的，就像是没有夏天一样，不知怎么的，城市里夏天也不像夏天。

好了，再见吧，亲爱的，紧紧地拥抱您，祝您身体更加健康，精力更加充沛！请代我向德·伊·问好，并且谢谢他寄来的书，书早就收到了。妈妈向大家问候！

您的　娜嘉

从慕尼黑寄往波多利斯克

载于1929年《无产阶级革命》杂志
第11期

译自《列宁全集》俄文第5版
第55卷第434页

1902年

34

致玛·亚·乌里扬诺娃

（9月27日）

亲爱的玛丽亚·亚历山德罗夫娜：不知为什么好久没有接到您的信了，使我非常挂念……　您的身体好吗？阿尼亚现在哪里？如果她还同您在一起，请您代我热烈地吻她。玛尼亚莎怎么样？你们都安顿好了吗？租到合适的房子了吗？

我们全都健康。今年秋天天气很好，我和沃洛佳时常到野外去。妈妈对新的环境已经习惯一些了，虽然她不喜欢大城市。她向大家问好。我紧紧地拥抱您和玛尼亚莎，紧紧地拥抱阿尼亚，如果她同您在一起的话。

您的　娜嘉

从伦敦寄往萨马拉

载于1929年《无产阶级革命》杂志
第11期

译自《列宁全集》俄文第5版
第55卷第435页

1903 年

35

致玛·亚·乌里扬诺娃

1903 年 3 月 4 日

　　亲爱的玛丽亚·亚历山德罗夫娜：很久很久没有给您写信，甚至上一封信是在什么时候写的也都忘记了。这是因为我现在已经不会写信，并且非常讨厌写信。每次都要下很大的决心，才能拿起笔来。可是一动笔，也就自然而然地写下去了，甚至愈写愈有兴趣，可是动笔总是很困难的。

　　沃洛佳近来不在家①，他出门去了，散一散心。他出门去我总是感到高兴的，因为这能使他的精神焕发。变换变换环境可以使神经平静一下，不然生活实在单调得很，老是那些景物，老是那些人。老看书也使人生厌。这一回我本来也想同沃洛佳一块去，但是又没有去成，因为正赶上有许多工作，我妈妈也有点不舒服，我不愿意而且也不能够把她一个人留在家里。妈妈害了一次流行性感冒，非常厉害，卧床大约一个星期。起初大夫担心会是伤寒病。现在她已经完全好了，但是身体仍然很弱。她想早一点到野外去走走，可是在 5 月以前是不能去的，而且我也不知道怎样安排。沃洛佳倒不十分渴望到野外去，他喜欢布拉格②。我对布拉格也习惯了，但是我还是高兴离开这里出去走走。我本想把我们的生活十分详细地写信告诉您，可是又没有什么可写。我现在是多么想到你们那里去啊！您在上一封信里谈到了您的寓所，我把您在那里的生活情况想象得很清楚，我想到那里是怎样的情景：外面天气严寒，屋里生起火炉，您在等玛尼亚下班回来，玛尼亚冒着严寒回到了家里。大概萨马拉的生活很像乌法的生活吧。"请给我一双会飞的翅膀"……　看我胡扯到哪里去了。我有时非常想回俄国，而今天想得特别厉害。其实我经常是这样：总是很想到什么地方去。

　　您也许会想，我们在这里根本没有什么娱乐吧，不是的，我们几乎每天晚

---

　　①　列宁从 1903 年 2 月底至 3 月初在巴黎，在俄国社会科学高级学校里讲课，并在俄国政治流亡者的会议上作过关于土地问题的专题报告。——编者注

　　②　为了保密叫布拉格，其实是指伦敦。——编者注

上都要出去走走,去过几次德国剧院,去听过音乐会,观察观察当地的人,当地的生活,这里比在任何地方都更便于观察生活。沃洛佳就像醉心于他所做的一切事情那样非常醉心于这种观察。动手写信很困难,现在停笔又感到遗憾。紧紧地拥抱您和玛尼亚莎,热烈地吻你们,我亲爱的! 祝一切都好!

您的　娜嘉

妈妈向你们问候!

从伦敦寄往萨马拉

载于1957年《列宁全集》俄文
第4版第37卷

译自《列宁全集》俄文第5版
第55卷第435—436页

1904年

36

致玛·亚·乌里扬诺娃

(1月15日)

基辅　拉博拉托尔纳亚街12号14室
玛·亚·乌里扬诺娃收

亲爱的玛丽亚·亚历山德罗夫娜:

您的来信使我们大吃一惊,这件事真是不幸。[1] 但愿他们很快就会被释放。据说在基辅挨户进行了搜捕。在搜捕的时候,平白无故地抓了许多人。从所有的人都被抓这一点来看,事情不太要紧。不知道现在基辅监狱的条件怎样。从前还算可以。当局允许您去探望谁了吗? 我请了一个熟人顺便去看您。我怕您在基辅连一个熟人也没有。您才搬到基辅去不久,城市又很大,人生地不熟。真恼死人,我把阿纽塔的女友的地址丢了,因而不能给她写信。我迫不及待地等着您的来信,也许您的信会带来比较愉快的消息。

我们在日内瓦过得平平常常,妈妈常闹点小病。我们的生活有点不正常,做不好工作。

---

① 见本卷注246。——编者注

能给他们送东西或书籍吗？咱们家里的人来过信吗？马尔克·季莫费耶维奇是否打算请假到您那里去呢？妈妈对不能在俄国同您作伴感到遗憾。祝您身体健康，精神愉快！

您的　娜嘉

寄自日内瓦

载于1929年《无产阶级革命》杂志
第11期

译自《列宁全集》俄文第5版
第55卷第437页

37

致玛·伊·乌里扬诺娃³⁸⁴

小狗熊①亲收②

6月2日

　　亲爱的小狗熊：来信收到。385斯米特③把所有通信地址都作废了。斯米特尽量设法切断一切关系。他的大部分同事也不写信，又不提供去信的地址，他们在做什么和想什么只有天知道。**尼尔和瓦连廷**④以他们的名义在活动。他们的策略极其荒唐。他们不是去商量和洽谈，而是避免进行任何谈话，以免受到影响（例如，**尼尔就鹰**⑤关于谈谈总策略**的建议**回答说，他认为没有必要，他可以从**瓦连廷**处了解到他的意见）。他们为了证明自己的独立性，宁愿**指责老头**⑥（甚至不问他行动的动机，**连斯米特也进行指责**）并提出最后通牒。**尼尔**先是声称他是**浮士德**⑦的唯一代表，他一个人有权代表浮士德发表讲话。他的第一命令是**暂停散发列宁的小册子³⁸⁶**（他说这是浮士德的主张，也就是说斯米特也包括在内？），日前他提议**增补两个人，让列宁进入六人小组**。有人告诉他说，只有全体大会才能讨论这个问题。**尼尔**的种种行

---

① 即玛·伊·乌里扬诺娃。——编者注
② 此处有列宁加的注："在此信的**每一**页上方都写上这句话。"——俄文版编者注
③ 指格·马·克尔日扎诺夫斯基。——编者注
④ 尼尔即弗·亚·诺斯科夫，瓦连廷即列·叶·加尔佩林。——编者注
⑤ 鹰即玛·莫·埃森。——编者注
⑥ 老头即列宁。——编者注
⑦ 俄国社会民主工党中央委员会的秘密代称。——编者注

为令人气愤,这是某种背叛行为,而且是愚蠢的、怯懦的、暗中的背叛行为。他自己都不知道他想要什么。他声称赞同**马尔托夫在戒严状态下**的观点,**认为列宁是波拿巴分子**。斯米特显然也同意这一点。关于有益的工作,则谈起这一点来都是可笑至极,不是工作,而是在胡搞,而"领导"则表现为讨好少数派和中伤"顽固者"。少数派见了尼尔后,欢呼雀跃,失去控制。甚至最温和的同志也就少数派的行为写了愤愤不平的信。现在正在疯狂中伤古谢夫……

尽管**尼尔和瓦连廷对少数派卑躬屈膝**,我们仍不怀疑,胜利将属于我们,少数派的立场是非常错误的、悖谬的。问题只在于时间。目前决定让少数派去发狂,**列宁**正着手写通俗小册子——对这些胡说八道并不打算作回答——也还有一些写作力量…… 至于以后瞧瞧再说。①

斯米特是否知道尼尔的立场? 是否明白自己的作用? 他是否读过第65、66、67号**387**? 是否读过列宁的小册子?

请小狗熊提供给他写信的地址。**388** 叔叔②**在彼得堡**,没有给他去信的地址。普通的私人信件可以**通过妈妈的地址**转去。

紧紧地拥抱你!③

译自1999年《不为人知的列宁
文献(1891—1922)》俄文版
第22—23页

38

致玛·亚·乌里扬诺娃

(8月19日)

俄国 圣彼得堡近郊 萨布林诺 尼古拉铁路萨布林诺车站
玛丽亚·亚历山德罗夫娜·乌里扬诺娃收

我亲爱的,你们好吗? 我自己并代沃洛佳紧紧地拥抱你们! 玛尼亚搞翻

---

① "斯米特显然也同意……瞧瞧再说"这段话在原件中被删除。——俄文版编者注

② 即莉·米·克尼波维奇。——编者注

③ 信上有克鲁普斯卡娅加的注:"已寄出"。——**俄文版编者注**

译需要的《商务部》一书我已寄出。

你们的　**娜嘉**

寄自日内瓦　　　　　　　　　　　译自《列宁全集》俄文第 5 版
第 55 卷第 437 页

1909 年

39

致玛·亚·乌里扬诺娃

（12 月下旬）

　　亲爱的玛丽亚·亚历山德罗夫娜：首先让我紧紧地拥抱您，因为我写这封信，主要是为了问候您，不然实在没有太多的事情要说。关于我们的生活情况，玛尼亚莎已经告诉您了。不同于去年的仅仅是屋子里非常暖和，此外就是沃洛佳不大出门了。他今年冬天工作很多，他一工作就感到心情好些。

　　一个多星期以前，他就开始在早晨 8 点起床，然后就去图书馆，下午两点从那里回来。这么早就起床，最初几天是很难做到的，但是现在他已经很习惯，而且开始早睡了。如果他能习惯于这种生活制度，那就太好了。

　　我们在巴黎整整住了一年了！现在已经渐渐习惯，唯一感到遗憾的就是这里的实际生活我们看到的很少。

　　不久以前，我们曾经到离家不远的一个小剧场去看过一次戏，感到很满意。观众都是工人，有些女工怀里抱着吃奶的孩子，头上都不戴帽子，很爱说话，很活跃。观众看戏时那种纯真的态度很有意思。她们鼓掌不鼓掌全不在戏演得好坏，而在剧中人行为的好坏。这出戏很相宜，很单纯，使用了各种善良的话，适合观众的口味。总的印象是很生动、纯朴。可惜当时玛尼亚莎不在这儿。我们去观看 10 万人大游行[389]的时候她又不在，也很可惜。这次游行给人的印象非常深刻。总的说来，我们很少到哪里去，而且大多是在星期天出去。

　　您的眼睛怎么样？好了没有？妈妈也常常抱怨她晚上看书很费力。你们的房子光线好吗？可惜房子有点冷。同熟人住在一起这很好，如果他们都很亲热,那就更愉快了。可能以后你们会住在一起……

让我紧紧地拥抱您!妈妈再三问候您!不久前我给玛尼亚莎写了一封信,昨天才发现,原来我给她的信还原封不动地放在沃洛佳的口袋里!我曾几次发誓不让他去投信,这一次他担保不会忘记。结果还是忘了!

您的　娜嘉

从巴黎寄往莫斯科

载于1930年《无产阶级革命》杂志
第1期

译自《列宁全集》俄文第5版
第55卷第438—439页

1910 年

40

致安·伊·乌里扬诺娃-叶利扎罗娃

芬兰　芬兰铁路泰里约基车站
莱佩涅诺村　叶卡捷琳娜·利亚桑年别墅
安娜·伊里尼奇娜·叶利扎罗娃收

8月24日

亲爱的阿尼亚:你的信我已收到并已转交。昨天,什库尔卡已经走了①,我和妈妈打算在这里留到9月中旬。这里还是很好的。紧紧地拥抱你,如果玛·亚·还没有走的话,也紧紧地拥抱她。妈妈再三问候你们!

娜　嘉

寄自波尔尼克(法国)

载于1957年《列宁全集》俄文
第4版第37卷

译自《列宁全集》俄文第5版
第55卷第439页

---

① 什库尔卡指列宁。这里说的是列宁到哥本哈根参加第二国际第八次代表大会。——编者注

1911 年

41

致玛·亚·乌里扬诺娃

8 月 26 日

　　亲爱的玛丽亚·亚历山德罗夫娜：老早就想给您写信了，但总是有这样那样的事情缠身，不能提笔。最近，我们接到阿尼亚的来信。100 法郎沃洛佳早已收到了，但是，书单还没有收到（这笔钱就是用做购书费和邮费的）。从您的明信片和阿尼亚的来信中可以看出，在别尔江斯克，设备并不是真正的夏季设备，它是一个城市，而不是别墅，仅仅能游泳……　我们夏天过得也不是很如意的。妈妈害了几场病，患过肺炎，大夫说，肺不正常，需要休息，需要加强营养，等等。但在这里，这方面的条件不怎么好。住宅里没有小花园，连院子也没有，如果要出去走走，那就得另外找地方，这就完全不一样了；住宅里又热又吵。伙食虽然不错（我们在公社里吃饭，所以吃的是俄国式的家常便饭，吃得很饱），但要在城里走一俄里，这是很累人的，现在拿回家来吃，但洗碗碟很麻烦……　总之，对一个健康的人这算不了什么，对一个病人就有点吃不消。而且这里天气奇热。妈妈现在已经复原了，但是这场病使她元气大伤，现在还咳嗽，心情很不好。

　　沃洛佳夏天过得不错。他在野外找到一个地方看书，经常骑自行车，游泳，别墅也很中他的意。这个星期我同他骑着自行车兜风，很尽兴。我们出去了三次，每次都有 70—75 公里，走遍了三座树林，真是好极了。沃洛佳很喜欢这样出去玩玩，早上 6—7 点钟动身，晚上很晚才回来。这样一玩，事情就都搁起来了。可这也没有什么不得了的！天气坏起来了。这里的房子我们可以住到 9 月 13 日，如果天气很好的话，也可以同房东商量，继续住下去。好倒是很好，就是在家务方面会发生很大困难。9 月初，公社就要结束了，家里做饭不行，饭馆里的东西又糟又贵。我们在这里生活费用本来是很低的。房租每月 10 法郎，午饭和晚饭每人 1 法郎 30 生丁。当然，还有某些其他的开销，但是为数不多。沃洛佳还不知道应该叫阿尼亚什么时候来，现在就来呢，还是直接到巴黎去。要说忙，他这会儿是忙一些，但是秋天会不会更忙，现在也很难说。谈到家务安排，要多进城，这方面相当不方便。我看，阿尼亚最好是在她认为比较方便的时候动身，对于我们，什么时候都差不多。最近这两三个星期沃洛佳将很忙。最好不要在搬家的时候来，不过也没有什么，因为搬家也不太复杂。我们好久没有见面了！……

好吧，我已经详尽地谈了我们的生活起居，现在让我热烈地吻您俩。最后，希望游泳会增进你们的健康。

妈妈再三问候你们！

您的　娜嘉

从隆瑞莫（法国）寄往别尔江斯克

载于1957年《列宁全集》俄文
第4版第37卷

译自《列宁全集》俄文第5版
第55卷第439—441页

42

致玛·伊·乌里扬诺娃

9月21日

亲爱的玛尼亚莎：

今天我接到了你8月29日和8月31日的两封来信。非常感谢。

今天，我们终于搬进城来了，真有点依依不舍，近来秋高气爽，可是今天有些冷，下起雨来了。妈妈近来又感冒了，老是咳嗽。

沃洛佳要出门几天[1]，他叫我同他一块儿到都灵参观展览会，即使我想去玩一趟，我也是走不了的。话又得说回来，夏天我已经休息得很好，现在想多读点书，少休息一些。

玛丽亚·亚历山德罗夫娜经过旅途跋涉后感到怎样？很累了吧？

阿尼亚什么时候到我们这里来呀？我已经完全安排好，准备同她一起看看巴黎……

就这样吧，热烈地吻你们大家，向马·季·问好！

妈妈向你们问候！

你们的　娜嘉

---

[1] 见本卷第221号文献。——编者注

附言:过几天我再给你写封长信,这封信只是向你问好。

从巴黎寄往莫斯科

载于1957年《列宁全集》俄文
第4版第37卷

译自《列宁全集》俄文第5版
第55卷第441页

1912年

43

致安·伊·乌里扬诺娃-叶利扎罗娃

3月9日

亲爱的阿尼亚:

今年,我不知为什么一点也不想写信。生活过得很单调,不知道该写些什么。这个冬天,我一直待在家里做自己的事情,几个月来都没有走出过自己住的这段地区。成天下雨,既不能骑自行车,也不能散步。书读得很少,也没有去听任何讲演。所以这个冬天过得简直腻味极了。我很喜欢春天,今年春天来得很早。我跟沃洛佳已经到野外去过两次了。说真的,从野外回来以后,我已经累得动弹不得,不过这确实是太好了。这星期整个都是玩。我们去过剧院,戏蹩脚透了,法国人在绝望地哀嚎,但是,幕间休息时的音乐却优美极了:有柴可夫斯基的、里姆斯基-科尔萨科夫的和鲍罗廷的。今天,我们要去看索福克勒斯的《埃勒克特拉》……　这一切都是为了迎接春天。今年你们又给我们寄来很多心爱的东西!因此,沃洛佳甚至学会了自己打开柜子,随意取食,就是说,不按时进食。他从外面一回来就要拿点吃吃。现在他在睡前喝牛奶(代替酒),早上吃鸡蛋。

我把鲱鱼泡起来了,就像你说的那样,非常好吃,味道像腌鲑鱼。我想在最近几天烤饼吃。

妈妈总是小病不断。我还不知道夏天她打算怎样,是回俄国呢,还是不回去。她嘱咐我再三问候大家!

关于我侄女的事,我已经去信了。

我们很少见到米·费·，他很忙，在赶翻译(在这一年内他翻译了三本大部头的书)，现在，他又接受了一种固定的医学翻译任务。科利亚①很满意自己的学校，学校里给孩子们放留声机，讲故事，给十字架，教他们……画道道。但是，他也开始在说法国话了。

新闻就是这些。玛尼亚莎收到了我的信吗？为什么她好久不来信？

紧紧地拥抱你、玛丽亚·亚历山德罗夫娜和玛尼亚莎。本想多谈谈沃洛佳，使你们对信更感兴趣，但是没有写成。下次再谈罢。向马·季·问好！你们为什么也不常来信了。

你们的　娜嘉

从巴黎寄往萨拉托夫

载于1930年《无产阶级革命》杂志
第4期

译自《列宁全集》俄文第5版
第55卷第442—443页

44

致玛·亚·乌里扬诺娃

5月27日

亲爱的玛丽亚·亚历山德罗夫娜：您的来信真使人发愁，这是多么不幸啊！② 我只希望玛尼亚莎和阿纽塔很快被释放出来。现在，从报上来看，整个俄国都在挨户搜查，凡是过去坐过牢的人都要抓，说是为了"千万别出什么乱子啊"390，然后经过审理——大约两个星期——再放出来。我已经听到过好几起这种荒唐已极的逮捕事件了。

使人难受的是，在事情弄清楚以前，你们大家一定焦急不安、心情沉重。

希望您保重，我亲爱的、敬爱的玛丽亚·亚历山德罗夫娜！ 紧紧地拥抱您，热烈地吻您！

您的　娜嘉

---

① 米·费·弗拉基米尔斯基的儿子。——编者注
② 指玛·伊·乌里扬诺娃和安·伊·乌里扬诺娃-叶利扎罗娃因俄国社会民主工党(布)萨拉托夫组织的案件于1912年5月7日被捕的事。——编者注

妈妈向您热烈问好!

从巴黎寄往萨拉托夫

载于1930年《无产阶级革命》杂志
第4期

译自《列宁全集》俄文第5版
第55卷第443页

1913年

45

致玛·亚·乌里扬诺娃和
安·伊·乌里扬诺娃-叶利扎罗娃

1月4日

　　亲爱的玛丽亚·亚历山德罗夫娜和阿涅奇卡①!我和妈妈祝你们和马尔克·季莫费耶维奇节日好!说实在没有什么好写的。生活非常单调。熟人几乎一个也没有,最近同一个年轻姑娘(其实不是姑娘,而是一位母亲,她有一个十分可爱的婴儿)混熟了,但她前几天到俄国去了。

　　我们每天都要散散步,但时间并不长。这里的天气很好,不过很脏。

　　节日悄悄地过去了,一点也不觉得。这里有几个波兰图书馆,有一个大学图书馆,但整天忙忙碌碌,沃洛佳和我一次也没有去过。

　　也没有去听过一次音乐会。

　　我们的身体都很好。

　　热烈地吻你们,紧紧地拥抱你们!

你们的　**娜嘉**

从克拉科夫寄往萨拉托夫

载于1931年《列宁家书集》

译自《列宁全集》俄文第5版
第55卷第443—444页

---

　　①　即安·伊·乌里扬诺娃-叶利扎罗娃。——编者注

46

致玛·亚·乌里扬诺娃和
安·伊·乌里扬诺娃-叶利扎罗娃

(2月24日)

亲爱的玛丽亚·亚历山德罗夫娜和阿涅奇卡:热烈地吻你们,谢谢你们的礼物,只是礼物太厚,使我们简直过意不去。为了收到的礼物和今天搞出来的各种精彩的出版计划,沃洛佳今天请客,邀了好些熟人来。他简直有些想入非非了,竟想每天都能写成一本书……旧笔记本翻遍了,各种数字也搬出来了,并且很细心地拂去了本子上面的灰尘。

好了,热烈地吻你们,并代妈妈吻你们,她正忙于家务事。

芥末是沃洛佳自己要的……这种东西我会加工调制……

我们这里好像又到了冬天。

照片照得太好了,舍不得送出去。沃洛季卡①特别喜欢这些照片。

关于出版等事情,沃洛佳大概自己会写信给你们的。②

你们的　娜嘉

从克拉科夫寄往萨拉托夫

载于1930年《无产阶级革命》杂志
第4期

译自《列宁全集》俄文第5版
第55卷第444页

47

致玛·亚·乌里扬诺娃

3月18日

亲爱的玛丽亚·亚历山德罗夫娜:很久很久既没有接到您的信,也

---

① 即列宁。——编者注
② 见本卷第402页。——编者注

没有接到阿尼亚的信了，我们非常挂念，不知道是怎么回事。是信遗失了，还是你们当中有谁生病了？春天太容易感冒了！这里草儿已经发绿，蒲公英和雏菊都长出来了，就是风太讨厌。妈妈竟然感冒了，拖了近一个星期，可怜连门也不能出。所以我们想：萨拉托夫的气候也许更坏，你们也许有谁感冒了。马尔克·季莫费·来信说些什么？他现在在什么地方？

我们的生活像开动的机器一样单调，说实在没有什么好写的。像在舒沙一样，邮件是我们生活的主要内容。11点以前我们随便消磨时间，11点第一次邮班来，这以后，要等到6点，这一段时间简直难熬。

近来收到的信都是令人不大愉快的消息，我们的心情也就常常随之而变化。就是说，我们的生活受着外界的影响。

春天的来到，我还是很高兴的，不知为什么今年的冬天好像特别长。人们已经去租避暑别墅了，而我们还没有一点主意。妈妈如果精力够的话，还得先到彼得堡去一趟。

大赦看来完全是一个神话。我不知道玛尼亚莎怎样，无论如何会减少三分之一的刑期吧。

不知为什么很久没有接到玛尼亚莎的信了？不知道她那里的情况如何？

好了，紧紧地拥抱您和阿尼亚，最大的愿望就是祝你们身体健康。阿尼亚的手想必已经完全好了，希望她能够随便写点什么给我们。沃洛佳大概自己要写信给你们。① 妈妈嘱笔问候。

过一个星期，甚至不到一个星期就是复活节了。多么早啊！

热烈地吻您！

　　　　　　　　　　　　　　　　　　　　　　您的　**娜嘉**

从克拉科夫寄往萨拉托夫　　　　　　译自《列宁全集》俄文第5版
　　　　　　　　　　　　　　　　　　第55卷第445页
载于1930年《无产阶级革命》杂志
第4期

---

① 见本卷第235号文献。——编者注

48

致玛·伊·乌里扬诺娃

（4月10日）

俄国　沃格格达　叶卡捷琳娜-德沃良大街40号
玛丽亚·伊里尼奇娜·乌里扬诺娃收

　　亲爱的玛尼亚莎：祝贺你，热烈地吻你！莉嘉在五月以前还是留在老地方，因为安娜·米哈伊洛夫娜带着洛季克①去她那里了。不知怎么搞的，近来她常常闹病。我们要去乡下住五个月；乡下好，有树林，有蘑菇，有山有水，就是怕太寂寞了。换个地方凑凑合合过日子对什库尔卡反而好。我们住的房子有个宽大的外廊，他坐在那里休憩是再好不过了。房子大得很，可以住好多人，但暂时只有我和什库尔卡两人去住，因为妈妈要回俄国一两个月。她也祝贺你。我希望夏天能做点工作，不然我又只好看书了，但不知怎么搞的，我一点也读不进去，老想做些工作。这个月会白白过去的，琐事一大堆，而且还发现我有巴塞多氏病，大夫吓唬我，现在每天都得到诊疗所去电疗，一去就得花三个多钟头，电疗过后，半天都昏昏沉沉的。还要服溴剂。真苦透了。打算给你写封长信，但时间没有了。

　　好了，热烈地吻你！

你的　娜嘉

寄自克拉科夫

载于1957年《列宁全集》俄文
第4版第37卷

译自《列宁全集》俄文第5版
第55卷第446页

---

　　①　指安·米·弗尔若谢克(鲁尼娜娅)和她的儿子。——编者注

1914 年

49

致安·伊·乌里扬诺娃-叶利扎罗娃

（1月31日）

圣彼得堡　贡恰尔街 11 号 23 室
安娜·伊里尼奇娜·叶利扎罗娃收

　　亲爱的阿尼亚：你那张写有地址的明信片收到了。知道玛·亚·生病的消息，非常不安。她得了什么病？是否已经完全好了？他们在那里生活情况总的来说怎样？关于贝尔的那本书①，如果翻译它，首先应征求作者的同意，然后再找出版人。关于前者可以写信问问，但是要找一个出版人就比较困难了。我们有一位熟人，很早以前就向各种各样的出版人（其中也有谢苗诺夫）推荐翻译贝尔的著作，但是都遭到了拒绝。沃洛佳本来想把该书第 4 章的第 4、5 两节和第 6 章给《启蒙》杂志翻译出来，可是后来又想，最好是以这些章节为基础，写一篇文章（按贝尔的意思），删掉全部没有意义的细枝末节（好使文章更通俗些），而把那些最有意义的地方原封不动地保留下来。如果收到这本书，是否让玛尼亚莎来做这项工作。沃洛佳还没有回来。② 看来这次旅行够他累的了。家里还有不少工作等着他。我们已经在考虑别墅的事了。沃洛佳希望再到去年我们住的那个地方去。那里对健康很适宜，只是经常下雨。我们这里冬天可不行，不宜于工作。可是还要过三个月才到夏天。能不能弄到一些关于国民教育代表大会的资料、报告和其他文件？非常需要这些东西。关于出版《女工》杂志③的事，大家都在写信，给 20 个地方写信。事情在一定程度上是自发地在进行。不过某些人看来倒是挺认真地在干这件事。我不知道在怎样安排。关于这件事沃洛佳要写信给你。为什么你那样反对西比尔斯基④呢？好了，紧紧地拥抱你！这次主要是想同你谈谈贝尔的事。

娜　嘉

---

　①　指贝尔，麦·《英国社会主义史》一书，1913 年斯图加特狄茨版。——编者注
　②　见本卷第 247 号文献。——编者注
　③　指从 1914 年 2—6 月在彼得堡公开发行的《女工》杂志。——编者注
　④　即康·尼·萨莫伊洛娃。——编者注

妈妈向你问候！她的身体还算健康。总的说来，我也很好，只是有时心跳得厉害些，显然是由于巴塞多氏病的缘故。最近想去大夫那里问问，是不是这个病又复发了。我看未必。

马尔克·季莫费耶维奇来信说些什么？

寄自克拉科夫

载于1957年《列宁全集》俄文
第4版第37卷

译自《列宁全集》俄文第5版
第55卷第446—447页

50

致安·伊·乌里扬诺娃-叶利扎罗娃

（2月11日）

　　亲爱的阿尼亚：关于妇女机关刊物①的事，现在好像完全是自发地在进行。至于经费，有人答应在莫斯科举办晚会来筹集，不知道是否会有什么结果。报纸附刊不会便宜，反而要贵些。可杂志能起组织作用，从这方面讲，办杂志比办附刊强。彼得堡人说："100卢布算不了什么。"我不知道算得了什么还是算不了什么，不过我们办事情开头总是没有钱的。等第1期出来后，也许能弄到一些。虽然，我再说一遍，在这方面我并没有什么指望。

　　使我非常心焦的倒是怎样安排编辑部的事。这件事坏就坏在两个人在这里，两个人在巴黎，而要找第五个编委，事情又不那么简单。巴黎的人很能干。柳德米拉你是知道的。另一个则更是坚持原则、信念坚定，干什么都干得很出色。② 我希望，在巴黎的妇女中再找一位编委，编辑部就设在那里，但不知为什么总是搞不成。当然，真正的编辑部还将设在俄国。不过我认为所有这一切倒不重要，因为问题很简单，最终商量妥并不困难。开头总是有些混乱，随后意见统一了，步调一致了，一切就能上轨道。还有一点糟糕的是我们都不是正牌著作家，有些思想表达不清楚会是常有的事…… 但愿一切都能安顿就绪。关于这个问题请多来信。

　　近来我把我们报上有关妇女问题的通讯又读了一遍，看到保险运动如何

---

① 指《女工》杂志。——编者注
② 指柳·尼·斯塔尔和伊·费·阿尔曼德。——编者注

把妇女问题突出地提了出来。今天我寄出了一篇有关这个问题的短文。哎，倘若是个正牌著作家就好了，而现在总是词不达意。写的时候倒没有什么，可是当后来发表出来时，却看都不敢看一眼。

写了一篇教育方面的文章①，老是不放心。文章只是根据报纸，而且是不多几份报纸的材料写成的。大会决议各地传达得非常不一致，所以很容易弄出不少事实上的错误。除此之外，写这篇文章时身体很坏，工作又不顺利。后来有人写信来，说Э.К.要写关于代表大会的文章。他的通讯写得极好，我想这下子可好了，谁知出来的还是我的文章。你看，多够呛。

你详细介绍一下妇女机关刊物吧。我想你会把这件事认真抓起来的。这是件大事情。至少它引起我不小的兴趣。

娜　嘉

从克拉科夫寄往彼得堡　　　　　　　　　　　译自《列宁全集》俄文第 5 版

载于 1955 年《历史文献》杂志　　　　　　　　第 55 卷第 448—449 页
第 4 期

51

致玛·亚·乌里扬诺娃

俄国　<u>沃洛格达</u>　莫斯科大街　萨马林宅 3 室

玛丽亚·亚历山德罗夫娜·乌里扬诺娃夫人收

4 月 15 日

亲爱的玛丽亚·亚历山德罗夫娜：　我们大家向您祝贺节日。祝您身体健康，一切都好！我们这里已经是夏天了，昨天热得简直像非洲一样。百花盛开。我们身体都很好。

紧紧地拥抱您和玛尼亚莎！

您的　娜嘉

寄自克拉科夫　　　　　　　　　　　　　　译自《列宁全集》俄文第 5 版

载于 1930 年《列宁家书集》　　　　　　　　第 55 卷第 449 页

---

① 指娜·康·克鲁普斯卡娅的《国民教育代表大会的总结》一文，载于 1914 年《启蒙》杂志第 1 期。——编者注

52

致玛·亚·乌里扬诺娃

俄国　沃洛格达　莫斯科大街　萨马林宅3室
玛丽亚·亚历山德罗夫娜·乌里扬诺娃夫人收

6月8日

亲爱的玛丽亚·亚历山德罗夫娜：　热烈地吻您和玛尼亚莎！玛尼亚的明信片和一封短信都收到了，并且在当天就写了回信。

您在那里生活怎样？

我们这里从早到晚老是下雨，整整一个星期哪儿也去不了，除非是穿上雨衣和套鞋。

妈妈不知怎么搞的，老是闹病，心跳得厉害。今年她经常[心动过速]①，由于疾[病和]阴雨连绵，她的情[绪]也不好。

[我们]常常出去[走走]。我[发现]到山里去走走会使巴塞多氏病很快[好起来]，但是这样的天气，当然哪里也去不了。不过一般说来，这个病今年犯得不算厉害。好了，就写到这里！

再一次拥抱您！

您的　**娜嘉**

寄自波罗宁

载于1930年《列宁家书集》

译自《列宁全集》俄文第5版
第55卷第449—450页

1915年

53

致玛·亚·乌里扬诺娃

4月17日

亲爱的玛丽亚·亚历山德罗夫娜：　昨天接到了您的来信和照片。现在

---

① 信角撕掉了，方括号内的字是按意思加进去的。——俄文版编者注

您大概已经收到我的关于妈妈去世的那封信了。明天，妈妈去世就四周年了。我怎么也镇静不下来，再加上巴塞多氏病又犯了。这个病本来已经完全好了，可是现在又出现了心动过速和其他症状。我去找过萨利——本地的一位名医，他给了点不济事的东西：溴剂、鸦片还有别的什么，另外他建议我到山区去（海拔1000米以上）。再过两三个月，如果到那时候还不好的话，我们真可能去。

现在，我们已搬到另一个住所：瓦尔德海姆街66号楼下。我们原先的住所有两个房间，有一间房东不肯出租了，因此我们才搬进新居。这里有浴盆和淋浴。沃洛佳非常喜欢淋浴，总是大洗特洗。女房东很讨人喜欢，房间向阳。这儿离树林也不远，现在已是春天，树林里变得非常宜人。

我已写信说过，安娜的书（两本）都收到了，非常感谢。《法学》和杂志也已收到。玛尼亚莎的信也收到了。沃洛佳给她写了信，我也写了。

今夏您打算怎样安排？有没有什么度夏的具体计划？

我终于接到了莉迪娅·米哈伊洛夫娜的来信，原来她给我写过信，但是丢失了。

请向韦罗奇卡转达热切的敬意！她接到我的信没有？她现在变成什么样了？她原先是个非常可爱的小姑娘。妈妈常常提到她，讲她和伊利亚怎样带韦罗奇卡搬家，怎样收拾书籍，不停地东拉西扯和放声大笑。现在伊利亚自愿上前线去了。他最近在巴黎住过一个时期。

是啊，很多事情都变了……　我本来准备经常到图书馆去，进行正常的工作，可是今天来了一个熟人，生活规律又给破坏了。

就写到这里吧。信写得拉杂，请原谅。今天写信很不顺手。热烈地吻您，紧紧地拥抱您，也热烈地吻阿尼亚和玛尼亚莎，并拥抱她们！

您的　**娜嘉**

附言：刚刚接到阿尼亚3月3日的来信。信整整走了一个月！书信往来这样慢，真叫人不习惯。同过去一样总是在盼望回信。

从伯尔尼寄往彼得格勒　　　　　　　　译自《列宁全集》俄文第5版
　　　　　　　　　　　　　　　　　　第55卷第450—451页

54

致玛·亚·乌里扬诺娃

1915 年 9 月 24 日

　　亲爱的玛丽亚·亚历山德罗夫娜:我们天天盼望您的来信,但是已经有好久了,既得不到您的任何消息,也得不到阿尼亚和玛尼亚莎的一点消息。最后一封信是你们搬到别墅时寄来的。① 现在俄历已经 9 月 11 日了,你们大概已经回到城里了…… 夏天休息得好吗? 亲爱的,非常想知道您的生活怎样? 身体很好吗?

　　我们的一切如常。最近就要搬进城去了。山间生活对我非常适宜。可以说,巴塞多氏病已经痊愈。最近一个星期我们这里天气很好,我和沃洛佳把附近的山头都走遍了。我曾经两次登上罗特霍伦山峰(高 2 300 米),瞭望阿尔卑斯山的壮丽景色,一点不感觉吃力,这并不是任何一个健康人都能做到的。因此,我认为我的病已经完全根除,已经复原了。

　　现在我有一件事要求阿尼亚帮帮忙。冬天我花了许多时间研究教育学,夏天匆匆忙忙地写了一本关于教育学的小册子,差不多快写完了,再有一个月就可以全部结束,共有 6 个印张。题目是《国民教育和民主》。② 我收集了很多有意义的资料,几乎全部都是原始材料。但是能否碰上个出版人呢? 不知道现在书市的情况怎样,找不找得到一位出版人。想写封信问问哥尔布诺夫,不过他们的出版社对这个题目兴趣有限。

　　今天收到了最近一号《言语报》(8 月 31 日),近来我们特别爱看这份报纸,可惜以后收不到了,其他的俄文报纸我们都收不到。俄文报刊一般很少收到。城里阅览室里有,但是大家抢着看,迟去一步,什么也没有了,而且到阅览室去也不总是那么方便。这里有一位熟人,有人从其他城市给他寄《现代世界》杂志,但看一天就得寄回。总之,由于邮递的失误和普遍遭到破坏,大家都偶尔才能收到报纸。

　　我们打算再过一个星期就搬进城去。如果这里的天气非常好,我们还会多住些时候,反正在哪里都是一样。

---

　　① 后来还有一封,是玛尼亚莎在你们那里做客时寄来的。

　　② 见《克鲁普斯卡娅教育论文集》10 卷本,1957 年莫斯科版第 1 卷第 249—350 页。——编者注

好了,就写到这里! 热烈地吻您和阿尼亚,紧紧地拥抱您和阿尼亚!

您的　**娜嘉**

从泽伦堡(瑞士)寄往彼得格勒

载于1930年《无产阶级革命》杂志
第4期

译自《列宁全集》俄文第5版
第55卷第451—452页

55

致玛·亚·乌里扬诺娃

俄国　彼得格勒　宽街(彼得堡区)48/9号24室
玛丽亚·亚历山德罗夫娜·乌里扬诺娃夫人收
寄信人:伯尔尼　赛登路4a^{III}号　乌里扬诺娃夫人(施奈德夫人处)

1915年10月11日

　　亲爱的玛丽亚·亚历山德罗夫娜:一直都惦记着要写几句给您,热烈地吻您和阿尼亚。非常感谢阿尼亚的关怀,今天收到了《杂志博览》,一个星期前还收到了一捆新出版的教育读物。我非常需要这些书。谢谢,非常感谢。今明天我要给她写一封长信。玛尼亚莎好吗? 沃洛佳整天盼着她的信。她的地址怎样写?

　　好了,再一次热烈地吻您!

您的　**娜嘉**

载于1957年《列宁全集》俄文
第4版第37卷

译自《列宁全集》俄文第5版
第55卷第453页

56

致玛·伊·乌里扬诺娃

俄国　莫斯科　小格鲁吉亚街 7 号 13 室
玛丽亚·伊里尼奇娜·乌里扬诺娃收

12 月 14 日

亲爱的玛尼亚莎：

　　春天给你写的那封长信收到了没有？在那封信里，我曾谈到我母亲去世的消息和我们的生活情况等等。①

　　现在专门为一件事给你写信。我们原有的一切生活来源很快就要断绝，因而收入问题相当严重。但是这里工作很难找到。有人答应让我教课，然而事情却老是拖着，又有人答应给我些东西抄写，可是也没有一点影儿。还可以应承点别的什么，但所有这一切都很难有什么结果。应当从写作方面打主意弄些收入。我不愿意让这方面的事情全由沃洛佳来承担。他有那么多的事要做。而收入的问题使他相当着急。

　　因此，我想请你帮帮忙。最近我花了很多时间研究教育学，特别是教育史，在这方面积累了一些知识。甚至还写了整整一本小册子：《国民教育和民主》。第一部分已写完，标题是《生产劳动在国民教育事业中的作用》。共有六七个印张。我认为这本书很有意思。所以想请你帮忙找一位出版人。手稿什么时候要什么时候就可寄去。可能自由教育出版社或别的什么出版社会接受。顺便说一下，我曾给自由教育出版社寄去一篇论卢梭的文章。看样子，那封信他们是收到了，因为他们已开始送杂志来了，但不知道他们是否收到了手稿。你能否打听一下那篇文章他们收到了没有，登不登载。我将很快寄给他们一些较多地涉及日常生活题材的文章。

　　我曾请拉希尔的弟弟②到自由教育出版社去过一趟，然而他自己的事情也很多，再说，他这个人也不太适合进行这样的谈话。

　　还有一件遗憾的事，就是同格拉纳特没有谈妥。夏天沃洛佳曾给他们写过信③，但是没有得到回信，因此，我也不知道《劳动学校》这一条目是否给我

---

　　①　这封信没有保存下来。——俄文版编者注

　　②　指拉·萨·里夫林。——编者注

　　③　见本版全集第 47 卷第 49 号文献。——编者注

保留着,应当写多大的篇幅,什么时候交稿。现在我还花许多时间在研究"培训制"的问题。一般说来,瑞士的图书馆条件相当好,工作起来很方便。现在我的时间也很充裕,但是最困难的问题还是寻找投稿的地方。所以安排什么都感到困难。你尽量帮忙找找看!

知道莉嘉的情况吗?自从夏天以来,我就没有得到过她的消息。她身体健康吗?生活怎样?

我常常给我们的人写信,虽然不是有很多事情可谈。

亲爱的玛尼亚莎,热烈地吻你,请写信给我,哪怕几句话也好。祝你健康!

娜　嘉

你看到季娜伊达·巴甫洛夫娜没有?她动手术后完全恢复健康了吗?他们住在哪里?生活怎样?

寄自伯尔尼　　　　　　　　　　译自《列宁全集》俄文第 5 版

载于 1930 年《列宁家书集》　　　第 55 卷第 453—455 页

1916年

57

致玛·伊·乌里扬诺娃

俄国　莫斯科　小格鲁吉亚街 7 号 13 室
玛丽亚·伊里尼奇娜·乌里扬诺娃女士收
寄信人:伯尔尼　赛登路 4a^{III}号　乌里扬诺娃夫人

1916 年 2 月 8 日

亲爱的玛尼亚莎:

谢谢你问了哥尔布诺夫夫妇[①],他们果然写信来了。我又开始收到他们的杂志,并且看到篇幅大大压缩了。依照沃洛佳的建议,我把小册子寄到彼

---

① 指伊·伊·哥尔布诺夫–波萨多夫夫妇。——编者注

得格勒去了。沃洛佳向出版人介绍了这本书。[①] 阿尼亚来信说,还可以同邦契或波波娃她家商量商量看。去年春天你寄来的那张关于格拉纳特的明信片收到了,沃洛佳给你和格拉纳特都写过信,但没有回音。或者,你问问格拉纳特,**什么时候应当交稿,篇幅应当多大**。请你常常给沃洛佳写信,他整天等着你的来信,你现在写信写得太少太少了。不过,写信的确有些困难。你知道莉嘉的情况吗? 虽然我给她写过信,但从夏天起就没有得到她的音讯。热烈地吻你。沃洛佳收到你那封长信非常高兴。说不定你还会来信的。

　　好吧,祝一切都好!

娜·

　　书和报纸都收到了。沃洛佳一收到后就给你写了信。

<table>
<tr><td>载于1930年《列宁家书集》</td><td>译自《列宁全集》俄文第5版
第55卷第455—456页</td></tr>
</table>

---

① 见本版全集第47卷第192号文献。——编者注

注　释

1　列宁的妹妹奥丽珈·伊里尼奇娜安葬在彼得堡沃尔科沃墓地。——1。

2　指玛·亚·乌里扬诺娃应从科库什基诺和阿拉卡耶夫卡这两个地方得到的钱。

　　　科库什基诺村离喀山40多公里。那里有列宁的外祖父亚·德·布兰克的土地和一幢带厢房的房子。他死后房子由女儿们继承。列宁的母亲得到的一份遗产由她的姐姐柳·亚·波诺马廖娃管理。列宁在喀山大学读书时,由于参加了1887年12月的学生风潮,曾被流放到科库什基诺,在那里度过了他的第一次流放生活。列宁住过的那间厢房经整修复原后已成为列宁纪念馆。

　　　阿拉卡耶夫卡村离萨马拉市50多公里。列宁的母亲在那里有一座田庄。1889—1893年间,乌里扬诺夫一家每年都在那里过夏。全家由萨马拉迁往莫斯科后,田庄租给了信中提到的克鲁什维茨。——2。

3　《俄罗斯新闻》(《Русские Ведомости》)是俄国报纸,1863—1918年在莫斯科出版。它反映自由派地主和资产阶级的观点,主张在俄国实行君主立宪,撰稿人是一些自由派教授。从1905年起成为右翼立宪民主党人的机关报。1917年二月革命后支持资产阶级临时政府。十月革命后被查封。——3。

4　大概是指从1880—1881学年起开始出版的瓦·奥·克柳切夫斯基的俄国历史讲义石印本。——3。

5　指有关瓦·奥·克柳切夫斯基的演说《悼先帝亚历山大三世》的事。克柳切夫斯基的演说词印成了单行本。莫斯科大学的学生把几百本这个小册子都买了下来,并把胶印的《耍花招的狐狸》(杰·伊·冯维辛的寓言)附在小册子后面散发出去,算做小册子的"修订和补充"版。在课堂上,学生们也送给了克柳切夫斯基一本,同时把他嘲骂了一顿。结果有50多个大学生被捕,其中一部分学生被驱逐出了莫斯科。——5。

6 这里指的是谁没有查明。可能是指马·季·叶利扎罗夫在萨马拉时所认识的罗·埃·齐默尔曼(即格沃兹杰夫),或者指瓦·安·约诺夫。——5。

7 1895年4月25日(5月7日),列宁受彼得堡马克思主义者的委托,启程出国去同劳动解放社建立联系,并考察西欧的工人运动。列宁到了瑞士、法国和德国。同年9月7日(19日)回到俄国。——9。

8 指阿·亚·舒赫特的两岁女儿安娜。当时舒赫特一家住在日内瓦。列宁同他们早在萨马拉时就已认识。——10。

9 这里所写的大概是绍尔·格律恩费斯特的地址。格律恩费斯特是明斯克土地平分社印刷所的组织者之一,流亡国外后参加了劳动解放社,在其中担任了一个时期的行政技术工作。——12。

10 过了3天,即1895年12月8日夜间,列宁因彼得堡工人阶级解放斗争协会案件被捕。列宁在拘留所单人囚房被监禁14个月,至1897年2月14日。随后被沙皇当局流放西伯利亚3年。——17。

11 这封信是列宁写于狱中并被保存下来的第一封信。信是寄给乌里扬诺夫一家的知交伊·尼·切博塔廖夫的妻子亚·基·切博塔廖娃的,其实是写给狱外的同志们的,其中包括娜·康·克鲁普斯卡娅。列宁写这封信的目的之一是要打听一下,和他同时被捕的还有哪些人。据安·伊·乌里扬诺娃-叶利扎罗娃回忆,列宁在随信寄出的书单中,夹了一些打了问号的书名,表面上似乎是对书名没有把握,实际上是想了解某个同志的情况。如有一本书是布雷姆的《论小啮齿类动物》,就是想探问格·马·克尔日扎诺夫斯基的遭遇,因为他的化名是苏斯利克(即黄鼠)。这个书单没有保存下来。列宁在信中说的计划,即写作《俄国资本主义的发展》一书。这部著作他动笔于狱中,完成于流放地(见本版全集第 3 卷)。——18。

12　自由经济学会(帝国自由经济学会)是俄国第一个经济学会,1765 年在彼得堡成立,其宗旨是"在国内传播对工农业有益的知识"。学会有三个部:(1)农业部;(2)技术性农业生产和耕作机械部;(3)农业统计和政治经济学部。自由经济学会团结自由派贵族和资产阶级的学者,对国民经济各部门和国内各地区进行调查研究和考察。《帝国自由经济学会学报》是该学会的定期刊物,登载学会的研究成果以及各部门的报告和讨论的速记记录。自由经济学会图书馆藏书 20 万册,十月革命后并入国立列宁格勒米·叶·萨尔蒂科夫-谢德林公共图书馆。——19。

13　契玛拉是希腊神话中的一只狮头、羊身、蛇尾的怪兽。它口喷烈焰,形状丑陋可怕,经常从山洞里出来攫食人兽,烧毁庄稼,后为希腊英雄柏勒洛丰杀死。契玛拉常被人们用来比喻奇怪的、非现实的东西,或荒诞不经、不切实际的幻想。——19。

14　奥勃洛摩夫卡的星期日馅饼出典于俄国作家伊·亚·冈察洛夫的长篇小说《奥勃洛摩夫》。奥勃洛摩夫卡是小说主人公地主奥勃洛摩夫的庄园。在奥勃洛摩夫卡,对饮食的关心是地主家庭生活的头等大事。每逢星期日和节日,"都要烤一个极大的馅饼,主人直吃到第二天;在第三天和第四天上,吃剩的才拿到女仆房里;到星期五,剩下的那一块完全梆硬的、没有馅的东西,才作为特别的恩典落到男仆安季普手里,于是安季普就划着十字,大无畏地咔嚓咔嚓咀嚼起这块珍奇的化石"。——21。

15　科罗博契卡是俄国作家尼·瓦·果戈理的小说《死魂灵》中的一个愚钝、冥顽的女地主。——21。

16　拘留所规定星期一和星期四是探监的日子。每逢星期一(可以直接会面半小时),玛·亚·乌里扬诺娃和玛·伊·乌里扬诺娃前去探望列宁。每逢星期四(会见时间长一些,但要隔着一道栅栏),安·伊·乌里扬诺娃-叶利扎罗娃前去探望,她常给列宁送书,并用密码传递信息。——23。

17 这封信寄自赴西伯利亚流放地的途中。1897年1月29日沙皇政府判处列宁流放东西伯利亚3年。由于母亲玛·亚·乌里扬诺娃的请求,警察司允许列宁持通行证自费前往流放地,听候伊尔库茨克总督的命令。列宁没有到伊尔库茨克,就在克拉斯诺亚尔斯克住下来,等候伊尔库茨克总督对他3月6日的申请书的答复。在申请书里列宁要求把他的流放地定在叶尼塞斯克省的克拉斯诺亚尔斯克专区或米努辛斯克专区。——26。

18 1897年2月22日列宁从莫斯科启程到流放地去。从信上可以看出,他在3月4日到达克拉斯诺亚尔斯克。——26。

19 这封信显然是全信的第二部分。寄给玛·伊·乌里扬诺娃的信的第一部分没有保存下来。——28。

20 指列宁写《俄国资本主义的发展》一书需要从鲁勉采夫图书馆的各种书籍中作摘录。鲁勉采夫图书馆现在是俄罗斯国立图书馆。——28。

21 弗·米·克鲁托夫斯基给列宁写过一封介绍他去尤金图书馆的信,从信里可以知道,列宁在1897年3月9日第一次去这个图书馆。——28。

22 指1897年3月6日列宁给伊尔库茨克总督的申请书。列宁在申请书上要求,在他的固定住处确定以前允许他住在克拉斯诺亚尔斯克。——30。

23 列宁在克拉斯诺亚尔斯克逗留期间,先后认识了彼·阿·克拉西柯夫、В.А.布克什尼斯、Н.А.梅尔哈列夫、А.А.菲力波夫、瓦·安·卡拉乌洛夫、Н.В.亚采维奇、П.Е.库拉科夫及В.Н.库德里亚绍夫。——30。

24 指官费发配到流放地去的一批流放者。这批流放者里有列宁在彼得堡工人阶级解放斗争协会内的最亲近的同志格·马·克尔日扎诺夫斯基、尤·奥·策杰尔包姆(尔·马尔托夫)、阿·亚·瓦涅耶夫及瓦·

瓦·斯塔尔科夫等人。因运送安排不当,这批流放者在路上耽搁了。他们直到 1897 年 4 月 4 日才到达克拉斯诺亚尔斯克。列宁到火车站迎接了这些同志。——30。

25　列宁估计错了。格·马·克尔日扎诺夫斯基(格列勃)和他的所有同志都是官费发配到流放地去的。克尔日扎诺夫斯基的母亲埃·埃·罗森贝格随同儿子去流放地。——32。

26　格·马·克尔日扎诺夫斯基、瓦·瓦·斯塔尔科夫、尤·奥·策杰尔包姆和阿·亚·瓦涅耶夫都是官费发配到流放地去的,从 1897 年 4 月 4 日至 23 日他们被拘禁在克拉斯诺亚尔斯克监狱里。根据叶尼塞斯克省省长 4 月 10 日的命令,斯塔尔科夫和克尔日扎诺夫斯基流放到米努辛斯克专区的捷辛斯克村。4 月 30 日,斯塔尔科夫和克尔日扎诺夫斯基同列宁一起自费乘"圣尼古拉"号轮船前往米努辛斯克。——34。

27　《新言论》杂志(«Новое Слово»)是俄国科学、文学和政治刊物(月刊),1894—1897 年在彼得堡出版。最初是自由主义民粹派刊物。1897 年春起,在亚·米·卡尔梅柯娃的参加下,由合法马克思主义者彼·伯·司徒卢威等出版。撰稿人有格·瓦·普列汉诺夫、维·伊·查苏利奇、尔·马尔托夫和马·高尔基等。杂志刊载过恩格斯的《资本论》第 3 卷增补和列宁的《评经济浪漫主义》、《论报纸上的一篇短文》等著作。1897 年 12 月被查封。——35。

28　列宁在 1897 年 4 月 24 日才接到被流放到米努辛斯克专区舒申斯克村的正式通知,通行证也是在那时发给他的。——35。

29　米努辛斯克人是指已确定流放到米努辛斯克专区的瓦·瓦·斯塔尔科夫和格·马·克尔日扎诺夫斯基。

　　图鲁汉斯克人是指已确定流放到图鲁汉斯克的尤·奥·策杰尔包姆和阿·亚·瓦涅耶夫。——36。

30　显然,列宁在一封没有保存下来的信中开列了一份他写作《俄国资本主义的发展》一书所需要的各种书籍摘录的详细目录。——37。

31　德·伊·乌里扬诺夫当时是莫斯科大学医学系的学生。——37。

32　大概是指《评经济浪漫主义(西斯蒙第和我国的西斯蒙第主义者)》一文第一部分的稿费,这一部分发表在 1897 年《新言论》杂志 4 月号(第 7 期)上(见本版全集第 2 卷第 102—135 页)。——37。

33　《俄国财富》杂志(«Русское Богатство»)是俄国科学、文学和政治刊物。1876 年创办于莫斯科,同年年中迁至彼得堡。1879 年以前为旬刊,以后为月刊。1879 年起成为自由主义民粹派的刊物。1892 年以后由尼·康·米海洛夫斯基和弗·加·柯罗连科领导,成为自由主义民粹派的中心,在其周围聚集了一批政论家,他们后来成了社会革命党、人民社会党和历届国家杜马中的劳动派的著名成员。在 1893 年以后的几年中,曾同马克思主义者展开理论上的争论。为该杂志撰稿的也有一些现实主义作家。1906 年成为人民社会党的机关刊物。1914—1917 年 3 月以《俄国纪事》为刊名出版。1918 年被查封。——38。

34　《财政通报》杂志即《财政与工商业通报》杂志(«Вестник Финансов, Промышленности и Торговли»),是沙皇俄国财政部的刊物(周刊),1883 年 11 月—1917 年在彼得堡出版,1885 年 1 月前称《财政部政府命令一览》。该杂志刊登政府命令、经济方面的文章和评论、官方统计资料等。——38。

35　《社会立法和统计学文库》(«Archiv für sociale Gesetzgebung und Statistik»)是德国刊物,1888—1933 年先后在柏林、蒂宾根、莱比锡出版,创办人是亨·布劳恩。1904 年改称《社会科学和社会政治文库》。——38。

36　小面包姐妹指季娜伊达·巴甫洛夫娜·涅夫佐罗娃(绰号小面包)和她的姐妹索菲娅·巴甫洛夫娜及奥古斯塔·巴甫洛夫娜。季娜伊达和索菲娅曾于 1896 年夏天因彼得堡工人阶级解放斗争协会案件被捕。这里列宁显然是借小面包姐妹的名义,打听在 1896 年 8 月 12 日被捕的娜·康·克鲁普斯卡娅的遭际。信中问的"她们的结果怎样?"意即作了怎样的判决。——38。

37　列宁、格·马·克尔日扎诺夫斯基和瓦·瓦·斯塔尔科夫于1897年5月6日到达米努辛斯克,5月8日分赴指定的流放地点。——39。

38　这封信没有保存下来。大概是指列宁给《新言论》杂志编辑部要求汇寄《评经济浪漫主义》一文第一部分的稿费的信。——40。

39　指没有收到格·马·克尔日扎诺夫斯基和瓦·瓦·斯塔尔科夫从捷辛斯克村寄来的信。——41。

40　"冲突"和"挑战"是彼·巴·马斯洛夫("金矿主")和《萨马拉新闻》编辑部向以彼·伯·司徒卢威为首的《新言论》杂志编辑部发起的,前者指责后者对资产阶级,即对自由主义持同情态度。列宁当时站在《新言论》杂志一边(见本卷第XXXI—XXXII页)。——42。

41　指列宁写作《俄国资本主义的发展》一书所需的各种书籍的摘录(见本卷第18号文献)。——43。

42　列宁在舒申斯克村居住期间,经常同住在那里的流放者奥·亚·恩格贝格、伊·卢·普罗明斯基和当地农民伊·索·叶尔莫拉耶夫、П.Т.斯特罗加诺夫一道去打猎。——46。

43　安娜·伊里尼奇娜的这些话显然是对列宁1897年4月17日的信的答复(见本卷第22号文献)。——47。

44　列宁作为流放者,按规定每月领取8卢布补助金。他在流放期间主要靠这些钱生活。——47。

45　这里说的几篇文章是指在《新言论》杂志第7—10期上连载的列宁的《评经济浪漫主义》一文(见本版全集第2卷)的几个部分。——47。

46　1897年3月1日和2日,自由经济学会第三部举行的会议讨论了亚·伊·丘普罗夫教授和亚·谢·波斯尼科夫教授主编出版的《收成和粮价对俄国国民经济某些方面的影响》一书。亚·伊·丘普罗夫在会上作了报告。列宁为写《俄国资本主义的发展》一书需用该书及自由经济学会讨论的速记记录。——48。

47　德·伊·乌里扬诺夫在姨母死后为出卖科库什基诺田庄的事到喀山去了一趟。列宁在下面写的最不愉快的"结局",是指如果两份产业(姨母的一份和母亲的一份)连同债务都留给母亲的话。——52。

48　指《涅瓦民间娱乐协会委员会的报告》。

涅瓦民间娱乐协会于1885年在彼得堡成立,最初是一个小组,1891年才形成一个有章程和名称的独立的协会。协会在涅瓦关卡外工厂集中的地区有自己的剧院,还有举行音乐会和各种活动的场所;它的任务是组织游艺会、报告会、音乐会、戏剧、跳舞晚会等等,以及组织工人合唱团,设立图书室和幼儿园。它的一个图书室被马克思主义小组的成员用来作为同工人见面和交谈的场所。娜·康·克鲁普斯卡娅在1896年被捕以前同其他信仰马克思主义的女教师也经常利用这个图书室。——53。

49　施皮茨是瑞士图恩湖畔的一个小地方,当时玛·亚·乌里扬诺娃和玛·伊·乌里扬诺娃在那里休养。——55。

50　指瓦·瓦·斯塔尔科夫同安·马·罗森贝格的婚礼。列宁去参加了他们于1897年7月30日在捷辛斯克村举行的婚礼。——55。

51　这里说的伊万·安德列伊奇是指俄国作家尼·瓦·果戈理的讽刺喜剧《钦差大臣》中的邮政局长伊万·库兹米奇·施彼金。——58。

52　1897年8—9月,列宁写了《1894—1895年度彼尔姆省手工业调查以及"手工"工业中的一般问题》一文。这篇文章原是为《新言论》杂志写的,因该杂志于1897年12月被查封而未发表。这篇文章第一次刊载于1898年出版的列宁的《经济评论集》(见本版全集第2卷)。——58。

53　列宁把他写的《1894—1895年度彼尔姆省手工业调查以及"手工"工业中的一般问题》一文寄给马·季·叶利扎罗夫,要他转寄给彼·伯·司徒卢威。列宁给司徒卢威的信没有保存下来。——59。

54 指 1897 年 8 月 6 日《俄罗斯新闻》"国内消息"栏刊登的一篇图拉通讯。通讯中谈到省地方自治局为财产估价而在全省进行的一项统计调查工作。自治局聘请了一批统计学家进行这项工作,但不知什么缘故,地方当局不予批准,因此原计划的统计调查工作推延到第二年才进行。——60。

55 1897 年 8 月 6 日玛·亚·乌里扬诺娃寄给叶尼塞斯克省省长一份申请书,请求把列宁迁往克拉斯诺亚尔斯克,理由是他身体不好需要治疗,并提出她自己想到流放地去看他。她的请求被拒绝了。此处提到的列宁给妈妈的信没有保存下来。——61。

56 经过多次请求之后,叶尼塞斯克省省长才批准格·马·克尔日扎诺夫斯基和瓦·瓦·斯塔尔科夫迁往米努辛斯克。他们在 1898 年 8 月 31 日搬到那里。——61。

57 《哲学和心理学问题》杂志(《Вопросы Философии и Психологии》)是俄国唯心主义派别的刊物,1889 年 11 月—1918 年 4 月在莫斯科出版。该杂志由尼·雅·格罗特教授创办;1894 年起由莫斯科心理学会出版,列·米·洛帕廷任编辑。该杂志刊载哲学、心理学、逻辑学、伦理学、美学方面的文章及其他材料。在 90 年代,合法马克思主义者彼·伯·司徒卢威和谢·尼·布尔加柯夫参加过该杂志的工作;在斯托雷平年代,亚·亚·波格丹诺夫及其他马赫主义者也为该杂志撰过稿。——63。

58 瓦·瓦·斯塔尔科夫因擅自去米努辛斯克,被法院传讯,并被判拘押三日。对这种违禁行为,按规定只能书面或口头"训斥",或者处以罚款,而不应拘押。列宁对这一案件的积极干预使斯塔尔科夫免于拘留。——64。

59 过去的女大学生即叶卡捷琳娜·伊万诺夫娜·奥库洛娃和格拉菲拉·伊万诺夫娜·奥库洛娃,她们住在绍申村她们的父亲那里,受警察公开监视。格·伊·奥库洛娃("扎伊奇克")后来成了积极的"火星派分子"

和布尔什维克。——65。

60　格·马·克尔日扎诺夫斯基和瓦·瓦·斯塔尔科夫当时在米努辛斯克城米努辛斯克河床整治委员会工作。为了参加这个委员会的会议,他们从捷辛斯克村到米努辛斯克去过两趟。——65。

61　这里和下面指的都是列宁的《1894—1895年度彼尔姆省手工业调查以及"手工"工业中的一般问题》一文。——66。

62　指尔·马尔托夫的文章《民粹主义的过去和现在》。文章以阿·叶戈罗夫这一笔名发表于1897年《新言论》杂志11月号。——67。

63　阿纳托利·瓦涅耶夫在叶尼塞斯克的安加拉河航道工程主任办事处里找到了一份工作。——67。

64　德·伊·乌里扬诺夫于1897年11月7日因莫斯科工人协会案件被捕,一直被监禁到1898年8月20日。他被开除出莫斯科大学并被驱逐到图拉,以后在莫斯科省波多利斯克受警察公开监视。——69。

65　列宁在他的《民粹主义空想计划的典型》一文中谈到过这本书(见本版全集第2卷第475页)。——69。

66　指格·瓦·普列汉诺夫在1897年9月《新言论》杂志第12期上用笔名恩·卡缅斯基发表的《论唯物主义的历史观》一文。文中批判地分析了安·拉布里奥拉的《论唯物主义历史观》(见《普列汉诺夫哲学著作选集》1961年三联书店版第2卷第259—294页)。——69。

67　这里提到的列宁写给彼·伯·司徒卢威和娜·康·克鲁普斯卡娅的信没有保存下来。这封信建议在《新言论》杂志上发表安·拉布里奥拉著作第二部分的译文。拉布里奥拉著作第二部分的俄译文,在1898年由别列津和谢苗诺夫出版社在彼得堡出版,书名为《论唯物主义历史观》。——69。

68　指《刑罚和感化法典》和《治安法官施罚条例》。列宁在舒申斯克为群众当法律顾问时需用这两本书。后来他回忆起流放在西伯利亚时当律师的事情写道："那时我是个地下律师，因为我是个行政流放犯，不准当律师，可是没有别的人，大家只好到我这里来陈诉某些案件。"（见本版全集第43卷第104页）——69。

69 列宁说的大概是他为《新言论》杂志写的《民粹主义空想计划的典型》一文（见本版全集第2卷），当时他还不知道该杂志已于1897年12月被沙皇政府查封。1898年列宁把这篇文章编入了《经济评论集》。——72。

70 这里指的是哪个杂志没有查明。由于屡遭政府的迫害，《新言论》杂志处境困难，可能在1897年就已筹划出版另一个刊物。《新言论》杂志被查封后，就出版了《开端》杂志，《开端》杂志从1899年1月出版到6月，由彼·伯·司徒卢威、米·伊·杜冈-巴拉诺夫斯基等人编辑。——73。

71 关于这些照片，列宁在1897年5月25日给安·伊·乌里扬诺娃-叶利扎罗娃的信中已经提到过（见本卷第25号文献）。此外，他盼望收到彼得堡工人阶级解放斗争协会领导成员（弗·伊·列宁、格·马·克尔日扎诺夫斯基、瓦·瓦·斯塔尔科夫、阿·亚·瓦涅耶夫、彼·库·扎波罗热茨、尤·奥·策杰尔包姆、亚·列·马尔琴科）的合影。合影是1897年去流放地前在彼得堡拍摄的。——73。

72 这里指阿·亚·瓦涅耶夫的妻子多·瓦·特鲁霍夫斯卡娅。她在彼得堡被判处监禁三个月。她跟随瓦涅耶夫去流放地，在叶尼塞斯克监狱服刑。——73。

73 列宁给《新言论》杂志寄去自己的文章《我们拒绝什么遗产？》（见本版全集第2卷），因为该杂志已被查封，故没有刊登出来。这篇文章后来编入了《经济评论集》。——75。

74 指亚·亨·施坦格的文章《怎样帮助巴甫洛沃区的制锁手工业者》（载于1889年《经济杂志》第7—8期合刊）和另一篇没有署名的文章《巴甫洛沃区手工业者的贫困（关于手工业者的代表亚·亨·施坦格的报告书）》（载于1891年《北方通报》杂志第11期）。——75。

75 显然指安·伊·乌里扬诺娃-叶利扎罗娃为她被捕的弟弟德·伊·乌里扬诺夫奔走活动,当时德·伊·乌里扬诺夫的案件已经转到彼得堡(参看注64)。——77。

76 指米·伊·杜冈-巴拉诺夫斯基的报告《我国工厂法的发展》和彼·伯·司徒卢威的报告《关于工作时间长短的1897年6月2日法令和9月20日规定》。这两个报告定于1897年12月6日在自由经济学会第三部(农业统计和政治经济学部)宣读。附有这些报告提纲的通知没有找到。列宁谈到的彼·司徒卢威那一篇被书报检查机关剪掉的同一题目的论文,是1897年《新言论》杂志11月号的"当前国内生活问题"栏的时评。——79。

77 指M.A.洛津斯基于1897年12月13日在自由经济学会第三部宣读的报告:《农民的土地所有权和防止剥夺农民土地的措施》。——79。

78 指彼·伯·司徒卢威在《新言论》杂志的"当前国内生活问题"栏内发表的文章。——79。

79 《祖国之子报》(《Сын Отечества》)是俄国自由派的报纸(日报),1904年11月18日(12月1日)起在彼得堡出版。为该报经常撰稿的有解放派分子和形形色色的民粹派分子。1905年11月15日(28日)起,该报成为社会革命党的机关报。同年12月2日(15日)被查封。——79。

80 《法学通报》杂志(《Юридический Вестник》)是俄国莫斯科法学会的机关刊物(月刊),1867—1892年在莫斯科出版。先后参加编辑工作的有马·马·柯瓦列夫斯基和谢·安·穆罗姆采夫等。为杂志撰稿的主要是莫斯科大学的自由派教授,在政治上主张进行温和的改革。——80。

81 1898年1月8日,列宁发电报给警察司司长,要求批准他的未婚妻娜·康·克鲁普斯卡娅在舒申斯克村度过流放期。克鲁普斯卡娅也向内务大臣提出申请,要求将她的流放地定在她的未婚夫所在的舒申斯克村,并要求将三年的流放期改为二年。克鲁普斯卡娅被准许流放到舒申斯克村,而不是到原先决定的乌法省,但流放期没有缩短。——81。

82　这里说的是《经济评论集》。

《经济评论集》是列宁的第一本文集,1898 年 10 月用弗·伊林的笔名在彼得堡出版。文集包括列宁的以下著作:《评经济浪漫主义》、《1894—1895 年度彼尔姆省手工业调查以及"手工"工业中的一般问题》、《民粹主义空想计划的典型》、《我们拒绝什么遗产?》和《论我国工厂统计问题》(见本版全集第 2 卷和第 4 卷)。——82。

83　指 И.А.尤霍茨基。此人还在莫斯科羁押流放犯的监狱里的时候,就开始诋毁尼·叶·费多谢耶夫,诬蔑他私吞为流放者募集的钱;在到达上连斯克流放地以后,他继续中伤费多谢耶夫。遭受这种诽谤是尼·叶·费多谢耶夫悲惨死去的主要原因之一。——83。

84　指列宁对亚·波格丹诺夫的《经济学简明教程》一书(1897 年出版)的评论,这篇评论写于 1898 年 2 月,发表在 1898 年 4 月《世间》杂志第 4 期上(见本版全集第 4 卷第 1—8 页)。——86。

85　这里说的伊万·安德列伊奇是指《钦差大臣》中的邮政局长(见注 51)。此人利用职务之便经常偷拆私人信件。正文中说的"婆婆起舞的军旗手"等等,是他从别人信件里偷看来的。列宁在信里提到这位邮政局长,是要他的姐夫叶利扎罗夫在写信时多加提防。——87。

86　《俄国思想》杂志(《Русская Мысль》)是俄国科学、文学和政治刊物(月刊),1880—1918 年在莫斯科出版。起初是同情民粹主义的温和自由派的刊物。90 年代有时也刊登马克思主义者的文章。1905 年革命后成为立宪民主党右翼的刊物,由彼·伯·司徒卢威和亚·亚·基泽韦捷尔编辑。十月革命后于 1918 年被查封。后由司徒卢威在国外复刊,成为白俄杂志,1921—1924 年、1927 年先后在索非亚、布拉格和巴黎出版。——87。

87　指谢·布尔加柯夫的《论资本主义生产条件下的市场(理论述评)》。列宁在《市场理论问题述评(评杜冈-巴拉诺夫斯基先生和布尔加柯夫先生的论战)》一文中对这本书提出了批评(见本版全集第 4 卷)。——89。

88 《新时代》杂志(《Die Neue Zeit》)是德国社会民主党的理论刊物，1883—1923年在斯图加特出版。1890年10月前为月刊，后改为周刊。1917年10月以前编辑为卡·考茨基，以后为亨·库诺。1885—1895年间，杂志发表过马克思和恩格斯的一些文章。恩格斯经常关心编辑部的工作，帮助它端正办刊方向。为杂志撰过稿的还有威·李卜克内西、保·拉法格、格·瓦·普列汉诺夫、罗·卢森堡、弗·梅林等国际工人运动活动家。《新时代》杂志在介绍马克思主义基本理论、宣传俄国1905—1907年革命等方面做了有益的工作。随着考茨基转到机会主义立场，1910年以后，《新时代》杂志成了中派分子的刊物。第一次世界大战期间，杂志持中派立场，实际上支持社会沙文主义者。——89。

89 列宁显然在1897年8月写的一封信(这封信没有保存下来)中谈到过阿·亚·瓦涅耶夫给他去信，告知叶尼塞斯克专区警察局长非法要其交出猎枪一事。——90。

90 列宁在这里和在下一封信(见本卷第41号文献)中谈的是对《评经济浪漫主义》一文的修改。这些修改是为在《经济评论集》中重印该文而作的。——91。

91 列宁指他的《1894—1895年度彼尔姆省手工业调查以及"手工"工业中的一般问题》一文(见本版全集第2卷)。——91。

92 指《民粹主义空想计划的典型》和《我们拒绝什么遗产?》。这两篇文章后来都收入《经济评论集》。对亚·亚·米库林的著作的短评没有找到。——91。

93 《统计年鉴》即《俄罗斯帝国统计年鉴》(《Статистический временник Российской империи》)，是俄国工厂统计的重要出版物，由内务部中央统计委员会出版。厂主和企业主向财政部工商业司呈送的有关工人人数和生产总额的报表，是《统计年鉴》的主要资料来源。列宁在《俄国资本主义的发展》一书中，利用了许多取自《统计年鉴》的资料。

　　《代表大会的日志》即《经最高当局准许的俄国技术教育和职业教

育工作者第二次代表大会的日志》。寄给列宁的这本书中大概有一封用化学方法写的信件。——94。

94　《田地》画报(«Нива»)是俄国文艺和科普画刊(周刊),1870—1918年在彼得堡出版。该刊常作为附刊印赠古典作品和著名作家的作品。——94。

95　列宁没有翻译亚当·斯密的书。列宁写这封信时显然并不确切知道要他翻译的那本著作的作者和书名。可以证实这一点的是:就在几天之后,他在几封信中谈到他收到的要翻译的书是韦伯夫妇的《英国工联主义的理论和实践》。——95。

96　列宁收到了韦伯夫妇合著的《英国工联主义的理论和实践》一书的第1卷。他在几个月内译完了这本书,并为俄译本加了许多脚注。娜·康·克鲁普斯卡娅来到舒申斯克后,参加了该书的翻译。——99。

97　指列宁的姨表兄弟亚·伊·韦列田尼科夫和尼·伊·韦列田尼科夫。当时亚·伊·韦列田尼科夫病得很重,所以列宁从他的来信得知他找到了工作,觉得很奇怪。——101。

98　《莫斯科新闻》(«Московские Ведомости»)是俄国最老的报纸之一,1756年开始由莫斯科大学出版。1842年以前每周出版两次,以后每周出版三次,从1859年起改为日报。1863—1887年,由米·尼·卡特柯夫等担任编辑,宣扬地主和宗教界人士中最反动阶层的观点。1897—1907年由弗·安·格林格穆特任编辑,成为黑帮报纸,鼓吹镇压工人和革命知识分子。1917年10月27日(11月9日)被查封。——102。

99　1898年5月7日,娜·康·克鲁普斯卡娅和她的母亲伊·瓦·克鲁普斯卡娅一起来到舒申斯克列宁那里。——104。

100　彼得节是东正教节日,在俄历6月29日。彼得节前斋戒期在俄历6月底。——105。

101　列宁和娜·康·克鲁普斯卡娅是在5月底到米努辛斯克去的。他们在那里参加了被流放的民意党人和社会民主党人因政治流放者社会民主党人谢·格·赖钦的逃跑而召开的会议。——107。

102 列宁是指翻译韦伯夫妇的《英国工联主义的理论和实践》第1卷和撰写《俄国资本主义的发展》一书。——109。

103 指C.M.弗里德曼。流放者们利用她的地址收领书刊和汇款。列宁所说的"事态"是谢·格·赖钦的逃跑引起的,因为他没有取得弗里德曼的同意就把国外汇款寄到了她那里。因此,米努辛斯克的流放者团体向其他地方的流放者建议,不要再利用弗里德曼的地址,以免引起警察对她的怀疑。——113。

104 列宁获准去米努辛斯克治牙,他在那里住了三天(8月10—12日)。由于米努辛斯克没有好的牙科医生,列宁请求叶尼塞斯克省省长允许他去克拉斯诺亚尔斯克治牙一星期。获准后,列宁于9月初从舒申斯克村去克拉斯诺亚尔斯克,住在被流放的社会民主党人彼·阿·克拉西科夫那里。列宁利用这个机会在根·瓦·尤金图书馆里查阅资料和同克拉斯诺亚尔斯克的社会民主党人会面。——115。

105 鄂毕指鄂毕河左岸的一个火车站。因当时鄂毕河上没有铁路桥,所以快车只到达鄂毕站。——115。

106 参看注64。——117。

107 指《论我国工厂统计问题(卡雷舍夫教授在统计学方面的新功绩)》一文(见本版全集第4卷)。列宁在《俄国资本主义的发展》一书第5、6、7章中大量使用了这篇文章的材料和结论。文章没有在《世间》杂志和《科学评论》杂志上刊载,后收入《经济评论集》。——118。

108 《世间》杂志(《Мир Божий》)是俄国的文学和科学普及月刊,1892—1906年在彼得堡出版。1906—1918年以《现代世界》为刊名继续出版。——118。

109 《科学评论》杂志(《Научное Обозрение》)是俄国科学刊物,1903年起是

一般文学刊物。1894—1904 年在彼得堡出版。开始为周刊,后改为月刊。杂志刊登各派政论家和科学家的文章,1900 年曾把列宁列入撰稿人名单,曾发表过列宁的《市场理论问题述评》、《再论实现论问题》、《非批判的批判》等文章(见本版全集第 4 卷和第 3 卷)——118。

110 指女作家娜·斯·索汉斯卡娅(笔名为科汉诺夫斯卡娅)的著作。安·伊·乌里扬诺娃-叶利扎罗娃利用她这本书来同列宁通信,用化学方法把信写在书的行间。——120。

111 《俄国资本主义的发展。大工业国内市场形成的过程》一书在 1899 年 3 月底由玛·伊·沃多沃佐娃出版(见本版全集第 3 卷)。——124。

112 1899 年 3 月,《俄国资本主义的发展》一书第 3 章前 6 节作为独立文章发表在《开端》杂志第 3 期上,标题为《现代俄国农业中资本主义经济对徭役经济的排挤》。编辑部加按语说:"本文是作者关于俄国资本主义发展的一部巨著中的一段。"——125。

113 列宁后来对《俄国资本主义的发展》一书的序言作了补充。补充的部分以附言形式发表(见本版全集第 3 卷第 6—8 页)。——125。

114 《俄国资本主义的发展》一书的目录没有压缩。——125。

115 《俄国资本主义的发展》一书由安·伊·乌里扬诺娃-叶利扎罗娃负责"作者校对"这道校对工作,德·伊·乌里扬诺夫协助她;统计表由列宁在萨马拉时就认识的瓦·安·约诺夫校对。——126。

116 显然是指马·季·叶利扎罗夫在工人夜校和星期日学校讲课的事。——128。

117 这封信没有保存下来。从 1898 年 11 月 11 日的信中可以知道,列宁收到了出版社赠给作者的若干本《经济评论集》,他请姐姐把这些书寄赠给一些同志和熟人。——129。

118 《法兰克福报》(«Frankfurter Zeitung»)是德国交易所经纪人的报纸(日

报），1856—1943年在美因河畔法兰克福出版。——130。

119　指1898年10月3—8日举行的德国社会民主党斯图加特代表大会。这次大会第一次讨论了德国社会民主党内的修正主义问题。——130。

120　指列宁的《经济评论集》一书，该书共印了1 200册。——131。

121　从列宁1898年12月12日的信（见本卷第64号文献）中可以知道，这封附有《经济评论集》勘误表的信在邮寄途中失落了，因此安·伊·乌里扬诺娃-叶利扎罗娃没有收到。列宁后来只对《评经济浪漫主义》一文作了修订，这篇文章被收进1908年出版的《土地问题》文集第1册里。——131。

122　列宁和娜·康·克鲁普斯卡娅获准去米努辛斯克。1898年12月24日至1899年1月2日，他们住在米努辛斯克。他们参加了流放在米努辛斯克专区各地的马克思主义者举行的会议。——139。

123　《俄国资本主义的发展》一书的序言后来没有作这样的修改。——140。

124　手稿（誊清稿）的第44页在列宁的《俄国资本主义的发展》一书的第1版中是第20页（见本版全集第3卷第42页）。在第1版和在后来的各版中都没有作这样的修改。——140。

125　指《俄国工厂今昔》一书的作者米·伊·杜冈-巴拉诺夫斯基和《论资本主义生产条件下的市场（理论述评）》一书的作者谢·尼·布尔加柯夫。——141。

126　《生活》杂志（《Жизнь》）是俄国的文学、科学和政治刊物（月刊），1897—1901年在彼得堡出版。该杂志于1901年6月被沙皇政府查封。1902年4—12月由弗·德·邦契-布鲁耶维奇、弗·亚·波谢、维·米·韦利奇金娜等组织的生活社在国外复刊，先后在伦敦和日内瓦出了六期，另外出了《〈生活〉杂志小报》12号和《〈生活〉杂志丛书》若干种。——143。

127 列宁指当时很有名的德国列克拉姆出版社,这家出版社出版了几千种普及本文学书籍。——143。

128 这是在舒申斯克村写的明信片。从附言中可以看出,列宁把这张明信片带到米努辛斯克,12月28日才把它寄出。——144。

129 《公报》即《法兰西共和国公报》(«Journal officiel de la Republique Française»),是法兰西共和国官方刊物,1870年9月5日起出版,前身为《法兰西帝国公报》。——145。

130 指1898年12月7日彼·伯·司徒卢威在莫斯科法学家协会宣读的题为《19世纪初至1861年俄国农奴经济发展的基本情况》的报告。1898年12月9日《俄罗斯新闻》对该报告作了报道。关于尼·叶·费多谢耶夫对农奴制崩溃原因的看法,仅能根据他的文章《历史调查》(刊登在1897年1月16日和17日《萨马拉新闻》上)和给安德列耶夫斯基的以《俄国工人阶级从何产生和如何产生?》为题的一封信来判断(见《尼古拉·叶夫格拉福维奇·费多谢耶夫》文集,1923年莫斯科—彼得格勒版第145—154页)。尼·叶·费多谢耶夫关于这一问题的主要著作没有找到。——146。

131 指米·伊·杜冈-巴拉诺夫斯基的《现代英国的工业危机及其原因和对人民生活的影响》一书。——146。

132 关于列宁和娜·康·克鲁普斯卡娅同其他同志在米努辛斯克迎接新年的情况,可参看本卷《附录》第12号和第14号文献。——148。

133 指1898年12月19日在莫斯科大学大礼堂举行的米·伊·杜冈-巴拉诺夫斯基的政治经济学博士学位论文《俄国工厂今昔》答辩会。——150。

134 列宁的《俄国资本主义的发展》第2章的增补大概是关于瓦·沃·(瓦·巴·沃龙佐夫)《俄国资本主义的命运》一书的那条脚注(见本版全集第3卷第159页)。——150。

135 这个包裹是玛·亚·乌里扬诺娃寄的,后来她在给女儿玛丽亚·伊里尼奇娜的信中写道:"12 月 17 日往舒沙给沃洛佳寄去了象棋,给娜嘉寄了点甜食,估计在节日里或者在新年前一定会收到,谁知竟过了一个月,大约在 1 月 17 日他们才收到。"——151。

136 阿·亚·瓦涅耶夫申请迁移到气候比较温和的地方,而伊尔库茨克总督却下令要他迁移到伊尔库茨克省的通卡去。经过再次申请和医生的特别证明,瓦涅耶夫才于 1899 年 6 月初迁往米努辛斯克专区的叶尔马科夫斯克村。三个半月后,他在这里去世。——151。

137 《开端》杂志(《Начало》)是俄国科学、文学和政治刊物(月刊),合法马克思主义者的机关刊物,1899 年 1—6 月在彼得堡出版,由彼·伯·司徒卢威、米·伊·杜冈-巴拉诺夫斯基任编辑。——157。

138 从下一号文献中可以看出,这里是指罗·格沃兹杰夫的《富农经济的高利贷及其社会经济意义》一书。列宁对此书写的书评载于 1899 年 3 月《开端》杂志第 3 期(见本版全集第 4 卷第 51—52 页)。——157。

139 阿·亚·瓦涅耶夫迁往安齐费罗沃村一事因病作罢。——157。

140 指列宁《俄国资本主义的发展》一书第 7 章的附录:《欧俄工厂工业统计资料汇编》和《欧俄最重要的工厂工业中心》(见本版全集第 3 卷第 555—556、557—562 页)。——158。

141 参看注 40。——161。

142 列宁寄回的一期《沃尔弗图书公司各书店文学、科学和书目书刊出版消息》上显然有用化学方法写的信。列宁故意说家里人让他寄回去。——162。

143 指列宁为帕尔乌斯《世界市场和农业危机》这一经济论文集写的书评。书评载于 1899 年 3 月《开端》杂志第 3 期(见本版全集第 4 卷第 55—56 页)。——162。

144　从下一封信中可以看出,这里所说的安·伊·乌里扬诺娃-叶利扎罗娃给列宁寄去的小册子是提供铅字样子的,《俄国资本主义的发展》一书就是用这样的铅字排印的。——163。

145　指《俄国资本主义的发展》第2章的《А、Б两表的图解》(见本版全集第3卷第116页和第117页之间)。——164。

146　出版家指亚·尼·波特列索夫,他在给列宁的信中对列宁写的《我们拒绝什么遗产?》一文提出自己的意见。他指出,文章给人的印象是作者提出要接受斯卡尔金的遗产。列宁在回信中表示部分同意波特列索夫的意见,并说,他没有在任何地方提出过要接受斯卡尔金的遗产,仅仅为了要通过书报检查,他才拿斯卡尔金作比拟,而没有拿车尔尼雪夫斯基及其同道者作比拟(见本版全集第44卷第10号文献)。——164。

147　萨马拉派彼·巴·马斯洛夫在1899年《科学评论》杂志第3期发表的《自然经济的理想化》一文中提出了这样的指责(参看注40)。显然,马尔托夫把这篇文章的事告诉了列宁。——164。

148　指《我们拒绝什么遗产?》一文的第5章(见本版全集第2卷)。——164。

149　对《俄国资本主义的发展》第7章的增补指的是什么,还没有确切弄清楚。这个增补很可能是第7章倒数第2段的脚注。列宁在这个脚注里说明马克思提供的资本主义工业形式和阶段的分类是正确的,马克思的分类是同黑尔德和毕歇尔著作中的分类完全相反的,后者的分类"把手工工场与工厂混淆起来,并把为包买主工作列为一种特殊的工业形式"(见本版全集第3卷第505—506页)。——165。

150　指列宁翻译韦伯夫妇的《英国工联主义的理论和实践》一书第1卷的稿费。该书于1900年由奥·尼·波波娃出版。——165。

151　显然是指列宁为《俄国工商业》这本工商界参考书写的书评。该书评载于1899年3月《开端》杂志第3期(见本版全集第4卷第57—59页)。——165。

152　指列宁的《市场理论问题述评(评杜冈-巴拉诺夫斯基先生和布尔加柯
夫先生的论战)》一文,该文发表于 1899 年《科学评论》杂志第 1 期(见
本版全集第 4 卷)。彼·伯·司徒卢威的答复文章《论资本主义生产条
件下的市场问题(评布尔加柯夫的书和伊林的文章)》同时载于《科学评
论》杂志第 1 期。

　　市场的理论问题引起了热烈的论战,亚·索·伊兹哥耶夫、普·涅
日丹诺夫、波·瓦·阿维洛夫和帕·尼·斯克沃尔佐夫也参加了论战。
列宁在《科学评论》杂志第 8 期发表了《再论实现论问题》(见本版全集
第 4 卷)一文。彼·伯·司徒卢威拖延发表这篇文章,看来是要在同期
的《科学评论》杂志上刊登自己的文章《答伊林》。关于这个问题的论战
以后还继续了一个时期。1899 年《生活》杂志第 12 期发表了涅日丹诺
夫的文章《关于市场问题的论战》和列宁的文章《答普·涅日丹诺夫先
生》(见本版全集第 4 卷)。——166。

153　指德国社会民主党的《新时代》杂志。该杂志在俄国虽然准许订阅,但
是假如收件人在政治上不可靠,则常常会被没收。因此,列宁在给亲属
的信中用俄文写该杂志的名称。列宁亲属为列宁订的这份杂志先寄到
莫斯科,然后转寄到舒申斯克村。——167。

154　指一份省地方自治机关出版的农业概况,列宁在写作《俄国资本主义的
发展》一书时,使用了这个材料。——167。

155　大概是指《俄国资本主义的发展》第 5 章关于手工业类别的统计表(见
本版全集第 3 卷第 312 页)。这个统计表,如列宁所期望的,在书中是
用最小号的铅字(六点铅字)排印的。——167。

156　指《俄国资本主义的发展》第 2 章第 2 节关于乌金斯克县各类农户总的
状况的统计表和第 1 节关于塔夫利达省农民各经济类别总的状况的统
计表(见本版全集第 3 卷第 67 页和第 54 页)。——167。

157　列宁对《俄国资本主义的发展》的序言只增加了附言(见本版全集第 3
卷第 6—8 页)。列宁在本卷第 82 号文献中谈到这件事情。——168。

158　指列宁《再论实现论问题》一文。由于《俄国资本主义的发展》出版时间不确定，列宁在文章中没有引用这本书的材料，而引用了他载于《经济评论集》的文章《评经济浪漫主义》。——168。

159　在复制的勘误表末尾，安·伊·乌里扬诺娃-叶利扎罗娃加了一条："统计表的第 31 页上，最后一个直栏内，第 6 类的'10.o'应为'16.o'"。——169。

160　马·季·叶利扎罗夫在 1898 年 1 月底和 2 月初在莫斯科举行的德国著名象棋手埃·拉斯克尔一人对数人同时进行的象棋比赛中赢了一盘。——169。

161　正统派显然是指萨马拉派（见注 40）。——169。

162　指《再论实现论问题》一文（见本版全集第 4 卷）。——171。

163　在《出版消息》这本书目杂志上的行间显然有用化学方法写的信。——175。

164　目录附有每节的详细内容。——176。

165　指 1899 年出版的卡·考茨基的《土地问题》一书。列宁对这本书写了书评，发表在 1899 年《开端》杂志第 4 期上（见本版全集第 4 卷第 79—84 页）。列宁作的该书摘要载于《列宁文集》俄文版第 19 卷第 25—85 页。——176。

166　这里说的寄到图鲁汉斯克的信是写给马尔托夫的。在流放期间与马尔托夫的通信没有保存下来。——180。

167　指 1899 年彼得堡、莫斯科、敖德萨、基辅、哈尔科夫、里加、托木斯克等地 30 所高等学校发生的罢课事件。芬兰的骚动是由于 1899 年 2 月 3 日（15 日）芬兰宪法被废除而爆发的。《法兰克福报》上有关这些事件的报道，显然被书报检查机关涂去了。——180。

168　《实际生活》杂志和所说的伊·法·齐昂的著作(《虚无主义者和虚无主义》)显然都是用来用化学方法给列宁写信的。——183。

169　指发表在1899年《开端》杂志第1—2期合刊上的波·阿维洛夫的文章《"经济协调"的新尝试(评尼·卡布鲁柯夫的《论俄国农民经济发展的条件》1899年莫斯科版)》。——184。

170　指刊登在1899年《开端》杂志第1—2期合刊和第3期上的谢·布尔加柯夫的文章《论农业资本主义演进的问题》。——184。

171　列宁在总标题为《农业中的资本主义(论考茨基的著作和布尔加柯夫先生的文章)》的两篇文章中,对合法马克思主义者谢·尼·布尔加柯夫的观点作了分析批判。这两篇文章是为《开端》杂志写的。由于该杂志被查封,文章改登在1900年《生活》杂志第1期和第2期上(见本版全集第4卷)。

　　　从1899年4月27日列宁给亚·尼·波特列索夫的信(见本版全集第44卷第11号文献)中可以看出,他极为重视这两篇反驳布尔加柯夫的文章。在那封信里,列宁严厉斥责布尔加柯夫的修正主义言论。——184。

172　指玛·亚·乌里扬诺娃和安·伊·乌里扬诺娃-叶利扎罗娃打算去舒申斯克一事。——186。

173　《农业中的资本主义》一文在《俄国资本主义的发展》一书出版以后很久才发表(1900年1—2月间),因此这些引文出处没有删掉。——186。

174　列宁于1899年9月初才开始校订韦伯夫妇的《英国工联主义的理论和实践》第2卷的俄译稿。他在校订时重译了相当大一部分,并加了许多脚注。这项工作于1900年1月19日结束。这卷书于1901年11月由奥·尼·波波娃出版。——188。

175　彼·伯·司徒卢威把列宁的《再论实现论问题》一文转给《科学评论》杂志登载,也是由于《开端》杂志因1899年4月号被没收而处境危险的缘故。——188。

176　指谢·尼·布尔加柯夫的《论农业资本主义演进的问题》一文中的一条注释。他在这条注释中反驳马克思主义的社会主义革命理论。而在此前不久，爱·伯恩施坦在他的《社会主义的前提和社会民主党的任务》（1899年出版）中曾提出类似的批评。——189。

177　指1899年《俄国财富》杂志第4期上发表的尼·康·米海洛夫斯基的文学评论《文学和生活》批评《开端》和《生活》两杂志的思想倾向。——189。

178　在《农业中的资本主义》第2篇文章末尾没有提出这一点。可能列宁在文章初稿中谈到过，因为根据本卷第98号和第99号文献判断，他对这篇文章作过修改和补充。——189。

179　"学生"是指马克思和恩格斯的信徒。在19世纪90年代，这个词常在合法场合用做马克思主义者的代称。——191。

180　指彼·伯·司徒卢威建议列宁写《政治经济学简明教程》一事。——192。

181　指亚·亚·波格丹诺夫的《经济学简明教程》一书。——192。

182　指列宁的《评经济浪漫主义（西斯蒙第和我国的西斯蒙第主义者）》一文和载于1899年12月《生活》杂志的《答普·涅日丹诺夫先生》一文（见本版全集第2卷和第4卷）。——193。

183　指《答普·涅日丹诺夫先生》一文的开头的一段话："至于普·涅日丹诺夫先生所提到的有关市场理论、特别是关于彼·伯·司徒卢威的观点等其他问题，我就不一一作答了，请看我答复司徒卢威的那篇文章（《再论实现论问题》；由于与作者无关的一些原因，该文拖延了一段时间才在《科学评论》杂志上发表）即可。"（见本版全集第4卷第138页）——193。

184 列宁在《非批判的批判》一文的最后一个脚注（见本版全集第3卷第585页）中，以及在1899年6月27日给亚·尼·波特列索夫的信（见本版全集第44卷第12号文献）中，提到米·伊·杜冈-巴拉诺夫斯基的这篇文章。——195。

185 指Г-дь写的对亚·波格丹诺夫的《自然史观的基本要素》一书的书评。列宁是否写过反驳这篇书评的短文，不详。从列宁在1908年2月25日给阿·马·高尔基的信中知道，他在西伯利亚得到过波格丹诺夫的书（见本版全集第45卷第105号文献）。从列宁于1899年6月27日给亚·尼·波特列索夫的信中知道，列宁当时曾猜测亚·波格丹诺夫是格·瓦·普列汉诺夫的笔名（见本版全集第44卷第12号文献）。——196。

186 列宁对《信条》的详细评论显然是在用化学方法写的信中寄出的。

　　《信条》（拉丁文：Credo）是指叶·德·库斯柯娃1899年写的一个反映经济派观点的文件。列宁的姐姐安·伊·乌里扬诺娃-叶利扎罗娃在彼得堡从亚·米·卡尔梅柯娃处得到这个文件后，用化学方法把它抄写在书刊的行间寄给了列宁。"信条"一词是她一时想到的，她给列宁的信中说："给你寄去一种'青年派的信条'。"列宁收到《信条》后，写了《俄国社会民主党人抗议书》（见本版全集第4卷）。这份抗议书在米努辛斯克专区被流放的17个马克思主义者的会议上讨论通过。——198。

187 指1897年《新言论》杂志5月号（第8期）上登载的谢·布尔加柯夫的《因果律和人类活动的自由》和彼·司徒卢威的《再论自由和必然性》。这两篇文章是司徒卢威和布尔加柯夫在1896—1897年的《哲学和心理学问题》杂志上所进行的有关康德、施塔姆勒和齐美尔的哲学问题的论战的继续。列宁在自己的文章《非批判的批判》和1899年6月27日给亚·尼·波特列索夫的信中都谈到过施塔姆勒（见本版全集第3卷第584、585页和第44卷第12号文献）。——199。

188 指1899年《科学评论》杂志第7期上发表的帕·斯克沃尔佐夫的《论市场问题（评彼得·司徒卢威先生的文章〈论资本主义生产条件下的市场

问题〉》一文。——200。

189　别斯图热夫学校是沙皇俄国的高等女子学校,1878 年由一批进步知识分子在彼得堡创办。——203。

190　指爱·伯恩施坦的《社会主义的前提和社会民主党的任务》(1899 年版)一书。列宁对该书的评论,可参看 1899 年 9 月 1 日的信(参看本卷第 98 号文献)。——204。

191　德国社会民主党汉诺威代表大会于 1899 年 10 月 9—14 日在汉诺威举行。奥·倍倍尔就大会议程的主要问题——"对党的基本观点和策略的攻击"作了报告,驳斥了以爱·伯恩施坦为首的机会主义者的修正主义观点。列宁高度评价了倍倍尔的报告(见本版全集第 23 卷第 382—388 页)。——204。

192　《前进报》(《Vorwärts》)是德国社会民主党中央机关报(日报),1876 年10 月在莱比锡创刊。1878 年反社会党人非常法颁布后停刊。1891 年在柏林复刊。第一次世界大战期间持社会沙文主义立场。1933 年停刊。——204。

193　这里提到的列宁批判自由主义民粹派尼·瓦·列维茨基的两篇文章,至今没有找到。这两篇文章显然是为《开端》杂志写的。只知道列宁在流放期间写过一篇题为《论报纸上的一篇短文》的文章(1897 年 9 月),在那篇文章中列宁评论了发表在 1897 年 8 月 30 日《俄罗斯新闻》上的尼·列维茨基的文章《谈谈有关人民生活的几个问题》(见本版全集第 2 卷第 377—383 页)。——205。

194　列宁在他的《农业中的资本主义》的第 2 篇文章中作了哪些修改,由于找不到手稿,无法查明。从下一封信中可以看出,列宁在上述文章发表前早已寄出修改稿。——208。

195　《萨克森工人报》(《Sächsische Arbeiter-Zeitung》)是德国社会民主党的报纸,1890—1908 年在德累斯顿出版。原为周报,后改为日报。1898

年《萨克森工人报》第253、254、255号附刊中刊登了格·瓦·普列汉诺夫的文章《我们为什么应该感谢他呢?(致卡尔·考茨基的公开信)》,尖锐批评了爱·伯恩施坦。伯恩施坦在他的《社会主义的前提和社会民主党的任务》一书的附注中谈到了普列汉诺夫的上述文章,并同普列汉诺夫进行了辩论。——208。

196　指《社会主义运动》杂志。

　　《社会主义运动》杂志(《Le Mouvement Socialiste》)是法国社会政治刊物,1899年1月—1914年6月在巴黎出版。编辑是于·拉葛德尔,撰稿人有欧洲各国社会民主党的著名代表人物威·李卜克内西、奥·倍倍尔、罗·卢森堡、让·饶勒斯等。该杂志刊载过恩格斯的一些书信和文章,也刊登过在第二国际占统治地位的机会主义者和修正主义者的文章。——210。

197　安娜·伊里尼奇娜可能在这本小册子里用化学方法给列宁写了一封信。列宁信中说的"关于莫斯科工会代表大会的小册子……很有意思,很有教益"这番话,显然是指这封信的内容。——210。

198　《北方信使报》(《Северный Курьер》)是俄国的社会政治和文学报纸(日报),1899—1900年在彼得堡出版。——210。

199　《新闻和交易所报》(《Новости и Биржевая Газета》)是俄国自由派资产阶级的报纸。1872—1906年在彼得堡出版,常登载俄国资产阶级自由派组织解放社的文章和正式文件。——210。

200　当天,即1900年1月19日,娜·康·克鲁普斯卡娅向叶尼塞斯克省公署申请自费去乌法。克鲁普斯卡娅没等领到许可证就在1月29日与列宁一起离开了舒申斯克村。克鲁普斯卡娅是在米努辛斯克领到通行证的。尼·米·克尼波维奇一家是克鲁普斯卡娅的亲密朋友。——212。

201　指列宁在写《非批判的批判(评1899年《科学评论》第12期帕·斯克沃尔佐夫先生的论文〈商品拜物教〉)》一文(见本版全集第3卷)。——213。

202 谢·尼·普罗柯波维奇的《西欧工人运动。批判性研究的尝试。第 1
卷。德国和比利时》一书于 1899 年 5 月 22 日被彼得堡书报检查委员
会扣留,后经出版总署署长批准于 1900 年 1 月底问世。列宁为这本书
写了书评(见本版全集第 4 卷第 261—271 页)。——213。

203 列宁由西伯利亚流放地归来后,由于当局不准他三年内在两个首都、有
高等学校的城市和大工业中心居住,所以选择了最便于同彼得堡联系
的普斯科夫为定居地点。1900 年 3 月 10 日列宁向警察司司长提出申
请书,请求准许娜·康·克鲁普斯卡娅从乌法省迁到普斯科夫服满流
放期。请求被拒绝。——214。

204 1900 年《生活》杂志第 2 期刊载了列宁写的《农业中的资本主义(论考
茨基的著作和布尔加柯夫先生的文章)》的第 2 篇文章。信中提到的可
能就是刊载这篇文章的那期《生活》杂志。——214。

205 指 1900 年《生活》杂志第 2 期刊登的彼·司徒卢威《劳动价值理论的主
要二律背反》一文。信中提到的批驳司徒卢威的话就是列宁《非批判的
批判》一文最后的那条脚注(见本版全集第 3 卷第 585 页)。——216。

206 指维·伊·查苏利奇的《德·伊·皮萨列夫》一文。这篇文章发表在
1900 年《科学评论》杂志第 3、4、6、7 期上。——216。

207 列宁因娜·康·克鲁普斯卡娅在乌法生病,于 1900 年 4 月 20 日向警
察司司长申请去乌法住一个半月。列宁的申请被拒绝。——218。

208 每星期四为警察司接待日。列宁请求母亲在彼得堡为他办理到乌法
娜·康·克鲁普斯卡娅那里去的许可证。玛·亚·乌里扬诺娃领到了
许可证。——221。

209 列宁到波多利斯克的日子耽搁了。1900 年 5 月 20 日,他秘密抵达彼
得堡,以便同当地的社会民主党人会面并确定出国后的联系办法。5
月 21 日他由于非法进入首都而被捕。5 月 31 日列宁被释放,6 月 1 日
由警官押送到波多利斯克。——221。

210 列宁准备去西伯利亚找格·马·克尔日扎诺夫斯基。他没有去成。1900年7月10日,他由乌法返回波多利斯克。7月13日或以前由波多利斯克启程出国筹办《火星报》,7月16日通过国境。——222。

211 列宁1900年没有在巴黎住过,即使去过那里,时间也很短,但是为了保密,他通过巴黎往俄国寄信。——223。

212 列宁这样写是为了保密。实际上,1900年9月初,列宁在赴慕尼黑途中抵达纽伦堡,同德国社会民主党人布劳恩商谈有关出版《火星报》的组织工作和技术工作。——223。

213 列宁当时在慕尼黑。说在巴黎,是为了保密。——224。

214 玛·伊·乌里扬诺娃在1899年9月30日被捕,被送到下诺夫哥罗德,直到侦讯完毕;同年12月底回莫斯科。——225。

215 指为列宁邮书的那个运输事务处。——225。

216 德·伊·乌里扬诺夫当时在莫斯科省波多利斯克受到警察的公开监视,后来才获准进尤里耶夫大学,1901年在这所大学毕业。——227。

217 列宁利用弗·莫德拉切克在布拉格的地址转寄和俄国的来往信件。——228。

218 1900年12月下半月,列宁去莱比锡(《火星报》创刊号在那里印刷),做报纸出版前的最后一道审校工作。信上说去维也纳,是为了保密。——233。

219 指《社会革命党宣言》,这个宣言是夹在相册里通过格·波·克拉辛转给列宁的。《火星报》第5号刊登格·普列汉诺夫的《旧皮囊里装新酒》一文,评论了这个宣言。——236。

220 指哪些手稿,没有查明。这里提到的"维也纳的礼物",见注219。——239。

221　指法国作曲家雅·阿列维 1835 年首次上演的歌剧。——239。

222　娜·康·克鲁普斯卡娅离开乌法去德国途中,在莫斯科逗留了几天。
　　　——239。

223　看来是指 1898 年建成的莫斯科艺术剧院。——241。

224　《工业界报》(《Промышленный Мир》)是俄国的财经贸易和工业技术周
　　　报,1899 年 11 月—1905 年在彼得堡出版。——241。

225　可能是指列宁对卡·考茨基的《伯恩施坦和社会民主党的纲领。反批
　　　评》和谢·尼·普罗柯波维奇的《西欧工人运动》两书的书评。这两篇
　　　书评写于 1899 年底,1928 年首次发表于《列宁文集》俄文版第 7 卷(见
　　　本版全集第 4 卷第 175—185 页和 261—271 页)。——241。

226　列宁去布拉格和维也纳办理有关娜·康·克鲁普斯卡娅出国的事情。
　　　——242。

227　玛·伊·乌里扬诺娃和马·季·叶利扎罗夫因俄国社会民主工党莫斯
　　　科组织案件于 1901 年 2 月 28 日夜间被捕。这里是说希望他们能很快
　　　获释。——245。

228　这封信是转到监狱给玛·伊·乌里扬诺娃的,信上盖有莫斯科高等法
　　　院副检查官的图章。——246。

229　指维·亚·列维茨基,当时他在莫斯科省波多利斯克县当保健医生。
　　　列宁临出国前,在波多利斯克亲人的别墅里同列维茨基相识,并请他为
　　　《火星报》写稿。《火星报》创刊号刊登了列维茨基的一篇通讯《烧砖工
　　　人的觉醒》。——249。

230　指格·马·克尔日扎诺夫斯基、瓦·瓦·斯塔尔科夫、米·亚·西尔文
　　　以及与列宁同时流放的其他同志。——249。

231　马·季·叶利扎罗夫准备在出狱后去塞兹兰找他的哥哥帕·季·叶利

扎罗夫。——251。

232 马·季·叶利扎罗夫当时是交通部莫斯科工程学院的学生。——251。

233 德·伊·乌里扬诺夫探望遭拒绝的理由是他本人不久前因政治案件受过审讯。——252。

234 指玛·瓦·兹沃雷金娜,她是玛·伊·乌里扬诺娃中学时的好友,曾一度和玛·亚·乌里扬诺娃一起住在波多利斯克。——252。

235 玛·伊·乌里扬诺娃被流放萨马拉期间,玛·亚·乌里扬诺娃住在那里。——256。

236 日古利山在伏尔加河右岸,伏尔加河的一个河湾被其三面环绕着,高378米,风景秀丽。萨马拉市就在日古利山的对岸。——256。

237 指列宁从西伯利亚托运到莫斯科交玛·亚·乌里扬诺娃的那些书。《火星报》当时从慕尼黑迁往伦敦出版,列宁将于1902年4月12日启程去伦敦,所以信中提到新地址。——258。

238 1902年夏天,玛·亚·乌里扬诺娃到国外去看望列宁。从6月下半月至7月25日,列宁同母亲和姐姐安·伊·乌里扬诺娃-叶利扎罗娃住在洛居维(法国北部)。——260。

239 列宁回忆起1900年夏与母亲和姐姐同去乌法的情景。他们从下诺夫哥罗德乘轮船,沿着伏尔加河、卡马河和别拉亚河来到乌法,克鲁普斯卡娅在那里度过流放期的最后一年。——262。

240 指列宁的哥哥亚·伊·乌里扬诺夫的照片。安·伊·乌里扬诺娃-叶利扎罗娃恐怕随身带这些照片过境时被捕,就把它们寄给了列宁。——263。

241 德·伊·乌里扬诺夫于1902年8月在敖德萨附近的哈治别伊利曼(他在那里当医生)因"散发传单号召农民参加工人革命运动"的案件被捕,

三星期后获释。——265。

242 《唯心主义问题》文集收载了谢·尼·布尔加柯夫、叶·尼·特鲁别茨科伊、尼·亚·别尔嘉耶夫、谢·路·弗兰克、谢·尼·特鲁别茨科伊、谢·费·奥登堡等人的文章。——267。

243 指1902年德国国内就政府提出的关税税率草案展开的激烈斗争。以奥·倍倍尔为首的德国社会民主党坚决反对提高粮价。——268。

244 安·伊·乌里扬诺娃-叶利扎罗娃和那时在远东工作的马·季·叶利扎罗夫一同去旅顺口。到那里后叶利扎罗夫在铁路上工作过一段时间。——269。

245 列宁说到德国去，是为了保密。1903年2月，他到巴黎去给俄国社会科学高等学校讲课，2月23—26日共讲了四次，题目是《对欧洲和俄国的土地问题的马克思主义观点》。3月3日，列宁在巴黎俄国政治流亡者的集会上作了关于社会革命党人和社会民主党人的土地纲领的专题报告。他于3月9日回到伦敦。——271。

246 1904年1月1日夜间，安·伊·乌里扬诺娃-叶利扎罗娃、玛·伊·乌里扬诺娃和德·伊·乌里扬诺夫夫妇在基辅因党中央委员会和基辅委员会案件被捕。——274。

247 关于这次旅行，娜·康·克鲁普斯卡娅回忆说："1904年6月末，我和弗拉基米尔·伊里奇背上行囊到山里去作了一个月的漫无目的的旅行。我们在洛桑住了一星期，恢复一下体力之后就登蒙特勒山，进入荒无人烟的地方，遇到了一些伐木工人，他们告诉了我们怎样回到大路，哪里有住宿的地方。我们经过艾格尔往下到罗讷河谷，顺便到了贝莱班我的一个同学家里，然后沿着罗讷河走了很久，约有70俄里的路程，这是旅途中最累人的一段路。最后越过盖米山口到达奥伯尔兰德，来到少女峰脚下，后来由于脚伤不轻，而且非常疲乏，我们就在布里恩茨湖畔的伊塞尔特瓦尔德住下。为了准备继续上路，我们在这里住了约有一星期。然后经由因特拉肯和锡门塔尔回到了日内瓦。1903——

1904年那个冬天特别苦,神经都被折磨坏了,想松散一下,暂时忘掉一切事情和牵挂。山地帮了我们的忙。新鲜的景物,山地的空气,幽寂的生活,有益的疲劳和充分的睡眠,这一切都大大促进了弗拉基米尔·伊里奇的健康。他又恢复了精力、朝气和愉快的情绪。我们住在布雷湖畔度过了8月份,弗拉基米尔·伊里奇和波格丹诺夫在那里一起拟定了进一步同孟什维克作斗争的计划。"——276。

248 蒙列波出自俄国作家米·叶·萨尔蒂科夫-谢德林的特写集《蒙列波避难所》,其中描写了没落地主普罗戈列洛夫如何在俄国新兴资产者的排挤下,躲进他那衰败腐朽的蒙列波庄园苟延残喘的情景。列宁在这里把自己休憩的地方戏称为"蒙列波"。——278。

249 指1902年出版的霍布森的《帝国主义》一书。列宁的译文没有出版,译文手稿也没有保存下来。——279。

250 开完党的第五次(伦敦)代表大会后,列宁在斯季尔苏坚(现列宁格勒州维堡区奥泽尔基村)灯塔附近的尼·米·克尼波维奇的别墅里休息了几个星期。——281。

251 指《反对抵制(摘自社会民主党政论家的笔记)》一文(见本版全集第16卷)。——282。

252 开完斯图加特国际社会党代表大会以后,列宁住在芬兰库奥卡拉的"瓦萨"别墅。他过去为躲避沙皇密探的追捕也曾在那里住过。——284。

253 德·伊·乌里扬诺夫当时在莫斯科省谢尔普霍夫县利皮季诺村担任地方自治局的医生。——284。

254 《教育》杂志(《Образование》)是俄国一种合法的文学、科普和社会政治性刊物(月刊),1892—1909年在彼得堡出版。初期由瓦·德·西波夫斯基和瓦·瓦·西波夫斯基主编,从1896年起由亚·雅·奥斯特罗戈尔斯基负责编辑。在1902—1908年间,该杂志刊载过社会民主党人的文章。1906年第2期发表了列宁的《土地问题和"马克思的批评家"》

这一著作的第 5—9 章(见本版全集第 5 卷)。——286。

255　俄国第一次革命失败后,由于沙皇警察的追捕,列宁不得不于 1907 年 11 月离开库奥卡拉,来到奥盖尔比(在赫尔辛福斯附近)。后来,因布尔什维克中央决定把《无产者报》迁至国外出版,列宁就离开了奥盖尔比。他在斯德哥尔摩住了几天,于 1908 年 1 月 7 日来到日内瓦。这是列宁第二次流亡国外,一直到 1917 年 4 月才回国。——286。

256　《同志报》(《Товарищ》)是俄国资产阶级报纸(日报),1906 年 3 月 15 日(28 日)—1907 年 12 月 30 日(1908 年 1 月 12 日)在彼得堡出版。该报打着"无党派"的招牌,实际上是左派立宪民主党人的机关报。——287。

257　指列宁为《格拉纳特百科词典》写的条目《19 世纪末俄国的土地问题》。限于书报检查制度,这一条目未被刊载。此文于 1918 年由莫斯科生活和知识出版社出了单行本(见本版全集第 17 卷)。——287。

258　《言语报》(《Речь》)是俄国立宪民主党的中央机关报(日报),1906 年 2 月 23 日(3 月 8 日)起在彼得堡出版。——289。

259　列宁还是为《卡尔·马克思(1818—1883)。纪念马克思逝世二十五周年(1883—1908)》文集写了一篇文章——《马克思主义和修正主义》(见本版全集第 17 卷)。——290。

260　这里是指日内瓦"读者协会"俱乐部。要在这个俱乐部的图书馆里借书,就要加入俱乐部,交纳一定的会费。1904—1905 年,列宁离开此地回俄国前,就曾在这个图书馆里借阅过书。——290。

261　指米·谢·克德罗夫领导的种子出版社。1907 年这个出版社曾着手出版三卷本的列宁文集《十二年来》。但只出了第 1 卷和第 2 卷的第 1 分册。它还出版了纪念马克思逝世 25 周年的文集以及《1908 年大众历书》,这本历书中登有列宁的《斯图加特国际社会党代表大会》一文(见本版全集第 16 卷)。——290。

262　列宁在他的《土地问题和"马克思的批评家"》一文中引用过这本书（见本版全集第5卷第157页）。——292。

263　列宁必须凭结婚证书才能向瑞士警察司申请居住权。——292。

264　指《社会民主党在1905—1907年俄国第一次革命中的土地纲领》（见本版全集第16卷）一书的手稿。这部著作是列宁在1907年11—12月写的，曾收在列宁的文集《十二年来》第2卷第2分册里。但是这本书在印刷所里就被警察没收并销毁了。只保存下来一本，而且结尾部分还缺了几页。1908年7月23日（8月5日）《无产者报》第33号发表了这一著作的一部分。全书在1917年第一次出版。——294。

265　这里所说的弗·德·邦契-布鲁耶维奇同林多夫（加·达·莱特伊仁）的口角是怎么回事，没有查明。——294。

266　显然是指列宁的《俄国资本主义的发展》一书增订第2版（彼得堡智神星出版社1908年3月出版）的稿费。——295。

267　1908年1月初，列宁从瑞典去日内瓦路过莱比锡。——295。

268　1908年4月下旬，列宁到意大利卡普里岛阿·马·高尔基那里住了几天。——296。

269　1908年5月列宁在伦敦英国博物馆为写作《唯物主义和经验批判主义》一书进行研究工作。——296。

270　指《社会民主党在1905—1907年俄国第一次革命中的土地纲领》一书。可能是列宁想让将于1908年8月在日内瓦召开的俄国社会民主工党中央全会的参加者看看这本书。列宁的请求是否实现，没有查明。——297。

271　迪亚布勒雷是瑞士伯尔尼州、瓦利斯州、沃州边界上的伯尔尼阿尔卑斯山脉的西部群山，最高峰海拔3 209米。——300。

272 引自俄国诗人亚·谢·普希金的抒情诗《英雄》。这首诗采取"诗人"和"友人"对话的形式,诗中的"诗人"认为:拿破仑冒着生命危险去传染病院同患黑死病的士兵握手表示慰问一事,虽经历史学家考证并非事实,但一句"令人鼓舞的谎言",要比千万个"卑微的真理"更加可贵。此处列宁是反普希金诗原意引用的。——302。

273 1908年10月列宁去布鲁塞尔参加社会党国际局会议,没有去意大利。——302。

274 指出版《唯物主义和经验批判主义》一书。这本书列宁曾打算交给格拉纳特兄弟出版公司出版。——304。

275 从列宁的《唯物主义和经验批判主义》一书的第1版中可以看到,"僧侣主义"一词大都改成了"信仰主义",不过有些地方没有改。列宁也曾建议用一个专门术语"萨满主义"来代替这个词。安·伊·乌里扬诺娃-叶利扎罗娃在1909年1月27日的信中就此事写道:"改'萨满主义'已经晚了。再说这个词难道好一些吗?"这封信里所提到的注解加在俄文第1版序言里,以后各版也都保留未动(见本版全集第18卷第8页)。——307。

276 指乌里扬诺夫一家住在波多利斯克时的好友维·亚·列维茨基。列宁把自己1900年夏天离开波多利斯克后所去的那个地方写错了,那个地方是乌法,不是克拉斯诺亚尔斯克。——309。

277 弗·德·邦契-布鲁耶维奇要在他1907年创办的生活和知识出版社出版《唯物主义和经验批判主义》一书是有困难的,因为当时出版社还没有站住脚。——310。

278 补充材料的手稿没有保存下来。这里指的是关于埃里希·贝歇尔的著作《精密自然科学的哲学前提》1907年莱比锡德文版的注释。列宁在注释中说,他在写完《唯物主义和经验批判主义》以后才读到这本著作(见本版全集第18卷第304页)。——311。

279　由于《无产者报》转移到巴黎出版,列宁一家也从日内瓦迁往巴黎。——312。

280　列宁的《唯物主义和经验批判主义》一书被ЛЛ.克鲁姆比尤格尔办的环节出版社接受出版。出版合同是用安·伊·乌里扬诺娃-叶利扎罗娃的名义签订的,由她签字。据乌里扬诺娃-叶利扎罗娃在给《无产阶级革命》杂志编辑部的一封信中说,合同规定:书出3 000册,每1印张4万字母,每印张稿费100卢布,赠送作者50册。——312。

281　这里开列的《唯物主义和经验批判主义》一书校样中的全部排印错误,在书出版以前就改正了。——317。

282　提到的这份电报没有保存下来,列宁发电报询问母亲的病情。——318。

283　列宁所指的在条样中脱漏的那几页,后来收到了,收到的是版样(见本卷第181号文献)。——320。

284　列宁指安·伊·乌里扬诺娃-叶利扎罗娃对他询问母亲康复情况的回电。——320。

285　指法国谢肉节狂欢的最后一天。这一天在天主教徒封斋前一天,星期二。——324。

286　"一时的马克思主义者"系套用俄国诗人尼·阿·涅克拉索夫的长诗《一时的骑士》的诗题。——330。

287　指《唯物主义和经验批判主义》一书第2章第1节《"自在之物"或切尔诺夫对恩格斯的驳斥》第2段开头的一句话。安·伊·乌里扬诺娃-叶利扎罗娃把这句话中的"较诚实的论敌"改成了"较有原则的论敌"(见本版全集第18卷第95页)。——332。

288　信中谈到的是1909年3月15—23日举行的法国邮电职工的罢工。——334。

289 这一排印错误在《唯物主义和经验批判主义》一书第 1 版的"最重要的勘误"里没有指明,也没有在正文中改正。《列宁全集》俄文第 3 版首次作了改正(见本版全集第 18 卷第 314 页)。——339。

290 列宁急于要出版《唯物主义和经验批判主义》一书,是因为 1909 年 6 月将要举行《无产者报》扩大编辑部(实际上的布尔什维克中央)会议,会上将同亚·亚·波格丹诺夫及其追随者展开决战。——343。

291 指玛·伊·乌里扬诺娃准备参加巴黎索邦语言专修班的法语教师资格考试一事。——344。

292 指列宁的《唯物主义和经验批判主义》一书。该书是 1909 年 4 月 18 日(5 月 1 日)由 Л.克鲁姆比尤格尔的环节出版社在莫斯科出版的。——345。

293 指在《唯物主义和经验批判主义》中提到的威廉·詹姆斯《实用主义。某些旧思想方法的新名称》一书书名(见本版全集第 18 卷第 358 页)的排印错误。——346。

294 列宁从 Л.克鲁姆比尤格尔那里得到了《唯物主义和经验批判主义》的全部稿费。——346。

295 列·谢·佩列斯当时在参加《唯物主义和经验批判主义》一书校样的校对工作。——346。

296 指将要举行的《无产者报》扩大编辑部会议。这个会议根据列宁的倡议于 1909 年 6 月 8—17 日(21—30 日)在巴黎举行。出席会议的有俄国社会民主党第五次(伦敦)代表大会布尔什维克代表选出的布尔什维克中央 9 名委员,以及彼得堡、莫斯科区域和乌拉尔三个组织的代表。会议谴责了召回主义和最后通牒主义,认为它是工人运动内部有害的和危险的思潮。召回派、最后通牒派和造神派的领袖亚·亚·波格丹诺夫被开除出布尔什维克组织(有关这次会议的列宁文献,见本版全集第 19 卷《〈无产者报〉扩大编辑部会议文献》)。——346。

297　1909年7月底至8月，列宁曾同娜·康·克鲁普斯卡娅和她的母亲伊丽莎白·瓦西里耶夫娜以及玛·伊·乌里扬诺娃一起在巴黎附近的邦邦村（塞纳—马恩省）休养。——346。

298　《俄国报》(《Россия》)是俄国黑帮报纸（日报），1905年11月—1914年4月在彼得堡出版。从1906年起成为内务部的机关报。

　　　　这里指的可能是报道1909年10月国家杜马讨论土地规划法案情况的那几号《俄国报》。——353。

299　套中人是俄国作家安·巴·契诃夫的同名小说的主人公别利科夫的绰号。此人对一切变动担惊害怕、忧心忡忡，一天到晚总想用一个套子把自己严严实实地包起来。后被喻为因循守旧、害怕变革的典型。——353。

300　指伊·伊·斯克沃尔佐夫-斯捷潘诺夫。列宁1913年1月25日以后给阿·马·高尔基的一封信中谈到了斯克沃尔佐夫-斯捷潘诺夫那个时期的立场（见本版全集第46卷第149号文献）。列宁在1909年给伊·伊·斯克沃尔佐夫-斯捷潘诺夫的信，有两封（1909年12月2日和16日）保存下来了（见本版全集第45卷第175号和第177号文献）。——353。

301　列宁前往布鲁塞尔是为了出席社会党国际局第十一次会议。1909年11月7日他在会上就荷兰社会民主工党分裂问题发言，并投票赞成让代表荷兰工人运动左翼的荷兰马克思主义者（"论坛派"）参加国际。11月8日列宁参加了社会党国际局各国议会委员会的会议，然后返回巴黎。——353。

302　1909年11月15日，里亚布申斯基出版的莫斯科工业家的报纸《俄国晨报》刊登了一条造谣中伤的简讯《马·高尔基被开除出社会民主党》。11月17日《俄国晨报》在《马克西姆·高尔基被开除》的总标题下刊登了列宁的信中提到的所谓"访问记"。《言语报》及俄国的和外国的其他资产阶级报纸也都随之大肆渲染，扩散谣言。为了辟谣，列宁写了《资产阶级报界关于高尔基被开除的无稽之谈》一文（见本版全集第19

卷）。——354。

303 《闪电报》(《L'Eclair》)是法国资产阶级的报纸(日报)，1888—1925 年在巴黎出版。——354。

304 《柏林每日小报》即《柏林每日小报和商业日报》(《Berliner Tageblatt und Handelszeitung»)，是德国资产阶级报纸，1872—1939 年出版。——354。

305 安·伊·乌里扬诺娃-叶利扎罗娃和丈夫马·季·叶利扎罗夫、母亲玛·亚·乌里扬诺娃曾经住在彼得堡近郊萨布林诺车站附近的萨布林诺村。1906 年列宁在那里住过。——355。

306 俄国自然科学家和医生第十二次代表大会于 1909 年 12 月 28 日—1910 年 1 月 6 日在莫斯科召开，大会期间开了统计工作者分组会议。——357。

307 指 1906 年 11 月 9 日(22 日)颁布的斯托雷平土地法令《关于农民土地占有和土地使用现行法令的几项补充决定》。根据这项法令，农民有权退出村社建立田庄(关于斯托雷平的土地政策，详见本版全集第 16 卷第 185—397 页)。——357。

308 列宁给统计工作者的吁请书的手稿没有保存下来。这个吁请书复制后分发给了统计工作者，其中一份在 1909 年警察搜查玛·伊·乌里扬诺娃的住处时被抄走。吁请书全文见本版全集第 45 卷第 176 号文献。——357。

309 指巴黎格雷万蜡像馆，这里塑造的人物形象惟妙惟肖，服饰逼真。——359。

310 瑞维西是离巴黎不远的一个市镇，那里有个飞机场。列宁常骑自行车去那里看飞行表演；他对航空很感兴趣。——360。

311 这里说的就是《各县土地规划委员会工作概况(1907—1908)》这一本

书。另一本书是没有的。——361。

312　指俄国社会民主工党中央委员会全体会议召开在即。这次全会通称
　　　"统一"全会,是1910年1月2—23日(1月15日—2月5日)在巴黎举
　　　行的(参看本版全集第19卷《政论家札记》一文)。——361。

313　在1909—1910年的冬天德·伊·乌里扬诺夫摔断了腿,锁骨也受伤了
　　　(参看本卷第206号文献)。——362。

314　德·伊·乌里扬诺夫的棋题载于《1909年〈田地〉画报文学、科普每月
　　　附刊》第1卷第3期第553栏。《田地》画报见注94。——365。

315　信中提到的象棋是列宁的父亲自己在车床上加工制作的。玛·亚·乌
　　　里扬诺娃把这副象棋作为珍贵的纪念品寄给列宁。第一次世界大战爆
　　　发后,列宁在从加利西亚迁往瑞士时把这副象棋丢了。——366。

316　列宁于1910年9月才在瑞典斯德哥尔摩同玛·亚·乌里扬诺娃和
　　　玛·伊·乌里扬诺娃会面(见本卷第215号文献)。——368。

317　指1910年俄国社会民主工党中央一月("统一")全会以后党内斗争的
　　　尖锐化。列宁在1910年4月11日给阿·马·高尔基的信中谈到这件
　　　事(见本版全集第45卷第192号文献)。——373。

318　这是一张印有默东森林风景的明信片,列宁寄给当时住在弟弟德·
　　　伊·乌里扬诺夫那里的母亲。德·伊·乌里扬诺夫那时在莫斯科省谢
　　　尔普霍夫县米赫涅沃车站附近的利皮季诺村担任地方自治局医生。
　　　——373。

319　娜·康·克鲁普斯卡娅回忆道:"默东是一个小市镇,距离巴黎9公里。
　　　夏天,每逢节日都有成千的巴黎人去那里,在大自然的怀抱里消磨时
　　　光。平日,我们常到那里去,舒畅舒畅心情,沿着美丽的默东森林骑自
　　　行车互相追逐。"——374。

320　这句话在信里是用法文写的,是法国革命时期人们相互间的问候语。

——374。

321　指1910年8月28日——9月3日在哥本哈根举行的第二国际第八次代表大会。列宁积极参加了大会的工作(见本版全集第19卷《哥本哈根代表大会俄国社会民主党代表团关于合作社的决议草案》和《哥本哈根国际社会党人代表大会关于合作社问题的讨论》等文)。——377。

322　当时列宁有两部土地问题的著作:《社会民主党在1905——1907年俄国第一次革命中的土地纲领》和《19世纪末俄国的土地问题》(见本版全集第16卷和第17卷),列宁在找人出版其中的一部。——378。

323　指哪篇文章,没有查明。这个时期的《现代世界》杂志没有刊载过列宁的文章。不过据弗·德·邦契-布鲁耶维奇说,编辑部曾讨论过列宁的一篇文章(见载于1930年《无产阶级革命》杂志第4期上的安·伊·乌里扬诺娃-叶利扎罗娃为《列宁家书集(1910——1916年)》所写的序言)。

　　《现代世界》杂志(«Современный Мир»)是俄国的文学、科学和政治刊物(月刊),1906——1918年在彼得堡出版。——378。

324　这里显然是指同出版家格·费·李沃维奇洽谈出版列宁的土地问题著作的事。李沃维奇在1905年和1906年出版过列宁译的卡·考茨基的《伯恩施坦与社会民主党的纲领。反批评》一书。——379。

325　《明星报》(«Звезда»)是俄国布尔什维克的合法报纸,1910年12月16日(29日)——1912年4月22日(5月5日)在彼得堡出版。起初每周出版一次,从1912年1月21日(2月3日)起每周出版两次,从1912年3月8日(21日)起每周出版三次,共出了69号。由于《明星报》经常被没收,1912年2月26日(3月10日)出版了《涅瓦明星报》,共出了27号,1912年10月5日(18日)停刊。列宁在《明星报》和《涅瓦明星报》上发表了约50篇文章。——379。

326　《思想》杂志(«Мысль»)是俄国布尔什维克的合法的哲学和社会经济刊物(月刊),1910年12月——1911年4月在莫斯科出版,共出了5期。该杂志是根据列宁的倡议,为加强对取消派合法刊物的斗争和用马克思主义教育先进工人和知识分子而创办的。《思想》杂志头 4 期刊载了 6 篇列宁的文章。《思想》杂志最后一期即第 5 期被没收,杂志也被查封。不久《启蒙》杂志在彼得堡出版,它实际上是《思想》杂志的续刊。——379。

327 指列宁没有任何生活来源时领取的党内"薪金"。——380。

328 这次社会党国际局会议于 1911 年 9 月 23—24 日在苏黎世召开。列宁在会上支持罗·卢森堡,反对德国社会民主党人的机会主义立场。——384。

329 列宁在瑞士的几个城市作了题为《斯托雷平和革命》的报告:9 月 26 日在苏黎世,9 月 28 日在伯尔尼,10 月 2 日在日内瓦。——384。

330 取消派、托洛茨基派和调和派破坏 1912 年 1 月 18—30 日在布拉格举行的俄国社会民主工党第六次全国代表会议的一切企图遭到失败以后,他们就发动反对代表会议决议的活动,破坏决议的威信(关于俄国社会民主工党第六次全国代表会议,可参看本版全集第 21 卷注 89)。——386。

331 "像牛奶浇过一样"是俄国诗人尼·阿·涅克拉索夫的《绿色的喧哗》一诗中的诗句。——387。

332 这次搬迁没有实现。列宁全家于 1912 年 6 月 23 日从巴黎迁往克拉科夫,以便同俄国建立更为密切的联系,加强对布尔什维克杜马党团和《真理报》编辑部工作的领导。——387。

333 列宁到什么地方去了,没有查明。据柏林俄国社会民主党档案馆的负责人 Г.М.维亚兹缅斯基说,列宁于 1912 年夏天曾到过这个档案馆,在那里找到了他寻找很久的 1907 年的《俄国社会民主工党中央委员会通报》。列宁在信中谈到的可能就是这次柏林之行。——388。

334 1912 年 5 月 7 日,玛·伊·乌里扬诺娃和安·伊·乌里扬诺娃-叶利扎罗娃因俄国社会民主工党(布)萨拉托夫组织案件在萨拉托夫被捕。

——388。

335　1912年5月17日(30日)的《言语报》登载了下面一则电讯:"萨拉托夫
5月16日电:18名铁路职员住处被搜查。"另据5月10日(23日)的《言
语报》报道:"萨拉托夫5月9日电,宪兵队搜查并逮捕了16人,其中主
要是工人。"——389。

336　玛·伊·乌里扬诺娃因俄国社会民主工党(布)萨拉托夫组织案件被判
处流放阿斯特拉罕省。由于亲属的请求,流放地改为北方的沃洛格达
省。——394。

337　《平等》杂志(«Die Gleichheit»)是德国社会民主党的双周刊,德国女工
运动的机关刊物,后来也是国际妇女运动的机关刊物,1890—1925年
在斯图加特出版。1892—1917年克·蔡特金任该刊主编。——398。

338　《真理报》(«Правда»)是俄国布尔什维克的合法报纸(日报),1912年4
月22日(5月5日)起在彼得堡出版。《真理报》是群众性的工人报
纸,依靠工人自愿捐款出版,拥有大批工人通讯员和工人作者(它在
两年多时间内就刊载了17 000多篇工人通讯),同时也是布尔什维克
党的实际上的机关报。《真理报》还担负着党的很大一部分组织工
作,如约见基层组织的代表,汇集各工厂党的工作的情况,转发党的
指示等。列宁在国外领导《真理报》,他筹建编辑部,确定办报方针,
组织撰稿力量,并经常给编辑部以工作指示。1912—1914年,《真理
报》刊登了300多篇列宁的文章。《真理报》经常受到沙皇政府的迫
害。1914年7月8日(21日),即在第一次世界大战开始前夕,《真理
报》被禁止出版。1917年二月革命后,《真理报》于3月5日(18日)
复刊,成为俄国社会民主工党中央委员会和彼得堡委员会的机关报。
——402。

339　按常例,逢大赦流放期可以缩短三分之一,但是只有那些得到当地行政
当局良好评语的流放者才能这样。大多数沃洛格达流放者的流放期都
缩短了三分之一。——403。

340 列宁此行显然同他1913年4月26日在莱比锡作《俄国群众情绪的高涨和社会民主党人的任务》的专题报告有关。——405。

341 指德·伊·乌里扬诺夫给列宁的回信,列宁曾征求他对娜·康·克鲁普斯卡娅治疗的意见。列宁的这封信没有保存下来。玛·亚·乌里扬诺娃1913年4月30日写给玛·伊·乌里扬诺娃的信中提到这封信:"刚才收到沃洛佳的信,其中还有写给米嘉的。他告诉米嘉,说虽然娜嘉接连做了三个星期的电疗,可是眼睛、脖子、心脏并不见好。有些熟人建议把娜嘉送到伯尔尼去找科赫尔,说他是治这种病的妙手神医,一定能把病治好,说不治很危险,病情很严重,将来会不可救药…… 沃洛佳现在很为难,他考虑是不是要离开别墅,要知道,别墅在山上,山地的空气非常好,他们正是遵照别人的劝告搬到那里去让娜嘉疗养的。要是找科赫尔,科赫尔是个外科医生,他可能要给娜嘉开刀;可是很多人说,这种手术很困难,结果怎样还是问题…… 因此沃洛佳问问米嘉的意见…… 米嘉当时没有见到信,过了两天他来了,读完信就翻阅他的医学书,作了摘录,又和这里的一个什么人研究了一番,昨天刚发了一封挂号信。"——406。

342 巴塞多氏病即甲状腺功能亢进症,由德国医师卡尔·巴塞多于1840年第一次描述,因此得名。——407。

343 《启蒙》杂志(《Просвещение》)是俄国布尔什维克的合法的社会政治和文学月刊,1911年12月—1914年6月在彼得堡出版,共出了27期。该杂志是根据列宁的倡议,为代替被沙皇政府查封的布尔什维克刊物——在莫斯科出版的《思想》杂志而创办的,受以列宁为首的国外编辑委员会的领导。出版杂志的实际工作,由俄国国内的编辑委员会负责。在不同时期参加国内编辑委员会的有:安·伊·乌里扬诺娃-叶利扎罗娃、列·米·米哈伊洛夫、米·斯·奥里明斯基、А.А.里亚比宁、马·亚·萨韦利耶夫、尼·阿·斯克雷普尼克等。从1913年起,《启蒙》杂志文艺部由马·高尔基领导。《启蒙》杂志作为布尔什维克机关刊物,曾同取消派、召回派、托洛茨基分子和资产阶级民族主义者进行过斗争,登过列宁的28篇文章。第一次世界大战前夕,《启蒙》杂志被沙皇政府查封。1917 年秋复刊后,只出了一期(双刊号),登载了列宁的《布尔什维克能保持国家政权吗?》和《论修改党纲》两篇文章。——407。

344 《真理报》纪念专号是指在《真理报》出版一周年时出版的 1913 年 4 月 23 日(5 月 6 日)《真理报》第 92 号,载有列宁的《〈真理报〉创刊一周年纪念(工人对工人报纸的支持)》和《谈谈总结和事实》两篇文章(见本版全集第 23 卷)。——408。

345 指 1913 年 4 月 21 日(5 月 4 日)举行的彼得堡五金工会理事会的选举。参加这次选举会的人数达 800 人,还有 400 多人由于会场容纳不下而未能参加。布尔什维克提出的理事会的候选人名单在《真理报》第 91 号上发表并在与会者中间散发。多数与会者不顾取消派提出的"不分派别"地进行选举的要求,投票赞成《真理报》公布的名单。当选的 14 名理事中,有 10 名是布尔什维克名单中的。新当选的理事会发电报给列宁,称他是"工人阶级的真正领袖"。——408。

346 指《真理报》于 1913 年 7 月 5 日被沙皇政府查封。同年 7 月 13 日,《真理报》用新名称《工人真理报》出版。——413。

347 1913 年 9 月,德文版四卷本《马克思和恩格斯通信集》问世。列宁曾打算就这部通信集写一篇大文章,在 1914 年的《启蒙》杂志上刊载。1913 年 12 月 14 日(27 日)的《无产阶级真理报》对此作了报道。但是由于这篇文章没有写完,所以当时没有发表。1920 年 11 月 28 日恩格斯诞辰 100 周年时,题为《马克思和恩格斯通信集》的这篇文章在《真理报》上发表(见本版全集第 24 卷)。列宁阅读《马克思和恩格斯通信集》时作的提要,见本版全集第 58 卷。——414。

348 1914 年 1 月中旬,列宁从克拉科夫前往巴黎。他在巴黎布尔什维克的会议上就社会党国际局企图干预俄国社会民主工党内部事务的问题讲了话,随后在纪念 1905 年 1 月 9 日事件的两个群众大会上讲了话,并在地理学会大厅以《民族问题》为题作了专题报告。然后列宁从巴黎去

布鲁塞尔参加拉脱维亚边疆区社会民主党第四次代表大会。他代表俄
国社会民主工党中央委员会在代表大会上作了报告,尖锐地批评了拉
脱维亚社会民主党中央委员会在同取消派斗争问题上采取的机会主义
立场,坚决反对代表大会上出现的调和主义倾向。列宁还为代表大会
代表了民族问题的专题报告,阐述布尔什维主义在这一问题上的理
论与策略。代表大会闭幕后,列宁在列日和莱比锡作了《民族问题》专
题报告。1914 年 2 月 6 日,列宁返回克拉科夫。——419。

349 列宁的《论民族自决权》一文写于 1914 年 2—5 月,4—6 月在《启蒙》杂
志第 4、5、6 期上连载(见本版全集第 25 卷)。——421。

350 指 B.扬—斯基(斯·斯·丹尼洛夫)对弗·列维茨基(弗·奥·策杰尔
包姆)《奥古斯特·倍倍尔的生平和事业(1840—1913)》(1914 年圣彼
得堡版)一书的评论,载于 1914 年《启蒙》杂志第 1 期。——421。

351 指《女工》杂志。
　　《女工》杂志(《Работница》)是在列宁参加下创办的一个合法刊物,
1914 年 2 月 23 日(3 月 8 日)—6 月 26 日(7 月 9 日)在彼得堡出版,共
出了 7 期。该杂志编辑部的成员有伊·费·阿尔曼德、娜·康·克鲁
普斯卡娅、柳·尼·斯塔尔、安·伊·乌里扬诺娃-叶利扎罗娃、康·
尼·萨莫伊洛娃、O.B.库杰利和 C.J.尼古拉耶娃。关于《女工》杂志出
版的情况,见娜·康·克鲁普斯卡娅给安·伊·乌里扬诺娃-叶利扎罗
娃的信(本卷《附录》第 49 号文献)。——422。

352 指 1914 年 1 月 23 日在巴黎地理学会大厅作的《民族问题》专题报告。
——422。

353 贝利斯案件是沙皇政府和黑帮分子迫害俄国一个砖厂的营业员犹太人
门·捷·贝利斯的冤案。贝利斯被控出于宗教仪式的目的杀害了信基
督教的俄国男孩 A.尤申斯基,而真正的杀人犯却在司法大臣伊·格·
舍格洛维托夫的庇护下逍遥法外。贝利斯案件的侦查工作从 1911 年
持续到 1913 年。黑帮分子企图利用贝利斯案件进攻民主力量,并策动

政变。俄国先进的知识分子以及一些外国社会活动家则仗义执言,为贝利斯辩护。1913 年 9—10 月在基辅对贝利斯案件进行审判。俄国许多城市举行了抗议罢工。布尔什维克还作好准备,一旦贝利斯被判刑,就在彼得堡举行总罢工。贝利斯终于被宣告无罪。——425。

354 列宁和娜·康·克鲁普斯卡娅参加了塔·格·舍甫琴柯诞生 100 周年纪念晚会。——425。

355 米·萨德科《论流放者成分》这篇短文载于 1913 年《启蒙》杂志第 11 期。这个杂志没有刊登过这个题目的其他文章。——427。

356 指列宁于 1914 年 8 月在波罗宁被捕这件事。当时列宁住在奥地利的波罗宁,由于有人诬告列宁从事间谍活动,宪兵在 8 月 7 日搜查了列宁的住宅,并勒令列宁到军事当局所在地新塔尔格县城报到。第二天,列宁一到新塔尔格就被捕入狱。波兰社会民主党人和奥地利国会议员竭力营救,列宁于 8 月 19 日获释,并获准离开奥地利到中立国瑞士去。1914 年 9 月 5 日,列宁和娜·康·克鲁普斯卡娅及其母亲到达瑞士。——428。

357 指为《格拉纳特百科词典》撰写的《卡尔·马克思(传略和马克思主义概述)》(见本版全集第 26 卷)这一词条。列宁于 1914 年春着手撰写这一词条,后因忙于党的工作和《真理报》的工作而不得不中途搁笔,并于 1914 年 7 月 8 日(21 日)写了这封请编辑部另择作者的信。格拉纳特出版社百科词典编辑部秘书于 7 月 12 日(25 日)回信恳请列宁继续担任这一词条的撰稿人,说他们翻遍了俄国人乃至外国人的名单,实在物色不到作者。回信还强调列宁撰写这一词条对于该词典的有民主思想的读者极为重要,并提出可以推迟交稿日期。列宁答应了编辑部的这一请求,但是不久第一次世界大战就爆发了,直到 1914 年 9 月他移居伯尔尼以后,才又重新动笔。整个词条于 11 月初定稿,11 月 4 日(17 日)寄给了编辑部。

　　1915 年出版的《格拉纳特百科词典》(第 7 版)第 28 卷刊载了这一词条(非全文),署名为:弗·伊林。词条全文于 1925 年首次按手稿发表于列宁《论马克思恩格斯及马克思主义》文集(见本版全集第 26 卷第

47—95页）。——429。

358　列宁的担心被证实了。他的大部分图书和档案在他离开后被宪兵搜去,交给了华沙总参谋部。1954年,档案中的某些材料在波兰被发现,并移交给了苏共中央马克思列宁主义研究院。——429。

359　在第一次世界大战期间,格·瓦·普列汉诺夫采取了社会沙文主义立场,维护孟什维克的护国策略,得到资产阶级报刊的称赞。——429。

360　指《启蒙》杂志准备复刊。安·伊·乌里扬诺娃-叶利扎罗娃在1915年4月11日给玛·伊·乌里扬诺娃的信中写道:"我们打算在夏天出一两期杂志"。同年4月23日,安娜·伊里尼奇娜在信中写道:"我们常常谈到杂志的复刊,确切些说是谈到夏天出的那一期的问题,以便不丧失杂志的出版权,但是直到现在还没有真正动手。沃洛佳非常渴望报章杂志。"——429。

361　《现代世界》杂志1914年第9期刊登了尼·约尔丹斯基的极端沙文主义的文章《胜利一定到来!》。——429。

362　玛·伊·乌里扬诺娃请列宁打听战俘阿·罗森费尔特的下落。1915年1月上旬,列宁曾给维·阿·卡尔宾斯基写信,打听日内瓦有没有可以查询拘押在德国的俄国战俘的机构(见本版全集第47卷第47号文献)。——430。

363　指德国社会民主党内机会主义的考茨基中派多数派同左翼激进派之间的分裂。——435。

364　《光线》杂志(《Lichtstrahlen》)是德国社会民主党人左派集团——"德国国际社会党人"的机关刊物(月刊),1913—1921年在柏林不定期出版。尤·博尔夏特任该杂志主编,参加杂志工作的还有安·潘涅库克、安·伊·巴拉巴诺娃等人。——435。

365　1915年6月初,列宁和娜·康·克鲁普斯卡娅由伯尔尼到山村泽伦堡,他们在那里住了一夏天。——436。

366　这封信没有保存下来。列宁寻找出版人,是为了出版他在 1915 年写成的《关于农业中资本主义发展规律的新材料。第一编。美国的资本主义和农业》(见本版全集第 27 卷)。安·伊·乌里扬诺娃-叶利扎罗娃在 1915 年 2 月 27 日给玛·伊·乌里扬诺娃的信中谈的显然就是为这本书找出版人的问题,她写道:"谢谢你为沃洛佳的著作奔忙,根据这种情况,我就先不同邦契订合同了(他提出印数 3 000 本,1 印张 50 卢布)。"

　　列宁曾于 1914 年 2 月 27 日和 5 月 18 日分别写信给在纽约的经济学家伊·阿·古尔维奇和尼·尼·纳科里亚科夫,从中可以看出,他早已着手研究美国的农业统计材料了(见本版全集第 46 卷第 288 号和 320 号文献)。

　　1915 年底列宁完成该书后,把手稿寄到彼得格勒交马·高尔基转孤帆出版社(见本版全集第 47 卷第 179 号文献)。列宁的这本著作于 1917 年由生活和知识出版社出版。——436。

367　后来查明,打听到的是一个同名同姓的人。乌里扬诺夫家关心的阿·罗森费尔特在前线阵亡了。——438。

368　1916 年 2 月 21 日,安·伊·乌里扬诺娃-叶利扎罗娃在给玛·伊·乌里扬诺娃的信中写道:"收到娜嘉一封信,她说,女房东烦得他们受不住了;他们到处奔波,但是没有找到其他的房子,因而打算到苏黎世去几个星期,在那里的图书馆看看书。关于这次旅行和小风波的事,娜嘉写得津津有味。"乌里扬诺娃-叶利扎罗娃提到的娜·康·克鲁普斯卡娅的信没有保存下来。——438。

369　列宁写的安·伊·乌里扬诺娃-叶利扎罗娃住院是一句暗语,实际上是指她在 1916 年 7 月 21 日被捕一事。她于 10 月获释后被驱逐到阿斯特拉罕省,因病留在彼得堡。1916 年冬季,她被搜查过两次,没有查出什么。1917 年 2 月她再次被捕(虽然这一次也没有被搜查到什么)。二月革命爆发几天后,被革命人民解救。——440。

370　指《帝国主义是资本主义的最高阶段》一书的手稿。该书于 1916 年夏写成,6月19日(7月2日)经巴黎寄给了彼得格勒孤帆出版社。根据马·高尔基的倡议,孤帆出版社当时准备出一套介绍第一次世界大战期间西欧各国情况的通俗丛书。丛书的主编是当时在巴黎的米·尼·波克罗夫斯基,列宁就是通过他同出版社联系的。波克罗夫斯基没有收到书稿,只得给他再寄第二次。高尔基在1916年9月29日给波克罗夫斯基的信中说,列宁的这本书"的确很出色",可单独出版。然而孤帆出版社编辑部中的孟什维克却对列宁的书稿作了不少修改,如删去了对卡·考茨基和尔·马尔托夫的尖锐批评,把列宁原用的"发展成为"一词(资本主义发展成为帝国主义)改为"变成","反动性"一词("超帝国主义"论的反动性)改为"落后性"等等。1917年中,这本书在彼得格勒用《帝国主义是资本主义的最新阶段(通俗的论述)》的书名由生活和知识出版社第一次印成单行本,书中附有列宁于1917年4月26日写的序言(见本版全集第27卷)。——441。

371 指列宁的《关于农业中资本主义发展规律的新材料。第一编。美国的资本主义和农业》一书。列宁本打算写作并出版关于德国和奥地利的两编,已经着手准备。1914年8月7日在波罗宁被搜查时,给抄走了三本关于德国、奥地利、匈牙利的土地制度的统计资料。列宁写第二编即关于德国的一编的打算没有实现。——441。

372 见注33。——446。

373 信中附有娜·康·克鲁普斯卡娅拟的写作计划。关于出版《教育词典》的事,参看《克鲁普斯卡娅教育论文集》(10卷本)1957年俄文版第1卷第351—354页。——446。

374 列宁指他的《国家与革命(马克思主义关于国家的学说与无产阶级在革命中的任务)》一书(见本版全集第31卷)。这部书写于1917年8—9月间,那时列宁已转入地下(先后住在拉兹利夫和赫尔辛福斯)。——448。

375 列宁向玛·伊·乌里扬诺娃推荐这些书,是因为她打算写一部关于英国工人运动的著作。——449。

376　指1917年《启蒙》杂志第1—2期合刊,该期刊载了列宁的文章《论修改党纲》(见本版全集第32卷)。——450。

377　《斯巴达克》杂志(《Спартак》)是俄国社会民主工党莫斯科区域局、莫斯科委员会和莫斯科郊区委员会(从第2期起)的理论刊物,1917年5月20日—10月29日(6月2日—11月11日)在莫斯科出版。——450。

378　娜·康·克鲁普斯卡娅当时以教育人民委员部指导员的身份在全俄中央执行委员会"红星"号巡回宣传指导轮上工作。船上有宣传员和一些人民委员部的代表。该轮从下诺夫哥罗德巡行至彼尔姆,在沿岸各城市、村庄、工厂和集镇停泊。关于这次航行,克鲁普斯卡娅写有详细的日记(见《克鲁普斯卡娅教育论文集》(10卷本)1957年俄文版第1卷第56—67页和1963年增订版第11卷第727—757页)。列宁转给克鲁普斯卡娅的维·马·波兹涅尔的电报内容是:教育工作者和社会主义文化工作者工会临时执委会通知她有关召开全俄教育工作者和社会主义文化工作者第一次代表大会事宜以及请她作《教育工作者中的新干部与居民中的工作》报告的问题。——451。

379　娜·康·克鲁普斯卡娅在谈到她和列宁的通信时说:"1919年7月9日的信是我保存下来的弗拉基米尔·伊里奇的唯一的一封亲笔信。我们很少分开。在伊里奇坐牢时和流放的第一年他单独生活时,以及我在乌法时,我们的信很频繁。但是,那时的来往书信几乎都是用化学方法写的,看过之后马上就小心翼翼地烧掉了。1919年我随'红星'号巡回宣传指导轮外出了两个月。当时由于轮船经常换地方,来往书信很不方便。我收到伊里奇的几封信,除一封以外,其余的都按秘密活动时的老习惯读后就烧掉了。"但后来又发现了列宁发往"红星"号巡回宣传指导轮的给她的一份电报和一封信(见本卷第270、271号文献)。——452。

380　指莫斯科市郊的哥尔克。列宁第一次去哥尔克是在1918年9月24日或 25 日。起初他在休息日才去那里。后来由于医生的坚持,他在那里住了较长一段时间。——452。

381 列宁的这份电报是对娜·康·克鲁普斯卡娅下述电报的答复:"莫斯科列宁同志收。今天来到喀山,我很健康,工作非常多。还要往前走。你们身体好吗? **乌里扬诺娃** 1919 年 7 月 10 日于喀山"。——455。

382 固守亚速是一个俄国历史典故。亚速原为鞑靼人入侵俄国的据点,1637 年为哥萨克占领。1641 年 6 月土耳其和鞑靼联军围困亚速。哥萨克在那里固守了一年之久,直到 1642 年夏才撤离。这里是把固守亚速作为困居一地的譬喻。——474。

383 大概是指《俄国社会民主党人抗议书》(见本版全集第 4 卷)。——492。

384 这封信是娜·康·克鲁普斯卡娅写的,列宁作了批注。在信中向玛·伊·乌里扬诺娃谈了俄国社会民主工党中央委员会内部分歧加深的情况。

　　关于党内斗争的经过参看《1903—1905 年列宁和他领导的俄国社会民主工党机关与党组织的来往信件》1975 年俄文版第 2 卷,其中收载的大部分文献涉及这一问题。——512。

385 玛·伊·乌里扬诺娃的来信未保存下来。列宁和克鲁普斯卡娅从不保存亲属的来信,只摘抄下信中有关事务的内容。——512。

386 指列宁的《进一步,退两步(我们党内的危机)》(见本版全集第 8 卷)。——512。

387 列宁列举的是鲜明勾画出孟什维克立场的几号《火星报》。——513。

388 列宁请玛·伊·乌里扬诺娃打听并告知格·马·克尔日扎诺夫斯基(斯米特)的地址。当时后者正在玛·伊·乌里扬诺娃居住的基辅。——513。

389 这里说的是 1909 年 10 月 5 日在巴黎举行的抗议西班牙当局判处弗·

费雷尔-瓜迪亚死刑的 10 万人大示威。由于西班牙政府动员两万名后备兵入伍，并要把他们派往摩洛哥，1909 年 7 月在西班牙巴塞罗那等地爆发了起义。西班牙社会活动家费雷尔-瓜迪亚因被指控领导这次起义而被判处死刑，1909 年 10 月 13 日被处决。这一事件在世界许多国家引起了抗议浪潮。——514。

390 这是俄国作家安·巴·契诃夫的小说《套中人》的主人公别利科夫的一句口头禅，形象地说明了他害怕一切新事物的特点。这里是借用来说明沙皇政府对革命者的迫害。参看注 299。——519。

人 名 索 引

A

阿·弗·——见斯克利亚连科,阿列克谢·巴甫洛维奇。

阿波·亚历·;阿波利纳里娅·亚历山德罗夫娜——见雅库波娃,阿波利纳里娅·亚历山德罗夫娜。

阿尔达舍夫,德米特里·亚历山德罗维奇(德·亚·)(Ардашев, Дмитрий Александрович (Д. А.) 1864 — 1915)——列宁的表兄;职业是公证人。——17。

阿尔达舍娃,Е. Н.(Ардашева, Е. Н.)——德·亚·阿尔达舍夫的妻子。——17。

阿尔马佐夫,П.(Алмазов, П.)——《我国的革命》一书的作者。——293。

阿基莫夫(**马赫诺韦茨**),弗拉基米尔·彼得罗维奇(Акимов(Махновец), Владимир Петрович 1872 — 1921)——俄国社会民主党人,经济派代表人物。19世纪90年代中期加入彼得堡民意社,1897年被捕,1898年4月流放叶尼塞斯克省,9月逃往国外,成为国外俄国社会民主党人联合会领导人之一。1903年代表联合会出席了俄国社会民主工党第二次代表大会,是反火星派分子,会后成为孟什维克极右翼代表。斯托雷平反动时期脱党。——157。

阿列菲耶夫,维克多林·谢瓦斯季亚诺维奇(Арефьев, Викторин Севастьянович 1875 — 1901)——19世纪90年代初参加**俄**国革命运动。1894年被捕并流放至维亚特卡,后又流放至米努辛斯克专区卡扎钦斯科耶村。先后为《维亚特卡日报》、《维亚特卡边疆区》、《东方评论》和《西伯利亚生活》等报刊撰稿,因此被逐出卡扎钦斯科耶村。流放期满后加入社会革命党。——158。

阿列克谢耶夫,尼古拉·亚历山德罗维奇(Алексеев,Николай Александрович 1873—1972)——俄国社会民主党人,火星派分子,布尔什维克。1897 年加入彼得堡工人阶级解放斗争协会。1898 年初被捕并流放维亚特卡省斯洛博茨克市,为期四年,1899 年从流放地逃往国外。1900—1905 年住在伦敦,先后加入国外俄国社会民主党人联合会和俄国革命社会民主党人国外同盟。俄国社会民主工党第二次代表大会后是布尔什维克驻伦敦的代表。十月革命后在苏维埃和党的机关工作。1921 年 7 月起在克拉斯诺亚尔斯克任省政治教育委员会主任。——259。

阿列克辛斯基,格里戈里·阿列克谢耶维奇(Алексинский,Григорий Алексеевич 1879—1967)——俄国社会民主党人,1905—1907 年革命期间是布尔什维克。第二届国家杜马彼得堡工人代表。斯托雷平反动时期是召回派分子、派别性的卡普里党校的讲课人和"前进"集团的组织者之一。第一次世界大战期间是社会沙文主义者,曾为多个资产阶级报纸撰稿。1917 年加入孟什维克统一派;七月事变期间伙同特务机关伪造文件诬陷列宁和布尔什维克。1918 年逃往国外,投入反动营垒。——295。

阿柳什克维奇,尼古拉·奥西波维奇(Алюшкевич,Николай Осипович 生于 1873 年)——1892 年在彼得堡参加革命运动,1893 年因组织工人中心小组案被捕受审。1897 年因在诺夫哥罗德筹建印刷所再次被捕,1898 年被判处流放东西伯利亚五年。——136。

阿米奇斯,埃德蒙多(De Amicis,Edmondo 1846—1908)——意大利作家。1894 年起为意大利社会党党员。其作品《同学们》由安·伊·乌里扬诺娃-叶利扎罗娃译成俄文,于 1898 年在莫斯科出版。——82、94。

阿纳托利;阿纳托利·亚历山德罗维奇——见瓦涅耶夫,阿纳托利·亚历山德罗维奇。

阿尼亚;阿纽塔——见乌里扬诺娃-叶利扎罗娃,安娜·伊里尼奇娜。

阿维洛夫,波里斯·瓦西里耶维奇(Авилов,Борис Васильевич 1874—1938)——俄国社会民主党人,新闻工作者,统计学家。1904 年加入俄国社会民主工党。1905 年代表哈尔科夫布尔什维克《前进报》小组出席党的第三次代表大会,对孟什维克采取调和主义态度。同年参与组织和领导哈尔科夫武装起义。曾为布尔什维克报刊撰稿。1917 年退党,为《新生活

报》撰稿,后加入孟什维克国际主义派。1918年脱离政治活动,从事统计
工作。——184。

埃·埃·;埃尔维·埃内·;埃尔维拉·埃内斯托夫娜——见罗森贝格,埃尔
维拉·埃内斯托夫娜。

安·马·;安东·马·——见罗森贝格,安东尼娜·马克西米利安诺夫娜。

安德列耶夫,列昂尼德·尼古拉耶维奇(Андреев,Леонид Николаевич
1871—1919)——俄国作家。——318。

安德列耶娃,玛丽亚·费多罗夫娜(Андреева,Мария Федоровна 1868—
1953)——俄国女演员,社会活动家,高尔基的妻子和助手。1904年加入
俄国社会民主工党。参加过1905年革命,是布尔什维克《新生活报》的出
版人。多次完成列宁委托的党的各种任务。十月革命后曾任彼得格勒剧
院等娱乐场所的政治委员,在对外贸易人民委员部系统工作,参加苏维埃
影片生产的开创工作。1931—1948年任莫斯科科学工作者之家主任。
——288。

安娜·伊里尼奇娜——见乌里扬诺娃-叶利扎罗娃,安娜·伊里尼奇娜。

奥·亚·;奥丽珈·亚历山德罗夫娜——见帕佩廖克,奥丽珈·亚历山德罗
夫娜。

奥古斯塔·巴甫洛夫娜——见涅夫佐罗娃,奥古斯塔·巴甫洛夫娜。

奥加诺夫斯基,尼古拉·彼得罗维奇(Огановский,Николай Петрович 生于
1874年)——俄国经济学家和统计学家。1921—1924年任俄罗斯联邦农
业人民委员部统计局局长。写过一些土地问题著作。——432。

奥杰斯基,费多尔(Одесский,Федор)——359。

奥斯卡尔——见恩格贝格,奥斯卡尔·亚历山德罗维奇。

B

巴甫洛夫斯基,伊万·雅柯夫列维奇(Павловский,Иван Яковлевич)——德
俄词典和俄德词典的编纂者。——23、143、171。

巴季尔——见斯塔尔科夫,瓦西里·瓦西里耶维奇。

巴扎罗夫(**鲁德涅夫**),弗拉基米尔·亚历山德罗维奇(Базаров(Руднев),
Владимир Александрович 1874—1939)——1896年参加俄国社会民主主

义运动。1904—1907 年是布尔什维克,曾为布尔什维克报刊撰稿。斯托雷平反动时期背弃布尔什维主义,宣传造神说和经验批判主义,是用马赫主义修正马克思主义的主要代表人物之一。1917 年是孟什维克国际主义者,《新生活报》的编辑之一;反对十月革命。1921 年起在国家计划委员会工作。晚年从事文艺和哲学著作的翻译工作。——313、320。

拜比吉,查理(Babbage, Charles 1792—1871)——英国数学家和力学家。1828—1839 年任剑桥大学数学教授。——153。

邦契——见邦契-布鲁耶维奇,弗拉基米尔·德米特里耶维奇。

邦契-布鲁耶维奇,弗拉基米尔·德米特里耶维奇(邦契)(Бонч-Бруевич,Владимир Дмитриевич(Бонч)1873—1955)——19 世纪 80 年代末参加俄国革命运动,1896 年侨居瑞士。在国外参加劳动解放社的活动,为《火星报》撰稿。俄国社会民主工党第二次代表大会后是布尔什维克。1903—1905 年在日内瓦领导俄国社会民主工党中央委员会发行部,组织出版布尔什维克的书刊(邦契-布鲁耶维奇和列宁出版社)。以后几年从事布尔什维克报刊和党的出版社的组织工作。积极参加彼得格勒十月武装起义,是斯莫尔尼—塔夫利达官区的警卫长。十月革命后任人民委员会办公厅主任(至 1920 年 10 月,其间曾兼任反破坏、抢劫和反革命行动委员会主席)、生活和知识出版社总编辑,后任莫斯科卫生局所属林中旷地国营农场场长,同时从事科学研究和著述活动。——291、294、309、310、441。

鲍威尔,奥托(Bauer, Otto 1882—1938)——奥地利社会民主党和第二国际领袖之一,"奥地利马克思主义"理论家。1918 年 11 月—1919 年 7 月任奥地利共和国外交部长。敌视俄国十月革命。1920 年在维也纳出版反布尔什维主义的《布尔什维主义还是社会民主主义?》一书。——292。

贝德克尔,卡尔(Baedeker(Bädeker), Karl 1801—1859)——德国图书出版发行者。莱茵省、中德、北德和南德以及瑞士等地旅行指南的编者,这些书以资料准确著称。——113、216。

贝多芬,路德维希·范(Beethoven, Ludwig van 1770—1827)——德国作曲家。——417。

贝尔,麦克斯(Beer, Max 1864—1943)——德国社会主义史学家。——414、449。

贝利斯，门德尔·捷维奥维奇（Бейлис，Мендель Тевиович 生于 1873 年）——
俄国基辅一家砖厂的营业员，犹太人。1911 年遭诬告，被指控为举行宗教
仪式杀了一名信奉基督教的儿童。沙皇政府力图借此诉讼案煽起反犹太
人运动。此案延续了两年多，在人民群众的抗议下，贝利斯终于在 1913 年
被宣告无罪。——425。

贝歇尔，埃里希（Becher，Erich 1882—1929）——德国哲学家。——316。

彼·伯——见司徒卢威，彼得·伯恩哈多维奇。

彼得·库兹米奇——见扎波罗热茨，彼得·库兹米奇。

编辑——见司徒卢威，彼得·伯恩哈多维奇。

表兄——见克拉辛，格尔曼·波里索维奇。

别尔托夫，恩·——见普列汉诺夫，格奥尔吉·瓦连廷诺维奇。

别佐布拉佐夫，弗拉基米尔·巴甫洛维奇（Безобразов，Владимир Павлович
1828—1889）——俄国经济学家。——88。

波波娃，奥丽珈·尼古拉耶夫娜（Попова，Ольга Николаевна 1848—1907）——
俄国图书出版家。在她出版的《新言论》杂志 1897 年 4—7 月第 7—10 期
上刊登了列宁的《评经济浪漫主义》；在 10 月第 1 期上刊登了列宁的《论报
纸上的一篇短文》。她还出版了由列宁和娜·康·克鲁普斯卡娅在流放地
翻译的韦伯夫妇的《英国工联主义的理论和实践》一书。—— 165、
176、219。

波波娃，克拉夫季娅·加甫里洛夫娜（Попова，Клавдия Гавриловна）——俄
国克拉斯诺亚尔斯克的一个家庭主妇。1897 年 3 月 4 日—4 月 30 日，列
宁在去舒申斯克村之前，曾住在她的家里。——31、57、71。

波格丹诺夫（**马林诺夫斯基**），亚历山大·亚历山德罗维奇（Богданов（Мали-
новский），Александр Александрович 1873 — 1928）——俄国社会民主党
人，哲学家，社会学家，经济学家；职业是医生。19 世纪 90 年代参加社会
民主主义小组。1903 年成为布尔什维克。作为多数派委员会常务局成员
参加了俄国社会民主工党第三次代表大会的筹备工作，在代表大会上当选
为中央委员。曾参加布尔什维克机关报《前进报》和《无产者报》编辑部，是
布尔什维克《新生活报》的编辑。在斯托雷平反动时期和新的革命高涨年
代领导召回派，是"前进"集团的领袖。在哲学上宣扬经验一元论。1909

年 6 月因进行派别活动被开除出党。十月革命后是无产阶级文化派的思想家。1926 年起任由他创建的输血研究所所长。——86、89、192、196、284、301、313、329、330、332、335。

波克罗夫斯基,米哈伊尔·尼古拉耶维奇(Покровский, Михаил Николаевич 1868—1932)——1905 年加入俄国社会民主工党,历史学家。曾积极参加 1905—1907 年革命。1907 年在党的第五次(伦敦)代表大会上当选为候补中央委员。1908—1917 年侨居国外。斯托雷平反动时期参加召回派和最后通牒派,后加入"前进"集团,1911 年与之决裂。第一次世界大战期间持国际主义立场,从事布尔什维克书刊的出版工作,曾编辑出版列宁的《帝国主义是资本主义的最高阶段》一书。1917 年 8 月回国,参加了莫斯科武装起义。十月革命后任莫斯科苏维埃主席,俄罗斯联邦副教育人民委员以及共产主义科学院、红色教授学院和中央国家档案馆等单位的领导人。——452。

波斯尼科夫,亚历山大·谢尔盖耶维奇(Посников, Александр Сергеевич 1846—1921)——俄国经济学家,敖德萨大学和彼得格勒工学院政治经济学教授。——37、48。

波特列索夫,亚历山大·尼古拉耶维奇(出版家;书商;亚·尼·)(Потресов, Александр Николаевич(Издатель, Книгопродавец, А. Н.)1869—1934)——俄国孟什维克领袖之一。19 世纪 90 年代初参加俄国马克思主义小组。1896 年加入彼得堡工人阶级解放斗争协会,后被捕,1898 年流放维亚特卡省。1900 年出国,参与创办《火星报》和《曙光》杂志。在俄国社会民主工党第二次代表大会上是《火星报》编辑部有发言权的代表,属火星派少数派,会后是孟什维克刊物的主要撰稿人和领导人。斯托雷平反动时期和新的革命高涨年代是取消派思想家,在《复兴》杂志和《我们的曙光》杂志以及孟什维克取消派的其他报刊中起领导作用。第一次世界大战期间是社会沙文主义者。十月革命后侨居国外,为克伦斯基的《白日》周刊撰稿,攻击苏维埃政权。——19、38、104、213、216。

波兹涅尔,维克多·马尔科维奇(Познер, Виктор Маркович 1877—1957)——1917 年加入俄国社会民主工党(布)。哲学博士,教授。——451、452。

伯恩施坦,爱德华(Bernstein, Eduard 1850—1932)——德国社会民主党和第二国际右翼领袖之一,修正主义的代表人物。1881—1890年任党的中央机关报《社会民主党人报》编辑。从90年代中期起完全同马克思主义决裂。1896—1898年以《社会主义问题》为题在《新时代》杂志上发表一组文章,1899年发表《社会主义的前提和社会民主党的任务》一书,从经济、政治和哲学方面对马克思主义的理论和策略作了全面的修正。第一次世界大战期间持中派立场。1917年参加德国独立社会民主党,1919年公开转到右派方面。1918年十一月革命失败后出任艾伯特—谢德曼政府的财政部长助理。——189、191、196、204、207、208。

博宾斯基(Бобинский)——460。

博克,伊万·伊万诺维奇(Бок, Иван Иванович 1848—1916)——俄国统计学家。19世纪70年代为内务部中央统计委员会编辑。《1868年欧俄工厂工业统计资料》(即《俄罗斯帝国统计年鉴》第2辑第6编)的编者。——33。

博里涅维奇,А.С.(Бориневич, А.С. 1855—1946)——1878年起任数学教员。1879年因参加革命小组被捕并流放东西伯利亚。1883年从流放地回来后在地方自治机关做统计工作,后来在敖德萨领导统计工作。写有许多统计学著作。——88。

博罗维科夫斯基,亚历山大·李沃维奇(Боровиковский, Александр Львович 1844—1905)——俄国政论家和法学家。——109。

布尔加柯夫,谢尔盖·尼古拉耶维奇(Булгаков, Сергей Николаевич 1871—1944)——俄国经济学家、哲学家和神学家。19世纪90年代是合法马克思主义者,后来成了"马克思的批评家"。修正马克思关于土地问题的学说,企图证明小农经济稳固并优于资本主义大经济,用土地肥力递减规律来解释人民群众的贫困化。1905—1907年革命失败后追随立宪民主党,为《路标》文集撰稿。1918年起是正教司祭。1923年侨居国外。——89、97、141、171、184、185、188、189、191、199、206、208、209。

布尔热,保尔(Bourget, Paul 1852—1935)——法国作家。他的剧本《街垒》攻击工人革命运动。——362。

布哈林,尼古拉·伊万诺维奇(Бухарин, Николай Иванович 1888—1938)——1906年加入俄国社会民主工党,1908年起任党的莫斯科委员会委员。1909—1910年几度被捕,1911年从流放地逃往欧洲。在国外开始著述活

动,参加欧洲工人运动,1915 年为《共产党人》杂志撰稿。1917 年二月革命
后回国。十月革命后任《真理报》主编。1918 年初反对签订布列斯特和
约,是"左派共产主义者"集团的领袖。1919 年起先后当选为党中央政治
局候补委员和政治局委员,共产国际执行委员会委员和主席团委员。
1920—1921 年工会问题争论期间领导"缓冲"派。——450、459。

布拉热耶夫斯基,M.B.(Блажеевский,M.B.1831—1897)——波兰华沙工人,
1863 年波兰起义的参加者。1894 年因在工人中进行革命宣传被捕,1895
年流放东西伯利亚。晚年加入社会民主党。——64。

布劳恩,亨利希(Braun,Heinrich 1854—1927)——德国社会民主党人,新闻
工作者。德国社会民主党理论刊物《新时代》杂志的创办人之一,《社会立
法和统计学文库》杂志及其他一些刊物的编辑,国会议员。——48、79、
132、226。

布洛斯,威廉(Blos,Wilhelm 1849—1927)——德国历史学家和政论家,德国
社会民主党党员;属于社会民主党国会党团右翼。著有《1789—1804 年的
法国革命》和《德国 1848 年革命史》。——133、147。

C

柴可夫斯基,彼得·伊里奇(Чайковский,Петр Ильич 1840—1893)——俄国
作曲家。——269。

车尔尼雪夫斯基,尼古拉·加甫里洛维奇(Чернышевский,Николай Гаври-
лович 1828—1889)——俄国革命民主主义者和空想社会主义者,作家,文
学评论家;俄国社会民主主义先驱之一,俄国 19 世纪 60 年代革命运动的
领袖和思想鼓舞者。——337。

出版家——见波特列索夫,亚历山大·尼古拉耶维奇。

出版商——见沃多沃佐娃,玛丽亚·伊万诺夫娜。

D

达维多夫,И.A.(Давыдов,И.A.1866—1942)——莫斯科第一批马克思主义
小组的参加者。因进行革命活动多次被捕和流放。1900 年出版《什么是
经济唯物主义?》一书。1920 年加入俄共(布)。——216。

大婶;"大婶"——见卡尔梅柯娃,亚历山德拉·米哈伊洛夫娜。

丹尼尔逊,尼古拉·弗兰策维奇(尼·—逊)(Даниельсон, Николай Францевич (Н.—он)1844—1918)——俄国经济学家,政论家,自由主义民粹派理论家。接替格·亚·洛帕廷译完了马克思的《资本论》第1卷(1872年初版),以后又译出第2卷(1885)和第3卷(1896)。在翻译该书期间同马克思和恩格斯有过书信往来。但不了解马克思主义的实质,认为马克思主义理论不适用于俄国,资本主义在俄国没有发展前途;主张保存村社土地所有制,维护小农经济和手工业经济。1893年出版了《我国改革后的社会经济概况》一书,论证了自由主义民粹派的经济观点。——24。

丹斯基,Б.Г.(科马罗夫斯基,康斯坦丁·安东诺维奇;X)(Данский, Б.Г. (Комаровский, Константин Антонович, Х.)生于1883年)——1901年加入波兰社会党,1911年加入俄国社会民主工党。曾为《明星报》和《真理报》撰稿。1913—1914年任《保险问题》杂志编辑。十月革命后主管《真理报》的一个专栏,在国营萨哈林石油瓦斯工业托拉斯工作。1923—1926年任《保险问题》杂志主编,后在苏联驻维也纳全权代表处工作。——421。

德·亚·——见阿尔达舍夫,德米特里·亚历山德罗维奇。

德·伊·;德米特里·伊里奇——见乌里扬诺夫,德米特里·伊里奇。

杜·-巴·——见杜冈-巴拉诺夫斯基,米哈伊尔·伊万诺维奇。

杜布歇(Dubouchez)——外科医生。——347。

杜冈-巴拉诺夫斯基,米哈伊尔·伊万诺维奇(杜·-巴·)(Туган-Барановский, Михаил Иванович (Т.-Б.)1865—1919)——俄国经济学家和历史学家,19世纪90年代是合法马克思主义的代表人物。1905—1907年革命期间加入立宪民主党。十月革命后成为乌克兰反革命势力的骨干分子,1917—1918年任乌克兰中央拉达财政部长。——24—25、79、141、146、150、162、171、195。

多勃科维奇,В.И.(Добкович, В.И.1868—1937)——俄国牙科医生。俄国第一个牙科医生协会会员。——22。

E

恩格贝格,奥斯卡尔·亚历山德罗维奇(奥斯卡尔)(Энгберг, Оскар Александрович(Оскар)1874—1955)——俄国普梯洛夫工厂工人。因参加革命活动,1897 年 10 月被流放东西伯利亚,与列宁同在舒申斯克村。1899 年和另外 16 名社会民主党人一起,在列宁起草的反对经济派《信条》的《俄国社会民主党人抗议书》上签了名。流放期满后,到维堡当旋工,帮助运送火星派的出版物。——90、213。

恩格尔哈特,М.Н.(Энгельгардт,М.Н.)——《摊牌》一文的作者。——210。

恩格斯,弗里德里希(Engels,Friedrich 1820—1895)——科学共产主义创始人之一,世界无产阶级的领袖和导师,马克思的亲密战友。——73、355。

F

法朗士,阿纳托尔(**蒂博,雅克·阿纳托尔**)(France,Anatole(Thibaut,Jacques Anatole)1844—1924)——法国作家。——295。

菲德列尔,费多尔·费多罗维奇(Фидлер,Федор Федорович 1859—1917)——《德语语法》一书的编者。——143。

菲拉列特(**德罗兹多夫,瓦西里·米哈伊洛维奇**)(Филарет (Дроздов,Василий Михайлович) 1783—1867)——俄国正教教会反动代表人物,农奴制的狂热维护者。1826 年起任莫斯科都主教。《正教教义问答》的作者。——7。

菲力波夫,米哈伊尔·米哈伊洛维奇(Филиппов,Михаил Михайлович 1858—1903)——俄国学者,哲学家,作家;曾追随合法马克思主义者。1894 年创办《科学评论》杂志,并编辑该杂志至 1903 年。晚年致力于一项重要发明,在进行远距离爆炸波输电实验时因发生爆炸而牺牲。——218、219。

菲力浦二世(Felipe II 1527—1598)——西班牙国王(1556—1598)。——203。

费杜洛娃,安娜·И.(Федулова,Анна И.)——俄国医生。先后在巴尔瑙尔和托木斯克工作。——228、232。

费多谢耶夫,尼古拉·叶夫格拉福维奇(尼·叶·;尼·叶·费·)(Федосеев, Николай Евграфович (Н.Е.,Н.Е.Ф.)1871—1898)——俄国最早的马克思主义宣传家之一,马克思主义小组的组织者和领导人。1889 年 7 月被捕。此后一生都在狱中和流放地度过,但始终与各城市的马克思主义者保持联系。写有一些马克思主义著作。在俄国马克思主义者中最先同自由主义民粹派思想家尼·康·米海洛夫斯基展开论战;并由此开始和列宁通信,直至 1898 年自杀。——38、55、73、83、110、114、116、136、146。

弗·;弗·乌·;弗·乌里扬诺夫;弗·伊·;弗·伊·乌·;弗·伊林;弗拉基·乌里扬诺夫——即列宁,弗拉基米尔·伊里奇。

弗兰科特,奥古斯特(Francotte,August)——153。

弗勒利希,Н.Н.(Фрелих,Н.Н.)——俄国律师。1894 年在彼得堡时与民意社保持联系,并参加了印发传单的工作。1898 年被捕并被判处流放东西伯利亚五年。——136。

弗里德曼,С.М.(Фридман,С.М.)——俄国米努辛斯克一位医生的妻子;流放者们利用她的住址收取书刊和汇款。——113、118。

福维尔,阿尔弗勒德(Foville,Alfred 1842—1913)——法国经济学家和统计学家。《法国经济。分析统计和比较统计。1887—1889 年》一书的作者。——24。

G

盖得,茹尔(巴西尔,马蒂厄)(Guesde,Jules(Basile,Mathieu)1845—1922)——法国工人运动和国际工人运动活动家,法国工人党创建人之一,第二国际的组织者和领袖之一。1901 年与其拥护者建立了法兰西社会党,该党于 1905 年同改良主义的法国社会党合并,盖得为统一的法国社会党领袖之一。1920 年法国社会党分裂后,支持少数派立场,反对加入共产国际。——197。

高尔基,马克西姆(彼什科夫,阿列克谢·马克西莫维奇)(Горький,Максим(Пешков,Алексей Максимович)1868—1936)——苏联作家和社会活动家,社会主义现实主义文学的奠基人,苏联文学的创始人。——255、262、288、302、309、354、380、395、452、455。

戈尔德曼——见哥列夫,波里斯·伊萨科维奇。

戈尔登贝格,约瑟夫·彼得罗维奇(梅什科夫斯基)(Гольденберг,Иосиф Петрович(Мешковский)1873—1922)——俄国社会民主党人。俄国社会民主工党第二次代表大会后是布尔什维克。国外俄国社会民主党人联合会成员。1905—1907 年革命期间参加了布尔什维克所有报刊编辑部的工作,是俄国社会民主工党中央委员会负责同其他党派和组织联系的代表。

1907 年在党的第五次(伦敦)代表大会上当选为中央委员。1910 年进入中央委员会俄国局,对取消派采取调和主义态度。第一次世界大战期间是护国派分子。1917—1919 年参加新生活派。1920 年重新加入布尔什维克党。——294。

戈拉——见洛兹加切夫,格里戈里·雅柯夫列维奇。

戈洛文,康斯坦丁·费多罗维奇(Головин, Константин Федорович 1843—1913)——俄国小说家和政论家。在《不要进步的农夫或不要农夫的进步》一书及其他作品中维护大土地占有制和君主制的利益。——22。

哥列夫(**戈尔德曼**),波里斯·伊萨科维奇(Горев(Гольдман), Борис Исаакович 1874—1937)——俄国社会民主党人。19 世纪 90 年代中期参加革命运动,彼得堡工人阶级解放斗争协会会员。1897 年被捕并被流放到奥廖克明斯克。1905 年是俄国社会民主工党彼得堡委员会委员,布尔什维克。1907 年转向孟什维克。在俄国社会民主工党第五次(伦敦)代表大会上代表孟什维克当选为候补中央委员。曾为孟什维克取消派的《社会民主党人呼声报》和《我们的曙光》杂志撰稿。1912 年参加托洛茨基在维也纳召开的反布尔什维克的八月代表会议,在会上被选入组委会。1917 年二月革命后为孟什维克《工人报》编辑之一、孟什维克中央委员会委员和第一届中央执行委员会委员。1920 年 8 月声明退出孟什维克组织。后在高等院校从事教学工作。——136。

哥伦布——见拉拉扬茨,伊萨克·克里斯托福罗维奇。

格尔松,В.Л.(Герсон, В.Л. 1891—1941)——1917 年加入俄国社会民主工党(布)。1918 年 8 月起在全俄肃反委员会工作。1922 年任国家政治保卫局主席费·埃·捷尔任斯基的秘书和国家政治保卫局办公厅主任助理。后在内务人民委员部机关工作。——461。

格拉福夫(Графов)——1—2。

格拉纳特,亚历山大·瑙莫维奇(Гранат, Александр Наумович 1861—1933)和格拉纳特,伊格纳季·瑙莫维奇(Гранат, Игнатий Наумович 1863—1941)——俄国出版家。兄弟二人在 1892 年主持由一批科学工作者在莫斯科创办的出版社,编辑出版《格拉纳特百科词典》。——287、290、304、428、431、435、442。

格里戈里耶夫，米哈伊尔·格奥尔吉耶维奇（Григорьев，Михаил Георгиевич
1871—1934）——俄国社会民主党人，喀山费多谢耶夫革命小组组员。
1891—1893年在下诺夫哥罗德做革命工作，1894年流放萨马拉。1895—
1896年参加萨马拉的马克思主义小组，为《萨马拉新闻》撰稿。1896年5
月再次被捕，1897年流放阿尔汉格尔斯克省。流放期满后脱离政治活动。
——129、141。

格里戈里耶娃，纳塔莉娅·亚历山德罗夫娜（Григорьева，Наталья Алексан-
дровна 生于1865年）——俄国最早献身工人运动的女工之一。1891—
1892年积极参加在彼得堡组织马克思主义小组的工作，是维堡区驻工人
中心小组的代表。1894年在纳尔瓦被捕，次年流放东西伯利亚，为期五
年。后加入社会革命党。——111。

格列勃——见克尔日扎诺夫斯基，格列勃·马克西米利安诺维奇。

格沃兹杰夫，罗曼（**齐默尔曼，罗曼·埃米利耶维奇**）（Гвоздев，Роман（Цим-
мерман，Роман Эмилиевич）1866—1900）——俄国作家。在《俄国财富》、
《生活》和《科学评论》等杂志上发表过一些短篇小说和经济论文。1896年
是《萨马拉新闻》的领导人之一。《富农经济的高利贷及其社会经济意义》
（1898）是其最出名的著作。——161、169—170、193。

龚普洛维奇，路德维希（Gumplowicz，Ludwig 1838—1909）——波兰法学家
和社会学家。在有关国家和社会学的论著中，企图掩盖阶级斗争，宣称种
族斗争是历史发展的动力；鼓吹无情地镇压革命运动。其暴力论和种族蒙
昧主义的说教，曾为法西斯分子及其信徒广泛利用。——58、117、118。

古列维奇，埃马努伊尔·李沃维奇（斯米尔诺夫，叶·）（Гуревич，Эммануил
Львович（Смирнов，Е.）生于1865年）——俄国政论家，1890年以前是民
意党人，后来成为社会民主党人；俄国社会民主工党第二次代表大会后是
孟什维克。斯托雷平反动时期和新的革命高涨年代是取消派分子，为左派
立宪民主党人的《同志报》撰稿；是孟什维克取消派的《我们的曙光》杂志的
创办人之一和撰稿人。第一次世界大战期间是社会沙文主义者。——
290、432。

H

含羞草——见乌里扬诺娃，玛丽亚·伊里尼奇娜。

豪普特曼,格哈特(Hauptmann,Gerhart 1862—1946)——德国剧作家。《织工》是其最著名剧作之一,剧中描绘了西里西亚织工的起义,反映了无产阶级在资本剥削下的悲惨情景。——14。

胡戈,C.(Hugo,C.)——韦伯夫妇合著的《英国工联主义的理论和实践》一书的德文版译者,该书德文版于1898年在斯图加特出版。——188。

胡施克,莱奥(Huschke,Leo)——德国经济学家。——292。

霍布森,约翰·阿特金森(Hobson,John Atkinson 1858—1940)——英国经济学家,资产阶级改良主义者和和平主义者。——279、442、443。

霍普芬豪斯,玛丽亚·格尔曼诺夫娜(玛·格·;玛丽亚,格尔曼诺夫娜)(Гоп-фенгауз,Мария Германовна(М. Г.,Мария Германовна)1862—1898)——尼·叶·费多谢耶夫的女友。列宁通过她同费多谢耶夫通信。她在得知费多谢耶夫自杀的消息后,也开枪自杀了。——114。

J

吉尔布雷思,弗兰克·邦克(Gilbreth,Frank Bunker 1868—1924)——美国工程师,《运动的研究(提高劳动生产率的方法)》一书的作者。——442、443。

季·巴·——见涅夫佐罗娃-克尔日扎诺夫斯卡娅,季娜伊达·巴甫洛夫娜。

季别尔,尼古拉·伊万诺维奇(Зибер,Николай Иванович 1844—1888)——俄国经济学家,政论家。曾为19世纪80年代一些激进派和自由派杂志撰稿。是马克思经济学说在俄国最早的传播者。——70。

季洛,А.Э.(Тилло,А.Э.)——俄国铁路工程师。19世纪80年代起为社会民主党人。——1。

季米里亚捷夫,德米特里·阿尔卡季耶维奇(Тимирязев,Дмитрий Аркадьевич 1837—1903)——俄国统计学家。《财政部年鉴》和《财政与工商业通报》杂志编辑。——33。

季娜;季娜伊达·巴甫洛夫娜——见涅夫佐罗娃-克尔日扎诺夫斯卡娅,季娜伊达·巴甫洛夫娜。

加琳娜——见罗兹米罗维奇,叶列娜·费多罗夫娜。

加米涅夫(**罗森费尔德**),列夫·波里索维奇(列·波·;列夫·波里索维奇)

（Каменев（Розенфельд），Лев Борисович（Л. Б.，Лев Борисович）1883—
1936）——1901年加入俄国社会民主工党，党的第二次代表大会后是布尔
什维克。曾在梯弗利斯、莫斯科、彼得堡从事宣传工作。1908年底出国，
任布尔什维克的《无产者报》编委。斯托雷平反动时期对取消派、召回派和
托洛茨基分子采取调和主义态度。1914年初回国，在《真理报》编辑部工
作，曾领导第四届国家杜马布尔什维克党团。1914年11月被捕，在沙皇
法庭上宣布放弃使沙皇政府在帝国主义战争中失败的布尔什维克口号。
1917年二月革命后反对列宁的《四月提纲》。十月革命后历任全俄中央执
行委员会主席、莫斯科苏维埃主席、国防委员会驻南方面军特派员、人民委
员会副主席、劳动国防委员会主席等重要职务。1919—1925年为党中央
政治局委员。——286、287。

加米涅夫，谢尔盖·谢尔盖耶维奇（Каменев，Сергей Сергеевич 1881—1936）
——沙俄军官，十月革命后转向苏维埃政权。1918年春起任屏障军西线
防区涅韦尔地域军事指导员，同年9月起任东方面军司令。1919年7
月—1924年4月任共和国武装力量总司令。1930年加入联共（布）。
——452。

加涅茨基（菲尔斯滕贝格），雅柯夫·斯坦尼斯拉沃维奇（Ганецкий（Фюр-
стенберг），Яков Станиславович 1879—1937）——波兰和俄国革命运动活
动家。1896年加入社会民主党。1903—1909年为波兰王国和立陶宛社
会民主党总执行委员会委员。1907年在俄国社会民主工党第五次（伦敦）
代表大会上缺席当选为中央委员。1912年波兰王国和立陶宛社会民主党
分裂后，是最接近布尔什维克的所谓分裂派的领导人之一。第一次世界大
战期间参加齐美尔瓦尔德左派。1917年是俄国社会民主工党（布）中央委
员会国外局成员。十月革命后历任俄罗斯联邦财政人民委员部部务委员、
人民银行委员和行长。1920年5月起兼任中央消费合作总社理事会理
事，6月起任对外贸易人民委员部部务委员。1920—1921年任俄罗斯联
邦驻拉脱维亚全权代表和商务代表。1921—1923年任外交人民委员部部
务委员。——460。

捷尔任斯基，费利克斯·埃德蒙多维奇（Дзержинский，Феликс Эдмундович
1877—1926）——波兰和俄国革命运动活动家，1895年加入社会民主党。

是波兰王国和立陶宛社会民主党的组织者和领导人之一。1907 年在俄国
社会民主工党第五次(伦敦)代表大会上被缺席选入中央委员会。十月革
命后任全俄肃反委员会主席。1919—1923 年兼任内务人民委员。1921—
1924 年兼任交通人民委员。1924 年起兼任最高国民经济委员会主席。
1920 年起先后任党中央组织局候补委员、委员,中央政治局候补委员。
——461。

金矿主——见马斯洛夫,彼得·巴甫洛维奇。

金兹堡,索菲娅·米哈伊洛夫娜(Гинзбург, Софья Михайловна 1863 —
1891)——俄国民意党女革命家,曾在军人和青年中进行活动。1887 —
1888 年试图重建民意党,策划刺杀亚历山大三世。1889 年被捕并被判处
死刑,后改判为终身劳役。在施吕瑟尔堡要塞自杀。——64。

K

卡布鲁柯夫,尼古拉·阿列克谢耶维奇(Каблуков, Николай Алексеевич
1849—1919)——俄国经济学家和统计学家,莫斯科大学教授,民粹主义
者。1874—1879 年在莫斯科省地方自治局统计处工作,1885—1907 年任
统计处处长;主持编写了《莫斯科省统计资料汇编》(1877—1879)。曾为
一些报刊撰稿。——72、80、150、156、173、184、186。

卡尔梅柯娃,亚历山德拉·米哈伊洛夫娜(大婶;"大婶")(Калмыкова,
Александра Михайловна(Тетка, "Тетушка")1850 — 1926)——俄国社会
活动家。参加过民意党人运动,与劳动解放社和彼得堡工人阶级解放斗争
协会有密切联系。曾参加合法马克思主义者的《新言论》杂志和《开端》杂
志编辑部工作。1889—1902 年在彼得堡开办一家通俗读物书店,该书店
成了社会民主党人的秘密接头点。为出版《火星报》和《曙光》杂志提供过
物质帮助,并资助了布尔什维克。十月革命后在列宁格勒国民教育局和乌
申斯基师范学院工作。——70、118、129、132、143、148、171、183、259。

卡拉汉(卡拉汉尼扬),列夫·米哈伊洛维奇(Карахан(Караханян), Лев
Михайлович 1889—1937)——1904 年参加俄国革命运动,1913 年在彼得
堡加入俄国社会民主工党区联组织。1917 年在俄国社会民主工党(布)第
六次代表大会上随区联派集体加入布尔什维克党。1917 年 11 月—1918

年初任苏俄布列斯特和谈代表团秘书。1918—1920年任外交人民委员部部务委员、副外交人民委员。1921—1922年任驻波兰全权代表。——460。

卡雷舍夫，尼古拉·亚历山德罗维奇（Карышев, Николай Александрович 1855—1905）——俄国经济学家和统计学家，地方自治运动活动家。写有许多经济学和统计学方面的著作，主要研究俄国农民经济问题，赞同自由主义民粹派的观点。——143。

卡缅斯基，恩·——见普列汉诺夫，格奥尔吉·瓦连廷诺维奇。

卡乔罗夫斯基，卡尔·罗曼诺维奇（Качоровский, Карл Романович 生于1870年）——俄国经济学家。19世纪90年代初加入彼得堡民意社，后参加社会革命党的报刊工作，但未正式加入该党。写有一些土地问题方面的著作。——216。

考茨基，卡尔（Kautsky, Karl 1854—1938）——德国社会民主党和第二国际的领袖和主要理论家之一。从19世纪80年代到20世纪初写过一些宣传和解释马克思主义的著作。1883—1917年任德国社会民主党理论刊物《新时代》杂志主编。俄国社会民主工党分裂后支持孟什维克。1910年以后逐渐转到机会主义立场，成为中派领袖。第一次世界大战前夕提出超帝国主义论，大战期间打着中派旗号支持帝国主义战争。1918年后发表《无产阶级专政》等书，攻击俄国十月革命，反对无产阶级专政。——176、179、180、185、186、189、290、294。

柯恩，费利克斯·雅柯夫列维奇（Кон, Феликс Яковлевич 1864—1941）——1882年参加波兰革命运动。1884年被捕，服苦役八年。1891—1904年住在东西伯利亚，从事著述和社会工作。1904年加入波兰社会党，1906年起是波兰社会党"左派"领导人之一。1907年流亡国外。1917年5月来到彼得格勒，1918年加入俄共（布）。曾在乌克兰和莫斯科担任党的负责工作。1919—1922年任乌克兰共产党（布）中央委员会书记。——64。

柯瓦列夫斯基，马克西姆·马克西莫维奇（Ковалевский, Максим Максимович 1851—1916）——俄国历史学家、法学家和社会学家，资产阶级自由派政治活动家。1878—1887年任莫斯科大学法律系教授。1887年出国。1901年和叶·瓦·罗伯蒂一起在巴黎创办俄国社会科学高等学校。1905

172、175、194、197、201、208、231、246、248、253、254、255、260、262、264、
265、267、269、272、279、281、285、287、292、299、349、355、371、372、376、
382、385、390、393、394、395、398、401、408、411、414、416、422、423、
428、431。

克鲁什维茨（Крушвиц）——1893 年承租过阿拉卡耶夫卡村田庄的土地。
——2。

克鲁托夫斯基，弗拉基米尔·米哈伊洛维奇（Arzt）（Крутовский，Владимир
Михайлович（Arzt）1856—1945）——俄国医生，住在克拉斯诺亚尔斯克。
19 世纪 80 年代接受民粹派的影响。因参加革命活动多次受到警察当局
的公开或秘密监视。——27、28。

克梅雷尔，埃德温·沃尔特（Kemmerer，Edwin Walter 1875—1945）——美
国经济学家。《技术的进步》一书的作者。——442、443。

克尼波维奇，阿波利纳里娅·伊万诺夫娜（Книпович，Аполлинария Ивановна
1860—1919）——尼·米·克尼波维奇的妻子。帮助过社会民主党组织。
——212、254。

克尼波维奇，莉迪娅·米哈伊洛夫娜（莉·米哈·；莉达；莉迪娅；莉迪娅·米
哈伊洛夫娜；莉嘉）（Книпович，Лидия Михайловна（Л. Мих.，Лида，
Лидия，Лидия Михайловна，Лидя）1856—1920）——俄国社会民主党人，
布尔什维克。19 世纪 70 年代末参加赫尔辛福斯民意党小组的革命活动，
90 年代成为社会民主党人。在《火星报》同俄国各地方组织建立联系方面
起过重要作用。在俄国社会民主工党第二次代表大会上是北方协会的代
表，属火星派多数派。1905 年任党的敖德萨委员会书记；是党的第四次
（统一）代表大会的代表。1911—1913 年在波尔塔瓦省流放。——283、
295、443。

克尼波维奇，尼古拉·米哈伊洛维奇（Книпович，Николай Михайлович
1862—1939）——苏联动物学家和社会活动家。1887 年和 1896 年因参加
革命活动先后两次被捕。1893 年被聘为彼得堡大学讲师，1899 年作为"思
想危险分子"被解聘。1911—1930 年任彼得堡女子医学院（列宁格勒第一
医学院）动物学和普通生物学教授。苏联科学院名誉院士（1935 年起）。
科学捕捞事业和苏联欧洲部分海洋考察工作的组织者，一系列渔业科学考

察队的组织者和领导者。——212。

库巴——见雅库库波娃,阿波利纳里娅·亚历山德罗夫娜。

库尔纳托夫斯基,维克多·康斯坦丁诺维奇(Курнатовский, Виктор Констан-
　　тинович 1868—1912)——1886 年起是俄国民粹派分子,不久脱离民粹派。
　　1892 年侨居国外。1893 年在瑞士加入劳动解放社。1897 年回国时被捕,
　　流放东西伯利亚。1898 年在米努辛斯克结识了列宁。1899 年 8 月在列宁
　　起草的反对经济派《信条》的《俄国社会民主党人抗议书》上签了名。1900
　　年流放期满后在梯弗利斯从事革命工作。1901 年再次被捕,监禁两年后
　　流放西伯利亚。1905—1907 年革命期间是赤塔工人、士兵和哥萨克代表
　　苏维埃的组织者,赤塔工人武装起义的领导人之一。起义失败后被捕,被
　　判处终身苦役,1906 年逃往国外。——120、142、158。

库古舍夫,叶戈尔·叶戈罗维奇(Кугушев, Егор Егорович 生于 1871 年)——
　　19 世纪 90 年代初在彼得堡工艺学院学习期间,参加了列宁的《什么是“人
　　民之友”以及他们如何攻击社会民主党人?》一书的出版工作。1898 年因
　　在工人中进行革命宣传被捕并流放维亚特卡省,在流放地继续进行革命工
　　作。——466。

库诺,亨利希(Cunow, Heinrich 1862—1936)——德国社会民主党的理论家,
　　历史学家、社会学家和民族志学家。早期倾向马克思主义,后成为修正主
　　义者。1917—1923 年任德国社会民主党理论刊物《新时代》杂志编辑。
　　——199、415。

库什涅列夫,伊万·尼古拉耶维奇(Кушнерев, Иван Николаевич)——俄国
　　大企业家,莫斯科一家印刷厂的厂主。——457。

L

拉布里奥拉,安东尼奥(Labriola, Antonio 1843—1904)——意大利哲学家,
　　马克思主义理论家和宣传家,意大利和国际工人运动活动家。19 世纪 80
　　年代末从左派黑格尔主义和赫尔巴特主义的立场转到马克思主义的立场。
　　1895 年和 1896 年先后发表《纪念〈共产党宣言〉》和《关于历史唯物主义》,
　　后来编为《论唯物主义历史观》一书的前两篇。—— 69、74、86、129、
　　130、197。

拉法格,劳拉(Lafargue,Laura 1845—1911)——法国工人运动活动家;马克思的二女儿,保·拉法格的妻子。为在法国传播马克思主义做了很多工作;与丈夫一起把《共产党宣言》译成法文,还把马克思的《政治经济学批判》、恩格斯的《路德维希·费尔巴哈和德国古典哲学的终结》以及马克思和恩格斯的其他一些重要著作译成了法文。——69。

拉甫罗夫,彼得·拉甫罗维奇(Лавров, Петр Лаврович 1823—1900)——俄国革命民粹主义思想家,社会学主观学派代表人物。《历史信札》(1868—1869)一书的作者。——293。

拉戈津,叶夫根尼·伊万诺维奇(Рагозин, Евгений Иванович 1835—1906)——俄国社会活动家,经济学家和政论家。——88。

拉拉扬茨,伊萨克·克里斯托福罗维奇(哥伦布)(Лалаянц, Исаак Христофорович(Колумб)1870—1933)——俄国社会民主主义运动的积极参加者。1888—1889年是喀山费多谢耶夫马克思主义小组成员。1893年在萨马拉参加列宁领导的马克思主义者小组。1895年参与创建叶卡捷琳诺斯拉夫工人阶级解放斗争协会。1900年春参加了第一份秘密的社会民主党报纸《南方工人报》的创刊和编辑工作。1900年4月被捕,1902年3月流放东西伯利亚,两个月后从流放地逃往国外,加入俄国革命社会民主党人国外同盟,在日内瓦主管《火星报》印刷所。俄国社会民主工党第二次代表大会后任中央驻国内代办员,1904年参与组织党中央委员会南方局。1905年代表布尔什维克进入统一的中央委员会。不久再次被捕,1913年底被终身流放伊尔库茨克省,后来脱离政治活动。1922年起在俄罗斯联邦教育人民委员部政治教育总委员会工作。——43、66、81、129、141、176、241。

拉斯克尔,埃曼努埃尔(Lasker,Emanuel 1868—1941)——德国象棋大师,哲学和数学博士。1894年获象棋世界冠军,并连续27年保持世界冠军称号。——169。

莱特伊仁,加甫里尔·达维多维奇(林多夫)(Лейтейзен, Гавриил Давидович(Линдов)1874—1919)——俄国社会民主党人,火星派分子。19世纪90年代开始革命活动,20世纪初侨居国外,加入劳动解放社,后又参加国外俄国社会民主党人联合会。曾为《火星报》和《曙光》杂志撰稿。1903年俄国社会民主工党第二次代表大会后是布尔什维克,为《前进报》、《无产者

报》等布尔什维克报刊撰稿。1907年在党的第五次(伦敦)代表大会上当
选为中央委员。斯托雷平反动时期和新的革命高涨年代参加党中央委员
会俄国局的工作。1917年二月革命后一度持孟什维克国际主义者立场,
追随新生活派。1918年初回到布尔什维克党内。同年8月起为东方面军
第4集团军革命军事委员会委员。1919年1月20日在前线被白卫分子杀
害。——284、294。

莱伊,阿贝尔(Rey,Abel 1873—1940)——法国实证论哲学家。——340。

赖钦,谢苗·格里戈里耶维奇(Райчин,Семен Григорьевич 生于1864年)——
俄国社会民主党人。19世纪80年代加入劳动解放社。1891年底受劳动
解放社委托,回国与社会民主党人组织建立联系。1892年4月被捕并流
放东西伯利亚,为期十年。1898年从米努辛斯克流放地逃跑,后脱离社会
民主主义运动。——64、107。

勒柏辛斯基,潘捷莱蒙·尼古拉耶维奇(Лепешинский,Пантелеймон Нико-
лаевич 1868—1944)——1898年加入俄国社会民主工党。1895年被捕,
后流放西伯利亚,在流放地结识列宁。1900年流放期满后为《火星报》驻
普斯科夫代办员。1902年再次被捕和流放西伯利亚。1903年底逃往国
外,在瑞士参加了俄国社会民主工党第三次代表大会的筹备工作。
1905—1907年革命期间在叶卡捷琳诺斯拉夫和彼得堡进行革命工作。积
极参加1917年二月革命和十月革命。1918年起任俄罗斯联邦教育人民
委员部部务委员、土耳其斯坦副教育人民委员。党史委员会创建人和领导
人之一。——111、120、142、191、212。

勒柏辛斯卡娅,奥丽珈·波里索夫娜(Лепешинская,Ольга Борисовна 1871—
1963)——1898年加入俄国社会民主工党。1897年随同丈夫潘·尼·勒
柏辛斯基到西伯利亚流放地,在叶尼塞斯克省库拉基诺村当医助。1919
年起在塔什干从事科研和教学工作。——120、142、212。

雷布金娜——见克鲁普斯卡娅,娜捷施达·康斯坦丁诺夫娜。

雷夫,Ф.(Рейф,Ф.)——《俄法德英对照新词典》(四卷本)的编纂者。——
162、171。

李嘉图,大卫(Ricardo,David 1772—1823)——英国经济学家,资产阶级古典
政治经济学最著名的代表人物。——24。

稿,任地方自治局秘书,当过律师。——205。

林多夫——见莱特伊仁,加甫里尔·达维多维奇。

林格林格——见林格尼克,弗里德里希·威廉莫维奇。

林格尼克,弗里德里希·威廉莫维奇(林格林格)(Ленгник,Фридрих Вильге-
льмович(Линглинг)1873—1936)——1893年参加俄国社会民主主义运
动,1896年因彼得堡工人阶级解放斗争协会案被捕并流放。1899年8月
在列宁起草的反对经济派《信条》的《俄国社会民主党人抗议书》上签了名。
流放归来后加入《火星报》组织,是筹备召开俄国社会民主工党第二次代表
大会的组织委员会委员,在代表大会上被缺席选入党中央委员会和党总委
员会。1903—1904年在国外积极参加反对孟什维克的斗争。1904年2月
回国,是党中央委员会北方局成员。1905—1907年革命后在俄国南方、莫
斯科和彼得堡做党的工作。在彼得格勒参加十月革命。十月革命后担任
负责工作。1921年起任对外贸易人民委员部部务委员。——111、114、
158、273。

柳多戈夫斯基,阿列克谢·彼得罗维奇(Людоговский,Алексей Петрович)——
《农业经济学和农业簿记原理》一书的作者。——88。

龙格,让(Longuet,Jean 1876—1938)——法国社会党和第二国际领袖之一,
政论家;沙尔·龙格和燕妮·马克思的儿子。19世纪末至20世纪初积极
为法国和国际的社会主义报刊撰稿。第一次世界大战期间领导法国社会
党中派和平主义少数派;是法国中派分子的报纸《人民报》的创办人(1916)
和编辑之一。反对法国社会党加入共产国际,反对建立法国共产党。1921
年起是第二半国际执行委员会委员。1923年起是社会主义工人国际领导
人之一。——210。

卢那察尔斯基,阿纳托利·瓦西里耶维奇(Луначарский,Анатолий Василь-
евич 1875—1933)——19世纪90年代初参加俄国社会民主主义运动。俄
国社会民主工党第二次代表大会后是布尔什维克。曾先后参加布尔什维
克的《前进报》、《无产者报》和《新生活报》编辑部。斯托雷平反动时期脱离
布尔什维克,参加"前进"集团;在哲学上宣扬造神说和马赫主义。第一次
世界大战期间持国际主义立场。1917年二月革命后参加区联派,在俄国
社会民主工党(布)第六次代表大会上随区联派集体加入布尔什维克党。

十月革命后任教育人民委员、苏联中央执行委员会学术委员会主席等职。
——330、332、335。

罗班(Robin)——409。

罗森贝格,埃尔维拉·埃内斯托夫娜(埃·埃·;埃尔维·埃内·;埃尔维
拉·埃内斯托夫娜)(Розенберг,Эльвира Эрнестовна(Э.Э.,Эльв.Эрн.,
Эльвира Эрнестовна))——格·马·克尔日扎诺夫斯基的母亲;曾随儿子
到流放地。——32、34、36、45、61、63、65、99、107、114、119、120、148、
167、199。

罗森贝格,安东尼娜·马克西米利安诺夫娜(安·马·;安东·马·;妹妹)
(Розенберг,Антонина Максимилиановна(А.М.,Ант.М.,Schwester)
1875—1941)——格·马·克尔日扎诺夫斯基的妹妹;曾随未婚夫瓦·
瓦·斯塔尔科夫到流放地,在克拉斯诺亚尔斯克的移民点当医助。——
32、34、35、37、46、51、55、61、119、120、167、199。

罗森费尔特(**罗森费尔德**),阿龙(Розенфельдт(Розенфельд),Аарон)——第一
次世界大战期间在德国的俄国战俘。——438。

罗斯梅斯勒,埃米尔·阿道夫(Roßmäßler,Emil Adolf 1806—1867)——德
国自然科学家和作家。——203。

罗斯特科夫斯基,Е.П.(Ростковский,Е.П.生于1870年)——19世纪90年代
在彼得堡大学读书时参加革命运动,不久因印刷、保存和散发秘密印刷品
而受审,流放托木斯克。1896年因在流放地从事革命活动再次受审,并流
放东西伯利亚。1901年从流放地回来,后加入社会革命党。——111、
114、158。

罗兹米罗维奇,叶列娜·费多罗夫娜(**特罗雅诺夫斯卡娅**;加琳娜)(Розмиро-
вич,Елена Федоровна(Трояновская,Галина)1886—1953)——1904年加入
俄国社会民主工党。因从事革命活动屡遭沙皇政府迫害。1909年被捕,
1910年被驱逐出境。流亡国外期间执行党中央国外局交给的各项任务。
曾参加1913年召开的有党的工作者参加的俄国社会民主工党中央委员会
克拉科夫会议和波罗宁会议,会后被派回国,担任第四届国家杜马布尔什
维克党团秘书和党中央委员会俄国局秘书。《真理报》编辑部成员,为《启
蒙》、《女工》等杂志撰稿。1918—1922年任全俄中央执行委员会最高法庭

侦查委员会主席,1922年春起任工农检查人民委员部部务委员并领导法律司。——421。

洛津斯基,M.A.(Лозинский,M.A.生于1864年)——俄国法学刊物撰稿人。曾任梯弗利斯省省长。1892年起是自由经济学会第一和第三部的成员。——79。

洛科季,季莫费·瓦西里耶维奇(Локоть,Тимофей Васильевич)——《俄国的预算和课税政策》一书的作者。——293。

洛韦尔,珀西瓦尔(Lowell,Percival 1855—1916)——美国天文学家,火星研究者。——301。

洛兹加切夫,格里戈里·雅柯夫列维奇(戈拉)(Лозгачев,Григорий Яковле-вич(Гора)1906—1972)——安·伊·乌里扬诺娃-叶利扎罗娃和马·季·叶利扎罗夫的养子。——462。

M

马·季·;马尔克——见叶利扎罗夫,马尔克·季莫费耶维奇。

马尔琴科,亚历山大·列昂季耶维奇(科库什卡;亚历山大·列昂季耶维奇)(Малченко,Александр Леонтьевич(Кокушка,Александр Леонтьевич)1870—1930)——俄国社会民主党人,工艺工程师,在涅瓦机械厂工作。彼得堡工人阶级解放斗争协会会员。1895年被捕,1897年流放阿尔汉格尔斯克省,为期三年。后脱离革命活动。——132、141。

马尔托夫,尔·(**策杰尔包姆,尤利·奥西波维奇**;叶戈尔;尤利)(Мартов,Л.(Цедербаум,Юлий Осипович,Егор,Юлий)1873—1923)——俄国孟什维克领袖之一。1895年参与组织彼得堡工人阶级解放斗争协会。1900年参与创办《火星报》,为该报编辑部成员。在俄国社会民主工党第二次代表大会上领导机会主义少数派,反对列宁的建党原则;会后成为孟什维克领袖之一。斯托雷平反动时期和新的革命高涨年代是取消派分子,编辑《社会民主党人呼声报》。参与组织"八月联盟"。第一次世界大战期间是中派分子。1917年二月革命后领导孟什维克国际主义派。十月革命后反对镇压反革命和解散立宪会议。1919年当选为全俄中央执行委员会委员,1919—1920年为莫斯科苏维埃代表。1920年9月侨居德国,在柏林创办

和编辑孟什维克杂志《社会主义通报》。——43、50、67、73、99、108、109、
117、120、136、151、158、210、215、421。

马赫,恩斯特(Mach,Ernst 1838—1916)——奥地利物理学家和哲学家,主观
唯心主义者,经验批判主义创始人之一。在认识论上复活贝克莱和休谟的
观点,认为物体是"感觉的复合",感觉是"世界的真正要素"。——310。

马赫诺韦茨,弗·彼·——见阿基莫夫,弗拉基米尔·彼得罗维奇。

马克思,卡尔(Marx,Karl 1818—1883)——科学共产主义的创始人,世界无
产阶级的领袖和导师。——73、195、290、293、355、429、431、442。

马斯洛夫,彼得·巴甫洛维奇(金矿主;萨马拉人)(Маслов,Петр Павлович
(Золотопромышленник,Самарец)1867—1946)——俄国经济学家,社会民
主党人。写有一些土地问题著作,修正马克思主义政治经济学原理。
1896—1897年编辑合法马克思主义的《萨马拉新闻》,后去彼得堡,为《生
活》、《开端》和《科学评论》等杂志撰稿。俄国社会民主工党第二次代表大
会后是孟什维克。曾提出孟什维克的土地地方公有化纲领。斯托雷平反
动时期和新的革命高涨年代是取消派分子。第一次世界大战期间是社会
沙文主义者。十月革命后脱离政治活动,从事教学和科研工作。——42、
129、132、141、189、432。

玛·格··;玛丽亚·格尔曼诺夫娜——见霍普芬豪斯,玛丽亚·格尔曼诺
夫娜。

玛·瓦·——见兹沃雷金娜,玛丽亚·瓦西里耶夫娜。

玛·亚历·;玛丽亚·亚历山德罗夫娜——见乌里扬诺娃,玛丽亚·亚历山
德罗夫娜。

玛·伊·——见列别捷娃,玛丽亚·伊万诺夫娜。

玛·伊万—娜;玛丽亚·伊万诺夫娜——见韦列田尼科娃,玛丽亚·伊万诺
夫娜。

玛丽亚;玛丽亚·乌里扬诺娃;玛丽亚·伊里尼奇娜;玛尼亚;玛尼亚莎——
见乌里扬诺娃,玛丽亚·伊里尼奇娜。

梅尔莫德,阿尔图尔(Mermod,Arthur 1852—1915)——瑞士耳鼻喉科医生。
先后在斯特拉斯堡和洛桑行医。1903年起为洛桑大学教授。——308。

梅利尼科夫,С.И.(Мельников,С.И.生于1860年)——19世纪80年代开始

革命活动。因参加民意党人小组，1884年流放东西伯利亚，为期三年，1887年转到西西伯利亚。流放期间，因印发署名为"俄国政治流放犯"的抗议书和呼吁书案，于1888年受审，流放雅库特州三年。1892年从流放地回来后住在波尔塔瓦，1895年再次被捕，次年流放东西伯利亚八年，在米努辛斯克服刑。后脱离革命活动。——64。

梅林，弗兰茨(Mehring, Franz 1846—1919)——德国工人运动活动家，德国社会民主党左翼领袖和理论家之一，历史学家和政论家，德国共产党创建人之一。1891年加入德国社会民主党，担任党的理论刊物《新时代》杂志撰稿人和编辑，1902—1907年任《莱比锡人民报》主编，反对第二国际的机会主义和修正主义，批判考茨基主义。第一次世界大战爆发后是国际派的组织者和领导人之一。欢迎俄国十月革命，撰文驳斥对十月革命的攻击，维护苏维埃政权。在整理出版马克思、恩格斯和拉萨尔的遗著方面做了大量工作。——68、206。

梅奇(Меч)——217。

梅什科夫斯基——见戈尔登贝格，约瑟夫·彼得罗维奇。

美舍利亚科夫，尼古拉·列昂尼多维奇(Мещеряков, Николай Леонидович 1865—1942)——1885年参加俄国革命运动。1893年到比利时完成学业。1901年加入俄国革命社会民主人国外同盟。1902年作为《火星报》代办员返回莫斯科，任俄国社会民主工党莫斯科委员会委员。十月革命后担任党和苏维埃一些机关报刊的编辑工作，1918—1922年任《真理报》编委。1920—1924年任国家出版社编辑委员会主席。——113、203。

妹妹——见罗森贝格，安东尼娜·马克西米利安诺夫娜。

门捷列夫，德米特里·伊万诺维奇(Менделеев, Дмиртий Иванович 1834—1907)——俄国化学家和社会活动家。1869年发现了化学元素周期律。——88。

米·亚·；米哈·亚历·；米哈·亚历山·；米哈伊尔·亚历山德罗维奇——见西尔文，米哈伊尔·亚历山德罗维奇。

米茨凯维奇，谢尔盖·伊万诺维奇(谢·伊·；谢尔盖·伊万诺维奇)(Миц-кевич, Сергей Иванович(С.И., Сергей Иванович)1869—1944)——俄国社会民主党人；职业是医生。1893年与亚·尼·维诺库罗夫一起组织了莫斯科第一个马克思主义小组,该小组成为莫斯科工人协会的核心。1894
年被捕,1897 年流放雅库特州,在流放地当医生。从流放地回来后,在莫
斯科、下诺夫哥罗德、萨拉托夫等地当医生并进行革命工作。——111、
232、465。

米尔博,奥克塔夫(Mirbeau,Octave 1850—1917)——法国小说家和剧作家。
——415。

米海洛夫斯基,尼古拉·康斯坦丁诺维奇(Михайловский,Николай Конс-
тантинович 1842—1904)——俄国自由主义民粹派理论家,政论家,文艺批
评家,实证论哲学家,社会学主观学派代表人物。1892 年起任《俄国财富》
杂志编辑,在该杂志上与俄国马克思主义者进行激烈论战。——164、
189、293。

米嘉——见乌里扬诺夫,德米特里·伊里奇。

米库林,亚历山大·亚历山德罗维奇(Микулин,Александр Александро-
вич)——俄国机械工程师,历任弗拉基米尔专区的工厂视察员、赫尔松省
的工厂视察长。——91。

明仁斯卡娅,柳德米拉·鲁道福夫娜(Менжинская,Людмила Рудольфовна
1878—1933)——1904 年加入俄国社会民主工党。曾在彼得堡做党的工
作,完成各项秘密工作任务。1914 年任《女工》杂志编委。十月革命后在
俄罗斯联邦教育人民委员部工作。——452、455。

莫德拉切克,弗兰蒂舍克(弗兰茨)(Modráček,František(Franz)1871—
1960)——捷克工人,1897 年起为社会民主党党员。1900—1901 年期间列
宁曾利用他的地址向俄国投寄秘密信件。——242、244、466。

莫洛托夫(**斯克里亚宾**),维亚切斯拉夫·米哈伊洛维奇(Молотов(Скрябин),
Вячеслав Михайлович 1890—1986)——1906 年加入俄国社会民主工党。
1918—1921 年历任北部地区国民经济委员会主席、下诺夫哥罗德省执行
委员会主席、俄共(布)顿涅茨克省委书记、乌克兰共产党(布)中央委员会
书记。1919 年夏为党中央委员会和人民委员会派往伏尔加河流域的全权
代表。在俄共(布)第九次代表大会上当选为候补中央委员,第十次代表大
会上当选为中央委员。党的十大后任中央委员会书记和政治局候补委员。
——456。

穆勒，爱德华（Muret. Eduard 1833—1904）——《英德词典》的编纂者。
——267。

N

纳德松，谢苗·雅柯夫列维奇（Надсон，Семен Яковлевич 1862—1887）——
俄国诗人。曾为《祖国纪事》杂志撰稿。19 世纪 80 年代前半期——残酷
的政治反动时期是其创作的极盛时期。其诗歌表达了对祖国的热爱、对美
好未来和正义必胜的信念。——417。

娜·康·；娜嘉；娜捷·康斯坦·乌里扬诺娃；娜捷施达·康斯坦丁诺夫娜；
娜久什卡——见克鲁普斯卡娅，娜捷施达·康斯坦丁诺夫娜。

内格里，阿达（Negri，Ada 1870—1945）——意大利女诗人。——116、189。

尼·—逊——见丹尼尔逊，尼古拉·弗兰策维奇。

尼·叶·；尼·叶·费·——见费多谢耶夫，尼古拉·叶夫格拉福维奇。

尼古拉·伊万诺维奇——见韦列田尼科夫，尼古拉·伊万诺维奇。

涅夫佐罗娃，奥古斯塔·巴甫洛夫娜（奥古斯塔·巴甫洛夫娜）（Невзорова，
Августа Павловна（Августа Павловна）1872—1926）——季·巴·和索·
巴·涅夫佐罗娃的妹妹。19 世纪 90 年代初在彼得堡参加革命运动，1900
年加入俄国社会民主工党。多次被捕，受到警察当局的公开监视。1908—
1917 年流亡国外，积极参加布尔什维克党的巴黎协助小组的工作。——
38、49、366。

涅夫佐罗娃-克尔日扎诺夫斯卡娅，季娜伊达·巴甫洛夫娜（季·巴；季娜；季
娜伊达·巴甫洛夫娜）（Невзорова-Кржижановская，Зинаида Павловна（З.
П，Зина，Зинаида Павловна）1869—1948）——格·马·克尔日扎诺夫斯
基的妻子。19 世纪 90 年代开始革命活动。1895 年加入彼得堡工人阶级
解放斗争协会，次年被捕，随丈夫一起流放到叶尼塞斯克省米努辛斯克专
区捷辛斯克，后转到米努辛斯克。1899 年 8 月在列宁起草的反对经济派
《信条》的《俄国社会民主党人抗议书》上签了名。——38、49、68、117、166、
174、199。

涅夫佐罗娃-舍斯捷尔宁娜，索菲娅·巴甫洛夫娜（Невзорова-Шестернина，
Софья Павловна 1868—1943）——1893 年在彼得堡参加革命运动，彼得堡

工人阶级解放斗争协会会员。1896 年被捕,监禁六个月后流放下诺夫哥罗德。后在下诺夫哥罗德、伊万诺沃-沃兹涅先斯克等地执行党的各项任务。——38、49。

涅克拉索夫,尼古拉·阿列克谢耶维奇(Некрасов, Николай Алексеевич 1821—1878)——俄国诗人,革命民主主义者。他的诗歌鲜明地体现了农民的革命民主主义思想。列宁高度评价涅克拉索夫的创作,并经常引用其作品中的人物。——417。

涅日丹诺夫,普·(利普金,费多尔·安德列耶维奇)(Нежданов, П.(Липкин, Федор Андреевич)1868—1938)——俄国政论家,"马克思的批评家",后为孟什维克,取消派分子。——193。

努罗克,帕维尔·马尔丁诺维奇(Нурок, Павел Мартынович 1827—1888)——英语学习参考书的编者。——99。

O

帕尔乌斯(格尔方德,亚历山大·李沃维奇)(Парвус (Гельфанд, Александр Львович)1869—1924)——生于俄国,19 世纪 80 年代移居国外。90 年代末起在德国社会民主党内工作,属该党左翼;曾任《萨克森工人报》编辑。写有一些世界经济问题的著作。20 世纪初参加俄国社会民主工党的工作,为《火星报》撰稿。俄国社会民主工党第二次代表大会后支持孟什维克的组织路线。1905 年回到俄国,曾担任彼得堡工人代表苏维埃执行委员会委员,为孟什维克的《开端报》撰稿;同托洛茨基一起提出"不断革命论",主张参加布里根杜马,坚持同立宪民主党人搞交易。斯托雷平反动时期脱离俄国社会民主工党,后移居德国。第一次世界大战期间是社会沙文主义者和德国帝国主义的代理人。从事投机买卖,靠供应军需品发了财。1915 年起在柏林出版《钟声》杂志。1918 年脱离政治活动。——208、291。

帕佩廖克,奥丽珈·亚历山德罗夫娜(奥·亚·;奥丽珈·亚历山德罗夫娜)(Папперек, Ольга Александровна(О. А., Ольга Александровна))——米·亚·西尔文的未婚妻,后来是他的妻子。——187、198、212、215。

佩列斯,列昂尼德·谢尔盖耶维奇(Перес, Леонид Сергеевич 生于 1877 年)——俄国社会民主党人,布尔什维克。20 世纪初曾流放西伯利亚,后在梯弗利

斯、沃罗涅日和莫斯科的工人小组中工作。在书店工作时,与伊·伊·斯
克沃尔佐夫-斯捷潘诺夫和Л.克鲁姆比尤格尔有来往。——346。

佩斯科夫斯基,马特维·列昂季耶维奇(Песковский, Матвей Леонтьевич
　　1843—1903)——俄国政论家;列宁的表姐夫。发表过一些温和自由主义
　　倾向的文章。——70。

皮萨列夫,德米特里·伊万诺维奇(Писарев, Дмитрий Иванович 1840—
　　1868)——俄国革命民主主义者,政论家,文艺批评家,唯物主义哲学家。
　　——216。

普利什凯维奇,弗拉基米尔·米特罗范诺维奇(Пуришкевич, Владимир
　　Митрофанович 1870—1920)——俄国大地主,黑帮反动分子,君主派。
　　1905年参与创建黑帮组织"俄罗斯人民同盟",1907年退出同盟并成立了
　　新的黑帮组织"米迦勒天使长同盟"。第二届、第三届和第四届国家杜马代
　　表,因在杜马中发表歧视异族和反犹太人的演说而臭名远扬。第一次世界
　　大战期间鼓吹把战争进行到"最后胜利"。十月革命后竭力反对苏维埃政
　　权。——314、335。

普列汉诺夫,格奥尔吉·瓦连廷诺维奇(别尔托夫,恩·;卡缅斯基,恩·)
　　(Плеханов, Георгий Валентинович(Бельтов, Н., Каменский, Н.) 1856—
　　1918)——俄国早期的马克思主义理论家,后来成为孟什维克和第二国际
　　机会主义领袖之一。1883年在日内瓦创建俄国第一个马克思主义团
　　体——劳动解放社。翻译和介绍了马克思和恩格斯的许多著作,对马克思
　　主义在俄国的传播起了重要作用;写过不少优秀的马克思主义著作,批判
　　民粹主义、合法马克思主义、经济主义、伯恩施坦主义、马赫主义。20世纪
　　初是《火星报》和《曙光》杂志编辑部成员。曾参与制定俄国社会民主工党
　　纲领草案和参加党的第二次代表大会的筹备工作。在代表大会上是劳动
　　解放社的代表,属火星派多数派,参加了大会常务委员会,会后逐渐转向孟
　　什维克。1905—1907年革命时期反对列宁的民主革命的策略,后来在孟
　　什维克和布尔什维克之间摇摆。斯托雷平反动时期和新的革命高涨年代
　　反对取消主义,领导孟什维克护党派。第一次世界大战期间持社会沙文主
　　义立场。1917年二月革命后支持资产阶级临时政府。对十月革命持否定
　　态度,但拒绝支持反革命。——24、69、195、329、429、432。

Q

娜）（Чеботарева, Александра Кирилловна（Ал. К., Александра Кирилл-овна））——伊·尼·切博塔廖夫的妻子。——18—20、22、24、254。

切尔诺夫, 维克多·米哈伊洛维奇（Чернов, Виктор Михайлович 1873—1952）——俄国社会革命党领袖和理论家之一。1902—1905 年任社会革命党中央机关报《革命俄国报》编辑。曾撰文反对马克思主义, 企图证明马克思的理论不适用于农业。第一次世界大战期间持社会沙文主义立场, 曾参加齐美尔瓦尔德代表会议和昆塔尔代表会议。1917 年 5—8 月任临时政府农业部长, 对夺取地主土地的农民实行残酷镇压。十月革命后参与策划反苏维埃叛乱。1920 年流亡国外, 继续反对苏维埃政权。——332。

切尔帕诺夫, 格奥尔吉·伊万诺维奇（Челпанов, Георгий Иванович 1862—1936）——俄国哲学家、心理学家和逻辑学家。——299。

丘普罗夫, 亚历山大·伊万诺维奇（Чупров, Александр Иванович 1842—1908）——俄国经济学家, 政治经济学和统计学教授, 自由主义民粹派经济思想代表人物。——37、48。

丘特留莫娃-阿布拉莫维奇, Р. А.（Тютрюмова-Абрамович, Р. А. 1865—1920）——俄国社会民主党人。1886 年在彼得堡被捕, 流放喀山。1887 年流亡国外。1892 年参加社会民主主义运动。回国后, 1897 年因参加国外革命小组被捕, 被判处流放东西伯利亚五年。——136。

丘特切夫, 尼古拉·谢尔盖耶维奇（Тютчев, Николай Сергеевич 1856—1924）——俄国民粹派分子, 后为社会革命党人。1878 年被捕并流放东西伯利亚。1890 年从流放地返回, 后参与领导了民权党的组建工作。1894 年因该组织被破坏再次被捕, 次年流放东西伯利亚米努辛斯克, 为期八年。1904 年加入社会革命党。——64。

R

热列兹诺夫, 弗拉基米尔·雅柯夫列维奇（Железнов, Владимир Яковлевич 1869—1933）——俄国经济学家。在基辅大学讲授政治经济学, 后任莫斯科农学院教授。——265、266。

S

萨巴什尼科夫, 米哈伊尔·瓦西里耶维奇（Сабашников, Михаил Васильевич

1871—1943)和萨巴什尼科夫,谢尔盖·瓦西里耶维奇(Сабашников,
Сергей Васильевич 1873—1909)——俄国出版家。他们在莫斯科开办的
萨巴什尼科夫兄弟出版社(1891—1930)颇有声誉。——396。

萨夫琴科,A.H.(Савченко,A.H.)——《西南边疆区各田庄在实行比较标准的
轮作制和过渡到多区轮作制经济条件下收入核算对照》一书的作者。
——70。

萨马拉人——见马斯洛夫,彼得·巴甫洛维奇。

塞纽博斯,沙尔(Seignobos,Charle 1854—1942)——法国资产阶级自由派历
史学家,巴黎大学教授。——70。

沙霍夫,亚历山大·亚历山德罗维奇(Шахов,Александр Александрович 1850—
1877)——俄国西欧文学史学家。曾在莫斯科大学和莫斯科高等女子学校
任教。——116、118。

舍尔比纳,费多尔·安德列耶维奇(Щербина,Федор Андреевич 1849—
1936)——俄国统计学家,民粹主义者。——88。

舍尔古诺夫,尼古拉·瓦西里耶维奇(Шелгунов,Николай Васильевич 1824—
1891)——俄国革命民主主义者,政论家和文艺批评家,别林斯基、赫尔岑
和车尔尼雪夫斯基的追随者。——7、24。

舍甫琴柯,塔拉斯·格里戈里耶维奇(Шевчинко,Тарас Григорьевич 1814—
1861)——乌克兰诗人、画家和思想家,革命民主主义者。——425。

申布鲁纳,И.(Шенбрунер,И.)——莫斯科一家武器商店的老板。——153、
154。

圣西门,昂利·克洛德(Saint-Simon,Henri Claude 1760—1825)——法国空
想社会主义者。——73。

诗友——见克尔日扎诺夫斯基,格列勃·马克西米利安诺维奇。

施留特尔,海尔曼(Schlüter,Hermann 1854—1919)——德国历史学家,社会
民主党人。1889年移居美国,参加了当地的社会民主主义运动。写过一
些英国和美国工人运动史方面的著作,如《宪章运动。英国社会政治史概
论》。——449。

施塔姆勒,鲁道夫(Stammler,Rudolf 1856—1938)——德国法学家和哲学
家,教授,新康德主义者。把资产阶级社会理想化,批判马克思主义,把它

等同于经济决定论。颠倒经济和法的关系,认为法决定经济。他的关于民族统一的学说,后来成为法西斯主义的理论基础之一。——199。

施坦格,亚历山大·亨利霍维奇(Штанге, Александр Генрихович)——《怎样帮助巴甫洛沃区的制锁手工业者》一文的作者。——75。

什克洛夫斯基,格里戈里·李沃维奇(Шкловский, Григорий Львович 1875—1937)——1898年加入俄国社会民主工党,曾在白俄罗斯一些城市和国外做党的工作。1909年起流亡瑞士,加入布尔什维克伯尔尼支部;1915年起任布尔什维克国外组织委员会委员。1917年二月革命后回国,在下诺夫哥罗德和莫斯科工作。1918—1925年主要从事外交工作,其间曾在农业人民委员部和莫斯科市政机关短期工作。——411、412。

书商——见波特列索夫,亚历山大·尼古拉耶维奇。

司徒卢威,彼得·伯恩哈多维奇(彼·伯·;编辑;作家;作家)(Струве, Петр Бернгардович(П. Б., Редактор, Писатель, Écrivain) 1870—1944)——俄国经济学家,哲学家,政论家,合法马克思主义主要代表人物,立宪民主党领袖之一。19世纪90年代编辑合法马克思主义者的《新言论》杂志和《开端》杂志。在1894年发表的第一部著作《俄国经济发展问题的评述》中,在批判民粹主义的同时,对马克思的经济学说和哲学学说提出"补充"和"批评"。20世纪初同马克思主义和社会民主主义彻底决裂,转到自由派营垒。1902年起编辑自由派资产阶级刊物《解放》杂志,1903年起是解放社的领袖之一。1905年起是立宪民主党中央委员,领导该党右翼。第一次世界大战爆发后鼓吹俄国的帝国主义侵略扩张政策。十月革命后敌视苏维埃政权,是邓尼金和弗兰格尔反革命政府成员,后逃往国外。——19、38、47、59、69、79、82、91、97、103、112、115、118、121、122、124、125、136、146、149、166、168、171、173、176、184、186、188、189、192、193、197、199、200、206、216、290。

斯基塔列茨(彼得罗夫,斯捷潘·加甫里洛维奇)(Шкиталец(Петров, Степан Гаврилович)1869—1941)——俄国作家。1898—1906年同高尔基有密切交往。他的早期作品充满了对专制制度的抗议和对劳动人民的热爱。——262。

斯捷潘诺夫——见斯克沃尔佐夫-斯捷潘诺夫,伊万·伊万诺维奇。

斯克利亚连科,阿列克谢·巴甫洛维奇(阿·弗·;"医生")(Скляренко,
Алексей Павлович(А.В.,"Доктор")1870—1916)——俄国社会民主党人,
布尔什维克。1886年参加革命运动,在萨马拉民粹派小组活动。多次被
捕和流放。1889年在萨马拉结识了列宁,1893年加入马克思主义小组。
1894年被捕并流放阿尔汉格尔斯克省。1898—1903年先在图拉做党的
工作,后在中国哈尔滨参加中东铁路的建筑工作。1903年起在彼得堡、萨
拉托夫工作。1905—1907年革命期间是党的萨拉托夫组织的领导人之
一。1910年起在彼得堡工作,为布尔什维克的《明星报》《真理报》和《启
蒙》杂志撰稿。——66、123、130、146、229、242、258、270、372。

斯克沃尔佐夫,帕维尔·尼古拉耶维奇(Скворцов,Павел Николаевич 1854—
1931)——俄国统计学家,合法马克思主义者。19世纪80—90年代在《法
学通报》和《科学评论》等杂志上发表文章。——200、213、216、218。

斯克沃尔佐夫-斯捷潘诺夫,伊万·伊万诺维奇(历史学家;斯捷潘诺夫;"作
家")(Скворцов-Степанов,Иван Иванович(Историк,Степанов,"Писатель")
1870—1928)——1891年参加俄国社会民主主义运动,1904年成为布尔
什维克。1905—1907年革命期间在党的莫斯科委员会写作演讲组工作。
1907年和1911年代表布尔什维克被提名为国家杜马代表的候选人。斯
托雷平反动时期在土地问题上坚持错误观点,对"前进"集团采取调和主义
态度,但在列宁影响下纠正了自己的错误。因进行革命活动多次被捕和流
放。十月革命后参加第一届人民委员会,历任财政人民委员、全俄工人合
作社理事会副主席、中央消费合作总社理事会理事、国家出版社编辑委员
会副主任、中央列宁研究院院长等职。马克思《资本论》(第1—3卷,1920
年俄文版)以及马克思和恩格斯其他一些著作的译者和编者,写有许多有
关革命运动史、政治经济学、无神论等方面的著作。——318、320、330、
343、346、353、362、368。

斯米尔诺夫,叶·——见古列维奇,埃马努伊尔·李沃维奇。

斯密,亚当(Smith,Adam 1723—1790)——英国经济学家,资产阶级古典政
治经济学最著名的代表人物和理论体系的创立者。——94—95。

斯塔尔科夫,瓦西里·瓦西里耶维奇(巴季尔;瓦·瓦·)(Старков,Василий
Васильевич(Базиль,В.В.)1869—1925)——1890年加入彼得堡工艺学院

学生马克思主义小组。1893 年与列宁相识。1895 年参与组织彼得堡工人阶级解放斗争协会,是协会的中心小组成员。1895 年 12 月被捕,1897 年流放东西伯利亚,为期三年。十月革命后在对外贸易人民委员部工作,1921 年起任俄罗斯联邦驻德国副商务代表。——34、35、36、38、46、55、62、64、65、78、80、99、107、114、117、133、148、166、168、169、175、179、199、212、465。

斯托亚诺夫斯基,М.В.(Стояновский,М.В.1867 — 1908)——1889 年因索菲娅·金兹堡(被控参加民意党)案受审,被判处死刑,后改判为四年苦役,剥夺一切公民权和终身居住西伯利亚。住在米努辛斯克。——65。

斯威特,亨利(Sweet, Henry 1845 — 1912)——英语会话教科书的编者。——266。

索汉斯卡娅(科汉斯卡娅),娜捷施达·斯捷潘诺夫娜(Соханская(Конханская),Надежда Степановна 1823—1884)——俄国女作家。她在 1847—1848 年写的自传于 1896 年出版。——120。

索柯里尼柯夫(**布里利安特**),格里戈里·雅柯夫列维奇(Сокольников(Бриллиант),Григорий Яковлевич 1888 — 1939)——1905 年加入俄国社会民主工党。1909—1917 年住在国外。第一次世界大战期间为托洛茨基的《我们的言论报》撰稿。十月革命后从事苏维埃、军事和外交工作。是缔结布列斯特和约的苏俄代表团成员,后来又参加了同德国进行的经济问题谈判。1918 年 12 月—1919 年 10 月任南方面军革命军事委员会委员,1920 年 8 月—1921 年 3 月任土耳其斯坦方面军革命军事委员会委员和方面军司令、全俄中央执行委员会和俄罗斯联邦人民委员会土耳其斯坦事务委员会主席。1921 年 11 月起先后任财政人民委员部部务委员、副财政人民委员、财政人民委员。在党的第六、第七和第十一次代表大会上当选为中央委员。——450。

T

塔拉拉耶夫,В.Т.(Талалаев,В.Т.1871—1931)——19 世纪 90 年代在彼得堡大学学习时开始革命活动。1897 年 8 月被捕,次年流放东西伯利亚,为期五年。——136。

托洛茨基(**勃朗施坦**),列夫·达维多维奇(Троцкий(Бронштейн),Лев Давидович 1879—1940)——1897年参加俄国社会民主主义运动。在俄国社会民主工党第二次代表大会上是西伯利亚联合会的代表,属火星派少数派。1905年同亚·帕尔乌斯一起提出和鼓吹"不断革命论"。斯托雷平反动时期和新的革命高涨年代,打着"非派别性"的幌子,实际上采取取消派立场。1912年组织"八月联盟"。第一次世界大战期间持中派立场,先后任孟什维克取消派的《我们的言论报》的撰稿人和编辑。1917年二月革命后参加区联派,在党的第六次代表大会上随区联派集体加入布尔什维克党,当选为中央委员。参加十月武装起义的领导工作。十月革命后任外交人民委员、陆海军人民委员、共和国革命军事委员会主席和交通人民委员等职。曾被选为党中央政治局委员和共产国际执行委员会委员。1918年初反对签订布列斯特和约。1920—1921年挑起关于工会问题的争论。——452。

W

瓦·安·;瓦·安—奇——见约诺夫,瓦季姆·安德列耶维奇。

瓦·瓦·——见斯塔尔科夫,瓦西里·瓦西里耶维奇。

瓦·沃·——见沃龙佐夫,瓦西里·巴甫洛维奇。

瓦采季斯,约阿基姆·约阿基莫维奇(Вацетис,Иоаким Иоакимович 1873—1938)——沙俄上校,十月革命后转向苏维埃政权。1918年4月起任拉脱维亚步兵师师长,参与平定莫斯科左派社会革命党人的叛乱。1918年7—9月任东方面军司令,1918年9月—1919年7月任共和国武装力量总司令。——452。

瓦连廷诺夫,尼·(**沃尔斯基,尼古拉·弗拉基斯拉沃维奇**)(Валентинов,Н.(Вольский,Николай Владиславович)1879—1964)——俄国孟什维克,新闻工作者,马赫主义哲学家。1898年参加革命运动。1903年被捕,获释后不久逃往国外。俄国社会民主工党第二次代表大会后站在布尔什维克一边,1904年底转向孟什维克,编辑孟什维克的《莫斯科日报》,参加孟什维克的《真理》、《我们的事业》和《生活事业》等杂志的工作。斯托雷平反动时期是取消派分子。在哲学上,用马赫和阿芬那留斯的主观唯心主义观点来修正马克思主义。十月革命后在最高国民经济委员会的《工商报》任副编辑，后在苏联驻巴黎商务代表处工作。——310、313。

瓦涅耶夫，阿纳托利·亚历山德罗维奇（阿纳托利；阿纳托利·亚历山德罗维奇）（Ванеев，Анатолий Александрович（Анатолий，Анатолий Александрович）1872—1899）——俄国社会民主党人。1892 年在下诺夫哥罗德加入马克思主义小组。1895 年参与组织和领导彼得堡工人阶级解放斗争协会，在工人社会民主主义小组中担任宣传员，主持《工人事业报》出版的技术准备工作。因斗争协会案与列宁等人同时被捕，1897 年流放东西伯利亚。1899 年 8 月在列宁起草的反对经济派《信条》的《俄国社会民主党人抗议书》上签了名。因患肺结核死于流放地。——34、43、50、67、73、99、135、151、157—158、172、173、194、198、208、209。

瓦任斯基，Ф.И.（Важинский，Ф.И.1847—1910）——彼得堡牙科名医。俄国第一个牙科医生协会的名誉会员。——22。

瓦西连科，维克多·伊万诺维奇（Василенко，Виктор Иванович）——《波尔塔瓦省农村各阶层的手工业》一书的作者。——88。

万科韦拉特，扬·弗朗斯（科韦拉尔特）（Van Cauwelaert，Jan Frans（Cauwelaert）生于 1880 年）——比利时法学家和国务活动家。1905—1907 年在《新经院哲学评论》杂志上发表过几篇唯心主义的哲学文章。1907 年起为弗赖堡大学兼职教授。1910 年起为众议院议员。后来担任过内阁大臣。——313。

王德威尔得，埃米尔（Vandervelde，Émile 1866—1938）——比利时工人党领袖，第二国际的机会主义代表人物。1900 年起任第二国际常设机构——社会党国际局主席。第一次世界大战爆发后成为社会沙文主义者，是大战期间欧洲国家中第一个参加资产阶级政府的社会党人。1918 年起历任司法大臣、外交大臣、公共卫生大臣、副首相等职。俄国 1917 年二月革命后到该国鼓吹继续进行战争。敌视俄国十月革命，支持武装干涉苏维埃俄国。——207。

韦伯，比阿特里萨（Webb，Beatrice 1858—1943）——英国经济学家和社会活动家；悉尼·韦伯的妻子。——99、101、111、115、118、119、121、141、164、176、188、192、197、200、206、207、208、209、210、213、216、289。

韦伯,悉尼·詹姆斯(Webb,Sidney James 1859—1947)——英国经济学家和社会活动家,工联主义和所谓费边社会主义的理论家,费边社的创建人和领导人之一。与其妻比阿特里萨·韦伯合写的关于英国工人运动的历史和理论的许多著作,宣扬在资本主义条件下和平解决工人问题的改良主义思想,但包含有英国工人运动历史的极丰富的材料。主要著作有《英国社会主义》(1890)、《产业民主》(1897)等。——99、101、111、115、118、119、121、141、164、176、188、192、197、200、206、207、208、209、210、213、216、289。

韦列萨耶夫,维·(**斯米多维奇,维肯季·维肯季耶维奇**)(Вересаев, В.(Смидович, Викентий Викентьевич)1867—1945)——俄国作家。——257。

韦列田尼科夫,尼古拉·伊万诺维奇(尼古拉·伊万诺维奇)(Веретенников, Николай Иванович(Николай Иванович)1871—1955)——列宁的表弟。1896年毕业于喀山大学,在一些学校担任物理和数学教员。——101。

韦列田尼科夫,亚历山大·伊万诺维奇(亚历山大·伊万诺维奇)(Веретеннков, Александр Иванович(Алексанр Иванович)1857—1920)——列宁的表兄,古文教员。曾在喀山和辛比尔斯克居住。——101。

韦列田尼科娃,玛丽亚·伊万诺夫娜(玛·伊万—娜;玛丽亚·伊万诺夫娜)(Веретеннкова, Мария Ивановна(М. Ив.-на, Мария Ивановна)1862—1931)——列宁的表姐,教员。曾在喀山和亚兰斯克居住,晚年住在莫斯科。——299、300。

维尔纳茨基,弗拉基米尔·伊万诺维奇(Вернадский, Владимир Иванович 1863—1945)——苏联自然科学家,矿物学家和结晶学家,地球化学、生物地球化学和放射地质学的奠基人之一。1912年起为科学院院士。——339。

沃多沃佐夫,尼古拉·瓦西里耶维奇(Водовозов, Николай Васильевич 1870—1896)——俄国政论家,合法马克思主义代表人物之一。写有许多社会思想史和工人运动史方面的文章,其中一些文章为马尔萨斯主义辩护。1895年和玛·伊·沃多沃佐娃一起创办图书出版社。列宁的《俄国资本主义的发展》一书于1899年由该出版社出版。——82、83。

沃多沃佐娃,玛丽亚·伊万诺夫娜(出版商)(Водовозова, Мария Ивановна (Издательница)1869—1954)——彼得堡的图书出版人。1895 年和尼·瓦·沃多沃佐夫一起创办图书出版社,促进了马克思主义书刊在俄国的传播。列宁的《俄国资本主义的发展》一书于 1899 年由该出版社出版。——124、131、132、136、137、138、140、147、216、248、253。

沃尔弗,马夫里基·奥西波维奇(Вольф, Маврикий Осипович 1825—1883)——俄国出版商。1853 年在彼得堡开设综合书局,1856 年开办私人印刷所,1882 年创办沃尔弗出版公司。《圣彼得堡和莫斯科沃尔弗图书公司各书店出版消息》于 1897—1917 年出版,销路很广。——70、118、129、134、143。

沃龙佐夫,瓦西里·巴甫洛维奇(瓦·沃·)(Воронцов, Василий Павлович (В.В.)1847—1918)——俄国经济学家,社会学家,政论家,自由主义民粹派思想家。曾为《俄国财富》、《欧洲通报》等杂志撰稿。认为俄国没有发展资本主义的条件,俄国工业的形成是政府保护政策的结果;把农民村社理想化,力图找到一种维护小资产者不受资本主义发展之害的手段。19 世纪 90 年代发表文章反对俄国马克思主义者,鼓吹同沙皇政府和解。主要著作有《俄国资本主义的命运》(1882)、《俄国手工工业概述》(1886)、《农民经济中的进步潮流》(1892)、《我们的方针》(1893)、《理论经济学概论》(1895)。——80—81。

沃洛佳——即列宁,弗拉基米尔·伊里奇。

乌里扬诺夫,德米特里·伊里奇(德·伊·;德米特里·伊里奇;米嘉)(Ульянов, Дмитрий Ильич (Д. И., Дмитрий Ильич, Митя) 1874—1943)——列宁的弟弟,医生。1894 年参加莫斯科大学生马克思主义小组。1900 年起为《火星报》代办员。1903 年在俄国社会民主工党第二次代表大会上是图拉委员会的代表,属火星派多数派,会后任中央代办员。屡遭逮捕和监禁。1905—1907 年任布尔什维克辛比尔斯克委员会委员,后在谢尔普霍夫和费奥多西亚当医生,同布尔什维克的一些中央组织保持经常联系。1914 年被征入伍,在士兵中进行革命工作。十月革命后任克里木人民委员会副主席和党的克里木州委员会委员等职。1921 年起在卫生人民委员部工作。

乌里扬诺娃,安东尼娜·伊万诺夫娜(Ульянова, Антонина Ивановна 1882—
　　1968)——德·伊·乌里扬诺夫的妻子;医务工作者。20 世纪初参加革命
　　运动。——266、267、271、274、281。

乌里扬诺娃,奥丽珈·伊里尼奇娜(Ульянова, Ольга Ильинична 1871—
　　1891)——列宁的妹妹。与列宁只相差一岁,从小关系特别亲密。天资聪
　　颖,1887 年同列宁一起毕业于辛比尔斯克中学,并同时获得金质奖章。
　　1890 年入彼得堡别斯图热夫高等女子学校学习,第二年春天死于伤寒病,
　　葬在彼得堡沃尔科沃墓地。——1。

乌里扬诺娃,玛丽亚·亚历山德罗夫娜(玛·亚历·;玛丽亚·亚历山德罗夫
　　娜)(Ульянова, Мария Александровна (М. Ал., Мария Александровна)
　　1835—1916)——列宁的母亲;是当时进步人士亚·德·勃兰克医生的女
　　儿。从小受到良好的家庭教育,学识渊博,精通德、法、英等多种外语,有出
　　色的音乐修养。通过自修,于 1863 年作为校外考生在萨马拉中学应试,获
　　得教师资格。她具有坚强的性格和顽强的意志。一生遭遇过许多不幸:
　　1886 年丈夫突然病故,1887 年长子亚历山大牺牲,1891 年女儿奥丽珈早
　　逝,以及后来许多年中其他的孩子一再遭到沙皇政府的逮捕和流放等,但
　　她勇敢地经受了这一切打击,对孩子们的革命斗争给予了热情的支持。孩
　　子们都热爱她,列宁对她更是关怀备至。

乌里扬诺娃,玛丽亚·伊里尼奇娜(含羞草;玛丽亚;玛丽亚·乌里扬诺娃;玛
　　丽亚·伊里尼奇娜;玛尼亚;玛尼亚沙)(Ульянова, Мария Ильинична
　　(Мимоза, Marie, Мария Ульянова, Мария Ильиничина, Маня, Маняша)
　　1878—1937)——列宁的妹妹。早在大学时代就参加了革命运动,1898 年
　　加入俄国社会民主工党。曾在彼得堡、莫斯科、萨拉托夫等城市以及国外
　　做党的工作。1900 年起为《火星报》代办员。俄国社会民主工党第二次代
　　表大会后是布尔什维克。1903 年秋起在党中央秘书处工作。1904 年在布
　　尔什维克彼得堡组织中工作。1908—1909 在日内瓦和巴黎居住,积极
　　参加布尔什维克国外小组的工作。因从事革命活动多次被捕和流放。第
　　一次世界大战期间在莫斯科和彼得格勒做宣传鼓动工作,执行列宁交办的
　　任务,同党中央委员会国外局进行通信联系等。1917 年 3 月—1929 年春
　　任《真理报》编委和责任秘书。1925 年起任中央监察委员会委员,1934 年

起任苏维埃监察委员会委员。1935 年当选为苏联中央执行委员会委员。

乌里扬诺娃;乌里扬诺娃-列宁娜——见克鲁普斯卡娅,娜捷施达·康斯坦丁诺夫娜。

乌里扬诺娃-叶利扎罗娃,安娜·伊里尼奇娜(阿尼亚;阿纽塔;安娜·伊里尼奇娜;叶利扎罗娃,中国女人)(Ульянова-Елизарова, Анна Ильинична (Аня, Анюта, Анна Ильинична, Елизарова, Китаянка) 1864 — 1935)——列宁的姐姐。1886 年参加大学生革命运动。1898 年任俄国社会民主工党第一届莫斯科委员会委员。1900—1905 年在《火星报》组织和布尔什维克的一些秘密报刊工作,曾任《前进报》编委。积极参加列宁著作的出版工作。曾在彼得堡、莫斯科和萨拉托夫从事革命工作。1913 年起在《真理报》工作,任《启蒙》杂志秘书和《女工》杂志编委。多次被捕。1917 年二月革命后为党中央委员会俄国局成员、《真理报》编辑部秘书和《织工》杂志编辑,参加了十月革命的准备工作。1918—1921 年领导社会保障人民委员部儿童保健司,后到教育人民委员部工作。是党史委员会和列宁研究院的组织者之一。写有一些回忆列宁的作品和其他文学著作。

乌列茨基,伊萨克·扎哈罗维奇(Урецкий, Исаак Захарович 1899 — 1962)——1919 年加入俄共(布)。同年任农业人民委员部出版社书刊发行部主任;曾参加全俄中央执行委员会"红星"号巡回宣传指导轮的航行。1920 年在莫斯科第一期机枪训练班毕业后,在红军中任职。1922 年起从事党的工作和经济工作。——455。

乌斯宾斯基,格列勃·伊万诺维奇(Успенский, Глеб Иванович 1843 — 1902)——俄国作家和政论家,革命民主主义者。——417。

X

西尔文,米哈伊尔·亚历山德罗维奇(米·亚·;米哈·亚历·;米哈·亚历山·;米哈伊尔·亚历山德罗维奇)(Сильвин, Михаил Александрович(М. А., Мих. Ал., Мих. Алекс., Михаил Александрович) 1874—1955)——俄国社会民主党人。1891 年参加革命运动,1895 年参与组织彼得堡工人阶级解放斗争协会,是协会的中心小组成员。1896 年被捕,1898 年流放东西伯利亚三年。1899 年 8 月在列宁起草的反对经济派《信条》的《俄国社会民主党人抗议书》上签了名。不久应征入伍,先后在西伯利亚和里加服役。
1901年为《火星报》代办员。1902年被捕,后流放伊尔库茨克省,从流放地
逃往国外。1904年被增补进俄国社会民主工党中央委员会,曾一度转向
孟什维克。1905—1908年为一些布尔什维克报纸撰稿。1908年脱离政
治活动并退党。十月革命后在俄罗斯联邦教育人民委员部、苏联驻英国商
务代表处等单位工作。——164、173、187、194、198、209、212、215。

西斯蒙第,让·沙尔·莱奥纳尔·西蒙德·德(Sismondi, Jean-Charles-Léonard
　　Simonde de 1773—1842)——瑞士经济学家和历史学家,政治经济学中浪
　　漫主义学派的代表人物,小资产阶级社会主义者。——83、91、92、193。

席佩耳,麦克斯(Schippel, Max 1859—1928)——德国经济学家和政论家,
　　1886年起为社会民主党人。1887—1890年编辑《柏林人民论坛报》,1897
　　年起参与领导德国机会主义者的刊物《社会主义月刊》。1890—1905年担
　　任国会议员期间,为德国帝国主义的扩张政策辩护。第一次世界大战期间
　　是社会沙文主义者。1923—1928年任德累斯顿工学院教授。——22。

谢·伊·;谢尔盖·伊万诺维奇——见米茨凯维奇,谢尔盖·伊万诺维奇。

谢苗诺夫,阿列克谢·瓦西里耶维奇(Семенов, Алексей Васильевич)——《对
　　17世纪中叶到1858年俄国对外贸易和工业的历史资料的研究》(三卷本,
　　1859年圣彼得堡版)的作者。——71、80、87。

谢切诺夫,伊万·米哈伊洛维奇(Сеченов, Иван Михайлович 1829—1905)——
　　俄国博物学家,唯物主义者,俄国生理学学派的奠基人。彼得堡外科医学
　　院教授,后为彼得堡大学和莫斯科大学教授;彼得堡科学院名誉院士。
　　——273。

辛克莱,厄普顿(Sinclair, Upton 1878—1968)——美国作家。以创作"揭发
　　黑幕"的小说闻名,在现代美国文学史上占有一定的地位。——295。

欣里克斯(Hinrichs)——415。

Y

雅柯夫列夫,叶夫根尼·康斯坦丁诺维奇(Яковлев, Евгений Константинович
　　生于1870年)——1890年参加俄国革命运动。1894年被捕,次年流放东
　　西伯利亚米努辛斯克,为期五年。——64。

雅库波娃，阿波利纳里娅·亚历山德罗夫娜（阿波·亚历·；阿波利纳里娅·
　　亚历山德罗夫娜；库巴；莉罗奇卡）（Якубова，Аполлинария Александровна
　　（Ап.Ал.，Аполлинария Александровна，Куба，Лирочка）1869 — 1913）——
　　1893 年参加俄国社会民主主义运动，是经济派著名代表人物。曾加入彼
　　得堡工人阶级解放斗争协会。1897—1898 年是经济派的《工人思想报》的
　　创办人之一。1898 年流放东西伯利亚，1899 年夏流亡国外。曾协助组织
　　俄国社会民主工党第二次代表大会，并作为有发言权的代表出席大会；会
　　后同情孟什维克。1905 年后脱离政治活动，在工人教育组织中工作。
　　——111、114、158、171、174、204、228、465。

亚·尼·——见波特列索夫，亚历山大·尼古拉耶维奇。

亚历·安德列耶维奇——见扎列日斯基，亚历山大·安德列耶维奇。

亚历·基·；亚历山德拉·基里洛夫娜——见切博塔廖娃，亚历山德拉·基
　　里洛夫娜。

亚历山大·列昂季耶维奇——见马尔琴科，亚历山大·列昂季耶维奇。

亚历山大·伊万诺维奇——见韦列田尼科夫，亚历山大·伊万诺维奇。

亚历山德罗夫，A.（Александров，A.）——英俄词典的编纂者。——267。

叶·姆·（E.M.）——466。

叶尔金，亚历山大·亚历山德罗维奇（Ергин，Александр Александрович 生于
　　1868 年）——彼得堡民意社拉赫塔秘密印刷厂组织者之一。该印刷厂曾
　　印发许多传单以及列宁的小册子《对工厂工人罚款法的解释》。虽然在民
　　意社组织中工作，但在观点上接近社会民主党人。1895 年 12 月因彼得堡
　　社会民主党组织案被捕，1896 年 6 月印刷厂遭破坏，受该案牵连再次被审
　　讯，并于监禁两年后被判处流放东西伯利亚八年。——136。

叶菲莫夫，M.Д.（Ефимов，M.Д.）——俄国叶卡捷琳诺斯拉夫亚历山德罗夫
　　南俄工厂工人。1894 年加入第一个社会民主主义小组，参加 1895 年五一
　　节示威游行。1897 年 7 月因积极参加革命活动被捕，同年 10 月流放东西
　　伯利亚，为期三年。流放期间，1899 年 8 月曾赞同列宁起草的反对经济派
　　《信条》的《俄国社会民主党人抗议书》。——108。

叶戈尔——见马尔托夫，尔·。

叶利扎罗夫，马尔克·季莫费耶维奇（马·季·；马尔克）（Елизаров，Марк

Тимофеевич(М.Т.，Марк)1863—1919)——列宁的姐夫。1893年参加俄国社会民主主义运动，布尔什维克。曾在彼得堡、莫斯科和伏尔加河流域做党的工作。积极参加1905—1907年革命，是1905年铁路员工大罢工的领导人之一。多次被捕和流放。十月革命后历任交通人民委员、保险事务委员会主任委员、工商业人民委员部部务委员。——6、10、13、14、15、23、42、51、52—53、54、59—61、62、66、67、70、76、77—80、83、85、87、89—91、97—98、100、102—104、112、113、115、123、128、134、135—139、143、153、164、168、169—170、171、182、192、193、216、220、225、229、230、231、232、236、244、245、246、247、248、249、250、251、252、255、256、258、262、264、265、270、271、274、275、281、283、295、299、318、324、335、337、348、351、362、373、378—379、381、386、387、393、395、396、397、400、401、402、403、406、412、416、422、425、428、435、439、440、442、443、446。

叶利扎罗娃——见乌里扬诺娃-叶利扎罗娃，安娜·伊里尼奇娜。

医生——见利亚霍夫斯基，雅柯夫·马克西莫维奇。

"医生"——见斯克利亚连科，阿列克谢·巴甫洛维奇。

伊·瓦·；伊丽·瓦西·；伊丽莎·瓦西·；伊丽莎白·瓦西里耶夫娜——见克鲁普斯卡娅，伊丽莎白·瓦西里耶夫娜。

伊洛瓦伊斯基，德米特里·伊万诺维奇（Иловайский，Дмитрий Иванович 1832—1920)——俄国历史学家和政论家。革命前俄国中小学普遍采用的官定历史教科书的编写者。——7。

英格拉姆，约翰·凯尔斯(Ingram，John Kells 1823—1907)——爱尔兰经济学家和语文学家。1852—1877年任都柏林大学教授。曾任英国科学协会经济部主任。著有《政治经济学史》(1888)一书。——24。

尤尔，安德鲁(Ure，Andrew 1778—1857)——英国化学家和经济学家。1804—1830年任格拉斯哥一所大学的化学和自然哲学教授。对资本主义工厂颂扬备至。——153。

尤霍茨基，И.А.(Юхоцкий，И.А.)——俄国新罗西斯克港总工程师管理局的交通技术员。1895年在敖德萨被捕，1897年初流放东西伯利亚，为期五年。——83、114、116。

尤金，根纳季·瓦西里耶维奇(Юдин，Геннадий Васильевич 1840—1912)——俄

Z

受到警察当局的公开监视。死于肺结核。——55。

扎克尔热夫斯基,Ю.Ф.(Закржевский,Ю.Ф.1852—1915)——俄国歌剧演员。1907年告别舞台生活,在喀山教声乐。——239。

扎列日斯基,亚历山大·安德列耶维奇(亚历·安德列耶维奇)(Залежский,Александр Андреевич(Ал.Андреевич)1857—1890)——列宁的表兄,医生。——6。

芝加哥人——见约诺夫,瓦季姆·安德列耶维奇。

中国女人——见乌里扬诺娃-叶利扎罗娃,安娜·伊里尼奇娜。

兹梅耶夫,В.Е.(Змеев,В.Е.1874—1899)——彼得堡戈尔德贝格工厂的工人,曾参加彼得堡工人阶级解放斗争协会的工作。1896年迁居诺夫哥罗德后,积极参与创办斗争协会的诺夫哥罗德印刷所。1897年被捕,1898年流放东西伯利亚,为期五年。——136。

兹沃雷金娜,玛丽亚·瓦西里耶夫娜(玛·瓦·)(Зворыкина,Мария Васильевна(М.В.))——玛·伊·乌里扬诺娃的中学女友。曾和玛·亚·乌里扬诺娃一起住在波多利斯克。——252。

作家——见司徒卢威,彼得·伯恩哈多维奇。

"作家"——见斯克沃尔佐夫-斯捷潘诺夫,伊万·伊万诺维奇。

————

Arzt——见克鲁托夫斯基,弗拉基米尔·米哈伊洛维奇。

X——见丹斯基,Б.Г.。

————

С.М.——见弗里德曼,С.М.。

文 献 索 引

阿尔马佐夫,П.《我国的革命(1902—1907)》(Алмазов,П. Наша революция. (1902—1907). Ист. очерк. Киев,1908.6,727 стр.)——293。

阿克雪里罗得,帕·《俄国社会民主党的历史任务》(Axelrod,P. Die historische Berechtigung der russischen Sozialdemokratie.—«Die Neue Zeit», Stuttgart,1897—1898,Jg. XVI, Bd. II, Nr. 30, S. 100—111; Nr. 31, S. 140—149)——151。

阿米奇斯,埃·《同学们。一个城市小学学生的日记》(Амичис,Э. де. Школьные товарищи. Из дневника ученика городской школы. Пер. с итал. А. Ульяновой. Под ред. и с предисл. И. Горбунова-Посадова, М. , 1898. III, 275, III стр.)——82、94。

阿维洛夫,波·瓦·《"经济协调"的新尝试(评尼·卡布鲁柯夫的《论俄国农民经济发展的条件》。1899年莫斯科版)》(Авилов, Б. В. Новый опыт «экономической гармонии». (Н. Каблуков. «Об условиях развития крестьянского хозяйства в России». М. , 1899).—«Начало», Спб., 1899, №1-2, стр. 274—291, в отд.: II)——184。

安德列耶夫,列·尼·《我们的日子》(Андреев, Л. Н. Дни нашей жизни)——318。

奥尔洛夫,彼·安·和布达戈夫,С. Г.《欧俄工厂一览表》(Орлов, П. А. и Будагов, С. Г. Указатель фабрик и заводов Европейской России. Материалы для фабрично-заводской статистики. Сост. по офиц. сведениям деп. торговли и мануфактур. Изд. 3-е, испр. и значит. доп. [По сведениям за 1890 г. , доп. сведениями за 1893 и 1894 гг.]. Спб. , 1894. II, XVI, 827 стр.)——37、48。

奥加诺夫斯基,尼·彼·《欧洲大战为何爆发?》(Огановский, Н. П. Отчего

загорелась великая европейская война? М., «Задруга», 1914. 31 стр. («Война и труд».№1))——432。

巴甫洛夫斯基,伊·雅·《德俄词典》(Павловский, И. Я. Немецко-русский словарь.Изд.3-е,испр. и значит, доп. Рига, Киммель, 1888. VI, 1529 стр.) ——23。

——《俄德词典》(Русско-немецкий словарь.3-е,соверш.переработ., испр.и доп. изд.Рига, Киммель, 1900. XI, 1774 стр.)——143、162、171。

巴扎罗夫,弗·亚·《现代的神秘主义和实在论》(Базаров, В.А.Мистицизм и реализм нашего времени.—В кн.: Очерки по философии марксизма. Философский сборник.Спб.,[«Зерно»],1908,стр.3—71.)——320。

邦契-布鲁耶维奇,弗·德·《俄罗斯诗选》(Бонч-Бруевич, В. Д. Избранные произведения русской поэзии. Изд. 3-е, вновь пересмотр. и значит. доп. Спб., тип.Стасюлевича,1908.XVIII,319 стр.)——291。

鲍威尔,奥·《民族问题和社会民主党》(Bauer, O. Die Nationalitätenfrage und die Sozialdemokratie. Wien, Brand, 1907. VIII, 576 S. (Marx-Studien. Blätter zur Theorie und Politik des wissen-schaftlichen Sozialismus. Hrsg. von M.Adler und R.Hilferding.2.Bd.))——292。

贝德克尔,卡·《瑞士及其接壤的意大利、萨瓦和蒂罗尔各地区。旅行指南》 (Bädeker, K. La Suisse et les parties limitrophes de l'Italie, de la Savoie et du Tyrol. Manuel du voyageur. Dix-neuvième éd. Revue et corrigée. Leip-zig—Paris.Bädeker—Ollendorff,1893.XXVIII,514 p.)——113、276。

贝尔——见贝尔,麦·。

贝尔,麦·《英国社会主义史》(Beer, M. Geschichte des Sozialismus in England.Stuttgart,Dietz,1913.XII,512 S.)——414—415、449。

贝歇尔,埃·《精密自然科学的哲学前提》(Becher, E. Philosophische Voraus-setzungen der exakten Naturwissenschaften. Leipzig, Barth, 1907. V, 243 S.)——316。

别尔托夫,恩·——见普列汉诺夫,格·瓦·。

别佐布拉佐夫,弗·巴·《俄国的国民经济》(Безобразов, В. П. Народное хозяйство России. Московская(Центральная)промышленная область. Ч.

1—3.Спб.,1882—1889.3 т.)——88。

波格丹诺夫，亚·《红星》(幻想小说)(Богданов, А. Красная звезда. (Утопия). Спб.,1908.156 стр.)——301。

——《经济学简明教程》(Краткий курс экономической науки. М., Муринова, 1897. VIII, 290 стр.)——86、89、192。

——《经验一元论》(Эмпириомонизм. Статьи по философии. Кн. I—III. М., Дороватовский и Чарушников, 1904—1906.3 кн.)——329。

——《自然史观的基本要素》(Основные элементы исторического взгляда на природу. Спб., «Издатель», 1899.254 стр.)——196。

波果热夫，亚·瓦·《德国和俄国的工厂生活》(Погожев, А. В. Фабричный быт Германии и России. М., Карцев, 1882.172, IV стр.)——24。

[波特列索夫，亚·尼·《最迫切的问题》[Потресов, А. Н.] Не в очередь. Критические наброски.—«Начало», Спб., 1899, №4, стр. 121—149, в отд.: II. Подпись: А. К—р—ий)——200。

伯恩施坦，爱·《社会主义的前提和社会民主党的任务》(Bernstein, E. Die Voraussetzungen des Sozialismus und die Aufgaben der Sozialdemokratie. Stuttgart, Dietz, 1899. X, 188 S.) —— 189、191、204、207—208。

博里涅维奇，A.C.《敖德萨粮食贸易概况(附 Э.Г.加里斯工程师对敖德萨地方自治局粮仓规划的说明)》(Бориневич, А. С. Очерк хлебной торговли в Одессе, с прил. объяснительной записки инж. Э. Г. Гарриса к проекту земских элеваторов в Одессе. Изд. Херсонской губ. зем. управы. Прил. к «Сборнику Херсон. Земства» за 1890 г. №3. Одесса, 1890.110 стр.)——88。

博罗维科夫斯基，亚·李·《民法(法律汇编第 10 卷第 1 册)(附根据执政参议院民事终审上诉局的决定所作的说明)》(Боровиковский, А. Л. Законы гражданские (Свод законов т. X, ч. I) с объяснениями по решениям гражданского кассационного департамента правительствующего Сената. Изд. 8-е, доп. и исправл. (Кн. маг. «Нового времени»). Спб., тип. Суворина, 1895. III, 2, 1066 стр. (Изд. неофициальное))——109。

——《民事诉讼法规(附根据执政参议院民事终审上诉局的决定所作的说

明）》(Устав гражданского судопроизводства с объяснениями по решениям гражданского кассационного департамента правительствующего Сената. Изд. 2-е(переработ.). Спб. , тип. Суворина, 1889. 7, 2, 1216 стр.)——109。

博约维奇, М. М.《国家杜马代表（附照片和履历）》(Боиович, М. М. Члены Государственной думы. (Портреты и биографии). Третий созыв 1907 — 1912 г. М. , Сытин, 1908. XLVII, 456 стр.)——293。

布尔加柯夫, 谢·尼·《论农业资本主义演进的问题》(Булгаков, С. Н. К вопросу о капиталистической эволюции земледелия. — «Начало», Спб. , 1899, №1-2, стр. 1—21, в отд. : II)——184、185、188、189、191。

——《论资本主义生产条件下的市场（理论述评）》(О рынках при капиталистическом производстве. Теоретический этюд. М. , Водовозова, 1897. 1, 260 стр.)——89、97、141。

——《因果律和人类活动的自由》(Закон причинности и свобода человеческих действий. — «Новое Слово», Спб. , 1897, № 8, май, стр. 183 — 199)——262。

布尔热, 保·《街垒》(Bourget, P. La Barricade)——362。

布哈林, 尼·伊·《论修改党纲》(Бухарин, Н. И. К пересмотру партийной программы. — «Спартак», М. , 1917, №4, 10 августа, стр. 4 — 7)——450。

布拉戈维申斯基, 尼·安·《地方自治局按户调查经济资料综合统计汇编》(Благовещенский, Н. А. Сводный статистический сборник хозяйственных сведений по земским подворным переписям. Т. 1. Крестьянское хозяйство. М. , 1893. XVI, 266 стр.)——24。

布洛斯, 威·《德国革命》(Blos, W. Die deutsche Revolution. Geschichte der deutschen Bewegung von 1848 und 1849. Stuttgart, Dietz, 1893. VIII, 670 S.)——133、147。

——《法国革命》(Die französische Revolution. Volksthümliche Darstellung der Ereignisse und Zustände in Frankreich von 1789 bis 1804. [2. Aufl.]Stuttgart, Dietz, 1890. VI, 632 S.)——133、147。

[查苏利奇, 维·伊·]《德·伊·皮萨列夫》([Засулич, В. И.]Д. И. Писарев. — «Научное Обозрение», Спб. , 1900, №3, стр. 479 — 499; №4, стр. 741 — 754. Подпись, : Н. Карелин)——216。

达维多夫，И. А.《什么是经济唯物主义？（批判方法概论）》（Давыдов，И. А.
Что же такое экономический материализм? Критико-методологический
очерк. Харьков, Головкин, 1900. 98 стр. (Вопросы современности. Вып. III))
——216。

［丹尼尔逊，尼·弗·］《我国改革后的社会经济概况》（［Даниельсон, Н. Ф.］
Очерки нашего пореформенного общественного хозяйства. Спб., тип.
Бенке, 1893. XVI, 353 стр.; XVI табл. Перед загл. авт.: Николай—он)
——24。

杜冈-巴拉诺夫斯基，米·伊·《俄国工厂今昔》（Туган-Барановский, М. И.
Русская фабрика в прошлом и настоящем. Т. 1. Спб., Пантелеев, 1898. XI,
496 стр.)——141。

——《马克思的资本主义抽象理论的基本错误》（Основная ошибка абстрактной
теории капитализма Маркса. — «Научное Обозрение», Спб., 1899, №5,
стр. 973—985)——195。

——《现代英国的工业危机及其原因和对人民生活的影响》（Промышленные
кризисы в современной Англии, их причины и влияние на народную
жизнь. С прил. 12 диагр. Спб., тип. Скороходова, 1894. IV, 513 стр.; 2 л.
карт)——24—25、146。

恩格尔哈特，М. Н.《摊牌》（Энгельгардт, М. Н. Открывающиеся карты. —
«Новости и Биржевая Газета», Спб., 1899, №152, 4 июня, стр. 2)
——210。

恩格斯，弗·《路德维希·费尔巴哈和德国古典哲学的终结》（Engels, F.
Ludwig Feuerbach und der Ausgang der klassischen deutschen Philosop-
hie. Mit Anhang: Karl Marx über Feuerbach vom Jahre 1845. 4. Aufl.
Stuttgart, Dietz, 1907. IV, 62 S.)——320。

——《社会发展中的力量和经济》（La force et l'économie dans le développement
social. Paris, Giard et Brière, 1897. (Bibliothèque Socialiste Internationale))
——73。

法尔伯，М. Д.《粮食的固定价格》（Фарбер, М. Д. Твердые цены на хлеб. Сост.
М. Д. Фарбер, под ред. В. Г. Громана. Пг., тип. Квара, 1916. 63 стр. (Всерос.

заводской промышленности Европейской России с поименным списком фабрик и заводов. Сост. по офий. сведениям деп. торговли и мануфактур〔за 1867 год〕. Труд, удост. медалей на Парижской всемирной выставке 1867 г. и на Всероссийской мануфактурной выставке 1870 г. Вып. 1 — 3. Спб., 1869 — 1873. VI, VI, 132 стр.; 14 карт.) —— 33。

〔卡布鲁柯夫，尼·阿·《关于米·伊·杜冈-巴拉诺夫斯基的学位论文〈俄国工厂今昔〉的发言》〕(〔Каблуков, Н. А. Выступление по диссертации М. И. Туган-Барановского « Русская фабрика в прошлом и настоящем »〕. — «Русские Ведомости», М., 1898, №291, 21 декабря, стр. 3) —— 150。

——《粮价对欧俄土地私有制的意义》(Значение хлебных цен для частного землевладения в Европейской России. — В кн.: Влияние урожаев и хлебных цен на некоторые стороны русского народного хозяйства. Под ред. проф. А. И. Чупрова и А. С. Посникова. Т. I. Спб., тип. Киршбаума, 1897, стр. 97 — 156) —— 156。

——《论俄国农民经济发展的条件》(Об условиях развития крестьянского хозяйства в России. (Очерки по экономии сельского хозяйства). М., 1899. VIII, 309 стр.) —— 173、184、186。

——《1895—1896年度在莫斯科大学授课用的农业经济学讲义》(Лекции по экономии сельского хозяйства, читанные в Московском университете в 1895/6 г. М., типолит. Кушнерева, 1897. 228 стр. (Издание для студентов)) —— 80。

卡雷舍夫，尼·亚·《俄国国民经济资料》(Карышев, Н. А. Материалы по русскому народному хозяйству. II. Двигатели на русских фабриках и заводах. — III. Несколько предварительных данных переписи 28 января 1897 г. — IV. Товарищеское землевладение в Новороссии. (Оттиск из «Известий Московского Сельскохозяйственного Института», год IV, кн. 2). м., типолит. Кушнерева, 1898. 33 стр. с 4 картогр.) —— 143。

卡缅斯基——见普列汉诺夫，格·瓦·。

卡乔罗夫斯基，卡·罗·《俄国村社》(Качоровский, К. Р. Русская община. Возможно ли, желательно ли ее сохранение и развитие? (Опыт цифро-

вого и фактического исследования). Т. 1. 1. Общее введение. 2. Ч. 1. Что
такое община? Спб., 1900. IV, 431 стр.)——216。

考茨基，卡·《民族性和国际性》(Kautsky, K. Nationalität und Internationalität.
Stuttgart, Singer, 1908. 36 S. (Ergänzungshefte zur «Neuen Zeit», Nr. 1.
Ausg. am 18. Januar 1908))——290、291、294。

——《社会主义与殖民政策》(Sozialismus und Kolonialpolitik. Eine Ausei-
nandersetzung. Berlin, «Vorwärts», 1907. 80 S.)——290。

——《土地问题》(Die Agrarfrage. Eine Übersicht über die Tendenzen der
modernen Landwirtschaft und die Agrarpolitik der Sozialdemokratie.
Stuttgart, Dietz, 1899. VIII, 451 S.)——176、179、180、184、185、186、189。

柯瓦列夫斯基——见柯瓦列夫斯基，马·。

柯瓦列夫斯基，马·《俄国的经济制度》(Kovalewsky, M. Le régime économique
de la Russie. Paris, Giard et Brière, 1898. 363 p. (Bibliothèque Socialiste
Internationale. XV))——144。

科别利亚茨基，А. И.《工厂视察机关官员和工厂主手册》(Кобеляцкий, А. И.
Справочная книга для чинов фабричной инспекции, фабрикантов и
заводчиков. Полный сборник узаконений о найме рабочих на фабрики,
заводы и мануфактуры; о взаимных отношениях фабрикантов и рабочих;
о фабричной инспекции; о надзоре за заведениями фабрично-заводской
промышленности и о сборе с паровых котлов. С толкованиями и разъясне-
ниями. Изд. 3-е (доп.). Спб., Мартынов, 1895. LII, 239 стр. (Изд.
неофициальное))——24。

科汉斯卡娅——见索汉斯卡娅，娜·斯·。

克柳切夫斯基，瓦·奥·《悼先帝亚历山大三世》(Ключевский, В. О. Памяти в
бозе почившего государя императора Александра III. Речь, произнесенная
в заседании имп. О-ва истории и древностей российских при Моск. ун-те
28 окт. 1894 г. 2-ое изд. испр. и доп. М., 1894. 7 стр.——5。

——《俄国近代史教程》(Курс новой русской истории. 1883—4 акад. год. Б. м.,
Барсков, [1883—1884]. 320 стр. Литогр.)——3。

克鲁普斯卡娅，娜·康·《给安·伊·乌里扬诺娃-叶利扎罗娃的信》(1898

l'histoire. Avec une préf.de G. Sorel. Paris, Giard et Brière, 1897. 349 p. (Bibliothèque Socialiste Internationale. III)）——69、74、86。

——《社会主义和哲学（致若·索列尔的信）》(Socialisme et philosophie. (Lettres à G.Sorel). Paris, Giard et Brière, 1899. V, 263 p. (Bibliothèque Socialiste Internationale. V)）——197。

拉戈津，叶·伊·《俄国南部的铁和煤》(Рагозин, Е.И.Железо и уголь на юге России.Спб., тип.Гольдберга, 1895.IV, 170 стр.1 л.карт.)——88。

莱伊，阿·《现代物理学家的物理学理论》(Rey, A.La théorie de la physique chez les physiciens contemporains.Paris, Alcan, 1907. V, 412 p.)——340。

雷夫，Ф.《俄法德英对照新词典（四卷本）》(Рейф, Ф.Новые параллельные словари языков русского, французского, немецкого и английского в 4-х частях...Ч.I.Русский словарь.Объяснение русских слов на французском, на немецком и на английском языках. 4-е изд. ново-стереотип., испр. и умнож. Карлсруэ—Спб.—Лейпциг—Париж, 1892. LXXXVIII, 832 стр.)——162、171。

李嘉图，大·《政治经济学原理》(Рикардо, Д.Начала политической экономии. Пер. Н. В. Фабриканта. М, Солдатенков. 1895. XXXVI, 288, II стр. (Б-ка экономистов)）——24。

里博，泰·《激动的回忆》(Рибо, Т. Аффективная память. Пер. с франц. Е. Максимовой.2-е испр. изд. Спб., «Образование», 1899. 50 стр.)——163、165、166。

连斯特列姆，Н.《俄德和德俄词典》（第 1 册）(Ленстрем, Н.Русско-немецкий и немецко-русский словарь. Ч. I. Русско-немецкий словарь. Митава, Бере, 1871.XI, 620 стр.)——162、171。

列宁，弗·伊·《帝国主义是资本主义的最新阶段》(Ленин, В. И. Империализм, как новейший этап капитализма. (Популярный очерк).Пг., «Жизнь и Знание», 1917. 130 стр. Перед загл. авт.: Н. Ленин (Вл. Ильин)）——441。

——《俄国资本主义的发展》(Развитие капитализма в России.Процесс образования внутреннего рынка для крупной промышленности. Спб., Водово-

зова,1899.IX,IV,480 стр.;2 л. диагр.; VIII стр. табл. Перед загл. авт.:
Владимир Ильин)——18—20、21、56、58、62、86、109、121、123、124—
126、130、131—132、134、136—141、142、146—148、150—151、152—
153、155—156、157—158、163—164、165—166、167—168、170、171—
172、175—178、179、182、186、188—189、190、191、192、209、249。

——《[〈俄国资本主义的发展〉]序言》(Предисловие[к «Развитию капита-
лизма в России»].—В кн.:[Ленин, В. И.] Развитие капитализма в
России.Процесс образования внутреннего рынка для крупной промышле-
нности.Спб.,Водовозова,1899,стр. I—IV. Перед загл. кн. авт.: Владимир
Ильин)——125、140、168、176。

——《反对抵制(摘自社会民主党政论家的札记)》(Против бойкота. (Из
заметок с.-д. публициста).—В кн.: О бойкоте третьей Думы. М., тип.
Горизонтова,1907,стр.1—24.Подпись: Н.Ленин)——283。

——《给安•伊•乌里扬诺娃-叶利扎罗娃的信》(1909 年 2 月 16 日或 17 日)
(Письмо А. И. Ульяновой-Елизаровой. 16 или 17 февраля 1909 г.)
——317。

——《给安•伊•乌里扬诺娃-叶利扎罗娃的信》(1909 年 2 月 17 日或 18 日)
(Письмо А. И. Ульяновой-Елизаровой. 17 или 18 февраля 1909 г.)
——319。

——《给安•伊•乌里扬诺娃-叶利扎罗娃的信》(1909 年 2 月 23 日)
(Письмо А.И.Ульяновой-Елизаровой.23 февраля 1909 г.)——324。

——《给安•伊•乌里扬诺娃-叶利扎罗娃的信》(1909 年 3 月 9 日)(Письмо
А.И.Ульяновой-Елизаровой.9 марта 1909 г.)——329。

——《给安•伊•乌里扬诺娃-叶利扎罗娃的信》(1909 年 3 月 12 日)
(Письмо А.И.Ульяновой-Елизаровой.12 марта 1909 г.)——331。

——《给安•伊•乌里扬诺娃-叶利扎罗娃的信》(1909 年 4 月 5 日)(Письмо
А.И.Ульяновой-Елизаровой.5 апреля 1909 г.)——339。

——《关于俄国社会民主工党统一代表大会的报告(给彼得堡工人的信)》
(Доклад об Объединительном съезде РСДРП. Письмо к петербургским
рабочим. М.—Спб., тип. « Дело », 1906. 112 стр. Перед загл. авт.: Н.

Ленин)——449。

—《国家与革命》（Государство и революция. Учение марксизма о государстве и задачи пролетариата в революции. Август—сентябрь 1917 г.; § 3 главы II—ранее 17 декабря 1918 г.)——448。

—《经济评论集》（Экономические этюды и статьи. Спб., типолит. Лейферта, 1899. 290 стр. Перед загл. авт.: Владимир Ильин）——82—83、90—93、94—95、97—98、103、104、109、111—112、116、117、121—122、124、127、128、129、131、132、136、137、138、140—141、150、164、169、173、175、183、188、189。

—《卡尔·马克思》（Маркс, Карл.—В кн.: Энциклопедический словарь т-ва «Бр. А. и И. Гранат и К⁰». 7-е, совершен. переработот. изд. под ред. Ю. С. Гамбарова и др. Т. 28. М., [1914], стлб. 219—243, 243'—246'. Подпись: В. Ильин）——429、430—431、441。

—《列·尼·托尔斯泰和他的时代》（Л. Н. Толстой и его эпоха. 22 января 1911 г.)——381。

—《论我国工厂统计问题（卡雷舍夫教授在统计学方面的新功绩)》（К вопросу о нашей фабрично-заводской статистике. Новые статистические подвиги проф. Карышева.—В кн.: [Ленин, В. И.] Экономические этюды и статьи. Спб., типолит. Лейферта, 1899, стр. 263—290. Перед загл. кн. авт.: Владимир Ильин）——117。

—《论修改党纲》（К пересмотру партийной программы.—«Просвещение», Пг., 1917, №1-2, сентябрь—октябрь, стр. 81—99. Подпись: Н. Ленин）——450。

—《农业中的资本主义（论考茨基的著作和布尔加柯夫先生的文章)》（Капитализм в сельском хозяйстве. (О книге Каутского и о статье г. Булгакова).—«Жизнь», Спб., 1900, №1, стр. 84—110; №2, стр. 59—68. Подпись: Вл. Ильин, Влад. Ильин）——185、186、187、188—189、191、206、208、209。

—《评经济浪漫主义》（编入 1899 年出版的［弗·伊·列宁］《经济评论集》)（К характеристике экономического романтизма. Сисмонди и наши отечественные сисмондисты.—В кн.：［Ленин，В. И.］Экономические этюды и статьи.Спб.，типолиг. Лейферта，1899，стр. 1 — 112. Перед загл. кн. авт.：Владимир Ильин）——91。

—《评经济浪漫主义》》（1897 年春）（К характеристике экономического романтизма. Сисмонди и наши отечественные сисмондисты.Весна 1897 г.）——82 — 83、91、193。

—《评经济浪漫主义》》（载于 1897 年《新言论》杂志第 7 期）（К характеристике экономического романтизма.Сисмонди и наши отечественные сисмондисты.—«Новое Слово»，Спб.，1897，№7，апрель，стр. 25 — 50；№8，май，стр. 25 — 60；№9，июнь，стр. 26 — 53；№10，июль，стр. 18 — 32. Подпись：К.Т—н.）——48、82、92—93。

—《社会民主党在 1905—1907 年俄国第一次革命中的土地纲领》》（Аграрная программа социал-демократии в первой русской революции 1905 — 1907 годов.Ноябрь—декабрь 1907 г.）——293—294、297、378、379。

—《19 世纪末俄国的土地问题》》（Аграрный вопрос в России к концу XIX века.Первая половина 1908 г.）——286—287、378、380。

—《市场理论问题述评（评杜冈-巴拉诺夫斯基先生和布尔加柯夫先生的论战）》》（Заметка к вопросу о теории рынков.（По поводу полемики гг.Туган-Барановского и Булгакова）.—«Научное Обозрение»，Спб.，1899，№1，стр. 37—45.Подпись：Владимир Ильин）——165。

—《［书评：］〈俄国工商业〉》》（［Рецензия на книгу：］Торгово-промышленная Россия. Справочная книга для купцов и фабрикантов. Составлена под редакциею А. А. Блау，начальника статистического отделения департамента торговли и мануфактур. Спб. 1899. Ц. 10 руб.—«Начало»，Спб.，1899.№3，стр.119—121，в отд.：II.Подпись：Вл.Ильин）——165。

—《［书评：］卡尔·考茨基〈土地问题。现代农业倾向和社会民主党的土地政策概述〉》》（［Рецензия на книгу：］Karl Kautsky. Die Agrarfrage. Eine Übersicht über die Tendenzen der modernen Landwirtschaft und die Agrarpolitik u. s. w. Stuttgart，Dietz，1899.—«Начало»，Спб.，1899，№ 4，стр.165—169，в отд.：II.Подпись：Вл.Ильин）——179、180、186。

—《［书评：］罗·格沃兹杰夫〈富农经济的高利贷及其社会经济意义〉》（［Рецензия на книгу:］Р.Гвоздев.Кулачество-ростовщичество,его общест-венно-экономическое значение. Спб. 1899. Изд. Н. Гарина.—«Начало»,Спб.,1899,№ 3,стр.118—119,в отд.: II.Подпись: Вл.Ильин)——157、158、193。

—《［书评：］帕尔乌斯〈世界市场和农业危机〉》（［Рецензия на книгу:］Парвус. Мировой рынок и сельско-хозяйственный кризис.Экономические очерки. Перевод с немецкого Л,Я.Спб.1898.Изд.О.Н.Поповой（Образовательная библиотека,серия 2-я,№2).Стр. 142. Цена 40 коп.—«Начало»,Спб.,1899,№ 3,стр.117—118,в отд.: II.Подпись: Вл.Ильин)——158。

—《［书评：］亚·波格丹诺夫〈经济学简明教程〉》（［Рецензия на книгу:］А. Богданов. Краткий курс экономической науки. Москва. 1897. Изд. кн. склада А.Муриповой.Стр.290.Ц.2 р.—«Мир Божий»,Спб.,1898,№4,стр.98—103,в отд: II)——86、89。

—《斯托雷平和革命》（Столыпин и революция. 18（31）октября 1911 г.)——384。

—《土地问题和"马克思的批评家"》（Аграрный вопрос и «критики Маркса».Главы I—IX.Июнь—сентябрь 1901 г.)——292。

—《唯物主义和经验批判主义》（Материализм и эмпириокритицизм.Крити-ческие заметки об одной реакционной философии. М., «Звено»,［май］1909.III,438 стр.Перед загл.авт.: Вл.Ильин)——297、298—299、300、302—304、309、310—316、317、319—347、403。

—《1894—1895 年度彼尔姆省手工业调查以及"手工"工业中的一般问题》（编入 1899 年出版的［弗·伊·列宁］《经济评论集》)（Кустарная перепись 1894/5 года в Пермской губернии и общие вопросы «кустарной»промыш-ленности.—В кн.: ［Ленин, В.И.］Экономические этюды и статьи. Спб.,типолит.Лейферта,1899,стр. 113 — 199. Перед загл. кн. авт.: Владимир Ильин)——91—92。

—《1894—1895 年度彼尔姆省手工业调查以及"手工"工业中的一般问题》（1897 年 8 — 9 月,不晚于 7 日（19 日))（Кустарная перепись 1894/95 года в Пермской губернии и общие вопросы «кустарной» промышленности. Август—сентябрь, не позднее 7(19), 1897 г.)——58、59—61、67、82、83、90—91。

—《再论实现论问题》(Еще к вопросу о теории реализации.—«Научное Обозрение», Спб., 1899, №8, стр. 1564—1579. Подпись: В. Ильин)——168—169、171、173、188—189、193、200、206。

—《致格拉纳特出版社编辑部秘书》(1915 年 1 月 4 日)(Секретарю редакции изданий Гранат. 4 января 1915 г.)——435。

[列宁，弗・伊・]《答普・涅日丹诺夫先生》([Ленин, В. И.]Ответ г. П. Нежданову.—«Жизнь», Спб., 1899, № 12, стр. 258—262. Подпись: Владимир Ильин)——193。

—《非批判的批判(评 1899 年〈科学评论〉杂志第 12 期帕・斯克沃尔佐夫先生的论文〈商品拜物教〉)》(Некритическая критика. (По поводу статьи г. П. Скворцова: «Товарный фетишизм» в № 12 «Научн. Обозр.» за 1899 г.).—«Научное Обозрение», Спб., 1900, № 5, стр. 945—954; №6, стр. 1061—1067. Подпись: Владимир Ильин, В. Ильин)——213、216、218。

—《给阿・马・高尔基的信》(1911 年 1 月 3 日)(Письмо А. М. Горькому. 3 января 1911 г.)——380。

—《给安・伊・乌里扬诺娃-叶利扎罗娃的信》(1896 年 1 月 14 日)(Письмо А. И. Ульяновой-Елизаровой. 14 января 1896 г.)——24。

—《给安・伊・乌里扬诺娃-叶利扎罗娃的信》(1899 年 5 月 29 日)(Письмо А. И. Ульяновой-Елизаровой. 29 мая 1899 г.)——193。

—《给安・伊・乌里扬诺娃-叶利扎罗娃的信》(1908 年 10 月 27 日)(Письмо А. И. Ульяновой-Елизаровой. 27 октября 1908 г.)——309。

—《给安・伊・乌里扬诺娃-叶利扎罗娃的信》(1908 年 11 月 8 日)(Письмо А. И. Ульяновой-Елизаровой. 8 ноября 1908 г.)——309。

—《给马・季・叶利扎罗夫的信》(1911 年 1 月 3 日)(Письмо М. Т. Елизарову. 3 января 1911 г.)——378—379。

—《给马・季・叶利扎罗夫和玛・伊・乌里扬诺娃的信》(1897 年 9 月 7 日)(Письмо М. Т. Елизарову и М. И. Ульяновой. 7 сентября 1897 г.)

（1898 年 8 月 16 日）（Письмо М. А. Ульяновой и А. И. Ульяновой-Елизаровой. 16 августа 1898 г.）——118。

——《给玛·亚·乌里扬诺娃和安·伊·乌里扬诺娃-叶利扎罗娃的信》（1898 年 11 月 15 日）（Письмо М. А. Ульяновой и А. И. Ульяновой-Елизаровой. 15 ноября 1898 г.）——140。

——《给玛·亚·乌里扬诺娃和安·伊·乌里扬诺娃-叶利扎罗娃的信》（1898 年 11 月 22 日）（Письмо М. А. Ульяновой и А. И. Ульяновой-Елизаровой. 22 ноября 1898 г.）——146。

——《给玛·亚·乌里扬诺娃和安·伊·乌里扬诺娃-叶利扎罗娃的信》（1898 年 12 月 12 日）（Письмо М. А. Ульяновой и А. И. Ульяновой-Елизаровой. 12 декабря 1898 г.）——146。

——《给玛·亚·乌里扬诺娃和安·伊·乌里扬诺娃-叶利扎罗娃的信》（1898 年 12 月 28 日）（Письмо М. А. Ульяновой и А. И. Ульяновой-Елизаровой. 28 декабря 1898 г.）——148。

——《给玛·亚·乌里扬诺娃和安·伊·乌里扬诺娃-叶利扎罗娃的信》（1913 年 2 月 24 日）（Письмо М. А. Ульяновой и А. И. Ульяновой-Елизаровой. 24 февраля 1913 г.）——403。

——《给玛·亚·乌里扬诺娃和马·季·叶利扎罗夫的信》（1898 年 3 月 1 日）（Письмо М. А. Ульяновой и М. Т. Елизарову. 1 марта 1898 г.）——103。

——《给玛·亚·乌里扬诺娃和玛·伊·乌里扬诺娃的信》（1897 年 5 月 18 日）（Письмо М. А. и М. И. Ульяновым. 18 мая 1897 г.）——55。

——《给玛·伊·乌里扬诺娃的信》（1898 年 11 月 11 日）（Письмо М. И. Ульяновой. 11 ноября 1898 г.）——133。

——《给玛·伊·乌里扬诺娃的信》（1901 年 5 月 19 日）（Письмо М. И. Ульяновой. 19 мая 1901 г.）——247。

——《给玛·伊·乌里扬诺娃的信》（1908 年 2 月 7 日）（Письмо М. И. Ульяновой. 7 февраля 1908 г.）——293。

——《给玛·伊·乌里扬诺娃的信》（1908 年 2 月 14 日）（Письмо М. И. Ульяновой. 14 февраля 1908 г.）——293。

列维茨基,弗·《奥古斯特·倍倍尔的生平和事业(1840—1913)》(Левиц-
　　кий,В.Август Бебель.Его жизнь и деятельность.1840—1913 г.С портр.
　　А.Бебеля.Спб.,1914.79 стр.)——421。

柳多戈夫斯基,阿·彼·《农业经济学和农业簿记原理》(Людоговский,А.П.
　　Основы сельскохозяйственной экономии и сельскохозяйственного счетов-
　　одства.Опыт руководства для практических хозяев,земледельческих и
　　реальных училищ и в пособие при занятиях студентов высших учебных
　　заведений.Спб.,Девриен,1875.Ⅷ,488 стр.)——88。

洛津斯基,М.А.《农民的土地所有权和防止剥夺农民土地的措施》(Лозинс-
　　кий,М.А.Крестьянская поземельная собственность и меры предупре-
　　ждения обезземеления крестьян.—«Труды императорского Вольного Эко-
　　номического Общества»,Спб.,1898,№2,стр.89—95)——79。

洛科季,季·瓦·《俄国的预算和课税政策》(Локоть,Т.В.Бюджетная и
　　податная политика России.М.,тип.Сытина,1908.Ⅳ,2,240 стр.)
　　——293。

洛韦尔,珀·《火星和火星上的运河》(Lowell,P.Mars and its Canals.1907)
　　——301。

[马尔托夫,尔·]《民粹主义的过去和现在》([Мартов,Л.]Народничество
　　прежде и теперь.—«Новое Слово»,Спб.,1897,№2,ноябрь,стр.52—78,в
　　отд.:Ⅱ.Подпись:А.Егоров)——67。

马卡罗夫,Н.П.《俄法大词典》(Макаров,Н.П.Полный русско-французский
　　словарь.Изд.9-е,вновь пересмотр.и значит.доп.Спб.,Макаров,1900.ⅩⅤ,
　　1120 стр.)——273。

马克思,卡·《黑格尔法哲学批判》(Marx,K.Critique de la philosophie du
　　droit de Hégel.(Extrait du Devenir Social,N de Septembre 1895).Paris,
　　Giard et Brière,1895.15 p.)——74。

　　—《哲学的贫困》(Misère de la philosophie.Rèponse à la Philosophie de la
　　misère de m.Proudhon.Avec une préf.de F.Engels.Paris,Giard et Brière,
　　1896.292 p.(Bibliothèque Socialiste Internationale.Ⅱ))——74。

　　—《资本论》(德文版第 3 卷上册)(Marx,K.Das Kapital.Kritik der

politischen Ökonomie. Bd. III. T. 1. Buch III: Der Gesamtprozeß der kapitalistischen Produktion. Kapitel I bis XXVIII. Hrsg. von F. Engels. Hamburg, Meißner, 1894. XXVIII, 448 S.)——6。

——《资本论》(德文版第 3 卷下册)(Das Kapital. Kritik der politischen Ökonomie. Bd. III. T. 2. Buch III: Der Gesamtprozeß der kapitalistischen Produktion. Kapitel XXIX bis LII. Hrsg. von F. Engels. Hamburg, Meißner, 1894. IV, 422 S.)——6。

——《资本论》(俄文版第 2 卷)(Маркс, К. Капитал. Критика политической экономии. Под ред. Ф. Энгельса. Пер. с нем. Т. II. Кн. II. Процесс обращения капитала. Спб.,[тип. министерства путей сообщения(Бенке)], 1885. XXI, 403 стр.)——25。

马斯洛夫, 彼·巴·《世界大战的经济原因》(Маслов, П. П. Экономические причины мировой войны. М.,1915. 71 стр.)——432。

——《自然经济的理想化》(Идеализация натурального хозяйства. —«Научное Обозрение», Спб.,1899, №3, стр. 620—640)——164、189。

梅林——见梅林, 弗·。

梅林, 弗·《德国社会民主党史》(第 1—2 册)(Mehring, F. Geschichte der deutschen Sozialdemokratie. T. 1—2. Stuttgart, Dietz, 1897—1898. 2 Bde. (Die Geschichte des Sozialismus in Einzeldarstellungen von E. Bernstein, C. Hugo, K. Kautsky, P. Lafargue, F. Mehring, G. Plechanow. Bd. 3. T. 1—2))——68、206。

门捷列夫, 德·伊·《关税税则详解或根据 1891 年通用关税税则对俄国工业发展的研究》(Менделеев, Д. И. Толковый тариф или исследование о развитии промышленности России в связи с ее общим таможенным тарифом 1891 года. Спб., тип. Демакова, 1892. L, 730 стр.)——88。

米尔博, 奥·《澳洲野犬》(Mirbeau, O. Dingo. Roman. Paris, Flammarion, б. г. 286 p. (Nouvelle bibliothèque Flammarion))——415。

[米海洛夫斯基, 尼·康·]《尼·康·米海洛夫斯基给彼·拉·拉甫罗夫的两封信》([Михайловский, Н. К.]Два письма Н. К. Михайловского к П. Л. Лаврову. —«Минувшие Годы», Спб.,1908, №1, стр. 125—128)

——293。

—《文学和生活》（载于 1897 年《俄国财富》杂志第 10 期）（Литература и жизнь. О совести г. Минского, страхе смерти и жажде бессмертия.—О наших умственных течениях за полвека.—О новых словах и «Новом Слове».—О речи проф. Светлова.—О г. Волынском и скандалистах вообще.—«Русское Богатство», Спб., 1897, №10, стр. 161 — 195, в отд.: II)——213。

—《文学和生活》（载于 1899 年《俄国财富》杂志第 4 期）（Литература и жизнь. Книга г. Котляревского о «мировой скорби».—Журналы «Начало» и «Жизнь».—Любовь к ближнему и любовь к дальнему.—«Русское Богатство», Спб., 1899, №4, стр. 189 — 219, в отд.: II)——189。

米库林，亚·亚·《赫尔松省敖德萨直辖市和尼古拉耶夫总督管辖区的工厂工业和手工工业（附工厂和农业磨坊清册）》（Микулин, А. А. Фабрично-заводская и ремесленная промышленность одесского градоначальства Херсонской губернии и Николаевского военного губернаторства. С прил. списка фабрик, заводов и сельскохозяйственных мельниц. Изд. Южнорусского о-ва печати. дела. Одесса, 1897. XIII, 76, 276 стр.)——91。

莫伊雷尔，J.《维也纳及其市郊袖珍游览指南》（Meurer, J. Kleiner illustrirter Führer durch Wien und Umgebungen. Wien—Pest—Leipzig, Hartleben, 1902. VII, 111 S.)——244。

穆勒，爱·《英语和德语袖珍词典》（第 1 册）（Muret, E. Taschenwörterbuch der englischen und deutschen Sprache. T. 1. Englisch-Deutsch. Berlin—Schöneberg, Langenscheidtsche Verlagsbuchh., 1902. XVI, 496, 24 S. (Methode Toussaint—Langen—scheidt))——266 — 267。

内格里，阿·《暴风雨》（Negri, A. Tempeste. Milano, Treves, 1896. 319 p.)——116、189。

—《命运》（Fatalità. Milano, Treves, 1892. XVI, 252 p.)——116、189。

尼·—逊——见丹尼尔逊，尼·弗·。

努罗克，帕·马·《实用英语语法（附文选和词汇表）》（Нурок, П. М. Практическая грамматика английского языка с хрестоматией и словарем.

Изд.7-е,вновь просмотр.Спб.,1894.XX,384 стр.）——99—100。

帕尔乌斯《爱•伯恩施坦是个可怜的怀疑者》(Parvus.E.Bernstein als armer Toms.—«Sächsische Arbeiterzeitung»,Dresden,1898,Nr.57,11.März,S. 1;Nr.68,24.März,S.1;Nr.70,26.März,S.1)——208。

——《爱•伯恩施坦推翻社会主义》(E.Bernsteins Umwälzung des Sozialismus.—«Sächsische Arbeiterzeitung»,Dresden,1898,Nr.22.28.Januar,S. 1;Nr.25,1.Februar,S.1;Nr.30,6.Februar,S.1;Nr.31,8.Februar,S.1;Nr. 32,9.Februar,S.1;Nr.35,12.Februar,S.1;Nr.40,18.Februar,S.1;Nr.43, 22.Februar,S.1;Nr.45,24.Februar,S.1;Nr.47,26.Februar,S.1;Nr.49,1. März,S.1;Nr.54,6.März,S.1)——208。

——《社会革命和殖民政策》(Soziale Revolution und Kolonialpolitik.— «Sächsische Arbeiterzeitung»,Dresden,1898,Nr.21,27.Januar,S.1.Под общ.загл.:Politische Übersicht)——208。

——《殖民政策和资本主义制度的崩溃》(Die Kolonialpolitik und der Zusammenbruch.Leipzig,1907.8,155 S.)——291。

[普列汉诺夫,格•瓦•]《弗•恩格斯[〈路德维希•费尔巴哈〉一书]第二版译者序言》([Плеханов,Г.В.]Предисловие переводчика ко второму изданию [книги Ф.Энгельса «Людвиг Фейербах»].—В кн.:Энгельс,Ф.Людвиг Фейербах.Пер.с нем.Г.Плеханова.С двумя прилож.,с новыми объяснительными примеч.и с новым предисл.переводчика.Женева,1905,стр.VII— XXXII.(Б-ка научного социализма.Изд.2-е.Серия I.Вып.I))——329。

——《论唯物主义的历史观》(О материалистическом понимании истории.— «Новое Слово»,Спб.,1897,№12,сентябрь,стр.70—98.Подпись:Н. Каменский)——69。

——《论一元论历史观之发展》(К вопросу о развитии монистического взгляда на историю.Ответ гг.Михайловскому,Карееву и комп.Спб.,тип. Скороходова,1895.288 стр.Перед загл.авт.:Н.Бельтов)——24。

——《唯物主义史论丛》(Plechanow,G.Beiträge zur Geschichte des Materialismus.I.Holbach.II.Helvetius.III.Marx.Stuttgart,Dietz,1896.VII,264 S.)——195。

——《我们为什么要感激他呢?（致卡·考茨基的公开信）》（Wofür sollen wir ihm dankbar sein? Offener Brief an K. Kautsky.——«Sächsische Arbeiterzeitung»,Dresden,1898,Nr.253,30.Oktober.2.Beilage,S.1;Nr.254,2. November.Beilage,S.1;Nr.255,3.November.Beilage,S.1.Под общзагл.: Erörterungen über die Taktik)——208。

普罗柯波维奇,谢·尼·《西欧工人运动。批判性研究的尝试。第1卷。德国和比利时》（Прокопович,С.Н.Рабочее движение на Западе.Опыт критического исследования.Т.I.Германия,Бельгия.Спб.,Пантелеев,1899. II,212,120 стр.）——213。

普希金,亚·谢·《普希金文集》（十卷集）（Пушкин,А.С.Собрание сочинений в 10 томах）——417。

——《英雄》（Герой）——234。

齐昂,伊·法·《虚无主义者和虚无主义》（Цион,И.Ф.Нигилисты и нигилизм. М.,1886.IV,139 стр.）——183。

契诃夫,安·巴·《三姊妹》（Чехов,А.П.Три сестры）——241。

切尔帕诺夫,格·伊·《阿芬那留斯和他的学派》（Челпанов,Г.И.Авенариус и его школа.—В кн.:Философские исследования,обозрения и проч., издаваемые под ред.проф.Г.Челпанова.Т.1,вып.2.Киев,1904,стр.1—42. （Труды психологической семинарии при ун-те св.Владимира））——299。

——《内在论哲学》（Имманентная философия.—В кн.:Философские исследования,обозрения и проч.,издаваемые под ред.проф.Г.Челпанова.Т.1,вып. 1.Киев,1904,стр.1—39.（Труды психологической семинарии при ун-те св.Владимира）.Под загл.:Обзор литературы по теории познания） ——299。

热列兹诺夫,弗·雅·《政治经济学概论》（Железнов,В.Я.Очерки политической экономии.М.,тип.Сытина,1902.XXIII,806 стр.（Б-ка для самообразования.XXV））——265、266。

萨夫琴科,А.Н.《西南边疆区各田庄在实行比较标准的轮作制和过渡到多区轮作制经济条件下收入核算对照》（Савченко,А.Н.Сравнительный учет доходности в имениях Юго-Западного края при более типичных севооборотах и экономических условиях перехода к многопольному хозяйству. Киев, тип. Барского, 1897. II, 109 стр.）——70。

塞纽博斯,沙·《现代欧洲政治史》(Сеньобос, Ш. Политическая история современной Европы. Эволюция партий и политических форм. 1814 — 1896. Пер. с франц. под ред. В. Поссе. Т. 1 — 2. Спб., тип. Евдокимова, 1898. 2 т.）——70。

沙霍夫,亚·亚·《19 世纪上半叶文学运动概论》(Шахов, А. А. Очерки литературного движения в первую половину XIX века. Лекции по истории французской литературы, чит. на Высш. женск. курсах в Москве. Спб., тип. Тренке и Фюсно, 1898. V, 369 стр.）——116、118。

舍尔比纳,费·安·《弗拉基高加索铁路区的经济关系》——见舍尔比纳, 费·安·《弗拉基高加索铁路区的经济和工商业条件概论》。

——《弗拉基高加索铁路区的经济和工商业条件概论》(Щербина, Ф. А. Общий очерк экономических и торгово-промышленных условий района Владикавказской железной дороги. Хлебная производительность и торговля. Изд. правления о-ва Владикавказской ж. д. Вып. 1 — 3. Спб., тип. Эрлих, 1892—1894. 3 т.）——88。

舍尔古诺夫,尼·瓦·《舍尔古诺夫文集(两卷本)》(Шелгунов, Н. В. Сочинения в двух томах. С портр. автора и вступит. статьей Н. Михайловского. Т. 1 — 2. Спб., Павленков, 1891. 2 т.）——7、24。

施留特尔,海·《宪章运动。英国社会政治史概论》(Schlüter, H. Die Chartistenbewegung. Ein Beitrag zur sozialpolitischen Geschichte Englands. New York, Socialist Literature, 1916. 368 S.）——449。

施塔姆勒,鲁·《从唯物史观看经济和法》(Stammler, R. Wirtschaft und Recht nach der materialistischen Geschichtsauffassung. Eine sozialphilosophische Untersuchung. Leipzig, Veit, 1896. VIII, 668 S.）——199。

施坦格,亚·亨·《怎样帮助巴甫洛沃区的制锁手工业者》(Штанге, А. Г. Как помочь кустарям-замочникам Павловского района. — « Экономический Журнал», Спб., 1889, №7-8, стр. 26 — 83）——75。

[司徒卢威,彼·伯·]《彼·伯·司徒卢威在法学家协会的报告》([Струве,

и причинах богатства народов. С примеч. Бентама и др. Пер. П. А. Бибиков. Т. 1 — 3. Спб. , 1866. 3 т.) —— 118。

斯威特, 亨 · 《英语会话课本》(Sweet, H. Elementarbuch des gesprochenen Englisch. Oxford, 1901) —— 266。

索汉斯卡娅(科汉诺夫斯卡娅), 娜 · 斯 · 《自传》(Соханская (Кохановская), Н. С. Автобиография. Со вступит. статьей и под ред. С. И. Пономарева. (Отд. оттиск из «Русского Обозрения» 1896 г.). М. , Университетская тип. , 1896. 193 стр.) —— 120。

[索柯里尼柯夫, 格 · 雅 ·]《关于修改党纲(导言和最低纲领)》([Сокольников, Г. Я.] К пересмотру партийной программы. (Введение и программа-максимум). — В кн. : Материалы по пересмотру партийной программы. Сборник статей: В. Милютина и др. М. , Обл. бюро Моск. пром. района РСДРП, 1917, стр. 8 — 22. (РСДРП). Подпись: В. Сокольников) —— 450。

特雷维斯, 克 · 《社会主义问题的论战》(Treves, C. Polemica Socialista. Bologna, Zanichelli, [1921]. XI, 378 p.) —— 460。

图森——见《根据图森和兰根赛特方法编的成年人英语自修课本》。

屠格涅夫, 伊 · 谢 · 《屠格涅夫全集(十二卷本)》(Тургенев, И. С. Полное собрание сочинений в 12 томах. Прил. к журн. «Нива» на 1898 г. Спб. , Маркс, 1898. 12 т.) —— 94。

屠拉梯, 菲 · 《〈社会批判〉杂志三十年论文集》(Turati, F. Trent'anni di Critica Sociale. Bologna, Zanichelli, 1921. XII, 345 p.) —— 460。

托尔斯泰, 列 · 尼 · 《安娜 · 卡列尼娜》(Толстой, Л. Н. Анна Каренина) —— 417。

[陀思妥耶夫斯基, 费 · 米 ·]《陀思妥耶夫斯基全集》(第 1 — 6 卷) ([Достоевский, Ф. М.] Полное собрание сочинений... Т. 1 — 6. С критико-биографич. очерком о Ф. М. Достоевском, сост. В. В. Розановым... Беспл. прил. к журн. «Нива» за 1894 г. Спб. , Маркс, 1894. 6 т.) —— 94。

瓦连廷诺夫, 尼 · 《马克思主义的哲学体系》(Валентинов, Н. Философские построения марксизма. Диалектический материализм, эмпириомонизм и эмпириокритическая философия. М. , кн. маг. «Сотрудник Провинции», 1908. 307 стр. (Критические очерки. Кн. 1-я))——310。

瓦·沃·——见沃龙佐夫,瓦·巴·。

瓦西连科,维·伊·《波尔塔瓦省农村各阶层的手工业》(Василенко, В. И. Кустарные промыслы сельских сословий Полтавской губернии. Вып. 1 — 2. Особое прибавление: Щетинники (украинские торговцы-ходебщики). Изд. Полтавской губ. земской управы. Полтава, тип. Пигуренко, 1885 — 1887. 2 т.)——88。

——《波尔塔瓦省农村居民的手工业》——见瓦西连科,维·伊·《波尔塔瓦省农村各阶层的手工业》。

韦伯,悉·和韦伯,比·《工联主义史》(Webb, S. and Webb, B. The History of Trade Unionism. 2-d. ed. London, Longmans, Green, 1896. XVI, 558 p.)——141。

——《产业民主》(第 1 — 2 卷) (Industrial Democracy. Vol. 1 — 2. London, Longmans, Green, 1897. 2 vol.)

(第 1 卷) (Vol. 1. XXII, 452 p.)——99、103、109、111、188。

(第 2 卷) (Vol. 2. VII, 929 p.)——188、192、197、200、206、208。

——《英国工联主义的理论和实践(产业民主)》(第 1 — 2 卷) (德文版) (Webb, S. u. Webb, B. Theorie und Praxis der englischen Gewerkvereine. (Industrial Democracy). Bd. 1 — 2. Deutsch von C. Hugo. Stuttgart, Dietz, 1898. 2 Bde)。

(第 1 卷) (T. 1. XX, 407 S.)——99、101、188。

(第 2 卷) (T. 2. 407, LVIII S.)——188、192、197、200、206、208、209。

[韦伯,悉·和韦伯,比·]《英国工联主义的理论和实践(产业民主)》(第 1— 2 卷) (俄文版) ([Вебб, С. и Вебб, Б.] Теория и практика английского тред-юнионизма. (Industrial Democracy). Пер. с англ. В. Ильина. Т. 1 — 2. Спб., Попова, 1900—1901. 2 т. (Экономическая б-ка. Под общ. ред. П. Струве))。

——第 1 卷 (T. 1. 1900. XVI, 366 стр.)——99、101、103、109、111、115、118、119、121、129、140、165、176、188、192、208、209、210、289。

——第 2 卷 (T. 2. 1901. стр. 367 — 770.)——187、188、192、209、211、

1909. VIII, 901 стр.)——267。

扬—斯基, B.《[书评:]弗·列维茨基〈奥古斯特·倍倍尔的生平和事业 (1840—1913)〉》(Ян-ский, B. [Рецензия на книгу:] В. Левицкий. Август Бебель. «Его жизнь и деятельность». 1840 — 1913. С портретом Бебеля. Спб. 1914. Ц. 35 коп.—«Просвещение», Спб., 1914, №1, стр. 104 — 105) ——421。

伊林, 弗·——见列宁, 弗·伊·。

英格拉姆, 约·《政治经济学史》(Ингрэм, Д. История политической экономии. Пер. с англ. под ред. И. И. Янжула. М., Солдатенков, 1891. XI, 322, IV стр.)——24。

尤沙柯夫, 谢·尼·《教育问题》(Южаков, С. Н. Вопросы просвещения. Публицистические опыты. Спб., тип. Стасюлевича, 1897. VIII, 283 стр.) ——90、92。

约尔丹斯基, 尼·伊·《胜利一定到来!》(Иорданский, Н. И. Да будет победа! — «Современный Мир», Спб., 1914, №9, стр. 188 — 196, в отд.: II. Под общ. загл.: Политические заметки)——429。

詹姆斯, 威·《实用主义。某些旧思想方法的新名称》(James, W. Pragmatism. A new name for some old ways of thinking. Popular lectures on philosophy. London—New-York a. o., Longmans, Green, 1907. XIII, 309 p.) ——346。

————

Г-дь.《[书评:]〈经济学简明教程〉作者亚·波格丹诺夫的〈自然史观的基本要素〉》(Г-дь. [Рецензия на книгу:] А. Богданов. Автор «Краткого курса экономической науки».—Основные элементы исторического взгляда на природу. Природа.—Жизнь.—Психика.—Общество. Спб., 1899 г. Ц. 2 р.—«Начало», Спб., 1899, №5, стр. 121—123, в отд.: II)——195。

К. Ц.《Х 同志"事件"》(К. Ц. «Дело» товарища Х.—«Просвещение», Спб., 1914, №1, стр. 62—67)——421。

*　　　　*　　　　*

《巴甫洛沃区手工业者的贫困(关于手工业者的代表亚·亨·施坦格的报告书)》(Нужды кустарей Павловского района. (По поводу докладной записки уполномоченного кустарей А. Г. Штанге). —«Северный Вестник», Спб., 1891, №11, стр. 24 — 53, в отд. : II)——75。

《巴库社会民主党人反对剥夺和恐怖的决议》(Резолюция бакинских социал-демократов против экспроприаций и террора. —«Речь», Спб., 1908, №12, 15(28) января, стр. 5)——289。

《北方通报》杂志(圣彼得堡)(«Северный Вестник», Спб., 1891, №11, стр. 24 — 53, в отд. : II)——75。

《北方信使报》(圣彼得堡)(«Северный Курьер», Спб.)——210。

《柏林每日小报》(«Berliner Tageblatt», 1909, Nr. 607, 30. November, S. 1)——354。

《财政部年鉴》(Ежегодник министерства финансов. Вып. I. На 1869 год. Сост. под ред. А. Б. Бушена. Спб., 1869. III, V, 618 стр. Разд. паг.)——33、48。

《财政部所属各机关的通报及材料汇编》(圣彼得堡)(«Сборник Сведений и Материалов по Ведомству Министерства Финансов», Спб., 1865, т. II, кн. VI. Стр. 153 — 316, 26 — 35)——87。

—1866, т. I, кн. IV. 192 стр. Разд. паг.——87。

—1866, т. II, кн. V. 46, 146 стр.——87。

—1867, т. II, кн. VI. Стр. 325 — 485, IV, 97 — 128.——87。

《财政与工商业通报》杂志(圣彼得堡)(«Вестник Финансов, Промышленности и Торговли», Спб.)——38、48、53。

—1898.——90、95、101。

《德国社会民主党代表大会》(Parteitag der deutschen Sozialdemokratie. —«Vorwärts», Berlin, 1899, Nr. 237, 10. Oktober, S. 2 — 4; Nr. 237, 10, Oktober. 1. Beilage, S. 1 — 3; Nr. 238, 11. Oktober, S. 2 — 3; Nr. 238, 11. Oktober. 1. Beilage, S. 1 — 4; Nr. 239, 12. Oktober. 1. Beilage, S. 1 — 4; Nr. 239, 12. Oktober. 2. Beilage, S. 1 — 2; Nr. 240, 13. Oktober, S. 2 — 3; Nr. 240, 13. Oktober. 1. Beilage, S. 1 — 4; Nr. 240, 13. Oktober. 2. Beilage, S. 1 — 3; Nr. 241, 14. Oktober. 1. Beilage, S. 1 — 4; Nr. 241, 14. Oktober. 2. Beilage, S. 1 — 3; Nr.

242,15.Oktober,S.3;Nr.242,15.Oktober.1.Beilage,S.1—2;Nr.242,15.
Oktober.2.Beilage,S.1—4)——204。

《德国社会民主党斯图加特代表大会会议记录》(1898年10月3—8日)
(Protokoll über die Verhandlungen des Parteitages der Sozialdemokratis-
chen Partei Deutschlands.Abgehalten zu Stuttgart vom 3.bis 8.Oktober
1898.Berlin,Exped.der Buchh.Vorwärts,1898.239 S.)——210。

《德国书店新到重要书刊每月简讯》(Monatliche Übersicht der bedeuten-
deren Erscheinungen des deutschen Buchhandels.Leipzig,Hinrichs'sche
Buchh.,[1913].208 S.)——415。

[《德·伊·乌里扬诺夫的棋题》]([Шахматная задача Д.И.Ульянова].—
«Нива».Ежемесячные литературные и популярно-научные приложения к
журналу «Нива» на 1909 г.Спб.,1909,т.1,№3,стлб.533,в отд.:
Шахматы)——365、367。

《帝国自由经济学会前圣彼得堡识字运动委员会1895年工作报告》(Отчет о
деятельности бывшего С.-Петербургского комитета грамотности
императорского Вольного экономического общества за 1895 год.Спб.,тип.
Сойкина,1896.206 стр.(Императорское Вольное экономич.общество))
——139、140、146。

《帝国自由经济学会学报》(圣彼得堡)(«Труды императорского Вольного
Экономического Общества»,Спб.,1897,т.2,кн.4,июль—август,стр.1—
95)——48。

　—1898,кн.2,стр.89—95.——78。

　—1899,кн.1—6.——134。

《地方局公报》(圣彼得堡)(«Известия Земского Отдела»,Спб.,1909,№№1—
12,январь—декабрь)——358。

《俄国报》(圣彼得堡)(«Россия»,Спб.,1909)——353。

《俄国财富》杂志(圣彼得堡)(«Русское Богатство»,Спб.)——38、48、53、179。

　—1897,№10,стр.161—195,в отд.:II.——165。

　—1898,№1.244,180 стр.——95。

　—1899.——132。

—1899,No4,стр.189—219,в отд.: II.——189。

《俄国晨报》(莫斯科)(«Утро России», М.)——354。

　　—1909,No34—1,15 ноября,стр.6.——354。

　　—1909,No35—2,17 ноября,стр.1.——354。

《俄国工厂工业和商业》(Фабрично-заводская промышленность и торговля
　　России. С прил. общей карты фабрично-заводской промышленности
　　Российской империи. Изд. деп. торговли и мануфактур м-ва финансов.,
　　Спб., 1893. 747 стр. Разд. паг. (Всемирная Колумбова выставка 1893 г. в
　　Чикаго))——24。

《俄国货币流通的改革》(Реформа денежного обращения в России. Доклады и
　　прения в III отд. имп. Вольного эконом. о-ва. Стеногр. отчет. Спб., тип.
　　Демакова,1896.264 стр.)——78。

《俄国纪事》杂志(圣彼得堡)(«Русские Записки»,Спб.)——446。

《俄国思想》杂志(莫斯科)(«Русская Мысль», М.,1897,No12,стр.185—195,
　　в отд.: II)——87。

《俄罗斯帝国法律汇编》(圣彼得堡)(Свод законов Российской империи. Спб.)
　　——24。

《俄罗斯帝国统计年鉴》(第 1—2 辑)(Статистический временник Российской
　　империи. Изд. Центр. стат. ком. м-ва внутренних дел. Сер. I—II. Спб.,
　　1866—1872.2 т.).

　　—第 1 辑(Сер. I. Вып. I. Сведения о пространстве, населении и населенных
　　местах(1863), о промышленности и торговле; сведения по статистике
　　уголовной, народного образования, финансов и войска. 1866 XXXVI, XV,
　　523 стр.)——88、95、96。

　　—第 2 辑(Сер. II. Вып. VI. Материалы для статистики заводско-фабричной
　　промышленности в Европейской России за 1868 год. Обр. И. Боком. 1872.
　　LXXVIII,427 стр; 1 л.карт.)——33。

《俄罗斯帝国统计资料》(Статистика Российской империи. Т. XXXVII. Военно-
　　конская перепись 1893 и 1894 гг. Под ред. А. Сырнева. Изд. Центр. стат.
　　ком-та.Спб., 1896.2, XXI, 245 стр.; 19 л.карт.)——88。

《俄罗斯新闻》(莫斯科)(«Русские Ведомости», М.)——3、38、48、52、81、247。

——1897，№215，6 августа，стр.2.——60。

——1897，№274，4 октября，стр.1.——67。

——1898，№279，9 декабря，стр.3—4.——146。

——1898，№290，20 декабря，стр.4.——150。

——1898，№291，21 декабря，стр.3.——150。

——1899.——132。

——1899，№14，14 января，стр.1.——157。

——1899，№77，19 марта，стр.2.——182。

——1914，№183，10 августа，стр.3.——432。

——1914，№202，3 сентября，стр.2—3.——432。

《20世纪初俄国的社会运动》(Общественное движение в России в начале XX-го века. Под ред. Л. Мартова, П. Маслова и А. Потресова. Т. I—IV. Спб. , тип. «Общественная Польза», 1909—1914. 5 т.)——304。

《法兰克福报》(美因河畔法兰克福)(«Frankfurter Zeitung», Frankfurt a. M.)——130、179、191、204、208。

——1898，Nr.273，3.Oktober.Abendblatt，S.2；Nr.274，4.Oktober.1.Morgenblatt，S.3；Nr.274.2.Morgenblatt，S.1—2；Nr.274.Abendblatt，S.1—2；Nr.275，5.Oktober.2.Morgenblatt，S.1；Nr.275.Abendblatt，S.1—2；Nr.276，6.Oktober.2.Morgenblatt，S.1—2；Nr.276.Abendblatt，S.1；Nr.276.Abendblatt，S.2—3；Nr.277，7.Oktober.Abendblatt，S.2—3；Nr.278，8.Oktober.2.Morgenblatt，S.1—2；Nr.278.Abendblatt，S.2—3.——130。

——1899，Januar—März.——132。

——1899，Nr.281，10.Oktober.2.Morgenblatt，S.1；Nr.281.Abendblatt，S.3；Nr.282，11.Oktober.2.Morgenblatt，S.1；Nr.282.Abendblatt，S.1—2；Nr.283，12.Oktober.1.Morgenblatt，S.1；Nr.283.2.Morgenblatt，S.1；Nr.283.Abendblatt，S.1—2；Nr.284，13.Oktober.1.Morgenblatt，S.1；Nr.284.2.Morgenblatt，S.1；Nr.284，Abendblatt，S.1；Nr.284.Abendblatt，S.3；Nr.285，14.Oktober.2.Morgenblatt，S.1；Nr.285.3.Morgenblatt，S.1；Nr.285.

Abendblatt, S. 1 — 2; Nr. 286, 15. Oktober. 2. Morgenblatt, S. 1; Nr. 286. 3. Morgenblatt, S. 1; Nr. 287, 16. Oktober. Abendblatt, S. 1.——204。

《法兰西共和国公报》(巴黎)(«Journal Officiel de la République Française», Paris, 1899)——144、152。

《法学通报》杂志(莫斯科)(«Юридический Вестник», М.)——81。

　—1887, № 11. Стр. 345 — 538.——88、95。

　—1887, № 12. Стр. 541 — 735, III.——88、95、96。

《纺织事业》杂志(圣彼得堡)(«Текстильное Дело», Спб., 1908)——29。

《弗拉基米尔省手工业》(第 3 — 5 编)(Промыслы Владимирской губернии. Вып. III—V. М., Баранов, 1882 — 1884. 3 т. (Труды комиссии по устройству кустарного отдела на Всерос. промышленно-худож. выставке 1882 г.))——37。

《弗里德里希·恩格斯和卡尔·马克思通信集》(1844 — 1883 年)(Der Brief-wechsel zwischen Friedrich Engels und Karl Marx. 1844 bis 1883. Hrsg. von A. Bebel und E. Bernstein. Bd. 1 — 4. Stuttgart, Dietz, 1913. 4 Bde.)——415。

《高尔基被开除出社会民主党》(Ausschluß Gorkis aus der sozialistischen Partei.—«Berliner Tageblatt», 1909, Nr. 607, 30. November, S. 1)——354。

《格拉纳特兄弟出版公司出版的百科词典》(第 7 版)(Энциклопедический словарь т-ва«Бр. А. и И. Гранат и К^0».7-е, совершен. переработ. изд. под ред. Ю. С. Гамбарова и др. Т. 28. М., [1914], стлб. 219 — 243, 243' — 246')——428、431、442。

《格拉纳特兄弟出版公司出版的百科词典》(莫斯科版)(Энциклопедический словарь т-ва«Бр. А. и И. Гранат и К^0». М.)——431。

《格·切尔帕诺夫教授主编:〈哲学研究、评论及其他〉》(Философские иссле-дования, обозрения и проч., издаваемые под ред. проф. Г. Челпанова. Т. 1, вып. 1 — 2. Киев, 1904. 2 т. (Труды психологической семинарии при ун-те св. Владимира))——299。

《各县土地规划委员会工作概况(1907 — 1908 年)》(Обзор деятельности уездных

землеустроительных комиссий(1907 — 1908 гг.). Спб., тип. Киршбаума, 1909. VI, 50, 121 стр.; 38 л. карт. (Глав. упр. землеустройства и земледелия. Деп. гос. зем. имуществ))——356、358、361。

《根据图森和兰根赛特方法编的成年人英语自修课本》(Самоучитель английского языка для взрослых, по методу Туссэна и Лангеншейдта. Сост. Д. Н. Сеславин. Спб., Иогансон, 1899)——267。

《工人报》(伦敦)(«The Labour Gazette», London, 1897)——67。

《工业界报》(圣彼得堡)(«Промышленный Мир», Спб.)——241。

《关于俄国反革命的历史材料》(第 1 卷)(Материалы к истории русской контрреволюции. Т. 1. Погромы по официальным документам. Спб., тип. «Общественная Польза», 1908. 21, CCXV, 458 стр.)——293。

[《关于〈三年级系统自修大纲〉出版广告》]([Объявление о выходе в свет «Программ домашнего чтения на третий год систематического курса»].—«Русские Ведомости», М., 1897, №274, 4 октября, стр. 1)——67。

[《关于一场棋赛的报道。叶利扎罗夫对契戈林》]([Отчет о сеансе одновременной игры. Елизаров и Чигории].—«Русские Ведомости», М., 1899, №77, 19 марта, стр. 2)——182。

[《关于1914 年〈启蒙〉杂志第 1 期出版广告》]([Объявление о выходе из печати №1 журнала «Просвещение» за 1914 год].—«Путь Правды», Спб., 1914, №4, 25 января, стр. 1)——420。

[《关于征订〈开端〉杂志的广告》]([Объявление об открытии подписки на журнал «Начало»].—«Русские Ведомости», М., 1899, №14, 14 января, стр. 1)——157。

《光线》杂志(柏林)(«Lichtstrahlen», Berlin)——435。

《[国家杜马的]速记记录》(Стенографические отчеты [Государственной думы]. 1907—1908 гг. Сессия первая. Ч. I. Заседания 1—30(с 1 ноября 1907 г. по 19 февраля 1908 г.). Спб., гос. тип., 1908. XIV стр., 2141 стлб. (Государственная дума. 3-ий созыв))——286、292、293。

《国家杜马通过的法律草案》(Проекты законов, принятые Государственной думой. Третий созыв. Сессия I. 1907 — 1908 гг. Спб., гос. тип., 1908. VIII,

546 стр.)——286、292、293。

《国内评论》(Внутреннее обозрение.—«Русская Мысль», М., 1897, №12, стр. 185—195, в отд.: II)——87。

《过去的年代》杂志(圣彼得堡)(«Минувшие Годы», Спб., 1908, №1.303 стр.) ——293。

《亨德舍尔铁路旅行指南》(Hendschel's Telegraph. Übersicht der Eisenbahn-, Post-, Dampfschiff-und Telegraphen- Verbindungen Deutschlands und der angrenzenden Länder. Nach Notizen des Coursbureau's der Fürstl. Thurn und Taxis'schen General-Post-Direction und andern officiellen Quellen bearb. von U. Hendschel. Frankfurt a. M., im Selbstverlage des Verfassers, б. г. XII, 156 S.)——244、261。

《教育》杂志(圣彼得堡)(«Образование», Спб.)——286。

《经根据 1889 年 7 月 12 日条例组成的公共法院、司法治安部门和机关判决认定无罪和有罪的被告的统计资料汇编(1908 年)》(Свод статистических сведений о подсудимых, оправданных и осужденных по приговорам общих судебных мест, судебно-мировых установлений и учреждений, образованных по законоположениям 12 июля 1889 года, за 1908 год. Изд. министерства юстиции. В 2-х частях. Спб., сенатская тип., 1911. V, 404, XIII стр. Разд. паг.)——421。

《经济杂志》(圣彼得堡)(«Экономический Журнал», Спб.)——75。

　—1885.——75。

　—1889, №7—8, стр. 26—83.——75。

《经最高当局批准召开的俄国技术教育和职业教育工作者第二次代表大会的日志》(Дневник высочайше разрешенного Второго съезда русских деятелей по техническому и профессиональному образованию. [М.], №№1—10, 27 декабря 1895—10 января 1896)——94。

《军事统计汇编》(Военно-статистический сборник. Вып. IV. Россия. Под общ. ред. Н. Н. Обручева. Спб., 1871. XXX, 922, 235 стр.)——24。

《卡尔·马克思(1818—1883)。(纪念马克思逝世二十五周年(1883—1908))》(Карл Маркс(1818—1883). К двадцатипятилетию со дня его

д.—«Утро России», М., 1909, №34 — 1, 15 ноября, стр. 6, в отд.: Москва)——354。

《米·伊·杜冈-巴拉诺夫斯基论文答辩会》(Диспут М. И. Туган-Барановского.—«Русские Ведомости», М., 1898, №291, 21 декабря, стр. 3)——150。

《民间娱乐协会的报告》——见《涅瓦民间娱乐协会》。

《民事诉讼法规》——见博罗维科夫斯基,亚·李·《民事诉讼法规(附根据执政参议院民事终审上诉局的决定所作的说明)》。

《明星报》(圣彼得堡)(«Звезда», Спб., 1910, №1, 16 декабря. 4 стр.)——379。

《莫斯科农学院通报》(莫斯科)(«Известия Московского Сельскохозяйственного Института», М.)——143。

《莫斯科农业的新统计资料》——见《1907年莫斯科省统计年鉴》(第1—2册)。

《莫斯科市国家杜马选举》(Выборы по г. Москве в Государственную думу. 3 призыва. М., 1908. 150, 48 стр.)——360、363。

《莫斯科市特列季亚科夫绘画陈列馆藏画目录》(Иллюстрированный каталог Московской городской художественной галереи П. и С. Третьяковых. Изд. 1-е. М., 1905. 186 стр., 46 л. илл.)——417。

《莫斯科市选举的统计资料》——见《莫斯科市国家杜马选举》。

《莫斯科消息》(Московские вести.—«Русские Ведомости», М., 1898, №290, 20 декабря, стр. 4)——150。

《莫斯科新闻》(«Московские Ведомости»)——102、164、207。

—1898, №№53—56, 23 февраля(7 марта) — 26 февраля(10 марта).——102。

—1898, №206, 29 июля(10 августа). 6 стр.——116。

—1899, №223, 15(27) августа. 6 стр.——207。

《南俄帝国农业协会会刊》(敖德萨)(«Записки имп. Общества сельского хозяйства южной России», Одесса, 1895, №4-5, стр. 48—62)——88。

《南俄农业主协会学报》——见《南俄帝国农业协会会刊》。

《内务部委员会统计处根据1849年资料编制的统计表》(Статистические таблицы, составленные в стат. отделении Совета министерства внутренних

дел,по сведениям за 1849 год.Спб.,тип. мин. внутр. дел,1852.5 табл.,29
стр.)——88。

《内务部中央统计委员会汇刊》(Временник Центрального статистического
комитета Министерства внутренних дел. Изд. Центр. стат. к-та. №№10,
12,34.Спб.,1889—1894.3 т.)

—№10.Материалы по вопросу о стоимости обработки земли в Европейской
России.1889.3,43,3 стр.——88。

—№12.Аленицын,В.Опыт расчета стоимости пшеницы,ржи,овса и ячменя
в производстве и в отношении пользования сбором.1889.XXII,49 стр.,13
л. карт.——88。

—№34.Средний сбор хлебов и картофеля за десятилетие 1883—1892 гг.в
60 губерниях Европейской России по отношению к народному продово-
льствию.1894.23,112 стр.,5 л. карт.——88。

《涅瓦民间娱乐协会》(委员会1895—1896年度的报告)(Невское общество
устройства народных развлечений.Отчет комитета за 1895—1896 год.Спб.,
1896.72 стр.(Пятый год))——53。

《农民经济》(Крестьянское хозяйство. Подворная перепись 1910—1912 гг.
Итоги по губернии. Тула, тип. бывш. Дружининой, 1916. 348 стр.
(Тульское губ. земство. Оценочно-стат. отдел. Материалы для оценки
земель Тульской губернии.Т.XIII.Тульская губерния))——446。

《女工》杂志(圣彼得堡)(《Работница》,Спб.)——421。

《欧俄农村居民经济状况统计资料汇编》(Свод статистических материалов,
касающихся экономического положения сельского населения Европейской
России. Изд. канцелярии ком. министров. Спб., 1894. LXI, 669 стр.)
——87。

《欧俄农村居民经济状况资料汇编》——见《欧俄农村居民经济状况统计资料
汇编》。

《批判评论》杂志(莫斯科)(《Критическое Обозрение》,М.,1909,вып.I—VIII,
январь—декабрь)——352。

《平等》杂志(斯图加特)(《Die Gleichheit》,Stuttgart)——398。

《启蒙》杂志(圣彼得堡)(«Просвещение»,Спб.)——407、414、427、429。

—1914,№1.112 стр.——420、421。

—1914,№2.112 стр.——421。

—1914,№4,стр.34—47;№5,стр.57—71;№6,стр.33—47.——421。

—1917,№1-2,сентябрь—октябрь,стр.81—99.——450。

《汽笛》杂志(巴库)(«Гудок»,Баку,1908)——291。

《前进报》(柏林)(«Vorwärts»,Berlin,1899,Nr.237,10.Oktober,S.2—4;Nr. 237,10.Oktober 1.Beilage,S.1—3;Nr.238,11.Oktober,S.2—3;Nr.238, 11.Oktober.1.Beilage,S.1—4;Nr.239,12.Oktober.1.Beilage,S.1—4;Nr. 239,12.Oktober.2.Beilage,S.1—2;Nr.240,13.Oktober,S.2—3;Nr.240, 13.Oktober.1.Beilage,S.1—4;Nr.240,13.Oktober.2.Beilage,S.1—3;Nr. 241,14.Oktober.1.Beilage,S.1—4;Nr.241,14.Oktober.2.Beilage,S.1— 3;Nr.242,15. Oktober, S.3; Nr.242,15.Oktober.1.Beilage,S.1—2;Nr. 242,15.Oktober.2.Beilage,S.1—4)——204。

—1909,Nr.281,2.Dezember.1.Beilage des «Vorwärts»,S.2.——354。

《全俄儿童保健工作者第一次代表大会》(Первый Всероссийский съезд деятелей по охране детства.2—8 февраля 1919 года в Москве. Изд. Нар. ком. соц. обеспечения. М.,3-я гос. тип.(бывш. Кушперева),1920.74 стр.)——457。

《瑞士国民教育问题年鉴》(Jahrbuch des Unterrichtswesens in der Schweiz. Bd.1—3.1892—1894.Bearb.und mit Bundesunterstürtzung hrsg. von A. Huber.Zürich,Art.Institut O.Füssli,1894—1896.3 Bde.)——113。

《萨克森工人报》(德雷斯顿)(«Sächsische Arbeiterzeitung»,Dresden,1898, Nr.21,27.Januar,S.1)——208。

—1898,Nr.22,28.Januar,S.1;Nr.25,1.Februar,S.1;Nr.30,6.Februar,S.1; Nr.31,8.Februar,S.1;Nr.32,9.Februar,S.1;Nr.35,12.Februar,S.1;Nr. 40,18.Februar,S.1;Nr.43,22.Februar,S.1;Nr.45,24.Februar,S.1;Nr. 47,26.Februar,S.1;Nr.49,1.März,S.1;Nr.54,6.März,S.1.——208。

—1898,Nr 57,11. März, S. 1; Nr. 68,24. Marz, S. 1; Nr. 70,26. Marz, S. 1.——208。

—1898,Nr.253,30.Oktober.2.Beilage,S.1;Nr.254,2.November.Beilage,S.

1；Nr.255，3.November.Beilage，S.1.——208。

《萨拉托夫省统计资料汇编》(Сборник статистических сведений по Саратовской губернии.T.I—XII.Изд.Саратовского губ.земства.Саратов，1882—1893.12 т.)——24。

萨拉托夫，5月9日。(Саратов，9 мая.—«Речь»，Спб.，1912，№126(2080)，10 (23)мая，стр.3，в отд.: Телеграммы.Под общ.загл.: Репрессии)——388。

萨拉托夫，5月16日。(Саратов，16 мая.—«Речь»，Спб.，1912，№132(2086)，17(30)мая，стр.3，в отд.: Телеграммы.Под общ.загл.: Репрессии)——388。

《三年级系统自修大纲》(Программы домашнего чтения на третий год систематического курса. М.，тип. Сытина，1897. XVI，320 стр. (Комиссия по организации домашнего чтения，сост. при учебном отд. Общ-ва распространения технич.знаний))——67、70。

《闪电报》(巴黎)(«L'Eclair»，Paris)——354。

《社会保障人民委员部全俄儿童保健工作者第一次代表大会的报告》——见《全俄儿童保健工作者第一次代表大会》。

《社会革命党宣言》(Манифест партии социалистов-революционеров. (Выработан на съезде представителей объединенных групп с.-р.).Б.м.，тип.партии с.-р.，1900.12 стр.)——237、239。

《社会立法和统计学文库》(柏林—蒂宾根—莱比锡)(«Archiv für soziale Gesetzgebung und Statistik»，Berlin—Tübingen—Leipzig)—— 38、48、53、58、120、214、218、226。

　—Berlin，1899.——132。

《社会民主党代表大会》(载于1898年10月3日《法兰克福报》第273号) (Sozialdemokratischer Parteitag.—«Frankfurter Zeitung»，Frankfurt a. M.，1898，Nr.273，3.Oktober. Abendblatt，S.2；Nr.274，4.Oktober.1.Morgenblatt，S.3；Nr.274，2.Morgenblatt，S.1—2；Nr.274. Abendblatt，S.1—2；Nr.275，5.Oktober.2.Morgenblatt，S.1；Nr.275.Abendblatt，S.1—2；Nr.276.6.Oktober.2. Morgenblatt，S.1—2；Nr.276. Abendblatt，S.1；Nr.276. Abendblatt，S.2—3；Nr.277，7.Oktober. Abendblatt，S.2—3；Nr.278，8.Oktober.2.Morgenblatt，S.1—2；Nr.278.Abendblatt，S.2—3)——130。

《社会民主党代表大会》(载于 1899 年 10 月 10 日《法兰克福报》第 281 号)
(Sozialdemokratischer Parteitag.—«Frankfurter Zeitung», Frankfurt a.
M., 1899, Nr. 281, 10. Oktober. 2. Morgenblatt, S. 1; Nr. 281. Abendblatt, S.
3; Nr. 282, 11. Oktober. 2. Morgenblatt, S. 1; Nr. 282. Abendblatt, S. 1—2;
Nr. 283, 12. Oktober. 1. Morgenblatt, S. 1; Nr. 283. 2. Morgenblatt, S. 1; Nr.
283. Abendblatt, S. 1—2; Nr. 284, 13. Oktober. 1. Morgenblatt, S. 1; Nr. 284.
2. Morgenblatt, S. 1; Nr. 284. Abendblatt, S. 1; Nr. 284. Abendblatt, S. 3; Nr.
285, 14. Oktober. 2. Morgenblatt, S. 1; Nr. 285. 3. Morgenblatt, S. 1; Nr. 285.
Abendblatt, S. 1—2; Nr. 286, 15. Oktober. 2. Morgenblatt, S. 1; Nr. 286. 3.
Morgenblatt, S. 1; Nr. 287, 16. Oktober. Abendblatt, S. 1)——204。

《社会实践》杂志(柏林)(«Soziale Praxis», Berlin, 1897)——48、53。

《社会主义运动》杂志(巴黎)(«Le Mouvement Socialiste», Paris)——209。

《申布鲁纳公司价目表》(Прейскурант фирмы Шенбрунера. Оружейный магазин.
M., 1896. 112 стр.)——153—155。

《生活》杂志(圣彼得堡)(«Жизнь», Спб.)——143、185、191、193、210、214。
——1899, №7. 4, 421 стр.——210。
——1899, №12, стр. 258—262.——193。
——1900, №1, стр. 84—110; №2, стр. 59—68, 297—306.——184、185、191、
206、208、210、216。

《圣彼得堡和莫斯科沃尔弗图书公司各书店出版消息》(«Известия книжных
магазинов товарищества М. О. Вольф. С.-Петербург и Москва». Иллюстри-
рованный библиографический журнал. Спб., №№1—12, 1 октября 1897—
сентябрь 1899)——67、129、134、175。
——1897, №№1—2, 1 октября—1 ноября.——70。
——1898, №4, 2 января.——117、118。
——1898, №6, 1 марта.——117、118。

《圣彼得堡市法令汇编》(Сборник обязательных постановлений для города
С.-Петербурга. Спб., 1883. 181 стр. Разд. паг.)——24。

《识字运动委员会工作报告》——见《帝国自由经济学会前圣彼得堡识字运动
委员会 1895 年工作报告》。

《实际生活》杂志(圣彼得堡)(«Практическая Жизнь»,Спб.,1899)——182。

《19世纪俄国史》(第 1—9 卷)(История России в XIX веке. Т.1—9. М.,
　　Гранат,[1908].9 кн.)——287。

《世间》杂志(圣彼得堡)(«Мир Божий»,Спб.)——118、185。
　　—1898,№4,стр.98—103,в отд.:II.——86、89。
　　—1899.——132。
　　—1902,№1,стр.28—69;№2,стр.22—55;№3,стр.35—70.——257。

《收成和粮价对俄国国民经济某些方面的影响》(Влияние урожаев и хлебных
　　цен на некоторые стороны русского народного хозяйства. Под ред. проф. А.
　　И. Чупрова и А. С. Посникова. Т. I—II. Спб., тип. Киршбаума, 1897. 2 т.)
　　——37、48、156。

《收成和粮价对经济生活各个方面的影响》(Влияние урожаев и хлебных цен
　　на разные стороны экономической жизни. Доклад проф. А. И. Чупрова и
　　прения в III отделении императорского Вольного экономического общества 1 и
　　2 марта 1897 г.(Стенографический отчет).—«Труды императорского
　　Вольного Экономического Общества», Спб., 1897, т. 2, кн. 4, июль—
　　август,стр.1—95)——48。

《首都邮报》(圣彼得堡)(«Столичная Почта»,Спб.,1908,№224,30 января(12
　　февраля),стр.5)——293。

《书目索引》(Книга о книгах. Толковый указатель для выбора книг по важне-
　　йшим отраслям знаний. Сост. многими специалистами под ред. И. И. Янжула...
　　Ч.1—2. Изд. на средства Д. И. Тихомирова. М., тип. Иноземцева, 1892. 2
　　кн.(В пользу голодающих))——100、171。

《斯巴达克》杂志(莫斯科)(«Спартак»,М.,1917,№3,25 июня. 32 стр.)
　　——450。
　　—1917,№4,10 августа,стр.4—7.——450。

《司法部部刊》(圣彼得堡)(«Журнал Министерства Юстиции»,Спб.)——421。

《思想》杂志(莫斯科)(«Мысль»,М.,1910,№1,декабрь.96 стр.)——379。

《耸人听闻的消息》(Eine Sensationsnachricht.—«Vorwärts»,Berlin,1909,Nr.
　　281,2.Dezember.1.Beilage des «Vorwärts»,S.2,в отд.:Aus der Partei)

——354。

《谈谈马·高尔基被开除出社会民主党》(Об исключении М. Горького из с.-д.
партии.—«Речь»,Спб.,1909,№317(1197),18 ноября(1 декабря),стр.2)
——354。

《特列季亚科夫绘画陈列馆目录》——见《莫斯科市特列季亚科夫绘画陈列馆
藏画目录》。

《特维尔省统计资料汇编》(第 1—12 卷)(Сборник статистических сведений
по Тверской губернии.Т.1—12.Изд.Тверского губ.земства.Тверь,1885—
1896.15 т.)——24,194。

《特维尔省统计资料综合汇编》(第 13 卷第 1 编)(Сводный сборник статис-
тических сведений по Тверской губернии. Т. XIII, вып. 1. Изд. Тверского
губ. земства. Тверь, 1897. 87, 304 стр. (Стат. отдел Тверской губ. зем.
управы))——141。

《田地》画报(圣彼得堡)(«Нива»,Спб.)——94。

—1898,№№1—52,3 января—26 декабря.——94。

—1899,№№1—52,2 января—25 декабря.——132。

—Ежемесячные литературные и популярно-научные приложения к
журналу «Нива»на 1909 г.Спб.,1909,т.1,№3,столб.533.——365、367。

《同志报》(《我们时代报》)(圣彼得堡)(«Товарищ»(«Наш Век»),Спб.)
——287。

《图拉省统计资料》——见《农民经济》。

[《图拉通讯》]([Из Тулы].—«Русские Ведомости»,М.,1897,№215,6
августа,стр.2,в отд.: Внутренние известия)——60。

《土地规划和农业管理总署农业司和森林司年鉴》(1907 年)(Ежегодник
Главного управления землеустройства и земледелия по департаменту
земледелия и лесному департаменту. 1907. Спб., тип. Киршбаума, 1908.
LIX,837 стр.(ГУЗ и З.Департамент земледелия))——361。

《土地规划和农业管理总署农业司和森林司年鉴》(1908 年)(Ежегодник
Главного управления землеустройства и земледелия по департаменту
земледелия и лесному департаменту. 1908. Спб., тип. Киршбаума, 1909.

XCIV,887 стр.(ГУЗ и З.Департамент земледелия))——361。

《土地规划委员会通报》——见《各县土地规划委员会工作概况》。

《土地占有制和农业》(Землевладение и сельское хозяйство. Статьи из «Handwörterbuch der Staatswissenschaften». Пер. с нем. М., Водовозовы, 1896.II,381,1 стр.)——137—138。

《唯心主义问题》文集(Проблемы идеализма. Сборник статей, Под ред. П. И. Новгородцева. М., изд. Московского психологич. общ-ва, б. г. IX, 521 стр.)——267。

《维亚特卡省统计材料》(第 1—12 卷)(Материалы по статистике Вятской губернии. Т. 1—12. Изд. Вятского губ. земства. М.—Вятка, 1893—1898.12 т.)——194。

《维也纳游览指南》——见莫尼雷尔,J.。

《为什么要开除?》(За что последовало исключение? —«Утро России», М., 1909, №35—2, 17 ноября, стр. 1. Под общ. загл.: Отлучение Максима Горького. Подпись: Багира)——354。

《温和的右派农民代表的土地法案》(Земельный проект умеренно-правых крестьянских депутатов. —«Столичная Почта», Спб., 1908, №224, 30 января(12 февраля), стр.5)——293。

《我们的代表》——见博约维奇,М.М.《国家杜马代表》。

《我们时代报》——见《同志报》(《我们时代报》)。

《沃罗涅日省统计资料汇编》(第 1—11 卷)(Сборник статистических сведений по Воронежской губернии. Т. 1—11. Изд. Воронежск. губ. земства. Воронеж, тип. Исаева, 1884—1892.18 т.)——24。

《无产阶级真理报》(圣彼得堡)(«Пролетарская Правда», Спб., 1914, №11 (29), 15 января. 4 стр.)——421。

《无产者报》([维堡]—日内瓦—巴黎)(«Пролетарий», [Выборг]—Женева—Париж)——364。

《下诺夫哥罗德省统计资料和参考资料汇编》(Сборник статистических и справочных сведений по Нижегородской губернии. Изд. Нижегород. губ. стат. ком. Нижний Новгород, тип. Косарева, 1880. 485 стр. Разд. паг.)

социал-демократов. Женева, тип. «Союза», 1899, стр. 1 — 6. (РСДРП. Оттиск из №4-5 «Рабочего Дела»))——198、206。

《修改党纲的材料》(弗·米柳亭等人文集)(Материалы по пересмотру партийной программы. Сборник статей: В. Милютина и др. М., Обл. бюро Моск. пром. района РСДРП, 1917. 40 стр. (РСДРП))——450。

《修改党纲的材料》(尼·列宁编辑并作序)(Материалы по пересмотру партийной программы. Под ред. и с предисл. Н. Ленина. Пг., «Прибой», 1917. 32 стр. (РСДРП))——450。

《言语报》(圣彼得堡)(«Речь», Спб.)——387。

　　—1908, №12, 15(28) января, стр. 5.——289。

　　—1909, №317(1197), 18 ноября(1 декабря), стр. 2.——354。

　　—1909, №318(1198), 19 ноября(2 декабря), стр. 3.——354。

　　—1910, №31, 1(14) февраля, стр. 4.——367。

　　—1912, №126(2080), 10(23) мая, стр. 3.——389。

　　—1912, №132(2086), 17(30) мая, стр. 3.——389。

《1885年刑罚和感化法典》(Уложение о наказаниях уголовных и исправительных 1885 года. Изд. 8-е, пересмотр. и доп. Спб., Таганцев, 1895. 2, 892 стр. (Изд. неофициальное))——69。

《1890年工厂一览表》——见奥尔洛夫,彼·安·和布达戈夫,С.Г.《欧俄工厂一览表》。

《1895年图拉省省志》(Памятная книжка Тульской губернии на 1895 год. Сост. под ред. секретаря комитета В. Ю. Фере. Изд. Тульского губернск. статистич. комит. Тула, 1895. 15, XLI, 373 стр. Разд. паг.)——130、146。

《1903—1906年巴库石油工业区工人罢工运动概况》(Очерк забастовочного движения рабочих Бакинского нефтепромышленного района за 1903 — 1906 год. Сост. В. И. Фролов. Изд. совета съезда бакинских нефтепромышленников. Баку, тип. «Труд», 1907. XII, 119, 89 стр.)——293。

《1905年各司法机关根据亚历山大二世皇帝颁布的条例审理的刑事案件统计资料汇编》(Свод статистических сведений по делам уголовным, производившимся в 1905 году в судебных учреждениях, действующих на основании уставов имп. Александра II. Изд. министерства юстиции. В 3-х частях. Спб., сенатская тип., 1908. VI, 490, XIII стр. Разд. паг.）——421。

《1906 年各司法机关根据亚历山大二世皇帝颁布的条例审理的刑事案件统计资料汇编》（Свод статистических сведений по делам уголовным, производившимся в 1906 году в судебных учреждениях, действующих на основании уставов имп. Александра II. Изд. министерства юстиции. В 2-х частях. Спб., сенатская тип., 1909. 432 стр. Разд. паг.）——421。

《1907 年各司法机关根据亚历山大二世皇帝颁布的条例审理的刑事案件统计资料汇编》（Свод статистических сведений по делам уголовным, производившимся в 1907 году в судебных учреждениях, действующих на основании уставов имп. Александра II. Изд. министерства юстиции. В 2-х частях. Спб., сенатская тип., 1910. V, 414, XIII стр. Разд. паг.）——421。

《1907 年莫斯科省统计年鉴》（第 1—2 册）（Статистический ежегодник Московской губернии за 1907 год. Ч. 1—2. М., 1908. 2 т.）——356。

《1908 年莫斯科省统计年鉴》（第 1—2 册）（Статистический ежегодник Московской губернии за 1908 год. Ч. 1—2. М., 1909. 2 т.）——356。

《1909 年莫斯科省统计年鉴》（第 1—2 册）（Статистический ежегодник Московской губернии за 1909 год. М., 1910. X, 399, 24 стр.）——356。

《有关维亚特卡省手工业状况的资料》（第 1—5 编）（Материалы по описанию промыслов Вятской губернии. Вып. 1—5. Изд. Вятского губ. земства. Вятка, тип. Маишеева, 1889—1893. 5 кн.）——87。

　　—第 2 编（Вып. II. 1890. 386 стр.）——69、87。

《再谈马·高尔基被开除出社会民主党》（Еще об исключении М. Горького из с.-д. партии.—«Речь», Спб., 1909, №318 (1198), 19 ноября (2 декабря), стр. 3, в отд.: Вечерние известия)——354。

《哲学和心理学问题》杂志（莫斯科）（«Вопросы Философии и Психологии», М.)——65、111、113、116、122、299。

　　—1896, кн. 1 (31)—5 (35), январь—декабрь.——63。

　　—1897, кн. 1 (36)—5 (40), январь—декабрь.——63。

——1898，кн.1(41)—5(45)，январь—декабрь.——108。

《真理报》(圣彼得堡)(«Правда»，Спб.)——402、407、413。

——1913，№92(296)，23 апреля.8 стр.——407—408。

《真理之路报》(圣彼得堡)(«Путь Правды»，Спб.，1914，№2，23 января. 4 стр.)——421。

——1914，№4，25 января，стр.1.——421。

《政府公报》(«Bulletin officiel»)——227。

《治安法官施罚条例》(Устав о наказаниях，налагаемых мировыми судьями. Изд.1885 г.С доп. по предложению 1895 г.，с прил.мотивов и извлечений из решений кассационных департаментов Сената. Изд. 10-е，доп. Спб.，Таганцев，1897.451 стр.)——69。

《中央统计委员会汇刊(1897 年)1893—1894 年军马调查的材料》——见《俄罗斯帝国统计资料》。

《自由经济学会辩论会速记记录》——见《俄国货币流通的改革》。

《综合统计汇编》——见布拉戈维申斯基，尼·安·。

《祖国之子报》(圣彼得堡)(«Сын Отечества»，Спб.)——79、87、106。

——1899，№74，18 (30) марта，стр. 2；№82，27 марта (8 апреля)，стр. 2.——183。

编入本版其他书信卷中
给亲属的信件和电报的索引

（1893—1922 年）

《列宁全集》第二版第53卷编译人员

译文校订：张　坚　姚以恩　王义琏　周文馨　李越常
资料编写：李洙泗　林　扬　张瑞亭　刘方清
编　　辑：许易森　韦清豪　江显藩　李京洲　李桂兰　薛春华
　　　　　阎殿铎
译文审订：张　企　何宏江

《列宁全集》第二版增订版编辑人员

李京洲　高晓惠　翟民刚　张海滨　赵国顺　任建华　刘燕明
孙凌齐　门三姗　韩　英　侯静娜　彭晓宇　李宏梅　付　哲
戚炳惠　李晓萌

审　　定：韦建桦　顾锦屏　柴方国

本卷增订工作负责人：翟民刚　孙凌齐

项目统筹：崔继新

责任编辑：孔　欢

装帧设计：石笑梦

版式设计：周方亚

责任校对：张　彦

图书在版编目(CIP)数据

列宁全集.第53卷/(苏)列宁著；中共中央马克思恩格斯列宁斯大林著作编译局编译.
　—2版(增订版)-北京：人民出版社,2017.3(2024.7重印)
ISBN 978-7-01-017138-8

Ⅰ.①列…　Ⅱ.①列…②中…　Ⅲ.①列宁著作-全集　Ⅳ.①A2

中国版本图书馆 CIP 数据核字(2016)第 316463 号

书　　　名	**列宁全集**
	LIENING QUANJI
	第五十三卷
编 译 者	中共中央马克思恩格斯列宁斯大林著作编译局
出版发行	人民出版社
	(北京市东城区隆福寺街 99 号　邮编 100706)
邮购电话	(010)65250042　65289539
经　　销	新华书店
印　　刷	北京新华印刷有限公司
版　　次	2017 年 3 月第 2 版增订版　2024 年 7 月北京第 2 次印刷
开　　本	880 毫米×1230 毫米 1/32
印　　张	24.125
插　　页	9
字　　数	621 千字
印　　数	3,001—6,000 册
书　　号	ISBN 978-7-01-017138-8
定　　价	59.00 元

ISBN 978-7-01-017138-8

9 787010 171388 >